osteuropa

63. JAHRGANG / HEFT 5–6 / MAI–JUNI 2013

Durchschaut
Der Kommunismus in seiner Epoche

Editorial	Die Rätsel des Kommunismus	5
Vorwort	Erinnerung an das 20. Jahrhundert	7
Gerd Koenen	Der Kommunismus in seinem Zeitalter Versuch einer historischen Verortung	9
Egbert Jahn	Kommunistische Weltgesellschaftspolitik Antipode der kapitalistischen Weltwirtschafts- ordnung und der liberalen Demokratie	39
Stefan Plaggenborg	Schweigen ist Gold Die Modernetheorie und der Kommunismus	65
Wolfgang Eichwede	Kommunismus Eine kleine Begriffsgeschichte	79
Felix Schnell	Gewaltkultur und Kommunismus Ursachen und Formen in der Sowjetunion	93
Gerhard Simon	Der Kommunismus und die nationale Frage Die Sowjetunion als Vielvölkerimperium	107
Roland Götz	Pla... Da...	
Rafał Wnuk	Ins... So...	

Länderstudien

Christoph Kleßmann	Kommunismus im halben Land Aufstieg, Charakter und Niedergang der DDR	175
Jiří Pernes	Rückhalt im eigenen Land Die Kommunisten in der Tschechoslowakei	191
Andrzej Paczkowski	Das „schwächste Glied" Polen unter kommunistischer Herrschaft	207
Harro von Senger	Langer Marsch Kommunismus in der Volksrepublik China	223
Manfred Sing	Marxismus in arabischen Ländern Versuch einer De-Provinzialisierung	233
Nikolas R. Dörr	Emanzipation und Transformation Rückblick auf den Eurokommunismus	255
Burkhard Olschowsky	Revolution statt Revolution Wirkung und Wahrnehmung der *Solidarność*	271

Postkommunismus

Lev Gudkov	Fatale Kontinuitäten Vom Totalitarismus zu Putins Autoritarismus	283
Dokument	Brief an den Genossen Stalin Aufgezeichnet von Zachar Prilepin	297
Olga Radetzkaja	Supernacbol Die politischen Facetten des Zachar Prilepin	301
Roland Götz	Vom privatisierten Staat zum verstaatlichten Markt? Eigentum in der Sowjetunion und Russland	315
Vladimír Handl	Agiles Fossil Die KP Böhmens und Mährens	333
Ondřej Slačálek Kristina Andělová	Tschechiens „neue Linke" Strömungen, Menschen, Ideen	341
Dragoş Petrescu	Peitsche und Zuckerbrot Erinnerung an die Ceauşescu-Ära in Rumänien	355

Bücher und Zeitschriften

Martin Jander   Die Stasi und die RAF
Raunen statt Fakten: Regine Igels
Terrorismus-Lügen   367

Michail Gorbatschow: Alles zu seiner Zeit.
Mein Leben   *Fred S. Oldenburg*   375

Michail Gorbačev: Naedine s soboj. –
Dt.: Alles zu seiner Zeit. Mein Leben   *Ignaz Lozo*   377

Egor Gajdar, Anatolij Čubajs:
Razvilki novejšej istorii Rossii   *Klaus Heller*   378

Jahrbuch für Historische Kommunismusforschung 2013   *Felix Schnell*   380

Tony Judt, mit *Timothy Snyder*:
Nachdenken über das 20. Jahrhundert   *Jost Dülffer*   382

Angelica Balabanoff: Lenin oder: Der Zweck
heiligt die Mittel. Erinnerungen.
Herausgegeben von Jörn Schütrumpf   *Armin Pfahl-Traughber*   384

Elizabeth White: The Socialist Alternative to Bolshevik
Russia: The Socialist Revolutionary Party, 1921–1939   *Lutz Häfner*   385

Lorenz M. Lüthi: The Sino-Soviet Split.
Cold War in the Communist World   *Gerhard Wettig*   387

Abstracts   **389**

„1. Mai. Die Arbeiter haben nichts zu verlieren als ihre Ketten, aber eine Welt zu gewinnen. K. Marx, F. Engels."

Die Rätsel des Kommunismus

Kontrafaktisches Denken ist unter Historikern verpönt. Was wäre gewesen, wenn alles anders gekommen wäre, als es kam? Was, wenn sich dieser oder jener Mensch in einer entscheidenden Situation anders verhalten hätte? Das führt schnell in das Reich der Spekulation und gilt deshalb als unseriös. Aber fragwürdig ist es auch, die Geschichte nur von ihrem Ende her zu denken. Denn das verstellt den Blick auf die Vielfalt der Entwicklungsmöglichkeiten, auf die Offenheit und Kontingenz des historischen Prozesses.

Mit dem Kommunismus in seiner Epoche verhält es sich auch so. Die Sowjetunion als kommunistische Hauptmacht des 20. Jahrhunderts musste nicht kollabieren. Mit dem Gas und dem Öl sowie der üblichen Dosis an Repressionen hätte sie bis heute existieren können. Vielleicht wäre schon alles anders gekommen, wenn statt eines gewissen Michail S. Gorbačev der ideologische Hardliner Egor Ligačev zum Generalsekretär der KPdSU gewählt worden wäre. Dass der Putsch der konservativen Kräfte vom August 1991 zum Erhalt der Sowjetunion an der Unnachgiebigkeit von Boris El'cin und den Demokraten gescheitert sei, ist ein Mythos. Keineswegs war es selbstverständlich, dass die Volksrepubliken in Ostmitteleuropa 1989 im Dominoeffekt fielen. Es genügt daran zu erinnern, dass am selben Tag, dem 4. Juni 1989, als in Polen halbfreie Wahlen stattfanden, die KP Chinas auf dem Platz des Himmlischen Friedens vor den Augen der Weltöffentlichkeit Panzer auf Tausende friedliche Demonstranten schießen ließ und ein Blutbad anrichtete. Lange waren auch in Europa den klassenkampfgestählten Kommunisten moralische Skrupel fremd. Warum sie diese nun zeigten und ihren Machtanspruch aufgaben, ist eines der großen Rätsel in der Geschichte des Kommunismus. Denn leider trifft Carl Schmitts vielleicht berühmtester Satz „Souverän ist, wer über den Ausnahmezustand entscheidet" hier zu: Was wäre gewesen, wenn die Montagsdemonstration am 9. Oktober 1989 in Leipzig von den kampfbereiten Truppen niedergemetzelt worden wäre? Hätte die Bundeswehr mit der NATO im Rücken eingegriffen? Eines ist sicher: Die historische Pressekonferenz, auf der Günter Schabowski später die Öffnung der Grenze erklären sollte, hätte nicht stattgefunden . . .

Doch es kam, wie es kam. Die Jahre zwischen der Oktoberrevolution 1917 und der Auflösung der Sowjetunion 1991 gerieten zu dem „kurzen 20. Jahrhundert". Der Kommunismus in Europa ist ein abgeschlossenes Kapitel. Je stärker wir heute, fast ein Vierteljahrhundert nach dieser säkularen Wende, den Kommunismus historisieren – und dabei aufgrund der verbreiteten eurozentrischen Weltsicht nur zu leicht vergessen, dass es noch kommunistische Regimes auf der Welt gibt und in China eine Kommunistische Partei herrscht, die fast so viele Mitglieder hat wie die Bundesrepublik Deutschland Einwohner –, desto rätselhafter erscheinen die Geschichte der kommunistischen Bewegung, die Dynamik ihres Aufstiegs und die weltpolitische Ausstrahlung bis in die 1970er Jahre hinein. Vergessen wir nicht, dass die kommunistischen Herrschaftssysteme einen universalen Anspruch auf Umgestaltung der Weltgesellschaft, der Wirtschaftsordnung und der Staatenwelt hatten. Auf dem Zenit der Ausdehnung des Kommunismus Anfang der 1980er Jahre lebte ein Drittel der Menschheit in politischen Ordnungen kommunistischen Typs. In Europa standen gar zwei Drittel des Territoriums und die Hälfte der Bevölkerung unter kommunistischer Herrschaft.

Die Geburt des Kommunismus als politische Ordnung ist vom Krieg nicht zu trennen. Das gilt für die Oktoberrevolution und den Ersten Weltkrieg, das gilt für China am Ausgang des Zweiten Weltkriegs wie auch für die kommunistischen Volksrepubliken in Europa, die auf den Bajonetten der siegreichen Sowjetarmee aufgebaut wurden, und das gilt schließlich auch für die kommunistischen Regimes in Afrika, die aus den Entkolonialisierungskriegen hervorgingen. Natürlich ist die Geschichte des Kommunismus nicht nur eine Geschichte des Kriegs, der Besatzung, des Zwangs und der Gewalt. Sie ist auch eine der säkularisierten Heilserwartung, der Überwindung von Armut und Ausbeutung, Elend und Unterdrückung. Die Verheißung von Gerechtigkeit und Freiheit ließ Millionen Menschen zu glühenden Verfechtern der kommunistischen Idee werden.

In der Retrospektive wird es immer schwieriger zu verstehen, woraus die kommunistische Idee in der zweiten Hälfte des 20. Jahrhunderts noch ihre Attraktivität schöpfte. Sie war so groß, dass die studentische Jugend von Berlin bis Berkeley noch in den späten 1960er Jahren Heldengesänge auf die Schlächter in China oder Kambodscha anstimmte. Woher diese Blindheit für die apokalyptischen Formen der Gewalt und des Terrors stammt, die Geburtsmale der kommunistischen Herrschaft seit der Machtübernahme der Bolschewiki aus dem Geist des Ersten Weltkriegs und des Bürgerkriegs waren, bleibt ein Rätsel.

Für Gerd Koenen bleibt das größte Rätsel des Kommunismus etwas anderes: Es ist sein „totalitärer" Charakter. Kommunistische Herrschaft zielte auf die Gesamtheit aller sozialen Beziehungen. Dazu bediente sie sich der Praktiken des Terrors, der immer auch „autoterroristische" Züge hatte. Säuberungen, Schauprozesse, Hinrichtungen, Millionen Opfer in den eigenen Reihen ziehen sich wie ein roter Faden durch die Geschichte der kommunistischen Regimes. Zum Verständnis dieser Spezifika hat die Totalitarismustheorie wenig beigetragen. Die Antriebskräfte und Formen dieser Besonderheiten zu entschlüsseln, ist eine Aufgabe der historischen Kommunismusforschung.

Wir haben gesagt: Der Kommunismus in Europa ist ein abgeschlossenes Kapitel. Doch er wirft lange Schatten. Der Fall Russlands zeigt, dass es zwischen der kommunistischen Sowjetunion und dem autoritären Staat unter Präsident Putin fatale Kontinuitäten gibt. Grundpfeiler der totalitären sowjetischen Herrschaft wie die Geheimdienste, die Armee, die Staatsanwaltschaft und das Gerichtswesen bestehen nahezu unreformiert fort. Die Schulen, die zentralen Medien und die Wehrpflichtarmee reproduzieren Werte und Praktiken der Sowjetunion. Auf Rechtsnihilismus und Gewalt reagieren die Menschen wie in der Vergangenheit: mit Anpassung. Bürokratische Willkür und Repression gelten als unvermeidlich, ja als „normal". Dies ist die typische Mentalität des Homo Sovieticus, die auch nach dem Untergang der Sowjetunion fortlebt. Die Frage „Was war der Kommunismus?" gewinnt zur Analyse der autoritären Ordnungen im postsowjetischen Raum eine ungeahnte Aktualität.

Manfred Sapper, Volker Weichsel

Erinnerung an das 20. Jahrhundert
Das Europäische Netzwerk Erinnerung und Solidarität

Das 20. Jahrhundert ist nicht zu begreifen, ohne den Kommunismus als Phänomen, Idee und Diktatur in den Blick zu nehmen. Als Gleichheit verheißende Idee vermochte der Kommunismus viele Menschen in den Bann zu ziehen, zugleich wohnte ihm in seiner Absolutheit etwas Zerstörerisches inne. Einen wichtigen Impuls erfuhr der Kommunismus im ausgehenden 19. Jahrhundert, als er vorgab, auf revolutionäre Weise die soziale Frage zugunsten der Unterdrückten und Benachteiligten zu lösen. Revolutionär war das Streben nach einer neuen, klassenlosen Gesellschaft, aber auch die Zerstörung bisheriger Ordnungen und die Ausschaltung politischer und weltanschaulicher Gegner.

Für das 20. Jahrhundert ist eine Dynamisierung von Ereignissen, die beschleunigte Erosion traditioneller Werte und die Totalisierung des Nationalen feststellbar, wovon die europäische Staatenordnung nachhaltig erschüttert wurde. Zu Synonymen für das Neue und Unermessliche des 20. Jahrhunderts wurden Begriffe wie Gewalt, totaler Krieg, Holocaust und Gulag, Nationalsozialismus und Kommunismus. Das Neue des 20. Jahrhunderts war nicht das Hegemonialstreben der Großmächte an sich, sondern die zerstörerische Wucht der bolschewistischen Revolution mit ihren globalen Weiterungen sowie die Einzigartigkeit des vom nationalsozialistischen Deutschland entfachten und total geführten Zweiten Weltkrieges.

Brachte der Dreißigjährige Krieg den Sieg des Grundsatzes „cuius regio, eius religio", so der Zweite Weltkrieg den Triumph der Formel „cuius occupatio, eius religio" (wer die Besatzungsmacht hat, bestimmt die Verfassung), so Hans Peter Ipsen. Nach dem Zweiten Weltkrieg verloren die Völker Ostmittel- und Südosteuropas erneut ihr Selbstbestimmungsrecht. Mehr noch: Der Kommunismus hätte ohne den Nationalsozialismus nicht solange überlebt, er wurde durch die Ideologie des Antifaschismus noch einmal für ein halbes Jahrhundert quasi immunisiert.

Das Europäische Netzwerk Erinnerung und Solidarität mit Sitz in Warschau dient der Erforschung und Vermittlung der Geschichte des 20. Jahrhunderts in europäischen, transnationalen Zusammenhängen. Es will zur Bildung einer Gemeinschaft der Erinnerung beitragen, die die unterschiedlichen Erfahrungen der einzelnen Völker und Länder einbezieht. Eine solche internationale Erinnerungsgemeinschaft kann nur dann entstehen, wenn die Solidarität von allen am Erinnerungsprozess Beteiligten als gemeinsames Grundprinzip des Denkens und Handelns akzeptiert wird.

Burkhard Olschowsky, Jan Rydel
Europäisches Netzwerk Erinnerung und Solidarität

„Mit Kraft für den Weltfrieden"

„Die Verteidigung des Vaterlandes ist die Pflicht jeden Bürgers der UdSSR"

Gerd Koenen

Der Kommunismus in seinem Zeitalter
Versuch einer historischen Verortung

Drei große Wellen der Machteroberung und Staatsgründung markieren die Kerngeschichte des Kommunismus. Auf dem Zenit seiner Ausdehnung 1980 lebte ein Drittel der Menschheit in kommunistischen Ordnungen. Sie unterschieden sich historisch, sozioökonomisch und politisch enorm. Dies erschwert es, den Aufstieg und die Dynamik des Kommunismus kohärent zu erklären. Was die kommunistischen Parteien und Ordnungen von allen historisch bekannten unterscheidet, ist ihr „totalitärer" Charakter. Sie zielten auf die Gesamtheit aller sozialen Beziehungen und griffen zu Terror, der sich nicht nur gegen die Gesellschaft richtete, sondern zugleich „autoterroristische" Züge trug. Der terroristische Furor lässt sich weder aus den Ideen der Klassiker des Marxismus ableiten, noch mit dem Charakter der Führerfiguren erklären. Die Ursachen dieser zwanghaften Totalisierung und terroristischen Autodestruktion kommunistischer Regimes lassen sich nur aus den jeweils spezifischen Bedingungen dieser Sozial- und Machtsysteme gewinnen.

Auf der ersten Ebene ist die Sache klar: Der Kommunismus, wie wir ihn gekannt haben, stellt sich als ein abgeschlossenes Kapitel der Geschichte des „kurzen 20. Jahrhunderts" dar, oder als *eine Seite* jenes „Zeitalters der Extreme", das der britische Historiker Eric Hobsbawm von 1914 bis 1989 datierte.[1] Diese Formeln haben sich um ihrer blanken Evidenz willen durchgesetzt, sehr im Gegensatz zu den Interpretationen, die ihr Autor ihnen unterlegt hatte.[2]

Gerade wenn man das Ereignis der Russischen Revolution für eines der Schlüsselereignisse des 20. Jahrhunderts hält, lässt sich die Epochenzäsur des Jahres 1989 kaum überzeichnen. So sang- und klanglos wie die sozialistische Supermacht Sowjetunion ist noch keine Weltmacht der Geschichte abgetreten. Dabei wurde sie weder besiegt

---

Gerd Koenen (1944), Dr. phil., Historiker, Publizist, Frankfurt/Main
Von Gerd Koenen erschien in OSTEUROPA: Weil es Stalin gefiel? Überlegungen zu J. Baberowskis Deutung des Stalinismus, in: OSTEUROPA, 4/2012, S. 81–88. – Ein Indien im Nebel. Alfons Paquet und das revolutionäre Russland, in: OSTEUROPA, 3/2005, S. 80–100.

[1] Eric Hobsbawm: Das Zeitalter der Extreme. Weltgeschichte des 20. Jahrhunderts. München, Wien 1995.
[2] Zur Auseinandersetzung mit Hobsbawms dialektisch verzwirbelter Grundthese, wonach „das dauerhafteste Resultat der Oktoberrevolution ... ausgerechnet die Rettung ihres Antagonisten im Krieg wie im Frieden war" (S. 22f.), wenn auch um den Preis des eigenen Untergangs: Gerd Koenen: Was war der Kommunismus? Ein historischer Essay. Göttingen 2010, S. 5f., 101f. In einigen Passagen des vorliegenden Textes greife ich auf Argumentationen aus diesem Essay zurück.

noch gestürzt; der Kollaps kam inmitten einer Phase kaum begonnener innerer Reformen und relativer äußerer Entspannung, im Augenblick des vielleicht tiefsten Friedens, den die Welt im 20. Jahrhundert gekannt hat. Äußerlich trug dieser Umbruch (von blutigen Episoden im Baltikum und im Kaukasus abgesehen) die Form einer friedlichen und zivilen Revolution. Ihre entscheidende Bedingung war aber ein politischer, sozialökonomischer und moralischer Infarkt mitten im Zentrum der 1917 proklamierten „Sowjetmacht" selbst. Das alles darf man präzedenzlos nennen.

Umso erklärungsbedürftiger erscheinen allerdings dann die Jahrzehnte des scheinbar unaufhaltsamen Aufstiegs dieses wie ein Phönix aus der Asche eines Ersten Weltkriegs und Bürgerkriegs geborenen sowjetischen Staatsmolochs und Gesellschaftskörpers; und erst recht die Formierung eines um sie als Siegermacht des Zweiten Weltkriegs gescharten „sozialistischen Weltlagers", das nach Gründung der DDR und Ausrufung der Volksrepublik China im Oktober 1949 bereits „von der Elbe bis zum Jangtse" reichte. Der Zenit seiner Ausdehnung wäre sogar erst auf das Jahr 1980 zu datieren, als auf der politischen Weltkarte 22 sozialistische „Volksdemokratien" zu verzeichnen waren, die (aus der Perspektive des alarmierten Westens der Reagan-Ära) einen geostrategischen Gürtel von Afghanistan über Südjemen und Äthiopien bis Angola und weiter bis nach Kuba bildeten und knapp ein Drittel der Weltbevölkerung umfassten. In fast jedem Land der Erde gab es zu diesem Zeitpunkt aktive Kommunistische Parteien, die oft noch durchaus erfolgreich im Rahmen größerer „Friedensbewegungen" oder nationaler Befreiungsbewegungen wirkten. Und ungeachtet aller Schismen, Exkommunikationen und zwischenstaatlichen Konflikte durfte die 1919 von Moskau ausgegangene „kommunistische Weltbewegung" noch immer als die größte, tiefgreifendste und erfolgreichste politische Formation des 20. Jahrhunderts gelten. Dass sie von Anfang bis Ende rhetorisch und institutionell einen „internationalistischen" Charakter trug und dass sie durch alle Strategien einer „antifaschistischen Volksfront" oder „friedlichen Koexistenz" hindurch unverändert das Ziel einer „sozialistischen Weltrevolution" verfocht, war ebenfalls ohne historisches Vorbild – auch wenn der Schein einer „Weltbewegung" letztlich trog.

Nach 1989 ist von dieser alten Welt des Kommunismus nichts, oder fast nichts, geblieben. Was wir seither an regierenden oder oppositionellen Kommunistischen Parteien vorfinden, sind allenfalls Mutationen eines historischen Typs, die kaum noch auf einen gemeinsamen Nenner zu bringen sind. Eine kommunistische Kampfbewegung alten Stils gibt es heute nur noch auf dem indischen Subkontinent, in Form der maoistischen Bauernguerilla der „Naxaliten". Und allenfalls für das insulare Kuba der Castro-Brüder und für das eingemauerte, waffenstarrende Nordkorea der Kim-Dynastie lässt sich heute (Stand 1. Juni 2013) noch von einem sozialistischen Gesellschaftssystem im hergebrachten Sinn einer völligen oder weitgehenden Verstaatlichung der Produktionsmittel und zentralen Lenkung sämtlicher gesellschaftlichen Einrichtungen sprechen. Als solche ragen beide Regimes (die sich ansonsten wenig ähneln) wie verwitterte Massive in eine rasant sich globalisierende, industrialisierende und verändernde Welt.

Es war frappant zu beobachten, mit welcher Leichtigkeit und Geschwindigkeit damals kommunistische Politbürokraten, Angehörige der Nomenklatura, Geheimdienstler und Militärs fast über Nacht in neue, patriotische Kostüme und Rollen schlüpften. Nach einer sehr kurzen Phase, in der Dissidenten und Oppositionelle als Sprecher ad-hoc formierter „Volksfronten" und ähnlicher Gruppierungen eine Übergangsrolle spielten, waren es überall Leute der gerade gestürzten Partei- und Machtapparate, die zu den eigentlichen Gründern und autoritären Herrschern der unabhängig gewordenen Staaten wurden. Ähnlich im zerfallenden Jugoslawien, das binnen kurzem in einen Bürgerkrieg abglitt; aber auch in vielen anderen Ländern des östlichen Europa, sogar in denen, die rasch unter den Schirm der NATO und der Europäischen Union schlüpften. Traten die Postkommunisten dieser Beitrittsländer eher als Sozialdemokraten auf, so mutierte auf dem Gegenpol das Präsidiumsmitglied der KP Jugoslawiens Slobodan Milošević zum „Retter des Serbenvolks", oder ließ sich ein abgebrühter KPdSU-Politbürokrat wie Sapamurat Nijazov zum *Turkmenbashi* salben, dem terroristisch-autokratischen „Vater aller Turkmenen". In Moskau standen zur gleichen Zeit alte und junge Kader der Kommunistischen Partei Russlands unter Hammer und Sichel Schulter an Schulter mit „Nationalpatrioten" und Antisemiten, von denen einige abgewandelte Hakenkreuze auf ihren Fahnen oder Uniformen trugen, auf den Barrikaden vor dem Weißen Haus – während Boris El'cins Panzer die russisch-nationale Trikolore hissten, die auch auf dem alten Sitz der Zaren- und der Sowjetmacht, dem Kreml, wehte.

Parallel zu diesen politisch-ideologischen Mutationen verwandelten sich allenthalben Nachwuchskader kommunistischer Jugendorganisationen, Funktionäre der Apparate für Ideologie und Propaganda und natürlich ein Gutteil der zentralen Planbürokraten und Industriemanager über Nacht in rabiate Appropriateure und private Beutemacher, in mafiotisch vernetzte Bank- und Geschäftsgründer. Einige wurden zu Oligarchen, Tycoons oder (wie einer der Hofsänger Ceaușescus) zu Medienmogulen und chauvinistischen Demagogen – durchweg mit einem robusten Zynismus und kriminellen Durchsetzungsinstinkt ausgestattet, den sie offensichtlich von Haus aus mitbrachten. So entstanden unter dem Schirm und Anschein neoliberaler Marktrevolutionen tatsächlich neue politisch-ökonomische Oligarchien, deren Umrisse sich unter der Decke der früheren sozialistischen Staats- und Kommandowirtschaft längst vorbereitet haben mussten.[3]

Man kann diese wilde Transformation freilich auch etwas milder sehen: Denn wenn die Umwälzungen seit 1989 nach all den Gewaltexzessen der jüngeren Geschichte über weite Strecken Züge eines (relativ) „friedlichen Übergangs" trugen, dann auch deshalb, weil sich das Gros der alten Eliten bereitwillig oder mit frischer Gier in diese neuen sozialen Rollen und ökonomischen Opportunitäten stürzte. Folgt man der klassischen Leninschen Definition einer Revolution, ist durchaus zu fragen, ob nicht nur „die unten nicht mehr wollten und die oben nicht mehr konnten", sondern ob die oben eigentlich noch *wollten*. Für die Masse der in neue Lebensformen hineingeschleuderten einfachen Bürger kombinieren sich im Ergebnis die Gehässigkeiten der alten, sozialistischen mit denen der neuen, kapitalistischen Gesellschaftsordnung: notorische Rechtlosigkeit mit rücksichtsloser Ausbeutung, kleptokratische Selbstbedienung mit offenem Staatsversagen, unpolitische Verblödung mit politischer Willkür. Das ist, von positiven Ausnahmen abgesehen, der wenig ermutigende Stand der Dinge in der postkommunistischen Welt.

---

[3] Stephen Kotkin: Armageddon Averted: The Soviet Collapse 1970–2000. Oxford 2008, hier S. 115–140. – Andrew Barnes: Owning Russia: The Struggle over Factories, Farms and Power. Ithaca 2006.

„*Es lebe und gedeihe die unverbrüchliche Freundschaft und die Zusammenarbeit zwischen dem sowjetischen und dem chinesischen Volk!*"

China: Wechsel der Wegzeichen?

Es ist vor allem die Transformation der Volksrepublik China nach 1989, die die ohnehin unsicheren Parameter einer historischen Interpretation des „Kommunismus in seinem Zeitalter" dramatisch verschiebt. Nicht nur, dass die KP Chinas – also die mit der KPdSU rivalisierende, scheinbar radikalere und seit den 1960er Jahren schismatisch überworfene zweite Hauptpartei des kommunistischen Weltlagers – ihre Macht eisern behauptet, obwohl sie sich im Umbruchsjahr 1989 in einer noch dramatischeren Machtkrise als die KPdSU befand. Die chinesische Protestbewegung bezog ihr Reformpathos aus der 4.-Mai-Bewegung von 1919 und stellte damit den zentralen patriotischen Gründungsmythos der herrschenden KP in Frage. Sie tat das in einer Mischung aus linker, liberaler und nationaler Rhetorik und Symbolik und schlug damit eine Brücke zu einem großen Teil der städtischen Bevölkerung und der Arbeiterschaft, die nicht nur unter der polizeilich-bürokratischen Willkür und Bevormundung, sondern auch unter der schlagartigen Teuerung für Lebensmittel von fast 50 Prozent litten. Die Organisatoren des Protestcamps auf dem Tienanmen enthielten sich klug aller gewaltsamen oder provokativen Akte, entfalteten eine beachtliche, spontane Organisationsfähigkeit und wurden zum Initiator ähnlicher Proteste in fast allen großen Städten des Landes. Insgesamt war das eine demokratische und soziale Bewegung von einer Breite und Wucht, die alles in den Schatten stellte, was man zur gleichen Zeit in der Sowjetunion oder den osteuropäischen Ländern (mit der Ausnahme Polens) zu sehen bekam.

Die Entscheidung des informellen Führungszirkels der „alten Kader" (der „acht Unsterblichen") um Deng Xiaoping, das Militär einzusetzen und das Protestcamp auf dem Tienanmen am 3. Juni in der bewusst schockierenden Form eines blutigen, von internationalen Fernsehsendern live übertragenen Massakers niederzuwalzen, war nur um den Preis einer erneuten Spaltung der Parteiführung möglich.[4] Zu dieser Entscheidung trug der Blick auf die Entwicklungen in der Sowjetunion und Osteuropa wesentlich bei. Gorbačevs Staatsbesuch Mitte Mai wurde von den Studenten – auch wegen der zahlreichen internationalen Medien – zielstrebig genutzt, um ihren Forderungen durch einen Hungerstreik (notfalls bis zum Tod) Nachdruck zu verleihen. In 27 Provinzen wurde demonstriert, in Beijing waren Hunderttausende auf den Straßen. Der offizielle Staatsempfang in der Großen Halle des Volkes musste abgesagt werden – für Deng und seine Fraktion ein unerträglicher Gesichtsverlust. Noch während des Besuchs fiel intern die Entscheidung über die Verhängung des Kriegsrechts.[5]

Die Tragfähigkeit dieser brachialen Repressionspolitik der chinesischen Führung, die in den Jahren danach die Form einer landesweiten Menschenjagd annahm, hing zunächst an der noch unerschütterten Autorität des Zirkels der „alten Kader". Vor allem Deng Xiaoping hatte es zwischen 1978 und 1982 geschafft, mit einem erstaunlich minimalistischen Aufwand an Ideologie und Theorie Mao und den Maoismus gleichzeitig zu

---

[4] Der Ständige Ausschuss des Politbüros war gespalten. Der eben erst gewählte Parteivorsitzende Zhao Ziyang, Nachfolger des 1987 entmachteten Hu Yaobang, verweigerte mit zwei anderen die Zustimmung. Bis zu seinem Tod 2005 stand Zhao unter Hausarrest, wie auch der Titel seiner posthum im Ausland veröffentlichten geheimen Aufzeichnungen besagt: Prisoner of the State. The Secret Journal of Premier Zhao Ziyang. New York 2009.
[5] The Tienanmen Papers. Compiled by Zhang Liang. Ed. by Andrew J. Nathan and Perry Link. New York 2001, S. 171–182.

beerdigen (zu mumifizieren) und zu beerben. Um ihre historische Legitimität zu wahren, war die Partei immerhin genötigt gewesen, sich in aller Form – sogar in Gestalt eines relativ elaborierten, mit Hilfe von Historikern erstellten, historischen Dokuments – nicht nur von der „Kulturrevolution", sondern von den „zwanzig verlorenen Jahren" von 1956 bis 1976 zu distanzieren, also von der längsten Zeit der Herrschaft Maos. Schon durch den Schauprozess gegen die (als faschistisch bezeichnete) „Viererbande" um Maos Witwe Tschiang Tsching war dem Toten nachträglich einiges an Legitimation entzogen worden – zugunsten der Partei, die diesen Prozess führte. Die neue Führung um Deng und seinen Schützling, den energischen und klugen Hu Yaobang, hatte sich weitere, frische Legitimation aber vor allem durch eine erste, sozialstrukturell tief eingreifende Serie ökonomischer Reformen verschafft: eine veritable Bauernbefreiung durch die Auflösung der Volkskommunen und begleitend dazu eine kleinkapitalistische Mobilisierung konsum- und exportorientierter Handwerks- und Manufakturproduktionen in der Rechtsform von Genossenschaftsbetrieben, die vor allem im ländlichen Umfeld der städtischen Zentren operierten und den Wohlstand gerade der ärmeren ländlichen Schichten bedeutend hoben, während sie die durch die marktwirtschaftliche Rentabilisierung der Staatsbetriebe drohende Massenarbeitslosigkeit großteils auffingen. Nach bedeutenden Anfangserfolgen stieß diese Politik nach zehn Jahren allerdings an ihre Grenzen und mündete in die soziale Gärung von 1988/89.[6]

Gesichert wurde die Fortdauer des Regimes der Kommunistischen Partei nach dem Tienanmen-Massaker aber erst durch eine zweite, noch weitreichendere Reformentscheidung: die von Deng mit seiner „Reise in den Süden" im Januar 1992 eingeleitete und gegen massive Widerstände durchgesetzte Öffnung des Landes für ausländisches Kapital und eine damit verbundene Strategie der kontrollierten, aber offensiven weltwirtschaftlichen Verflechtung – auch das im Übrigen unter dem direkten Eindruck der kollabierenden Sowjetunion. Das bedeutete zugleich auch eine Umorientierung der Wirtschafts- und Sozialpolitik auf eine brachiale Urbanisierung und auf die Errichtung von modernen Fertigungsindustrien, nicht nur für klassische Verbrauchsartikel wie Textilien, sondern auch für neue elektronische und technische Konsumgüter. China wurde zur neuen „Werkbank der Welt"; und es entstand aus männlichen Wanderarbeitern auf den Großbaustellen und vorwiegend weiblichen, in Barackensiedlungen kasernierten Kontraktarbeitern so etwas wie eine riesige „neue Arbeiterschaft" – die durch die Verweigerung des Stadtbürgerrechts (des *hukou*) in einem Zustand formeller Rechtlosigkeit und Auslieferung gehalten wurden.[7]

Das bedeutete aber nichts anderes, als dass die KP Chinas mit größter Entschlossenheit genau jenen Entwicklungspfad einschlug, gegen den der Staatsgründer und „Große Steuermann" Mao fast zwei Jahrzehnte lang mit den extremsten Mitteln und unter maßlosen Menschenopfern angekämpft hatte. China geht seither nicht nur, wie Mao es immer befürchtet hatte, „den kapitalistischen Weg". Was der „kleine Steuermann" Deng in Gang gesetzt hat, lässt sich vielmehr als eine radikale und riskante Schubumkehr der gesellschaftlichen Triebkräfte beschreiben.

---

[6] Zur ersten Reformphase Barry Naughton: Growing out of the Plan: Chinese Economic Reform, 1978–1993. New York 1995. – Giovanni Arrighi: Adam Smith in Beijing. Lineages of the Twenty-First Century, Kap. 12: Origins and Dynamic of the Chinese Ascent. London 2008, S. 351–378.

[7] Ching Kwan Lee: Against the Law. Labor Protests in China's Rustbelt and Sunbelt. Berkeley 2007. Die Studie basiert teilweise auf Undercover-Recherche.

Diese Politik bedeutete einen irreversiblen historischen Bruch von ganz anderer, sozialökonomisch ungleich tiefer greifender, zugleich aber noch begriffs- und bewusstloserer Art als der, der zur gleichen Zeit in den Nachfolgestaaten der Sowjetunion vollzogen wurde. Deren Auflösungsphase zwischen 1987 und 1992 war immerhin von einer breit angelegten politischen Diskussion und einer fast fieberhaften Beschäftigung mit den Opfern und kulturellen Verlusten der Stalin-Ära begleitet gewesen, bevor die sozialdarwinistischen Härten des postsozialistischen Alltags das alles mit einem stickigen Gemisch aus Nostalgie und Amnesie betäubt haben.

Auch das postmaoistische China hatte im Jahrzehnt nach 1978 seine (wenngleich gedämpften) großen Debatten erlebt. Und seine Bürger haben den vergangenen Terror und die ungeheuren Menschenopfer ihrer jüngeren Geschichte womöglich noch frischer im Gedächtnis und noch tiefer in den Knochen als die Bürger der ehemaligen Sowjetunion; gespeichert in einer großartigen Gegenwartskunst und -literatur und in einem enormen Fundus mühsam, oft auf eigenes Risiko gesammelter Lebenszeugnisse, Dokumente und Bilder.[8] Je mehr die herrschende Partei alle diese Brüche und Kataklysmen ihrer jüngeren Geschichte aber mit einem manisch vorangepeitschten Wirtschaftswachstum zu überspielen sucht, umso drängender – sollte man meinen – müsste die Frage im Raum stehen, wozu dann die Abermillionen von Opfern und alle die zerstörten Leben eigentlich nötig waren. *Wozu das alles?!*

Nicht nur in den Lebensgeschichten und Ahnentafeln von Hunderten Millionen von Menschen und ganzen Familien und Clans klaffen Lücken, die sich nicht schließen lassen. Selbst die offizielle Geschichte der herrschenden Partei gleicht einem Vexierbild, in dem es mehr blinde Flecken als erkennbare Konturen gibt, mehr Geheimnisse als Tatsachen; während die Galerie der historischen Führer einem grinsenden Gebiss gleicht, in dem jeder zweite Zahn fehlt, d.h. jeder zweite historische Parteiführer eine Unperson ist, oder allenfalls (wie der im Gefängnis umgekommene Liu Shao-chi) ein Reimplantat die ikonographische Lücke schließt.

Dieses China der Kommunistischen Partei hat bis heute kein brauchbares und vollständiges, auf Quellen gestütztes, auf der Höhe der internationalen Forschung gezeichnetes, kritischen Erörterungen zugängliches Bild der eigenen Geschichte, weder der älteren noch der jüngeren; jedenfalls nicht in seinen offiziellen Hervorbringungen, ganz im Gegensatz zu den glänzenden Arbeiten chinesischer Historiker an allen großen Universitäten der Welt. Kann ein Land, ausgerechnet ein solches Land, mit einer so alten und reichen Kultur, auf Dauer so leben?[9]

Eine Antwort auf diese Frage ist kaum möglich. Perry Anderson hat eine Reihe plausibler Argumente angeführt, warum die historische Legitimation der Kommunistischen Partei Chinas und des ihr auf den Leib geschnittenen Staatswesens, der „Volksrepublik China", im Vergleich zur untergegangenen KPdSU und UdSSR tiefer fundiert und

---

[8] Stellvertretend: Chen Guidi und Wu Chuntao: Zur Lage der chinesischen Bauern. Eine Reportage. Frankfurt/Main 2011. – Yang Jisheng: Grabstein – Mübei. Die große chinesische Hungerkatastrophe 1958–1962. Frankfurt/Main 2012. – Liao Yiwu: Fräulein Hallo und der Bauernkaiser. Chinas Gesellschaft von unten. Frankfurt/Main 2009. – Eine epische filmische Dokumentation des Schicksals der „alten" Industrien und Arbeiterschaften Nordchinas liefert Wang Bing, Tie Xi Qu: West of the Tracks (2003).
[9] Eine anschauliche Darstellung des Kampfs um die Geschichte bietet: Richard McGregor: The Party. The Secret World of China's Communist Rulers. New York 2010, hier S. 229–262.

solider begründet ist.[10] An erster Stelle steht die Tatsache, dass die Machteroberung der Kommunisten 1949 – ganz anders als die der Bolschewiki – nicht einen neuen Bürgerkrieg eröffnete, sondern den vorherigen beendete. Das war gleichzeitig der Abschluss eines mehr als einhundertjährigen Zeitalters imperialistischer Interventionen und Okkupationen, die das alte Reich, das sich als Mittelpunkt der Welt gesehen und dessen kommerziell entwickelte Gebiete bis 1800 nach allen sozialökonomischen Maßstäben mit dem aufstrebenden Europa gleichauf gelegen hatten,[11] in eine Abwärtsspirale des staatlichen und gesellschaftlichen Zerfalls gerissen hatten. Maos erster Satz bei der Proklamation der Volksrepublik auf dem Tienanmen fasste das zusammen: „China hat sich endlich wieder erhoben." Darum also ging es vor allen Dingen.

Diese Wiederherstellung eines festen gesamtstaatlichen Rahmens, so das Argument, sei die erste Voraussetzung für *jede* Art von Entwicklung gewesen. Das mag richtig sein. Aber waren die endlosen Säuberungskampagnen der 1950er Jahre, die Kollektivierungskampagnen und der „Große Sprung nach vorn" (der in eine mörderische Hungersnot mündete) und schließlich die zehnjährige „Kulturrevolution", kurzum: war die gesamte Ära Maos nicht auch eine Art Bürgerkrieg? Flankiert wurden diese inneren Feldzüge durch eine Serie willkürlicher und verlustreicher Kriege an der Peripherie, gegen die USA in Korea (1950–52) und gegen Indien im Himalaya (1962), durch die unter irrsinnigen Risiken vorangetriebene Nuklearrüstung samt Raketentests in den 1960er Jahren, begleitet von paranoiden Vorbereitungen auf einen Atomkrieg mit der UdSSR. Und selbst Deng sicherte seine Macht durch einen blutigen Grenzkrieg gegen das lange verbündete Vietnam (1979/80).

Gewiss, auch die berufensten Experten verstehen bisher nur in Umrissen, was in all diesen permanenten Hetzjagden gegen eine schier unendliche Liste von Sozial- und Nationalfeinden und in den gewaltsamen Mobilisierungen von Menschen und Mitteln gesellschaftsgeschichtlich wirklich passiert ist. Gehörten diese maoistischen Massenkampagnen (so moralisch revoltierend man das finden mag) womöglich doch zu den *Voraussetzungen* der späteren „industrious revolution"[12], der Entfesselung marktorientierter, privater oder kollektiver Arbeitsenergien und der Mobilisierung von Aufstiegsenergien, in der Ära Dengs? Muss man sich etwa vorstellen, dass in den um konkrete Forderungen zentrierten Sozialbewegungen, aus denen die „Kulturrevolution" hinter ihrer hyperideologischen Fassade und inmitten aller sektiererischen Kinderkreuzzüge *auch* bestanden hat, doch so etwas wie Prozesse einer „schöpferischen Zerstörung" (in einem mentalen oder einem sozialstrukturellen Sinne) passiert sind?[13] Oder kam der

---

[10] Perry Anderson: Two Revolutions. Rough Notes, in: New Left Review, Jan./Feb. 2010, S. 59–96. – Deutsch in: Zwei Revolutionen. Zur historischen Bilanz der Umwälzungen in China und der Sowjetunion, in: Lettre International, 89/2010, S. 54–65.

[11] Diese (nicht ganz unumstrittene) These entwickelte zuerst: Kenneth Pomeranz: The Great Divergence: China, Europe and the Making of the Modern World Economy. Princeton 2000.

[12] Den Begriff „industrious revolution", einer markt- und konsumorientierten, arbeitsteiligen Intensivierung technologisch einfacher, traditioneller Produktionsformen, die der eigentlichen „industriellen Revolution" vorausging und parallel lief, diskutiert Jan de Vries: The Industrious Revolution: Consumer Behavior and the Household Economy, 1650 to the Present. New York 2008.

[13] Die Literatur über die Kulturrevolution ist immens und vielstimmig. Beiträge zu einer sozialgeschichtlichen oder „revisionistischen" Interpretation der Ereignisse bieten William Joseph u.a. (Hg.): New Perspectives on the Cultural Revolution. Cambridge, MA 1991. – Kam-Lee Law (Hg.): The Chinese Cultural Revolution. Beyond Purge and Holocaust. New

entscheidende Impuls für den marktwirtschaftlichen Take-off der späteren Jahrzehnte gerade umgekehrt aus der Erleichterung, dass die Menschen sich endlich der Wiederherstellung ihrer persönlichen Lebensgrundlagen widmen konnten, aus der Befreiung von einem Alptraum? Aber wie erklärt man dann die hartnäckige Anhänglichkeit, die erhebliche Massen derer, die durch diese Fegefeuer gegangen sind (als Anheizer oder als Angesengte), eben doch dem Gott all dieser Schlachten, dem grausamen Olympier Mao, bewahrt haben – dessen Bild heute wie zum Spott die Geldscheine ziert? Das alles ist noch nicht annähernd zu beantworten.

Ob man allerdings, wie Anderson provokant fragt, angesichts der exponentiellen Industrialisierungs-, Urbanisierungs- und Mobilisierungssprünge Chinas nach 1989 nicht eigentlich sagen müsste: „der Kommunismus hat nicht nur überlebt, sondern ist zur Erfolgsstory des Zeitalters geworden"[14] – das schießt weit über alle sozialhistorischen Befunde hinaus, auf die er selbst sich stützt. Richtig ist zunächst nur, dass die in ihren Wirtschaftsreformen katastrophal fehlgelaufene Perestrojka unter Gorbačev sowie die anschließende Phase anarchischer, „neoliberaler" Raubzüge und Enteignungen unter El'cin in einem eklatanten Gegensatz zu dem stehen, was sich allen sozialen Kosten und repressiven Formen zum Trotz als eine staunenerregende, inzwischen dreißigjährige Erfolgsgeschichte in der Ära Dengs und seiner Nachfolger darstellt. Mit Blick auf China kann die geläufige Formel von „Aufstieg und Fall des Kommunismus" tatsächlich nur mit Vorbehalt verwendet werden. Wir haben es mit einem „Post-Kommunismus" zu tun, in dem *beide* Seiten dieses Hybridbegriffs ihre Bedeutung haben.

Tatsächlich ist dieser späte Entwicklungssprung Chinas – der in vieler Hinsicht jene „Große Kluft" wieder schließt, die sich im Laufe des 19. Jahrhunderts zwischen China und der europäisch-atlantischen Welt aufgetan hatte[15] – in globalhistorischer Perspektive Teil einer epochalen Auftriebsbewegung, die in den ersten beiden Nachkriegsjahrzehnten in der von den USA dominierten atlantischen Welt spielte, sich aber bereits ab den 1960er Jahren zunehmend nach Asien zu verlagern begann. Dort war es zunächst der besiegte Aggressorstaat Japan, der – allerdings auf der Grundlage eines hundertjährigen Vorlaufs sozialer und technologischer Modernisierungen, die ja gerade auch seine maßlosen Expansionen beflügelt hatten – in den 1970er Jahren zu den führenden Industriestaaten der Zeit aufschloss. Dahinter folgten in den 1980er Jahren mit noch größeren Entwicklungssprüngen die diktatorisch regierten kleinen „Tigerstaaten" Südkorea und Taiwan sowie andere Wachstumszonen Südostasiens. Entwicklungsmuster und Wachstumsraten dieser „Tigerstaaten" unterschieden sich aber nicht wesentlich von denen in der Volksrepublik China. Vielmehr gehörten sie selbst zu den externen Voraussetzungen der innerchinesischen Konjunkturen, die darüber hinaus durch den Austausch mit den kommerziell höchst aktiven auslandschinesischen Communities im ganzen pazifischen Raum getragen waren, mit den Stadtrepubliken Singapur und Hongkong als Eckpfeilern. Festland-China und Übersee-China gingen eine in ihrer Art beispiellose Verbindung ein. Anderson verweist in diesem Zusammenhang auf ein ironisches Paradox:

York 2003. Eine Literaturschau unter dieser Fragestellung leistet Susanne Weigelin-Schwiedrzik: Die Kulturrevolution als Auseinandersetzung über das Projekt der Moderne in China, in: Sepp Linhart, Susanne Weigelin-Schwiedrzik (Hg.): Ostasien im 20. Jahrhundert. Geschichte und Gesellschaft. Wien 2004, S. 133–152.

[14] Anderson, Two Revolutions [Fn. 10], S. 60.
[15] Pomeranz, Great Divergence [Fn. 11].

Gerade Taiwan und Südkorea organisierten die kapitalistische Transformation ihrer stationären, bäuerlich-patriarchalen Gesellschaften und die Kampagnen zur forcierten Industrialisierung ebenfalls in staatlicher Regie und anfangs in politisch äußerst repressiver Form; doch insgesamt vollzog sich dieser Wandel sehr viel sozialverträglicher und egalitärer. Nach allen Parametern wie etwa der Einkommens- und Eigentumsverteilung, der Kluft zwischen Stadt und Land, des Anteils des privaten Konsums am Sozialprodukt, der Abhängigkeit vom Export und von ausländischem Kapital, schneidet die „kommunistische" Volksrepublik China inzwischen deutlich schlechter ab als diese Bollwerke des Antikommunismus von einst.[16]

Worin besteht dann die Bedeutung des Paragraphen Eins des „Allgemeinen Programms" der KP Chinas von 2007, in dem es heißt: „Das höchste Ideal und das endgültige Ziel der Partei ist die Verwirklichung des Kommunismus"? Wir bewegen uns hier in der Sphäre eines geradezu sakralen Planungs- und Entwicklungsoptimismus, der (jedenfalls nach europäischen Maßstäben) eher an die positivistische Fortschrittsreligion eines Auguste Comte als an den historischen Materialismus der Marx-Schule erinnert. So hat sich die KP Chinas seit dem Parteitag 1978 gleich zwei Hundertjahrespläne auf die Fahne geschrieben, die man fast realistisch nennen würde, nähme hier nicht die Partei die Rolle eines kosmischen Demiurgen ein, der seinem glücklichen Volk und der Menschheit insgesamt ein überlegenes Entwicklungsmodell schenkt, das sein glühender Propagandist, der emeritierte Freiburger Sinologe Harro von Senger, die „Supraplanung" nennt.[17] Demnach wird das Land exakt zum einhundertsten Jahrestag der Gründung der KP Chinas 1921, ergo im Sommer 2021, die erste Stufe seiner „sozialistischen Modernisierung" erreichen und „eine Gesellschaft mit bescheidenem Wohlstand" werden, um im hundertsten Jahr der Gründung der VR China, also im Herbst 2049, seine „Modernisierung im wesentlichen abzuschließen" – und sich sodann (versprochen ist versprochen) dem wahren Endziel zuzuwenden: eine kommunistische Gesellschaft zu errichten.[18]

Damit entwirft diese Partei nicht nur sich selbst als eine Art Kollektiv-Dynastie oder Super-Mandarinat (es fehlen angemessene Begriffe) in eine endlose Zukunft hinein. Sondern der „Kommunismus", den sie ihren dankbaren Subjekten zu bringen verspricht, erinnert tatsächlich eher an die hermetisch-ideale „Große Gemeinschaft" (Da Tong) der Konfuzianer, die Professor von Senger prompt auch emphatisch beschwört. Diese Gesellschaftsvorstellung ist allerdings so ziemlich das Gegenteil jener, im „Manifest der Kommunistischen Partei" von 1848 angedeuteten „Association, worin die freie Entfaltung eines Jeden, die Bedingung der freien Entfaltung Aller" wäre – und zwar in dieser Reihenfolge.[19]

Das wirkliche historische Vorbild seiner Reformen hatte Deng unmittelbar nach Maos Tod in aller lakonischen Direktheit einmal genannt, als er sagte:

---

[16] Anderson, Two Revolutions [Fn. 10], S. 93f.
[17] Harro von Senger: Supraplanung (Moulüe). Unbekannte Denkhorizonte aus dem Reich der Mitte. München 2008.
[18] Ebd., S. 115f.
[19] Manifest der Kommunistischen Partei. London. Februar 1848. Reprint der Originalausgabe. Berlin (DDR) 1965, S. 16. – Das bedeutungsvolle Komma so im Original.

Die Meiji-Restauration war eine Art Modernisierungsfeldzug, der von der aufsteigenden japanischen Bourgeoisie ausging. Als Proletarier sollten und können wir das besser machen.[20]

Diese „Meiji-Restauration" Dengs ist zur großen Wasserscheide der Geschichte Chinas im 20. Jahrhundert geworden. Seither ist dieses Staatswesen tatsächlich geworden, was weder das China Maos noch die Sowjetunion Stalins jemals sein konnten: eine Modernisierungs- und Entwicklungsdiktatur, die den eklatanten Widersprüchen, die dieser Begriff selbst schon beinhaltet, durch eine rastlose Flucht nach vorn zu entkommen sucht. Wohin diese Flucht führen wird, weiß die herrschende Partei vielleicht am allerwenigsten. Die Geschichte hält sich selten an fixe Daten oder Pläne. Aber wie man es dreht und wendet: Auch im zweiten Jahrzehnt des 21. Jahrhunderts ist es noch immer dieselbe Kommunistische Partei, die mit autokratischer Exklusivität ihre Macht ausübt, von ganz oben bis ganz unten. Das ist natürlich ein unfehlbares Mittel der moralischen Korruption und sozialen Dekomposition, dem die Partei außer mit regelmäßigen Säuberungskampagnen mit formalisierten Prozeduren von Berufungen und Kadertausch entgegenzuwirken sucht, die eine gewisse machttechnische Rationalität haben, aber zugleich auch von einer fatalen geistigen und politischen Immobilität zeugen. Hinter einer Fassade von Jovialität fördert die eiserne (oder panische) Entschlossenheit der Partei, die Spielräume gesellschaftlicher Selbsttätigkeit eng begrenzt zu halten, sogar einige neototalitäre Innovationen, die frösteln lassen: so etwa den systematischen Versuch, die größte Netzgemeinde der Welt in ein polizeilich überwachtes und sprachlich-ideologisch gefiltertes *Intranet* zu verwandeln, d.h. in ein Instrument aktiver Erfassung und Ausschaltung von Dissidenz, und potentiell sogar in ein Orwellsches Instrument der mentalen Konditionierung durch die systematische Selektion „schlechter Wörter" (und Gedanken). Gegen einen solchen unsichtbaren „Großen Bruder" nähme sich eine Stasi vergangener Zeiten allerdings recht altmodisch aus.[21] Dieser epische Kampf hat gerade erst begonnen.

Gab es überhaupt *den* Kommunismus?

Ist es angesichts dieser höchst verschiedenen Entwicklungslinien überhaupt noch sinnvoll, vom Kommunismus im Singular zu sprechen – und wie bestimmt man dann diesen Begriff? In zweierlei Hinsicht macht es nach wie vor historisch Sinn, vom „Kommunismus" im Singular zu sprechen:
Zum einen handelte es sich bei den kommunistischen Parteien und den um sie herum gebildeten Staats- und Gesellschaftsformationen tatsächlich um solche *„neuen Typs"*. Die Umbenennung der eben zur Macht gekommenen Sozialdemokratischen Partei Russlands (Bolschewiki) im Frühjahr 1918 und die programmatische Reaktualisierung

---
[20] Deng Xioaping: „Respect Knowledge, Respect Trained Personnel". Gespräch mit zwei führenden Genossen des Zentralkomitees der KP Chinas, 24. Mai 1977. – Als „Meiji-Restauration" werden die „Reformen von oben" bezeichnet, die der Wiedererrichtung eines kaiserlichen Zentralstaats in Japan 1868 folgten und die in vieler Hinsicht denen in Preußen-Deutschland unter Bismarck angelehnt waren.
[21] Petra Kolonko: Gleichschaltung ist machbar, Herr Nachbar, in: FAZ, 18.6.2012.

der eigentlich historisch gewordenen Selbstbezeichnung „kommunistisch" diente gerade der kategorischen Abgrenzung vom Gros des europäischen Sozialismus. Diese *Typologie* und *Charakteristik* Kommunistischer Parteien als leninistischer, demokratisch-zentralistisch geführter Kampf- und Kaderorganisationen, die den anschlusswilligen Gruppierungen aller Länder in der Gründungsphase durch die Moskauer Internationale als verbindliche Matrix oktroyiert wurde, hat „dem Kommunismus" als Gesamtbewegung jedenfalls einen sehr viel strikter systemischen Charakter verliehen, als das für alle konkurrierenden politischen und weltanschaulichen Großphänomene des 20. Jahrhunderts wie „den Liberalismus", „den Sozialismus" (der Sozialdemokratie), „den Faschismus" oder heute etwa für „den Islamismus" gesagt werden könnte.

Zum anderen hat es sich um eine ganz bestimmte *Sequenz* von historischen Durchbrüchen gehandelt, die einander unmittelbar bedingt und vorangetrieben haben. Ohne das Gründungsereignis der Russischen Revolution, genauer gesagt: ohne die Machteroberung der Bolschewiki im Oktober/November 1917 und ohne die erfolgreiche Gründung einer Union Sozialistischer Sowjetrepubliken als eines imaginären „Vaterlands aller Werktätigen" hätte es schwerlich eine *Kommunistische Internationale* als eine „Weltpartei des Proletariats" mit einer Moskauer Zentrale, regionalen Büros und nationalen Sektionen gegeben, sondern allenfalls eine Vielzahl radikalsozialistischer Parteien und Gruppen unterschiedlicher Observanz. Ohne die *Kommunistische Internationale* und ohne die Sowjetunion als machtvolles Hinterland wären wiederum die späteren, von Kommunisten geführten Revolutionen und Staatsgründungen des 20. Jahrhunderts nur schwer denkbar gewesen. Fast alle Köpfe und Führer der kommunistischen Parteien sind durch diese Schule gegangen, von Ho Chi Minh oder Josip Broz Tito bis zu Walter Ulbricht und selbst zu seinem Nachfolger, dem jungen Erich Honecker, der 1930/31 eine Moskauer Kominternschule besuchte.

Das Gründungsereignis der bolschewistischen Machteroberung konnte aber nur in Russland stattfinden, nicht in Deutschland oder Frankreich, und noch weniger in irgendeinem anderen Land. Dabei hatte es auch in Russland am sprichwörtlichen seidenen Faden gegangen, am deutlichsten ablesbar an Lenins ultimativem Drängen in den entscheidenden Oktobertagen des Jahres 1917, hier und heute und unbedingt auf eigene Faust unter dem Deckmantel des von Lev Trockij befehligten Militärkomitees des Petrograder Sowjet und dem Vorwand eines angeblich drohenden konterrevolutionären Putsches die Staatsmacht zu ergreifen. Wenn man diesen historischen Moment verstreichen lasse, werde es eine solche Möglichkeit auf Jahre oder Jahrzehnte hinaus nicht mehr geben.[22]

Vieles spricht dafür, dass Lenin mit dieser instinktiven Einschätzung vollkommen richtig lag. Es war ein – vielleicht einzigartiges – historisches *window of opportunity*, das sich öffnete und rasch wieder schließen konnte.

So fragwürdig derartige kontrafaktische Erwägungen immer sind – sie schärfen den Blick für die Labilität und Kontingenz der historischen Situation und für die Spielräume eines entschlossenen politischen Agierens in einer Situation, in der alle vorhandenen internen und externen Gegenkräfte sich einen historischen Moment lang neutralisierten. Sie enthalten aber auch schon erste Hinweise auf die eigentliche Ratio

---

[22] W.I. Lenin: Ratschläge eines Außenstehenden, in: Lenin. Werke, Bd. 26. Berlin (DDR) 1972, S. 168.

des Handelns der Akteure, hier der Bolschewiki um Lenin und seine Gefährten – und damit auf Motive, die ihnen selbst nicht in jeder Hinsicht bewusst sein mussten.
Was eine historische Analyse des „Kommunismus in seinem Zeitalter" also vor allem zunächst leisten muss, ist zu erklären:

- Erstens: Wie und warum formierten sich kommunistische Massenbewegungen und „Parteien neuen Typs" gerade an diesem und keinem anderen historischen Zeitpunkt, nämlich zuerst am Ausgang des Ersten Weltkriegs und dann vor, während des und nach dem Zweiten Weltkrieg? Auf welche Weise gewannen sie in vielen, sehr unterschiedlichen Ländern eine erhebliche Attraktivität für aktivistische Elemente aus heterogenen Teilen der Bevölkerung?
- Zweitens: Wie und warum kamen Kommunisten gerade in *den Ländern* zur Macht, in denen ihnen das *aus eigener Kraft* tatsächlich gelang, zuerst in Russland, dann in Jugoslawien und Albanien, Vietnam und China? Der Pufferstaat (Nord-)Korea und die Etablierung einer kommunistischen Dynastie auf der Basis eines verheerenden und misslungenen Einigungskriegs, der nur durch den massiven militärischen Beistand Chinas und der UdSSR noch zu einem rettenden Ende gebracht werden konnte, bildet einen Sonderfall eigener Ordnung. Erklärungsbedürftig bleibt auch, wie es den Kommunisten in den Volksrepubliken in Südost- und Ostmitteleuropa bis 1949 unter dem Schirm des sowjetischen Besatzungsregimes trotz ihrer eklatanten Schwäche gelingen konnte, in einem solchen Maße Proselyten zu machen und halbwegs funktionierende staatliche und ökonomische Ordnungen zu errichten, die bis heute die gesellschaftlichen Strukturen und Mentalitäten prägen.
- Drittens: Warum konnten während der Entkolonialisierung der 1960er und 1970er Jahre der Typus kommunistischer Staatsparteien bürokratisch-zentralistischen Zuschnitts und ein auf primär schwerindustrielle Akkumulation ausgerichtetes stalinistisches Entwicklungsmodell noch einmal eine derartige Scheinblüte erfahren, dass es von Kuba bis Südjemen, von Äthiopien bis Angola zu einer späten, dritten Gründungswelle von „Volksrepubliken" sowjetischen Typs kam, während die maoistisch inspirierten Parteien und Guerillaformationen, die es nach dem Großen Schisma zwischen KPdSU und KP Chinas in sämtlichen Staaten Süd- und Südostasiens und in einigen Ländern Afrikas und Lateinamerikas gegeben hatte, trotz ihrer zeitweise starken Präsenz und trotz der angemaßten Rolle Chinas als Speerspitze der „Dritten Welt", so eklatant scheiterten?

Diese *drei großen, sukzessiven Wellen* kommunistischer Machteroberungen und Staatsgründungen, die durch die Stichdaten 1917, 1945 und 1960 markiert werden, bilden insoweit die Kerngeschichte des modernen Kommunismus.
Um sie herum gruppieren sich zahlreiche Nebengeschichten, die temporär und lokal von erheblicher Bedeutung waren und epische Formate annehmen konnten – aber letztlich einen abgeleiteten Charakter trugen: ob es sich um den griechischen Bürgerkrieg von 1944–1947 oder die blutig gescheiterten lateinamerikanischen Land- und Stadtguerillas der 1960/70er Jahre handelte; vom phantasmagorischen Projekt einer „trikontinentalen" Weltrevolution, wie Ernesto Guevara es entwarf und vergeblich zu

initiieren versuchte, ganz zu schweigen.[23] In dieser Perspektive stellt sich die Geschichte des modernen Kommunismus als ein über die ganze Welt verstreuter Friedhof gescheiterter Erhebungen und heroischer Opfergänge dar, deren zahllosen, einst hoch verehrten Märtyrer, die fast dem Heiligenhimmel der Katholischen Kirche als der anderen universalen Institution Konkurrenz machten, heute nur noch eine apokryphe Existenz führen.

Ein bedeutendes Kapitel eigener Art schrieben die Kommunisten des Westens, die zwar nirgends auch nur in die Nähe des Griffs nach der Staatsmacht kamen, in einigen Ländern aber ein bedeutendes Segment der politischen und kulturellen Öffentlichkeiten, der Gewerkschaften oder einiger Berufsverbände dominierten und zu „Bündnissen" fähig waren, die von Fall zu Fall einige Breite annehmen konnten, so etwa in den Kampagnen gegen den westlichen Imperialismus und Kolonialismus oder in den sogenannten „Friedensbewegungen". Damit lieferten die westlichen Kommunisten dem östlichen sozialistischen Lager einen bedeutenden Resonanzboden, Rekrutierungsfonds und Einflusshebel und prägten das Bild und reale Gewicht des Kommunismus als einer globalen politischen Bewegung entscheidend mit.

Generell war es das Betriebsgeheimnis der Moskauer Internationale und ihrer informellen Nachfolgeorganisationen, dass in diesem großen, globalen Verbund jede einzelne, selbst kleine Partei als Franchisenehmer und Teil dieser halb realen, halb imaginären Weltbewegung ein Prestige und Gewicht auf die Waage brachte, das (von allen finanziellen Subventionen oder organisatorischen Hilfen noch abgesehen) unvergleichlich größer war, als sie für sich genommen besaßen. Zugleich bot der Rahmen der kommunistischen Weltbewegung und der damit verbundenen Geheimstrukturen ehrgeizigen Nachrückern ein Aufstiegs- und Beziehungsfeld, das die lokale Partei nicht bieten konnte. Wenn man ein informeller „Mann Moskaus" war – ob im Havanna der 1950er Jahre, im Paris der 1960er Jahre oder in einer osteuropäischen Hauptstadt der 1970er Jahre –, dann war das eine Einflussposition, die in der engeren Parteikarriere nicht aufging. All die abenteuerlichen oder spießerhaften Doppelexistenzen, in die Individuen der unterschiedlichsten Sorte in der geteilten Welt vergangener Jahrzehnte auf den Tickets der östlichen Organisationen und „Dienste" immer wieder geschlüpft sind, bilden überhaupt ein bezeichnendes Kapitel eigener Art.

Ein marxistischer Gencode?

Die Schwierigkeit, den „Kommunismus in seinem Zeitalter" in eine kohärente Darstellung zu bringen, hat zunächst natürlich mit der ungeheuren Disparatheit all dieser Einzelgeschichten zu tun; und im Übrigen mit sachlichen und praktischen Gründen, die sich nur konstatieren, aber kaum kritisieren lassen. Tatsächlich ist eine nachgerade bedrängende Masse an substantiellen Forschungen in allen möglichen Sprachen geleistet worden – allerdings eher außerhalb der Hauptländer des einstigen Kommunismus als dort an Ort und Stelle; und das in disziplinär weit getrennten Sparten: hier einer etablierten und hoch differenzierten Osteuropaforschung; dort einer glänzend besetzten internationalen Sinologie; hier einer meist organisations- und personenzentrierten „historischen Kommunismusforschung" im engeren Sinn; dort einer weitläufig

---

[23] Gerd Koenen: Traumpfade der Weltrevolution. Das Guevara-Projekt. Köln 2008.

ausschwärmenden Literatur- und Kulturwissenschaft; hier einer Global- und Weltgeschichte, die vielfach die im 18./19. Jahrhundert aufgebrochene „große Kluft" zwischen China und Europa zur zentralen Achse ihrer Darstellungen gemacht hat[24]; und dort einer unüberschaubaren Vielzahl von Asian, Oriental, African oder Latin-American Studies, die den kommunistischen Episoden aller möglichen Länder erst ihren Platz anweisen.

Weniger verständlich ist schon, warum selbst sehr naheliegende Parallelstudien, insbesondere der eng miteinander verknüpften, teils ähnlichen und teils markant unterschiedenen Entwicklungslinien der kommunistischen Hauptmächte China und Russland, nur eher selten angestellt worden sind[25] – im Unterschied zu einer ausgedehnten Komparatistik von Stalinismus und Nationalsozialismus, obwohl diese beiden Phänomene typologisch und „kausal" in Wahrheit nur sehr wenig miteinander zu tun hatten.

Immerhin hat es in den letzten zwanzig Jahren eine Reihe neuer Versuche gegeben, das globale Phänomen des Kommunismus in kohärente Gesamtdarstellungen zu fassen. Ein kurzes, natürlich ganz inadäquates Resümee des argumentativen Kerns, von dem aus diese Geschichten von „Aufstieg und Fall" ihre kritische und sachliche Analyse jeweils entwickelt haben, ergibt bei aller gelehrten Informiertheit jedoch ein erstaunlich monotones Muster der Interpretation.

So soll dem amerikanischen Russlandhistoriker Martin Malia zufolge die von Marx verkündete „Botschaft der sozialistischen Utopie", wonach „der Geschichte ein säkulares Ziel oder Telos eigen sei", die primäre Quelle für das „phantastische, surreale sowjetische Abenteuer" gewesen sein.[26] Ähnlich fand der französische Revolutionshistoriker François Furet in der aufklärerischen, von Marx radikalisierten Vorstellung, dass die Geschichte der „Entwicklung der historischen Vernunft" folge, jene epochale „Illusion", die „erst durch einen radikalen Widerruf der Geschichte ein Ende finden" konnte.[27] Stéphane Courtois, der Herausgeber des „Schwarzbuchs des Kommunismus", sah den Kern des kommunistischen Totalitarismus in der „messianischen Dimension des marxistischen Projekts, die Menschheit im und durch das Proletariat zu vereinen" – einer Idee, die „wie ein genetischer Code" den Weg in den Massenterror vorprogrammiert habe.[28] Für den britischen Historiker Robert Service lagen die Ursprünge der fehlgelaufenen Geschichte des Kommunismus ebenfalls in dem von Marx revitalisierten, uralten „Traum der Apokalypse, dem das Paradies folgt"; und diese „marxistische DNA" habe auch den Leninismus, Stalinismus oder Maoismus geprägt.[29] Ganz ähnlich der Sowjetologe Archie Brown, der die Ursache für „Aufstieg und Fall des Kommunismus" darin fand, dass die Kommunisten aller Länder sich

---

[24] Christopher A. Bayly: Die Geburt der modernen Welt. Eine Globalgeschichte 1780–1914. Frankfurt/Main, New York 2004. – Jürgen Osterhammel: Die Verwandlung der Welt. Eine Geschichte des 19. Jahrhunderts. München 2009.
[25] Maßgeblich bleiben: Peter Nolan, China's Rise, Russias Fall: Politics, Economics and Planning in the Transition from Stalinism. Basingstoke 1995. – Minxin Pei: From Reform to Revolution: The Demise of Communism in China and the Soviet Union. Cambridge, MA 1994. Auch P. Andersons Essay: Two Revolutions [Fn. 10], ist höchst instruktiv.
[26] Martin Malia: Vollstreckter Wahn. Russland 1917–1991. Stuttgart 1994, S. 31.
[27] François Furet: Das Ende der Illusion. Der Kommunismus im 20. Jahrhundert. München, Zürich 1996, S. 10.
[28] Stéphane Courtois: Das Schwarzbuch des Kommunismus. Unterdrückung, Verbrechen, Terror. München, Zürich 1998, S. 816, 822.
[29] Robert Service: Comrades! A History of World Communism. Cambridge 2007, S. 7, 14, 184f.

durch eine scheinwissenschaftlich untermauerte Utopie hätten leiten lassen, die von Platon über Thomas Morus via Marx und Engels auf Lenin tradiert worden sei, der in der Ausnahmesituation des Ersten Weltkriegs erstmals damit machtpolitisch ernst gemacht habe. Die tatsächliche Entwicklung der kommunistischen Regimes des 20. Jahrhunderts sei letztlich nur ein Beispiel für das, „was in der Politikwissenschaft als ‚Pfadabhängigkeit' bezeichnet wird".[30] David Priestland als letzter und jüngster Historiograph schließlich erkannte in den Kommunisten (etwas freundlicher) „Prometheus' Erben". Der von Karl Marx, einem „deutschen Prometheus", begründete Sozialismus und Kommunismus habe sich später in drei Richtungen geteilt, die im Denken und Handeln von Marx noch eine Einheit gebildet hätten: eine romantische, eine technokratische und eine radikale. Überlebt habe den Zusammenbruch von 1989 immerhin „Prometheus, der rationale Planer", der als Korrektiv (man darf hier an China denken) zum weltbeherrschenden „neoliberalen Händler Hermes" (dem Westen) auch weiterhin gebraucht werde.[31]

Nun hat die Vorstellung eines hundertfünfzigjährigen ideologisch-politischen Kontinuums namens „Marxismus" oder „Kommunismus", das wie ein geschichtliches Wesen oder Unwesen sui generis sich global ausgebreitet und nach einer Reihe weltanschaulicher Metamorphosen und praktischer Realisierungsversuche erst durch einen „Widerruf der Geschichte" sein vorläufiges oder endgültiges Ende finden konnte, als solche schon etwas entschieden Esoterisches. Die ganze Verlegenheit konzentriert sich in naturalistischen Metaphern wie der einer „marxistischen DNA", die als ein „genetischer Code" die Sprache, das Denken und Verhalten der Kommunisten aller Länder durch sämtliche Weltkrisen und Weltkriege des 20. Jahrhunderts hindurch konditioniert haben soll.

Die enorme Wirkungsgeschichte von Marx und dem Marxismus ist sicherlich ein noch kaum ganz ausgeschöpftes Thema. Allerdings müssten einige Dinge auf den ersten Blick klar sein. Zum Beispiel lässt sich so gut wie alles, was in den zitierten Darstellungen den Kommunisten des 20. Jahrhunderts als Disposition zugeschrieben wird (dass ihr Denken und Handeln utopisch, messianisch, eschatologisch, teleologisch, szientistisch etc.pp. gewesen seien), mit derselben oder vielleicht noch größerer Berechtigung über die führenden Köpfe des europäischen Sozialismus vor 1914 sagen, ob es sich um einen Bebel oder Kautsky, Jaurès, Labriola oder Plechanov handelte. Warum kamen sie als „Marxisten" dann aber zu vollkommen anderen Konsequenzen als ein Vladimir Uljanov alias Lenin, der sich als Theoretiker und Doktrinär, allen querulatorischen Polemiken zum Trotz, von ihnen nur wenig unterschied – umso mehr aber als revolutionärer Stratege, der die singuläre und ganz realistische Chance witterte, „Russland aus den Angeln zu heben"? Seine Theorien und Doktrinen, die sich wenn schon eher durch betonte positivistische Nüchternheit und einen schroffen Antiutopismus auszeichneten, lagen bis 1914 noch weitgehend im Mainstream des europäischen Sozialismus. Was sich diametral unterschied, waren die Personen, die Situationen, die Mentalitäten – wie in der tödlichen und geschichtsträchtigen Verfeindung von Kommunisten und Sozialdemokraten im Ersten Weltkrieg und danach auch offen zutage trat.

---

[30] Archie Brown: Aufstieg und Fall des Kommunismus. Berlin 2009, S. 26–29, 65.
[31] David Priestland: Weltgeschichte des Kommunismus. München 2009, S. 53f., 60, 685f.

„Niemals werde ich den Freund vergessen, den ich in Moskau kennengelernt habe!"

Kurzum, die lange Stafette der Translationen des Marxismus, Sozialismus und Kommunismus von Westen nach Osten, von Frankreich nach Deutschland, von Deutschland nach Russland und schließlich von Russland nach China und in alle Welt, kann nicht als eine bloße Geschichte ideologischer Tradierungen oder Transfers verstanden werden, sondern eher schon als eine Folge immer neuer, eigenständiger *Adaptionen*, das heißt: vielseitiger Anverwandlungen und Übertragungen in ganz andere zeitliche, räumliche und kulturelle Kontexte. Und die Fäden, an denen das alles hing, waren biographisch und situativ oft erstaunlich dünn.

Mao Tse-tung zum Beispiel kannte, als er 1921 (fast zufällig) an der von Emissären der Moskauer Internationale initiierten Konstituierung des Gründungszirkels einer Kommunistischen Partei Chinas teilnahm, vom Marxismus wie vom Leninismus so gut wie nichts, schon weil es kaum Übersetzungen gab.[32] Zu diesem Zeitpunkt hatte es in Russland bereits eine vierzigjährige, konsolidierte Tradition eines Sozialismus und Marxismus gegeben. Noch als er, schon unbestrittener Führer seiner Partei und Revolutionsarmee, im Feldlager in Jenan ab 1939/40 daran ging, sich sein eigenes ideologisches Fundament zu schaffen, stand ihm nur eine rudimentäre marxistisch-leninistische, sprich: stalinistische Literatur zur Verfügung. In seiner Jugend war er ein romantischer Monarchist gewesen, bevor er Republikaner, Nationalist und schließlich (als fast Dreißigjähriger) Kommunist wurde; und er kannte sich in der klassischen chinesischen Literatur recht gut aus, aus der er auch als kommunistischer Parteiführer später jederzeit schöpfte. So ist der Schriftenkanon der „Mao-Tse-tung-Ideen", den er mit Hilfe seines gebildeten Sekretärs und Ghostwriters Chen Boda zielstrebig entwickelte, eine weitgehend originäre Schöpfung und ein ideologisches Amalgam, das als ein „chinesischer Marxismus" kaum annähernd bezeichnet ist.[33]

In diesen jeweiligen Amalgamen und Mixturen – nennen wir sie ruhig Leninismus, Stalinismus oder Maoismus, da sie ja tatsächlich von den jeweiligen Führern vorformuliert und auf sie zugeschnitten wurden – flossen aber nicht nur vergangene oder aktuelle Lektüren, sondern vor allem eine Masse jeweiliger, mehr ideeller oder mehr profaner, sozialer oder nationaler Ambitionen, Interessen und Motivationen mit ein. Richtet man den Blick also weniger auf die toten Buchstaben der (meistens ex post verfassten) Katechismen oder „Gesammelten Werke" als vielmehr auf die tragenden Figuren und auf die lebendigen Aufgebote, dann stellen sich die Kommunisten, ob im Untergrund oder an der Macht, zunächst einmal als Akteure eigenen Zuschnitts in den realen, sich überlagernden Konflikten des vergangenen Jahrhunderts dar. Insoweit waren sie durchaus Fleisch vom Fleisch ihrer Gesellschaften, ihrer Kulturen, ihrer Nationen, Kinder ihrer jeweiligen Zeit, Angehörige bestimmter Generationen, vor allem der beiden Weltkriegsgenerationen, Menschen mit oft typischen Aufsteiger- oder Aussteigerbiografien,

---

[32] So hat er selbst seinen Kenntnisstand im Gespräch mit Edgar Snow charakterisiert; Edgar Snow: Roter Stern über China. Frankfurt/Main 1970, S. 196f. – Die drei Bücher, die er (wohlgemerkt: als Bibliothekar und Buchhändler) auftreiben konnte, waren eine Übersetzung des „Kommunistischen Manifests" („das erste marxistische Buch, das jemals in Chinesisch veröffentlicht worden war"); eine Broschüre von Karl Kautsky über „Klassenkampf" (wohl eine Übersetzung des Abschnitts V des „Erfurter Programms") sowie die „Geschichte des Sozialismus" des Fabier-Sozialisten Thomas Kirkup aus dem Jahr 1892. Von dieser Zeit an, so Mao, „betrachtete ich mich als Marxisten".

[33] Raymond F. Wylie: The Emergence of Maoism. Mao Tse-tung, Chen Po-ta and the Search for Chinese Theory, 1935–1945. Stanford 1980.

getrieben von Wünschen, Aversionen oder Ambitionen, die sie vielleicht auch in ganz anderen Kontexten hätten ausleben können. Sie waren weder bloße Ideenträger noch zombiehafte Kampfmaschinen, weder Un- noch Übermenschen.

Historisch-faktische Beobachtungen

Die übergreifende Frage lautet: Wie gehört der Kommunismus als politische Bewegung und als sozialökonomische Formation eigenen Typs in die Geschichte der Entwicklung des globalisierten Kapitalismus und Imperialismus, des Industriesystems oder der „Moderne" eigentlich hinein? Und welchen Logiken folgten die sequenziellen, „internationalistisch" verflochtenen Aufschwünge und Machteroberungen kommunistischer Parteien in den Weltkrisen und -kriegen, den Nations- und Staatsbildungen des 20. Jahrhunderts? Einige historisch-faktische Beobachtungen können eine erste Orientierung liefern:

- Kommunisten haben in keinem Land der Welt auf der Grundlage von Klassenkämpfen industrieller Arbeiterschaften gegen die kapitalistischen Ausbeutung und Verelendung oder auf Grund der krisenhaften Ausweglosigkeit und „Fesselung der Produktivkräfte" durch eine herrschende Kapitalistenklasse – kurzum: auf Grund all der Phänomene, an die die Revolutionserwartungen eines marxistisch inspirierten Sozialismus historisch geknüpft waren – irgendwelche bedeutenden Erfolge oder gar die politische Macht errungen. Die Weltwirtschaftskrise und die Große Depression nach 1929/30, die wie eine Bestätigung der marxistischen Prophetien aussahen und zur Sternstunde der *Kommunistischen Internationale* hätten werden sollen, wurden stattdessen zur Stunde eines ersten dramatischen Niedergangs und Zerfalls.
- Die Scheinblüte der KPD als einer bewaffneten, subproletarischen Bürgerkriegsformation, die in diesen Krisenjahren bis 1932 auch größere Elektorate von 10–20 Prozent (mehr aber nie) für sich mobilisieren konnte, bewies nur scheinbar das Gegenteil: Denn gerade gegenüber der organisierten Arbeiterschaft, die mehrheitlich sozialdemokratisch oder katholisch orientiert blieb, befanden die Kommunisten sich in der Position weitgehender, sektiererischer Isolation. Ihre relative Stärke beruhte auf einer fragwürdigen Kombination sozial desperater und nationalistisch aufgeladener Motive, die sich zentral an die fixe Idee einer künftigen Weltachse Moskau–Berlin hefteten. Mit dem Sieg Hitlers 1933 fiel die Partei kraftlos in sich zusammen.
- Die wirklichen Sternstunden der Kommunisten aller Länder waren die beiden Weltkriege. Ohne die imperialistischen Weltkriege kein Weltkommunismus. Lenin hatte 1916 in einem seiner Kriegsartikel mit kühnem realpolitischem Opportunismus die Prospekte einer „proletarischen Revolution" radikal ausgedehnt, als er erklärte: Wer „eine ‚reine' soziale Revolution erwartet, der wird sie niemals erleben". Zu erwarten seien vielmehr: Aufstände kleiner Nationen, wilde Angriffe halbproletarischer bäuerlicher Massen gegen Grundeigentümer und Kirche, Soldatenmeutereien, antikapitalistische Rebellionen kleinbürgerlicher Schichten mit all ihren „reaktionären Phantas-

tereien", usw.[34] Die Bolschewiki, hieß das, mussten diejenigen sein, die bereit seien, diesen Tiger der „dunklen" Leidenschaften des Volkes (vor denen die russische Intelligencija immer Angst hatte) zu reiten, um die alte Welt vollends in Trümmer zu legen und selbst nach der Macht zu greifen.

- Tatsächlich verwandelte sich der Weltkrieg auch ohne Zutun der Bolschewiki in einen universellen Bürgerkrieg, der zunächst in eine rasende *Involution* mündete: den abrupten Zusammensturz nicht nur des alten monarchischen Regimes, sondern auch der provisorischen bürgerlichen Republik, die versuchte, das Vakuum zu füllen, begleitet von einem Kollaps aller eingespielten sozialökonomischen Beziehungen. Deshalb war es „leicht wie eine Feder", wie Lenin sagte, im Oktober/November 1917 die Macht zu ergreifen, umso schwieriger allerdings, sie durch einen langen Bürgerkrieg hindurch festzuhalten und auszubauen. Ähnliche Prozesse einer Involution am Ausgang des Weltkrieges bereiteten auch den Kommunisten in anderen Ländern erst den Weg. Selbst die KP Chinas kam eher durch den materiellen und moralischen Kollaps der Kuomintang (aufgrund der rasenden Inflation, der allgemeinen Korruption usw.) an die Macht als durch den Sieg ihrer Roten Arbeiter- und Bauernarmee.
- Das neue „revolutionäre Subjekt", das sich erst im Feuer der Bürgerkriege herauskristallisierte, die der Machteroberung folgten oder vorausgingen, trug unter jedem soziologischen oder politischen Parameter einen *hybriden* Charakter, d.h. es bestand aus aktivistischen Elementen aller Klassen und Herkünfte. Im Zuge der Revolutionen und Bürgerkriege wurden nicht nur Monarchen, Adel oder Gentry, Offizierskorps, Beamtenschaften und ständische Einflussgruppen, sondern auch große oder kleine Industrielle und Kaufleute, „reaktionäre" Bildungsschichten und Fachleute enteignet, entlassen oder vertrieben. Auch die hoch konzentrierten Kerne der alten Industriearbeiterschaft mit ihren Gewerkschaften und Vereinen lösten sich weitgehend auf, oder wurden nach Streiks zwangsweise aufgelöst. Am robustesten behaupteten sich trotz aller Requisitionen und Dienstverpflichtungen zunächst die kleinbäuerlichen Eigentümer, bevor sie (in Russland wie in China und anderswo) das Objekt einer zweiten Kollektivierungsrevolution wurden.
- Auch das sozialökonomische Gebilde, das um den neuen staatlich-parteilich verfassten Machtkern herum entstand und auf den planmäßigen „Aufbau des Sozialismus" ausgerichtet sein sollte, trug einen hybriden Charakter. Die halb aus doktrinärer Überzeugtheit, halb aus nacktem Selbsterhaltungstrieb geborene Entschlossenheit der Kommunisten, die von ihnen eroberten Gesellschaftskörper einer radikalen Umwandlung zu unterziehen, übersetzte sich in eine Folge von Handlungen und Prozessen, die alles, nur nicht „planmäßig" oder gar „gesetzmäßig" waren. So zeigten die kommunistischen Gesellschaftsprojekte von Anfang bis Ende das Grundmuster einer permanenten Flucht nach vorn, von einer Kalamität in die nächste. Als fanatische Antreiber waren die Kommunisten immer auch panisch Getriebene.

---

[34] Lenin: Die Ergebnisse der Diskussion über die Selbstbestimmung, in: Lenin, Werke [Fn. 22], Bd. 22, S. 363f.

- Fast alle entscheidenden strategischen Wendungen trugen daher einen situationistischen und improvisierten Charakter: vom Ur-Akt der Machteroberung Lenins und Trockijs 1917 bis zum abrupten Entschluss Stalins und seiner engsten Gefährten für eine Crash-Industrialisierung und Totalkollektivierung in einem einzigen „Großen Umschwung" 1929; von der mit bloßen Händen zu vollbringenden, autarkischen Massenindustrialisierung in Maos „Großem Sprung nach vorn" 1959 bis zur Entfesselung der anarchischen „Kulturrevolution" 1966. Und dasselbe galt vermutlich auch für das letzte, finstere Drama dieser Art, den Beschluss der Führer der Roten Khmer 1975 zur vollkommen unvorbereiteten Deportation der Masse der Stadtbewohner Kambodschas und ihrer systematischen Filtrierung und Dezimierung. Waren diese Entscheidungen aber einmal gefallen und gewaltsam exekutiert, dann waren alle Brücken verbrannt, es gab kein Zurück. In all diesen Hinsichten hat die Geschichte der von Kommunisten errichteten Staatswesen und Gesellschaftsformationen das Prädikat der „Blindwüchsigkeit", das in marxistischer Terminologie der kapitalistischen Produktionsweise zugeschrieben wurde, noch bei weitem übertroffen.
- Alle Strategien der Eroberung und Behauptung der Macht während und nach den beiden Weltkriegen blieben an die Nutzung der Konflikte und Differenzen der imperialistischen Hauptmächte geknüpft. Das diskrete Zusammenspiel mit der kaiserlichen deutschen Regierung im Ersten Weltkrieg, das für die Machteroberung der Bolschewiki 1917/18 durchaus eine Rolle gespielt hatte, setzte sich in Lenins Versuch fort, den Aufbau einer neuen „Kommunistischen Internationale" 1919/20 direkt mit dem Aufbau einer globalen Front gegen die Versailler Siegermächte zu verbinden, unter Einbeziehung der „nationalen Bourgeoisien" der unterdrückten Länder, zu denen auch die in „Industriekolonien" verwandelten Besiegten des Weltkriegs gehören sollten, an erster Stelle des Deutschen Reichs.[35] Gleichzeitig wurden alle inneren Bürgerkriege und sozialen Krisen im Zentrum oder an der Peripherie des alten Russischen Reiches, vom „Krieg um das Getreide" 1918 bis zur Niederschlagung der Kommune von Kronstadt 1921 und der militärischen Zerschlagung des unabhängigen Georgien 1922, als imperialistische Komplotte gebrandmarkt.
- „Der Imperialismus", der die Sowjetmacht erdrosseln wollte – das waren aber stets die *Westmächte*, an erster Stelle zunächst Großbritannien und Frankreich. Diese globale Feindbestimmung zog sich bis in das Jahr 1941 und wurde im Kalten Krieg ab 1946/47 wieder aufgenommen, nun mit den USA als der neuen westlichen Gegenmacht. Zugleich galt in der Weltvorstellung der Bolschewiki und der Moskauer Internationale die axiomatische Annahme, dass die Perspektiven einer sozialistischen Weltrevolution – worin die UdSSR Vormacht und Hinterland bildete – an die sichere Erwartung eines zweiten oder dritten imperialistischen Weltkriegs geknüpft war. Stalin machte 1925 (ganz im Geiste Lenins) diese historisch-materialistische „Gesetzmäßigkeit" zur Grundlage seiner machtstaatlich-militärischen Konsoli-

---

[35] Dazu ausführlich: Gerd Koenen: Der Russland-Komplex. Die Deutschen und der Osten 1900–1945. München 2008.

dierungsstrategie, die die fiebrigen („trotzkistischen") Revolutionserwartungen der ersten Jahre ersetzte. Aber noch in seiner letzten, testamentarischen Schrift 1952 sprach Stalin unverändert davon, dass die Besiegten des Zweiten Weltkriegs (Deutschland und Japan) nicht daran dächten, unter dem Stiefel des US-Imperialismus zu vegetieren, sondern versuchen würden, wieder auf die Beine zu kommen; und dass dieser dritte imperialistische Weltkrieg unvermeidlich dann mit dem Sieg des Sozialismus im Weltmaßstab enden werde.[36] In gewisser Weise markierte gerade dieses Axiom den Anfang vom Ende. Denn was 1925 noch hellsichtig erscheinen konnte, war 1952 bereits eine völlige Verkennung der Lage. Tatsächlich hatten sämtliche entwickelten Länder des Kapitalismus damit begonnen, sich unter Führung der USA in einem politisch, militärisch und wirtschaftlich integrierten „westlichen Lager" zusammenzuschließen und alle Kriegsbeile untereinander zu begraben – eine historische Zäsur, die im Kanon marxistisch-leninistischer Doktrinen nicht vorgesehen war.

- Mit den latent positiven Bewertungen nationalrevolutionärer Bewegungen im Moskauer Weltszenario hing auch die folgenschwerste Fehleinschätzung der Moskauer Führung in der Weltkriegsphase zusammen: das Spiel mit den sich neu herauskristallisierenden „faschistischen" Bewegungen. Begonnen hatte das im Sommer 1920 mit Lenins Spekulationen über ein denkbares Zusammenspiel der Roten Armee mit den „deutschen Schwarzhundertern" (gemeint waren offenbar Freikorps und „Schwarze Reichswehr") beim Vormarsch auf Warschau, parallel zur gleichzeitig aufgenommenen geheimen Zusammenarbeit mit der Führung der deutschen Reichswehr. Diese Politik setzte sich fort mit den Grundsatzreferaten von Clara Zetkin und der werbenden „Schlageter-Rede" von Karl Radek vor dem Führungsgremium der *Kommunistischen Internationale* im Juni 1923 (im Zeichen des deutschen Abwehrkampfs gegen die französische Ruhrbesetzung), worin sie den deutschen wie den italienischen Faschisten ausdrücklich attestierten, dass sie keineswegs nur „weiße" Konterrevolutionäre und Prätorianer des Kapitals seien, sondern in ihren Reihen „die energischsten, entwicklungsfähigsten Elemente" aus den proletarisierten kleinbürgerlichen Schichten versammelten.[37] Von „brennender Sehnsucht" nach sozialer Gemeinschaft und nationaler Würde getrieben[38], sei der Faschismus (einschließlich des deutschen Nationalsozialismus) nichts anderes als der „Sozialismus der kleinbürgerlichen Massen".[39]
- Das Gegenstück dazu war die Ausdehnung und Banalisierung des Faschismusbegriffs – so wenn 1924 kursorisch bereits davon die Rede war, dass die Sozialdemokratie im Grunde nur „einen Flügel des Faschismus" darstelle (so

---

[36] J.W. Stalin: Ökonomische Grundlagen des Sozialismus, in: Stalin, Werke, Bd. 15. Dortmund 1979, S. 213f.

[37] Clara Zetkin: Der Kampf gegen den Faschismus. Bericht auf dem Erweiterten Plenum des Exekutivkomitees der Kommunistischen Internationale, 20. Juni 1923, in: Dies.: Ausgewählte Reden und Schriften, Bd. 2. Berlin 1960, S. 689f.

[38] Karl Radek: Der internationale Faschismus und die Kommunistische Internationale, in: Inprekorr, Bd. 3, 115, 9.7.1923, S. 1014.

[39] Karl Radek: Leo Schlageter – ein Wanderer ins Nichts. Rede auf der Sitzung der Erweiterten Exekutive der Kommunistischen Internationale am 20.6.1922.

Sinov'ev) und dass Sozialdemokraten und Nationalsozialisten „keine Antipoden, sondern Zwillinge" seien (so Stalin).[40] Mit der 1927/28 zur verbindlichen Linie erhobenen „Sozialfaschismus"-Theorie wurde die in der II. Internationale zusammengeschlossene Sozialdemokratie sogar zum primären und entscheidenden Feind der Kommunisten aller Länder erhoben, gegen die im verschärften Kampf „Klasse gegen Klasse" der Hauptschlag gerichtet werden müsse. Außer den Kommunisten selbst gab es eigentlich nur noch Faschisten: Sozialfaschisten, Klerikalfaschisten, Nationalfaschisten usw.

- Im Widerspruch dazu steht scheinbar die Tatsache, dass das Comeback der kommunistischen Weltbewegung nach ihren Tiefpunkten in den Jahren der Weltwirtschaftskrise sich wesentlich „im Kampf gegen Faschismus und Krieg" vollzog. So jedenfalls stellte es sich in den späteren, bis heute wirksamen Antifa-Erzählungen dar. Richtig ist, dass erst der Expansionismus der „faschistischen Mächte" (um diese grobschlächtige Kategorie zu verwenden) und der von ihnen entfesselte Zweite Weltkrieg den Boden bereitet hat, auf dem sich eine zweite Welle von Kommunisten geführter Staatsgründungen in Osteuropa und Ostasien sowie ein neuer Aufschwung kommunistischer Parteien in den Ländern des Westens und in der kolonialen und halbkolonialen Welt überhaupt vollziehen konnten.

- Der Weg dahin war allerdings mit katastrophischen Fehlentscheidungen gespickt. Die Politik der antifaschistischen „Volksfront" von 1935 bis 1938, deren ausstrahlendes Zentrum der Spanische Bürgerkrieg bildete, blieb eine kurze, zweideutige Episode. Die vom Komintern-Vorsitzenden Georgi Dimitroff im August 1935 vorgetragene, abstrakte Definition des Faschismus als einer „terroristischen Diktatur des Finanzkapitals" im Zeichen des allgemeinen Niedergangs des Kapitalismus ließ der Außenpolitik Moskaus im Konflikt zwischen den „alten" Versailler Mächten (England und Frankreich) und den „jungen" revisionistischen Mächten (Deutschland, Japan, Italien) weiterhin jeden Spielraum.[41] Und wie sollten Kommunisten und Antifaschisten aller Länder es verstehen, dass der Kampf gegen den „Faschismus" sich im Kampf gegen das Gespenst des „Trotzkismus" zuspitzte – der durchaus viele Züge eines „jüdischen Bolschewismus" trug? Nicht Hitlers „Mein Kampf", sondern Trockijis „Verratene Revolution" firmierte in den Anklagen der Moskauer Schauprozesse als die zentrale Programmschrift des Weltimperialismus zur Unterminierung und Kolonisierung der UdSSR.

- So gab es für den abermaligen weltpolitischen Strategiewechsel mit dem Hitler-Stalin-Pakt im August 1939, der den Weltkrieg entfesseln half, keine prinzipiellen ideologischen Hindernisse. Es war durchaus ein stiller Kriegspakt, denn, wie Stalin dem Vorsitzenden der Komintern bereits am 7. September 1939 ins Notizbuch diktierte: es wäre gar „[nicht] schlecht, wenn

---

[40] Zitiert nach Kevin McDermott, Jeremy Agnew: The Comintern. A History of International Communism from Lenin to Stalin. Basingstoke, London 1996, S. 49f.
[41] Georgi Dimitroff: Die Offensive des Faschismus und die Aufgaben der Kommunistischen Internationale im Kampf für die Einheit der Arbeiterklasse gegen den Faschismus. Bericht auf dem VII. Weltkongress der Kommunistischen Internationale, 2. August 1935, in: Georgi Dimitroff: Ausgewählte Schriften, Bd. 2. Berlin 1958, S. 523–558.

Deutschland die Lage der reichsten kapitalistischen Länder (vor allem Englands) ins Wanken brächte", und „wenn wir im Ergebnis der Zerschlagung Polens das sozialistische System auf neue Territorien und [neue] Bevölkerung ausdehnen" könnten.[42] An die westlichen Parteien erging die Weisung, die Kriegsanstrengungen ihrer Länder zu obstruieren und sich wo nötig mit der deutschen Besatzungsmacht zu arrangieren. Wie wir heute wissen, war Stalin schon im Frühjahr 1941 bereit, für einen neuen Ausgleich mit Hitler auch die *Kommunistische Internationale* aufzulösen – was er dann erst im Mai 1943 als Konzession an die westlichen Alliierten und zur Erhöhung der eigenen Handlungsfreiheit mit einem Federstrich tat.[43]

- In diesem Sinne hatte der Überfall der Armeen Hitlers auf die Sowjetunion im Juni 1941 für die internationale kommunistische Bewegung fast etwas Befreiendes, moralisch, geistig und politisch. Auch sowjetische Bürger haben ihn, vielen literarischen und biografischen Zeugnissen zufolge, so empfunden – ungeachtet der Tatsache, dass Stalins Vabanquepolitik die große und hochgerüstete, aber völlig falsch (nämlich offensiv) aufgestellte und vieler ihrer besten Offiziere beraubte Rote Armee zunächst in ein beispielloses Debakel führte. Hätte Hitler tatsächlich einen „antibolschewistischen Kreuzzug" geführt, wäre für die Existenz der Sowjetunion angesichts ihrer inneren und äußeren Verfassung nicht zu garantieren gewesen. Binnen kurzem war aber klar, dass es sich um einen deutschen Eroberungs-, Versklavungs- und Vernichtungskrieg handelte, für den die Okkupanten nur Hiwis und Heloten, aber keine Verbündeten suchten. Erst diese Politik Hitlers ermöglichte es Stalin, sich hinter den Paravent eines „Großen Vaterländischen Kriegs" der Völker Russlands zurückzuziehen – um den es sich jenseits aller Propagandaparolen dann auch tatsächlich handelte. In diesem Vernichtungskrieg konnte das Regime alle relativen Stärken seiner zentralisierten, ohnehin auf Kriegsfuß gestellten politischen Ökonomie mit ihren drakonischen Zwangsmitteln zur Geltung bringen. Und eine andere Führung des Landes als die um Stalin gab es nicht und konnte es nicht geben. Damit begann der Wiederaufstieg des Weltkommunismus.

- Das parallele Ereignis zu Hitlers Eroberungskrieg vom Nordkap bis Nordafrika, von der Biskaya bis zur Wolga, war der kaum weniger vermessene Versuch des kaiserlich-militaristischen und faschistischen Japan, sich zum Herrn über ganz Ostasien und den Pazifik zu machen – ein Unternehmen, das (gedeckt durch die späten Vormärsche der sowjetischen Armeen in die Mandschurei) entscheidend zur Gründung der Volksrepublik China, zur Etablierung der kommunistisch geführten Regimes in (Nord)-Korea und (Nord)-Vietnam sowie zu einer Serie kommunistischer Parteigründungen, Partisanenbewegungen und Aufstandsversuche in nahezu allen asiatischen Ländern beitrug.

---

[42] Georgi Dimitroff: Tagebücher 1933–1943, hg. von Bernhard H. Bayerlein. Berlin 2000, S. 273f.
[43] Bernhard H. Bayerlein: „Der Verräter, Stalin, bist Du!" Vom Ende der linken Solidarität 1939–1941. Berlin 2008, S. 458f.

- Hier im ostasiatischen Raum lag auch das eigentliche Sturmzentrum des Konflikts der beiden neuen Weltlager, der in Europa die Form eines „Kalten Kriegs", in Korea und Indochina dagegen zeitweise die Intensität eines (auf kleinster Fläche stellvertretend ausgetragenen) Dritten Weltkriegs annahm – nur um mit Nixons Besuch in Beijing 1972 in einen abermaligen, durchaus zynischen „Wechsel der Allianzen" und eine wiederum weitgehend veränderte weltpolitische Konstellation zu münden. Für die Massaker und die brutalen Folgekriege, in die die Befreiung Indochinas 1975–1980 zunächst mündete und die ein letztes, besonders düsteres, noch kaum analytisch durchleuchtetes Kapitel der Geschichte des Kommunismus in seinem Zeitalter bilden, hat diese neue, primär antisowjetische Frontbildung jedenfalls eine treibende Rolle gespielt – und ebenso für die völlige Überspannung der Kräfte und den Zusammenbruch der Sowjetunion selbst.[44]

Was hindert uns am Ende dieser Jahrhundertrevue, uns dem Phänomen des Kommunismus mit einer sozial- und gesellschaftsgeschichtlichen Nüchternheit zu nähern, die sich der Suggestion eines globalen Systemkonflikts („Kapitalismus" vs. „Sozialismus") möglichst entzieht und statt dessen auf die konkreten historischen Triebkräfte und Resultate schaut? So beschreibt Theda Skopcol die russische und die chinesische Revolution auf einer historischen Linie mit der französischen Revolution als konsekutive Formen einer sozialrevolutionären „Staatsbildung".[45] Oder Eric R. Wolf reiht diese beiden Revolutionen, ebenso wie die in Vietnam und Kuba, unter die „Bauernkriege des zwanzigsten Jahrhunderts" ein.[46] Das sind legitime und instruktive Fokussierungen der Untersuchungsperspektive. Zur Würdigung des historischen Gesamtphänomens greifen sie aber zu kurz.

Das Enigma des Kommunismus

Was die kommunistischen von allen historisch bekannten Parteien und Gesellschaftsformationen unterschieden hat, war – in einem noch gar nicht ganz ausgeschöpften und verstandenen Sinne – ihr „totalitärer", d.h. auf das Totum aller sozialen Beziehungen abzielender Charakter sowie die dazugehörigen Praktiken eines Terrors, der immer zugleich „autoteroristische" Züge trug. Das bildet noch immer den enigmatischen Kern dieser historischen Formation.

---

[44] Zum atemberaubenden Zynismus in der amerikanisch-chinesischen Kooperation der 1970er Jahre, die u.a. die Unterstützung der Roten Khmer einschloss, siehe Perry Andersons Rezensionsessay „Sino-Americana" über Henry Kissinger: On China (2011), und Ezra Vogel: Deng Xiaoping and the Transformation of China (2011), in: London Review of Books, 3/2012, S. 20–22.– Eine lebhafte Schilderung der chinesisch-amerikanischen Annäherungen und Weltmachtspiele, in die das maoistische China den Antikommunisten Richard Nixon wie den Realpolitiker Henry Kissinger verwickelt hat, bieten auch: Jung Chang, Jon Halliday: Mao. Das Leben eines Mannes, das Schicksal eines Volkes. München 2005, hier v.a. S. 748–763.

[45] Theda Skopcol: States and Social Revolutions. A Comparative Analysis of France, Russia and China. Cambridge, MA 1979.

[46] Eric C. Wolf: Peasant Wars of the Twentieth Century. New York 1969.

„1959–1969: Zehnter Jahrestag des Triumphs der kubanischen Revolution"

Zum Verständnis dieser Spezifik haben die klassischen Totalitarismustheorien nur begrenzt beigetragen – und ihre späten Wiederaufgüsse in den 1990er Jahren erst recht. Entwickelt in der Auseinandersetzung mit den Projekten eines „totalen Staats" und „totalen Kriegs" der faschistischen Regimes der Weltkriegsperiode, die in den genozidalen Praktiken der deutschen Nationalsozialisten ihre letzte Zuspitzung erfuhren, wurden die daraus gewonnenen Kriterien der Abgrenzung zu liberalen und demokratischen Gesellschaften westlichen Typs im Zuge des „Kalten Kriegs" gegen die kommunistischen Regimes gewendet, insbesondere gegen die Sowjetunion Stalins als den direkten Gegenspieler. Erst damit gewann der Begriff des „Totalitarismus", der schon in den späten 1920er und frühen 1930er Jahren sporadisch in den politischen Wortschatz eingewandert war, seine wissenschaftliche und weltpolitische Bedeutung. In dieser politisch-moralischen Parallelisierung zweier diktatorischer „Systeme" bei weitgehender Abstrahierung von ihren vollkommen unterschiedlichen historischen Voraussetzungen und Aufgabenstellungen lag aber das Problematische dieses Theorems, das sich auf die abstrakten Übereinstimmungen statt auf die spezifischen Differenzen konzentrierte. Vor allem die krasse Überbietungslogik, der etwa das „Schwarzbuch" von 1997 folgte („100 Millionen Opfer des Kommunismus!") und die seither geläufig gewordenen Reden vom „roten Holocaust",[47] überhaupt die fast exklusive und zuweilen durchaus spekulative Konzentration auf den schieren Gewaltcharakter der kommunistischen Regimes, sind eher geeignet, die Motive und Charakteristiken des kommunistischen Terrors zu verdunkeln als zu erhellen.

Summarisch gesprochen, waren die faschistischen Regimes des Weltkriegszeitalters (Deutschland, Italien und Japan) darauf angelegt, durch politische Gleichschaltung, eugenische und ethnische Homogenisierung, totale Mobilmachung und Militarisierung sämtliche vorhandenen menschlichen und materiellen Ressourcen ihres Landes für imperiale Eroberungs- und Großraumprojekte einzusetzen, die es ihnen als den Vertretern aufstrebender oder revanchistischer Großmächte erst ermöglichen würden, ihren westlichen Rivalen als den Hauptsiegern des Ersten Weltkriegs auf Augenhöhe gegenüberzutreten. Das war die primäre Raison ihres historischen Daseins und Handelns. So weit es sich um die künftige Herauszüchtung einer neuen „Herrenrasse" handelte, da weniger durch einen inneren Terror als im Stahlbad dieser entgrenzten Expansionskriege und kolonialen Landnahmen.

Dagegen waren die zur Macht gekommenen Kommunisten in Russland wie in China zuallererst darauf konzentriert, im Feuer der von ihnen offensiv geführten Bürgerkriege ihre zerfallenen Großreiche auf neuer Basis wieder zusammenzufügen, die ihnen zugefallenen historischen Räume zu arrondieren, zu durchdringen und abzuschirmen; sämtliche humanen und materiellen Ressourcen ihrer Länder und Gesellschaften einzuschmelzen und nach eigenen, neuen Regeln zu reorganisieren; ihren jugendlichen Machtkader und die darum sich kristallisierenden Milieus durch erweiterte Rekrutierungen stetig zu vergrößern und gleichzeitig durch periodische Säuberungskampagnen zu „reinigen" und zu stählen. Ihr terroristischer Furor konzentrierte sich daher im Wesentlichen auf den eigenen heterogenen Gesellschaftskörper, und periodisch stets auch auf den eigenen Machtkader.

---

[47] Horst Möller (Hg.): Der rote Holocaust und die Deutschen. Die Debatte um das „Schwarzbuch des Kommunismus". München 1999.

Zu solch radikalen Formen einer Totalisierung ihrer Macht und einer gewaltsamen Einschmelzung und terroristischen Zurichtung ihres sozialen Substrats waren die faschistischen Regimes weder in der Lage, noch hatten sie das angesichts der Mitwirkung der staatlichen und wirtschaftlichen Eliten, aber auch dank ihres Rückhalts quer durch alle Bevölkerungsschichten überhaupt nötig. In diesem Sinne kamen die kommunistischen Regimes dem Begriff einer „totalitären" Machtentfaltung jedenfalls sehr viel näher als ihre faschistischen Rivalen. Sie mussten sich ihre soziale und politische Grundlage überhaupt erst schaffen – gerade weil ihnen jeder sichere, klassenmäßig oder demokratisch begründete Rückhalt fehlte, wie ihn die faschistischen Mächte (leider) sehr wohl hatten.

Genau darin liegen aber auch die ungleich größeren intellektuellen und emotionalen Schwierigkeiten, die einer „Aufarbeitung", geschweige „Bewältigung" der Geschichte der kommunistischen Regimes und Parteien entgegenstehen. Über die besiegten Nationalsozialisten, deren erstes und größtes Verbrechen die Entfesselung des Zweiten Weltkriegs als eines maßlosen Eroberungs-, Versklavungs- und Vernichtungskriegs gegen fremde Völker war, in dessen Schatten sie ihre zivilen Massenverbrechen begingen, konnte in Nürnberg ein Internationales Tribunal gehalten werden, dessen Urteile auch als „Siegerjustiz" vor der Geschichte Bestand haben und über die Menschenrechts-Charta der UN als neue völkerrechtliche Standards etabliert worden sind.

Die Geschichte der kommunistischen Bewegungen ist dagegen in einem vollkommen anderen, geradezu entgegengesetzten Tonus und Rhythmus verlaufen.

Die Tatsache, dass sie ihre großen, internationalen Durchbrüche gerade im Widerstand gegen die Okkupationen und Versklavungen der faschistischen Aggressormächte (Japan mit eingerechnet) oder jedenfalls als die primären Nutznießer der historischen Niederlagen dieser Mächte und der dadurch verschobenen geopolitischen Weltsituation errungen haben, hängt durchaus damit zusammen, dass sie eben nicht in gleich sichtbarer Weise wie jene das Kainszeichen des *sacro egoismo*, des rassistischen „Lebensrechts des Stärkeren" oder einer Verachtung gegen die „Fremden" auf der Stirn trugen, sondern dass sie – jedenfalls in diesem bestimmten historischen Moment – eine unanfechtbare, neue Legitimation für ihren Kampf gewannen.

Aber damit endete die Sache nicht, sondern damit begann sie erst. Macht man einen zeitlichen Sprung, dann besaß eben auch die Schattenarmee der „Roten Khmer" eine unanfechtbare Legitimation, als sie 1975 in Phnom Penh einrückte und die Herrschaft in einem verwüsteten Land übernahm, über dem die USA in einem geheimen Luftkrieg mehr Bomben abgeworfen hatten als über Deutschland im Zweiten Weltkrieg und das sie durch einen halbirren, blutrünstigen General als Bollwerk gegen das siegreiche und expandierende Vietnam verteidigen ließen. Darin bestätigt sich nur die generelle Tatsache, dass sämtliche kommunistischen Siege des 20. Jahrhunderts durch koloniale oder imperiale Kriege, Okkupationen und Diktaturen vorbereitet wurden oder auch durch brutale *counter-insurgency*-Operationen der USA.

Die eigentliche Frage ist aber, warum die Kommunisten bei diesen Siegen nicht stehen bleiben konnten – sondern warum die Totalisierungen ihrer politischen und gesellschaftlichen Zugriffe auf ihre Subjekte und die Kampagnen eines exteministischen Massenterrors gerade nach ihrer Machtübernahme erst wirklich begannen. Die Antwort wird sich nicht in den ideologischen und utopischen Überhöhungen der Ziel-

setzungen als solchen finden lassen, die ihrerseits eher einen legitimierenden und kompensierenden Charakter trugen.
Man findet sie aber ebenso wenig im Charakter der Führerfiguren, gar in einer baren sadistischen und vormodernen Macht- und Gewaltlust, wie sie paradigmatisch (und insoweit unbezweifelbar) durch die Figur Stalins repräsentiert wurde, der das alles getan haben soll, „weil es ihm gefiel" (Jörg Baberowski).[48] Auch der schiere, letztlich egomane Machthunger und Größenwahn, den Jung Chang und Jon Halliday der Figur Maos zuschreiben, der „für über 70 Millionen Tote in Friedenszeiten" verantwortlich gewesen sei, kann als Erklärung schwerlich genügen.[49] Wie konnten Stalin oder Mao diese totale Machtvollkommenheit aber erringen und ihren Despotismus selbst gegenüber ihren nächsten Mitarbeitern und Gefolgsleuten, die ohne oder gegen sie kaum einen Finger zu rühren wagten, derart ausleben? Die einfachste Frage ist hier schon die schwierigste.
Man muss die Blickrichtung offenkundig umdrehen: Die Charakteristik und totalitäre Machtvollkommenheit von Führerfiguren wie Stalin oder Mao reflektierten nur die Charakteristik und die materielle und mentale Verfassung des Sozial- und Machtsystems, das sie vertraten und buchstäblich verkörperten. Wenn Iosif Stalin wie ein Minotaurus in seinem Labyrinth saß und sich die Menschenopfer aus dem Kreis seiner Machtträger-Aristokratie zutreiben ließ, sich an ihren Qualen, Ausflüchten und Demütigungen delektierte; oder wenn Mao Tse-tung wie ein sybaritischer Volkskaiser, seinen antiken Vorläufern folgend „vierzigtausend Gelehrte" begraben und buchstäblich „Berge versetzen" ließ; wenn er als entrückter Olympier auf dem „Platz des Himmlischen Friedens" in roten Kinderkreuzzügen den Hass der Jungen auf die „alten Kader" entfesselte; oder wenn der stille, lächelnde, unbekannte Volksschullehrer Saloth Sar, aufgewachsen im Schatten des königlichen Hofes, ausgebildet in Paris, mit seinem erst nach der Machteroberung angenommenen Pseudonym Pol Pot unter dem Emblem des alten Sklavenreichs von Angkor Wat eine exterministische Kampagne initiierte, in der alle „fremden" Elemente (im denkbar weitesten Sinne) lautlos, Nacht für Nacht mit Hacken und Keulen aus der zu reinigenden Textur seines bäuerlich-proletarischen „Altvolks" entfernt wurden, während in einem Schulgebäude mitten in Phnom Penh ein Gutteil seiner Kader mittels ausgesuchter Foltern und bizarrer Geständnisse zu menschlichem Staub zermahlen wurde – dann folgte das in seinem manifesten Irrsinn keinem fixen strategischen Plan, aber auch keiner bloßen Laune des jeweiligen Potentaten. Sondern dann war offensichtlich eine ganze herrschende Menschengruppe und Machtformation im Griff einer paranoiden Angst, oder richtiger vielleicht: einer kollektiven Zwangsvorstellung, in der es – gerade nachdem sie keine direkten Gegner mehr hatte – von verborgenen inneren und äußeren Feinden nur so wimmelte. Fast könnte man tatsächlich an die alten Kreter oder an die Mayas denken, die ihre Menschenopfer in beständiger Furcht kosmischer Untergänge darbrachten – auch wenn das zunächst nur hilflose Analogien sind.
Natürlich müssen die Elemente eines historischen Verstehens dieser zwanghaften Totalisierungen und terroristischen Autodestruktionen kommunistischer Regimes zunächst einmal aus der Welt des 20. Jahrhunderts, in der das alles spielt, und aus der spezifischen materiellen Daseinsweise und psychosozialen Verfasstheit dieser Macht-

---

[48] Jörg Baberowski: Verbrannte Erde. Stalins Herrschaft der Gewalt. München 2012.
[49] Chang, Holliday, Mao [Fn. 44], S. 17.

systeme gewonnen werden. Selbst begründete Realängste vor Kriegen und äußeren Invasionen liefern den Schlüssel nicht; eher war es umgekehrt: In nationalen Widerstands- oder Vereinigungskriegen haben kommunistische Regimes ihre authentischsten Kraftentfaltungen und erfolgreichsten Massenmobilisierungen erlebt; und der Kollaps von 1989 begann, als die globale Kriegsspannung nachließ.

Stattdessen führt das Enigma des kommunistischen Terrors zunächst in die Konstitution dieser hybriden Partei- und Machtformationen selbst: ihre soziale Bodenlosigkeit, die gerade *nicht* aus ihrem „Klassencharakter", sondern aus dessen Mangel resultierte; die Tatsache, dass die von ihnen geschaffenen sozialökonomischen Systeme nie eine selbsttragende Entwicklungsdynamik in Gang zu setzen vermochten, weil sie alle Wurzeln einer gesellschaftlichen Selbsttätigkeit abgeschnitten hatten; die Zwänge der Ausschaltung aus den kapitalistischen Weltmärkten, den Waren- und Lebenswelten der entwickelteren Länder, aber immer zunehmend auch aus den kontroversen intellektuellen, wissenschaftlichen und künstlerischen Produktionen und Entwicklungen jenseits des Feuerwalls ihrer Zensurbehörden und Informationsmonopole.

Wiederum könnte es sein, dass ein solcher, allzu rationaler, analytischer Blick auf die kommunistischen Regimes als defizitärer politisch-ökonomischer Zwangsverbände eine mentale Schicht spontaner, tief verwurzelter und durchaus volkstümlicher Motive unterschätzt, die diese Regimes über erstaunlich weite Strecken passiv mitgetragen haben. Diese Motive speisten sich gerade nicht aus den avancierten wissenschaftlichen, futuristischen und hypermodernen Ambitionen, die propagandistisch stets mitgeschleppt wurden, sondern gerade umgekehrt: aus den stationären und radikal vereinfachten, d.h. vom Stachel der permanenten Unruhe und einer notorischen Überkomplexität befreiten, auf neue Weise durch Traditionen, Regeln und Hierarchien gebundenen Lebensordnungen und Funktionsweisen, wie sie sich naturwüchsig im sozialistischen Alltag herausbildeten und durchsetzten; überwölbt von einem hybriden patriotischen Stolz auf die Macht des neuen Staatswesens.

Fast unnötig zu sagen, dass regressive oder quietistische Wünsche dieser Art ihren mentalen Rückhalt in Prägungen durch ältere, offiziell verfemte, aber natürlich weiter existierende religiöse oder sonstige traditionale und lebenskulturelle Vorstellungen und Gebräuche finden konnten; und das nicht erst in der späten, postterroristischen Stagnations- oder Auflösungsphase des „realen Sozialismus". Auch für die formativen Revolutionsphasen könnte man eine historisch-materialistische Gesetzmäßigkeit der mentalen und sozialen Verarbeitung formulieren, die etwa lautete: dass, je radikaler und brachialer ein politischer, sozialer, ökonomischer und kultureller Umbruch vollzogen wird, je tiefer demnach die Risse, Brüche und Verwerfungen im sozioökonomischen und personalen Gefüge sind, desto ungefilterter, unreflektierter, unkultivierter strömen Residuen eines Vormodernen, Uralten, Mythischen, mental Tiefverwurzelten in die durcheinander gewirbelten Menschenmassen; und das vermutlich auf allen hierarchischen Ebenen der neuen Gesellschaftsformation. Auch das war ein Teil ihres hybriden und teilweise retrograden Charakters.

Aber das alles sind nur widersprüchliche Facetten eines Gesamtbilds, das wir vom „Kommunismus in seinem Zeitalter" noch nicht annähernd haben.

Egbert Jahn

Kommunistische Weltgesellschaftspolitik
Antipode der kapitalistischen Weltwirtschaftsordnung und der liberalen Demokratie für ein kurzes Jahrhundert

Von 1917 bis 1991 verkörperten die kommunistischen Herrschaftssysteme einen universalen Anspruch auf Umgestaltung der Weltgesellschaft und ihrer staatlichen Ordnung. Die Wirtschaftsordnung, das politische System und die internationalen Beziehungen sollten sich fundamental von der kapitalistischen Gesellschaftsformation unterscheiden. Als die Überzeugung von der welthistorischen Überlegenheit des Kommunismus schwand und der weltpolitische Anspruch der Sowjetunion auf militärische Parität die ökonomische Leistungsfähigkeit der starren Planwirtschaften immer mehr überstieg, schwanden die Impulse, die dem Kommunismus Auftrieb verliehen hatten.

In den 1970er Jahren befand sich der Kommunismus, hier verstanden als der Herrschaftsbereich unter dem Monopol kommunistischer Parteien, auf dem Höhepunkt seiner weltpolitischen Macht. Kommunistische Parteien herrschten über rund ein Viertel der Landoberfläche der Erde und über ein Drittel der Menschheit, die in 16 von damals 163 Staaten lebten.[1] Auf dem europäischen Kontinent standen sogar zwei Drittel des Territoriums und genau die Hälfte der Bevölkerung unter kommunistischer Herrschaft.[2] Zwei der fünf ständigen Mitglieder des Sicherheitsrates der Vereinten Nationen – die nach den USA militärisch zweitstärkste Weltmacht Sowjetunion und die aufstrebende Großmacht Volksrepublik China – wurden von Kommunisten regiert.

In dem kommunistisch beherrschten Teil der Welt war der weitaus größte Teil aller Produktionsmittel Gemeineigentum des Staates oder staatlich organisierter Produktionsgenossenschaften. Verwaltet wurde es von einer zentralen Wirtschaftsplanungsbehör-

---

Egbert Jahn (1941), Dr. phil., Prof. em. für Politische Wissenschaft und Zeitgeschichte, Mannheimer Zentrum für Europäische Sozialforschung, Universität Mannheim
Von Egbert Jahn erschien zuletzt in OSTEUROPA: Neue Fronten nach dem Krieg. Russland, der Westen und die Zukunft im Südkaukasus, in: OE, 11/2008, S. 5–18. – Ethnische, religiöse und nationale Minderheiten. Begriffe und Statusoptionen, in: OE, 11/2007, S. 7–26. – Ausdehnung und Überdehnung. Von der Integrationskonkurrenz zwischen Brüssel und Moskau zum Ende der europäischen Integrationsfähigkeit, in: OE, 2–3/2007, S. 33–55.

[1] Die Fläche betrug 35 661 000 (23,9 Prozent) von 149 000 000 qkm, die Einwohnerzahl im Jahre 1977 1,344 von 4,124 Milliarden (32,5 Prozent); Berechnungen nach den Zahlen zu den einzelnen Ländern in: Der Fischer Weltalmanach. Frankfurt/Main 1978.

[2] Es handelte sich um 6,7 von insgesamt 10,4 Millionen Quadratkilometern. Im Osten Europas lebten 363 Millionen Menschen, im Westen 362 Millionen Menschen im Jahre 1988 nach Berechnungen der statistischen Angaben in: Der Fischer Weltalmanach 1990. Frankfurt/Main 1989.

de. Die kommunistische Parteiführung und manchmal auch nur ein einzelner Parteiführer besaßen das faktische Monopol der Macht über Staat und Gesellschaft, auch in den sieben Ländern, in denen formell ein Mehrparteiensystem existierte.[3] Die Partokratie als Diktatur eines Parteiapparats stellte eine neue Staatsform oligarchischer Herrschaft dar. Der institutionelle Marxismus-Leninismus war – in der von zentralen Parteiinstanzen formulierten und je nach aktuellem politischen Bedürfnis veränderten Version – die für die Partei, den Staat und die gesellschaftlichen Organisationen allgemein verbindliche Gesellschafts- und Geschichtsideologie.

Das kommunistische Staatensystem bildete einen zusammenhängenden eurasischen Block, von dem lediglich Kuba, als nicht nur geographische, sondern auch politische Insel in Mittelamerika getrennt war. Während alle anderen 15 kommunistisch beherrschten Staaten am Ende der beiden Weltkriege und des Indochinakrieges entstanden, war Kuba zudem das einzige Land, in dem eine gesellschaftspolitische Revolution mitten im Frieden stattfand: Die Machtübernahme einer kleinen Rebellengruppe am 1. Januar 1959 mündete erst nach einigen Jahren in ein kommunistisches Parteiregime. Zunächst banden bilaterale Sicherheitsverträge die europäischen kommunistischen Staaten an die Sowjetunion, dann die *Warschauer Vertragsorganisation* (1955–1991, ohne Jugoslawien, seit 1961/68 ohne Albanien). Das wirtschaftspolitische Bündnis *Rat für Gegenseitige Wirtschaftshilfe* (1949–1991) hatte auch nichteuropäische Mitglieder (Mongolei, Kuba, Vietnam). Jugoslawien war seit 1964 Assoziiertes Mitglied. Andere Länder mit kommunistischer Orientierung besaßen einen Beobachterstatus.

Sieht man von zahlreichen kleineren kommunistischen Parteien und Organisationen (Anarchisten, Trotzkisten, Rätekommunisten usw.) ab, so waren die Kommunisten von 1919 bis 1943 in einer Weltpartei, der Kommunistischen Internationale, mit nationalen Sektionen organisiert, danach in der kommunistischen Weltbewegung mehr oder weniger locker miteinander verbunden. Die kommunistischen Parteien hatten spätestens seit den 1960er Jahren weitaus die meisten Parteimitglieder unter sämtlichen Parteien-Gruppierungen auf der Erde (Sozialdemokraten, Liberale, Demokratisch-Konservative, Islamisten usw.). Nach sowjetischen Angaben waren Anfang der 1980er Jahre in 95 Ländern der Erde 80 Millionen Kommunisten organisiert.[4] Anfang der 1970er Jahre wurde bereits die Zahl von 50 Millionen Kommunisten in 89 kommunistischen Parteien genannt.[5]

Das kommunistische Staatensystem war nicht überall scharf vom kapitalistischen Staatensystem mit seinen unterschiedlichen politischen Ordnungen getrennt. Es gab einige Länder, in denen sich die Gesellschaftssysteme zeitweilig überlappten und in denen die kommunistischen Staaten zumindest vorübergehende weltpolitische Bündnispartner fanden. Ende der 1970er Jahre hatten marxistisch-leninistische Parteien die Macht in Afghanistan, Angola, Äthiopien, Benin, Süd-Jemen und Mosambik errun-

---

[3] Siehe im einzelnen Egbert Jahn: Bürokratischer Sozialismus: Chancen der Demokratisierung? Frankfurt/Main 1982, S. 148.
[4] W.W. Sagladin (Red.): Die internationale kommunistische Bewegung. Berlin 1984, S. VI. – Vgl. im einzelnen die jährlich in OSTEUROPA erschienenen Statistiken von Richard F. Staar, z.B. Weltkommunismus 1985/86, in: OSTEUROPA, 12/1986, S. 1022–1037.
[5] W.W. Sagladin (Red.): Die kommunistische Weltbewegung. Abriß der Strategie und Taktik, Frankfurt/Main 1973, S. 42. – Zu Mitgliederzahlen in früheren Jahren und in einzelnen Ländern siehe Jahn, Bürokratischer Sozialismus [Fn. 3], S. 138, und Gerd Koenen: Was war der Kommunismus? Göttingen 2010, S. 74.

gen, ohne jedoch die wichtigsten Produktionsmittel verstaatlichen zu können oder zu wollen. Andere Staaten führten die Beinamen „Volksrepublik" oder „sozialistisch". Die Einheitsparteien in ihnen bezeichneten sich meist ebenfalls als „sozialistisch", so in Algerien, Burma (heute Myanmar), Burundi, Guinea, Irak, der Volksrepublik (heute: Republik) Kongo, in Libyen, Madagaskar, Mali, Somalia, Sri Lanka, Sudan, Syrien und in gewisser Weise auch in Tansania, so dass sich der Kommunismus und ihm nahestehende Regime Ende der 1970er Jahre über mehr als ein Drittel der Landoberfläche der Erde und der Weltbevölkerung ausdehnte.[6]

Der größere Teil der Welt blieb jedoch von der kapitalistischen oder marktwirtschaftlichen Wirtschaftsweise dominiert, die von Jahr zu Jahr mehr die vorkapitalistischen Wirtschaftsweisen in den weniger entwickelten Ländern zurückdrängte. Dieser Teil der Welt war aufgrund unterschiedlicher politischer Systeme und Bündnisse weitaus stärker fragmentiert als der kommunistische Herrschaftsbereich. Grob gegliedert bestand er aus einem machtpolitisch und wirtschaftlich dominanten liberaldemokratischen Teil – die „westlichen Industrieländer" von den USA bis Japan – und den kapitalistischen Entwicklungsländern als Hauptteil der „Dritten Welt" neben den kommunistisch beherrschten Entwicklungsländern. Von den kapitalistischen Entwicklungsländern besaßen nur einige ein liberal-demokratisches politisches System, die meisten hingegen eines aus der Vielzahl von Typen autokratischer Herrschaft (absolute, konstitutionelle Monarchien, Militärdiktaturen, Einparteiendiktaturen usw.). Auf dem Höhepunkt des globalen Konflikts zwischen dem kommunistischen „Osten" und dem kapitalistischen „Westen" bildeten die USA rund um den im Westen lange als einheitlich wahrgenommenen sino-sowjetischen Ostblock – aus dem 1948 lediglich Jugoslawien ausgeschert war und dann eine eigenständige Variante der sozialistischen Wirtschafts- und Sozialordnung errichtete – ein komplexes militärisches Bündnissystem. Wichtigste Elemente waren die NATO (seit 1949, zunächst 12, im Jahre 1982 16 Mitgliedstaaten), die ANZUS (seit 1951, Australien, Neuseeland, USA), die CENTO (*Central Treaty Organization*, 1955–1979 mit der Türkei, Irak bis 1959, Iran, Pakistan, Großbritannien als Mitgliedern und den USA als Beobachter), die SEATO (*South East Asia Organization*, 1954–1977, Pakistan, Philippinen, Thailand, Australien, Neuseeland, Frankreich, Großbritannien, USA) sowie sicherheitspolitische Verträge mit Japan, Südkorea und der Republik China auf Taiwan. Wirtschaftspolitisch war die kapitalistische Welt global und regional in vielfältiger Weise verknüpft, etwa durch den Internationalen Währungsfonds und die Weltbank (seit 1944), die OEEC/OECD (seit 1948/1961) und die EG/EU (seit 1952).

Es gilt zu fragen, ob diese politisch-geographische und historische Konstellation der internationalen Herrschaftsverteilung ein „Zufall" war oder ob bestimmte Faktoren ausfindig zu machen sind, weshalb der Kommunismus in der einen Weltregion entstehen und über mehrere Jahrzehnte existieren, aber sich in anderen Weltregionen nicht durchsetzen konnte. Weiter gilt es zu fragen, weshalb der geographische Block eurasischer Länder schon bald nach seiner Entstehung kein politischer Ostblock mehr

---

[6] Dieses Umfeld des kommunistischen Staatensystems umfasste nochmals 15 343 000 qkm und 197 Millionen Einwohner, so dass die kommunistisch-sozialistischen Staaten sich über 51 104 000 qkm (34,3 Prozent der Landoberfläche der Erde) mit 1,541 Milliarden Einwohnern (37,4 Prozent der Weltbevölkerung) ausdehnten, berechnet nach Daten zu den einzelnen Ländern in: Der Fischer Weltalmanach 1979. Frankfurt/Main 1978.

war, sondern in drei und dann mehrere eigenständige Staaten und Staatenbündnisse[7] zerfiel, die unterschiedliche gesellschaftspolitische Wege gingen und zum Teil sogar untereinander Krieg führten. Aus dem einen ursprünglichen Kommunismus waren zuletzt recht unterschiedliche Kommunismen geworden, die einander bekämpften. Zwar ist die kommunistische Herrschaft in elf Ländern – in der Sowjetunion, der DDR, sieben ostmittel- und südosteuropäischen Staaten sowie in der Mongolei und Kambodscha – Ende der 1980er Jahre untergegangen, aber in fünf anderen Ländern – China, Nordkorea, Vietnam, Laos und Kuba – herrschen noch immer kommunistische Parteien, die außer in Nordkorea weitgehend zur Marktwirtschaft übergegangen sind. In den fünf Ländern wird die kommunistische Parteiherrschaft nicht mehr universalgesellschaftspolitisch, sondern im wesentlichen nur noch nationalgeschichtlich begründet, so dass nach dem Scheitern des kurzlebigen Versuchs einer reformkommunistischen *Perestrojka*-Politik in der Sowjetunion und wenigen anderen Ländern durchaus vom Ende der kommunistischen Weltgesellschaftspolitik im Jahre 1991 als einer Politik herrschender Parteien gesprochen werden kann.

Sozialismus, Kommunismus, sozialistische und liberale Demokratie

Um die spezifischen Charakteristika der kommunistischen Weltgesellschaftspolitik deutlich zu machen, gilt es zunächst, den politisch wie auch wissenschaftlich unterschiedlichen Gebrauch der Wörter „Sozialismus", „Kommunismus" und „Demokratie" ins Bewusstsein zu holen. In der Sicht der „wissenschaftlichen Ideologie" des Marxismus-Leninismus wurde die Gesellschaftsgeschichte nach der politischen Revolution (Machteroberung der kommunistischen Partei) und der auf sie folgenden sozialen und ökonomischen Revolution (Umwälzung der Eigentumsordnung und der Wirtschaftsweise) in drei Phasen mit mehreren Etappen[8] eingeteilt: 1) Übergangsperiode vom Beginn der politischen bis zum Abschluss der sozialen Revolution als „Diktatur des Proletariats" über die Bourgeoisie, den Adel und die nicht „klassenbewussten" Arbeiter und Bauern; in dieser Phase findet der Übergang vom Kapitalismus bzw. vorkapitalistischen gesellschaftlichen Verhältnissen zum Sozialismus statt; 2) Sozialismus als erste Phase der kommunistischen Gesellschaft und 3) Kommunismus als zweite Phase der kommunistischen Gesellschaft, in der in der klassenlosen internationalen Gesellschaft der Staat als Herrschaftsinstrument einer Klasse abgestorben sei, sich somit die staats- und staatenlose Weltgesellschaft in einem Weltwirtschaftskonzern und einem Weltbüro selbst

---

[7] Zunächst schied Jugoslawien 1948 mit einem Eklat aus dem *Kommunistischen Informationsbüro* (Kominform), einer halbherzigen Nachfolgeorganisation der Kommunistischen Internationale aus, der beizutreten die Volksrepublik China sich bereits weigerte. Grund des *Kominform*-Konflikts war die Weigerung der Partei Titos, sich der Kontrolle durch die KPdSU und ihre Geheimpolizei zu unterwerfen. Das *Kominform* wurde 1947 nach der Zuspitzung des sowjetischen Konflikts mit den Westmächten und der Verabschiedung des Marshallplans gegründet, aber bereits 1957 in der ersten kurzen Phase einer Ost-West-Entspannung wieder aufgelöst. Der chinesisch-sowjetische Konflikt, der sich intern bereits 1960 verschärft hatte, als die Sowjetunion sich weigerte, die Nuklearrüstung Chinas zu unterstützen, der aber erst 1963 öffentlich ausgetragen wurde, führte zur vieldiskutierten „Dreispaltung" des Kommunismus. Später ging auch Albanien eigene Wege, und auch im sowjetischen Bündnis setzten sich nationalkommunistische Varianten schrittweise durch.

[8] Siehe im einzelnen Koenen, Was war der Kommunismus? [Fn. 5], S. 99.

verwalte. Zwar verkündete die Kommunistische Partei der Sowjetunion (KPdSU) noch in ihrem Parteiprogramm von 1961: „Die heutige Generation der Sowjetmenschen wird im Kommunismus leben"[9], doch wenige Jahre danach wurde das Erreichen dieses gesellschaftspolitischen Zieles auf eine immer unbestimmtere Zukunft verschoben. Somit bezeichneten sich die kommunistisch beherrschten Länder nie als „kommunistische Länder", sondern stets nur als „sozialistische Länder", die zusammen das „sozialistische Weltsystem" des „real existierenden Sozialismus"[10] bildeten.

Während Antisozialisten und konservative Antikommunisten bereit waren und sind, das Herrschafts- und Wirtschaftssystem der Kommunisten im 20. Jahrhundert als „sozialistisch" zu bezeichnen und oftmals meinten, dass eine Verwirklichung der gesellschaftspolitischen Programmatik von nichtkommunistischen Sozialisten und Sozialdemokraten auf gleiche oder ähnliche gesellschaftliche und politische Verhältnisse wie in den kommunistisch beherrschten Ländern hinauslaufen würde, stellten und stellen „demokratische Sozialisten" meist den sozialistischen Charakter dieser Länder in Abrede, da in ihren Augen Sozialismus nichts anderes als die Demokratisierung der Wirtschaft und Gesellschaft unter Wahrung und Entwicklung der politischen Demokratie im Staate ist. Sozialismus und Diktatur in Staat, Gesellschaft und Wirtschaft seien demnach unvereinbar. Es könne demnach auch keinen „undemokratischen Sozialismus" geben. Aus dieser Sicht gab es unter kommunistischer Herrschaft niemals Sozialismus und deshalb auch bisher niemals „sozialistische Länder".[11]

Allerdings wird der Ausdruck „demokratischer Sozialismus" für zwei fundamental unterschiedliche gesellschaftspolitische Vorstellungen und Zielsetzungen reklamiert. Nach beiden Auffassungen sind Sozialismus und Demokratie nur zwei Seiten einer und derselben Sache. Zwar könne es auch eine noch wenig entwickelte, nichtsozialistische Demokratie geben, aber eine voll entwickelte Demokratie könne es nur als „sozialistische Demokratie" geben. Die einen verstehen jedoch unter Sozialismus eine Wirtschafts- und Gesellschaftsordnung, die auf dem Gesellschafts- oder Genossenschaftseigentum (nicht dem Staatseigentum) beruht, das durch demokratische Entscheidungen verwaltet wird. Die Sozialisierung der arbeitsteiligen Produktion soll nach diesem Verständnis eine weitere Entfaltung individueller Freiheiten, der Rechts- und Verfassungsstaatlichkeit und des kompetitiven Parteiensystems mit regelmäßigen allgemeinen, freien und geheimen Wahlen ermöglichen. Auch der Übergang zum Sozialismus solle von einer gesellschaftlichen Mehrheit mittels demokratischer Wahlen schrittweise vollzogen werden (sozialistischer Reformismus).[12] Unter solchen „demokratischen Sozialisten" kann es sehr kontroverse Auffassungen darüber geben, was konkret unter Gesell-

---

[9] Das Programm ist abgedruckt in: Boris Meissner: Das Parteiprogramm der KPdSU 1903 bis 1961. Köln 1962, Zitat auf S. 244.

[10] Der Ausdruck wurde als Reaktion auf den Prager Anspruch auf einen „Sozialismus mit menschlichem Antlitz" und auf die Sozialismus-Vorstellungen westlicher Marxisten und Sozialdemokraten formuliert, die nirgends in die Wirklichkeit umgesetzt wurden.

[11] Unter den Autoren, die diesen Staaten die Bezeichnung „sozialistische Länder" verweigerten, nannten einige wenige sie in Umkehrung des kommunistischen Sprachgebrauchs „kommunistische Länder". Einige zum Maoismus oder auch zum Trotzkismus neigende Autoren wie Antonio Carlo sprachen von „Staatskapitalismus". Andere verwendeten den Ausdruck „Etatismus".

[12] Die meisten sozialistischen Reformisten oder reformistischen Sozialisten hegten lediglich einen Gewaltvorbehalt für den Fall eines Staatsstreiches und der Suspendierung demokratischer Rechtsstaatlichkeit zur Aufrechterhaltung der kapitalistischen Wirtschaftsordnung.

schaftseigentum zu verstehen ist, wie die wirtschaftlichen Beziehungen zwischen den Genossenschaften zu organisieren sind und welcher betriebliche, lokale, regionale, nationale und globale *demos* welche Entscheidungen treffen soll.[13] In der bisherigen Geschichte hat es nirgendwo auf der Welt einen derartigen „demokratischen Sozialismus" gegeben, seine Verfechter waren bis 1914 stark in den sozialdemokratischen Parteien vertreten, gerieten aber in den folgenden Jahrzehnten immer mehr in die marginale gesellschaftspolitische Minderheit. Es hat Versuche gegeben zu begründen, weshalb prinzipiell eine Demokratisierung der Wirtschaft mit Demokratie unvereinbar sei, Demokratie also ein kapitalistisches System voraussetze.[14]

Die Selbstbezeichnung „demokratischer Sozialismus" wird seit den 1920er Jahren auch von sehr vielen Sozialdemokraten und manchen Sozialliberalen in Anspruch genommen, die unter Sozialismus keine Alternative zur kapitalistischen Produktionsweise oder Marktwirtschaft verstehen, sondern eine systemimmanente Modifikation derselben im Sinne der Errichtung und des ständigen Ausbaus eines Sozialstaates (soziale Marktwirtschaft, d.h. sozialer Kapitalismus), der Sicherung und Vermehrung von Arbeitsplätzen, der gerechteren Verteilung des Sozialprodukts und der Steuern und der Partizipation der Arbeitnehmer an den wirtschaftlichen Entscheidungen der Kapitaleigentümer in größeren Betrieben.[15] Der Begriff des Sozialismus hat sich hier zu einer nicht genau bestimmbaren Leitidee des sozialen Kapitalismus verflüchtigt, etwas, das angestrebt werden soll, aber nie erreicht werden kann.

Auch die Nationalsozialisten besetzten auf eigene Weise den Sozialismusbegriff, vor allem in den Anfangsjahren ihrer Parteigeschichte, trennten ihn jedoch – im Unterschied zu den Kommunisten und den Sozialdemokraten – völlig vom Demokratiebegriff und seinen internationalen, humanen und friedenspolitischen Konnotationen. Sie strebten zwar eine gewisse Besserung der sozialen Lage der deutschen Arbeiter an, jedoch innerhalb einer diktatorisch organisierten und rassistisch definierten „Volksgemeinschaft" als Verbundenheit aller vorgefundenen sozialen Klassen und Schichten in der bürgerlich-kapitalistischen Gesellschaft.

Wegen der parteipolitisch höchst kontroversen und unvereinbaren Besetzungen des Sozialismusbegriffs empfiehlt es sich, die Wirtschafts- und Gesellschaftsordnung unter kommunistischer Herrschaft als zentrale Verwaltungs- bzw. Kommandowirtschaftsordnung oder besser kurz als Etatismus[16] zu bezeichnen, auch wenn manche Autoren unter Etatismus eine stark staatlich gelenkte kapitalistische Wirtschaftsordnung verstehen.

---

[13] So z.B. Karl Korsch: Was ist Sozialisierung? In: Ders.: Schriften zur Sozialisierung. Frankfurt/Main 1969.
[14] Dan Usher: Die ökonomischen Grundlagen der Demokratie. Frankfurt/Main 1983, S. 50.
[15] Siehe z.B. die Bemühungen Willy Brandts, des Präsidenten der Sozialistischen Internationale in den Jahren 1976–1992, den Begriff des „demokratischen Sozialismus" für die Sozialdemokraten und die Sozialisten in scharfer Kritik an der kommunistischen „Perversion" des Sozialismusbegriffs zu besetzen, in: Klaus Schönhoven (Hg.): Willy Brandt. Im Zweifel für die Freiheit. Reden zur sozialdemokratischen und deutschen Geschichte. Bonn 2012, S. 499, siehe ausführlicher S. 416–444, 496–513, 572–585.
[16] So schon Svetozar Stojanović: Kritik und Zukunft des Sozialismus. München 1970, S. 41.

Kommunistische Weltgesellschaftspolitik 45

„*Wissen für alle! Die Jugend entlarvt den Imperialismus*"

Die drei Dimensionen der kommunistischen Gesellschaftspolitik

Die kommunistische Gesellschaftspolitik hatte im 20. Jahrhundert drei Dimensionen, eine sozioökonomische, eine politische, die sich auf das politische System von Staaten bezog, und eine internationale. Letztere bestand aus zwei einander bedingenden Subdimensionen, jener der zwischenstaatlichen (meždunarodnye otnošenija) und jener der interethnischen (mežnacional'nye otnošenija) Beziehungen in und zwischen den Staaten, die in der DDR „zwischennationale" oder einfach „nationale" Beziehungen genannt wurden.

Der sozioökonomische Antagonismus

Aus kommunistischer Sicht lag der wesentliche Unterschied und unvereinbare Gegensatz zwischen Ost und West in der Wirtschafts- und Gesellschaftsordnung begründet. In dieser Sicht handelte es sich um einen Antagonismus zwischen Sozialismus und Kapitalismus im allgemeinen bzw. Imperialismus als höchstem Entwicklungsstadium des Kapitalismus in den mächtigsten kapitalistischen Industriestaaten im besonderen. Die Anarchie des Marktes führe, so die kommunistische Sicht, unvermeidlich zu periodisch auftretenden Wirtschaftskrisen mit umfangreicher, irrationaler Kapitalvernichtung. Zwischen Kapitaleignern und Lohnabhängigen bestehe ein nur revolutionär aufhebbarer Klassengegensatz. Demgegenüber gewährleiste die staatliche Planung der gesamten Wirtschaft eine kontinuierliche Besserung des Wohlstandes aller Werktätigen. Die Lebensverhältnisse in der Stadt und auf dem Land sowie der Geschlechter und der Nationalitäten würden sich angleichen, der Gegensatz zwischen Hand- und Kopfarbeit werde aufgehoben, der allgemeine Bildungsstand erhöht und die Gesundheit der gesamten Bevölkerung verbessert. Zwar strebe der Sozialismus keine vollständige soziale Gleichheit aller Werktätigen an, aber die Befriedigung der grundlegenden Bedürfnisse aller in einer Gesellschaft, in der jeder Arbeitsfähige ein Recht und eine Pflicht zur Arbeit habe.
Faktisch bildeten sich unter kommunistischer Herrschaft sehr rasch neue soziale Hierarchien und Ungleichheiten heraus, die ideologisch durch die Verurteilung von Gleichmacherei und als Anerkennung besonderer Leistungen für den Auf- und Ausbau des Sozialismus gerechtfertigt wurden. Dabei wurde die Verteilung des Sozialprodukts weniger monetär als durch ein System vielfältiger Privilegien und Strafen reguliert.
Über lange Strecken mussten in vielen Ländern Millionen Menschen Zwangsarbeit in Konzentrationslagern leisten. Rudolph J. Rummel hat berechnet, dass in den siebzig Jahren kommunistischer Herrschaft sowohl in Kriegs- als auch in Friedenszeiten im Widerspruch zu geltendem Verfassungs- und Völkerrecht 110 Millionen Menschen umgebracht wurden,[17] darunter auch viele Millionen Kommunisten.[18] Unter der über-

---

[17] In zwölf Jahren nationalsozialistischer Herrschaft wurden 21 Millionen Menschen ermordet, von der Guomindang (Kuomintang) zehn Millionen und vom japanischen Militärregime sechs Millionen. Unter demokratischer Herrschaft wurden von 1900–1987 zwei Millionen Menschen ermordet, nach Rudolph J. Rummel: Power, Genocide and Mass Murder, in: Journal of Peace Research, 1/1994, S. 3–6.

[18] Dazu gibt es kaum empirische Untersuchungen, nur zu den kommunistischen Kadern, die von Kommunisten liquidiert wurden. Allein in der Sowjetunion sollen 1936–1938 etwa eine Million Kommunisten ermordet worden sein, laut Hermann Weber, Dietrich Staritz (Hg.): Kommunisten verfolgen Kommunisten. Stalinistischer Terror und „Säuberungen" in kommunistischen

lebenden, im zivilen Arbeitsleben stehenden Bevölkerung war die soziale Ungleichheit nach den Jahren des Krieges und Massenterrors erheblich geringer als in den kapitalistischen Gesellschaften.[19]

Der Antagonismus der politischen Systeme

Der sozioökonomische Antagonismus wurde im Westen als Gegensatz zwischen freier bzw. sozialer Marktwirtschaft – in den USA und teilweise noch in Europa selbstbewusst durchaus auch Kapitalismus genannt – und zentraler Verwaltungs- bzw. Kommandowirtschaft bezeichnet. Doch war aus westlich-demokratischer Sicht der Systemgegensatz im wesentlichen ein politischer, nur davon abgeleitet auch ein sozioökonomischer, nämlich ein Gegensatz zwischen liberaler Demokratie und totalitärer[20] Diktatur. Letztere wurde überwiegend als Ergebnis geistiger, ideologischer Prozesse interpretiert und aus dem Machtstreben einzelner Personen und kleinerer gesellschaftlicher Gruppen erklärt, die geschickt gesellschaftliche Krisen, vor allem infolge von Kriegen, zu ihrer Machteroberung ausgenutzt hätten. Auch in kommunistischer Sicht gab es einen Antagonismus der politischen Systeme. Dieser wurde jedoch aus den sozioökonomischen Gegensätzen der sozialen Klassen abgeleitet. Während die westliche Demokratie lediglich die Herrschaft der gesellschaftlichen Minderheit der Besitzbürger und der von ihnen abhängigen Bildungsbürger gewährleiste und einen Wettbewerb zwischen den einzelnen Fraktionen der herrschenden Klassen veranstalte, kämen in der „sozialistischen Demokratie" unter Führung und Leitung der kommunistischen Parteien die Interessen aller Werktätigen zur Geltung und würden miteinander zum Gemeinwohl verknüpft.

In der Frühzeit kommunistischer Herrschaft gab es in einigen Ländern kurze Phasen der Rätedemokratie mit mehreren sozialistischen Parteien und kontrovers diskutierenden innerparteilichen Fraktionen. Die Rätedemokratie war eine sozial selektive Form der repräsentativen Demokratie, die die vormals sozial herrschenden Klassen von den Wahlen ausschloss. Ihre Verfechter lehnten die Gewaltenteilung ab, da die Herrschaft des Volkes nicht zwischen Teilen des Volkes geteilt werden dürfe. Herrschaft sollte durch vom Volk gewählte Volksvertreter und von diesen gewählte Exekutivorgane ausgeübt werden, die jederzeit wieder abgewählt werden können sollten. Die Volks-

---

Parteien seit den dreißiger Jahren. Berlin 1993, S. 17. – Die Anzahl der Nationalsozialisten, die von Nationalsozialisten ermordet wurden, war auch verhältnismäßig weitaus geringer.

[19] Für das empirische Studium der ökonomischen und sozialen Leistungen des kommunistischen Systems wegweisend war die Studie von Klaus von Beyme: Ökonomie und Politik im Sozialismus. München, Zürich 1975.

[20] Der Begriff Totalitarismus wurde allerdings in der westlichen Politik und Politikwissenschaft nicht allgemein anerkannt und verwendet. Er hatte eine Blütezeit während der Hochphasen des Kalten Krieges und dann wieder nach dem Zusammenbruch der kommunistischen Parteiherrschaft. Während der Entspannungsperiode zwischen 1963 und 1991 betonten manche westliche Politikwissenschaftler die inneren Widersprüche und Nischen in den östlichen Gesellschaften, die nicht zentral total kontrolliert werden konnten, und verwiesen auf ernsthafte politische Gegensätze und Konflikte in den kommunistischen Parteien sowie auf wesentliche Entwicklungsschritte kommunistischer Herrschaft wie den Abbau des massenvernichtenden Staatsterrors und die Auflösung von Konzentrationslagern. Diese Autoren bezeichneten die kommunistische Herrschaft seit den 1960er Jahren als diktatorische, autokratische oder auch nur autoritäre Herrschaft.

vertreter sollten ein Einkommen in der Höhe eines durchschnittlichen Arbeiterlohns erhalten. Richter sollten ebenfalls für befristete Zeiten gewählt werden und abwählbar sein. In Sowjetrussland und in China wurden die Wahlkreise so eingeteilt, dass die Stadtbewohner ein fünf- bis achtmal so großes Stimmengewicht erhielten wie die Landbewohner, um den proletarischen Charakter des Rätesystems hervorzuheben. Faktisch wurde die Rätedemokratie nur wenige Monate praktiziert, ehe die Wahlen zu bloßen Akklamationsveranstaltungen für von der Parteiführung vorgegebene Entscheidungen verkümmerten und das politische System zunächst zu einer Oligarchie, der Herrschaft eines Parteiapparats, und schließlich gar für einige Jahrzehnte zur Tyrannis eines einzelnen Parteichefs und „Führers"[21] umgestaltet wurde. Dennoch deklarierten die Kommunisten ihr Herrschaftssystem als „sozialistische Demokratie", mit der sie ein höheres Entwicklungsstadium der Demokratie erreicht hätten als das der bürgerlichen Demokratie. Ideologisch vorbereitet wurde der Systemwandel von der Rätedemokratie zur Parteidiktatur durch ein Demokratieverständnis, das Demokratie auf Volksfürsorge, als vorgebliche Herrschaft für das Volk reduzierte.[22]

Während des Ost-West-Konflikts von 1917–1991 wurde im Westen oft von „westlichen Demokratien" gesprochen, was meist nicht bedeuten sollte, dass es auch östliche oder sonstige nichtwestliche Demokratien gäbe. Gemeint war vielmehr, dass andere politische Systeme wie auch das der Kommunisten beanspruchten, auf ihre eigene Weise demokratisch zu sein. Zwar wird ständig in der Politik wie in der Politikwissenschaft darüber gestritten, welches die essentiellen Eigenschaften einer Demokratie[23] sind, so dass es keine einvernehmlichen Statistiken darüber gibt,[24] welche und wie viele Staaten in einem gegebenen Jahr als demokratisch zu bezeichnen sind. Doch gelten in einem weit verbreiteten Verständnis nicht alle politischen Systeme als Demokratien, in denen regelmäßig Wahlen stattfinden („elektorale Demokratien"), sondern nur solche, in denen es faire, kompetitive Wahlen in einem Mehrparteiensystem auf der Grundlage einer liberalen, rechts- und verfassungsstaatlichen Ordnung gibt, die eine weitgehende Achtung der Bürger- und Menschenrechte garantiert. In diesem Sinne sind die von *Freedom House* 2012 identifizierten 90 liberalen Demokratien, in

---

[21] Stalin wurde der Titel eines *vožd'* 1929 zu seinem 50. Geburtstag verliehen; siehe Koenen, Was war der Kommunismus? [Fn. 5], S. 75.

[22] Ausführlicher hierzu Egbert Jahn: Demokratievorstellungen in der Geschichte des Sozialismus und Kommunismus, in: André Kaiser, Thomas Zittel (Hg.): Demokratietheorie und Demokratieentwicklung. Wiesbaden 2004, S. 101–140.

[23] Einige Autoren sprechen auch von „Polyarchie"; Robert A. Dahl: Polyarchy. Participation and Opposition. New Haven 1971. – Robert A. Dahl: Democracy and Its Critics. New Haven 1989.

[24] Eine der bekanntesten wurde von Tatu Vanhanen vorgelegt: Democratization: A Comparative Analysis of 170 Countries. London 2003. Das New Yorker *Freedom House* unterscheidet freie, teils freie und nicht freie politische Systeme. So klassifizierte es 1977 43 Länder (28 Prozent) als „freie", 48 (31 Prozent) als „teils freie" und 64 (41 Prozent) von 155 als „unfreie Länder", laut „Country status and ratings overview, FIW 1973–2013", <www.freedomhouse.org/report- types/freedom-world>. Inzwischen zählt *Freedom House* auch die „Wahldemokratien", zu denen es außer allen „freien" Ländern etwa die Hälfte der „teils freien" Länder rechnet. Im Jahre 2012 waren das 117 Länder, darunter 90 „freie" und 27 „teils freie" unter insgesamt 195 Ländern; siehe: Freedom in the World 2013: Democratic Breakthrough in the Balance, <www.freedomhouse.org/sites/default/files/FIW 2013 Overview Essay for Web.pdf>, S. 4.

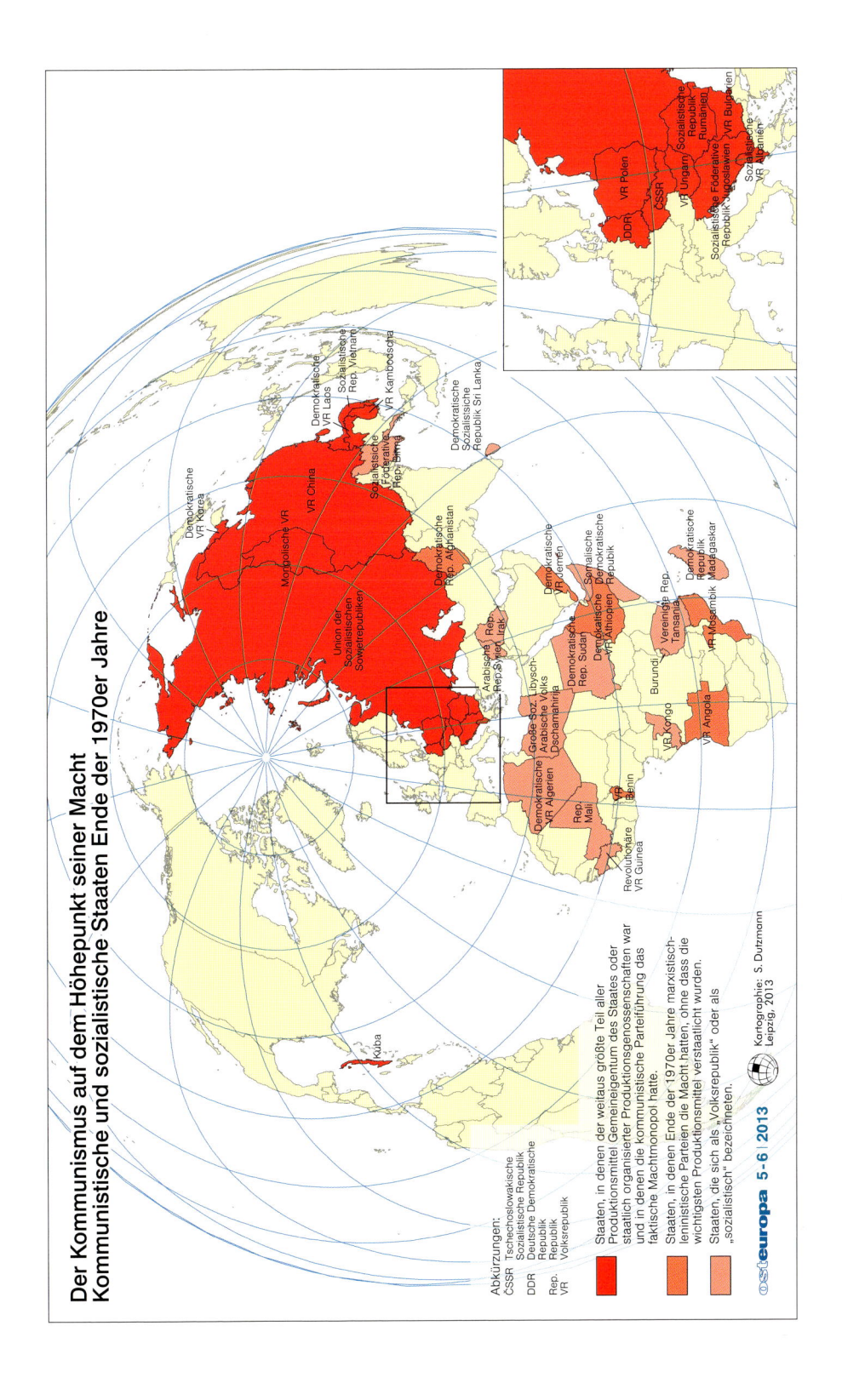

Der Kommunismus auf dem Höhepunkt seiner Macht
Kommunistische und sozialistische Staaten Ende der 1970er Jahre

Abkürzungen:
ČSSR Tschechoslowakische Sozialistische Republik
DDR Deutsche Demokratische Republik
Rep. Republik
VR Volksrepublik

Staaten, in denen der weitaus größte Teil aller Produktionsmittel Gemeineigentum des Staates oder staatlich organisierter Produktionsgenossenschaften war und in denen die kommunistische Parteiführung das faktische Machtmonopol hatte.

Staaten, in denen Ende der 1970er Jahre marxistisch-leninistische Parteien die Macht hatten, ohne dass die wichtigsten Produktionsmittel verstaatlicht wurden.

Staaten, die sich als „Volksrepublik" oder als „sozialistisch" bezeichneten.

Kartographie: S. Dutzmann
Leipzig, 2013

osteuropa 5–6 | 2013

Die Ausdehnung des Kommunismus

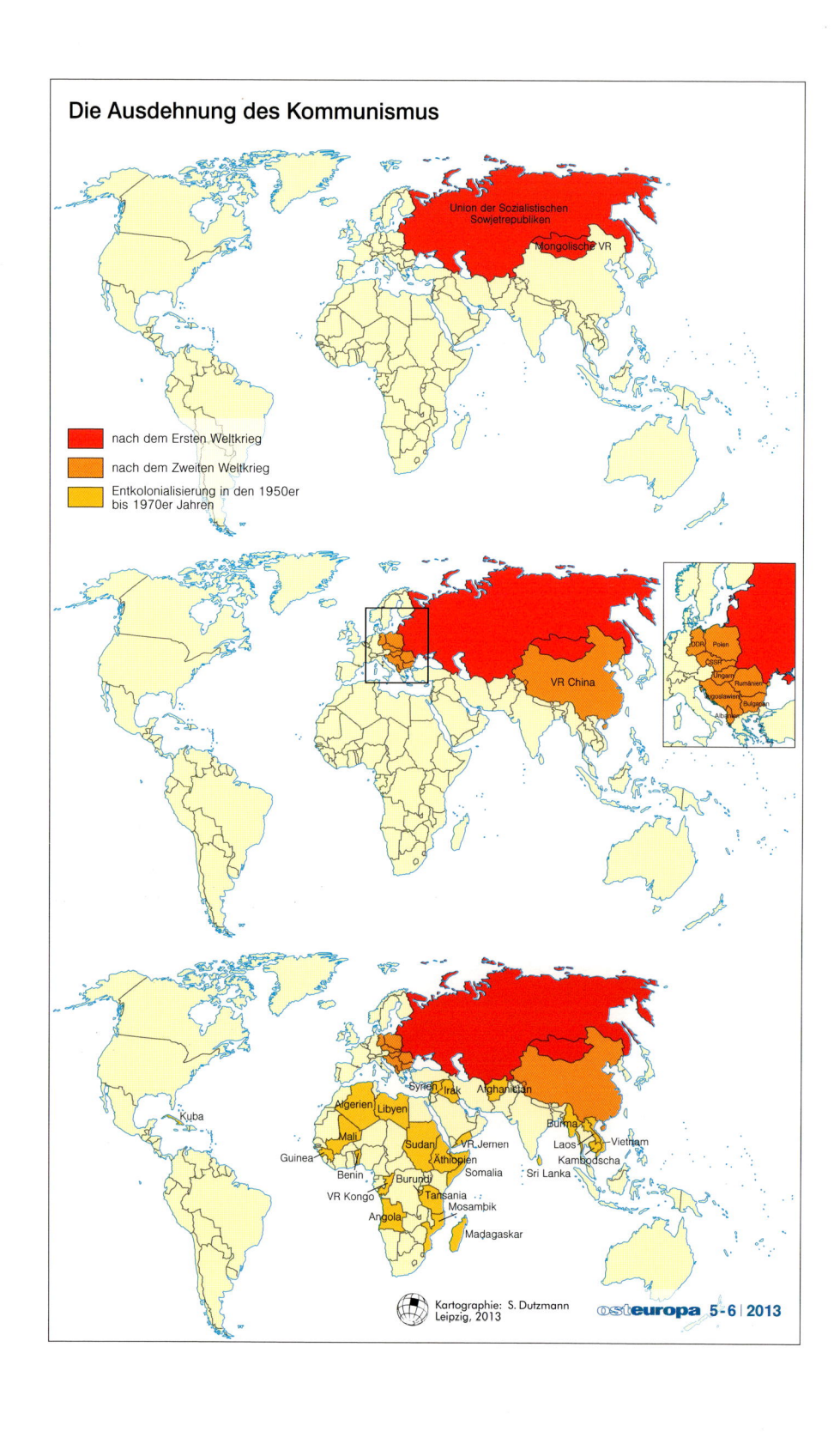

- nach dem Ersten Weltkrieg
- nach dem Zweiten Weltkrieg
- Entkolonialisierung in den 1950er bis 1970er Jahren

Union der Sozialistischen Sowjetrepubliken
Mongolische VR

VR China
DDR, Polen, ČSSR, Ungarn, Rumänien, Jugoslawien, Albanien, Bulgarien

Kuba, Algerien, Libyen, Syrien, Irak, Afghanistan, Mali, Sudan, VR Jemen, Burma, Guinea, Äthiopien, Laos, Vietnam, Benin, Somalia, Kambodscha, VR Kongo, Burundi, Sri Lanka, Angola, Tansania, Mosambik, Madagaskar

Kartographie: S. Dutzmann
Leipzig, 2013

osteuropa 5-6 | 2013

denen drei Milliarden Menschen oder 43 Prozent der Weltbevölkerung leben,[25] bis zum heutigen Tage eine Minderheit unter allen kapitalistischen Staaten geblieben. Während die Kommunisten in sozioökonomischer Hinsicht die Vertreter und Verfechter des Kapitalismus und der herrschenden Klassen und Schichten (Grundbesitzer, Großbauern, Großbourgeoisie, Kleinbürgertum, bürgerliche Intelligenz usw.) als Hauptgegner und nur selten Fraktionen derselben als vorübergehende Bündnispartner ansahen, sahen sie sich in der Politik den Protagonisten mehrerer politischer Systeme gegenüber, von denen in unterschiedlichen Zeiten jeweils andere als die Hauptfeinde und teilweise auch als taktische und strategische Bündnispartner galten. Die traditionelle absolutistische Monarchie der Zaren war zunächst der Hauptfeind der Bolschewiki in Russland. Nach dem Sturz der fünf Kaiserreiche in China, Russland, Deutschland, Österreich-Ungarn und in der Türkei wurden zwei Typen von moderneren Regimen zu den Hauptgegnern der Kommunisten: liberale Demokratien, faschistische und andere rechtsautokratische Regime[26].

Je nach der internationalen Mächtekonstellation galten mal die weltpolitisch dominanten („imperialistischen") liberalen Demokratien, mal die faschistischen und rechtsautokratischen Diktaturen als die Hauptfeinde der kommunistischen Gesellschaftspolitik – obwohl die Kommunisten unter liberal-demokratischer Herrschaft meist größere Freiheiten genossen als unter den faschistischen und rechtsautokratischen Regimen. Umgekehrt wurden in den liberalen Demokratien oftmals die kommunistischen Diktaturen, die sowohl ihr politisches System als auch ihre sozioökonomische Ordnung bedrohten, als gefährlicher angesehen als faschistische und rechtsautokratische Diktaturen, die „nur" die liberale demokratische Ordnung, aber nicht grundsätzlich die Wirtschafts- und Gesellschaftsordnung bedrohten und deshalb als historisch kurzlebiger und leichter überwindbar erschienen. In Zeiten der expansiven militärischen Außenpolitik faschistischer und rechtsautokratischer Regime hingegen kamen auch kommunistische Diktaturen als Bündnispartner in Betracht. So spielte sich das „kurze 20. Jahrhundert" von 1917–1991 in einem komplexen Konflikt- und Kooperationsdreieck von zwei Wirtschafts- und Gesellschaftsordnungen und drei politischen Systemen ab. Dabei ging es aber nicht nur um die jeweilige innere Ordnung von Staaten, sondern auch um prinzipiell unterschiedliche Konzeptionen der Staatenordnung.

Interethnischer und zwischenstaatlicher Internationalismus

Ein wichtiges Charakteristikum der kommunistischen Herrschaft war das Konzept des proletarischen und des sozialistischen Internationalismus. Proletarischer Internationalismus meinte die angestrebte weltpolitische Verbundenheit der kommunistischen Parteien, sozialistischer Internationalismus die der sozialistischen Länder. Erklärtes Ziel der Bolschewiki war die Errichtung der Internationalen Sowjetrepublik, d.h. eines Weltbundesstaates unter der Führung der kommunistischen Weltpartei und mit einer einheitli-

---

[25] Democratic Breakthrough [Fn. 24], S. 4.
[26] Das kaiserliche Militärregime in Japan, das sich im Antikominternpakt 1936 mit dem nationalsozialistischen Deutschland und dem faschistischen Italien verbündete, nahm zwar einige faschistische Elemente in seine Ideologie wie auch in seine Praxis auf, war jedoch in seinem Charakter viel stärker von den Traditionen des monarchischen Absolutismus geprägt, mit denen die faschistischen Regime in Europa weitaus radikaler brachen.

chen Planung der gesamten Weltwirtschaft.²⁷ Die im März 1919 konstituierte Dritte oder Kommunistische Internationale sollte dieses weltpolitische Ziel verfolgen. Bewusst wurde stets von Internationalismus und nicht von Kosmopolitismus oder Universalismus gesprochen, da das Ziel der Welteinheit über den Umweg des Selbstbestimmungsrechts der Völker im Sinne eines Rechts der im wesentlichen sprachlich-ethnisch definierten und territorial kompakt lebenden Nationen auf Lostrennung von durch imperiale Politik historisch entstandenen Staaten erzielt werden sollte.²⁸ Die Zugehörigkeit zu einer Nation, also die Nationalität, wurde jedoch nicht territorial, sondern personal durch die Sprache, Kultur und Abstammung bestimmt, die seit den 1930er Jahren auch rechtlich fixiert und in amtlichen Ausweisen dokumentiert wurde. Jeder Mensch durfte jedoch nur eine Nationalität besitzen, so dass die Eltern von Kindern aus ethnisch gemischten Ehen entscheiden mussten, welche Nationalität ihr Kind erhalten sollte. Diese Entscheidung konnte das Kind bei Erreichung des Jugendalters zugunsten der Nationalität des anderen Elternteils revidieren.

Die Anerkennung und rechtliche Dokumentation der ethnisch-kulturellen Identität der Nationalitäten hatte höchst ambivalenten Charakter. Einerseits stellte sie vor allem in den Anfangsjahren der Sowjetunion wie später auch in Jugoslawien und China ein Instrument zum Schutz der gesellschaftspolitisch schwächeren Völker und zur Entwicklung ihrer Sprache und ihrer – allerdings extrem von Religion und Tradition „befreiten" – Kultur dar. Diese Völker hatten zuvor oftmals unter sprachlich-kultureller und sozialer Unterdrückung, Diskriminierung und unter Assimilationszwang gelitten. Andererseits wurde die amtliche Fixierung der Nationalität zu einem neuen Hebel von parteipolitischer Privilegierung und Diskriminierung, schließlich auch der systematischen Verfolgung und des Völkermords.

Die Propagierung des Selbstbestimmungsrechts der Völker hieß nie, dass Kommunisten die Selbstbestimmung in Form von Volksabstimmungen praktizieren wollten. Vielmehr akzeptierten sie meist nur das Faktum einer machtvoll und mit Gewalt von starken nationalen Bewegungen betriebenen staatlichen Separation wie etwa der polnischen und finnischen im zarischen Russland. Das Selbstbestimmungsrecht sollte auch das Recht und die Pflicht der Proletarier enthalten, sich in der Internationalen Sowjetrepublik zu vereinigen. Der proletarische Sowjet-Patriotismus im Sinne einer bundesstaatlichen Vereinigung aller Völker, die das kommunistische Rätesystem übernahmen, und der Einheit des später so genannten Sowjetvolkes wurde als Gegenkonzept zum bürgerlichen Nationalismus propagiert. Dementsprechend wurde zunächst Sowjetrussland und nach dessen Vereinigung mit der Ukraine, Weißrussland und Transkaukasien, wo die kommunistische Machtübernahme mit Hilfe der Roten Armee erzwungen worden war, im Dezember 1922 die Union der Sozialistischen Sowjetrepubliken als bundesstaatliche Vereinigung von zwei Bundesstaaten (Russländische und Transkaukasische Sozialistische Föderale Sowjetrepublik) und zwei Nationalre-

---

[27] Das Standardwerk hierzu ist noch immer Elliott R. Goodman: The Soviet Design for a World State. New York 1960.

[28] Die Stalinsche Nationsdefinition in seinem 1913 erschienenen Aufsatz „Nationale Frage und Sozialdemokratie" blieb durch das ganze Jahrhundert verbindlich für jede kommunistische Politik: „Eine Nation ist eine historisch entstandene stabile Gemeinschaft von Menschen, entstanden auf der Grundlage der Gemeinschaft der Sprache, des Territoriums, des Wirtschaftslebens und der sich in der Gemeinschaft der Kultur offenbarenden psychischen Wesensart." in: J.W. Stalin: Werke, Band 2. Frankfurt/Main 1972, S. 272.

publiken (Ukrainische und Belarussische SSR) in national-territoriale Untereinheiten unterschiedlicher Größe mit unterschiedlichem staatsrechtlichem Status gegliedert. Wohl aus Rücksichtnahme auf die Kooperation mit der Chinesischen Nationalpartei *Guomindang* wurden die Äußere Mongolei und Tannu-Tuwa nicht in die Sowjetunion einverleibt, sondern als formell unabhängige Staaten nur faktisch der Herrschaft der KPdSU unterstellt.[29] Rechtlich galt die Sowjetunion als „freier" Zusammenschluss von souveränen, nationalen Unionsrepubliken, also Staaten, denen ein Recht zum Austritt aus der Union zugebilligt wurde. Solange die zentralistisch organisierte kommunistische Weltpartei die Herrschaft ausübte, war der staatliche Föderalismus weitgehend ausgehebelt. Das formelle Austrittsrecht der Unionsrepubliken schloss in der Praxis nicht aus, dass jegliche Befürwortung des Austritts jahrzehntelang als „bürgerlicher Nationalismus" denunziert und massiv unterdrückt wurde.[30]

Die UdSSR war als Gegengründung zum Völkerbund (*League of Nations*) konzipiert, als Kern eines zukünftig die ganze Welt umspannenden kommunistischen Bundesstaates. Internationalismus sollte also nicht eine kooperative und solidarische Beziehung zwischen unabhängigen Nationalstaaten bezeichnen, sondern eine innerweltstaatliche Beziehung zwischen bedingt autonomen Einheiten nationaler Staatlichkeit und Personengruppen („Nationalitäten"). Demgegenüber wurde der Völkerbund trotz des von Wilson propagierten Rechts einiger Völker auf Selbstbestimmung im wesentlichen als lockerer Bund bestehender unabhängiger Nationalstaaten organisiert, also nur als Staatenbund und nicht als Bundesstaat wie die UdSSR. Dem entsprach das weithin bevorzugte liberal-demokratische Verständnis von Nation als ein rechtlich konstituiertes Staatsvolk, vorzugsweise im Rahmen der historisch überlieferten oder von den Kolonialmächten willkürlich neu gezogenen Verwaltungsgrenzen, die dann im Zuge der Dekolonisation zu Staatsgrenzen aufgewertet wurden.[31] Das oftmals fehlende Nationalbewusstsein sollte der jeweiligen staatlichen Bevölkerung durch *nation-building* anerzogen werden, während in der kommunistischen Auffassung die (inner-)staatlichen Grenzen im Prinzip den vorgefundenen Grenzen zwischen den Sprachnationen angepasst werden sollten.

In der Praxis modifizierte die KPdSU das Prinzip der rechtlich abgestuften Bildung staatlich-territorialer Einheiten innerhalb der Sowjetunion durch zahllose taktische, machtpolitische Kalküle. Die größeren Nationalitäten erhielten aufgrund zentraler Parteibeschlüsse, niemals aufgrund von nationalen Bewegungen und Volksabstimmungen, in rechtlicher Abstufung und politischer Gewichtung autonome Gemeinden, Kreise, Bezirke, Gebiete, Republiken oder Unionsrepubliken. Insgesamt bestanden zuletzt 53 größere Gebilde nationaler Staatlichkeit innerhalb der Sowjetunion. Kein eigenes staatlich-nationales Territorium erhielten die kleinsten und die räumlich weit

---

[29] Die zur Vermeidung eines Krieges mit Japan 1920 errichtete Fernöstliche Republik wurde bereits kurz vor Gründung der Sowjetunion der RSFSR einverleibt, die Volksrepublik Tannu-Tuwa im Oktober 1944.

[30] Die autonomen Republiken und anderen staatlichen Untereinheiten hatten auch kein formelles Austrittsrecht.

[31] In derselben Logik erkannten die westlichen Demokratien 1991/93 nur die unter Stalin und Tito gebildeten föderierten Staaten der Sowjetunion und Jugoslawiens in ihren recht willkürlichen Grenzen als unabhängige Staaten an, aber nicht autonome national-territoriale Einheiten. Die spätere Anerkennung Kosovos, einer ehemaligen autonomen Provinz, sollte eine Ausnahme bleiben.

zerstreuten Nationalitäten sowie die Russen als die die gesamte Union dominierende Nationalität; außerdem diejenigen, die außerhalb Sowjetrusslands einen eigenen nationalen Bezugsstaat hatten wie die Polen, Griechen, Koreaner usw. – nur die Sowjetdeutschen waren zeitweise eine Ausnahme. Bei der Grenzziehung zwischen den nationalen Territorien wurden nur in grober Annäherung die geschlossenen Siedlungsgebiete der Nationalitäten in Rechnung gestellt. Einige Nationalitäten wurden in binationalen Territorien zwangsvereinigt. Hin und wieder wurden recht willkürlich die Grenzen zwischen den Territorien verändert, manche Territorien in ihrem Status höher- oder herabgestuft. Vieles spricht dafür, dass dabei nationale Ressentiments erhalten und genährt werden und politische Resistenz gegen die Unionszentrale bestraft oder Wohlverhalten belohnt werden sollten. Einige der Unionsrepubliken in Zentralasien wurden aus rein politisch-administrativem Kalkül aus dem Territorium Sowjetrusslands ausgegliedert, die anderen, vor allem im östlichen Europa und im Südkaukasus, wurden durch militärisch-politischen Zwang nach wenigen Monaten oder Jahren der staatlichen Unabhängigkeit in die Sowjetunion einverleibt. Das sprach- bzw. ethnonationale kommunistische Organisationskonzept wurde später von den multinationalen Bundesstaaten Jugoslawien (acht national-territoriale Einheiten) und Tschechoslowakei und dem multinationalen Autonomienstaat Volksrepublik China (155 national-territoriale Einheiten)[32] übernommen.

Die rechtlich-ideologische Konstruktion der Sowjetunion als tendenziell globale Staatenvereinigung, nicht als Nachfolgestaat des zarischen Russlands, war der Grund oder auch nur der Vorwand, dass Stalin bei der Gründung der Vereinten Nationen im Jahre 1945, die sowohl die kapitalistischen als auch die sozialistischen Staaten vereinigen sollten, verlangte, dass jede der 16 sowjetischen Unionsrepubliken[33] Sitz und Stimme in der Vollversammlung erhalten sollte. Schließlich fanden die Alliierten den Kompromiss, dass außer der UdSSR auch ihre beiden Teilstaaten Ukraine und Weißrussland Mitgliedstaaten mit Sitz und Stimme in der universellen Staatenunion wurden.

Gründe für die Ausbreitung und die regionale Begrenzung der kommunistischen Herrschaft

Die Marxisten aller Orientierungen gingen bis zur Oktoberrevolution der Bolschewiki 1917 in Russland stets davon aus, dass die sozialistische Revolution in der Nachfolge der west- und mitteleuropäischen Revolutionen des 19. Jahrhunderts und der Pariser Kommune in den am höchsten entwickelten kapitalistischen Ländern stattfinden und vor allem von einer rapide wachsenden städtischen Industriearbeiterklasse getragen werde. Sie müsse, so die Vorstellung, eine Weltrevolution sein, weil eine isolierte nationale Revolution in einer hochgradig verflochtenen Weltwirtschaft weder ökonomisch noch militärisch überlebensfähig sein werde. Entsprechend begriffen die Bolschewiki die Oktoberrevolution lediglich als Initialfunken für eine Revolution im Westen, vor allem in Deutschland, das infolge seiner dynamischen industriellen Ent-

---

[32] Bei all diesen territorialen Einheiten sind nur die größeren bis zur Kreis- oder Bezirksebene hinab berücksichtigt, nicht die Gemeinden.
[33] Die 1940 gebildete Karelo-Finnische Unionsrepublik wurde 1956 zur Autonomen Republik zurückgestuft.

wicklung seit dem letzten Drittel des 19. Jahrhunderts und des grandiosen Wachstums der weltweit stärksten sozialdemokratischen Arbeiterpartei mit einem marxistischen Parteiprogramm für die Sozialisten als das Zentrum der Welt galt. Tatsächlich gab es seit dem Frühjahr 1917 in vielen europäischen Ländern ein mehr oder weniger starkes revolutionäres Aufbegehren gegen die herrschenden Regimes und ihre Kriegspolitik, das meist mit Gewalt von den Regierungstruppen und den sie stützenden gesellschaftlichen Organisationen unterdrückt wurde. Weshalb aber konnten in Russland die linken Sozialdemokraten (Bolschewiki), die sich ab März 1918 Kommunisten nannten, eine fundamentale Änderung der gesellschaftlichen Verhältnisse und der Politik in die Wege leiten, die sich in den folgenden Jahrzehnten über weite Teile der Welt ausbreitete? Und weshalb nicht über die übrige Welt? Schließlich: Weshalb brach nach zwei bis drei Generationen das kommunistische Herrschaftssystem innerhalb weniger Monate und auf eine erstaunlich friedliche Weise weitgehend in sich zusammen und verlor in seinen heute noch bestehenden Relikten seine ursprünglichen wirtschafts- und weltpolitischen Inhalte und Ansprüche? Auf diese Fragen kann hier selbstverständlich nur in einer skizzenhaften Darstellung von Argumentationssträngen eingegangen werden.

Die Kommunisten haben nirgends die Macht in freien Wahlen erringen können, vertraten auch nach ihrer Machtübernahme fast immer nur eine gesellschaftliche Minderheit.[34] Niemals war eine wirtschaftliche Krise in Friedenszeiten Auslöser für eine erfolgreiche kommunistische Machtübernahme. In allen Fällen – außer in Kuba – war die Voraussetzung hierfür die Zerrüttung der Gesellschaft und des staatlichen Verwaltungs- und Gewaltapparats infolge der Niederlage in einem lang anhaltenden Krieg. In keinem militärisch siegreichen Staat hatten die Kommunisten eine Chance, die Macht zu erringen, nicht so sehr wegen des funktionierenden staatlichen Gewaltapparats, sondern wegen der mit dem Sieg verbundenen politisch-psychischen Verfassung und den ökonomischen Aussichten der großen Mehrheit der Gesellschaft. Andere Faktoren – die höchst unterschiedliche Geschichte der kapitalistischen Wirtschaft etwa in den USA und Russland, der Arbeiterbewegung in Europa und außerhalb Europas, der nichtmarxistischen sozialistischen Vorstellungen in Großbritannien und anderen Ländern und schließlich auch der marxistischen Parteidoktrin in Deutschland und Österreich-Ungarn im Unterschied zu Russland – hatten sicherlich auch ein großes Gewicht, waren aber nicht ausschlaggebend.

Auch in Russland hätten die Bolschewiki keine Gelegenheit zur Machtergreifung gehabt, wäre der Erste Weltkrieg vermieden worden. Selbst nach der Februarrevolution 1917 waren die politischen Erfolgsaussichten der Bolschewiki gering. Ohne den Machtwillen und die richtige Situationsanalyse der einen, historisch wirkungsmächtigen Persönlichkeit Vladimir I. Lenins und seine durch den deutschen Generalstab ermöglichte Anwesenheit in St. Petersburg ist die putschartige Machtübernahme im Oktober – nach neuem Kalender: November – 1917 durch die kleine Partei der Bolschewiki kaum

---

[34] Nur in zwei indischen Bundesstaaten gewannen Kommunisten die Mehrheit der Stimmen. Auch in Südosteuropa konnten Kommunisten nach 1991 wenige Wahlen gewinnen. In Ungarn, Polen und in der DDR dürfte die kommunistische Politik zumindest zeitweise die Sympathie gesellschaftlicher Mehrheiten gehabt haben, was sich empirisch jedoch kaum sicher feststellen lässt.

vorstellbar.[35] Keine Strukturanalyse der wirtschaftlichen Situation und der spezifischen Klassenverhältnisse in den beiden Hauptstädten St. Petersburg und Moskau, der Organisations- und Ideengeschichte der russländischen Sozialdemokratie und des Marxismus in Russland[36] kann sie hinreichend erklären. Zweifellos ist aber die relative Stärke dieser Partei der radikalen „Berufsrevolutionäre" darauf zurückzuführen, dass die rigide Unterdrückungspolitik der Zaren die Entfaltung von reformerischen, parlamentarisch-demokratischen liberalen und sozialdemokratischen Parteien weitgehend vereitelte und damit die Bolschewiki gegenüber ihren Konkurrenten begünstigte. Der Charakter des Zarismus als Bollwerk der Reaktion in ganz Europa erschwerte zudem eine kriegspatriotische Orientierung aller Sozialdemokraten in Russland, wie es sie in West- und Mitteleuropa gegeben hatte. Er begünstigte vielmehr die endgültige Spaltung der Sozialdemokratie Russlands und das bolschewistische Konzept einer Umwandlung des Weltstaatenkrieges in einen Weltbürgerkrieg des Proletariats gegen sämtliche Regierungen und die sie unterstützenden sozialdemokratischen Parteien West- und Mitteleuropas und der Menschewiki in Russland.[37] Auch die gewaltsame Auflösung der in allgemeinen Wahlen zustande gekommenen Nationalversammlung im Januar 1918 durch die Minderheit der Bolschewiki setzte deren gewaltbereiten Machtwillen und ihre Organisationsfähigkeit voraus. Diese beiden Eigenschaften, die nicht nur durch die persönliche psychische Konstitution und Lebensgeschichte der Akteure bedingt war, sondern auch durch ihre geistig-ideologische Weltsicht, führten dazu, dass die Bolschewiki all ihren Gegnern überlegen waren.

Zum Ausbau ihrer Macht nutzten die Bolschewiki im Gegensatz zu den Menschewiki und liberalen Demokraten die Sehnsucht der großen Mehrheit der bäuerlichen Bevölkerung nach einer Beendigung des aussichtslosen Staatenkrieges, der die zentrale Ursache des wirtschaftlichen Elends war – weit vor der kapitalistischen oder auch noch vorkapitalistischen Wirtschaftsverfassung des rückständigen Russlands. Gleichzeitig gelang es den Bolschewiki, eine hinreichend starke, extrem gewaltbereite Minderheit nicht nur in der städtischen, sondern auch in der bäuerlichen Bevölkerung für den Bürgerkrieg zu mobilisieren, in dem nicht Liberale und Sozialdemokraten die Hauptgegner waren, sondern Militärs und Grundbesitzer, die die weithin verhasste sozioökonomische und politische Ordnung des Zarenreiches zu restaurieren und den Krieg gegen Deutschland fortzusetzen trachteten. Nicht durch den St. Petersburger Oktoberputsch 1917, sondern erst durch die erfolgreiche Mobilisierung, Motivation und Organisation von Millionen Bauern im Bürger- und Interventionskrieg 1918–1922 wurde die kommunistische Herrschaft für drei Generationen etabliert.

---

[35] Im März 1917 besaß die Sozialdemokratische Partei Russlands (Bolschewiki) 23 600 und Ende 1917 115 000 Mitglieder; siehe Merle Fainsod: Wie Russland regiert wird. Köln, Berlin 1965, S. 283.

[36] Stichwortartig: in wenigen industriellen Großbetrieben konzentrierte Arbeiterschaft, Erfahrung der Rätebildung 1905 und 1917, frühe Spaltung der Partei, Ausbildung der Leninschen Variante des Marxismus, Unterdrückung der Gewerkschaften, des Parlamentarismus und der Freiheitsrechte.

[37] Siehe hierzu ausführlicher Egbert Jahn: Der Baseler Friedenskongreß der Sozialistischen Internationale und die Entwicklung des Krieges und der Friedensbestrebungen im Jahrhundert danach (erscheint in einem von Sandrine Mayoraz und Frithjof Benjamin Schenk in Basel herausgegebenen Sammelband).

Kommunistische Weltgesellschaftspolitik

Тов. Ленин ОЧИЩАЕТ землю от нечисти.

„Gen. Lenin säubert die Erde vom Bösen"

Die Fortdauer des Weltkrieges und vor allem die riesige Größe des Landes führten dazu, dass weder die Deutschen noch die westlichen Alliierten in der Lage waren, die Sowjetmacht durch militärische Intervention zu beseitigen. Mit dem Frieden von Brest-Litovsk wurde das Sowjetland lediglich vorübergehend drastisch verkleinert. Der Sieg der Westmächte über die Mittelmächte machte die militärische Westausdehnung der kommunistischen Macht wieder möglich. Nach dem Ausscheren Russlands aus dem Krieg gegen die Mittelmächte versuchten die Alliierten in Russland wieder jene Kräfte an die Macht zu bringen, die bereit waren, den Krieg gegen Deutschland und seine Verbündeten fortzusetzen und die ökonomischen Interessen der Alliierten in Russland abzusichern. Im April 1918 landeten japanische Truppen in Vladivostok und besetzten dann bis September 1922 Teile des Fernen Ostens, in den auch US-amerikanische Truppen bis 1920 eindrangen. Britische und französische und später auch US-amerikanische Truppen landeten im Juli und August 1918 in Murmansk und Archangel'sk, zogen sich aber bis Oktober 1919 wieder zurück. Auch in Südrussland unterstützten französische und griechische Truppen die „weißen" Bürgerkriegsarmeen. Insgesamt beteiligten sich 14 Staaten mit wohl nicht mehr als 200 000 Mann Truppen an dem Kampf gegen die Bolschewiki.

Die Kriegsmüdigkeit in den liberalen Demokratien und vor allem die von den britischen und französischen Sozialdemokraten unterstützte kommunistische Hände-weg-von-Russland-Bewegung unterband eine Ausweitung des alliierten Interventionskrieges gegen die Sowjetmacht und erzwang ihre erfolglose Beendigung. Gleichzeitig ermöglichte es die alliierte Intervention den Bolschewiki, national-patriotische Einstellungen für ihre Sache zu mobilisieren. Daher endete die russische Revolution nicht wie die französische Revolution 1815 durch einen erfolgreichen gegenrevolutionären Interventionskrieg. Dieser Krieg aber hatte als Vorlage für die These gedient, dass eine sozialistische Revolution nur als Weltrevolution siegreich sein könne. Die ausschlaggebende Rolle des Weltkriegs wie des Bürgerkriegs für den Erfolg der Bolschewiki war auch der wichtigste Impuls zur Jahrzehnte nachwirkenden Militarisierung der kommunistischen Denkweise nicht nur in der Politik, sondern auch in der Ökonomie, der Kultur und selbst der Sprache.

Aber nicht nur die Weltkonterrevolution scheiterte, sondern auch die erwartete Weltrevolution. Die sozialistische Linke und vor allem die Bolschewiki in Russland hatten die gesellschaftspolitische Situation in West- und Mitteleuropa völlig falsch eingeschätzt. Innerhalb der Arbeiterbewegung waren zwar zu Beginn des 20. Jahrhunderts die sozialistischen Bestrebungen dominant, aber keineswegs überall das marxistische Verständnis der gesellschaftlichen Entwicklung. Nichtmarxistische und reformerische Sozialismusvorstellungen spielten in vielen Ländern eine herausragende Rolle. Die marxistischen Strömungen und Doktrinen dominierten zwar in der Sozialistischen Internationale, einer nur lockeren Assoziation nationaler Parteien, bestimmten aber bei weitem nicht das gesellschaftspolitische Denken aller organisierten Arbeiter. Entscheidend für das Scheitern der Weltrevolution war, dass der überwiegende Teil der Arbeiter – sowie auch der Sozialdemokraten und Sozialisten unter ihnen – in Westeuropa und auch in Deutschland nicht zum Bürgerkrieg und zur Etablierung einer Räterepublik oder gar einer Parteidiktatur bereit war, sondern auf parlamentarisch-demokratische Weise eine Veränderung der Gesellschaft durch Reformen, auch in Kooperation mit dem liberalen Bürgertum, anstrebte. In vielen Jahren des gewerk-

schaftlichen und politischen Kampfes um das allgemeine Wahlrecht und die Stärkung des Parlamentarismus und des Rechtsstaates hatten sie die Erfahrung gemacht, dass sie auf diese Weise ihre Lebensverhältnisse wesentlich verbessern konnten.
Zudem spielte der Marxismus im sozialistischen Denken in einigen Ländern, vor allem in den angelsächsischen und auch in den britischen Kolonien wie in Indien sowie in Japan und Lateinamerika eine weitaus geringere Rolle als in Mittel- und Osteuropa, Frankreich und Italien. Schließlich wandelten sich das Revolutionsverständnis und gar die grundsätzliche Analyse des Kapitalismus seit Beginn des 20. Jahrhunderts in großen Teilen des mittel- und westeuropäischen Marxismus im Sinne des Reformismus (Karl Kautsky) und des Revisionismus (Eduard Bernstein). Die Erfolge der Arbeiterbewegung wurden zu einem wesentlichen Modifikations- und Stabilisierungsfaktor des Kapitalismus. Dies hatte in den folgenden Jahrzehnten der Systemkonkurrenz mit dem kommunistischen Etatismus große Bedeutung. Schließlich waren die Staatsapparate in West- und Mitteleuropa nach dem Ersten Weltkrieg nicht derart zerrüttet, dass eine linkssozialistische, revolutionäre Massenbewegung Aussicht auf Erfolg in einem Bürgerkrieg gehabt hätte.
Der Ausgang der Bürgerkriege war nicht nur von den sozialen und militärischen Verhältnissen zwischen den revolutionären und gegenrevolutionären Kräften abhängig, sondern in vielen Fällen von der Internationalisierung und Transnationalisierung der Bürgerkriege. So gaben in den Bürgerkriegen in Küstenländern, die mit Seestreitkräften leicht zu erreichen sind – in Finnland und in den baltischen Ländern – sowie in Ungarn als isoliertem Kontinentalland ausländische, teils deutsche, teils britische, finnische und rumänische Truppen den Ausschlag zugunsten der Gegner der Kommunisten. Auch die kurzlebige Räterepublik in Bayern wurde im wesentlichen durch auswärtige Truppen – die Reichswehr – beseitigt. Eine vergleichende ökonomische Klassenanalyse, die lediglich untersucht, wie „reif" für eine soziale Revolution der Kapitalismus in den einzelnen Ländern war, führt daher völlig in die Irre.
Umgekehrt gelang es den Bolschewiki Russlands, der Revolution in anderen Ländern mit militärischer Hilfe zum Siege zu verhelfen: in der Ukraine, Weißrussland und schließlich auch im Südkaukasus. Der militärische Vormarsch auf Warschau nach einem polnischen Angriff auf Sowjetrussland im Frühjahr und Sommer 1920, mit dem Ziel, der kommunistischen Revolution in Polen und anschließend durch ein Vorrücken nach Berlin auch in Deutschland einen neuen Impuls zu geben, endete jedoch mit einem Misserfolg. Es folgten bis 1923 weitere putschartige Revolutionsversuche in Deutschland und Bulgarien. Nach deren Scheitern mussten die Kommunisten das vorläufige Ende des weltrevolutionären Prozesses eingestehen, konnten aber ihre Macht in großen Teilen des ehemaligen Zarenreichs erhalten. Hatten die Bolschewiki zunächst das Außenministerium vollständig aufgelöst, da sie annahmen, dass nur noch eine revolutionäre Weltinnenpolitik erforderlich sei, mussten sie nunmehr ihre subversive Weltparteipolitik mit einer neuen staatlichen Außenpolitik kombinieren. Schließlich erklärte die sowjetische Führung seit dem April 1925 den „Aufbau des Sozialismus in einem Lande" für möglich und leitete am Ende des Jahrzehnts eine brutale Kollektivierungs- und Industrialisierungspolitik ein, mit der das neue etatistische Wirtschaftssystem geschaffen wurde.[38] Zwar gab die sowjetische Führung – auch noch unter

---

[38] Eine Folge dieses Prozesses war die Staatsnationalisierung des Begriffs „sowjetisch", der ursprünglich ein universaler verfassungspolitischer Begriff war und nun allmählich ein

Gorbačev – nie die Langzeit-Perspektive der Weltherrschaft des Kommunismus auf. Doch schon Ende der 1920er Jahre war sie zu einer pragmatischen Politik der Konsolidierung und der vorsichtigen Expansion der Sowjetmacht übergegangen. Dazu dienten ab etwa 1930 die ideologische Aneignung der russischen Reichsgeschichte und die russisch-nationale Uminterpretation des „Internationalismus". Wollte die russische Sowjetmacht anfangs die kommunistischen Revolutionen in anderen Ländern unterstützen, wozu sie im März 1919 die Dritte oder Kommunistische Internationale gründete, so instrumentalisierte sie die kommunistische Bewegung schon seit den frühen 1920er Jahren immer mehr zur außenpolitischen Konsolidierung der Sowjetunion.

Phasen der weltpolitischen Konfrontation und der Kooperation mit den kapitalistischen und liberal-demokratischen Ländern

Noch viele Jahre nach dem Interventionskrieg der Westmächte sah Moskau das britische Weltreich und Frankreich als seine Hauptgegner an. Die Sowjetunion suchte also zunächst ein Bündnis mit dem Deutschen Reich als dem wichtigsten Land, das eine Revision der „imperialistischen" Versailler Friedensordnung anstrebte.[39] Nach Deutschlands Ausgleich mit Frankreich und seiner Einbindung in den Völkerbund löste die 1928 herannahende Weltwirtschaftskrise in der Sowjetunion die Erwartung aus, dass nun eine neue Phase der Weltrevolution eintreten werde. Moskau vollzog einen Kurswechsel seiner Weltpolitik, suchte nun die gesellschaftspolitische Konfrontation und bekämpfte vor allem die Sozialdemokraten als „Sozialfaschisten". Erst der Aufstieg des Nationalsozialismus in Deutschland veranlasste die Sowjetunion zur Suche nach einem Ausgleich mit den beiden Westmächten und zum Eintritt in den kapitalistischen Völkerbund im Jahre 1934, da nunmehr die expansiven faschistischen Staaten als Hauptgefahr für die Sowjetunion angesehen wurden. Dementsprechend änderten auch die Parteien der *Komintern* ihre Politik. Die neue Volksfrontstrategie zielte nicht nur auf ein antifaschistisches Bündnis mit der Sozialdemokratie, sondern auch mit dem liberalen Bürgertum.

Die westliche Duldung der Expansion des Deutschen Reiches bis zur „Zerschlagung der Rest-Tschechei" im März 1939 veranlasste die Sowjetunion zu einem dramatischen politischen Seitenwechsel mit weitreichenden Folgen. Der Molotov-Ribbentrop-Pakt im August 1939 löste zunächst den deutsch-sowjetischen Überfall auf Polen und damit den Zweiten Weltkrieg in Europa aus und ermöglichte die territoriale Expansion der Sowjetunion. Nach dem deutschen Einmarsch in Polen am 1. September 1939 erklärten Großbritannien und Frankreich dem Deutschen Reich den Krieg. Die Sowjetunion schlossen sie nach dem sowjetischen Angriff auf Finnland am 30. November aus dem Völkerbund aus. Die beiden Westmächte planten auch einen Angriff auf die sowjetischen Positionen im Südkaukasus, insbesondere die Erdölquellen bei Baku, zögerten jedoch, auch der Sowjetunion den Krieg zu erklären. Der sow-

---

räumlich begrenzter, nationalpolitischer Begriff wurde. Das Sowjetvolk wurde zum partikularen „multinationalen" Volk in einem einzelnen Staat.

[39] Ausführlicher werden die Phasen der sowjetischen Weltpolitik dargestellt von Egbert Jahn: Sowjetische und rußländische Weltpolitik, in: Manfred Knapp, Gert Krell: Einführung in die Internationale Politik. 3. Aufl. München 1996, S. 116–133. Die späteren Auflagen dieses Werkes behandeln die sowjetische Geschichte nur noch kurz.

jetische Versuch einer Eroberung Finnlands scheiterte, brachte jedoch geopolitisch wichtigen Raumgewinn. Die Einverleibung Ostpolens mit überwiegend weißrussischer und ukrainischer Bevölkerung, des Baltikums und des östlichen Teils Rumäniens (Bessarabien, Nordbukowina) akzeptierten die Westmächte nach Kriegsende im Jahre 1940 teils rechtlich, teils faktisch – ebenso wie weitere Landgewinne der Sowjetunion (Nordostpreußen und Karpatoukraine). Diese territoriale Expansion hatte fast nichts mehr mit dem internationalistischen Programm der Bolschewiki nach 1917 zu tun, sondern war weit mehr auf die Idee der Restauration des Russischen Reiches, auf panostslawische Ansprüche und geopolitische Überlegungen (Ausbau der Flottenbasen in der Ostsee, direkter Zugang nach Ungarn) zurückzuführen.

Eine zweite Folge des Hitler-Stalin-Paktes war der totale politische Schwenk der *Komintern*-Parteien, die jahrelang auf den Kampf gegen den Faschismus und zeitweise sogar gegen den „Sozialfaschismus" ausgerichtet gewesen waren. Ab August 1939 sollten sie plötzlich das Bündnis zwischen dem deutschen National-Sozialismus und dem sowjetischen International-Sozialismus gegen die kapitalistischen „Aggressoren" Großbritannien und Frankreich feiern und unterstützen. Der Kursschwenk erschütterte vor allem in allen unter nationalsozialistischer Herrschaft stehenden Ländern die moralisch-politische Autorität der kommunistischen Parteien und veranlasste zahlreiche Mitglieder und Anhänger zur Abkehr von ihnen. Erst der Überfall Hitler-Deutschlands und seiner Verbündeten auf die Sowjetunion im Juni 1941 gab den Anstoß, den kommunistischen Antifaschismus zu restaurieren. Im entschlossenen Widerstand gegen die Fremdherrschaft, vor allem in Frankreich und Italien, konnten die Kommunisten erneut eine gewisse politisch-moralische Autorität in Teilen der katholischen und areligiösen Gesellschaft erringen. In den protestantischen, angelsächsischen Ländern, in denen die marxistische Version des Sozialismus nie eine große Rolle neben ethisch-philosophisch und religiös inspirierten Versionen gespielt hatte, blieben die Kommunisten hingegen stets in äußerst kleiner Minderheit. Allerdings sahen bedeutende Teile der Intelligenz, darunter herausragende Philosophen, Schriftsteller, bildende Künstler und Musiker, in zahlreichen Ländern des Westens im Kommunismus nicht nur eine Alternative zur krassen sozialen Ungleichheit und zur Arbeitslosigkeit in der kapitalistischen Gesellschaft, sondern vor allem auch zum Nationalismus und zur Kriegsbejahung oder gar -verherrlichung in vielen Ländern. Viele Intellektuelle waren jedoch nur in einzelnen Lebensphasen Parteigänger des Kommunismus.[40]

Zur Vertrauensbildung und Kooperation mit den liberal-demokratischen Westmächten löste Stalin im Mai 1943 sogar die *Komintern* formell auf. Die KPdSU und die sowjetische Geheimpolizei behielten jedoch nach wie vor die finanzielle und organisatorische Kontrolle über viele ausländische kommunistische Parteien. Als sich der Wandel der gesellschafts- und machtpolitisch dreigeteilten Welt durch die Niederlage und den Untergang der faschistischen und rechtsautokratischen Mittelmächte in eine zweigeteilte abzeichnete, setzte 1944 die Ausbreitung der kommunistischen Herrschaft über

---

[40] Mit der geistigen Faszination des Kommunismus auf viele Intellektuelle setzt sich auseinander François Furet: Das Ende der Illusion. Der Kommunismus im 20. Jahrhundert. München, Zürich 1996.

die Sowjetunion hinaus ein. Sie hatte zwei Wurzeln. In Jugoslawien, Festlandchina[41] und Nordvietnam (bedingt auch in Albanien) konnte sich eine kommunistische Partei gegen ihre innenpolitischen Feinde im Bürgerkrieg durchsetzen, die politisch und militärisch weitgehend autochthon, wiewohl durch den Erfolg, die Organisationsstruktur und die Ideologie der Sowjetunion inspiriert war und zum Teil auch von sowjetischen Agenturen beraten und zeitweise finanziell unterstützt wurde.

In anderen Ländern hingegen errangen meist äußerst kleine und schwache (z.B. in Rumänien) – selten auch über längere Zeit parlamentarisch-demokratisch sozialisierte (und teilweise „sozialdemokratisierte") und von einer größeren gesellschaftlichen Minderheit unterstützte (z.B. in der Tschechoslowakei) – kommunistische Parteien durch Manipulation von Wahlen und Medien sowie mit gewalttätigem Zwang und Terror diktatorische Macht. Dies war nur unter dem Schutzschirm der sowjetischen Armee möglich, die im Osten Europas die nationalsozialistischen und verbündeten Truppen niedergerungen hatte und mehrere Länder besetzt hielt. Auch hier war für gesellschaftliche Minderheiten und viele Intellektuelle der Kommunismus nicht nur als sozialökonomische, sondern vor allem als militant-antifaschistische, scheinbar antinationalistische und antimilitaristische Alternative zu den durch den Weltkrieg diskreditierten Parteien attraktiv. In der Tschechoslowakei und in Jugoslawien waren die Kommunistischen Parteien die einzigen multinationalen, gesamtstaatlichen Parteien, die eine friedensschaffende Alternative zu den verfeindeten ethnonationalen Parteien ihrer Länder darzustellen schienen. Die von der Sowjetunion unterstützten kommunistischen Regime blieben meist lebenslang von der militärischen, in mehrmaliger Militärintervention (1953, 1956, 1968) auch praktizierten Rückversicherung durch die Sowjetarmee – im Falle Nordkoreas ab 1950 auch durch die chinesische Volksbefreiungsarmee – abhängig.

In China hingegen verdankte die Kommunistische Partei ihren Aufstieg in den 1930er Jahren nicht unwesentlich ihrer nationalen Erneuerungspolitik im Zuge des entschlossenen Widerstandes gegen die japanische Eroberungspolitik im Norden und Osten des Landes. Der Gedanke einer Eingliederung des kommunistischen Chinas in die Sowjetunion wurde offenbar in China niemals – und wohl auch zu diesem Zeitpunkt nicht mehr in der ideologisch in die Tradition des Zarenreiches gerückten Sowjetunion – in Betracht gezogen. Die nationalpolitische Orientierung des chinesischen Kommunismus und die völlig andere soziale Basis und Revolutionsentwicklung in China schufen schon vor der Ausrufung der Volksrepublik China 1949 Gegensätze zur sowjetischen Kommunistischen Partei, die nur notdürftig diplomatisch und ideologisch für ein Jahrzehnt verdeckt wurden. Sie brachen in den 1960er Jahren auf, als die Gefahr eines Weltkrieges durch das nukleare Abschreckungssystem und die beginnende internationale Entspannung drastisch gesunken war. Zwar spielten unterschiedliche Auffassungen über die weitere Entwicklung der kommunistischen Gesellschafts- und Außenpolitik eine wichtige Rolle für die endgültige Spaltung des sino-sowjetischen Ostblocks, entscheidend aber war die Weigerung der Sowjetunion, die chinesische Nuklearrüstung zu unterstützen. Seit der chinesisch-amerikanischen Annäherung

---

[41] Die in analytisch-konzeptioneller Hinsicht recht unbefriedigende Biographie von Jung Chang, Jon Halliday: Mao. Das Leben eines Mannes. Das Schicksal eines Volkes. München 2007, enthält recht aufschlussreiche Details über den sowjetischen Einfluss auf die Entstehung und frühe Entwicklung der Kommunistischen Partei Chinas.

1972 war der kommunistische Osten endgültig weit weniger ein einheitlicher Block als der liberal-demokratische und kapitalistische Westen. Aber nicht nur die unter sowjetischer militärischer Protektion entstandenen kommunistischen Regime, sondern auch die im autochthonen Bürgerkrieg siegreich gebliebenen Regime verdankten indirekt der Existenz der sowjetischen Militärmacht ihr Überleben, da diese in ihrem unmittelbaren Umfeld abschreckend auf antikommunistische Interventionsabsichten der kapitalistischen Westmächte wirkte. In anderen Regionen war diese Abschreckung hingegen nicht erfolgreich. In Griechenland, in der Türkei und im Iran waren am Ende des Zweiten Weltkrieges stärkere kommunistische Minderheiten als in Rumänien, Bulgarien und Polen aktiv. Dort wagte es die Sowjetunion jedoch nicht, Großbritannien und die USA – die ihrerseits kommunistische Bestrebungen in ihrem Machtbereich unterdrückten – durch die massive Unterstützung der Kommunisten weltpolitisch und potentiell militärisch herauszufordern. Die Grenzen zwischen kommunistischem und kapitalistischem Machtbereich wurden wesentlich durch die militärische Reichweite der sowjetischen Kontinentalmacht einerseits und der angelsächsischen Seemacht andererseits mitbestimmt. So behielt sich die Seemacht USA die Besetzung der Inseln Japans und Chinas sowie des Südens der Halbinsel Korea vor. Auch die politische Marginalisierung der relativ starken italienischen und französischen kommunistischen Parteien ist nur im Kontext der internationalen politisch-militärischen Kräfteverhältnisse nach dem Zweiten Weltkrieg zu verstehen, wobei die USA (und Großbritannien) außer politisch-militärischem und polizeilichem Druck vor allem auch starke ökonomische Hilfsmittel einsetzten, um die für die kommunistische Agitation günstige soziale Unzufriedenheit im Umfeld der Sowjetunion, vor allem in Europa, zu verringern (*European Recovery Program* oder Marshall-Plan).

Die sozialsystemare Zweiteilung in Europa, die durch die militärische Demarkationslinie zwischen den Truppen der Sowjetunion und der USA und Großbritanniens nach der Kapitulation des Deutschen Reiches weitgehend vorgezeichnet wurde, konsolidierte sich erst nach einigen höchst bedrohlichen Krisen (Berlin-Krise und Jugoslawien-Krise 1948/49, DDR-Krise im Juni 1953, Polen- und Ungarn-Krise 1956), aber mit Ausnahme eines kurzen Krieges in Ungarn ohne neuerliche, größere Kriege nach dem Tode Stalins 1953.

Diese erste Entspannung zwischen West und Ost wurde durch den weltpolitischen und ideologischen Kurswechsel der Sowjetunion seit dem XX. Parteitag der KPdSU 1956 abgesichert. Unter friedlicher Koexistenz verstand Moskau nun nicht mehr eine nur recht kurze, taktische Atempause vor dem nächsten Weltkrieg, dessen Ausbruch aufgrund immanenter Widersprüche der kapitalistisch-imperialistischen Konkurrenz zuvor erwartet worden war. Friedliche Koexistenz meinte nun eine lang anhaltende, relativ friedliche, durch die militärische Abschreckungskapazität der Sowjetunion ermöglichte und als strategisch konzipierte Übergangsphase bis zum endgültigen weltweiten Sieg des Sozialismus. Die erfolgreiche Aufrüstung der Sowjetunion sei zum ausschlaggebenden weltpolitischen Friedensfaktor geworden, denn die vorherrschenden, rationalen und realistischen Teile der Bourgeoisie würden angesichts des atomaren Abschreckungspotentials der UdSSR keinen Weltkrieg mehr riskieren. In der neuen Weltsituation seien zwar weiterhin lokale, national-soziale Befreiungskriege in der kapitalistischen

Welt unvermeidlich. In den hoch entwickelten Industrieländern sei aber nunmehr auch ein Übergang zum Sozialismus ohne Bürgerkrieg nicht ausgeschlossen.[42]
Einen friedlichen Systemwechsel stellten sich kommunistische Autoren nicht explizit als Folge einer anzustrebenden kommunistischen Mehrheit in demokratisch-parlamentarischen Wahlen vor, sondern eher in der Form einer kommunistischen Infiltration und Lähmung des bürgerlichen Staatsapparats und eines Machtwechsels durch politische Streiks und Massendemonstrationen wie etwa in der Tschechoslowakei im Februar 1948. Die Interventionsdrohung der brüderlichen sowjetischen Militärmacht und ihr Schutz vor ausländischer kapitalistischer Militärmacht würden den weiteren Fortschritt des Sozialismus in der Welt absichern.
Das Verständnis von Weltrevolution hatte sich somit von der ursprünglichen Vorstellung eines fast gleichzeitigen, innerhalb weniger Monate und Jahre ablaufenden Prozesses in den Zentren des Kapitalismus zur Vorstellung einer Akkumulation nationaler, von außen unterstützter Revolutionen in der kapitalistischen Peripherie gewandelt. Diese Revolutionen würden letztendlich auch den ökonomisch-politischen Zusammenbruch der Zentren zur Folge haben. Kommunisten stellten sich internationalen Klassenkampf nunmehr vornehmlich als sozioökonomischen Wettbewerb der beiden Staatensysteme und als politisch-ideologischen Kampf zwischen den gesellschaftspolitischen Parteien und Organisationen vor.
Geistig-politische Weltbilder (Ideologien) prägen in ihren Grundzügen stark das politische Verhalten von Parteien und Politikern und bestimmen damit die Wirklichkeit mit. Umgekehrt zwingen politische Realitäten zu einer gewissen Anpassung der Ideologien an die gesellschaftspolitischen Verhältnisse. Man geht wohl nicht fehl in der Annahme, dass die fundamentale ideologische Revision des Sowjetkommunismus von 1956, die zu einer Neueinschätzung der Aggressivität der westlichen Großmächte, der Weltkriegsgefahr sowie der Möglichkeiten der Entspannung und Ost-West-Kooperation führte, eine wesentliche Voraussetzung für die Kompromissfähigkeit der Sowjetführung in der Kuba-Krise im Oktober und November 1962 war, die dann den endgültigen Durchbruch der Ost-West-Entspannung in den folgenden Jahrzehnten bis zur Auflösung der Sowjetunion auslöste.
Diese Revision beruhte materiell auf der gesicherten atomaren Zweitschlagkapazität der beiden Weltmächte, also der Gewissheit, einen dritten, nuklearen Weltkrieg nicht gewinnen zu können. Diese Gewissheit ermöglichte die beidseitige Überzeugung, dass auch die andere Seite keine gefährliche Eskalation bestehender und entstehender Konflikte zu einem Weltkrieg wollen wird, so dass auch vorübergehende Störungen des internationalen Entspannungsprozesses wie die sowjetische Intervention in Afghanistan 1979, der kommunistische Staatsstreich in Polen 1981 und die NATO-Mittelstreckenraketen-Rüstung in Europa 1983 die Ost-West-Entspannung nicht ernsthaft gefährden konnten. Von einem zweiten Kalten Krieg, also einer Konfliktform „am Abgrund" mit einer tatsächlichen Bereitschaft zum Weltkrieg in den frühen 1980er Jahren kann nicht die Rede sein.
Gleichzeitig verstand die Sowjetunion aber unter friedlicher Koexistenz im Unterschied zu den USA niemals eine Festschreibung des weltgesellschaftspolitischen Status quo, sondern strebte weiterhin die Verschiebung der internationalen Kräftever-

---

[42] Waleri Nikolajewitsch Jegorow: Friedliche Koexistenz und revolutionärer Prozeß. Berlin 1972, S. 92–111 (unter der Kapitelüberschrift: Der friedliche Weg des revolutionären Kampfes).

hältnisse mittels national-sozialer Revolutionen, vor allem in Afrika, Lateinamerika und Asien zu ihren Gunsten an. Als die Dritte Welt der kapitalistischen Entwicklungsländer durch die Entkolonialisierung rasch an weltpolitischem Gewicht gewann, revidierte die Sowjetunion bereits 1955 ihr striktes Zwei-Lager-Denken aus der Spätzeit Stalins und Andrej A. Ždanovs und erkannte einen „nichtkapitalistischen Entwicklungsweg" in einer erneut dreigeteilten Welt an. Dies eröffnete den Weg zur Überwindung des Konflikts mit Jugoslawien unter der Führung Josip Titos, der neben Jawaharlal Nehru, Gamal Abdel Nasser und Sukarno zu einer führenden Figur der Bewegung der blockfreien Staaten geworden war. Vor allem aber ermöglichte es eine Zusammenarbeit mit Parteien in den kolonialen und postkolonialen Ländern, die sich von der direkten Herrschaft oder indirekten Hegemonie der westeuropäischen Kolonialmächte und der USA zu befreien trachteten. So entstand ein Netz von bilateralen Beziehungen der Sowjetunion und später auch Kubas mit Parteien und Staaten in der Dritten Welt, die sich ideologisch und organisatorisch mehr oder weniger weit nach dem Vorbild der KPdSU und der Sowjetunion orientierten. Von diesen schwenkte nur Kuba schließlich auf den strikten ideologischen und organisatorischen Weg des Sowjetkommunismus und ein engeres wirtschaftspolitisches (Rat für Gegenseitige Wirtschaftshilfe) und militärpolitisches Bündnis mit der Sowjetunion ein. Manche Länder nutzten nur zeitweise die ökonomische, rüstungsökonomische und militärpolitische Unterstützung der Sowjetunion (z.B. Ägypten, Somalia), um sich von der Abhängigkeit von den Westmächten zu befreien, wechselten aber später die weltpolitischen Seiten – vor allem, weil die Sowjetunion keine nachhaltige wirtschaftliche Zusammenarbeit und Unterstützung anbieten konnte.

In Europa wurde die politisch-moralische Autorität des Kommunismus bei starken gesellschaftlichen Minderheiten durch die sowjetische Intervention in der Tschechoslowakei 1968 endgültig gebrochen. Dieselbe Auswirkung hatte die sowjetische Intervention in Afghanistan 1979 auf die Dritte Welt. Im gleichen Jahr schlugen die chinesischen Kommunisten einen eigenen Weg von der etatistischen in die kapitalistische Produktionsweise ein. Die Implosion der kommunistischen Herrschaft in Europa und in der Mongolei selbst begann nur sieben Jahre danach.

Die Implosion des kommunistischen Herrschaftssystems in Europa

Der Zusammenbruch der kommunistischen Parteiherrschaft war nur zum geringsten Teil die Folge von sozialen Massenprotesten und nirgends das Resultat eines sozialen Bürgerkriegs. Entscheidend war die Erosion des gesellschaftsgeschichtlichen Weltbildes der marxistisch-leninistischen Ideologie nicht nur in den kommunistischen Parteien, sondern vor allem auch in den Parteiapparaten. Dies geschah in einem langen Prozess, der von den 1960er bis zum Ende der 1980er Jahre dauerte. In diesem Zeitabschnitt schwand die Überzeugung von der welthistorischen Überlegenheit und die ökonomische und militärische Siegesgewissheit der Kommunisten, die immer weniger glaubten, einen dauerhaften Weltfrieden erzwingen zu können. Eine vorwiegend sozioökonomische Interpretation des Zusammenbruchs der kommunistischen Partokratie greift zu kurz. Die etatistische Produktionsweise erwies ihre beträchtliche Leistungsfähigkeit vor allem in der Anfangsphase kommunistischer Herrschaft, als bis dahin ungenutzte Arbeitsreserven in der Landbevölkerung und unter den Frauen für die Befriedigung von Grundbedürfnissen nach Arbeit, primärer Bildung und Gesundheitsversorgung trotz der ungeheuren Vergeudung und Vernichtung von Arbeitskraft in den Konzentrationslagern weit effektiver als in den meisten kapitalistischen Entwicklungsländern mobilisiert werden konnten.

Beim Übergang zur komplexeren, wissenschaftlich-technisch innovativen Wirtschaftsweise ging das wirtschaftliche Wachstum drastisch zurück. Zum entscheidenden Entwicklungshemmnis wurde zweierlei: einerseits Ausgaben für Rüstung, die um ein Vielfaches höher lagen als in den kapitalistischen Ländern,[43] sowie für den polizeilichen Sicherheitsapparat; andererseits der Mangel an Anreizen und Freiheiten für risikoreichere Neuerungen in der Produktion sowie die Inflexibilität des Planungssystems bei der Befriedigung rasch wechselnder Konsumtionsbedürfnisse. Grund für die überdimensionalen Rüstungsausgaben war allein der weltpolitische Anspruch der Sowjetunion und der WVO auf militärische Parität mit der NATO und der Volksrepublik China zusammengenommen, denen die Sowjetunion ökonomisch unterlegen war.

Ein weiterer entscheidender Faktor war die Aushöhlung des internationalistischen Sowjetpatriotismus durch den Staatsnationalismus der hegemonialen Sowjetunion in der Warschauer Vertragsorganisation sowie der Russen, Serben und Tschechen innerhalb der multinationalen Staaten, der den nationalen Separatismus der Minderheitsnationen in diesen Staaten stimulierte.

Damit waren alle geistig-emotionalen Impulse, die noch wenige Jahrzehnte zuvor dem Kommunismus welthistorischen Auftrieb verliehen hatten, geschwunden. Die Herrschaft der Parteibürokratie brach wie ein Kartenhaus fast gewaltlos in sich zusammen. Ursache für das Blutvergießen, das vor allem auf dem Balkan und im Kaukasus stattfand, war nicht ein Kampf gegen die kommunistischen Herren, sondern die Auseinandersetzung zwischen den kompromisslosen ethnonationalen Erben ihrer Herrschaftsordnung.

---

[43] Nach unterschiedlichen Berechnungen betrugen die Rüstungsausgaben in der UdSSR 10–15 oder gar mehr Prozent des Bruttosozialprodukts im Unterschied zu 7,4 Prozent in den USA und 3,4 Prozent in der BRD im Jahre 1983. Zu den Berechnungen der sowjetischen Rüstungsausgaben siehe Hans-Henning Schröder: Sowjetische Rüstungs- und Sicherheitspolitik zwischen „Stagnation" und „Perestrojka". Baden-Baden 1995, S. 46–56, 180, 585–586.

Stefan Plaggenborg

Schweigen ist Gold
Die Modernetheorie und der Kommunismus

> Die Soziologie hat den Kommunismus sowjetischen Typs aus der Theorie der Moderne nahezu vollständig ausgeblendet. Ursachen sind der Wunsch nach theoretischer Kohärenz sowie ideologische Positionen. Dabei ist die historische Verwandtschaft der west- und osteuropäischen Gesellschaften unübersehbar: Technisierung, Verwissenschaftlichung, Sozialdisziplinierung, Massengesellschaft, Säkularisierung, Entzauberung der Welt, Umweltzerstörung sind der sowjetischen ebenso wie der westlichen Moderne eigen. Um die Besonderheiten der sowjetischen Moderne zu erfassen, ist es nötig, sich vom Sprachgebrauch der westlichen Modernetheorie zu lösen und eigene Begriffe zu generieren. Auch muss der Gegenstand einer solchen Modernediskussion die gesamte Geschichte der Sowjetunion und nicht nur der Stalinismus sein. Nur so ist eine Integration des Kommunismus in die Theorie der Moderne möglich.

Auf die Frage, ob der Kommunismus zur Moderne gehöre, sind zunächst zwei Antworten möglich. Die erste erfolgt vor dem Hintergrund eines systematisch-normativen Verständnisses von Moderne. Bestimmte, zuvor festgelegte Kriterien definieren vollständige oder sektorielle Zugehörigkeit, graduelle Übergänge oder den Ausschluss. In diesem Fall hängt alles von der Wahl der Kriterien ab, über die sich unendlich diskutieren lässt. Die Modernetheorie legt davon hinreichend Zeugnis ab. Die zweite Antwort enthält ein zeitliches Verständnis von Moderne. Wie sollte der Kommunismus nicht dazugehören, wurde er doch im 19. Jahrhundert erfunden und nahm in der Geschichte des 20. Jahrhunderts Formen an. Stellte er nicht eine Antwort auf die sozialen Folgen des Kapitalismus und des bürgerlichen Zeitalters dar, deren Errungenschaften doch gerade als ein Wesensmerkmal der Moderne gelten dürfen? Wie also sollte ein Ergebnis der modernen Verhältnisse nicht modern sein?

Nun muss ein Kind musikalischer Eltern nicht unbedingt musikalisch sein. So ist etwa der italienische Faschismus, fast zeitgleich mit dem Sowjetregime entstanden, auch ein Ergebnis der Moderne,[1] wenngleich namentlich ihrer Krisen, aber die gehören ebenso dazu wie die Errungenschaften, an denen bekanntlich nicht alle und schon gar nicht alle

---

Stefan Plaggenborg, Dr. phil., Historiker, Professor für Osteuropäische Geschichte an der Universität Bochum
Zuletzt erschien von Stefan Plaggenborg in OSTEUROPA: Stalin war's! Über Jörg Baberowskis „Verbrannte Erde", in: OSTEUROPA, 4/2012, S. 95–102.

[1] Wolfgang Schieder: Faschistische Diktaturen. Studien zu Italien und Deutschland. Göttingen 2008, S. 353–376. – Stefan Plaggenborg: Ordnung und Gewalt. Kemalismus – Faschismus – Sozialismus. München 2012.

gleichermaßen teilhaben durften. Wenn am Beispiel des Faschismus die Frage diskutiert wurde, ob die Moderne amoderne Folgen hervorgebracht habe, so lässt sich das Problem für den Kommunismus ebenfalls nicht übersehen. Nur hat es keinen Sinn, über den Kommunismus im Allgemeinen auf der Grundlage der fragmentarischen Überlieferung der Theoretiker zu sprechen. Wie für den Faschismus auch, sind es die real existierenden Regime, an welche die Frage der Moderne zu stellen ist. Wie der Faschismus ist auch der sowjetische Sozialismus aus den Krisen zu Beginn des 20. Jahrhunderts, zugespitzt durch den Ersten Weltkrieg, hervorgegangen.

Von dieser Warte aus betrachtet darf man eine Fülle von Diskussionen zum Verhältnis von Moderne und Kommunismus erwarten, in denen die Modernetheoretiker die Geschichte des ersten Sozialismusexperiments in ihre Theorien einbezogen haben und aus denen hervorgeht, welchen Einfluss die Aufnahme des sowjetischen Weges auf die Theorieproduktion hatte. Allein, es herrscht Schweigen.

Warum die Modernetheorie den Kommunismus ausblendete

Eine einfache Frage bleibt zuweilen ohne Antwort: Gehört die Sowjetunion zur Moderne?[2] Wenn die Modernetheoretiker bis auf wenige Ausnahmen zu diesem Problem schweigen, dann vielleicht deshalb, weil diese Frage für sie nicht wichtig ist und daher getrost übergangen werden kann. Historiker jedoch arbeiten mit Theorien und theoretischen Konzepten, derer sie bedürfen, um Fragen an die Quellen zu stellen, die sonst stumm blieben. Historiker hätten gern eine Antwort. Welchen Grund aber gibt es für die Theoretiker, die Sowjetunion aus der Moderne auszuschließen, wenn die Hauptaufgabe namentlich der Soziologen darin besteht, moderne Gesellschaften zu untersuchen? Bedeutet es nicht, einen wichtigen Teil der historischen Erfahrung eines erheblichen Teils der Bevölkerung Europas dem theoretischen Vergessen preiszugeben? Heißt es nicht, die theoretische Reflexion in unzulässiger Weise vor den Anfechtungen des Anderen und Fremden zu schützen? Dieses Andere ist aber schon auf den ersten Blick so eng mit den eigenen Gesellschaften verwandt, dass es unverständlich bleibt, warum es nicht theoretisch analysiert werden sollte. Bedeutet das Schweigen außerdem, die „Gewissheiten" der Analyse von Gesellschaft, Institutionen und Politik und ihrer theoretischen Verarbeitung rein zu halten, sei es aus Gründen der theoretischen Kohärenz oder der (uneingestandenen oder nicht explizierten) ideologischen Position?[3]

Modernetheorie war und ist die Theorie von historischen Prozessen und Gesellschaften im Westen. Diese Grundlegung geht auf Max Weber zurück. Er hatte das historische Unikat der Voraussetzungen und Verläufe der abendländischen Moderne erforscht, also die Frage nach einer historischen Spezifik gestellt und ihre distinkten Merkmale erarbeitet. Wenn zahlreiche Modernetheoretiker im Anschluss an Weber die mittlerweile ge-

---

[2] Gelegentlich muss ich in diesem Aufsatz auf Ausführungen in meinem Buch: Experiment Moderne. Der sowjetische Weg. Frankfurt/Main, New York 2006, zurückkommen.

[3] Möglicherweise auch aus Karrieregründen, was man aber nicht explizit finden wird. Festzustellen ist, dass in der Bundesrepublik Deutschland früher eine soziologische Expertise zu Osteuropa und der Sowjetunion/Russland vorhanden war, die heute auf eine Professur mit Schwerpunkt Osteuropa und eine weitere mit komplementärer Russlandexpertise zusammengeschmolzen ist; dazu: Manfred Sapper: Niedergang und Neuanfang. Die Krise der deutschen Russlandexpertise, in: OSTEUROPA, 6–8/2012, S. 505–520.

wachsenen Formen westlicher Gesellschaften als Moderne theoretisieren, so verfallen sie in einen Zirkelschluss, der die Moderne als Moderne erklärt.
So wundert es nicht, dass die theoretisch orientierte Soziologie westlicher Provenienz bis auf noch zu besprechende Ausnahmen keine Versuche unternommen hat, die Entwicklungen im osteuropäischen Sozialismus, besonders in der Sowjetunion, in die Theoriebildung aufzunehmen. Die Unterlassung wäre aber nur dann erlaubt, wenn diese Literatur explizit und begründet die Gesellschaften dieses Teils Europas als prämodern oder nicht modern bestimmen würde. Aber sie übersieht sie, obwohl die historische Verwandtschaft der west- und osteuropäischen Gesellschaften unübersehbar ist. So lassen die 2007 in zweiter Auflage erschienenen soziologischen Gegenwartsanalysen, die eine Bestandsaufnahme „wichtiger soziologischer Gegenwartsdiagnosen" der 1980er und 1990er Jahre versammeln, in mittlerweile obsoleter Weise den Rest der Welt außer Deutschland, Frankreich, Großbritannien und den Vereinten Staaten außer Acht. Osteuropa wurde der sprachlichen Grenzen wegen nicht berücksichtigt.[4] Verweht ist die Neugier der frühen Soziologen. Max Weber hatte einst Russisch gelernt, um sich über die Lage in Russland während der Revolution 1905 und den (Schein)Konstitutionalismus zu informieren.[5] Auch Hinweise auf die modernetheoretische Relevanz des Kommunismus hatte es gegeben, etwa von philosophischer Seite: die Marxsche Utopie habe „das Projekt Moderne auf seine eigentliche Formel gebracht".[6] Sie wurden aber nicht aufgegriffen. Im Grunde hat das Ausblenden der osteuropäischen Gesellschaften die theoretische Folge, dass sie zu den rückständigen Kellerkindern der Moderne gerechnet werden.
Auf diese knappe Darstellung jedoch vermag die Modernetheorie eine Antwort zu geben. Es habe sich in Osteuropa um Kopien des westeuropäisch-nordamerikanischen Weges gehandelt, weshalb ihre Untersuchung die Theorie nicht weiterbringen würde, denn im Falle einer „relationalen Bestimmung der Moderne" durch zahlreiche nachholende Modernisierungen rund um den Globus impliziere Moderne – als repetitiver Vorgang – weder übergreifenden Entwicklungssinn noch notwendige Entwicklungstendenzen.[7] Das aber heißt nichts anderes, als dass in der Beschreibung eines als Grundtyps erachteten Modells die Geschichte sich erschöpft sieht. Alle Löffel sind gleich, sagt der Soziologe. Müsste es, mit Nikolaj Černyševskij gesprochen, nicht weiter heißen: Aber jeder hat nur den, mit dem er isst? Bevor die Moderne im Osten Europas mit dem vorgebrachten Argument für theoretisch irrelevant erklärt wird, wäre es angebracht, sie zu diskutieren, sonst setzt sich die Theorie dem Apologieverdacht aus.
Wer zu diesen Befunden kommt, könnte schlussfolgernd auf die Idee verfallen, es gebe außerwissenschaftliche Motive für die Grenzen der Modernetheorie. Wir reden schließlich hauptsächlich von der Nachkriegszeit bzw. der Phase des Kalten Krieges

---

[4] Uwe Schimank, Ute Volkmann (Hg.): Soziologische Gegenwartsdiagnosen, Bd. 1. Eine Bestandsaufnahme. Wiesbaden ²2007, S. 11f.
[5] Max Weber: Gesamtausgabe, Bd. 10: Zur Russischen Revolution von 1905. Schriften und Reden 1905–1912. Hg. von Wolfgang J. Mommsen. Tübingen 1989.
[6] Robert Spaemann: Ende der Modernität? In: Peter Koslowski, Robert Spaemann, Reinhard Löw (Hg.): Moderne oder Postmoderne? Zur Signatur des gegenwärtigen Zeitalters. Weinheim 1986, S. 11.
[7] Rainer M. Lepsius: Soziologische Theoreme über die Sozialstruktur der Moderne und die Modernisierung, in: Reinhard Koselleck (Hg.): Studien zum Beginn der modernen Welt. Stuttgart 1977, S. 10–29.

und der festgefügten ideologischen, politischen, wirtschaftlichen und militärischen Blöcke, was möglicherweise dazu führte, dass die jüngere Modernetheorie den Stacheldraht nicht übersprang. Der Soziologe Wolfgang Knöbl bestätigt diese Annahme. Aus seiner Analyse der Geschichte der Modernisierungstheorie zieht er kritisch den Schluss, die Modernetheorie denke, dass

> die westliche Moderne in ihrem spezifischen Institutionensystem tatsächlich eine Art Endziel der Geschichte darstellt. Gerade der Zusammenbruch der Sowjetunion schien zu „beweisen", dass es [...] nur einen sicheren und dauerhaften Pfad in die Moderne gibt.[8]

In diesem Sinne schrieb auch Jürgen Habermas in seinem Aufsatz über die nachholenden (sic!) Revolutionen 1989/91, dass sich Elemente der Moderne (lies: der westlichen) nun auch in Osteuropa finden ließen.[9] In „Der philosophische Diskurs der Moderne" kommt Habermas in der Auseinandersetzung mit Moderne- und Postmodernetheoretikern zu Bestimmungen, die ungewollt die Beschreibung osteuropäischer Gesellschaften einschließen könnten. Die Frage ist ja, ob „westliche" Werte wie etwa „Selbstbestimmung in generalisierten Werten und Normen"[10] als Kennzeichen der Moderne nicht auch im Kommunismus Osteuropas zu finden sind, bloß enthalten sie – ohne ihren Wortlaut zu ändern – andere Orientierungen. Wenn viele Menschen nicht nur in Sowjetrussland bzw. der Sowjetunion nach dem Ersten Weltkrieg die bürgerlichen Zivilisationsversprechen als hohl und trügerisch ansahen, dann ließen sich sehr wohl andere generalisierte Werte und Normen gerade als Gegenentwurf zu den „westlichen" entwerfen, denen seinerzeit nicht mehr allzu viele zuzustimmen vermochten. War es deswegen amodern, wenn diese Werte mit den korrumpierten bürgerlichen nicht zur Deckung kamen? Wenn außerdem Wertgeltungsansprüche Kennzeichen der Moderne sind, dann stellten sie sich hier wie dort, und über den Wert der Werte ließ sich vor dem Hintergrund der historischen Erfahrungen namentlich nach 1918 trefflich streiten.

Unter diesen Prämissen kann zwar der Kollaps des Sozialismus in Osteuropa als Beginn einer Emanzipation im Sinne der westlichen Moderne interpretiert werden. Das gilt aber eher für die ostmitteleuropäischen Länder, weniger für die Nachfolgestaaten der Sowjetunion, die erhebliche Zweifel in dieser Hinsicht hervorrufen. Überhaupt scheint der Gedanke von der nachholenden Revolution ziemlich ahistorisch, denn warum sollten Staaten und Gesellschaften, die aus dem vollständigen Kollaps eines Systems hervorgehen, zwingend jene westlich-modernen Pfade einschlagen, die westeuropäische Staaten und Gesellschaften nach dem Kollaps der Ordnungen 1918 ebenfalls nicht – oder nur anfangs – beschritten? Die Erwartungshaltung, die Befreiung aus den Zwängen des Kommunismus müsse unweigerlich zur Annahme der besten Errungenschaften des Westens führen, wurde nach 1991 in der ehemaligen Sowjetunion von politischen Aktivisten und einem großen Teil der Bevölkerung ebenso

---

[8] Wolfgang Knöbl: Spielräume der Modernisierung: das Ende der Eindeutigkeit. Weilerswist 2001, S. 13.
[9] Jürgen Habermas: Nachholende Revolution und linker Revisionsbedarf. Was heißt Sozialismus heute? In: Ders.: Zeitdiagnosen. Zwölf Essays. Frankfurt/Main 2003, S. 124–149.
[10] Jürgen Habermas: Der philosophische Diskurs der Moderne. Zwölf Vorlesungen. Frankfurt/Main 1985, S. 391f., 400.

wenig geteilt wie seinerzeit nach 1918 in einigen Ländern Westeuropas – mit den entsprechenden Folgen autoritärer und ideologischer Herrschaft. Die – wie wir heute wissen: überzogene – Erwartung traf auf die desillusionierenden Erfahrungen der Bewohner postsozialistischer Länder auf dem Gebiet der ehemaligen UdSSR, die sie mit den Segnungen des Marktes machten. Dabei stellte sich heraus, dass die Propaganda der Kommunisten im Angesicht des sich real entwickelnden Kapitalismus milde Untertreibungen darstellten. Dass der rapide soziale Abstieg, wenn nicht Absturz, ganzer Bevölkerungs- und Berufsgruppen zu mehr Demokratie und Zivilgesellschaft führt, wäre eine einmalige historische Angelegenheit, die zumindest vom Westen nicht vorexerziert worden war. Dagegen ließe sich zwar sagen, die Bevölkerung auf dem Gebiet der ehemaligen Sowjetunion müsse nicht die Erfahrungen der Zeit nach 1918 wiederholen, denn heute seien die Vorbilder einer demokratischen, offenen und wettbewerbsorientierten Gesellschaft deutlicher zu erkennen als damals, aber darin kommt die etwas weltfremde Ansicht zum Ausdruck, dass die Menschen, die soeben ihre Arbeit, ihr Einkommen, Vermögen und Prestige verloren haben, die Ursache ihres Niedergangs als Hoffnung auf ein besseres Dasein zu interpretieren hätten. Es bestätigte sich hingegen die Beobachtung Eric Hobsbawms: Wenn der Sozialismus in eine Krise gerät, bricht das ganze System zusammen; gerät der Kapitalismus in eine Krise, zerfällt die Demokratie und der Kapitalismus bleibt bestehen.

Die beiden oben genannten Gründe für die Ausblendung der Sowjetunion aus der Modernetheorie – der Wunsch nach theoretischer Kohärenz sowie uneingestandene und nicht explizierte ideologische Positionen – scheinen geklärt. Die Beibehaltung der theoretischen Kohärenz als implizite Strategie der Theoretiker ist verbunden mit der Positionierung der Theorie in der westlichen Hemisphäre. Es ist wichtig, dass sich dieser Befund nicht aus der Unzufriedenheit des theoretisch interessierten Historikers ergibt, sondern die Belege für die Motive liefert die Theorie selbst. Die Apologie des westlich beschränkten Modernediskurses nährt den Verdacht, die westliche Modernetheorie sei eine verkappte Geschichtsphilosophie. In der skizzierten Selbstbeschränkung kann sie kaum noch als „Theorie" durchgehen. Moderneimagination wäre angemessen. Diese Umbenennung sollte wiederum nicht allzu sehr überraschen, denn es ist nichts wirklich Neues, dass die Theorie immer wieder von der Geschichte auf ihren imaginierten Charakter hingewiesen wurde, häufig äußerst brutal in den westlichen Gesellschaften selbst. In der imaginierten Moderne nahm und nimmt die Geschichte nicht den Platz ein, der ihr gebührt. Der Osten Europas bietet dafür hinreichend Material. Werden die Geschichte und historischen Erfahrungen des Kommunismus in Osteuropa ausgeblendet, dann verliert die Theorie ihre Bodenhaftung und wird in einem unguten Sinn „philosophisch".

Selbstkritik: Die Kritik an der Modernekritik

Widerspruch gegen den ersten Abschnitt der Ausführungen ist schnell erhoben. Schließlich ist die Kritik an der Moderne, ihren Hervorbringungen und an der Modernetheorie so alt wie die Moderne selbst. Besonders am Fortschrittsoptimismus und der unaufhörlichen Zivilisationsverstärkung hat sie sich festgemacht. Wenn es eine Gemeinsamkeit der sehr unterschiedlichen kritischen Perspektiven gibt, dann ist es gerade die Selbstkritik, die so unterschiedliche Modernekritiker wie Max Horkheimer und Theodor Adorno mit Michel Foucault und Zygmunt Bauman verbindet. Besonderer Widerspruch wurde hinsichtlich der Zerstörungs- und Gewaltpotentiale der Moderne vorgetragen. Die Einwände sind unübersehbar, und sie haben den Vorzug, dass sie aus den historischen Erfahrungen geschöpft sind, d.h. der Geschichte mehr Raum geben im Zusammenhang theoretischer Erörterungen. Unzweifelhaft stehen hinter der „Dialektik der Aufklärung" die Erfahrungen des Faschismus (der als theoretischer Bezugspunkt in dem Buch mehrfach thematisiert wird, nicht aber explizit des Kommunismus) und der erzwungenen Emigration, hinter Foucaults Werk die dunkle Seite der bürgerlichen Ordnung und ihrer Wirkungen auf die Subjekte und hinter Baumans Überlegungen die Frage, wie der Holocaust in die Modernetheorie integriert werden kann. Wenn aber die Geschichte in die Theorie eintritt, dann sind die Historiker gefragt. Der Soziologe Hans Joas hat dieses lange Zeit ungeklärte Verhältnis auf die Formel gebracht: „Die Abstraktionsleistungen der soziologischen Theorie bedürfen eben der Verbindung mit der Sachintimität der Geschichtsschreibung."[11]

Dieser Satz, entstanden während der Diskussion um die Bedeutung des Krieges in der Moderne, lässt sich auch als eine freundliche Bankrotterklärung der Soziologie lesen. Es scheint, dass sie modernetheoretisch nicht mehr viel zu sagen hat, außer sie wird historisch. Einige Soziologen wie Joas, Knöbl, Peter Wagner und Andreas Langenohl haben das erkannt. Um die Gegenwart zu verstehen, sei eine „historische Neubeschreibung der Moderne" notwendig und der Sozialismus stehe „im Mittelpunkt der Geschichte der Moderne".[12] Knöbl geht noch einmal auf das schon erwähnte Defizit ein und schreibt, „eine der wesentlichen Schattenseiten der Moderne im 20. Jahrhundert, der Totalitarismus, wurde nie zu einem ernsthaften Thema" der Modernetheorie.[13] Das ist aus zwei Gründen nicht so präzise, wie Historiker es sich wünschen. Zum einen liegt hier mit Blick auf Baumans Werk eine gelinde Übertreibung vor, zum anderen sind italienischer Faschismus und deutscher Nationalsozialismus sehr wohl zum Gegenstand theoretischer Überlegungen geworden, wenngleich – der Präzision halber – eher im Bereich der Modernisierungstheorie. Falls Knöbl jedoch den Kommunismus meint, den er in dem früher angeführten Zitat schon erwähnte, dann allerdings hat er recht. Nur sollte man – wenn schon der Begriff Totalitarismus fällt – nicht diejenigen Regime und Gesellschaften ausschließen, aus denen der Begriff stammt.

In Knöbls Begriffsverwendung lässt sich jedoch ein bisher ungelöstes Problem erkennen, das von der Ideen- und Begriffsgeschichte zu lösen wäre: Es wäre aufschlussreich zu erfahren, ob die Karriere der Begriffe Moderne und Modernisierung als für den Westen reserviert galt, während Totalitarismus Europas Osten charakterisierte; träfe diese Annahme zu, so würden die beiden Termini ein geschichtsphilosophisches Begriffspaar bilden, mit dessen Hilfe sich trefflich die in Imperialismus, Kolonialismus, zwei Weltkriegen und Massenvernichtung von Menschenleben soeben kollabierte (westliche) Moderne diskursiv rehabilitieren ließ und sie zugleich als Ideologieprodukt entlarvte.

---

[11] Hans Joas: Die Modernität des Krieges. Die Modernisierungstheorie und das Problem der Gewalt, in: Leviathan, 1/1996, S. 13–27.
[12] Peter Wagner: Soziologie der Moderne. Freiheit und Disziplin. Frankfurt/Main, New York 1995, S. 158. – Andreas Langenohl: Tradition und Gesellschaftskritik. Eine Rekonstruktion der Modernisierungstheorie. Frankfurt/Main, New York 2007, S. 15; die Entwicklung im Westen sei eher als Ausnahmeerscheinung anzusehen.
[13] Knöbl, Spielräume [Fn. 8], S. 22.

Diese Frage muss vorerst offen bleiben. Festzuhalten ist hingegen, dass die soziologische Modernetheorie die Gründe für ihre Mängel selbst aufgespürt und benannt und zu ihrer Behebung auf die Bereiche außerhalb der eigenen Disziplin verwiesen hat. Die von Joas angesprochenen Historiker nehmen das zur Kenntnis und setzen unverzüglich zur Verteidigung der soziologischen Modernetheorie an. Die Kritik darf schließlich nicht ausblenden, dass es unterschiedliche Logiken der Moderne gibt und die Sowjetunion unter dieser Perspektive dazu gehören könnte. Und schließlich liegen Versuche vor, den Kommunismus und die Geschichte der Sowjetunion in die Moderne einzubeziehen. Sie dürfen nicht übergangen werden. Aus Platzgründen wähle ich drei aus. Da Zygmunt Bauman, der zentral dazugehört, bei anderer Gelegenheit ausführlich besprochen wurde,[14] sei an diesem Ort auf eine Wiederholung verzichtet. Erstens Shmuel Eisenstadts Konzept der *multiple modernities*.[15] Es geht von verschiedenen Wegen der Moderne als Prozess von permanenter Konstitution und Rekonstitution einer Vielzahl kultureller Programme aus. Das westliche Modell der Modernisierung und Moderne sei deswegen nicht das einzige, wohl aber bilde es den Referenzrahmen für andere Pfade. Die unterschiedlichen Versionen der Moderne führt Eisenstadt auf zwei alternative Modelle zurück, zum einen die Legitimation über Gesetzesherrschaft, Pluralismus, Markt, zum anderen die autoritären, traditionsbewussten und ideologischen Varianten. Nach Eisenstadt gehören Kommunismus und Sowjetunion zur Moderne.

> In den 1920er und 1930er Jahren, die unauslöschlich von den in Europa entstandenen Spannungen und Antinomien der Moderne gekennzeichnet waren, bildete sich die erste ideologisch eindeutig „alternative" Moderne heraus – die kommunistische sowjetischen Typs.[16]

Für einige Historikerinnen und Historiker waren Eisenstadts Überlegungen eine Offenbarung, ermöglichten sie ihnen doch, differente historische Befunde modernetheoretisch zu verarbeiten. Unübersehbar bediente das Konzept den wissenschaftlich begründbaren und zeitbedingt motivierten Unwillen, Europa und Nordamerika als Norm anzusehen. Es scheint jedoch, dass die These der „multiple modernities" eher den außerwissenschaftlichen Gestus bediente, als dass sie theoretisch überzeugte. Eigentlich ist es keine überraschende Feststellung, dass alle europäischen Regime des 20. Jahrhunderts zur Moderne gehören. Das gilt für alle liberalen Nationalstaaten ebenso wie für die kommunistischen und faschistischen Regime. Wenn aber alle Versionen der Moderne dazugehören, wird der theoretische Gewinn, der durch Differenzierung entsteht, im selben Augenblick eingenebelt. Eisenstadt will uns weismachen, es gebe viele Bäume. Zusammen ergeben sie aber keinen Wald. Die triviale Idee der „multiple modernities", die schon deswegen im anglophonen Raum entstehen konnte, weil dort der Plural leichter zu bilden ist als im Deutschen mit seiner grammatischen Form des Kollektivums „Moderne", hatte indes nicht nur Rezeptionserfolge, sondern in der Tat auch einen Vorzug. Sie war gegen die ältere, auf Westeuropa und Nordamerika

---

[14] Plaggenborg, Experiment [Fn. 2], S. 150–177 sowie S. 331–334.
[15] Shmuel N. Eisenstadt: Multiple Modernities, in: Ders. (Hg.): Multiple Modernities. New Brunswick. London 2002, S. 1–30.
[16] Eisenstadt, Modernities [Fn. 16], S. 10.

orientierte Modernetheorie gerichtet; daher war ihre wissenschaftsstrategische Durchschlagskraft größer als ihre theoretische Überzeugungskraft.

Zweitens Johann Arnasons *Kommunismus als Moderne*.[17] Der Soziologe konzentriert sich auf die vier Bereiche Industrialisierungsdynamik, Staatsbildungsprozesse, Wiederaufbau imperialer Strukturen und Bildungsexpansion. Seine Ausführungen sind aber viel zu allgemein, als dass sie theoretisch weiterführend wären. Das bolschewistische Projekt hält Arnason für eine Mischung aus Marx und russischer Tradition. Kennzeichnend sei die Machtkonzentration in der politischen, wirtschaftlichen und Wissenssphäre. Diese Machtkonzentration habe eingebaute Differenzierungsblockaden bewirkt, die wiederum das gesamte System krisenanfällig machten. Arnason beschreibt die Sowjetunion als ein Gegenmodell zur westlich-kapitalistischen Moderne. Ihr totalitärer und homogenisierender Impuls sei besonders durch die starken russischen Traditionen zustande gekommen.

Es braucht nicht viel Phantasie, um diesen Ansatz als theoretisch wenig überzeugend zu betrachten. Es ist bezeichnend, dass die unangenehmen Seiten der sowjetischen Moderne kurzerhand den russischen Traditionen in die Schuhe geschoben werden und damit ein Russlandbild entsteht, an dem noch gearbeitet werden darf. Arnason sind darüber hinaus einige entscheidende Kennzeichen entgangen. Die Bolschewiki mögen „wenig artikulierte"[18] russische Traditionen aufgenommen haben, aber dass sie die durch die Revolution begonnenen Strukturauflösungen und Traditionsverluste zu einer großen Abräumaktion erweiterten, sollte nicht unter den Tisch fallen; außerdem fehlt die nicht zuletzt dadurch in Gang gesetzte Gewaltdynamik in der Analyse völlig. Die theoretische Verarbeitung des sowjetischen Kommunismus bei Arnason darf daher als bestenfalls unzureichend betrachtet werden.

Drittens James Scotts *Hochmoderne:*[19] Warum enden die großen Programme des Social Engineering in Katastrophen, fragt Scott. Seine Antworten ergeben eine Version der Moderne, deren Kennzeichen sich seit dem 19. Jahrhundert ausgebildet haben. Erstens habe der gestaltende Eingriff in Natur und Gesellschaft zur Vereinfachung der Perspektive geführt, eine Grundvoraussetzung für jede Planung. Zweitens sei eine „high modernist ideology" hinzugekommen, eine durchsetzungsfähige („musclebound") Art des wissenschaftlichen und technischen Fortschritts. Produktionsausweitungen und die rationale Ordnung der gesellschaftlichen Bedürfnisse haben das Ausmaß der Staatsintervention vor dem Hintergrund autoritärer Planungsvisionen vergrößert. Drittens habe der autoritäre Staat die bisher genannten Aspekte vereinigt, wobei, viertens, eine widerstandsschwache Gesellschaft diesen hochmodernen Strukturen keine Opposition habe entgegen setzen können.

Scott geht ausführlich auf die Sowjetunion ein. Aber hier zeigt sich die Schwäche seines zunächst einleuchtenden Konzepts. Zunächst der inhaltliche Einwand: Wiewohl vieles richtig erkannt wird, scheitern zahlreiche Überlegungen an der „Vetomacht der Quellen" (Reinhard Koselleck) und der einschlägigen historiographischen

---

[17] Johann P. Arnason: The Future that Failed. Origins and Destinies of the Soviet Model. London, New York 1993. – Ders.: Communism and Modernity, in: Daedalus, 1/2000, S. 61–90. – Dazu Knöbl, Spielräume [Fn.89], S. 330–390.

[18] Arnason, Communism [Fn. 17], S. 70.

[19] James C. Scott: Seeing like a State. How certain schemes to improve the human condition have failed. New Haven u.a. 1998.

Fachliteratur. Beispielhaft sei nur die These vom modernen Planungscharakter der berufsrevolutionären Partei Lenins genannt, die es in Wirklichkeit bekanntlich nie gegeben hat. Der methodische Einwand macht geltend, dass die Elemente des „high modernism" aus dem bolschewistischen Experiment einschließlich des Stalinismus bezogen werden. So darf es nicht wundern, dass Stalinismus „high modernism" *ist*, lieferte er doch die Kriterien dafür. Der theoretische, besser theoriegeschichtliche Einwand bemängelt, dass viele der von Scott aufgeführten Elemente des „high modernism" woanders schon beschrieben wurden. Seine Strukturkennzeichen finden sich etwa in der Nationalismustheorie Ernest Gellners,[20] die ja eine verkappte Modernisierungstheorie für das 19. Jahrhundert ist, folglich nicht „high modernism" sein kann. Der Staat mit seinen wuchernden Tendenzen wurde schon von Theda Skocpol wieder ins Zentrum sozialwissenschaftlicher Analysen gerückt, nachdem er zeitweilig daraus verschwunden war,[21] ganz abgesehen von der Frage, was und wer „der Staat" der stalinistischen Hochmoderne eigentlich war; die Problematik von autoritären und inhumanen Planungsvisionen meint man schon häufiger kennen gelernt und das Dilemma von Technizismus und ausbleibendem Erfolg glaubt man in Habermas *Philosophischem Diskurs der Moderne* ausführlicher und präziser gelesen zu haben. Zwar sind Scotts Überlegungen nicht falsch, die Frage aber ist, ob wir soziologische Verallgemeinerungen brauchen, die ihrerseits jene einschränkende Perspektive einnehmen, die sie als Modernephänomen zu kritisieren vorgeben? Oder im Sinne Joas' formuliert: Brauchen wir soziologische Abstraktionsleistungen ohne hinreichende Sachintimität der Geschichtswissenschaft? Ja, lautet die Antwort, damit die Historiker analytische Kategorien und Begriffe an die Hand bekommen, auf die sie selber nicht kommen. Darüber hinaus sind sie nutzlos und taugen nur zum Verwerfen.

Wie die sowjetische Moderne beschreiben?

Wie aber kommt man heraus aus diesem Dilemma? Man kann sich lange Diskussionen ersparen, wenn man sich darauf einigte, was eingangs bereits angedeutet wurde, dass nämlich der Kommunismus auch in seiner sowjetischen Ausformung zur Moderne gehört. Es gibt keinen vernünftigen Grund, daran zu zweifeln. Schließlich sind fundamentale Umwälzungen in seiner Zeit eingetreten, die nicht mehr rückgängig zu machen sind. Unübersehbar ist, dass der Sowjetsozialismus die mächtige Adels-, Gutsbesitzer- und Bürokratenklasse der Zeit vor 1917 vollständig abgeschafft und die Gesellschaftsstruktur Russlands umgekrempelt hat. Die tradierte Bauerngemeinde und den bäuerlichen Familienbetrieb hat er der Geschichte überlassen – seine heutige Renaissance fällt bisher kümmerlich und kaum zukunftsweisend aus. Wer wollte in Abrede stellen, dass sich der Übergang vom Agrar- zum Industriestaat im 20. Jahrhundert ebenso vollzog wie Urbanisierung, Bildungsaufschwung und Technisierung? Der Soziologe Anatolij Višnevskij hat den Vorgang aus der Perspektive der 1990er Jahre auf die Formel gebracht. Es gehe bei der Modernisierung der russischen Gesellschaft um

---

[20] Ernest Gellner: Nationalismus und Moderne. Hamburg 1995.
[21] Theda Skocpol: Bringing the State back in, in: Peter B. Evans u.a. (Hg.): Strategies of Analysis in Current Research. Cambridge 1985, S. 3–43.

die Transformation der traditionellen, agrarischen, dörflichen, patriarchalen, holistischen [Gesellschaft] in eine moderne, industrielle oder „postindustrielle", städtische, demokratische, individualistische.[22]

Heute wissen wir, dass der letzte Teil der Beschreibung eher in die Abteilung Orakel gehört. Aber was die empirisch nachweisbaren makrosoziologischen Kennzeichen der Sowjetgesellschaft betrifft, so ist dem nichts entgegenzusetzen.[23] Über die katastrophalen Folgen und Kosten dieser Entwicklung (die auch Višnevskij keineswegs verschweigt) wissen wir heute ebenfalls Bescheid. Višnevskij kommt auch zu der Meinung, der sowjetische Pfad sei am Ende des 20. Jahrhunderts in eine Sackgasse geraten. Dies festzustellen, heißt nicht, das Experiment zu legitimieren. Die am Ende zu beobachtende kumulierte Kaputtheit war atemberaubend.

Die Frage, welche Form der Modernisierung der Kommunismus bevorzugte und welche Ergebnisse und Modernisierungsimpulse er hervorgebracht, vergeudet oder abgebrochen habe, führt jedoch auf ein anderes Feld. Über die Tatsache, dass die sowjetische Modernisierung ein Misserfolg war, wird heute kaum jemand diskutieren wollen. Die Sowjetunion aus der kulturellen Moderne auszuschließen, ist jedoch nicht möglich. Vergröbernd lässt sich sagen, dass sie die westliche Moderne des 19. Jahrhunderts übernahm minus Kapitalismus, parlamentarische Demokratie und Nationalstaat. Sie enthielt jedoch das Versprechen einer besseren Welt und der Verteilung der Reichtümer auf alle. Technisierung und Verwissenschaftlichung, Beherrschung der Natur, Sozialdisziplinierung, Massengesellschaft, Säkularisierung, Entzauberung der Welt, Ökodesaster – all das gehört zur sowjetischen wie westlichen Moderne, falls diese unsinnige Teilung beibehalten werden soll. Die Liste lässt sich ohne weiteres verlängern: Kollektivierung des Individuums, Genozid, entgrenzter Krieg, politisch verursachte Massenmorde und Geschichtsoptimismus waren dem Westen nicht fremd und machten die Sowjetunion zur hässlichen Schwester des buckligen Bruders im Westen. Es ist in Anbetracht der Entwicklungen auch in westlichen Gesellschaften des 20. Jahrhunderts kaum möglich, Planwirtschaft aus der Moderne auszuschließen, um den Markt als zentrales Kennzeichen der Moderne beizubehalten.

Der Wissenssoziologe Stephen Toulmin hat herausgearbeitet, dass die verschiedenen Gesichter der Moderne oder ihre „Ambivalenzen", wie Bauman sie nannte, von Anfang an in ihr angelegt waren und dass sie zum Kern der Modernevariante gehörten, die sich schließlich durchsetzte. Auch für die sowjetische Moderne gilt die Missachtung des Gefühls, der Erfahrung, des Besonderen, Lokalen, Akzidentellen, Überkommenen.[24] Diese Charakteristika verschärften sich im Zuge der Entwicklung einer Moderne, die sich aus historischen Gründen und Umständen entschloss, der Abstraktion, Systematik, Allgemeingültigkeit sozialer Gesetze, Rationalisierung und Neuord-

---

[22] Anatolij Visnevskij: Serp i rubl'. Konservativnaja modernizacija v SSSR. Moskva 1998, S. 6. – V.A. Krasil'ščikov: Vdogonku za prošedšim vekom. Razvitie Rossii v XX veke s točki zrenija mirovych modernizacij. Moskva 1998.
[23] Thomas Bohn: Bevölkerung und Sozialstruktur, in: Stefan Plaggenborg (Hg.): Handbuch der Geschichte Russlands, Bd. 5,2: 1945–1991. Stuttgart 2003, S. 595–658.
[24] Stephen Toulmin: Kosmopolis. Die unerkannten Aufgaben der Moderne. Frankfurt/Main 1991.

nung der Welt den Vorzug vor den soeben genannten Elementen zu geben. Der folgende Satz Toulmins bringt die sowjetische Moderne besser auf den Punkt als andere:

> Die Ideale der Vernunft und Rationalität [...] waren also theoretisch perfektionistisch, moralisch rigoros und menschlich unerbittlich.[25]

Nur bezog sich dieser Satz ursprünglich nicht auf die Sowjetunion, sondern auf einen Zweig der sich im Westen ausbildenden Moderne.
Aus dieser Perspektive erledigt sich auch das Problem, in der sowjetischen Moderne die Vormoderne aufspüren zu wollen. Hinter der Meinung, die Sowjetunion habe Formen der Vormoderne gezeigt, steht die theoretisch unabgesicherte und von der Praxis nie gedeckte Wahrnehmung, dass es in der Moderne keine Traditionen mehr geben dürfe. Nebenbei stellt sich der Effekt ein, dass auf diese Weise die „gute" fortschrittliche Moderne implizit bestätigt wird. Für eine solche Ansicht besteht keinerlei Anlass. Aus der kritischen Modernetheorie lernen wir, dass auch die „dunklen Seiten" der Moderne untrennbar zu ihr gehören und nicht in das Reich der Vormoderne abgeschoben werden können. Wir lernen aber auch, dass es nicht darum gehen kann, schöne Theoriegebäude zu entwerfen, die bei der geringsten empirischen Belastung zusammenbrechen, sondern den Worten des Philosophen Heinrich Meier zu folgen:

> Die Diagnose der Moderne verlangt [...] eine *historische* Analyse des spezifisch Modernen.[26]

Nicht die Zugehörigkeit zur Moderne ist folglich das Problem, sondern die Spezifik der sowjetischen Moderne. Im Grunde wurde hier also ein künstliches Problem behandelt, zu dem der erste Absatz schon alles gesagt hat. Warum dennoch ein notwendiges Maß an Tinte verspritzt wurde, lag allein daran, dass die Gründe für die Auslassungen der Modernetheorie eruiert und die wenigen Ansätze einer Integration der Sowjetunion kritisch zu hinterfragen waren. Es ist zu hoffen, dass die Frage der Zugehörigkeit als erledigt betrachtet werden darf.
Die Forderung Meiers und Joas' ergibt dann Sinn, wenn die historische Analyse präzise ausweisen kann, was das Besondere an der Moderne in der Sowjetunion war und warum das Experiment zu zweifelhaften Ergebnissen geführt hat, ohne dafür die Vormoderne zu bemühen. Eine einzige Antwort wird es dazu nicht geben. Sie alle werden jedoch nicht umhin kommen, die Begriffe und Kategorien der Modernetheorie zu verwenden, die uns gegeben ist. Wie wir gesehen haben, hilft das nur bis zu dem Punkt, an dem die Untauglichkeit der Begriffe evident wird und ihr Ersatz durch andere nötig wäre.
An dieser Stelle scheint ein zentrales Problem auf. Es müsste möglich sein, sich aus dem Sprachgebrauch der Modernetheorie zu lösen und durch die Beschreibung der sowjetischen Moderne eigene Begriffe zu generieren, die in der Lage sind, Charakteristika dieses Weges zu fassen und zu verallgemeinern. Auf das Problem der Begriffe, die aus westlichen Kontexten entwickelt worden sind, stoßen Osteuropahistoriker ständig. Ob z.B. Absolutismus, Bürgertum, Ausnahmezustand oder eben Modernisie-

---
[25] Ebd., S. 318.
[26] Heinrich Meier: Die Moderne begreifen – die Moderne vollenden, in: Ders. (Hg.): Zur Diagnose der Moderne. München 1990, S. 18; Hervorhebung im Original.

rung und Moderne, stets sehen sie sich genötigt, die Variation des Musters oder seine Negation zu betonen.[27] Wenn die modernetheoretischen Kategorien und Begriffe im Falle des Kommunismus nichts anderes unter Beweis stellen als ihre Eigenschaft, nicht zuzutreffen oder von solcher Allgemeinheit zu sein, dass sie ihren analytischen Wert verlieren, dann entsteht eine Leerstelle. Es fehlt an einer Begriffsproduktion, die aus den Bedingungen der spezifischen Entwicklungen im Kommunismus abgeleitet ist und nicht nur mehr oder weniger Teilbereiche von Modernisierung und Moderne hervortreten lässt, sondern den Gesamtzusammenhang zu fassen vermag. Vergleichbar dem Begriff Konfessionalisierung für die Prozesse der Herausbildung des zentralen Staates, der religiösen Homogenisierung und Sozialdisziplinierung in der frühen Neuzeit, also die Verbindung von institutionellen, religiösen, gesellschaftlichen, kulturellen und alltagsrelevanten Normen und Praktiken, wäre die sowjetische Moderne auf ihre Art zu definieren. Diese Begriffe können umstritten sein wie „Konfessionalisierung", aber sie haben immerhin den Vorteil, aus der Sachintimität der Geschichte entwickelt worden zu sein. Dazu muss man selbstverständlich wissen, was die zentralen Vorgänge dieser Moderne waren.

Gegenstand einer solchen Modernediskussion muss die gesamte Geschichte der Sowjetunion sein. Noch immer bindet die Erforschung der Stalin-Ära die meisten Kräfte der Sowjethistoriographie, nur langsam zieht die Karawane weiter in nachfolgende Jahrzehnte. Es ist zu wünschen, dass die Eroberung neuer Phasen der Sowjetgeschichte nicht wieder zu einer in der jeweiligen Periode ruhenden Forschung führt, die den Bezug zu vorangehenden oder nachfolgenden Zeitabschnitten vermissen lässt. Auf diese Weise entstehen Schlüssellochperspektiven auf die sowjetische Moderne, die ihrem Gesamtverlauf kaum gerecht zu werden vermögen. Man denke nur daran, dass die oben genannten makrosoziologischen Kennzeichen erst deutlich nach 1953 zu beobachten waren. Wer den Stalinismus als Moderne beschreibt, kann nicht sagen, welche Moderne sich nach 1953 einstellte, und wer ihn ausklammert, um nur die Jahre nach 1953 zu untersuchen, verliert vollends das Koordinatensystem der Moderne, da schwerlich in Abrede zu stellen ist, dass die post-stalinistische Sowjetunion strukturell vom Stalinismus geprägt war.

Über einen der vielen Diskussionspunkte scheint Konsens zu herrschen, den selbst einschlägig arbeitende Historiker teilen. Er besagt, dass die sowjetische Variante keine hinreichenden Entwicklungsmöglichkeiten und Reformpotentiale entwickelte und nicht jenen Prozess in Gang zu setzen vermochte, den der Soziologe Ulrich Beck für die westlichen Gesellschaften als die zweite Moderne beschrieben hat[28] – wenngleich die pedantischen Historiker anders rechnen: Es war, historisch betrachtet, mindestens die dritte.[29]

---

[27] Das gilt etwa für den Begriff der „illiberal modernity"; vgl. Stephen Kotkin: Modern Times. The Soviet Union and the Interwar Conjuncture, in: Kritika, 2/2000, S. 111–164.

[28] Zusammengefasst in Ulrich Beck, Wolfgang Bonß (Hg.): Die Modernisierung der Moderne. Frankfurt/Main 2001.

[29] Bezeichnend bei der These vom Übergang von der ersten zur zweiten (reflexiven) Moderne ist die Tatsache, dass hier ein genuin historischer Wandlungsprozess ohne Berücksichtigung von Geschichte vorgenommen wird, lediglich mit ein bisschen Geschichte der Sozialwissenschaft. Zur Modernisierung der Moderne um 1900 und ihre Charakteristik in der Sache im Sinne des Beckschen „Meta-Wandels": August Nitschke u.a. (Hg.): Jahrhundertwende. Der Aufbruch in die Moderne 1880–1930, 2 Bde. Reinbek 1990.

Das Problem ist, dass die Sowjetunion nicht erst nach Stalin trotz einiger ernsthafter Versuche diese prinzipielle Unfähigkeit offenbarte, sondern dass sie von vornherein, buchstäblich vor Beginn des bolschewistischen Experiments angelegt war. Der schon erwähnte Višnevskij hat deshalb von der konservativen Moderne der Bolschewiki gesprochen, einer Moderne, die das vom Pferd gezogene Automobil, den Stadtbewohner ohne Bürger (citoyen) zu sein und das kollektivierte Individuum mit Hochschulabschluss hervorgebracht habe. Was die Effekte der Modernisierung angeht, liegt Višnevskij richtig. Es fällt dagegen schwer ihm dort zu folgen, wo er die Zähigkeit des alten, bäuerlichen Russland für die Ergebnisse verantwortlich macht. Dahinter steht das Bild von einem Russland, das durch und durch traditionell, gegen Markt, Geldwirtschaft und für den Egalitarismus der Bauerngemeinde und den Gutsbesitzer- oder staatlichen Paternalismus war. Aber dieses Russland-Bild entspricht nicht einmal den Verhältnissen im Zarenreich zwischen 1861 und 1917.

Warum nicht die konservative Moderne bei den Bolschewiki selbst suchen? Lenin hat sich seine Version geschaffen, als er sich bereits vor dem Ersten Weltkrieg in der einzigen von ihm geführten philosophischen Auseinandersetzung als ein im 19. Jahrhundert steckengebliebenen Moderner offenbarte.[30] Immun zu sein gegen die Einflüsse des modernen Denkens über seine instrumentelle Verwertbarkeit hinaus und die mangelnde Reflexion vor dem Horizont sich verändernder Wissenschaften als Antwort auf die sich wandelnde Welt und die Art ihrer Wahrnehmung, bildete sich als Grundzug des sowjetischen Denkstils und der Wissenskultur heraus, die in Lenin ihren ersten Meister fanden. Wie bezeichnend, dass die mathematische Statistik in Sowjetrussland auch international zur Blüte kam, dass es aber keine Sozial- und Kulturanthropologie, keine Philosophie, die über das Jahr 1908 (das Erscheinungsjahr von Lenins *Materialismus und Empiriokritizismus*) hinausging, dass es bis in die 1960er Jahre keine Soziologie, keine moderne Genetik, sondern die Scharlatanerie des Lysenkoismus und noch länger keine Psychologie und Psychoanalyse gab. Einstein wurde lange Zeit verworfen. Freuds Werke erschienen erstmals 1989 vollständig auf Russisch. Die Behauptung ist nicht übertrieben, der Sowjetstaat habe sich die Errungenschaften der „kapitalistischen" und „bürgerlichen" Wissenschaft lediglich äußerlich, technisch angeeignet. In der Sowjetunion überwucherte die Produktion die Reflexion, das instrumentelle Handeln das Reflexionswissen.[31] Wenn es ein Kennzeichen der sowjetischen Moderne ist, dass sie die Theorie aussperrte und durch die technische Aktion ersetzte, dann hat die Sowjetunion diesen „Geburtsfehler" bis zu ihrem letzten Tag beibehalten. Man habe sich nicht um Max Weber, Durkheim, Freud, Toynbee oder Spengler gekümmert, schrieb ein Mitglied des sowjetischen wissenschaftlichen Establishments 1987 und fuhr fort:

> Wenn eine Gesellschaft es nicht fertig bringt, sich mit diesen Welten vertraut zu machen, tritt sie einfach aus dem 20. Jahrhundert aus und ist von seinen wichtigsten Errungenschaften ausgeschlossen.[32]

---

[30] Diesen Zusammenhang diskutiere ich ausführlich in: Plaggenborg, Experiment [Fn. 2], S. 47–79.
[31] Die grundlegende Struktur – ohne Bezug zur Sowjetunion – beschreibt Jürgen Habermas: Erkenntnis und Interesse. Frankfurt/Main 1968, S. 58–77.
[32] Zitiert in Zbigniew Brzezinski: Das gescheiterte Experiment. Der Untergang des kommunistischen Systems. Wien 1989, S. 51.

Ausgeschlossen blieb die Sowjetunion zwar nicht, aber die fehlende Entwicklungsfähigkeit ist durch den Hinweis auf Zeitgenossen Lenins, die in Sowjetrussland nicht „vorkamen", bezeichnend. Außer der instrumentellen Wissenschaft gab es nur das Wahrheitssystem.

Von dieser Warte aus klären sich weitere Fragen der sowjetischen Moderne. Wie sollte unter diesen Umständen die Ausdifferenzierung in allen Bereichen von Gesellschaft, Staat, Wirtschaft, Kultur theoretisch eingefangen werden können, eine Ausdifferenzierung, die durch das technizistische Vorgehen der sowjetischen Moderne unweigerlich generiert wurde? Pluralität und Differenz passten nicht ins Schema, also traten die Vertreter der Wahrheit gegen sie an, auch nach Stalin. Dissidenten zerrten sie vor Gericht, Liedermacher sperrten sie ein, Andersdenkende waren ein Fall für die instrumentell genutzte Psychiatrie, Homosexuelle, Gläubige und Esperantisten wurden verfolgt. Während der „wissenschaftlich-technischen Revolution" in den 1960er Jahren kam erneut der Anwendungsbezug von Technik zur Geltung, ihre Folgen wurden aber nicht theoretisch bewältigt. Den Atomunfall 1956 gab es in der Öffentlichkeit nicht, vom Kommunikationsdesaster anlässlich des Unfalls in Černobyl zu schweigen. Vergröbernd gesprochen: In der sowjetischen Moderne war es möglich, Komplexitätssteigerung zu diagnostizieren, zu analysieren und Maßnahmen zu ergreifen. Aber alle auch noch so guten Diagnosen stießen an die Grenze eines beschränkten theoretischen Reflexionswissens. Wer sich darüber hinwegsetzte, ging in die äußere oder innere Emigration, wurde verhaftet oder des Landes verwiesen.

Man muss sich aber klarmachen, dass auch diese Beschreibung wieder im unsicheren Hafen der Theorie und ihrer Begriffe anlegt. Das eigentliche Problem ist damit verbunden, kann auf diese Weise aber nicht gelöst werden: Die vielfach geforderte *historische* Analyse der Moderne kann sinnvoll nur in einem Verfahren erfolgen, das die Moderne als eine Relation von Geschichte und Modernenarration versteht, denn der historische Verlauf ist von der Narration und dem Vorverständnis der Akteure ebenso durchwoben wie die real sich vollziehende Geschichte auf die Narration einwirkt. Die Beschreibung dieser Reflexivität fordert immer wieder neue Justierungen. Moderne wird erst dadurch geschichtlich.

Wolfgang Eichwede

Kommunismus
Eine kleine Begriffsgeschichte

> Der Begriff des Kommunismus wurzelt in den Staatsutopien der Neuzeit. Er ist inhaltlich amorph. Mal wird er mit Gesellschaftsordnungen und Zukunftsmodellen verbunden, mal bezeichnet er eine Technik der Macht. Anhängern und Gegnern gilt er als Kampfbegriff. Mit der Oktoberrevolution 1917 wurde der Begriff aus dem Reich der Ideen zu einem Element der Realgeschichte. Lenin erklärte den Kommunismus zur nachhaltenden Entwicklungsstrategie – und stellte damit das Marxsche Denken auf den Kopf. In China, der zweiten kommunistischen Hauptmacht des 20. Jahrhunderts, dient der Kommunismus heute einzig der Legitimation der Herrschaft der Partei.

Der Begriff des Kommunismus steht in einem historisch ungewöhnlich starken Spannungsfeld von Theorie und Praxis. Einerseits werden mit ihm Modelle einer Gesellschaftsordnung verbunden, andererseits Techniken der Macht. Beide Ebenen sind geprägt durch den Mythos der Revolution und eine Radikalität, die geschichtliche Maßstäbe bewusst negiert. Oft genug werden utopischer Entwurf und Zwänge der Realität als Gegensätze verstanden. Doch können sie auch in einem Bedingungsverhältnis zueinander gesehen werden. Dabei unterlag der Begriff seit seinem Auftauchen im politischen Vokabular sozialer Bewegungen wiederholt einem Bedeutungswandel, ohne letztlich einem Verlust an Theorie zu entgehen. Von Anhängern wie von Gegnern wurde *der Kommunismus* über weite Strecken als Kampfbegriff benutzt, dessen polemische Schärfe keine Entsprechung in der inhaltlichen Präzision besaß. Mit benachbarten Begriffen – allen voran dem des Sozialismus – gibt es zeitabhängige Überlappungen, synonyme Verwendungen ebenso wie Abgrenzungen, denen trotz aller Bemühungen um wissenschaftliche Definition und politische Distanz auch Momente der Beliebigkeit innewohnten.[1]

Wolfgang Eichwede (1942), Dr. phil., Prof. em., Historiker, Gründungsdirektor der Forschungsstelle Osteuropa, Bremen
Von ihm ist zuletzt in OSTEUROPA erschienen: Einmischung tut not! Wider den Selbstbetrug der Putin-Freunde, in: OE, 4/2013, S. 91–100. – Jahrhundertbiographie. Lev Kopelevs Erbe, in: OE, 3/2012, S. 47–68. – Entspannung mit menschlichem Antlitz. KSZE, Menschenrechte, Samizdat, in: OE, 11/2010, S. 59–83.

[1] Grundlegend für die Geschichte des Begriffs insbesondere bis zur Russischen Revolution ist die Darstellung von Wolfgang Schieder: Kommunismus, in: Geschichtliche Grundbegriffe. Historisches Lexikon zur politisch-sozialen Sprache in Deutschland, Bd. 3. Stuttgart 2004 (Studienausgabe), S. 455–529.

Kommunismus als Paradies

Kommunistische Utopien wurden in der europäischen wie außereuropäischen Ideen- und Geistesgeschichte immer wieder formuliert. In dem Maße, in dem für gesellschaftliche Konflikte die ungleiche Verteilung materieller Ressourcen verantwortlich gemacht wird, avanciert der Ruf nach Gleichheit zur Grundbedingung gesellschaftlicher Harmonie. Als Ursprung aller Ungleichheit gilt die Schaffung privaten Eigentums, dessen Abschaffung daher als Chance zur Befriedung der menschlichen Geschichte. In seinem ursprünglichen Zustand, dem „Naturzustand, habe der Mensch kein Privateigentum gekannt. Der Geschichte vorgelagert wird ein Leben unter gleichen Bedingungen, das als „Paradies", als „goldenes" Zeitalter oder als „Urkommunismus" in unterschiedlichen Spielarten verklärt wird. Vom Altertum bis in die Moderne finden sich Feststellungen, dass Gesellschaften vor aller Zivilisation wohl gemeinschaftliches, aber kein privates Eigentum kennen würden. Im Umkehrschluss wird als Ziel postuliert, gesellschaftlichen Frieden über die Aufhebung von Eigentum wiederherzustellen, die Restitution der Natur als Sinn der Geschichte, wenngleich auf einer höheren Entwicklungsstufe. Im Zusammenrücken des Natürlichen und Gemeinschaftlichen wird das a priori Gute, in der Ausbildung von Eigeninteressen und Institutionen, die diese schützen, das schlechthin Verwerfliche gesehen.

Kommunistische Elemente stecken auch in den Entwürfen utopischer Staatskonstruktionen von Platon über Thomas Morus und Thomas Campanella bis ins 20. Jahrhundert.[2] Doch dienen hier die egalitären Postulate zur Begrenzung privaten Eigentums nicht der Wiedergewinnung eines Urzustandes, sondern der Durchsetzung funktionaler Machtstrukturen. In Platons Philosophen-Staat ist das Verbot von Privateigentum auf die Gruppe der „Wächter" – das heißt der Herrschenden und der Krieger – beschränkt, um unter ihnen eine von aller Rivalität freie Hingabe für die Lenkung des Staatswesens sicherzustellen. Wie Reichtum für sie ohne Belang sei, würden ihnen auch die Frauen gemeinsam sein, um in der Kombination der „trefflichsten" Paare die biologische Auswahl in den Dienst des idealen Staates zu stellen. In Umkehrung des paradiesischen Kommunismusbildes wird die Natur den Gesetzen der Geschichte untergeordnet.

Anklänge an Kommunismusvarianten verbergen sich auch im Christentum. Frühchristliche Gemeinden pflegten gemeinschaftliche Lebensformen. Die Loslösung von materiellen Gütern galt als Weg zu Gott, die Askese als Reinigung von irdischen Versuchungen. Gemeinschafts- und Armutsideale fanden sich in klösterlichen Regeln ebenso wie in Laienbewegungen, während die großen Kirchenväter und mittelalterliche Denkschulen Eigentum nicht per se verdammten, sondern den demütigen Umgang mit ihm anmahnten. So lassen sich christliche Lebensstile im Sinne der Askese und kommunistische Zukunftsmodelle im Zeichen des Überflusses kaum vermengen, auch wenn sie in der Negierung privaten Eigentums immer wieder in Nachbarschaft zueinander gerückt werden.

---

[2] Platon: Der Staat (ca. 370 v. Ch.). Stuttgart 2000. – Thomas Morus: Utopia (1516), in: Klaus J. Heinisch (Hg.): Der utopische Staat. Hamburg 1960. – Thomas Campanella: Der Sonnenstaat (1602), in: ebd. – Wilhelm Voßkamp (Hg.): Utopieforschung. Interdisziplinäre Studien zur neuzeitlichen Utopie, 3 Bde. Stuttgart 1992.

Die Frühsozialisten, Marx und der Kommunismus

Mit der Industrialisierung und – in marxistischer Terminologie – der Durchsetzung kapitalistischer Produktionsverhältnisse veränderten sich die Paradigmata politischen Denkens von Grund auf. Schon in der Französischen Revolution propagierte Gracchus Babeuf mit seinen Anhängern die Idee der „Gütergemeinschaft".[3] In den folgenden Jahrzehnten fehlte es weder an beißenden Kritiken der herrschenden Sozialverhältnisse noch an visionären Entwürfen alternativer Ordnungen, die unter dem Begriff des „Frühsozialismus" zusammengefasst werden. 1840 bekannte sich Etienne Cabet, Verfasser des utopischen Romans *Voyage et aventures de Lord W. Carisdall en Icarie*, in dem die Prinzipien der „Gütergemeinschaft" verwirklicht waren, als „Kommunist": „Comment je suis communiste".[4] 1842 versuchte Lorenz von Stein in seiner Studie *Der Socialismus und Communismus des heutigen Frankreichs* eine erste Abgrenzung beider Bezeichnungen, indem er erstere als wissenschaftlich, letztere eher als destruktiv einstufte.[5]

Karl Marx vermutete im „Kommunismus" zunächst „nur eine aparte, von seinem Gegensatz, dem Privatwesen, infizierte Erscheinung des humanistischen Prinzips", um ab Mitte der 1840er Jahre den Begriff in pointierter Polemik zu seinem eigenen zu machen.[6] Aus dem „Bund der Gerechten" wurde der „Bund der Kommunisten", in dessen Auftrag Marx und Engels zum Jahreswechsel 1847/48 *Das Manifest der Kommunistischen Partei* verfassten, das als *Kommunistisches Manifest* Weltgeschichte schreiben sollte und mit den seither berühmten Worten beginnt: „Ein Gespenst geht um in Europa – das Gespenst des Kommunismus".[7] In der handlichen Formel, die Theorie der Kommunisten lasse sich „in dem einen Ausdruck: Aufhebung des Privateigentums, zusammenfassen",[8] verbirgt sich eine gesamte Philosophie: Einerseits repräsentiere das Privateigentum als private Aneignung fremder Arbeit die „Entfremdung" des Menschen schlechthin, andererseits aber folge die „Entfremdung" den Erfordernissen der Arbeitsteilung, ohne die die Menschheit nicht in der Lage sei, ihre produktiven Kräfte freizusetzen. „Entmenschung" als Voraussetzung einer historischen Entwicklungsdynamik, die es erlaube, die „Entfremdung" in der Perspektive wieder aufzuheben. Der Kommunismus gewinnt hier Profil weder als moralisches Postulat noch als Rückkehr zum Paradies, sondern als „das aufgelöste Rätsel der Geschichte", als die „*positive* Aufhebung des *Privateigentums* als *menschlicher Selbstentfremdung* und darum als wirkliche *Aneignung* des *menschlichen Wesens* durch und für den Menschen".[9]

---

[3] Gracchus Babeuf: Die Verschwörung für die Gleichheit (1797). Hamburg 1988.
[4] Etienne Cabet: Comment je suis communiste. Paris 1840 (immer wieder Nachdrucke); Ders.: Reise nach Ikarien (1840). Berlin 1979.
[5] Lorenz von Stein: Der Socialismus und Communismus des heutigen Frankreichs (1842), in: Ders.: Schriften zum Sozialismus. Darmstadt 1974.
[6] Karl Marx: Brief M. an R. (1843) – Deutsch-französische Jahrbücher, in: Marx-Engels-Werke (MEW), Bd. 1. Berlin 1970, S. 344.
[7] Karl Marx, Friedrich Engels: Das Manifest der Kommunistischen Partei (1848), in: MEW, Bd. 4, S. 461.
[8] Ebd., S. 475.
[9] Karl Marx: Ökonomisch-philosophische Manuskripte (1844), in: MEW, Erg.-Bd. 1, S. 536.

In ihrem weiteren Œuvre kommen Marx und Engels verschiedentlich, aber doch eher beiläufig auf einzelne Aspekte der kommunistischen oder sozialistischen Gesellschaft zurück. Von einer „Assoziation" oder einem „Verein freier Menschen" wird gesprochen, die „mit gemeinschaftlichen Produktionsmitteln" und in gesellschaftlicher Planung arbeiten. Dabei werde das „Reich der Notwendigkeit", das niemals gänzlich aufgehoben werden könne, auf ein Minimum reduziert, um dem „Reich der Freiheit" eine maximale Expansion zu erlauben. Ein durchgearbeitetes Gesamtsystem ist nicht zu erkennen. 1871 löste die *Pariser Kommune* für wenige Monate eine neue Hochstimmung aus. Sie plane die „Enteignung der Enteigner", wolle das „individuelle Eigentum zu einer Wahrheit machen" und die „Produktionsmittel ... in bloße Werkzeuge der freien und assoziierten Arbeit" verwandeln. Doch verlange „die Arbeiterklasse ... keine Wunder von der Kommune". Sie habe „keine fix und fertigen Utopien durch Volksbeschluss einzuführen", sondern könne nur „Elemente der neuen Gesellschaft in Freiheit ... setzen".[10] Von „Kommunismus" wollte der Chronist nicht sprechen, so sehr er die „rote Fahne" feierte, die als „Symbol der Republik der Arbeit" über dem „Stadthause" von Paris geweht habe.[11]

Der Enthusiasmus über die französischen Ereignisse war schon Geschichte, als Marx 1875 in seiner *Kritik des Gothaer Programms* der deutschen Sozialdemokratie zwischen zwei Phasen „der kommunistischen Gesellschaft" unterschied. In der ersten bleibe sie notwendigerweise mit den „Muttermalen" der alten behaftet.[12] Entlohnt werde nach geleisteter Arbeit auf der Basis gleichen Rechts, was de facto Ungleichheiten fortschreibe. Erst „in der höheren Phase", wenn die Arbeitsteilung aufgehoben und der Gegensatz von geistiger und körperlicher Arbeit überwunden seien, könne das Prinzip gelten: „Jeder nach seinen Fähigkeiten, jedem nach seinen Bedürfnissen",[13] seither die klassische Maxime, die den Kommunismus als Gesellschaft des Überflusses auswies.

Wie sich der erste Abschnitt mit der „Diktatur des Proletariats" als der staatlichen Organisationsform der Revolution verzahnen würde, geht aus den Texten nicht zweifelsfrei hervor. In jedem Fall jedoch wird eine, wenngleich unscharfe Historisierung der nachbürgerlichen Geschichte erkennbar. Sie klingt auch bei Friedrich Engels an, als er sich in seinem *Anti-Dühring* dem Schicksal des Staates nach der Revolution zuwandte. Mit Übernahme der Macht verwandle das Proletariat die „Produktionsmittel zunächst in Staatseigentum", hebe aber gleichzeitig alle Klassenherrschaft auf und entziehe dem Staat seine eigentliche Funktionsgrundlage. „An die Stelle der Regierung über Personen tritt die Verwaltung von Sachen ... Der Staat wird nicht abgeschafft, er stirbt ab."[14] Dass sich in diesen Formulierungen mehr Fragen als Antworten verbargen, sollte die politische Geschichte des 20. Jahrhunderts überdeutlich zeigen. Immerhin verbanden sich von nun an die Kommunismusvisionen untrennbar mit der Denkfigur eines absterbenden Staates.

In den Reihen der 1864 gegründeten „Internationalen Arbeiterassoziation" (der I. Internationale) wurde darum erbittert gestritten. Michail Bakunin – einer der großen

---

[10] Karl Marx: Der Bürgerkrieg in Frankreich (1871), in: MEW, Bd. 17, S. 343.
[11] Ebd., S. 344
[12] Karl Marx: Kritik des Gothaer Programms (1875), in: MEW, Bd. 19, S. 20.
[13] Ebd., S. 21.
[14] Friedrich Engels: Herrn Eugen Dührings Umwälzung der Wissenschaft – Anti-Dühring (1877), in: MEW, Bd. 20, S. 262.

Anarchisten seiner Zeit – charakterisierte den Marxschen Kommunismus als „autoritären Kommunismus", gelegentlich auch als Produkt der deutschen Schule.[15] Marx setze auf die Eroberung oder „Organisation der politischen" Macht, während es doch um die Abschaffung aller Macht oder wenigstens um die Gewinnung einer „antipolitischen Macht" gehen müsse. Die Kommunisten seien „Anhänger der absoluten Initiative des Staates" und seiner „bevormundenden Tätigkeit".[16] Nach Auffassung des Anarchisten war es gänzlich abwegig, den Staat – in gleichsam passiver Pose – einfach absterben zu lassen. Er konnte nur zerschlagen werden.

Mitte der 1870er Jahre verschoben sich die Zuordnungen abermals. Nun fand der von Bakunin unter Verdacht gestellte Begriff des Kommunismus Eingang in anarchistische Programme als „communismo anarchico" oder „communisme anarchiste". Anarchie und Kommunismus seien die Synonyme für „Freiheit und Gleichheit", als „die beiden notwendigen und untrennbaren Ausdrucksformen der Revolution", Anarchie als „Angriff gegen jedwede Autorität", Kommunismus als „Besitznahme aller Güter der Erde durch die Menschheit".[17] Die neuartige Wortliaison wiederum förderte innerhalb der sozialistischen Parteien den Trend, dem einst als „Gespenst" gefeierten Begriff abzuschwören oder ihm doch auszuweichen. Und dies umso mehr, als sich der Anarchismus jener Zeit in manchen seiner Spielarten terroristischen Praktiken näherte, während die Sozialisten drauf und dran waren, sich in ihre nationalen Gesellschaften zu integrieren und sie über parlamentarisch-demokratische Mehrheitsverfahren verändern zu wollen. Dessen ungeachtet blieb der „Kommunismus" im bürgerlich-konservativen oder national orientierten Milieu der europäischen Staaten vor 1914 ein Kampfbegriff, der selbst jenen Schrecken einjagte, gegen die er verwendet wurde.

Genau darin lag das Motiv für Lenin, ihn 1917 und 1918 wieder aufzugreifen. Die Wiederaneignung des Begriffs Kommunismus sollte den unwiderruflichen Bruch mit all jenen sozialistischen Parteien markieren, die im Sog des Weltkrieges ihre Ziele verraten und sich des „Sozialchauvinismus" schuldig gemacht hätten. Die eigene Partei wurde 1918 in „Kommunistische" umbenannt. Gegen die Zweite, die „Sozialistische Internationale" trat im März 1918 auf Initiative Lenins die Dritte, die „Kommunistische".

Kommunismus als Realgeschichte: Oktoberrevolution und UdSSR

Mit der russischen Revolution und der Machtübernahme durch die Bolschewiki im Oktober 1917 hörte der Kommunismus auf, nur Idee oder Theorie zu sein.[18] Er wurde zur Realgeschichte. Der Begriff wechselte seinen Aggregatzustand. Zur Debatte stand nicht länger ein Lehrgebäude, sondern eine Politik, die Wirklichkeiten schuf. Schon

---

[15] Michail Bakunin: Die Commune von Paris und der Staatsbegriff, in: Ders.: Gott und der Staat und andere Schriften. Reinbek 1969, S. 191–209, hier 193f.
[16] Ebd., S. 193, 194.
[17] Carlo Cafiero, zitiert nach: Max Nettlau: Geschichte der Anarchie, Bd. 2: Von Proudhon bis Kropotkin. Berlin 1927, S. 307. Cafiero war ein prominenter, italienischer Anarchist und Parteigänger Bakunins in der 1. Internationale.
[18] Gerd Koenen: Was war der Kommunismus? Göttingen 2010. – Archie Brown: Aufstieg und Fall des Kommunismus. Berlin 2009. – Richard Service: Comrades! A History of World Communism. Cambridge, MA 2007. – Francois Furet: Das Ende der Illusion. Der Kommunismus im 20. Jahrhundert. München 1996.

1902 hatte Lenin keinen Zweifel daran gelassen, dass sich aus dem Wissen seiner Partei um die Gesetzmäßigkeiten der Geschichte ein unbedingter Führungsanspruch ableite.[19] Der Kommunismus mutierte aus einer Waffe der Kritik zu einer Herrschaftsstrategie, aus einer Utopie zu einer Machtstruktur, die im Namen der Partei von 1918 bis 1991 als Kennwort festgeschrieben war. In der Konsequenz unterlagen ideologische Aussagen nicht bloß einem Streit der Meinungen (wie in der Vergangenheit auch), sondern dem Spiel politischer Kräfteverhältnisse. Die Theorie wurde zu einer abhängigen Variablen der Macht.

Das Russland von 1917 lag hinter allen ökonomischen und gesellschaftlichen Erfordernissen zurück, die nach der Marxschen Lehre für eine kommunistische Revolution als unabdingbar galten. Die Theoretiker der Revolution gerieten dadurch in ein Dilemma. Hatte Marx den Kommunismus in der Nachfolge des Kapitalismus verortet, machte Lenin den Aufbau des Kommunismus nun zu einer nachholenden Entwicklungsstrategie, um Russland überhaupt erst auf die Höhe des Kapitalismus zu führen. Damit war der Kommunismus nicht mehr die Krönung der bisherigen Geschichte, sondern der funktionale Ersatz, um Russland in die Moderne zu katapultieren, er war nicht mehr der Weg, der aus den Zwängen der Geschichte herausführte, sondern erst in sie hineinführte. Die „Muttermale" der alten Gesellschaft, die nach Marx die erste Phase des Kommunismus noch entstellen würden, mussten überhaupt erst entstehen oder gar geschaffen werden. Das russische „Erbe" kam einem Vorerbe gleich. Vermeintliche „Notwendigkeiten" der Geschichte wurden zur Dispositionsmasse der politischen Führung. Dabei leistete die Schwäche der bürgerlichen Traditionen im Zarenreich der Geringschätzung bürgerlicher Werte im Sozialismus der Bolschewiki Vorschub. Die Defizite der russischen Gesellschaft wirkten als Impuls, den Totalitätsanspruch der Kommunistischen Partei zu befördern.

Noch vor der Oktoberrevolution hatte Lenin in seiner berühmten Schrift *Staat und Revolution* unterstrichen, dass sich die marxistische These vom „absterbenden Staat" nur auf den schon proletarischen Staat in der „höheren Phase des Kommunismus" beziehe. Im unmittelbaren Anschluss an die Revolution brauche man hingegen den Staat als „Diktatur des Proletariats" zur Unterdrückung der Unterdrücker. Das spätere „Absterben" werde ein „Prozess von langer Dauer" sein, Fristen blieben offen.[20] Wie jedoch die Diktatur nur noch ein „Halbstaat" war oder bereits „die vollkommenste Demokratie",[21] so würde die „Avantgarde des Proletariats" in der Lage sein, „das *ganze* Volk zum Sozialismus zu führen".[22] Lenin zufolge hatte der Kapitalismus gute Vorarbeit geleistet, indem er die Staatsfunktionen so vereinfacht habe, dass man „das Ganze auf die Organisation der Proletarier (als herrschender Klasse)" übertragen könne. „Ohne die Großbanken wäre der Sozialismus nicht zu verwirklichen." Zum viel zitierten Vorbild wurde die deutsche „Post als Muster sozialistischer Wirtschaft".[23]

---

[19] V[ladimir I.]Lenin: Was tun? Brennende Fragen unserer Bewegung (1902), in: Ders.: Ausgewählte Werke, Bd. 1. Berlin 1964, S. 139–314.
[20] Lenin: Staat und Revolution. Die Lehre des Marxismus vom Staat und die Aufgaben des Proletariats in der Revolution (1917), in: Ders.: Ausgewählte Werke, Bd. 2. Berlin 1964, S. 398.
[21] Ebd., S. 332.
[22] Ebd., S. 338.
[23] Ebd., S. 358.

Was Lenin hier skizzierte, entwickelte Nikolaj Bucharin zu einem umfassenden theoretischen System. Der existierende „Staatskapitalismus" sei der „empirische Beweis für die Möglichkeit des kommunistischen Aufbaus".[24] Das Proletariat werde das „technische Knochen- und Muskelsystem der kapitalistischen Produktion" einfach übernehmen,[25] um es „dialektisch" in seinem Interesse umzupolen.[26] Während Lenin den Kommunismus 1920 griffig als „Sowjetmacht plus Elektrifizierung" entschlüsselte, forderte Lev Trockij 1924 die Amerikanisierung des Bolschewismus, wörtlich: einen „amerikanisierten Bolschewismus", um den Produktivitätsvorsprung der kapitalistischen Welt aufzuholen.[27] Amerika stand in den Augen des Kriegskommissars für die höchstmögliche Effizienz und Rationalität in der Organisation der Arbeit. Der humanistische Kern des Begriffs „Kommunismus" wich einer technizistischen Deutung, Befreiung manifestierte sich fortan in Produktionszahlen, der gefeierte Arbeiter wurde zur Arbeitskraft, der Kommunismus zur Sozialtechnologie, die sich an den Stückzahlen der Werkstücke begeisterte, die an den Fordschen Fließbändern produziert wurden.

In dem Russland der Revolutionsjahre freilich konnte von einem organisierten oder gar „Staatskapitalismus" keine Rede sein. Die Technikvisionen der Bolschewiki standen in schreiendem Kontrast zu den beklagenswerten Realitäten des ebenso rückständigen wie ausgebluteten Landes. „Eiserne Disziplin" sei vonnöten nicht nur gegen den Klassenfeind, die „Großbourgeoisie", sondern auch gegen „die Millionen und Abermillionen" der kleinen Leute, ihre „kleinbürgerliche Charakterlosigkeit", ihre „Zersplitterung" und ihren „Individualismus".[28] Das „Menschenmaterial", auf das sich Lenin bezog, diente ihm als weiteres Argument, die Unabweisbarkeit seiner Diktatur zu begründen. Angesichts der geschichtlich verbürgten Zukunft einerseits und der Defizite der russischen Vergangenheit andererseits entfiel für die Revolutionäre offenkundig jeglicher Zwang, sich vor dem „Menschenmaterial" der Gegenwart demokratisch legitimieren zu müssen.

Zweimal in der Geschichte der Sowjetunion schien der „Kommunismus" aus dem Bereich des Fernziels in ein konkretes Stadium seiner Realisierung zu treten: gleich zu Beginn von 1918 bis 1920 im Zeichen des „Kriegskommunismus" und schließlich in der Spätphase, als das Parteiprogramm von 1961 die Einlösung der Utopie noch in der damals lebenden Generation prognostizierte.

Unter der Bezeichnung des „Kriegskommunismus" wird die Epoche des Bürgerkriegs und der stürmischen Radikalisierung der Revolution verstanden, die über Enteignungsdekrete, Nationalisierung, Requisition und Umverteilung das Land in grundsätzlich neue Eigentumsverhältnisse katapultierte. Während Wirtschaft und Gesellschaft auf ein Chaos zutrieben, militarisierten die Bolschewiki ihre „proletarische Diktatur" und inszenierten mit dem „Proletkult" ein neues Zeitalter. Revolutionspathos, die Romantisierung der Gewalt und die allgemeine Not schienen in ihren egalisierenden Effekten kommunistische Lebensformen vorwegzunehmen, auch wenn Millionen Existenzen zerbrachen. Im Ergebnis behaupteten die Bolschewiki ihre Macht, aber

---

[24] Nikolaj Bucharin: Ökonomik der Transformationsperiode (1920). Reinbek 1970, S. 61.
[25] Ebd., S. 75.
[26] Ebd., S. 78.
[27] Lenin: Werke, Bd. 31. Berlin 1959, S. 513. – L. Trockij: K voprosu o perspektivach. Doklad Trockogo, in: Izvestija, 5.8.1924.
[28] Lenin: Der „linke Radikalismus", die Kinderkrankheit des Kommunismus (1920), in: Ders.: Ausgewählte Werke, Bd. 3. Berlin 1964, S. 415.

waren von der Moderne, die sie immer beschworen, weiter denn je entfernt. Die gewaltsame Niederschlagung des Aufstands der Matrosen in Kronštadt besiegelte 1921 das Scheitern des frühen, kriegskommunistischen „Experiments".

Nach der offiziellen Gründung der Sowjetunion (1922) stand der Begriff des Sozialismus für Jahrzehnte im Vordergrund. Mitte der 1920er Jahre gab Stalin die Losung vom „Sozialismus in einem Lande" aus. Die Fünfjahrespläne, die forcierte Industrialisierung und Kollektivierung der Landwirtschaft liefen von 1929 an unter dem Motto des „sozialistischen Aufbaus". In der Kultur machte die kommunistische Partei den „sozialistischen Realismus" zur verbindlichen Doktrin. Und die neue Verfassung von 1936 verkündete apodiktisch, dass die Sowjetunion nun ein „sozialistischer Staat" sei. Als sakrale Referenzgröße blieb der Kommunismus im offiziellen Vokabular. Die „erste Phase des Kommunismus, den Sozialismus" habe man zwar eingelöst, so Stalin 1936, noch nicht aber die „höhere Phase".[29] Noch gebe es Arbeiter und Bauern im Lande, erst „in der zukünftigen ... kommunistischen Gesellschaft" würden Klassen überhaupt aufhören zu existieren. Eineinhalb Jahrzehnte später (1952) notierte Stalin das Wegfallen des „Wertgesetzes" als weiteres Definitionsmerkmal des Kommunismus, das in der gegenwärtigen Sowjetunion jedoch immer noch in eingeschränkter Weise wirke.[30]

Der historische Hintergrund, vor dem solche Theoriefragmente formuliert wurden, war der Stalinismus – ein Mobilisierungsregime, das um seiner gewaltsamen Zentralisierungs- und Produktionspolitik willen dem Land ungeheure Opfer abverlangte. Das Jahr 1937 brachte den Höhepunkt des „Großen Terrors". Altbolschewiki wurden in Schauprozessen wegen fiktiver Verschwörungen verurteilt, Hunderttausende Menschen im ganzen Land umgebracht, Millionen gedemütigt und in Lagern eingesperrt. Je näher man der Verwirklichung des Sozialismus komme, so die erklärte Logik, um so gefährlicher agiere der „innere" oder „Klassenfeind", um so gnadenloser müsse daher der Kampf gegen ihn sein. Tatsächlich konstruierte die Stalin-Führung immer neue Feinde in den eigenen Reihen. Die unauflösbaren Dysfunktionen und Mängel in der Machtstruktur wurden als Sabotageakte umgedeutet, die dann dazu dienten, willkürlich Verfolgungsjagden zu inszenieren. Dennoch setzten die Superlative einzelner Großbaustellen auch Wellen der Begeisterung frei. An Zeugnissen der Ergebenheit und des Stolzes, „Kommunist" zu sein, fehlte es nicht. Auf dem „Weg in den Kommunismus" wurden Karrieren geschrieben und der Gulag errichtet. Stalin starb am 5. März 1953.

Die Entstalinisierung kündigte eine neue Architektur der Macht an. Der Kommunismusbegriff feierte eine bemerkenswerte Renaissance. Die Abrechnung mit dem toten Diktator auf dem XX. Parteitag 1956 war Ausdruck interner Machtkämpfe der poststalinistischen Führung, sollte aber gleichzeitig dem Ziel dienen, das Regime von der historischen Hypothek des Terrors zu befreien, ohne das Herrschaftsmonopol der Partei infrage zu stellen. Jeweils bedurfte es dazu einer Erneuerung der Ideologie. Schließlich mussten ungeheure Verbrechen eingeräumt, ohne das Fundament der eigenen Ordnung aber, auf dem die Verbrechen möglich waren, zu beschädigen.

---

[29] I.V. Stalin: O proekte Konstitucii Sojuza SSR. Doklad na Črezvyčajnom VIII. Vsesojuznom s-ezde Sovetov 25 nojabrja 1936g., in: Works. Vol. 1 (XIV) 1934–1940. Stanford, Cal. 1967, S. 136–183, zit. hier S. 150.

[30] Stalin: Ökonomische Probleme des Sozialismus in der UdSSR (1952). Peking 1972, S. 25.

„Lenin und Elektrifizierung" – „Volchovstroj – du gibst Strom" – „Kommunismus ist Sowjetmacht + Elektrifizierung"

Die Verwissenschaftlichung und Wiederbelebung kommunistischer Theorie bot eine solche Chance, denn sie konnte bruchlos in die Tradition der Partei gestellt werden. In Handbüchern und Enzyklopädien wurde die Frage erörtert, was den Kommunismus in Zahlen und Ressourcen, in ökonomischen Gesetzen und gesellschaftlichen Werten en detail definiere. 1961 mündeten die Arbeiten in ein neues Programm der KPdSU, das mit den Worten schließt: „Die Partei verkündet feierlich: Die heutige Generation der Sowjetmenschen wird im Kommunismus leben."[31] Bis 1970 würden die USA in der Pro-Kopf-Produktion überflügelt, bis 1980 die Gesamtproduktion des eigenen Landes versechsfacht werden. Ein „Überfluss an materiellen und kulturellen Gütern" werde „die materiell-technische Basis des Kommunismus" sichern. Die UdSSR verfüge „über beispiellos mächtige Produktivkräfte", deren „Arbeitsproduktivität" die der kapitalistischen Länder weit hinter sich lasse.[32] Immer mehr Funktionen des Staates würden Aufgaben der „gesellschaftlichen Selbstverwaltung". Obwohl der Staat in der geschichtlichen Perspektive „unausbleiblich" absterben würde, vermied die Partei sorgsam, sich auf einen Zeitpunkt festzulegen. Die Fortexistenz eines Leitungszentrums wurde weiterhin explizit unterstellt.[33] Ein mögliches „Absterben" der Kommunistischen Partei lag offenkundig außerhalb des Horizonts der Autoren.

Die programmatische Neumodellierung des Kommunismus war nicht frei von ideologischer Scholastik. So offenkundig sie Legitimationszwecken diente, so unübersehbar spiegelten sich in ihr die spektakulären Weltraumerfolge wider, die die UdSSR 1957 mit dem *Sputnik* und 1960 mit Jurij Gagarin zu verzeichnen hatte. Der Westen, so schien es, ließ sich „einholen und überholen". Gehörten die Gigantomanie und das Feuerwerk aus Produktionsziffern schon zum üblichen Repertoire, legte die Partei mit der prononcierten Einbeziehung des individuellen Konsums eine weitere Meßlatte an, an der sich die Leistungsfähigkeit des eigenen Systems gegenüber dem kapitalistischen ablesen lassen sollte.

Das Wagnis eines solchen Wettlaufs war untrennbar mit Nikita Chruščev verbunden. Sein Sturz im Oktober 1964 führte sofort zu einem veränderten politischen Design der Sowjetmacht. Sämtliche Ziele erwiesen sich als derart illusionär, dass sie einfach in Schweigen gehüllt werden mussten. Statt Amerika „einzuholen und zu überholen", hatte die Sowjetunion Anfang der 1980er Jahre die Systemrivalität längst verloren. Ihre einzige Chance sah Michail Gorbačev, nachdem er 1985 Generalsekretär geworden war, in einer kontrollierten Revolutionierung der eigenen Ordnung.[34] Lenin wurde als Kronzeuge beschworen. Doch setzte die Perestrojka bald eine gesellschaftliche und internationale Dynamik in Gang, auf die das sowjetische Entwicklungsmodell des Kommunismus keine Antwort mehr hatte. Dass die 1917 von Lenin initiierte und von Gewalt geprägte Parteidiktatur von 1989 bis 1991 „im Wesentlichen" friedlich und ohne Blutvergießen abtrat, gehört sicherlich zu ihren bedeutendsten geschichtlichen Leistungen. Doch das misslungene kommunistische Experiment hinterließ schwerwiegende „Muttermale", die bis heute das Land und die Gesellschaft entstellen.

---

[31] Programm der Kommunistischen Partei der Sowjetunion (1961), in: Boris Meissner (Hg.): Das Parteiprogramm der KPdSU. 1903 – 1961. Köln 1962, S. 244. Das Programm wurde auf dem XXII. Parteikongress der KPdSU angenommen.
[32] Ebd., S. 188f.
[33] Ebd., S. 220.
[34] Michail Gorbatschow: Alles zu seiner Zeit. Mein Leben. Hamburg 2013, insb. S. 425f.

Die zweite Hauptmacht des Kommunismus: China

Chruščevs Vision eines „realen Kommunismus" hatte im Konflikt der Sowjetunion mit der zweiten kommunistischen Hauptmacht des 20. Jahrhunderts, der Volksrepublik China, ein weiteres Motiv. Als die KPCh 1958 das Land in „Volkskommunen" organisierte und diese als „Grundeinheit der zukünftigen kommunistischen Gesellschaft" bezeichnete, warf sie der sowjetischen Bruderpartei den ideologischen Fehdehandschuh hin. Nicht einmal ein Jahrzehnt nach ihrer Machtübernahme setzten Mao Tse-tungs Kommunisten zum „Großen Sprung nach vorn" an, um aus dem Stand heraus leisten zu wollen, was die Moskauer in zwei Generationen nicht geschafft hatten. Massenkampagnen überzogen das Riesenreich, die Bilder „kleiner Hochöfen" zur Produktion von Eisen und Stahl am heimischen Herd gingen um die Welt, Stadt und Land, Kopf- und Handarbeit vereint. Zu Chinas Botschaft an die Welt wurde, „auf die eigene Kraft" zu vertrauen, ohne ständig Maß an anderen zu nehmen. Widersprüche zwischen „Basis" und „Überbau" werde es immer geben. Sie könnten nur in einer „permanenten" Revolutionierung der Gesellschaft aufgefangen werden. Auf dem „Vormarsch" in den Kommunismus werde es „keinen Halt auf halbem Wege" geben.[35]

Drei Jahre nach der Proklamation endete der „Große Sprung" in einem ökonomischen Debakel. Maos Anspruch jedoch, die kommunistische Ordnung über einen Wandel des menschlichen Bewusstseins herbeizuführen (das „Rote Buch" als Erziehungslektüre), sollte in der von Terror und Blut getränkten „Kulturrevolution" 1966 und 1967 seinen schrecklichen Höhepunkt wie seine Widerlegung finden.

Aus den Machtkämpfen, die die Volksrepublik China über zwei Jahrzehnte erschütterten, ging 1978 ein radikal neuer Politikansatz hervor. Im Zeichen der „vier Modernisierungen" öffnete sich das Land schrittweise für Marktmechanismen und ausländische Investitionen. Binnen kürzester Frist kam eine beispiellose Wachstumsdynamik in Gang. Die Kommunistische Partei legte alle Kommunismusrezepte beiseite. An ihrer Diktatur aber hielt sie eisern fest. Heute ist sie Garant eines Kapitalisierungsprozesses, der das „Reich der Mitte" zu einem Motor der Weltwirtschaft macht. Hatte Lenin einst dafür plädiert, den Kapitalismus in Russland zu entwickeln, um den Kommunismus zu ermöglichen, scheint in China der Kommunismus als Gesellschaftsperspektive, nicht aber als parteipolitische Machtstruktur von der kapitalistischen Realität aufgesogen zu werden.[36] Zuvor hatten beide Länder Baupläne für den Kommunismus im Blick, die unterschiedlichen Philosophien folgten: Russland setzte – mit dem Westen als Vorbild und Konkurrent – auf die Dynamisierung der materiell-technischen Basis. China propagierte den „subjektiven Faktor" und das Vertrauen „auf die eigene Kraft". Beide Strategien misslangen gründlich. Heute agiert in China die Partei des Kommunismus als Geburtshelfer und Schutzmantel einer kapitalistischen Ökonomie. Marx ist in sein Gegenteil verkehrt.

---

[35] Donald S. Zagoria: Der sowjetisch-chinesische Konflikt. München 1964, S. 98. – Jonathan D. Spence: Chinas Weg in die Moderne. München, Wien 1995. – Zu den Besonderheiten der in China entwickelten Revolutionstheorie: Stuart R. Schramm: Die permanente Revolution in China. Frankfurt/Main 1966.
[36] Tobias ten Brink: Wiedergewinnung des Gleichgewichts? Sozio-ökonomische Dynamiken im neuen chinesischen Kapitalismus, in: Leviathan, 2/2012, S. 202–222.

Kommunismus als Gegenbewegung

Der Kommunismus im 20. Jahrhundert beschränkte sich nicht auf die Entwicklungen außerhalb des Westens. Er war auch eine Gegenströmung innerhalb der bürgerlichen Welt. Aus der Spaltung der sozialistischen Bewegung nach dem Ersten Weltkrieg gingen kommunistische Parteien hervor, die von 1918 an zu „Sektionen" der „Kommunistischen Internationale" wurden. Sie waren getragen von einem euphorischen Internationalismus, der alle nationalen Grenzen negierte, aber in eine zentralistische Führungsstruktur eingebettet blieb, die ihren Sitz in Moskau hatte. Mit dem Ausbleiben der erwarteten, proletarischen Revolutionen in Europa, insbesondere in Deutschland, wuchs das Gewicht der Bolschewiki unkontrollierbar an. Die Sowjetunion wurde für die kommunistische Bewegung in aller Welt Rückhalt und Fluchtpunkt, aber auch Brandmal und Menetekel. Wiederholt berufen sich antikoloniale Gruppierungen auf ihr terminologisches Reservoir.

Wo immer freilich die kommunistischen Parteien größere Sympathien zu gewinnen verstanden, warben sie, wie François Furet herausgearbeitet hat, für andere Ziele als die der Revolution.[37] Nach 1918 lebten sie von der Friedenssehnsucht der Völker. In den 1930er Jahren schwenkten sie ein in den Kampf gegen Faschismus und Nationalsozialismus. Schließlich wirkten sie mit an der Verteidigung bürgerlich-demokratischer Ordnungen, die sie zuvor vehement bekämpft und im Zeichen der „Sozialfaschismus"-These geholfen hatten zu zerstören. Im Zweiten Weltkrieg bildeten sie einen unverzichtbaren Teil der „Résistance" gegen die deutsche Okkupation. Der „Antifaschismus" bescherte dem Kommunismus in Italien und Frankreich auf Jahrzehnte demokratische Legitimation. Im Rahmen der Anti-Hitler-Allianzen schien es opportun, die Komintern 1943 aufzulösen. Nicht die eigenen – kommunistischen – Postulate, sondern die Leistungen im Widerstand verbürgten die Erfolge. Während des Kalten Kriegs waren es wiederum die Friedenssehnsüchte in Europa, aber auch das Unbehagen über Amerikas Dominanz und die Schwarz-Weiß-Logik eines unreflektierten „Antikommunismus", welche die kommunistischen Strömungen nicht ohne Effekt zu nutzen versuchten.

Chruščevs Entstalinisierung ermöglichte polyzentristische Tendenzen im „Weltkommunismus",[38] während die militärische Niederschlagung der Ungarischen Revolution 1956 und des „Sozialismus mit menschlichem Antlitz" 1968 in Prag die sowjetische Autorität spürbar demontierten. Die Menschen- und Bürgerrechtsbewegungen im östlichen Europa sowie die Arbeiteraufstände in Polen von 1970 bis zur Gründung der *Solidarność* 1980 brachten die politischen Ordnungen des „entwickelten Sozialismus", wie sich die Sowjetunion selbst definierte, international in arge Bedrängnis. Im ideologischen Wettbewerb zwischen Ost und West verschoben sich die Gewichte. Während die Entspannungspolitik in Europa einen Dialog über die Blockgrenzen hinweg installierte und die wachsenden Beziehungen den „eisernen Vorhang" durchlöcherten, verlor das sozialistisch-kommunistische Modell sowjetischen Typs seine Perspektive und damit an Attraktivität. Die bürgerlich-kapitalistischen Gesellschaften verblüfften durch eine große Regenerationsfähigkeit. Die kommunistischen Parteien

---
[37] Furet, Ende der Illusion [Fn. 18], S. 444f.
[38] Richard Löwenthal: Chruschtschow und der Weltkommunismus. Stuttgart 1963.

Italiens, Frankreichs und Spaniens schlugen folgerichtig einen von Moskau unabhängigen Weg des „Eurokommunismus" ein und machten die Anerkennung demokratischer Verfahren zum Kern eines „dritten Weges".

In bizarrer Umkehrung dieses Trends hatten sich aus der studentischen Protestbewegung der späten 1960er Jahre heraus kommunistische Kleinstparteien unterschiedlichster Couleur gebildet, die im akademischen Milieu dem Dogmenstreit um die richtige Auslegung der „Klassiker" eine kurze Konjunktur bescherten. Dennoch waren die Plakate von Che Guevara, Ho Chi Minh und Mao Tse-tung eher Chiffren des Entsetzens über Amerikas Krieg in Vietnam und eine radikale Provokation des westlichen „Establishment" als eine Restauration marxistischer Ideen. Als kritisches Potential in der eigenen Gesellschaft hatten die Rebellen von 1968 einen Innovationseffekt – kommunistische Ideen in der kapitalistischen Welt, wo sie der Theorie nach hingehörten, vermochten sie nicht wieder zu beleben.[39]

---

[39] Gerd Koenen: Das rote Jahrzehnt. Unsere kleine deutsche Kulturrevolution 1967–1977. Köln 2001. – Norbert Frei: 1968: Jugendrevolte und globaler Protest. München 2008.

„Frieden der Welt!"

Felix Schnell

Gewaltkultur und Kommunismus
Ursachen und Formen in der Sowjetunion

> Bei der Revolution der Bolschewiki spielte Gewalt eine große Rolle. Die Gründe dafür liegen auch in der Ideologie des Kommunismus, vor allem aber in der konkreten Vorgeschichte und dem gesellschaftlichen Hintergrund. Den kommunistischen Pionieren galt Gewalt als unvermeidlicher Begleitumstand historischer Umwälzungen, Lenin spitzte dies zu einem manichäischen Freund-Feind-Schema zu. Die Partei der Bolschewiki absorbierte die in der Gesellschaft vorhandenen Gewaltpotentiale, im Bürgerkrieg verfestigten diese sich zu einer eigenen Gewaltkultur, die insbesondere das NKVD verkörperte. Diese Gewaltkultur zu überwinden war eine große Leistung der Entstalinisierung.

Gibt es eine besondere Affinität des Kommunismus zur Gewalt? Mit Blick auf die letalen Konsequenzen kommunistischer Herrschaftspraxis im 20. Jahrhundert könnte man diese Frage wie die Autoren des „Schwarzbuches" schlicht bejahen und es dabei bewenden lassen.[1] Aber Gewalt ist integraler Bestandteil jeder Herrschaftspraxis. Auch nicht-kommunistische Regimes haben düstere Kapitel der Menschheitsgeschichte geschrieben, und selbst demokratische Staatswesen haben ihre Beiträge dazu geliefert.[2] Ideen allein töten nicht.[3] Worte und Ideen können Sprungbretter für Gewalt sein, aber das Brett ist nicht der Sprung. Die Gewaltpraxis kommunistischer Regime hängt offenbar von den Umständen ab, unter denen kommunistische Parteien nach der Macht greifen, vom konkreten Verlauf der Machtergreifung und -behauptung sowie von Gegenkräften und Hindernissen, auf die sie treffen. Von großer Bedeutung sind außerdem Vorbilder, eigene oder adaptierte historische Erfahrungen und damit der Zeitpunkt des Aufkommens kommunistischer Bewegungen. Die Bolschewiki setzten mit ihrer Revolution und Herrschaftspraxis Maßstäbe, wurden Vorbild und Lehrer anderer kommunistischer Bewegungen. Denn in Russland setzte sich das erste Mal in der Geschichte eine kommunistische Partei durch und etablierte eine dauerhafte Herrschaft. Gewalt spielte dabei als Mittel des Umsturzes und der Machtkonsolidierung eine zentrale Rolle. Diese Gewalt stand zwar in Zusammenhang mit einer Ideologie, die auf einen radikalen Umsturz der gesellschaftlichen Ordnung gegen erwartbaren Widerstand abzielte – doch sie wurzelte auch im Ersten Weltkrieg, in imperialem

---

Felix Schnell (1970), Dr. phil. habil., Historiker, Privat-Dozent, Humboldt-Universität zu Berlin
[1] Stéphane Courtois et al. (Hg.): Das Schwarzbuch des Kommunismus: Unterdrückung, Verbrechen und Terror. München 1998, hier vor allem S. 11–43.
[2] Michael Mann: The Dark Side of Democracy: Explaining Ethnic Cleansing. Cambridge 2005.
[3] Jörg Baberowski: Verbrannte Erde: Stalins Herrschaft der Gewalt. München 2012, S. 11.

Kollaps und sozialer Erosion. Das daraus resultierende hohe Gewaltniveau in der Gesellschaft war eine der Voraussetzungen für die Machtergreifung der Bolschewiki und hatte prägenden Einfluss auf deren Gewalt- und Herrschaftspraxis.[4]
Dies wiederum blieb nicht folgenlos für die „Idee" des Kommunismus: Gewalt gehörte so sehr zu den Entstehungsbedingungen des sowjetischen Herrschaftssystems, sie erwies sich als so dauerhaft und intensiv, dass sie buchstäblich zur Natur des Regimes und zur Kultur der Bolschewiki wurde. Diese Gewaltkultur zu überwinden war eine der größten Leistungen der Entstalinisierung.

Ideen und Gewalt

„Die Gewalt ist der Geburtshelfer jeder alten Gesellschaft, die mit einer neuen schwanger geht", verkündete Karl Marx im *Kapital*.[5] Friedrich Engels stimmte ihm darin zu, dass Gewalt eine „revolutionäre Rolle" spiele; sie sei das „Werkzeug", mit dem sich „die gesellschaftliche Bewegung durchsetzt und erstarrte, abgestorbene politische Formen zerbricht".[6] Wenn Marx und Engels von Gewalt sprachen, meinten sie allerdings in der Regel die Gewalt des Gegners im Klassenkampf: Die gewaltsame Unterdrückung „jage" das Proletariat in die Revolution „hinein". Es war ihnen aber klar, dass die Kommunisten die Revolution nicht mehr nur mit Worten, sondern mit Taten verteidigen müssten.[7]
Das 19. Jahrhundert war eine Epoche, in der Konterrevolution, Restauration und Kolonialismus reichhaltiges Anschauungsmaterial einer Staatsgewalt boten, mit der sich das Bürgertum gegen sein vermeintliches historisches Schicksal stemmte. Nicht nur die Niederschlagung der Pariser Kommune machte auf Marx und Engels starken Eindruck. Die herrschenden Klassen, so ihr Fazit, würden ihre Position nicht freiwillig räumen. Die deshalb notwendige Gewalt der Kommunisten erscheint in diesem Zusammenhang als Spiegelung repressiver Staatsgewalt. Sie ist legitim, weil sie sich einer illegitimen entgegenstellt und das Gesetz der Geschichte auf ihrer Seite hat.
Dennoch spielt Gewalt im Denken der kommunistischen Pioniere eine eher untergeordnete Rolle. Sie ist unvermeidliche Begleiterscheinung historischer Übergänge – mehr nicht, vor allem nicht deren Wurzel.[8] Kommunistische Denker haben denn auch unterschiedliche Konsequenzen aus diesen Überlegungen gezogen. Rosa Luxemburgs Konzept der „Spontaneität der Massen", die von der revolutionären Partei nur zu begleiten sei, legt Zeugnis von den Bedenken ab, die Sache der Revolution durch

---

[4] Peter Holquist: Violent Russia, Deadly Marxism? Russia in the Epoch of Violence, 1905–1921, in: Kritika, 3/2003, S. 627–652. – Ders.: Making war, forging revolution: Russia's continuum of crisis, 1914–1921. Cambridge 2002.
[5] Karl Marx: Das Kapital: Kritik der politischen Ökonomie. Berlin 1983 [Hamburg 1890], Bd. 1, S. 779.
[6] Friedrich Engels: Herrn Eugen Dühring's Umwälzung der Wissenschaft (Anti-Dühring). Stuttgart 1894, in: Marx-Engels-Werke (MEW), Bd. 20. Berlin 1962, S. 1–303, bes. S. 171.
[7] So in den „Grundsätzen des Kommunismus" in: MEW, Bd. 4. Berlin 1974, S. 361–380. – Martin Malia: Vollstreckter Wahn: Russland 1917–1991. Stuttgart 1994, S. 55.
[8] Hannah Arendt: Macht und Gewalt. München 1970, S. 15. – Iring Fetscher: Gewalt im Denken von Marx und Engels, in: Norbert Leser (Hg.): Macht und Gewalt in der Politik und Literatur des 20. Jahrhunderts. Köln 1985, S. 107–121.

gezielte und geplante Gewalt zu diskreditieren, zu gefährden und sich mit dem Gegner gleich zu machen.⁹

Lenin hatte in dieser Hinsicht weniger Skrupel. Er wollte nicht auf die Revolution warten, sondern sie erzwingen, und sah darin das Kerngeschäft der Partei des Proletariats. Doch die Revolution aktiv zu fördern war das eine, sie herbeizubomben etwas anderes. Die russischen Sozialdemokraten, die Menschewiki ebenso wie die von Lenin geführten Bolschewiki, waren letztlich Methodiker – erstere des historischen Materialismus, letztere des Aufbaus nachhaltiger Organisation und Führungsstruktur. Offene Gewalt und Terror waren zunächst Sache der Sozialrevolutionäre und anarchistischer Splittergruppen. Terroristische Attentate und Anschläge kamen als Mittel des politischen Kampfes im Laufe des 19. Jahrhunderts auf. Sie kosteten manchen Monarchen, Staatsmann und viele Unbeteiligte das Leben, erwiesen sich aber als eher untaugliches Instrument der Revolution – nicht nur, aber auch in Russland.¹⁰

Lenin hatte für Anarchisten nur Verachtung übrig, wie auch für Revisionisten oder evolutionistische Denker. Sein Beitrag zum Verhältnis des Kommunismus zur Gewalt hatte andere Zugänge und Wurzeln. Lenin spitzte die Klassenrhetorik des „Kapitals" zu einer manichäischen Weltsicht zu, die nur Freund und Feind kannte. Die ethische Dimension seines Denkens erfasste nur das Telos der Revolution und allenfalls diejenigen, die ihr dienten, die allerdings für das Ziel auch geopfert werden konnten. Der „Rest" stand außerhalb des moralischen Kosmos. Um es mit einer postmodernen Denkfigur zu sagen: Sein ebenso kühles wie zynisches Denken produzierte „homines sacri".¹¹ Es verlieh weit verbreitetem Elitenhass eine theoretische Form und trug das Seine dazu bei, die Bolschewiki gegen jegliches Mitleid mit den „Klassenfeinden" abzustumpfen. Mit Zygmunt Bauman könnte man von einer „adiaphorisierenden" Wirkung dieses Denkens sprechen.¹² Berüchtigte Äußerungen wie die von Grigorij Zinov'ev über die „zehn Millionen, denen man nichts zu sagen habe" oder die des Tschekisten Martyn Lacis, demzufolge „nicht Worte oder Taten gegen die Sowjetmacht", sondern „Klassenzugehörigkeit, soziale Herkunft, Bildung und Beruf über das Schicksal eines Beschuldigten bestimmen" sollten, waren nur die radikale Konsequenz Leninschen Denkens.¹³

Lenin war in dieser Hinsicht weniger originell als konsequent. Schon Rosa Luxemburg hatte festgestellt, dass die koloniale Gewalt der imperialistischen Mächte auf ihre eigenen Zentren zurückschlug.¹⁴ Die Kultivierung eines geregelten, „gehegten" Krieges unter Gleichen in Europa fand in kolonialer Gewalt gegen Ungleiche ihr inversives Gegenstück. Für Clausewitz war die Vernichtung der Kampfmittel des

---

[9] Susanne Hillmann (Hg.): Rosa Luxemburg: Schriften zur Theorie der Spontaneität. Hamburg 1971.

[10] Anna Geifman: Thou Shalt Kill: Revolutionary Terror in Russia, 1894–1917. Princeton 1993. – Alexander McKinley: Illegitimate Children of Enlightenment: Anarchists and the French Revolution, 1880–1914. New York 2008.

[11] Giorgio Agamben: Homo Sacer. Frankfurt/Main 2002.

[12] Zygmunt Bauman: Gewalt – modern und postmodern, in: Max Miller, Hans-Georg Soeffner (Hg.): Modernität und Barbarei: Soziologische Zeitdiagnose am Ende des 20. Jahrhunderts. Frankfurt/Main 1996, S. 36–67, bes. S. 47f.

[13] Zitiert in: Jörg Baberowski: Der Rote Terror: Die Geschichte des Stalinismus. München 2003, S. 38f.

[14] Rosa Luxemburg: Die Akkumulation des Kapitals oder Was die Epigonen aus der Marxschen Theorie gemacht haben: Eine Antikritik. Leipzig 1921, S. 117.

Gegners extremes Ziel der Kriegführung.[15] In den Kolonien, wo die Kampfmittel in vielen Fällen nicht eindeutig von der übrigen sozialen Organisation des Feindes abzugrenzen waren, trieben die Europäer den Krieg nicht selten bis zur Vernichtung. In Deutsch-Südwestafrika hatte General von Trotha konkrete Vernichtungsbefehle gegeben, und die Mitarbeiter der militärgeschichtlichen Abteilung des Großen Generalstabs kleideten den Untergang der Hereros in ein Untergangsnarrativ, das an griechische Tragödien erinnerte: Die deutschen Truppen vollzogen ein „Strafgericht"; für die Hereros erfüllte sich ein „unausweichliches Schicksal".[16]

Solche Narrative haben einerseits exkulpierende Funktion; daneben sind sie aber auch Ausdruck einer rassistischen Ideologie, die vermeintlich minderwertigen Ethnien nicht nur das Recht auf Selbstbestimmung, sondern im Extremfall auch das auf die schiere Existenz bestreitet, wenn sie nicht in die eigene „moderne" Ordnung integriert werden können.[17] Allgemeiner macht sich hier eine abendländische Entwicklung bemerkbar, die Ambivalenz als Problem entdeckte und nicht mehr ertrug.[18]

Lenin und die Bolschewiki repräsentierten nur eine extreme Variante dieses Denkens – zunächst aber vor allem von den ideellen Voraussetzungen her, weniger in der Praxis. Lange Zeit wurde das Verhältnis der Bolschewiki zur Gewalt gar nicht auf die Probe gestellt, da die Partei über keine ausreichenden Gewaltmittel verfügte. Der erste eigene Versuch einer Machtergreifung endete kläglich: Nach dem Juli-Aufstand 1917 musste Lenin nach Finnland fliehen, andere Parteiführer tauchten unter. Zunächst waren die Bolschewiki eher Trittbrettfahrer der Gewalt. Lenin hoffte, den „imperialistischen" Weltkrieg in einen Bürgerkrieg überführen zu können, aus dem die Revolution siegreich hervorgehen sollte.[19] Dasselbe könnte man von der Gewalt auf der Straße sagen, die 1917 herrschte. Sie nutzte den Bolschewiki, weil sie nicht wie die anderen sozialistischen Parteien im Sommer 1917 in die Provisorische Regierung eingetreten waren. Deshalb erhielten sie Zulauf und Unterstützung von den radikaleren und gewaltbereiteren Teilen der Petrograder Arbeiter und Soldaten.[20]

Die Gewalt kam nicht nur von oben – sie kam auch von unten. Fast jede Revolution ist auch eine Zeit individueller Selbstermächtigung und willkürlicher Gewalt. In jeder

---

[15] Carl von Clausewitz: Vom Kriege. Erstes Buch, Erster Teil, Kap. II, „Zweck und Mittel im Kriege". Neuenkirchen 2010, S. 41f.

[16] Vgl. Die Kämpfe der deutschen Truppen in Südwestafrika. Auf Grund amtlichen Materials bearbeitet von der kriegsgeschichtlichen Abteilung I des Großen Generalstabes. Drittes Heft: Der Entscheidungskampf am Waterberg. Der Untergang des Hererovolkes. Berlin 1906, bes. S. 202f., S. 218.

[17] Klassisch dazu: Hannah Arendt: Elemente und Ursprünge totaler Herrschaft: Antisemitismus, Imperialismus, totale Herrschaft. München 1986, S. 406f.

[18] Zygmunt Bauman, Moderne und Ambivalenz: Das Ende der Eindeutigkeit. Hamburg 2005. – Die Tendenz zur Herstellung von Eindeutigkeit und die Ausschaltung, wenn nicht Vernichtung des Anderen, worauf immer dessen Andersartigkeit beruht, war in der europäischen Gewaltgeschichte allgemein ein starkes Motiv: Martin Conway, Robert Gerwarth: Revolution and Counter-Revolution, in: Donald Bloxham, Robert Gerwarth (Hg.): Political Violence in Twentieth Century Europe. Cambridge 2011, S. 140–175, bes. S. 150f. – Donald Bloxham, Martin Conway, Robert Gerwarth, A. Dirk Moses, Klaus Weinhauer: Europe in the World: systems and cultures of violence, ebd., S. 11–39, bes. S. 14f.

[19] W.I. Lenin: Werke, Bd. 21. Berlin 1961, S. 11–21, „Der Krieg und die Russische Sozialdemokratie", S. 20.

[20] Richard Pipes: Die Russische Revolution, Bd. 2. Berlin 1992, S. 125f.

Gesellschaft gibt es einen gewissen Anteil gewaltaffiner Menschen.[21] In Friedenszeiten ist die erfolgreiche Repression dieser Gewaltpotentiale Teil jeder Herrschaftspraxis. Revolutionen, Kriege und soziale Krisen setzen diese Potentiale nicht nur frei, sie vergrößern in der Regel auch den Kreis gewalterfahrener und gewaltbereiter Menschen. Was unter friedlichen Bedingungen nur begrenzt Erfolg verspricht, wird im sozialen Ausnahmezustand zu einer höchst chancenreichen Handlungsressource. Abenteurer und soziale Außenseiter können die soziale Hierarchie gewaltsam in Frage stellen und sogar umkehren. Jacob Burckhardt beschrieb diesen sozialen Typus als „Haltefest, Raubebald und Eilebeute", die „fähig, entschlossen und eiskalt" seien, weil „kein höheres Streben sie irre macht".[22] Auf der Straße war die Februarrevolution ein ebenso alkoholgetränkter wie „blutiger Karneval".[23]

Erst mit dem erfolgreichen Putsch im Oktober 1917 bekamen die Bolschewiki Gelegenheit, ihre Gewalttätigkeit und rücksichtslose Konsequenz unter Beweis zu stellen. Eine ihrer ersten Maßnahmen war die Gründung der „Außerordentlichen Kommission zur Bekämpfung von Konterrevolution und Sabotage", kurz „Tscheka" genannt.[24] Die Tscheka war von Beginn an ein Instrument des Terrors, in dem sich Lenins Überzeugung spiegelte, dass die Revolution mit ihren Feinden abrechnen müsse, bevor jene sich gegen sie wenden könnten. Die Konterrevolution war eine feste Größe im Denken Lenins, ehe sie überhaupt ihr Haupt erhob. Hier spielte das historische Vorbild der Französischen Revolution eine größere Rolle als die russische Gegenwart.[25] Denn sieht man von Kornilovs verunglücktem Marsch auf Moskau ab, dessen Hintergründe und Ziele überdies im Dunkeln liegen, so hatte es gegen die Februarrevolution kaum restaurative Tendenzen gegeben. Die Provisorische Regierung und die Aussicht auf Einberufung einer Konstituierenden Versammlung ließen die Zukunft Russlands auch für moderatere Kräfte noch offen erscheinen. Das änderte sich definitiv erst im Oktober 1917 und in den Folgemonaten, als klar wurde, dass das „Abenteuer" der Bolschewiki nicht nur eine Episode bleiben würde.[26]

Die Tscheka ging daran, die Revolution – oder besser gesagt: die Machtergreifung der Bolschewiki – mit Feuer und Schwert abzusichern. Ihr Leiter, Feliks E. Dzerżinskij, ein Spross polnischer Adliger, der als Revolutionär die Hälfte seines Lebens in Gefängnissen verbracht hatte, war eine ebenso brillante und schillernde wie hasserfüllte Persönlichkeit. Der „eiserne Felix" engagierte sich für Waisenkinder, in denen er die Zukunft der Revolution sah, hatte aber keinerlei Skrupel, die Angehörigen der alten Eliten samt und sonders aufs Schafott zu schicken oder wie Vieh abschlachten zu

---

[21] Als „the violent few" figurieren diese bei Randall Collins: Violence: a Micro-Sociological Theory. Princeton 2008, S. 370f.

[22] Jacob Burckhardt: Weltgeschichtliche Betrachtungen: Über geschichtliches Studium. Historische Fragmente. Leipzig 1985, S. 176.

[23] Vladimir P. Buldakov: Krasnaja Smuta: Priroda i posledstvija revoljucionnogo nasilija. Moskva 1997, S. 63. – Igor' V. Narskij: Žizn' v katastrofe: budni naselenija Urala, 1917–1922. Moskva 2001, S. 198f., bes. S. 205 und 424f.

[24] George Leggett: The Cheka: Lenin's Political Police. The All-Russian Extraordinary Commission for Combating Counter-Revolution and Sabotage (December 1917 to February 1922). Oxford 1981.

[25] Arno Mayr: The Furies: Violence and Terror in the French and Russian Revolutions. Princeton 2000, S. 29.

[26] Dietrich Geyer: Die Russische Revolution: Historische Probleme und Perspektiven. Stuttgart 1968, S. 107f.

lassen. Lenin machte immer wieder deutlich, dass Augenmaß im Umgang mit Feinden nicht angezeigt war. Dzeržinskij war in dieser Hinsicht der richtige Mann am richtigen Ort. Das Personal fand die Tscheka zum guten Teil in den ehemaligen zarischen Gefängnissen, in die man jetzt Angehörige der zarischen Elite und Mitglieder anderer sozialistischer Parteien sperrte. Nicht nur hartgesottene Berufsrevolutionäre, sondern auch Berufsverbrecher, sogenannte „sozial-nahe Elemente", erhielten Gelegenheit, im Ledermantel und mit Revolver an der Hüfte im Namen der leuchtenden Zukunft ihrer Berufung nachzugehen.[27]

Von zentraler Steuerung von Gewalt und Terror konnte in der ersten Jahreshälfte 1918 nur bedingt die Rede sein. Im Grunde setzte sich die Selbstermächtigung des Jahres 1917 fort, weil sie von der Partei faktisch gebilligt wurde und der Voluntarismus „von unten" nun über institutionellen Rückhalt und mehr Möglichkeiten verfügte. Ivan Bunin berichtete in seinem Revolutionstagebuch von „unbeschreiblichen Schrecken", von Soldaten und Arbeitern, die „buchstäblich knietief im Blut" wateten.[28] Was hier geschah, hatte im Grunde wenig mit Kommunismus, dafür viel mit dem Zusammenbruch sozialer Ordnungen und der Öffnung von „Ermöglichungsräumen" exzessiver Gewalt und straflosen Handelns zu tun, die von gewaltbereiten und entschlossenen Personen genutzt wurden.[29] Sofern diese weitgehend ungesteuerte und unkontrollierte Gewalt Angehörige der ehemaligen zarischen Eliten traf, konnten die Bolschewiki mit ihr leben – sich ihr entgegenzustellen wäre ohnehin aussichtslos gewesen. Als der damalige Justizkommissar Steinberg gegen die willkürlichen Morde der Tscheka-Tribunale protestierte und die Aufgabe der revolutionären Justiz als „soziale Ausrottung" bezeichnete, widersprach Lenin in der Sache nicht.[30]

Die Gewalt der Bolschewiki, die Russland seit Ende 1917 heimsuchte, ging zum einen auf die radikale Konsequenz Leninschen Denkens und dessen inhärente Gewalttätigkeit zurück. Zum anderen aber traf sie auch auf ein soziokulturelles Substrat, das diese ideologischen Momente in der Praxis verwirklichen konnte und ihnen durch seine Eigendynamik zusätzliche Impulse verlieh. Schon in dieser Anfangsphase war das Verhältnis von Kommunismus und Gewalt damit wechselseitig verstärkender, um nicht zu sagen: dialektischer Natur.

Bürgerkrieg: von der Gewaltpraxis zur Gewaltkultur

Bürgerkriege werden oft mit besonderer Erbitterung geführt, da es für die kriegführenden Parteien in der Regel keinen sicheren Rückzugsraum gibt. Sie haben zudem eine starke innere Entwicklungsdynamik, da äußere stabilisierende und steuernde Faktoren wie staatliche Organisationen weitgehend ausfallen und der Konflikt kaum

---

[27] Orlando Figes: Die Tragödie eines Volkes: Die Epoche der Russischen Revolution 1891 bis 1924. Berlin 1998, S. 551f., bes. S. 555.
[28] Iwan Bunin: Verfluchte Tage: Ein Revolutions-Tagebuch. Frankfurt/Main 2008, S. 16.
[29] Zum Begriff des „Ermöglichungsraumes" Jörg Baberowski: Einleitung: Ermöglichungsräume exzessiver Gewalt, in: Ders., Gabi Metzler (Hg.): Gewalträume: Soziale Ordnungen im Ausnahmezustand. Frankfurt/Main 2012, S. 7–27, bes. S. 25.
[30] Figes, Tragödie [Fn. 27], S. 567.

begrenzbar ist. Bürgerkriege sind in hohem Maße zerstörerisch, zugleich aber auch oft staatsbildend.[31]

All das trifft auf den Russischen Bürgerkrieg zu. Er begann mit dem Versuch der Bolschewiki, die zunächst einmal nur in Petrograd und einigen anderen urbanen Zentren eroberte Macht auf das gesamte Imperium auszudehnen. Ihre Gegner sammelten sich an der Peripherie und in Sibirien und setzten von dort aus zum Gegenschlag an. Erst 1919 waren die konterrevolutionären Kräfte soweit, in die Offensive gehen zu können.

Unabhängig davon hatten die Bolschewiki bereits zuvor den bis Mitte 1918 eher chaotischen und erratischen Terror in jenen systematischen Staatsterror überführt, der als „Roter Terror" bekannt wurde.[32] Niemand weiß genau, wie viele Menschen ihm zwischen 1918 und 1921 zum Opfer fielen.[33] Attentate auf Lenin und andere führende Bolschewiki mochten dabei als Anlass genommen worden sein, aber das Morden hatte vielmehr mit einer „tabula rasa"- oder „Säuberungs"-Mentalität zu tun, die zum ideologischen Rüstzeug der Partei gehörte,[34] sowie mit den beträchtlichen sozialen Destruktionspotentialen, die in der Partei ihre Heimat gefunden hatten.

Der Weiße Terror schien die Bolschewiki nachträglich teilweise ins Recht zu setzen, denn Denikins „Freiwilligenarmee" zog auf ihrem Vormarsch eine Blutspur durch das Donezbecken und verübte auf ihrem Rückzug durch die Ukraine Pogrome, die mit nichts vergleichbar waren, was Juden bis dahin im Russischen Reich erlitten hatten. Es handelte sich dabei einerseits um Rachefeldzüge vertriebener Gutsbesitzer, andererseits um Exzesse frustrierter Truppen.[35] Hierin lag ein großer Unterschied: Der Weiße Terror ereignete sich im Wesentlichen, weil er von der Führung nicht verhindert, eingedämmt oder kontrolliert werden konnte[36] – der Rote Terror dagegen war die Politik eines revolutionären Staates, der Gewaltexzesse billigend in Kauf nahm.

Das Instrument des Terrors, die Tscheka, wuchs im Laufe des Bürgerkriegs zu einer Truppe von fast 200 000 Mann an.[37] Diese im Vergleich zur effektiven Kampfstärke der Roten Armee von ca. 500 000 Mann[38] gewaltige innere Sicherheitsarmee trug dem Umstand Rechnung, dass der Bürgerkrieg für die Bolschewiki nicht nur ein Kampf gegen vermeintliche oder tatsächliche Feinde, Spione und Saboteure war, sondern vor allem gegen Deserteure sowie unbotmäßige Bauern und Arbeiter geführt wurde.

Der Bürgerkrieg gab dem entstehenden sowjetischen Staat seine Form. Was immer die Februarrevolution an Freiheiten gebracht hatte, fiel nun einem straffen Disziplinierungs- und Terrorregime zum Opfer: In die Fabriken kehrten die Direktoren, zur Truppe die von Politoffizieren überwachten Offiziere zurück, die Partei wurde milita-

---

[31] Stathis N. Kalyvas: The Logic of Violence in Civil War. Cambridge 2006, bes. S. 14.
[32] Baberowski, Der Rote Terror [Fn. 13], S. 40.
[33] Nicolas Werth: Ein Staat gegen sein Volk: Gewalt, Unterdrückung und Terror in der Sowjetunion, in: Courtois, Schwarzbuch [Fn. 1], S. 51–295, bes. S. 92.
[34] Gerd Koenen: Utopie der Säuberung: Was war der Kommunismus? Berlin 1998
[35] Kuromiya Hiroaki: Freedom and Terror in the Donbas: A Ukrainian-Russian Borderland, 1870s–1990s. Cambridge 1998, S. 95f. – Peter Kenez: Pogroms and White Ideology in the Russian Civil War, in: John Klier, Shlomo Lambroza (Hg.): Pogroms: Anti-Jewish Violence in Modern Russian History. Cambridge 1992, S. 293–313.
[36] Nikolaus Katzer: Die Weiße Bewegung in Russland: Herausbildung, praktische Politik und politische Programmatik im Bürgerkrieg. Köln 1999, S. 275f., S. 285f.
[37] Werth, Ein Staat gegen sein Volk [Fn. 33], S. 94.
[38] Orlando Figes: The Red Army and Mass Mobilization during the Russian Civil War 1918–1920, in: Past & Present, 129/1990, S. 168–211.

risiert. Das revolutionäre Tollhaus wurde in eine Kaserne verwandelt, in der Hunger, Zwang und Entbehrung herrschten. Es war nicht zuletzt diese Konversion der Revolution, die den Sieg der Bolschewiki im Bürgerkrieg sicherstellte.
Jenseits der institutionellen Weichenstellungen verfestigte sich im Bürgerkrieg aber auch eine „Gewaltkultur" in der Partei, die außerordentlich folgenreich für das sowjetische Projekt und die Praxis des Kommunismus werden sollte. Der Bürgerkrieg wurde mit erbarmungsloser Gewalt geführt. Es wurden selten Gefangene gemacht, vor allem Offiziere und Kommandeure grausam getötet. Das Bild eines gepfählten polnischen Offiziers wurde zu einer Ikone des Bürgerkrieges.[39] Leichenschändungen wie die „Erschießung" der Leichen exhumierter Adliger und ähnliche Symbolische Handlungen richteten sich als performative Dehumanisierungen des Gegners einerseits nach außen: sie waren Signale an Dritte.[40] Andererseits hatten sie auch eine gruppenpsychologische Funktion. Sie kompensierten Versorgungs-, Orientierungs- und Vertrauensdefizite einer größtenteils auf sich selbst gestellten Truppe, die in einem Krieg ohne Fronten operierte. In der kollektiven und demonstrativen Gewalttat vergewissern sich Gruppen ihrer selbst.[41]
Dazu kam der blutige Kleinkrieg der Bolschewiki mit den Bauern. Erstere brauchten Nahrungsmittel, um Armee und Städte versorgen zu können, aber sie hatten den Bauern nichts dafür anzubieten. Diese hielten deshalb ihr Getreide zurück oder betrieben nur noch Subsistenzwirtschaft. Der schon 1918 ausgerufene „Kriegskommunismus" sollte nicht nur das Versorgungsproblem lösen, sondern in Form der Kollektivwirtschaften gleich auch die Revolution ins Dorf bringen. Die Bolschewiki schickten bewaffnete Parteibrigaden aufs Land, die sich gewaltsam holen sollten, was die Bauern freiwillig nicht hergeben wollten. Sie führten diesen Kampf mit Vertretern jener „violent few", an denen zur damaligen Zeit kein Mangel herrschte. Einer von ihnen war der „Genosse Archip", ein Matrose, der 1918 in die Ukraine geschickt wurde, um Getreide zu beschaffen und die Region von Monastyrše von Kulaken, Kaufleuten, Priestern und Lehrern zu „säubern". Genosse Archip ließ nicht erschießen – er legte selbst Hand an, nahm einen großen Hammer und zertrümmerte seinen Opfern den Schädel.[42] Die Bolschewiki brannten regelmäßig Dörfer nieder, während die Bauern ihrerseits mitunter ganze Brigaden überwältigten und töteten und aufgeschlitzte, mit Getreide gefüllte Leichen in die Verwaltungszentren zurücksandten.[43] Dieser „Krieg hinter den Frontlinien" währte von allen Teilkonflikten des Russischen Bürgerkrieges am längsten und erlebte mit dem Aufstand in Tambov sogar erst 1920/21 seinen Höhepunkt.[44]

---

[39] Eine Abbildung dieser Fotografie befindet sich u.a. in Figes, Tragödie [Fn. 27], S. 576f.
[40] Piotr Wróbel: The Seeds of Violence: The Brutalization of an East European Region, 1917–1921, in: Journal of Modern European History, 1/2003, S. 125–148, bes. S. 142.
[41] Felix Schnell: Räume des Schreckens: Gewalt und Gruppenmilitanz in der Ukraine, 1905–1933. Hamburg 2012, S. 344f.
[42] GARF, f. 5881, op. 2, d. 296, Očerk A. Vladimirova: Iz vospominanija atamana povstančeskogo otrjada na Ukraine „O graždanskoj vojne na Ukraine". Rukopis' 1927, l. 30.
[43] Z.Ju. Arbatov: Ekaterinoslav 1917–22 gg., in: Archiv Russkoj Revoljucii izdavaemyj I.V. Gessenom, T. XII. Berlin 1923 [=Slavistic Printings and Reprintings edited by C.H. van Schooneveld. Indiana University 129/3, Mouton/The Hague/Paris 1969], S. 83–148, bes. S. 116. – Vladimir N. Brovkin: Behind the Front Lines of the Civil War: Political Parties and Social Movements in Russia, 1918–1922. Princeton 1994.
[44] Zum Aufstand in Tambov siehe Eric C. Landis: Bandits and Partisans: The Antonov Movement in the Russian Civil War. Pittsburgh 2008.

„Lenin lebte, Lenin lebt, Lenin wird leben. Vl. Majakovskij"

Intensive und dauerhafte Gewalterfahrungen wie diese gehen an Individuen, Gemeinschaften und Gesellschaften nicht spurlos vorbei. Sie führen zu Abstumpfung und Gewöhnung und letztlich zur Ausprägung eines situationsspezifischen Konglomerats von Normen, Deutungsmustern und Verhaltensweisen. Die Rede von einer Gewaltkultur, die sich in den Kämpfen des Bürgerkrieges ausbildete, hat genau hierin ihren Sinn – wie jede Kultur ist auch diese nichts anderes als geronnene Praxis, der kollektiv Sinn gegeben wird.[45] Ist sie nicht nur eine auf bestimmte Gruppen beschränktes Phänomen, sondern durchdringt die Gesellschaft im Ganzen, dann kann man mit Michael Riekenberg von einer „agglomerierten Gewaltkultur" sprechen.[46]

Die Gewaltkultur der Bolschewiki fand wie der sowjetische Staat im Bürgerkrieg Form und Gestalt, sie speiste sich aber auch aus den Traditionen der Partei und dem „Kontinuum der Gewalt" seit 1914.[47] Dass Lenin 1921 mit der „Neuen ökonomischen Politik" vor allem gegenüber den Bauern die Gewalt zugunsten des Kompromisses in den Hintergrund drängte, bedeutete noch nicht deren Verschwinden. Das zeigte sich gegen Ende der 1920er Jahre, als Stalin diese Gewaltkultur umstandslos reaktivieren konnte.

Gewalt als prima ratio

Die Bolschewiki hatten sich im Bürgerkrieg gegen alle Gegner durchgesetzt. Die Aufstände von Kronštadt und Tambov wurden blutig niedergeschlagen. Dennoch wurde 1921 klar, dass nicht alle Probleme mit Gewalt gelöst werden konnten. Die Bolschewiki waren fürs erste am passiven Widerstand der Bauern gescheitert. Nur die Preisgabe des Kriegskommunismus, die Zulassung eines Agrarmarktes und individueller Produktion vermochte das Versorgungsproblem zu lösen. Die Erfahrungen aus dem Bauernkrieg, Demütigungen und Verluste von Kameraden hatten bei vielen Parteimitgliedern persönliche Rechnungen mit „den Bauern" offen gelassen, und die NÖP hinterließ einen roten Archipel in einem Ozean „unrevolutionierter" Dörfer.

Lenin starb 1924 – man kann daher nur darüber spekulieren, welche Position er in der Bauernfrage eingenommen hätte. Es gab im Laufe der 1920er Jahre durchaus Stimmen, die einen evolutionären Weg bevorzugten.[48] Sowohl in dieser Frage als auch im Kampf um die Führung der Partei setzte sich aber letztlich der Weg der Gewalt durch. Stalin führte den Machtkampf gegen seine Konkurrenten zwar in erster Linie mit den Waffen eines Funktionärs, zugleich aber repräsentierte er jenen Teil der Bolschewiki, für den der Bürgerkrieg noch nicht vorbei und die NÖP nur ein Waffenstillstand gewesen war. Ende der 1920er Jahre hatten die Männer im Kampfanzug die Krawattenträger von den Kommandohöhen verdrängt, 1927 wurde die NÖP für beendet erklärt, 1928 die Kollek-

---

[45] Zu diesem Verständnis von „Kultur" vgl. Pierre Bourdieu: Sozialer Sinn: Kritik der theoretischen Vernunft. Frankfurt/Main 1993, S. 147f.

[46] Michael Riekenberg: Fuzzy Systems, Max Horkheimer und Gewaltkulturen in Lateinamerika, in: Ibero-Amerikanisches Archiv, 25/1999, S. 309–324, bes. S. 311, 314, 317.

[47] Dietrich Beyrau: Der Erste Weltkrieg als Bewährungsprobe: Bolschewistische Lernprozesse aus dem imperialistischen Krieg, in: Journal of Modern European History/Zeitschrift für Moderne Europäische Geschichte, 1/2003, S. 96–123.

[48] Markus Wehner: Bauernpolitik im proletarischen Staat: die Bauernfrage als zentrales Problem der sowjetischen Innenpolitik 1921–1928. Köln 1998, S. 282f.

tivierung der Landwirtschaft zum Programm erhoben und im Dezember 1929 die „Vernichtung der Kulaken als Klasse" verkündet.[49]
Die Partei kehrte zu ihren im Bürgerkrieg liegenden Wurzeln zurück und wurde wieder eine Armee im Klassenkampf. Bewaffnete Funktionäre zogen mit Brigaden auf die Dörfer, um die Bauern zum Eintritt in Kolchose zu bewegen. Offiziell sollte das durch Agitation geschehen, für die die Bauern aber in der Regel nicht zugänglich waren. Faktisch wurden sie deshalb mit Gewalt in den Kolchos gezwungen.
Anfang 1930 erließ das Politbüro Befehle, nach denen drei bis fünf Prozent aller bäuerlichen Haushalte aus den Dörfern zu deportieren waren. In den Augen vieler Zeitgenossen – sowjetischer Funktionäre ebenso wie Bauern – stellten Kollektivierung und „Dekulakisierung" eine Wiederaufnahme des Bürgerkrieges dar. Die Bauern reagierten auf die Gewalt von Staat und Partei mit Anschlägen auf Funktionäre, Aufruhr und Aufständen. Die Bolschewiki schlugen brutal zurück. Die Kollektivierung war buchstäblich ein Kampf auf Leben und Tod, der zwar mit ungleichen Waffen, aber nicht weniger erbarmungslos als der Bürgerkrieg geführt wurde.[50] Tausende Bauern wurden erschossen, knapp zwei Millionen Menschen in unwirtliche Regionen des Nordens deportiert.[51] Mehrere Millionen Menschen fielen schließlich in den Jahren 1932/33 dem Hunger zum Opfer, den die Bolschewiki durch ihre Maßnahmen förderten oder zumindest billigend in Kauf nahmen, um den bäuerlichen Widerstand ein für alle Mal zu brechen.[52]
In der Kollektivierung kam jenes Personal wieder zum Einsatz, das schon im Bürgerkrieg gekämpft und Getreide „besorgt" hatte. Lev Kopelev berichtet von dem Bürgerkriegsveteranen Bubyr, der ganz im Kampf für die Kollektivierung aufging, ein Virtuose im Aufspüren geheimer Getreidespeicher und das Idol der von den Studienbänken delegierten jüngeren Brigademitglieder war.[53] Ein anderer Bürgerkriegsveteran tauchte 1931 sogar in demselben Dorf wieder auf, gegen das er schon 1919 gekämpft hatte. Er bereute, es nicht schon damals mit Artillerie vernichtet zu haben und beging Grausamkeiten an den Bauern, die eine parteiinterne Untersuchung nach sich zogen.[54]
Wie der Bürgerkrieg war auch die Kollektivierung eine „Schule der Gewalt", in der die Veteranen des Bürgerkriegs ihr Savoir-faire an Jüngere weitergaben. Fast das gesamte Parteipersonal vom Komsomol bis zur Führungsspitze war in der einen oder anderen Weise in die Kampagne involviert. Stalin selbst begab sich 1928 in den Ural, Kaganovič wurde 1932 in die Ukraine geschickt, um die Gewalt anzuheizen.[55]

---

[49] Stephan Merl: Die Anfänge der Kollektivierung in der Sowjetunion. Wiesbaden 1985, S. 112f. – Robert W. Davies: The Industrialization of Soviet Russia, 3 Bände. Cambridge 1980–1989.

[50] Lynne Viola: Peasant Rebels under Stalin: Collectivization and the culture of peasant resistance. New York 1996, S. 124.

[51] Jörg Baberowski: Stalinismus von oben: Kulakendeportationen in der Sowjetunion, 1929–1934, in: Jahrbücher für Geschichte Osteuropas, 46/1998, S. 572–595.

[52] Ob der Hunger „intentional" oder nur unbeabsichtigte, wenn auch in Kauf genommene Folge einer rücksichtslosen Politik war, lässt sich kaum abschließend beurteilen. Dazu die Beiträge in Manfred Sapper u.a. (Hg.): Vernichtung durch Hunger: Der Holodomor in der Ukraine und der UdSSR. Berlin 2004 [= OSTEUROPA, 12/2004].

[53] Lew Kopelew: Und schuf mir einen Götzen: Lehrjahre eines Kommunisten. Hamburg 1979, S. 305.

[54] CDAGOU, f. 1, op. 20, spr. 3060, ark. 97–107, Materjali pro perekručuvannja linij pri perevedenni kolektivizacii (za povidimlenjami okrprokuroriv), ark. 102–103.

[55] James Hughes: Stalinism in a Russian Province: Collectivization and Dekulakization in Siberia. Basingstoke 1996. – Zu Kaganovič und seiner Mission in der Ukraine vgl. dessen

Die Kollektivierung war insgesamt ein eher chaotischer Prozess, der zeitweise außer Kontrolle geriet und das System selbst gefährdete.[56] Dennoch war sie bei allen gewaltigen menschlichen und ökonomischen Verlusten letztlich ein Sieg der Bolschewiki. Das Mittel der exzessiven, rücksichtslosen Gewalt hatte sich einmal mehr bewährt.
Für die weitere Umgestaltung der sowjetischen Gesellschaft schmiedete sich Stalin 1934 durch die Zusammenlegung von Innenministerium und Geheimpolizei ein zentralisiertes, professionalisiertes Terrorinstrument – das neue NKVD.[57] In ihm wurde die Gewaltkultur der Bolschewiki gewissermaßen institutionalisiert und polizeiwissenschaftlich flankiert. Das NKVD trieb auf der einen Seite die Erfassung der Bevölkerung durch Registration und „Passportisierung" voran, auf der anderen Seite wurde in den Folterkellern „Handarbeit" geleistet. Dmitrij Gojčenko, der einen solchen „Fleischwolf" (mjasorubka) überlebte, berichtete in seinen Memoiren über seinen Folterknecht Kostomolov, von dem er stundenlang mit bloßen Fäusten malträtiert wurde – bis er selbst das Bewusstsein verlor oder Kostomolov müde wurde.[58]
Man kann Menschen auch mit anderen Mitteln foltern, womöglich sogar effektiver.[59] Es ist aber bezeichnend, dass die Bolschewiki weder beim Foltern noch beim Töten ausgefeiltere Methoden entwickelten, die den Folterer oder Henker physisch und psychisch entlastet hätten. Man konnte es bei „Handarbeit" belassen, weil ausreichend Personal zur Verfügung stand, das einer solchen Entlastung offenbar nicht bedurfte.[60] Vasilyj Blochin legte sich eine Lederschürze um und erschoss in Katyń täglich Hunderte Menschen, für die Schützen in Butovo reichte ein Eimer *Kölnisch Wasser*, um den Blutgeruch von den Händen zu bekommen.[61]
Die Mitarbeiter des NKVD, denen beim Töten die „Hand nicht zitterte", waren die Produkte einer sozio-kulturellen Atmosphäre, in der Gewalt nicht nur „normal" geworden, sondern als Herrschaftsmittel geboten und verlangt war. Mehr noch: Sie wurde fester Bestandteil individueller Repräsentation und Ausweis persönlicher Qualität. Man handelte, sprach und war „tschekistisch".[62]

„Reisetagebuch" in: Ruslan Pyrig (Hg.): Golodomor 1932–1933 rokiv v Ukraïni: Dokumenty i Materialy. Kyïv 2007, Dok. № 365: Zi ščodennika poïzdki A. Kaganoviča v Ukraïnu. 20–29 grudnja 1932 r., S. 496–513.

[56] Viola, Peasant Rebels [Fn. 50], S. 179.
[57] David R. Shearer: Policing Stalin's Socialism, 1924–1953. Repression and Social Order in the Soviet Union. New Haven 2009, S. 49f. – Paul Hagenloh: Stalin's Police: Public Order and Mass Repression in the USSR, 1926–1941. Washington 2009, S. 149f.
[58] Dmitrij Gojčenko: Skvoz' raskulačivanie i golodomor: svidetel'stvo očevidca. Moskva 2006, S. 59f.
[59] Elaine Scarry: Der Körper im Schmerz: die Chiffren der Verletzlichkeit und die Erfindung der Kultur. Frankfurt/Main 1992, bes. S. 43f.
[60] Man vergleiche das mit den Schwierigkeiten der Nationalsozialisten in der Anfangsphase des Holocaust, „ganz normale Männer" in Tötungsmaschinen zu verwandeln; Christopher R. Browning: Ganz normale Männer. Das Reserve-Polizeibataillon 101 und die „Endlösung" in Polen. Hamburg 1996, S. 86f. – Zur Rolle der Ermöglichungsräume im Osten und dem praktischen Hineinwachsen nationalsozialistischer Führungskader in eine entgrenzte Gewaltpraxis: Michael Wildt: Generation des Unbedingten: Das Führungskorps des Reichssicherheitshauptamtes. Hamburg 2003, S. 861f.
[61] Baberowski, Verbrannte Erde [Fn. 3], S. 340, 393.
[62] Oleg L. Lejbovič: Individ razoblačennyj v terrorističeskom diskurse v 1937–1938 godach, in: Evgenij V. Kodin (Hg.): Istorija Stalinizma: repressirovannaja rossijskaja provincija. Ma-

Im Großen Terror fiel die institutionalisierte Gewaltkultur der Bolschewiki mit der politischen Praxis zusammen. Übererfüllung der vom Zentrum ausgegebenen Opferquoten wurde buchstäblich zum moralischen Imperativ und Nachweis von Fähigkeit und Eignung, manchmal auch zur Lebensversicherung. Wer keine Feinde aufspürte und vernichtete, lief Gefahr, selbst als Feind ausgemacht zu werden. Es zählten keine Schicksale, sondern Zahlen. Der Tschekist Efim Evdokimov hatte wie viele andere Protagonisten des Stalinschen Terrors seine Lehrzeit im Bürgerkrieg absolviert. Fast überall, wo er seit Anfang der 1930er Jahre hinkam, zog er eine Blutspur hinter sich her. Menschen wie er waren ebenso Voraussetzungen wie Produkte der bolschewistischen Gewaltkultur, und seine Teilhabe an dieser Kultur machte ihn selbst während des Großen Terrors noch handlungsfähig – sie verlieh ihm „agency", wie Stephen Wheatcroft gezeigt hat.[63]

Iosif Stalin gab Terror und Gewalt seit Ende der 1920er Jahre die wichtigsten Impulse.[64] Doch Stalin war weder Urheber noch Schöpfer des Terrors. Er repräsentierte die Gewaltkultur der Bolschewiki wie viele andere – aber auch wie kaum ein anderer der bolschewistischen Avantgarde. Dass seine implizit wie explizit mörderischen Befehle tatsächlich umgesetzt wurden, setzte einiges voraus: eine in weiten Teilen brutalisierte, an Gewalt und Zerstörung gewöhnte Gesellschaft und ein Reservoir von aktiven, höchst gewaltbereiten und gewalttätigen Menschen. Nur vor diesem Hintergrund konnte sich die von Stalin forcierte soziale Transformation überhaupt vollziehen.

Ein wesentlicher Teil der Entstalinisierung bestand darin, die in den Jahrzehnten zuvor „agglomerierte" Gewaltkultur zu unterdrücken. Erst nach Stalins Tod konnte sich in der Führung die Auffassung durchsetzen, dass Terror und Gulag wohl in der Initiationsphase der Modernisierung, während der Transformation der sowjetischen Gesellschaft zur Industriegesellschaft taugliche Mittel waren, nicht aber in deren fortgeschrittenem Stadium. Es kostete aber einige Anstrengungen, die Gewaltkultur hinter sich zu lassen und etwa die jetzt KGB genannte politische Geheimpolizei in einen mit verfeinerten Methoden arbeitenden Repressionsapparat zu verwandeln.[65] Die Schatten der Gewalt waren lang, aber unter dem Konkurrenzdruck im Kalten Krieg konnte Gewalt als gesellschaftliches Organisationsmittel keine prima ratio mehr sein.

Resümee

Die Entwicklung des Kommunismus in Russland hatte weniger mit Ideologemen des 19. Jahrhunderts zu tun als vielmehr mit dem extrem gewalttätigen Kontext, in dem er entstand. Dieser Kontext machte einerseits die Revolution erst möglich, ließ aber andererseits die implizit gewalttätigen Elemente des Marxschen Klassenkampfes scharf hervortreten. Schon Lenin war allenfalls noch ein „interventionistischer" Marxist, der die sich auf Marx berufenden Menschewiki von Trockij auf den „Kehricht-

---

terialy meždunarodnoj naučnoj konferencii. Smolensk, 9–11 oktjabrja 2009 g. Moskva 2011, S. 16–32, bes. S. 29.

[63] Stephen G. Wheatcroft: Agency and Terror: Evdokimov and Mass Killings in Stalin's Great Terror, in: Australian Journal of Politics and History, 1/2007, S. 20–43, bes. S. 23f.

[64] Simon Sebag Montefiore: Stalin: Am Hofe des Roten Zaren. Frankfurt/Main 2005, S. 45.

[65] Julie Elkner: The Changing Face of Repression under Khrushchev, in: Melanie Ilic, Jeremy Smith (Hg.): Soviet State and Society under Nikita Khrushchev. London 2009, S. 142–161.

haufen der Geschichte" werfen ließ. Bei Stalin wurde der Autor des Kapitals zu einer mit Andacht umgebenen Leerformel. Reale Wirkung entfaltete statt seiner die Ideologie der Modernisierungsdiktatur, mit den wesentlichen Inhalten der Vernichtung von Feinden und der Industrialisierung des Landes. In gewisser Weise war dies wiederum eine Zuspitzung Leninscher Ideen. Gerade Lenin hatte zum einen Kommunismus als „Sowjetmacht plus Elektrifizierung des ganzen Landes" definiert und zum anderen der Kategorie des Feindes und den erbarmungslosen Umgang mit Anhängern der alten Ordnung den Weg gebahnt.

Der russische Fall war exzeptionell und blieb lange Zeit der einzige seiner Art. Später machte er Schule. Für den stark von Stalin beeinflussten Mao war bereits klar, dass sich politische Macht nur auf Gewehrläufe stützt.[66] Auch die Chinesische Revolution entwickelte sich aus dem Kontext von Krieg, Staatskollaps und Bürgerkrieg. Sie hatte ähnliche Voraussetzungen wie die russische und begann zu einem Zeitpunkt, der optimal geeignet war, um von den Bolschewiki zu lernen. Mao baute von Beginn an auf die Errichtung eines machtvollen Gegenstaates, der seinen Konkurrenten durch die größere Gewalt eliminierte. Den Marxismus brauchte Mao dafür nicht – eher schon in der Sowjetunion geschulte Gewalttechniker wie Kang Sheng, den „Schwarzen Schatten", der sein Handwerk beim NKVD gelernt hatte und die ersten Massenterrorkampagnen der chinesischen Kommunisten leitete.[67]

Ganz anders liegen die Dinge in jenen Ländern Ostmitteleuropas, in die der Kommunismus nach dem Zweiten Weltkrieg importiert wurde. Hier trafen die Kommunisten nicht auf schwer kontrollierbare bäuerliche Gesellschaften, sondern in weit höherem Maße auf komplexer organisierte Stadtbevölkerungen. Die kommunistischen Diktaturen in diesen Ländern hatten zwar intensive Gewaltphasen, die von Moskau orchestriert wurden. Sie benötigten aber keinen Massenmord, um sich an der Herrschaft zu halten. Ihr Gewaltniveau und Blutzoll blieb teilweise hinter dem nicht-kommunistischer Diktaturen zurück.[68]

Das Verhältnis von Kommunismus und Gewalt lässt sich nicht auf eine einfache Formel bringen. Es gab viele Kommunismen, und sie zeigten sich als erstaunlich wandelbar – nicht zuletzt der sowjetische. Das gilt auch für die Gewaltpraxis dieser Regime. Radikale und radikalisierte Personen und Gruppierungen setzten sich immer wieder mit Hilfe der Chiffre des Kommunismus ins Recht, die Welt nach ihren Maßstäben gewaltsam zu verändern. In welchem Maß sie das taten, hing stark von ihrem Hintergrund, den Umständen sowie von der Entwicklung einer Gewaltkultur in den jeweiligen Bewegungen ab, die Täter gegenüber dem Leid der Opfer gleichgültig machte.

Marx hätte das Ergebnis der kommunistischen Revolutionen und die Mittel ihrer Durchsetzung wahrscheinlich nicht gefallen: Nicht umsonst hatte er eher an einen westeuropäischen Kommunismus als Lehrmeister der Welt gedacht.

---

[66] Arendt, Macht und Gewalt [Fn. 8], S. 15.
[67] Jean-Louis Margolin: China: Ein langer Weg in die Nacht, in: Courtois, Schwarzbuch [Fn. 1], S. 511–608, bes. S. 520f., S. 524.
[68] Man denke nur an eine Reihe südamerikanischer Diktaturen, etwa Argentinien mit seinen zahlreichen Terroropfern; David Pion-Berlin: Of Victims and Executioners: Argentine State Terror 1976–1983. Notre Dame 1989. – Patricia Marchak: God's Assassins: State Terrorism in Argentina in the 1970s. Montreal 1999.

Gerhard Simon

Der Kommunismus und die nationale Frage
Die Sowjetunion als Vielvölkerimperium

Die Bolschewiki stellten das Russländische Reich als Vielvölkerimperium wieder her. In Gestalt der Sowjetunion bestand es bis zum Ende des 20. Jahrhunderts. Neben rücksichtsloser Gewalt im Bürgerkrieg 1918–1921 und während des Stalinschen Terrors entwickelten sie spezifische Instrumente zur Integration der Völker. Dazu gehörten die *Korenizacija*, eine Form der positiven Diskriminierung der nichtrussischen Völker, sowie die KPdSU als machtpolitische Klammer. Entgegen ihrer Absicht und Erwartung schritt die Nationsbildung unaufhaltsam fort. Die sowjetische Führung unter Michail Gorbačev war nicht mehr in der Lage, die Forderungen der Nationen nach nationaler Selbstbestimmung – nicht zuletzt die der Russen – zu kanalisieren und zu integrieren.

Keines der von den europäischen Mächten begründeten Vielvölkerimperien hat das 20. Jahrhundert überlebt. Die Donaumonarchie zerfiel nach dem Ersten Weltkrieg, das britische und französische Kolonialreich lösten sich nach dem Zweiten Weltkrieg auf, und das russische Vielvölkerimperium in der Gestalt der Sowjetunion brach am Ende des 20. Jahrhunderts auseinander. Man kann darin eine der üblichen Verspätungen der russischen Entwicklung gegenüber dem übrigen Europa sehen oder die besondere Leistung des sowjetischen Sozialismus, dem es nach Revolution und Bürgerkrieg noch einmal gelang, das Russländische Reich in einer neuen Form zusammenzufügen. Eine „geopolitische Katastrophe"[1] war das Ende der Sowjetunion gewiss nicht, es sei denn, man betrachtet die europäischen Imperien als das Ziel der Geschichte. Keinem der europäischen Imperien gelang im Übrigen auch nur eine teilweise Restauration; auch im russisch-sowjetischen Fall erscheint dies unwahrscheinlich.

Aber waren das Russländische Reich und zumal die Sowjetunion überhaupt Vielvölkerreiche wie jedes andere, waren die Strukturen und Handlungsbedingungen dieselben?

Gerhard Simon (1937), Dr. phil., Prof., Historiker
Von Gerhard Simon erschienen zuletzt in OSTEUROPA: Demokratie und Nation. Voraussetzungen der Volksherrschaft, in: OE, 2–4/2010, S. 63–76. – List der Geschichte. Perestrojka, Mauerfall und das Ende der UdSSR, in: OE, 2–3/2009, S. 119–132. – Die Erosion des Postkommunismus. Politische Kultur in der Ukraine im Wandel, in: OE, 10/2007, S. 29–42. – Der Wandel autoritärer Systeme. Postkommunistische Volksbewegungen für Demokratie, in: OE, 7/2006, S. 79–93. – Neubeginn in der Ukraine. Vom Schwanken zur Revolution in Orange, in: OE, 1/2005, S. 16–33.

[1] Vladimir Putin: Poslanie Prezidenta Federal'nomu Sobraniju Rossijskoj Federacii, 25.4.2005, <www.kremlin.ru/appears/2005/04/25/1223_type63372type63374type82634_87049.shtml>.

Ist der Raum der ehemaligen Sowjetunion ein postimperialer Raum?[2] Nach sowjetischem Selbstverständnis war die Sowjetunion kein Imperium und schon gar nicht eines wie jedes andere. Dies ist lange und weitgehend auch außerhalb der sowjetischen Hemisphäre so akzeptiert worden. In Russland sind Wissenschaft und Politik bis heute überwiegend nicht bereit, die Geschichte der Sowjetunion im Rahmen von Kolonialismus und Dekolonisierung zu erörtern.[3]

Was aber ist ein Imperium? Wie bei allen historischen Schlüsselbegriffen gibt es auch in diesem Fall keine einfache und konsensfähige Definition. Für unsere Zwecke mögen drei Kriterien genügen; zwei können allgemeine Gültigkeit beanspruchen, das dritte beschreibt die spezifischen sowjetischen Verhältnisse: Erstens, ein Imperium ist ein Herrschaftsverband, in dem sich Metropole/Zentrum und Peripherien nicht gleichberechtigt gegenüberstehen; die politische, ökonomische und kulturelle Macht liegt beim Zentrum und kann widerrufbar an die Peripherie delegiert werden. Zweitens, gleichberechtigte politische Selbstbestimmung der Völker ist mit einem Imperium unvereinbar. Drittens, Metropole/Zentrum sind nicht notwendig und ausschließlich territorial definiert. Im sowjetischen Fall gehörte zum Zentrum der höhere Parteiapparat bzw. die Nomenklatura, die nicht nur russisch waren, wo aber seit den 1940er Jahren Russen zahlenmäßig überwogen, so dass dieses Zentrum als russisch wahrgenommen wurde. Anders als bei anderen europäischen Imperien gab es im russischen und sowjetischen Fall keine eindeutigen geographischen Grenzen zwischen Metropole und Peripherien.[4]

Lenin und die Bolschewiki schufen einen Staat, der die nationale Frage auf neue Weise zu lösen behauptete. Die Revolutionäre gingen davon aus, dass der Nationalismus ein Attribut der kapitalistischen Gesellschaft sei. Sobald diese nach der sozialistischen Revolution verschwinde, werde auch der Nationalismus aufhören, eine Bedrohung zu sein. Die Revolutionäre schickten sich an, die nationale Frage nicht nur in der Sowjetunion zu lösen, sondern überall auf der Welt. Denn sie verfügten über das Wissen und die politischen Instrumente, um am Ende alle Nationen in einer sozialistischen homogenen Gesellschaft einander „anzunähern" und sogar zu „verschmelzen".

Als die Bolschewiki mit dem Oktoberumsturz 1917 die Macht übernahmen, verfügten sie nicht über ein detailliertes Programm zur nationalen Frage im Russländischen Reich, in dem die nichtrussischen Völker klar in der Mehrheit waren. Die Russen stellten nach der Volkszählung von 1897 lediglich 44 Prozent der Gesamtbevölkerung.[5] Zwar hatten die bolschewistischen Revolutionäre das Selbstbestimmungsrecht der Völker bis hin zur Loslösung zu einem zentralen Punkt ihrer politischen Agitation gemacht, aber diese Agitation für die Öffnung des zarischen „Völkergefängnisses"

---

[2] Andreas Kappeler: Russland als Vielvölkerreich. Entstehung, Geschichte, Zerfall. München 1992. Kappeler spricht von den „kolonialen Elementen" der russischen Expansion in Asien im 19. Jahrhundert (S. 171), will allerdings das an Westeuropa entwickelte Kolonialismusmodell nicht einfach auf Russland übertragen (S. 14), obwohl „spätestens am Ende des 19. Jahrhunderts" der „Begriff des Imperialismus" auf Russland übertragen werden kann (S. 171).

[3] Gerhard Simon: Waren die Republiken der Sowjetunion Kolonien? In: Guido Hausmann, Angela Rustemeyer (Hg.): Imperienvergleich. Festschrift für Andreas Kappeler. Wiesbaden 2009, S. 105–122.

[4] Ronald Suny: Dialektika imperii: Rossija i Sovetskij Sojuz, in: Novaja imperskaja istorija postsovetskogo prostranstva. Kazan' 2004, S. 163–195.

[5] Kappeler, Russland als Vielvölkerreich [Fn. 2], S. 323.

und die Abschüttelung der Ketten des „russischen Kolonialismus" stand von Anfang an unter Vorbehalt. „Das Recht auf Selbstbestimmung ist eine *Ausnahme* von unserer allgemeinen Prämisse des Zentralismus", schrieb Lenin 1913.[6] Vor allem unterstellten die Bolschewiki, dass die Völker nach der Revolution keine separatistischen Tendenzen entwickeln, sondern sich freiwillig der sozialistischen Republik anschließen würden. Stalin erklärte die Forderung nach Lostrennung *nach* der sozialistischen Revolution ausdrücklich als konterrevolutionär.[7] Die Bolschewiki zögerten während des Bürgerkriegs nicht, ihren doktrinären Vorannahmen mit Waffengewalt zum Durchbruch zu verhelfen, Sezessionen rückgängig zu machen und das Russländische Reich – außer im Westen – in seinem territorialen Bestand wieder herzustellen.

Die Förderung der nichtrussischen Völker

Aber militärische Maßnahmen und Repressalien waren nicht ausreichend. Die Bolschewiki gewannen den Bürgerkrieg auch deshalb, weil sie zu weitreichenden Konzessionen an die nichtrussischen Völker bereit waren, um so jedenfalls nachträglich die Völker für die Revolution zu gewinnen. Die neue Nationalitätenpolitik hob sich deutlich ab von der Politik der späten Zarenzeit, die immer stärker auf russischen Nationalismus und Assimilation gesetzt hatte, aber auch von dem Programm der Weißen im Bürgerkrieg mit ihrem unnachgiebigen Festhalten an dem „einen und ungeteilten" Russland. Die sowjetische Nationalitätenpolitik der 1920er Jahre war auch liberaler als die assimilatorische und repressive Minderheitenpolitik in manchen Ländern Ostmitteleuropas wie etwa in Polen in der Zwischenkriegszeit.
Staatsrechtliches Aushängeschild für das neue Zusammenleben der Völker war der Sowjetföderalismus. Zahlreiche größere nichtrussische Völker erhielten in einem abgestuften System nach ihnen benannte Republiken, d.h. territoriale Verwaltungseinheiten mit einigen äußeren Attributen von Staatlichkeit wie Fahnen und Hymnen. Die sowjetische Verfassung sah seit 1923/4 für die Unionsrepubliken, nicht jedoch für die nachgeordneten territorialen Einheiten, sogar die Möglichkeit eines Austritts aus der UdSSR vor. Zwar blieb der Sowjetföderalismus insofern eine Fiktion, als die KPdSU, der eigentliche Inhaber der Macht, nicht föderalisiert, sondern von Anfang an strikt zentralistisch organisiert war, aber belanglos war der Sowjetföderalismus dennoch nicht. Die Möglichkeiten der nichtrussischen Völker, sich sprachlich und kulturell zu entfalten sowie eigene ökonomische Interessen gegenüber dem Zentrum zu artikulieren, hingen davon ab, über welchen Status sie innerhalb des Sowjetföderalismus verfügten. Die Förderung nationaler Minderheiten außerhalb ihrer nationalen Territorien (z.B. der Ukrainer in Russland oder der Polen in der Ukraine), die es in den 1920er Jahren gegeben hatte, verschwand bis zum Ende der 1930er Jahre fast vollständig.

---

[6] Brief an S.G. Šaumjan, 23. November/6. Dezember 1913, in: W.I. Lenin: Werke, Bd. 19. Berlin 1965, S. 496.
[7] Pravda, 10.10.1920. – Gerhard Simon: Nationalismus und Nationalitätenpolitik in der Sowjetunion. Von der totalitären Diktatur zur nachstalinschen Gesellschaft. Baden-Baden 1986, S. 35.

ГРУДНОМУ РЕБЕНКУ МЕСТО В ЯСЛЯХ, А НЕ В ТУНДРЕ

„Säuglinge gehören in die Krippe, nicht in die Tundra"

Die Ziele der Nationalisierung oder Indigenisierung (russisch: korenizacija) hatte Stalin, der Volkskommissar für die Nationalitäten, 1920 in einem vielfach zitierten Artikel in der *Pravda* formuliert: Um den „Volksmassen der Randgebiete Russlands" die Sowjetmacht nahezubringen,

> ist es notwendig, dass alle Sowjetorgane in den Randgebieten, das Gericht, die Verwaltung, die Wirtschaftsorgane, die unmittelbaren Machtorgane (und auch die Partei) nach Möglichkeit aus Einheimischen bestehen, die die Lebensweise, die Sitten und Gebräuche der einheimischen Bevölkerung kennen.[8]

Korenizacija (wörtlich: Einwurzelung) bedeutete nicht nur, die nichtrussischen Völker kulturell zu fördern, sondern zugleich auch das Russische und die Russen in den nichtrussischen Republiken zurückzudrängen. Im Vergleich zum nichtrussischen Nationalismus galt der „großrussische Chauvinismus" bis 1930 entsprechend der Parteilinie als „Hauptgefahr" in der nationalen Frage.[9]
Zwar wurden bei weitem nicht alle hochfliegenden Ziele der *Korenizacija* verwirklicht. Der Widerstand der russischen Kader war beträchtlich, dennoch war die nationale Integration zu Beginn der 1930er Jahre deutlich vorangekommen. Vor allem entwickelten die großen nichtrussischen Parteiorganisationen wie die ukrainische oder georgische zunehmendes Selbstbewusstsein. Dem Nationalkommunismus, d.h. dem Bolschewismus in den verschiedenen nationalen Farben, schien die Zukunft zu gehören.
Am größten waren die Erfolge der sprachlichen Nationalisierung im Zeitungswesen und in der Elementarschulbildung. Aber auch die Universitäten in der Ukraine gingen in den frühen 1930er Jahren weitgehend zur ukrainischen Unterrichtssprache über. In die Partei wurden bevorzugt nichtrussische Bewerber aufgenommen, so dass sich der Anteil der Parteimitglieder in vielen Republiken dem Anteil an der Bevölkerung annäherte, ihn allerdings nur in Armenien und Georgien erreichte oder überschritt. Auch in den staatlichen Leitungsorganen nahm insbesondere auf den unteren Etagen der Anteil der nationalen Kader zu.[10] Die 1920er und 1930er Jahre waren die große Zeit der Sprachenprojekte, der Lexika und Orthographien; für insgesamt 48 Völker und kleine Volksgruppen wurden erstmals Schriftsprachen entwickelt. Dagegen gelang eine durchgehende sprachliche Ukrainisierung der von Industrialisierung und russischer Zuwanderung bestimmten Großstädte der Ukraine nicht. Sie war am Ende auch politisch nicht mehr gewollt.[11] Die neue Phase der Diktatur seit Ende der 1920er Jahre war bestimmt von Zentralismus und rücksichtsloser Gewaltherrschaft. Die relative Toleranz, das Nebeneinander konkurrierender Sprachen und Kulturen erschienen jetzt als Bedrohung der Eindeutigkeit.

---

[8] Pravda, 10. Oktober 1920, in: J.W. Stalin: Werke, Bd. 4. Berlin 1951, S. 315.
[9] Stalins Rechenschaftsbericht auf dem 16. Parteikongress 1930, in: J.W. Stalin: Werke, Bd. 12. Moskau 1954, S. 324.
[10] Terry Martin: The Affirmative Action Empire. Nations and Nationalism in the Soviet Union. 1923–1939. Ithaca, London, S. 108, 109. – Simon, Nationalismus [Fn. 7], S. 48, 51, 57.
[11] Martin [Fn. 10], S. 98–124.

Die Revision der Nationalitätenpolitik

Die frühe sowjetische Nationalitätenpolitik musste weichen, weil sie erfolgreich war, die Sowjetunion aber in eine andere Richtung zu lenken schien. Formal wurde die *Korenizacija* übrigens niemals abgeschafft, aber der Terminus verschwand aus dem sowjetischen Sprachgebrauch. Die Stalin-Führung gelangte wohl schon Ende der 1920er Jahre zu der Überzeugung, dass eine massive und teilweise sogar erzwungene Indigenisierung wie in Belarus nationales Selbstbewusstsein und damit verbunden politische Erwartungen und Ansprüche wachsen ließ, Differenzierung und nicht Homogenisierung förderte. Die Revision der Nationalitätenpolitik stand in unmittelbarem Zusammenhang mit den Katastrophen der Kollektivierung der Landwirtschaft, der Hungersnot und den sie begleitenden Terrorwellen.

Der bäuerliche Widerstand gegen die Kollektivierung war vielfach in den nichtrussischen ländlichen Regionen stärker gewesen; die Bauern hatten dort oft mehr zu verlieren als die von der bäuerlichen Gemeinschaft (*obščina*) geprägte ländliche Bevölkerung in Russland. Die jahrelangen Entbehrungen und Zwangsrequirierungen gipfelten in der Großen Hungersnot von 1932/33, der etwa sieben Millionen Menschen zum Opfer fielen, davon die Hälfte in der Ukraine, der „Kornkammer" des Landes. Hungeropfer waren fast ausschließlich die Dorfbewohner, denen die Sowjetmacht alle Nahrungsmittel weggenommen hatte, um die entstehenden Industriestädte zu ernähren und Getreide ins Ausland zu exportieren.[12]

Im Sommer 1932 kam die Stalin-Führung zu der Überzeugung, dass die Ukraine, insbesondere die dortigen Kommunisten, Widerstand leisteten gegen die Getreiderequirierungen. Verantwortlich dafür sei der ukrainische Nationalismus. Es bestehe die Gefahr, dass sich die ukrainischen Nationalisten mit Polen verbündeten. „Wenn wir uns jetzt nicht daran machen, die Lage in der Ukraine in Ordnung zu bringen, dann können wir die Ukraine verlieren", schrieb Stalin am 11. August 1932 an seinen engsten Mitarbeiter Lazar' Kaganovič.[13] Während die Ukrainisierung bislang als Voraussetzung und Garant für den Aufbau des Sozialismus gegolten hatte, erschien der ukrainische Nationalismus jetzt verantwortlich für die Nichterfüllung des Getreidesolls. Die ukrainischen Kommunisten galten jetzt als potentielle Separatisten. Die Politik der *Korenizacija* wurde grundsätzlich revidiert. Der geheime Beschluss des ZK der VKP(b) und des Rates der Volkskommissare vom 14. Dezember 1932 markierte diesen Einschnitt.[14] Die Ukrainisierung in der Ukraine und im von ukrainischen Kosaken bewohnten Nordkaukasus habe überall nationalistische „konterevolutionäre Elemente" in Führungspositionen gebracht, gegen die jetzt „harte Repressalien" einschließlich der Todesstrafe anzuwenden seien. Die Ukrainisierung im Nordkaukasus sei sofort zu beenden; die Amtssprache und alle Medien seien auf das Russische umzustellen. Am nächsten Tag wurde in einem weiteren Beschluss des ZK und des Rates der Volks-

---

[12] Vernichtung durch Hunger. Der Holodomor in der Ukraine und der UdSSR. Berlin 2004 [= OSTEUROPA, 12/2004].
[13] Stalins Brief an Kaganovič ist abgedruckt in: Valerij Vasil'ev, Jurij Šapoval (Hg.): Komandyry velikoho holodu. Poïzdki V. Moltova i L. Kahanovyča v Ukraïnu ta na Pivničnyj Kavkaz. 1932–1933rr. Kyïv 2001, S. 99–100.
[14] Wortlaut Russisch: Ebd., S. 310–312.

kommissare die Ukrainisierung in allen Regionen der Sowjetunion – außerhalb der Ukraine – verboten.[15]

Neben die Millionen Opfer der Hungersnot traten Zehntausende Terroropfer. Die ukrainische kulturelle Intelligenz, die im Jahrzehnt zuvor einen großen Aufschwung erlebt hatte, wurde weitgehend ausgeschaltet, teilweise einfach umgebracht. Dieses Schicksal erlitten auch andere nationale Intelligenzschichten. Eine erhebliche Signalwirkung, dass eine neue Zeit angebrochen sei, ging von dem Beschluss des Ukrainischen ZK-Plenums im November 1933 aus: „Die größte Gefahr [in der Ukraine] ist jetzt der lokale ukrainische Nationalismus" und nicht mehr der russische Großmachtchauvinismus.[16]

Die politischen Führungseliten aller nationalen Territorien wurden in der Großen Säuberung zwischen 1936 und 1938 physisch vernichtet. Stalin stellte damit sicher, dass die Republikführungen künftig bedingungslos die Interessen des Zentrums gegenüber der Peripherie exekutierten und nicht umgekehrt, wovon die Nationalkommunisten in den 1920er Jahren geträumt hatten. Die „liberale" und vergleichsweise pluralistische Phase der sowjetischen Nationalitätenpolitik war damit Geschichte. Allerdings sollte die Entwicklung der kommenden Jahrzehnte zeigen, dass das Vielvölkerimperium nicht ohne und nicht gegen die nichtrussischen Völker regiert werden konnte. Die zum Tabu erklärte *Korenizacija* sollte auf wundersame Weise zurückkehren.

Zunächst aber waren die 1930er Jahre bestimmt von der Förderung des Russischen und der Russen, die als zuverlässiger Kitt gegen nichtrussischen Nationalismus und Separatismus galten. Die russischen Eliten avancierten in allen Bereichen und bis in die fernen Winkel des riesigen Vielvölkerimperiums zu den zuverlässigen Agenten des Zentrums an der Peripherie. Dies bedeutete allerdings keineswegs, dass das russische Volk insgesamt eine privilegierte Stellung in der Sowjetunion gehabt hätte. Vielmehr gehörte die bäuerliche und kleinstädtische russische Bevölkerung zu den Parias der Sowjetgesellschaft – ähnlich wie es schon im Russländischen Reich vor 1917 gewesen war. Aufsteigerpositionen boten sich dagegen für die Millionen Russen, die freiwillig oder unfreiwillig in die Unionsrepubliken Zentralasiens oder in den Osten der RSFSR migrierten. Zwischen 1926 und 1939 nahm die Zahl der Russen außerhalb der RSFSR (in den Grenzen von 1939) von 5,1 Millionen auf 9,3 Millionen zu. Die russische Migration veränderte nachhaltig die demographische Zusammensetzung der Bevölkerung in den Unions- und Autonomen Republiken des Ostens und des Südens. Diese Wanderungsbewegung erreichte Ende der 1950er Jahre ihren Höhepunkt und begann danach in einer dramatischen Umkehr der demographischen Entwicklung zu sinken. Zugleich kletterte der Anteil der Russen an der sowjetischen Gesamtbevölkerung mit 54,6 Prozent im Jahr 1959 auf den höchsten Stand, danach ging er unaufhaltsam zurück. Wesentlicher Grund war die um ein Mehrfaches höhere Geburtenrate der islamischen Völker. Vor dem Zweiten Weltkrieg war die Geburtenquote der Völker ziemlich ausgeglichen. In den 1970er Jahren dagegen wuchsen die Titularvölker der Republiken Zentralasiens fünfmal so schnell wie die Bevölkerung der RSFSR.[17]

---

[15] Ebd., S. 312–313. Zu dieser Wende in der Nationalitätenpolitik Martin, Affirmative Action [Fn. 10], S. 291–308.
[16] Ebd., S. 356.
[17] Simon, Nationalismus [Fn. 7], S. 137f., 147, 151f., 422–429.

Die russische Migration führte fast ausschließlich in die Städte und prägte die Hauptstädte der fünf zentralasiatischen Unionsrepubliken sprachlich und kulturell russisch. Die Russen erhielten weit überproportional die seit den 1930er Jahren entstehenden qualifizierten Arbeitsplätze im industriell-technischen Bereich, in der Wissenschaft und in den Leitungsapparaten von Partei und Sowjets.

Für den sozialen Aufstieg der Russen außerhalb Russlands schuf die sowjetische Politik wichtige Voraussetzungen. Die Russen übernahmen damit – und das war politisch gewollt – die Funktion einer Klammer des Imperiums: 1938 wurde Russisch in allen nichtrussischen Schulen obligatorisches Unterrichtsfach. Dies hatte langfristig weitreichende Folgen. Die Bemühungen, in den berufsbildenden Schulen und Hochschulen nichtrussische Unterrichtssprachen durchzusetzen, wurden nicht weitergeführt. Sieht man von Georgien und Armenien ab, überwog im tertiären Bildungsbereich das Russische mehr und mehr als Unterrichtssprache.[18] Während die Förderung nationaler Minderheiten außerhalb ihrer Territorien eingestellt wurde, erhielten die Russen in allen Teilen des Landes Schulen, Ausbildungsmöglichkeiten und Kultureinrichtungen in ihrer Muttersprache. Natürlich hießen sie nicht „Minderheit", sondern Angehörige des „großen russischen Brudervolkes". Russen und Russophone wie sprachlich assimilierte Ukrainer oder Juden konnten überall in der Sowjetunion ihren Beruf in der Muttersprache ausüben, während sie selbst die Sprache der Titularnation nur rudimentär oder gar nicht erlernten.

Seit Ende der 1930er Jahre galt die nationale Frage in der Sowjetunion als gelöst. Repräsentativ ist eine Darstellung aus der Brežnev-Periode. Da hieß es:

> Der Sieg des Sozialismus in der UdSSR, der in den Jahren des 2. Fünfjahresplans erreicht wurde, führte zu entscheidenden Veränderungen der nationalen Beziehungen. Die Frage wurde zum ersten Mal in der Geschichte der Menschheit in der UdSSR gelöst.[19]

Diese über Jahrzehnte in verschiedenen Varianten wiederholte Formelsprache hatte den Zweck und zunächst auch den Vorteil, jede Debatte über die nationale Frage zu unterbinden. Längerfristig hatte sie die verhängnisvolle Konsequenz, dass die seit den 1960er Jahren immer drängender werdenden nationalen Probleme, nicht angesprochen werden konnten und dass die sowjetische Führung Ende der 1980er Jahre von der Schärfe der nationalen Probleme überrascht wurde.

Feindvölker

Die Bolschewiki hatten ihre Feinde in den nichtproletarischen Klassen gesehen. Nach der Revolution gingen sie daran, die Angehörigen dieser Klassen zu vernichten, als letzte während der Kollektivierung der Landwirtschaft die „Kulaken als Klasse". Seit Beginn der 1930er Jahre wurden erstmals Angehörige von Völkern und dann ganze Völker insgesamt als Feinde stigmatisiert und Repressionen unterworfen. Die ersten

---

[18] Ebd., S. 174–176, 194.
[19] A.G. Titov: Bor'ba partii za leninskuju čistotu nacional'noj politiki v period stroitel'stva socializma v SSSR. Moskva 1978, S. 58.

Opfer waren ukrainische Kosaken im Kubangebiet 1932/33, die letzten nach dem Zweiten Weltkrieg die Juden, die einer noch weitergehenden Verfolgung wohl nur durch den Tod Stalins im März 1953 entgingen. Die gesamte kosakische Bevölkerung mehrerer Siedlungen, sogenannter *Stanicas*, im Kubangebiet, etwa 100 000 Personen, wurde 1933 in den Hohen Norden deportiert: Als ukrainische Nationalisten und polnische Spione hätten sie die Getreideernte sabotiert.[20] 1935 begannen die „ethnischen Säuberungen" in den westlichen Grenzgebieten zu Polen und den baltischen Staaten: Alle dort lebenden Polen, Deutschen, Letten, Esten oder Finnen galten als potentielle Kollaborateure und im Kriegsfall als gefährliche Fünfte Kolonne, da sie jenseits der sowjetischen Grenze ihren eigenen Staat hatten. Sie wurden als ethnische Feinde aus den grenznahen Regionen deportiert oder erschossen. 1937 erlitten etwa 170 000 Koreaner aus dem Fernen Osten das gleiche Schicksal; sie wurden nach Usbekistan und Kasachstan deportiert.

Auch die Große Säuberung richtete sich zu einem beträchtlichen Teil gegen Angehörige bestimmter Völker. Hunderttausende fielen dem Terror gegen die Feindvölker in den sogenannten „nationalen Operationen" 1937/38 zum Opfer. Diesmal ging es nicht um die „ethnische Säuberung" von Grenzregionen, sondern Ziel des Terrors waren Polen, Deutsche, Rumänen, Letten, Finnen, Esten und Angehörige weiterer „unzuverlässiger Nationen", die verstreut in vielen Teilen der Sowjetunion lebten. Darunter gab es zahlreiche Parteimitglieder, Fachleute und Angehörige der wirtschaftlichen und technischen Intelligenz.[21] Nach Berechnungen von Terry Martin fielen zwischen 1935 und 1938 etwa 800 000 Menschen dem Massenterror gegen Feindnationen zum Opfer. Sie wurden verhaftet, deportiert oder erschossen. Damit stellten sie etwa ein Drittel der Opfer des politischen Terrors in diesen Jahren.[22]

Nach dem Angriff Deutschlands auf die Sowjetunion wurden weitere Völker – so etwa die Russlanddeutschen – entweder präventiv deportiert oder nachträglich wegen angeblicher oder tatsächlicher Kollaboration mit der deutschen Besatzungsmacht bestraft und aus ihrer Heimat vertrieben. Nach der Vertreibung der namengebenden Völker wurden zwischen 1941 und 1944 mehrere Autonome Republiken innerhalb der RSFSR aufgehoben. Als erste traf es die Autonome Republik der Wolgadeutschen, die nach der Vertreibung der Deutschen im September 1941 aufgelöst wurde. Andere Völker wurden nach der Rückeroberung durch die Rote Armee deportiert. Ihre Republiken verschwanden von der Landkarte: Die Karačaer wurden im November 1943 vertrieben, die Kalmücken im Dezember 1943, die Čečenen und Ingušen im März 1944, die Balkaren im April 1944 und die Krimtataren im Mai 1944.[23] Insgesamt verloren etwa 1,6 Millionen Menschen Haus und Heimat; viele starben wegen der unmenschlichen Transportbedingungen bereits auf dem Weg in die Verbannungsgebiete. Zu Opfern wurden alle: Frauen, Kinder und Greise, Parteimitglieder, Sowjetfunktionäre oder Stachanov-Arbeiter. Es gab keine Schuldigen und Unschuldigen; das einzige Kriterium war die Volkszugehörigkeit. In den Dörfern der Deportierten wurden Zehntausende von Russen und Angehörige kaukasischer Völker angesiedelt, die

---

[20] Martin, Affirmative Action [Fn. 10], S. 326.
[21] Victor Dönninghaus: Minderheiten in Bedrängnis. Sowjetische Politik gegenüber Deutschen, Polen und anderen Diaspora-Nationalitäten 1917–1938. München 2009, S. 538–575.
[22] Martin, Affirmative Action Empire [Fn. 10], S. 340.
[23] Aleksandr Nekrich: The Punished Peoples. New York 1978.

alten Orts- und Flurnamen verschwanden. Das Problem mit den angeblich illoyalen Völkern schien endgültig „gelöst".

Die Juden hatten in der Sowjetunion zunächst eine beispiellose Emanzipation und sozialen Aufstieg erlebt. Von einer rechtlich und politisch diskriminierten Minderheit in der Zarenzeit waren sie in den ersten beiden Jahrzehnten nach 1917 weit über ihren Anteil an der Bevölkerung hinaus in Führungspositionen in Bildung, Wissenschaft und Kultur, in der Parteiführung und Geheimpolizei aufgestiegen. Mit der Verschärfung des Kalten Krieges und nach der Gründung des Staates Israel galten sie aber seit 1948 zunehmend als Spione für Amerika und Israel. Es kam zu einer Art *Dekorenizacija* der Juden. Die jüdischen kulturellen Einrichtungen wurden zerschlagen, Juden aus Führungsstellungen in Betrieben, Instituten, Verlagen und Redaktionen entlassen; der Zugang jüdischer Studenten zu prestigeträchtigen Hochschulen und Karrieren unterbunden. Gerüchte sprachen von der bevorstehenden Deportation der Juden aus Moskau und anderen Großstädten. Zwar haben sich die Deportationspläne nicht bestätigen lassen, aber Anzeichen sprechen für bevorstehende massive Säuberungen nach dem Vorbild der 1930er Jahre, die mit Sicherheit die sowjetischen Juden besonders hart getroffen hätten. Mit dem Tod Stalins aber waren Massensäuberungen und Repressalien gegen Feindvölker vorbei.[24]

Sowjetpatriotismus und Großer Vaterländischer Krieg

Nachdem die revolutionären Prinzipien der Indigenisierung und Zurückdrängung des russischen Chauvinismus verbraucht waren, schmiedete die Stalin-Führung Mitte der 1930er Jahre neue ideologische Konstrukte zur nationalen Frage. Der bisher geschmähte Patriotismus feierte als Sowjetpatriotismus ein ungeahntes Comeback. Der Sowjetpatriotismus sollte als eine Art „Reichsidee" die nationale Identität aller Völker des Landes überwölben. Die „Freundschaft der Völker" charakterisierte das Verhältnis zueinander, wie Stalin in einer Ansprache im Dezember 1935 anlässlich eines Empfangs im Kreml für Kolchosbauern aus Zentralasien in prominenter Manier hervorhob. Diese Freundschaft war nicht nur „fest"; sie erhielt in der sowjetischen Propagandasprache sogleich die Attribute „unzerstörbar" und „ewig".[25] Diese neue sozialistische Mobilisierungsideologie war an sich ziemlich blutleer, wenn sie nicht in den folgenden Jahren durch zwei Umstände mit Inhalt und Leben erfüllt worden wäre: Der russische Nationalismus und die Erfahrungen der Menschen im Großen Vaterländischen Krieg machten aus dem Sowjetpatriotismus eine bewegende Realität. Bereits vor dem Krieg verwandelte sich das großrussische Volk in der propagandistischen Selbstdarstellung in das „große russische Volk", das „erste unter gleichen", dem „alle Völker der Union" im „heiligen" „Gefühl der Freundschaft, der Liebe und der Dankbarkeit" begegnen.[26] An die Stelle der „Werktätigen Russlands" oder der „russischen

---

[24] Gerhard Simon: Juden in der Sowjetunion. Von der Emanzipation in den 1920er Jahren zur Verfolgung in der späten Stalinzeit, in: Annelore Engel-Braunschmidt, Eckhard Hübner (Hg.): Jüdische Welten in Osteuropa. Frankfurt/Main 2005, S. 85–100.
[25] Simon, Nationalismus [Fn. 7], S. 173.
[26] Pravda, 15.1.1937, zit. nach Erwin Oberländer: Sowjetpatriotismus und Geschichte. Köln 1967, S. 68f.

Arbeiterklasse" trat das „große russische Volk", das allen anderen Völkern „uneigennützige" und „ständige" Hilfe leistete.[27] Dieser jahrzehntelang wiederholte Topos von der „Hilfe des russischen Volkes" für die „zurückgebliebenen Völker der UdSSR" beim Aufbau des Sozialismus sollte übrigens am Ende der Geschichte der Sowjetunion zu einem mächtigen Hebel für das neue russische Nationalbewusstsein werden, das sich nicht länger vom Imperium ausbeuten lassen wollte. Dies ist ein Beispiel dafür, wie Propaganda zur Realität, aber mit entgegengesetzter Stoßrichtung werden kann.
Während des Großen Vaterländischen Krieges erlebte der Sowjetpatriotismus einen enormen Aufschwung als „die natürliche Fortsetzung des russischen Patriotismus".[28] Die Sowjetunion verteidigte „die russische Kultur", „alte russische Kathedralen und Kirchen" gegen „die faschistischen Barbaren".[29] Aber auch viele nichtrussische Völker machten mobil, wobei dieser Patriotismus sich nicht selten verselbständigte und in scharfen Kontrast zum offiziellen russozentrischen Geschichtsbild geriet. Das lag daran, dass die historischen Freiheitshelden der nichtrussischen Völker wie der Tataren, der kaukasischen Völker oder der Kasachen für die Freiheit *von* Russland, nicht aber für die Freiheit Russlands gekämpft hatten. Traditionen des gemeinsamen Kampfes gegen einen äußeren Aggressor erwiesen sich als überaus rar. Aber der russische Nationalismus unter dem Deckmantel des Sowjetpatriotismus provozierte geradezu Reaktionen von nichtrussischer Seite. So erschien während des Krieges eine Reihe von Abrissen der Geschichte der nichtrussischen Völker, die der Generallinie der Nationalitätenpolitik zuwider liefen und die nur in den Kriegsjahren und wegen der damals gelockerten Zensur erscheinen konnten.[30]
Zu den Konzessionen an die nichtrussischen Völker während des Krieges gehörte auch die Wiederzulassung nationaler militärischer Formationen, die erst wenige Jahre zuvor abgeschafft worden waren. Allerdings kämpften wohl zu keiner Zeit mehr als zehn Prozent der mobilisierten nichtrussischen Soldaten in den nationalen Einheiten. Interessanterweise wurden keine ukrainischen oder belarussischen Divisionen aufgestellt. Stalins Misstrauen gegenüber den Ukrainern saß offenbar tief, insbesondere angesichts der starken militärischen nationalistischen Aktivitäten der Ukrainer seit Kriegsbeginn.
Mit einer Verfassungsänderung vom 1. Februar 1944 erhielten alle Unionsrepubliken das Recht, eigenständige Volkskommissariate für Auswärtige Angelegenheiten und für Verteidigung zu schaffen. Was auf den ersten Blick als spektakuläre Aufwertung des Sowjetföderalismus erscheint, erweist sich allerdings bei genauerem Hinsehen als ein außenpolitischer Schachzug, mit dem die Sowjetunion ihre Forderung nach eigenem Stimmrecht für jede Unionsrepublik im Rahmen der entstehenden Vereinten Nationen untermauern wollte. Im Ergebnis erhielt die Sowjetunion immerhin zwei zusätzliche Stimmen für die Ukraine und Belarus. Eine eigenständige Außen- oder Verteidigungspolitik konnten die Unionsrepubliken jedoch zu keiner Zeit entfalten.[31]

---

[27] A. Ikramov: O proekte konstitucii USSR, in: Revoljucija i nacional'nosti, 4/1937, S. 47, hier zitiert nach Simon, Nationalismus [Fn. 7], S. 172.
[28] Ilja Ėrenburg, in: Pravda, 14.6.1942.
[29] Pravda, 21.12.1941, zitiert nach Oberländer, Sowjetpatriotismus [Fn. 26], S. 73.
[30] M. Abdykalykov, A. Pankratova (Hg.): Istorija Kazachskoj SSR. S drevnejšich vremen do našich dnej. Alma-Ata 1943. – Istorija Ukrajiny. Ufa 1943. – Dazu ausführlich: Lowell Tillett: The Great Friendship. Soviet Historians on the Non-Russian Nationalities. Chapel Hill NC 1969.
[31] Simon, Nationalismus [Fn. 7], S. 206–217.

Die während der Kriegszeit genährten Erwartungen auf mehr kulturelle Eigenständigkeit und Autonomie nach dem Sieg über das nationalsozialistische Deutschland zerschlugen sich seit Sommer 1946 durch einen umfassenden kulturpolitischen Angriff, den Andrej Ždanov im Auftrag Stalins führte. Ein Feldzug gegen „bürgerlichen Nationalismus" in den nichtrussischen Republiken sollte die Hoffnungen auf mehr nationales Eigenbewusstsein zerstören und die verloren gegangene Steuerung durch das Zentrum wieder herstellen. Der ukrainische Parteichef Nikita Chruščev kritisierte auf einem Plenum des ukrainischen ZK die 1943 erschienene *Geschichte der Ukraine*, die „ernste nationalistische Fehler" enthalte. Es gebe in der Ukraine „Versuche, die bürgerlich-nationalistischen Konzeptionen des Historikers Hruševs'kyj und seiner ‚Schule'" wiederzubeleben.[32] Das ZK der Ukraine fasste zwischen August und November 1946 nicht weniger als sechs Beschlüsse, um die „bürgerlich-nationalistischen Abweichungen" in der ukrainischen Kultur auszumerzen.[33]

Zu Beginn der 1950er Jahre folgten Versuche, die Jahrhunderte alten Epen der islamischen Völker zu denunzieren und zu verbieten und das nationalkulturelle Erbe durch eine parteiamtliche Sowjetkultur zu ersetzen.[34] Erreicht hat die sowjetische Politik damit längerfristig das Gegenteil.

Nationsbildung

Prozesse der Nationsbildung fanden in der Sowjetunion von Anfang an statt. In den 1920er Jahren wurde die Entstehung von Nationen durch die Politik der Indigenisierung nachdrücklich gefördert. Zwar bremsten die Revision der Nationalitätenpolitik seit 1933 und die Gewaltpolitik Stalins diese Prozesse oder machten sie in Einzelfällen und lokal begrenzt zunichte durch die Deportationen und ethnischen Säuberungen. Auf die Dauer waren sie jedoch nicht aufzuhalten. In der langen Periode des inneren und äußeren Friedens seit den 1950er Jahren erreichte die Nationsbildung eine neue Dimension. Hier wurden wesentliche Voraussetzungen für die Entstehung der postsowjetischen Nationalstaaten geschaffen.

Politische Rhetorik und ideologische Aussagen trugen dem insofern Rechnung, als sie insbesondere seit den 1960er Jahren den Begriff der „sozialistischen Nationen" breit entfalteten, die in der Sowjetunion entstanden seien. Nach der offiziellen Sprachregelung bildeten die sozialistischen Nationen gemeinsam das „Sowjetvolk", in dem die Nationen anders als in nichtsozialistischen Gesellschaften harmonisch miteinander verbunden seien. Die Ideologie zeichnete das Bild von Nationen, die identische politische Interessen hätten, nicht in antagonistische Widersprüche zueinander geraten könnten und sich mühelos in den Zentralstaat einordneten.

> Das Sowjetvolk ist eine neue historische, sozialpolitische und internationale Gemeinschaft. Sie stellt eine untrennbare Einheit von Klassen und sozialen Gruppen dar, von Nationen und Völkerschaften auf der Grundlage des reifen

---

[32] Pravda, 23.8.1946.
[33] Yaroslav Bilinsky: The Second Soviet Republic. The Ukraine After World War 2. New Brunswick 1964, S. 394f.
[34] Alexandre Bennigsen: The Crisis of the Turkic National Epics. 1951–1952, in: Canadian Slavonic Papers, 2–3/1975, S. 463–474.

Sozialismus, [...] auf der Grundlage der Einheit der Interessen und Ziele, der Einheit des ökonomischen, sozial-politischen und kulturellen Lebens, gemeinsamer Züge des Charakters, der Moral, des Lebensstils und der Traditionen der Erbauer des Kommunismus.[35]

Separatistische Bestrebungen galten als ausgeschlossen; sie wurden politisch kriminalisiert und strafrechtlich verfolgt. Doch entgegen den ideologischen Vorannahmen stellte sich am Ende der sowjetischen Periode heraus, dass sich sowjetische Nationen nicht anders verhielten als Nationen in anderen Teilen der Welt, die sich durch vielfältige Modernisierungsprozesse in ihrer Identität bestätigt fühlten, denen ihre politische Selbständigkeit aber vorenthalten wurde.
Industrialisierung, Urbanisierung und die Bildungsexplosion veränderten die sowjetische Gesellschaft allgemein und die vieler nichtrussischer Nationen besonders tiefgreifend. Der wichtigste Aspekt dieser Modernisierung war der Aufbau eines Schul- und Ausbildungswesens bei den nichtrussischen Nationen. Das ließ große nationale Bildungsschichten entstehen. Dieser Prozess hatte in der Ukraine und im Transkaukasus bereits vor 1941 begonnen und setzte in den asiatischen Republiken nach dem Zweiten Weltkrieg ein. Tendenziell wurden damit die russischen Eliten in den nationalen Republiken als Träger der Modernisierung überflüssig. Es setzte ein Prozess der Derussifizierung und Entkolonialisierung ein, der viel nachhaltigere Folgen hatte als die ähnlich konzipierte *Korenizacija* der 1920er Jahre. Es muss dahingestellt bleiben, ob Stalin mit seiner Revision der Nationalitätenpolitik diese selbstverständlich unerwünschte Entkolonialisierung befürchtet hatte und sie so um einige Jahrzehnte hinauszögerte.
Im Bereich der Siebenjahresschulbildung, die in den 1960er Jahren auf acht Schuljahre erweitert wurde, hatte die Sowjetunion um 1970 eine weitgehende Chancengleichheit der Nationen erreicht. Die Zahl der nichtrussischen Schulabsolventen wuchs nach 1939 wesentlich rascher als bei den Russen. Auch im Bereich des weiterführenden Bildungswesens waren die Erfolge eindrucksvoll. Hatte es 1927/28 74 000 nichtrussische Hochschulstudenten gegeben, so waren es 1959/60 506 000 und 1981/82 2,2 Millionen. Erst seit den 1950er Jahren wuchs die Zahl der nichtrussischen Studenten rascher als die der russischen. Allerdings vollzog sich die Integration der Hochschulabsolventen in die Volkswirtschaft langsamer als der Ausbau des weiterführenden Bildungswesens. Über ein vollständiges und den Bedarf moderner Gesellschaften auch quantitativ ausreichendes Spektrum qualifizierter Arbeitskräfte verfügten am Ende der sowjetischen Periode wohl nur die Georgier, Armenier, die Esten, Letten und Litauer. Unter den neuen Intelligenzschichten der Völker Zentralasiens überwogen Angehörige der kulturell-künstlerischen Intelligenz, Lehrer und Ärzte; es fehlten Ingenieure und Fachleute in der Wirtschaft. Besonders benachteiligt beim Aufbau neuer qualifizierter Eliten blieben die meisten Völker, die nur über eine Autonome Republik im Rahmen der RSFSR verfügten – wie etwa die Čuvašen oder die Baškiren.

---

[35] M.I. Kuličenko, in: M.I. Kuličenko u.a. (Hg.): Osnovnye napravlenija izučenija nacional'nych otnošenij v SSSR. Moskva 1979, S. 76.

Die Formierung neuer nationaler Eliten hatte einschneidende Folgen für die nationale Zusammensetzung der Führungspositionen der Partei und anderer Apparate auf der Ebene der Unionsrepubliken. Seit den 1950er Jahren rückten Einheimische überall auf die Führungspositionen. Insbesondere drei herausgehobene, sehr sichtbare Ämter (Erster Parteisekretär, Vorsitzender des Ministerrates und Vorsitzender des Präsidiums des Obersten Sowjet) wurden in den Unionsrepubliken durchgängig mit Angehörigen der Titularnation besetzt. Als Michail S. Gorbačev zu Beginn seiner Amtszeit als Generalsekretär im Fall von Kasachstan von dieser Regel abwich und 1986 den kasachischen KP-Chef Dinmuchamed Kunaev durch den Russen Gennadij Kolbin ersetzte, kam es zu schweren Ausschreitungen in Alma-Ata. Es zeigte sich, dass das Zentrum kein uneingeschränktes Durchgriffsrecht mehr bei der Besetzung von Führungsämtern in den Republiken hatte. Vorausgegangen waren Jahrzehnte einer zunehmenden „Selbstverwaltung" der Unionsrepubliken durch Angehörige der Titularnation. In der Spätphase der Sowjetunion war der Anteil der Einheimischen unter den Funktionären in den unionsrepublikanischen Parteigliederungen, in den Sowjets und erst recht im kulturellen Bereich vielfach größer als der Anteil der Titularnation an der Bevölkerung.

Während die Angehörigen der Titularnationen zunehmend ihre Republiken in die eigenen Hände nahmen, blieb die Führung des Gesamtstaates von Russen dominiert. Zu Beginn der 1980er Jahre war das Übergewicht der Russen in der Parteiführung in Moskau ebenso stark wie in der Spätzeit Stalins. Hier schuf die sowjetische Führung ein erhebliches Konfliktpotential.[36]

Die neuen nationalen Eliten waren weder antisowjetisch noch separatistisch. Aber sie agierten zunehmend als Interessenvertreter ihrer nationalen Territorien gegenüber dem Zentrum und nicht als Agenten der Moskauer Führung an der Peripherie. Nur neostalinistische Säuberungswellen hätten diesen Trend umkehren können. Dies aber kam nach der Destalinisierung unter Nikita Chruščev nicht mehr in Frage. Chruščev hatte den sowjetischen Eliten indirekt eine Garantie für Leib und Leben gegeben; seine Nachfolger nannten diese Politik den Grundsatz der „Stabilität der Kader". Hier zeigte sich, dass die früher angewandten Instrumente zur Aufrechterhaltung des Vielvölkerimperiums nicht mehr einsetzbar waren; neue zu entwickeln vermochte das sowjetische System nicht. Es gab sie vielleicht auch nicht.

Das nationale Selbstbewusstsein der neuen Eliten äußerte sich vor allem in Forderungen an das Zentrum, die jeweiligen republikanischen und territorialen ökonomischen, kulturellen und personalpolitischen Bedürfnisse stärker und besser zu berücksichtigen. Angesichts des zurückgehenden Wirtschaftswachstums seit Ende der 1970er Jahre waren Verteilungskonflikte zwischen den einzelnen Republiken vorprogrammiert. Im kulturellen Bereich ging es um die bessere Berücksichtigung der Muttersprache in der Bildung und im öffentlichen Leben, um mehr Autonomie für die nationalkulturellen Traditionen und Besonderheiten. Die Nationen der Sowjetunion wurden nicht immer gleichförmiger und harmonischer im Verhältnis zueinander, sondern immer unterschiedlicher und vielfältiger. In vielen Fällen kam es zu scharfen Interessenkonflikten. In gewisser Weise kehrte die sowjetische Führung in der Zeit nach

---

[36] Ausführlich zum sozialen Wandel im nationalen Bereich: Simon, Nationalismus [Fn. 7], S. 299–316.

Leonid Brežnev sogar zur Sprache der *Korenizacija* zurück, ohne allerdings dieses Tabu zu benennen. Generalsekretär Jurij Andropov räumte aus Anlass des 60. Jahrestages der Gründung der UdSSR 1982 ein:

> Das Leben zeigt, dass der wirtschaftliche und kulturelle Fortschritt aller Nationen und Völkerschaften vom Wachstum ihres nationalen Selbstbewusstseins begleitet wird. Das ist ein gesetzmäßiger, ein objektiver Prozess.[37]

Die Frage nach politischer Selbstbestimmung wurde vorerst nicht gestellt. Es war nur eine Frage der Zeit.

Delegitimierung des sowjetischen Systems

Der Zusammenbruch des kommunistischen politischen Systems und das Ende der Sowjetunion als Staat lassen sich nicht monokausal erklären. Zahlreiche Faktoren wirkten zusammen und verstärkten sich gegenseitig.[38] Schwer zu erklären bleibt, wie rasch die Weltmacht von der Bühne abtrat, dass dies beinahe unblutig geschah und dass niemand, die führenden Akteure eingeschlossen, mit diesem Ausgang gerechnet hatte.[39] Einen Schlüssel zum Verständnis bieten die vielfachen Prozesse der Delegitimierung, die bereits lange wirkten. Seit Mitte der 1970er Jahre tendierte das Wirtschaftswachstum gegen Null. Dadurch öffnete sich nicht nur die Schere zwischen den Erwartungen der neuen städtischen Mittelschicht und der abnehmenden Leistungsfähigkeit der administrativen Kommandowirtschaft, die Sowjetmacht war auch immer weniger in der Lage, im selbstauferlegten ökonomischen, politischen und militärischen Wettbewerb mit dem Westen mitzuhalten, geschweige denn „einzuholen und zu überholen". Insbesondere der militärische Gleichstand mit den USA, seit den 1960er Jahren Ausdruck und Garant des eigenen Verständnisses von Weltmacht, war nicht mehr aufrechtzuerhalten.

Michail Gorbačev war 1985 der Konsenskandidat der sowjetischen Führung, die überzeugt war, tiefgreifende Reformen seien unabdingbar, ein Weiter-so sei ausgeschlossen. Dabei gehörte Gorbačev mit dem von 1985–1990 amtierenden Außenminister Eduard Ševardnadze zu jenen radikalen Kommunisten, die offenbar seit langem jeden Optimismus verloren hatten. „Alles ist verfault, von oben bis unten", sagte der georgische Parteichef Ševardnadze zu Gorbačev im Dezember 1979 bei einem Spaziergang in Picunda am Schwarzen Meer. „Ich bin mit dir einverstanden", erwiderte dieser.[40] Selbst wenn man diese Bemerkung aus der nachträglichen Perspektive des Memoirenschreibers für überzogen halten mag, gibt sie doch einen Einblick in die tiefen Selbstzweifel der kommunistischen Elite, ohne die das Ende unerklärbar bleibt. Das sowjetische System ist von Kommunisten beseitigt worden, auch wenn viele andere Vor- und Zuarbeit leisteten.

---

[37] Pravda, 22.12.1982.
[38] Martin Malek, Anna Schor-Tschudnowskaja (Hg.): Der Zerfall der Sowjetunion. Ursachen – Begleiterscheinungen – Hintergründe. Baden-Baden 2013.
[39] Die Paradoxie des Kollapses, der zugleich unerwartet kam und doch nicht überraschend war, behandelt Alexei Yurchak: Everything Was Forever, Until It Was No More. The Last Soviet Generation. Princeton 2005.
[40] Michail Gorbačev: Naedine s soboj. Moskva 2012, S. 277.

Mit *Glasnost'*, d.h. der Möglichkeit, vieles öffentlich zu sagen, was zuvor unsagbar gewesen war, trat die nationale Frage in aller Schärfe zu Tage. Die Rhetorik von der „Lösung" der nationalen Frage und der „Freundschaft der Völker" brach durch Glasnost' in sich zusammen. Auf den Straßen von Erivan forderten im Februar 1988 Hunderttausende Demonstranten den Anschluss der in Aserbaidschan gelegenen armenischen Exklave Berg-Karabach an Armenien, im Gegenzug kam es in Aserbaidschan zu Pogromen an Armeniern und bald zum offenen Krieg zwischen den beiden Republiken. Die drei baltischen Republiken erinnerten daran, dass sie gegen das Völkerrecht 1939/40 von der Sowjetunion okkupiert worden waren. Zur Forderung nach Austritt aus der Sowjetunion war es nur ein Schritt. Im Ferganatal schlugen die Völker Zentralasiens gewaltsam aufeinander ein. Am überraschendsten von allem: In Russland formierte sich eine Bewegung: Weg vom Imperium. Russland und die Russen seien durch das Imperium diskriminiert und ausgebeutet worden, die Russen hätten weder eine eigene Kommunistische Partei, noch ihre eigene Akademie der Wissenschaften, ja nicht einmal eine Hauptstadt, denn Moskau sei die Hauptstadt der Sowjetunion. El'cin machte im Februar/März 1990 Wahlkampf für die Wahlen zum Obersten Sowjet der RSFSR. Er sprach wie viele andere Kandidaten davon, dass Russland jahrzehntelang seine Kräfte für andere Republiken verausgabt habe und nun als „Aschenputtel" des Imperiums dastehe. Der „Aschenputtel"-Topos vereinigte für kurze Zeit Demokraten, Kommunisten und Nationalpatrioten in Russland.[41]

Die Gorbačev-Führung reagierte auf diesen Sturm hilflos, manchmal ungläubig. Die nationalen Probleme brachen deshalb mit so unwiderstehlicher Kraft auf, weil sie Ausdruck der allgemeinen Krise des sowjetischen Systems waren, das sich seit langem als unfähig erwies, die eigenen Versprechungen zu erfüllen. Außerdem verbanden sich die Nationalbewegungen mit dem Kampf um die Macht: Boris El'cin nutzte das neue russländische Nationalbewusstsein im Kampf gegen Gorbačev um die Vormacht.

Das Vielvölkerimperium zerfiel deshalb so rasch, weil sich in den entscheidenden Jahren zwischen 1988 und 1991 niemand fand, der sich für den Erhalt der Sowjetunion in der bisherigen Gestalt einsetzte. Auch Gorbačev nicht. Er schwärmte von einer erneuerten Union, einer „echten" Föderation, einem neuen Föderationsvertrag. Das alles war vage, in sich widersprüchlich und überzeugte am Ende niemanden, weil der sowjetische Präsident 1991 Glaubwürdigkeit und Popularität verloren hatte.

Während Gorbačev nicht mehr in der Lage war, in der nationalen Frage irgendeinen Konsens zustande zu bringen, handelten die Unionsrepubliken in erstaunlicher Einmütigkeit und Zielstrebigkeit. Die sowjetische Homogenität und nicht zuletzt die russische Sprache als Lingua franca erleichterten die Aktionen der Peripherie gegen das Zentrum. Als erstes hebelten Sprachengesetze der Unionsrepubliken die Brežnevsche Sprachenpolitik aus, deren Ziel die Durchsetzung des Russischen als „zweite Muttersprache" für alle gewesen war. Als erste Republik deklarierte Estland im Januar 1989 die estnische Sprache als Staatssprache auf dem eigenen Territorium, als letzte folgte Turkmenistan im Mai 1990.[42] In der Sache ging es um die Rückkehr der

---

[41] Leon Aron: Boris Yeltsin. A Revolutionary Life. London 2000, S. 367–368.
[42] Gerhard und Nadja Simon: Verfall und Untergang des sowjetischen Imperiums. München 1993, S. 135. Die drei transkaukasischen Unionsrepubliken verabschiedeten keine Sprachengesetze, weil die Titularsprachen seit langem in ihren Verfassungen als Staatssprachen deklariert waren.

Nationalsprachen in das öffentliche Leben und die Verdrängung des Russischen, das dort mehr und mehr Raum beansprucht hatte. Insofern waren die Gesetze über die nichtrussischen Sprachen als Staatssprachen nichts anderes als die Rückkehr zur Politik der *Korenizacija*. Im nächsten Schritt gingen die Unionsrepubliken allerdings darüber hinaus: Die überall von Kommunisten beherrschten Obersten Sowjets der Unionsrepubliken verabschiedeten Souveränitätserklärungen, in denen die Republiken den Vorrang der eigenen Gesetze vor den Unionsgesetzen in Anspruch nahmen oder ein Vetorecht gegenüber den Gesetzen der Union deklarierten. Das galt auch für die Souveränitätserklärung der RSFSR vom 12. Juni 1990, die sich ausdrücklich auf das „Selbstbestimmungsrecht" berief.[43]

Während die Souveränität der Unionsrepubliken im Rahmen der Begrifflichkeit des sowjetischen Staatsrechts auch innerhalb der Sowjetunion denkbar war, bedeutete die Proklamation der Unabhängigkeit den Austritt aus dem Staatenverband. Litauen vollzog diesen Schritt als erste Republik bereits am 11. März 1990. Andere Republiken proklamierten den Beginn einer Übergangsphase, an deren Ende die volle staatliche Selbständigkeit stehen sollte (Estland 30. März 1990, Lettland 4. Mai 1990, Armenien 23. August 1990, Georgien 14. November 1990). In den Tagen und Monaten nach dem August-Putsch 1991 erklärten alle Unionsrepubliken ihre staatliche Selbständigkeit. Russland beanspruchte stattdessen die Rechtsnachfolge der UdSSR.

Parallel zu diesem weithin völkerrechtskonformen Prozess verlief die Selbstauflösung der KPdSU, dem eigentlichen Inhaber der Staatsmacht. Gorbačev hatte die Entmachtung des Parteiapparates aktiv vorangetrieben, aber mit dem Zerfall der KPdSU in die republikanischen Parteiorganisationen rechnete er nicht.[44] Die KP Armeniens ging de facto bereits im Februar 1988 zur armenischen Nationalbewegung für den Anschluss von Karabach an Armenien über.[45] Die KP Litauens erklärte im Dezember 1989 noch vor den litauischen staatlichen Gewalten ihren förmlichen Austritt aus der KPdSU. Die Kommunisten in Estland und Lettland folgten im Frühjahr 1990. Auch die Kommunisten Russlands separierten sich, wenn auch in die entgegengesetzte Richtung. Sie gründeten eine eigene Parteiorganisation innerhalb der KPdSU, die zum Sammelbecken der reaktionären Gegner der *Perestrojka* und Gorbačevs wurde.

Der organisatorische Zerfall der KPdSU markiert in nicht zu überbietender Eindeutigkeit die Delegitimierung des sowjetischen politischen Systems. Auch innerhalb der Partei war nicht mehr zu vermitteln, warum die Partei, die im Oktober 1917 gewaltsam die Macht an sich gerissen hatte, auf unbegrenzte Zeit auch in der Zukunft diktatorisch das Land regieren sollte, obwohl sie seit Jahrzehnten nicht in der Lage war, die immer drängender werdenden Probleme und Konflikte im Land anzupacken. Der Zerfall der KPdSU zog den Zerfall der Union unaufhaltsam nach sich, denn die Partei war die stärkste Klammer und der Garant für den Fortbestand des Imperiums gewesen.

Die Sowjetunion war ein Imperium sui generis, denn die Bolschewiki hatten Instrumente entwickelt, die ihnen erlaubten, das Russländische Reich für einen Zeitraum

---

[43] Im Wortlaut auf Deutsch: Andreas Kappeler (Hg.): Die Russen. Ihr Nationalbewusstsein in Geschichte und Gegenwart. Köln 1990, S. 206–208.

[44] Gerhard Simon: Die Entmachtung der KPdSU, in: Malek, Schor-Tschudnowskaja, Zerfall [Fn. 38], S. 169–185.

[45] Maike Lehmann: Eine sowjetische Nation. Nationale Sozialismusinterpretationen in Armenien seit 1945. Frankfurt/New York 2012, S. 362–384.

von 70 Jahren noch einmal wiederherzustellen; diese Instrumente waren insbesondere die Einparteiherrschaft und die *Korenizacija*. Dennoch war die Sowjetunion in wesentlichen Grundstrukturen ein Imperium wie die anderen: charakterisiert durch das Spannungsverhältnis von Zentrum/Metropole und Peripherie sowie die Unfähigkeit, nationale Selbstbestimmung und nationale Demokratie zu integrieren.

Die sowjetischen Nationen waren am Ende des 20. Jahrhunderts fester gefügt, handlungsfähiger und selbstbewusster als zu Beginn. Insofern hat das Sowjetsystem die nationale Frage nicht „gelöst", sondern geschaffen. Zu einer dauerhaften Integration der neuen Nationen war es nicht in der Lage. Zwar hat die Sowjetmacht wesentlich dazu beigetragen, Nationen zu schaffen, auf die staatliche Selbständigkeit vorbereitet waren sie aber nicht. Demokratie und Rechtsstaatlichkeit konnten sie selbstverständlich im Schoß der Sowjetmacht nicht einüben.

Roland Götz

Planung ohne Plan
Das Versagen der Wirtschaftstheorie in der Sowjetunion

Obwohl die „Klassiker" sich den Sozialismus nur ohne Markt vorstellen konnten, kreiste die sowjetische Debatte zunächst darum, ob Marktbeziehungen zugelassen werden sollten. Dann aber verkündete Stalin Lehrsätze, die weder eine zutreffende Darstellung der Sowjetwirtschaft noch die Entwicklung einer Theorie volkswirtschaftlicher Planung erlaubten. Stattdessen wurde als Politische Ökonomie des Sozialismus eine in sich widersprüchliche Lehre von den „geplanten Marktbeziehungen" entfaltet. Die ökonomisch-mathematische Schule und zaghafte Überlegungen zum Markt blieben ohne Einfluss. Gorbačevs Versuch, das sozialistische System durch eine sowjetische Spielart des Marktsozialismus zu retten, scheiterte auch, weil es an theoretischer Vorarbeit mangelte.

Die Sowjetunion ist nicht durch äußeren Druck, sondern an ihren inneren Widersprüchen zu Grunde gegangen. Das Versprechen, ein Wirtschaftssystem zu schaffen, das dem Kapitalismus überlegen ist, konnte die Sowjetunion nicht einlösen. Die Wirtschaft war ineffizient, der Rückstand zum Westen wurde nie aufgeholt.[1] Die sowjetische Wirtschaft wurde seit den 1930er Jahren durch dreierlei Instrumente gelenkt: durch die zentrale Mengenplanung von einigen hundert Prioritätsprodukten,[2] durch einen Aushandlungsprozess („Verhandlungswirtschaft" oder „bürokratischer Markt") zwischen Wirtschaftsbürokratien und Staatsbetrieben für die Mehrzahl der Erzeugnisse des staatlichen Sektors[3] sowie durch Märkte, die sich durch den Grad der Legalität unterschieden: legale Kolchosmärkte, das halblegale, aber tolerierte System der Ver-

---

Roland Götz (1943), Dipl.-Volkswirt, Dr. oec. publ., Wiltingen
Von Roland Götz erschien zuletzt in OSTEUROPA: Mythen und Fakten. Europas Gasabhängigkeit von Russland, in: OE, 6–8/2012, S. 435–458. – Kapitalflucht aus Russland. Gefahr für die Volkswirtschaft? In: OE, 10/2011, S. 83–94. – Postsowjetischer Ressourcenfluch? Rohstoffreichtum und Autoritarismus, in: OE, 7/2011, S. 3–23.

[1] Roland Götz: Die Kluft zwischen Rußland und dem Westen. Historische Perspektive und Szenarien. Köln 1999 [= Berichte des BIOst, 15/1999].

[2] Hans-Hermann Höhmann: Das sowjetische Planungssystem. Determinanten, Funktionsprobleme, Wandlungstendenzen. Köln 1978 [= Berichte des BIOst, 53/1978], S. 5–27. – Hansgeorg Conert: Die Ökonomie des unmöglichen Sozialismus. Krise und Reform der sowjetischen Wirtschaft unter Gorbačev. Münster 1990, S. 19–32.

[3] Thomas Sauer: Kommando- oder Verhandlungswirtschaft? Zur politischen Ökonomie des alten Wirtschaftssystems und ihren Konsequenzen für den postsowjetischen Transformationsprozess. Köln 1991 [= Berichte des BIOst, 61/1991], S. 20f. – Rafael Mrowczynski: Gordische Knoten. Verwaltungshierarchien und Netzwerke in der UdSSR, in: OSTEUROPA, 10/2005, S. 31–46, hier S. 38–43.

mittler von Industrieprodukten (tolkači) sowie die illegale private Schattenwirtschaft.[4] Dieses Mischsystem, in dem die Präferenzen der politischen Führung und der Planungszentrale im Laufe der Jahrzehnte immer weniger zur Geltung kamen, während die Partikularinteressen der Wirtschaftsverwaltungen und Betriebe zunehmend dominierten, zog enorme Verluste durch Fehlproduktion, territoriale und sektorale Fehlallokation der Investitionen sowie exzessive Lagerhaltung nach sich. Gleichzeitig war der Einsatz von Arbeitskräften und Naturressourcen im Vergleich zum Produktionsergebnis enorm und der Umfang der Naturzerstörung gewaltig.[5]

In den 1930er Jahren konnte hohes Wirtschaftswachstum noch durch Zwangsarbeit, extremen Konsumverzicht zu Gunsten von Investitionen sowie die Nachahmung westlicher Technologien erreicht werden. Als sich diese Ressourcen nach dem Zweiten Weltkrieg zunehmend erschöpften und Anreize für technische Neuerungen systembedingt fehlten, flachte das Wirtschaftswachstum immer mehr ab. Zwar wurden bei der Entwicklung von Raketen und Militärflugzeugen weiter technologische Spitzenleistungen erbracht, doch lag dies daran, dass diese Sektoren großzügig mit Ressourcen ausgestattet waren, weil sich die Sowjetunion einen Technologie-Wettlauf mit den USA lieferte. Hier wirkte die Konkurrenz, die aus den anderen Bereichen der Sowjetwirtschaft verbannt war.[6]

Wenn auch der Einfluss theoretischer Debatten auf die Praxis der Wirtschaftslenkung in der Sowjetunion nicht überschätzt werden darf, so ist doch zu fragen, welchen Anteil die sowjetische Wirtschaftswissenschaft an der Fehlkonstruktion des Wirtschaftssystems hatte. Dabei steht hier dessen Gesamtentwurf zur Debatte, nicht aber Untersuchungen zu speziellen Branchen. Ebenfalls außer Betracht können Außeneinflüsse bleiben, denn die sowjetische Debatte war von den sehr viel lebendigeren Diskussionen vor allem in Polen, in der Tschechoslowakei und in Ungarn so gut wie nicht beeinflusst worden – von der kurzen Perestrojka-Periode abgesehen.[7] Die Planungsdiskussion „bürgerlicher" Ökonomen wie Enrico Barone, Friedrich August von Hayek, Ludwig von Mises oder Oskar Lange wurden in der Sowjetunion ignoriert oder polemisch abgetan.[8]

---

[4] Friedrich Haffner: Systemkonträre Beziehungen in der sowjetischen Planwirtschaft. Ein Beitrag zur Theorie der mixed economy. Berlin 1978, S. 143–164.

[5] Einen quellengestützten Einblick in die Funktionsweise des sowjetischen Wirtschaftssystems, das in seinen wesentlichen Zügen bis 1989 bestand, gibt Paul R. Gregory: The Political Economy of Stalinism. Evidence from the Soviet Secret Archives. Cambridge 2004.

[6] Ulrich Hewer: Technischer Fortschritt als Problem der sowjetischen Wirtschaftsplanung. Köln 1977 [= Berichte des BIOst, 22/1977].

[7] Die wirtschaftstheoretische Debatte in Polen, der Tschechoslowakei und Ungarn rezipierte zunächst das sowjetische Vorbild und ging bald eigene Wege, während sie in der DDR eng am sowjetischen Vorbild orientiert blieb; Peter Caldwell: Sozialistische Wirtschaftslehre. Zur Planung und Kontrolle einer Disziplin, in: Bernd Greiner, Tim B. Müller, Claudia Weber (Hg.): Macht und Geist im Kalten Krieg. Hamburg 2011, S. 136–158. – Günter Krause: Wirtschaftstheorie in der DDR. Marburg 1998.

[8] Enrico Barones 1908 publizierte Theorie der Planwirtschaft, eine spezielle Form des neoklassischen Totalmodells in der Tradition von Léon Walras, erläutern Michael D. Bradley, Manuela Mosca: Enrico Barone's „Ministry of Production": Content and Context. Università di Lecce, Department of Economics, Mathematics and Statistics. Working Paper 51/2011, <http://papers.ssrn.com/sol3/papers.cfm?abstract_id=1734325>. Die von der „Österreichischen Schule" der Nationalökonomie vorgebrachten Einwände gegen die Möglichkeit einer rationalen volkswirtschaftlichen Planung bei Staatseigentum formulierte Friedrich A. Hayek:

Die sowjetische Diskussion über Wirtschaftsplanung und das richtige Verhältnis von Plan und Markt erlebte Auf- und Abschwünge, deren Intensität von dem Freiraum abhing, den ihr die Politik einräumte. Am lebendigsten war sie in den 1920er Jahren, als sehr kontroverse Standpunkte aufeinanderprallten. Unter Stalin waren offene Auseinandersetzungen kaum noch möglich. Erst in seinen letzten Lebensjahren kam, von ihm selbst eröffnet, die Diskussion um Markt und Waren wieder in Gang. Während des *Tauwetters* unter Chruščev kulminierten die Debatten sowohl um die Ausweitung von Marktbeziehungen zwischen den Staatsbetrieben, als auch um eine mathematisch formulierte Planungstheorie. Nach Chruščevs Absetzung – und erneut als Folge des Prager Frühlings – wurden jedoch die ideologischen Zügel wieder angezogen, so dass die ökonomische Diskussion erneut erstarrte. Erst als in der Perestrojka die ideologischen Tabus nach und nach fielen, lebte sie wieder auf.

Allein mit dem wechselnden Ausmaß der Zensur ist der Gang der wirtschaftstheoretischen Debatte in der Sowjetunion jedoch nicht zu erklären. Vielmehr war eine „Pfadabhängigkeit" des ökonomischen Denkens zu beobachten.[9] Dieses ging zunächst von den Lehren der sozialistischen „Klassiker" aus, deren bereitwillige Rezeption im Zarenreich und in der Sowjetunion durch die – auch nach der Revolution nachwirkende – Idee der „ganzheitlichen Gesellschaft" erleichtert worden war, die in Glaubensinhalten der russisch-orthodoxen Kirche wurzelt.[10] Stalins Auslegung der „Klassiker" wiederum schuf eine entsprechende Schule, die sich als „herrschende Lehre" etablierte und den ökonomischen Diskurs in der UdSSR bis zur *Perestrojka* bestimmte.

Das Vermächtnis der Klassiker

Für die Mehrheit der sowjetischen Wirtschaftstheoretiker war unbestreitbar, dass gemäß Marx, Engels und Lenin als Wirtschaftsmodell des Sozialismus nur eine zentralisierte gesamtwirtschaftliche Planung in Frage komme. Mit dieser Ansicht konnte man sich zwar auf vereinzelte Zitate der „Klassiker",[11] nicht jedoch auf eine von ihnen ausformulierte Theorie stützen, denn Marx und Engels wollten nicht wie die von ihnen verachteten „utopischen Sozialisten" Spekulationen über die sozialistische

---

The Present State of the Debate, in: Friedrich A. Hayek (Hg.): Collectivist Economic Planning. London 1935, S. 201–244, <http://mises.org/document/3581/Collectivist-Economic-Planning>. – Ludwig von Mises: Die Wirtschaftsrechnung im sozialistischen Gemeinwesen, in: Archiv für Sozialwissenschaften, 1920, S. 86–121, <http://docs.mises.de/Mises/Mises_Wirtschaftsrechnung.pdf>. Dagegen argumentierte Oskar Lange: On the Economic Theory of Socialism, in: Benjamin E. Lippincott (Hg.): On the Economic Theory of Socialism. Minneapolis 1938, S. 55–143.

[9] Pfadabhängigkeit (history matters) bedeutet, dass mehrere Ergebnisse möglich sind und das verwirklichte Ergebnis sich daraus ergibt, welche zeitliche Entwicklung der Entscheidungsprozess nimmt, definiert Rolf Ackermann: Pfadabhängigkeit, Institutionen und Regelreform. Tübingen 2001, S. 11.

[10] Die Symbiose aus Holismus und Anthropozentrismus und deren Wurzeln in der russisch-orthodoxen Weltsicht erläutert Joachim Zweynert: Eine Geschichte des ökonomischen Denkens in Russland 1805–1905. Marburg 2002, S. 416.

[11] So spricht Marx im ersten Band des „Kapital" nur recht allgemein von der im Sozialismus bewussten planmäßigen Kontrolle des Produktionsprozesses durch frei vergesellschaftete Menschen: Karl Marx: Das Kapital. Kritik der politischen Ökonomie. Erster Band, in: Marx Engels-Werke (MEW), Bd. 23. Berlin 1962, S. 94.

Zukunft anstellen.¹² Allerdings sind in Marx' Analyse des Kapitalismus Prinzipien der sozialistischen Wirtschaft und Gesellschaft als dessen Negation enthalten.¹³
Weil Marx, ganz in Einklang mit dem kritischen Denken seiner Zeit, so dem des französischen Sozialtheoretikers Constantin Pecqueur sowie des deutschen Radikaldemokraten Wilhelm Schulz,¹⁴ die Anarchie des Markts ins Zentrum seiner Kapitalismuskritik stellt, folgt für ihn unzweifelhaft, dass im Sozialismus Wettbewerb durch Planung ersetzt werden müsse.¹⁵ Für Engels tritt der Mensch durch „planmäßig bewusste Organisation der gesellschaftlichen Produktion" gar erst „aus tierischen Daseinsbedingungen in wirklich menschliche".¹⁶ In tiefster Überzeugung, aber ohne überzeugende Begründung – bei positiver Bewertung der Leistungen des kapitalistischen Wirtschaftssystems und der Ablehnung des Motors dieses Systems, eben der Konkurrenz – geben Marx und Engels der Güter zuteilenden „Gemeinschaft" damit den Vorzug vor einer Waren austauschenden „Gesellschaft".¹⁷
Wie die Organisation und Planung der Produktion sowie die Zuteilung der Güter im Einzelnen funktionieren könnten, war für Marx und Engels kein Thema, weil sie der Auffassung waren, dass die moderne Industrie mit ihrer Buchführung dieses Problem längst gelöst habe. Der organisatorisch mehr bewanderte Lenin dagegen erkannte im März 1918 die „Organisierung der Rechnungsführung, die Kontrolle über die Großbetriebe, die Umwandlung des ganzen staatlichen Wirtschaftsmechanismus in eine einzige große Maschine" als „gigantische organisatorische Aufgabe".¹⁸
Einen einzigen Hinweis auf die ökonomischen Zwänge, denen auch eine sozialistische Planwirtschaft unterliegt, gibt Marx allerdings doch: In den zehn Jahre vor dem „Kapital" geschriebenen „Grundrissen" bemerkt er, dass das „Gesetz der Ökonomie der Zeit", also die Forderung nach Zeitersparnis, auch in der zukünftigen Gesellschaft erhalten

---

[12] Als „reine Phantasterei" bezeichnet Engels die Ideen von Claude-Henri de Saint-Simon, Charles Fourier und Robert Owen in seiner Schrift „Die Entwicklung des Sozialismus von der Utopie zur Wissenschaft", in: MEW, Bd. 19. Berlin 1962, S. 189.

[13] „Wie uns erst nach und nach das System der bürgerlichen Ökonomie entwickelt, so auch die Negation seiner selbst, die ihr letztes Resultat ist", heißt es in: Karl Marx: Grundrisse der Kritik der politischen Ökonomie, in: MEW, Bd. 42. Berlin 1990, S. 607.

[14] Walter Reese-Schäfer: Marx und die Furcht vor der Anarchie des Marktes, in: Ingo Pies, Martin Leschke (Hg.): Karl Marx' kommunistischer Individualismus. Tübingen 2005, S. 99–111, hier S. 100. – Thomas Petersen, Malte Faber: Karl Marx: Herakles oder Sisyphos? Eine philosophische und ökonomische Untersuchung [= Universität Heidelberg, Alfred-Weber-Institut für Wirtschaftswissenschaften, Discussion Paper 520). Heidelberg 2012, <http://www.uni-heidelberg.de/md/awi/forschung/dp520_petersen_und_faber.pdf>. – Peter Ruben: In der Krise des Marxismus. Versuch einer Besinnung, in: Berliner Debatte INITIAL, 3/1993, S. 75-84, <http://www.peter-ruben.de/>.

[15] Dass mit der Abschaffung des Wettbewerbs nach seinen eigenen Worten im „Elend der Philosophie" (1947) zwar die „Quelle vielen Elends", aber gleichzeitig auch „die Ursache allen Fortschritts" beseitigt wird, thematisiert er in seinen späteren Werken nicht mehr. Dazu Reese-Schäfer, Marx und die Furcht [Fn. 14], S. 103.

[16] Friedrich Engels: Herrn Eugen Dührings Umwälzung der Wissenschaft, in: MEW, Bd. 20. Berlin 1962, S. 264.

[17] So (mit Verweis auf Ferdinand Tönnies) Peter Ruben: Der Umbruch im Osten. Ende des Marxismus? In: Brigitte Heuer, Milan Prucha (Hg.): Der Umbruch in Osteuropa als Herausforderung für die Philosophie. Wien 1995, S. 245–263.

[18] Vladimir I. Lenin: Rede über Krieg und Frieden auf dem 7. Parteitag am 7.3.1918, in: Lenin-Werke (LW), Bd. 27. Berlin 1958, S. 77.

bleibe.[19] Diese Textstelle spielte in der ökonomischen Sowjetliteratur aber lange Zeit schon deswegen keine Rolle, weil dieser Text erstmals 1939–1941 vom Institut für Marxismus-Leninismus beim ZK der KPdSU in Moskau publiziert wurde und daher bis dahin nicht zum Zitatenschatz des „Marxismus-Leninismus" gehörte. Auch daher dachte man (bis zum Aufkommen der sowjetischen ökonomisch-mathematischen Schule Ende der 60er Jahre) nicht daran, für die Planwirtschaft einen ökonomischen Mechanismus vorzusehen, der Marx' Forderung nach der in allen Produktionsweisen gültigen „Ökonomie der Zeit" (das ökonomische Rationalprinzip) genügen konnte.

Auf der Suche nach einer Theorie der Planung

Die Russische Revolution hatte als „Kriegswirtschaft" eine primitive Planwirtschaft hervorgebracht, die Produktionsstillstand und Inflation durch Verstaatlichung der Fabriken und zentrale Regulierung des Handels, vor allem aber durch die Zwangsrequirierung von Getreide bekämpfen sollte. Auf die bald katastrophale Versorgungslage der Städte und den Hunger in den Dörfern folgten jedoch Bauernunruhen, Arbeiterstreiks und der Aufstand der Kronstädter Matrosen. Im Frühjahr 1921 beschloss daher der X. Parteitag der Kommunistischen Partei Russlands die von Lenin und seinen pragmatisch denkenden Anhängern formulierte Neue Ökonomische Politik. Die Getreiderequirierungen wurden durch eine Naturalsteuer ersetzt, wodurch die Bauern Überschüsse behalten durften. Ebenso konnten sie freien Handel betreiben und Lohnarbeiter einstellen. Die Staatsbetriebe konnten Betriebsteile verpachten, private Handwerker und Kleinindustrie wurden wieder erlaubt.[20]
Was sagte die sowjetische Wirtschaftswissenschaft dazu? Die sowjetische Planungsdebatte der 1920er Jahre umkreiste das gesamte Spektrum der möglichen Positionen zu Planung und Marktbeziehungen. Auf der einen Seite forderte der Agrarwissenschaftler Aleksandr Čajanov für die sozialistische Wirtschaft eine Weiterentwicklung der russischen Bauernwirtschaft und hielt dafür die Marxsche Theorie für ungeeignet.[21] Andere Ökonomen, die 1922 in den Zeitschriften *Ėkonomičeskoe vozroždenie* und *Ėkonomist* publizierten, die nach wenigen Ausgaben bald verboten werden sollten, forderten den Rückzug des Staates aus Wirtschaft und Planung; unter ihnen war Boris Bruckus, der bald darauf aus der UdSSR ausgewiesen wurde. Lenin titulierte sie deshalb als „Anhänger der Leibeigenschaft" und „Reaktionäre".[22] Aber auch Mitarbeiter der für Planung und Statistik zuständigen Einrichtungen wie Vladimir Bazarov, Vladimir Groman und Nikolaj Kondrat'ev traten für die Dominanz des Markts im Sozialismus ein. Umgekehrt verlangten die Verfechter einer rigorosen Planwirtschaft die vollständige Abschaffung von Markt, Wettbewerb und Privateigentum an Produk-

---

[19] Marx, Grundrisse [Fn. 13], S. 105. Das Marxsche „Gesetz der Ökonomie der Zeit" entspricht dem „ökonomischen Prinzip", „Rationalprinzip" oder „Wirtschaftlichkeitsprinzip" der bürgerlichen Nationalökonomie. Es fordert, dass ein bestimmtes Ziel mit minimalem Aufwand zu erreichen sei bzw. dass begrenzte Mittel mit dem höchstmöglichen Nutzen einzusetzen sind.
[20] Eine knappe, anschauliche Darstellung gibt Jörg Baberowski: Der rote Terror. Die Geschichte des Stalinismus. Frankfurt/Main 2007, S. 17–60.
[21] Pekka Sutela: Economic Thought and Economic Reform in the Soviet Union. Cambridge, (Mass.) 1991, S. 9–11.
[22] Dmitrij K. Trifonov, Leonid D. Širokorad: Istorija političeskoj ėkonomii socializma. Otčerki. Leningrad 1972, S. 135f.

tionsmitteln. Den konsequentesten Ausdruck fand dieser Standpunkt im „ABC des Kommunismus" von Nikolaj Bucharin und Evgenij Preobraženskij.[23] Die Volkswirtschaft gilt ihnen als eine große Fabrik, als eine „große kameradschaftliche Arbeitsgenossenschaft". Die Konsumgüter werden „denjenigen gegeben, die sie benötigen", weswegen Markt und Geld entbehrlich seien.
Dieses kommunistische Paradies benötige daher auch keine Theorie alter Art mehr: In seiner „Ökonomik der Transformationsperiode" behauptete Bucharin, dass mit dem Verschwinden der Warenproduktion die spontanen Gesetze des Marktes nicht mehr wirken und daher auch der Forschungsgegenstand der bisherigen Politischen Ökonomie bzw. der theoretischen Nationalökonomie entfalle. An ihre Stelle trete eine bloße Betriebslehre der Planwirtschaft.[24] Gleicher Ansicht war Preobraženskij in seiner „Neuen Ökonomik". Die geplante sozialistische Wirtschaft verwandle die politische Ökonomie in eine „Buchhaltung einer geplanten Wirtschaft" oder „sozialen Technologie".[25] Allerdings gelten ihrer Meinung nach auch in einer geplanten Wirtschaft Gesetze, allerdings auf eine andere Weise, als in einer Warenwirtschaft, denn der Mensch könne sie anwenden und ihre Wirkung lenken.[26]
Jedoch hatte auch Bucharin Mitte der 1920er Jahre erkannt, dass ein Umweg zum Kommunismus erforderlich sei, und setzte sich nun für ein Entwicklungsmodell ein, das ökonomische Gesetze berücksichtigt und ein Gleichgewicht zwischen Landwirtschaft, Leicht- und Schwerindustrie anstrebt.[27] Die in freiwilligen Kooperativen organisierten Bauern sollten ihre Kaufkraft auf die Leichtindustrie übertragen, die wiederum die Schwerindustrie zur Produktion anregte. Die Aufgabe der allerdings nur indikativen Planung sei es, diese Prozesse durch Preis- und Finanzpolitik zu beeinflussen. In diesem gemischtwirtschaftlichen System habe der Markt seinen Platz, weil er systemneutral, also nicht nur für den Kapitalismus typisch sei. Nur Banken und Schwerindustrie sollten in staatlichem Besitz bleiben, wodurch sich der Sozialismus gegenüber dem Kapitalismus auszeichne.
Als aber Ende 1925 deutlich wurde, dass die Kontrolle des Markts nicht wie gewünscht funktionierte und die Bauern wegen der niedrigen Ankaufspreise zu wenig Getreide anboten, warf die Partei das Ruder erneut herum.[28] Der XV. Parteitag im Dezember 1927 verkündete den „neuen Kurs", eine durch Fünfjahrespläne gesteuerte Industrialisierung des Landes und die Kollektivierung der Landwirtschaft. Man hätte erwarten können, dass diese Neuausrichtung auf eine rigide Planwirtschaft von einer intensiven wissenschaftlichen Debatte begleitet gewesen wäre; das aber war nicht der Fall. Obwohl die theoretischen Kontroversen um Plan und Markt nicht vergessen waren, verstummte mit Beginn der 1930er Jahre die offene Debatte. Zuerst wurden

---

[23] Nikolai Bucharin, Jewgeni Preobraschensky: Das ABC des Kommunismus. Populäre Erläuterung des Programms der Kommunistischen Partei Rußlands (Bolschewiki). Wien 1920.
[24] Nikolaj Bucharin: Ökonomik der Transformationsperiode. Reinbek 1970; zuerst russisch: Ėkonomika perechodnogo perioda. Moskva 1920.
[25] Jewgeni Preobraschenski: Die Neue Ökonomik, Teil I. Berlin 1971, S. 61f.; zuerst russisch: Novaja ėkonomika. Tom pervyj. Moskva 1926.
[26] Preobraschenski, Neue Ökonomik [Fn. 25], S. 64–66.
[27] Wegen dieser „Gleichgewichtstheorie" wurde er im Dezember 1929 von Stalin attackiert: Fragen der Agrarpolitik in der UdSSR, Abschnitt I, in: Josef Stalin: Werke, Bd. 12.
[28] Dass Stalin bereits seit 1925 auf eine Beendigung der NEP und seinen „großen Durchbruch" (velikij perelom) hinarbeitete, zeigt Heinz-Dietrich Löwe: Stalin. Der entfesselte Revolutionär. Göttingen 2002, S. 151–165.

die „bürgerlichen Spezialisten", ehemalige Menschewiki, dann auch alte Bolschewiken und schließlich sämtliche Widersacher Stalins verhaftet, zu Lagerhaft verurteilt und die meisten erschossen. Durch die Ermordung ihrer Repräsentanten wurden ganze wirtschaftswissenschaftliche Richtungen liquidiert.[29]
Nun praktizierte das Stalin-Regime eine Wirtschaftslenkung, die ohne eine theoretische Grundlage auskommen sollte, denn Hauptaufgabe war nicht mehr, eine Entwicklung zu planen, sondern die befohlene Mobilisierung umzusetzen.[30] Diese Aufgabe übernahmen Parteifunktionäre oder Ingenieure, die ihre Aufgabe als rein technisches Problem betrachteten. Stalin hatte schon 1929 die Berechnungen einer Volkswirtschaftsbilanz für 1926 durch die Fachleute der Statistischen Zentralverwaltung als „Spiel mit Zahlen" (igra v cifry) kritisiert. Solche Bilanzen müssten, wenn überhaupt, von revolutionären Marxisten formuliert werden.[31] *Gosplan*-Chef Valerian Kujbyšev, der bis 1934 Stalins ökonomischer Hauptberater war, tat 1931 jegliche Formalisierung der Planung als „mathematische Verirrung" ab.[32]
In der Planungspraxis ging man folgendermaßen vor: Ausgehend von einer Reihe von prioritären Investitionsvorhaben, welche die politische Führungsspitze bestimmte, erhielten die Betriebe über eine Hierarchie von Planungsinstanzen – an oberster Stelle die Staatliche Plankommission (Gosudarstvennaja planovaja komissija; *Gosplan*) – Produktions- und Lieferanweisungen für die wichtigsten Güter. Die Planungspraktiker erstellten für prioritäre Erzeugnisse jeweils eigene Materialbilanzen,[33] die jedoch nur unvollständig untereinander verknüpft waren.[34] Die Planauflagen für die Betriebe

---

[29] Darunter die agrarökonomische Schule (A.V. Čajanov), die Planungstechnik (V.G. Groman und V.A. Bazarov), die Aufstellung von volkswirtschaftlichen Bilanzen (P.I. Popov, L.N. Litošenko), die Wachstumstheorie und Perspektivplanung (G.A. Fel'dman, N.A. Kovalevskij), die monetäre Regulierung (G.A. Sokol'nikov, L. N. Jurovskij, A. A. Sokolov, N.N. Šaposnikov) und die Prognose von Konjunkturzyklen (Kondrat'ev), die Werttheorie (I.I. Rubin) und die Theoriegeschichte (I.G. Bljumin). Vitalij E. Manevič: Stalinizm i političeskaja ėkonomija, in: Michail G. Jaroševskij (Hg.): Repressirovannaja nauka. Leningrad 1991, S. 181–198, <www.ihst.ru/projects/sohist/os.htm>.
[30] Götz, Die Kluft [Fn. 1], S. 11f.
[31] Zu Fragen der Agrarpolitik in der UdSSR, Abschn. VII, Zusammenfassung, in: J.W. Stalin Werke und Texte, Bd. 12, <www.stalinwerke.de/>. Den Worten folgten Taten: Von den acht Leitern der zentralen Statistikverwaltung der UdSSR (Goskomstat) zwischen 1918 und 1941 wurden fünf erschossen.
[32] Pekka Sutela: Socialism, Planning and Optimality. A Study in Soviet Economic Thought. Helsinki 1984, S. 56. – Leon Smolinski: The Origins of Soviet Mathematical Economics, in: Jahrbuch der Wirtschaft Osteuropas, 1971, S. 137–154, hier S. 148.
[33] Eine Materialbilanz verzeichnet für ein bestimmtes Erzeugnis die geplante Produktionsmenge sowie die dafür erforderlichen Mengen an Vorprodukten. Materialbilanzen wurden in der Sowjetunion auf zentraler Ebene in verschiedenen „Reformphasen" für einige hundert bis knapp 2000 wichtige (prioritäre) Erzeugnisse, also nur für einen winzigen Teil der in die Millionen gehenden Erzeugnisnomenklatur erstellt. Schon deshalb war eine konsistente Planung des gesamten Produktespektrums nicht möglich. Dazu kam, dass die mit einfachsten Rechenmaschinen erfolgende Abstimmung zwischen den Materialbilanzen derart aufwendig war, dass sie schon nach wenigen Berechnungsrunden abgebrochen werden musste.
[34] Günter Hedtkamp: Wirtschaftssysteme, UdSSR, in: Handwörterbuch der Wirtschaftswissenschaften, Band 9. Stuttgart 1982, S. 383–398, hier S. 387f. Die Zusammenfassung der Materialbilanzen zu „Verflechtungsbilanzen" (dem sowjetischen Begriff für Input-Output-Tabellen) erfolgte in der Sowjetunion erst ab den 1960er Jahren, ermöglichte wegen des hohen Aggregationsgrades (einige Dutzend bis einige Hundert Produktgruppen) auch dann keine konsistente Planung der einzelnen Erzeugnisse.

betrafen nur die Produktionsmengen, während die Belieferung mit Vorprodukten nicht Teil der Produktionsplanung, sondern der „materialtechnischen Versorgung" waren, die vom *Staatskomitee für materialtechnische Versorgung* (Gosudarstvennyj komitet po material'no-technič eskomu snabženiju; *Gossnab*) ebenfalls nur unzureichend gelenkt wurde. Von einer konsistenten Planung der Volkswirtschaft, d.h. einer geplanten Übereinstimmung von Produktion und Bedarf für jedes Erzeugnis, war man weit entfernt. Eine rationale, aufwandsminimierende Planung war nicht möglich und wurde nicht einmal angestrebt. Außerdem wurden die Pläne für Vierteljahre oder Jahre regelmäßig erst nach Beginn der entsprechenden Planungsperiode fertiggestellt und danach oft geändert, so dass sich die Betriebe stets an „vorläufigen" Planungen zu orientieren hatten und mit Erfolg ihre faktische Tätigkeit als endgültiges Resultat der Planung darstellen konnten.[35]

Zwar wurden trotz der Mängel der Planungsmethodik beeindruckende industrielle Aufbauleistungen erzielt, doch gingen diese mit einer katastrophalen Verschlechterung der Versorgung der Bevölkerung einher. Das konnte die politische Führung auf Dauer nicht ignorieren. Ab 1930 wandte sich daher das ZK der KPdSU gegen „linkes Abweichlertum" und ordnete die Wiedereröffnung der Handelseinrichtungen an. Die Rehabilitierung des „Sowjethandels" wurde zum Ausgangspunkt für die erneute Diskussion über „Ware-Geld-Beziehungen" im Sozialismus, in der der wendige Stalin 1934 den Ton vorgab, indem er das „ultralinke Geschwätz" der Befürworter eines ohne Geld erfolgenden Produkttauschs kritisierte.[36] Damit war aber noch keine Klärung der theoretischen Fragen erreicht.

Von Stalin geduldete Autoren wie Lev M. Gatovskij, Anatolij I. Paškov, Stanislav G. Strumilin und Nikolaj A. Voznesenskij diskutierten über die Existenz von Regeln oder Gesetzen, denen die Sowjetwirtschaft zu gehorchen hatte. Man war sich allerdings nicht im Klaren darüber, ob diese durch die Beschlüsse der Partei offenbart würden oder ob historisch invariante ökonomische Gesetze oder spezifische Bedingungen der sozialistischen Produktionsweise für die Planung maßgebend seien.[37] In der Lehrbuchliteratur wurde zwar der Kapitalismus breit abgehandelt, die Wirtschaft des Sozialismus aber ausgespart. Dem musste abgeholfen werden.

---

[35] Gregory, Political Economy of Stalinism [Fn. 5], S. 183f. – Michael Ellman: The Political Economy of Stalinism in the Light of the Archival Revolution, in: Journal of Institutional Economics, 1/2008, S. 99–125. In ihren Grundzügen waren die Verhältnisse längst bekannt, bevor die Archive zugänglich waren; Leon Smolinski: What Next in Soviet Planning? In: Foreign Affairs, 4/1969, S. 602–613, mit prägnanten Beispielen aus der Planungspraxis zeigt, die bereits von Chruščev angeprangert worden waren.

[36] Rechenschaftsbericht an den XVII. Parteitag über die Arbeit des ZK der KPdSU(B), Abschnitt II.4, in: J.W. Stalin: Werke und Texte, Bd. 13, <http://www.stalinwerke.de/>; zum Wortlaut der Stalinschen Werke in russischer Sprache vgl. hier und im Folgenden <http://grachev62.narod.ru/stalin/>. – Ingrid Lange: Das Problem der Warenproduktion im Sozialismus und seine theoretische Reflexion in der Geschichte der politischen Ökonomie des Sozialismus. Dissertation TU Hannover 1976, S. 153–159. – Erik van Ree: The Political Thought of Joseph Stalin. A study in twentieth-century revolutionary patriotism. London, New York 2002, S. 105f.

[37] Pekka Sutela: Ideology as a Means of Economic Debate or the Strange Case of Objective Economic Laws of Socialism, in: Jahrbuch der Wirtschaft Osteuropas, 1989/I, S. 198–220, hier S. 202f.

Das erste Lehrbuch der Wirtschaft im Sozialismus

Für die Ausbildung der Funktionäre, aber auch zu Propagandazwecken fehlte in den dreißiger Jahren ein offizielles Lehrbuch der Wirtschaft des Sozialismus. 1937 ordnete daher das ZK der KPdSU die Abfassung von zwei Lehrbüchern der politischen Ökonomie an, die auch den Sozialismus behandeln sollten.[38] Der bekannte und von Stalin geschätzte Lehrbuchautor Lev A. Leont'ev[39] sollte einen einführenden Text, der damalige Direktor des Wirtschaftsinstituts der Akademie der Wissenschaften, Konstantin Ostrovitjanov, ein Werk für Fortgeschrittene verfassen. Stalin verfolgte den Fortgang dieser Arbeiten nicht nur aufmerksam, sondern bezog wie schon in Fragen der Philosophie, der Agrarbiologie, der Sprachwissenschaft und der Physiologie auch inhaltlich Position. Am 29. Januar 1941 beorderte er die beiden Autoren, zusammen mit weiteren Ökonomen sowie Parteifunktionären, zu sich, um den von Leont'ev vorgelegten Entwurf zu diskutieren. Über diese Besprechung erfuhr die Öffentlichkeit durch eine 1943 anonym erschienene Darstellung, die im Westen erhebliches Aufsehen erregte.[40]
Weitere fünf Diskussionen mit Stalin über den Lehrbuchentwurf fanden 1950 statt.[41] Deren Zusammenfassungen wurde im Juli 1951 an die Teilnehmer einer Konferenz versandt, die im November 1951 in Moskau begann und an der 247 Wissenschaftler aus verschiedenen Forschungsinstituten sowie Parteifunktionäre unter der Leitung von Stalins Vertrauten Georgij Malenkov teilnahmen.[42] Die durchaus kontroverse Diskussion zog sich über Wochen hin. Stalin wurde mehrfach schriftlich darüber informiert.[43] Schließlich fasste er Anfang 1952 seine Anmerkungen zu den Diskussionsbeiträgen sowie Schreiben an drei Teilnehmer der Diskussion, mit deren Auffassungen er nicht einverstanden war, zu einem Text zusammen, der am 3. Oktober 1952, einen Tag vor Beginn es XIX. Parteitags der KPdSU, in der *Pravda* und ebenfalls 1952 als Buch unter dem Titel „Ökonomische Probleme des Sozialismus in der UdSSR" veröffentlicht wurde.[44] Unter Berücksichtigung dieser letzten Botschaft Stalins zum Thema wurde das Lehrbuch schließlich 1954 publiziert.[45]

---

[38] Zur Entstehungsgeschichte ausführlich Ethan Pollock: Stalin and the Soviet Science Wars. Princeton 2006, S. 171–200.
[39] Lev Abramovič Leont'ev war der Verfasser von: Načalnyj kurs političeskoj ėkonomii. Moskva 1935. Er ist nicht zu verwechseln mit dem 1925 über Deutschland in die USA emigrierten Vasilij Vasilevič Leont'ev (Wassily Leontief), der als Schöpfer der Input-Output-Analyse weltbekannt wurde.
[40] Nekotorye voprosy prepodavanija polititičeskoj ėkonomii, in: Pod znamenem marksizma, 7–8/1943, S. 55–78. Als Autoren kommen die Redaktionsmitglieder der Zeitschrift unter Leitung von L.A. Leont'ev in Frage; englisch: Teaching Economics in the Soviet Union, in: The American Economic Review, 3/1944, S. 501–530.
[41] Die Protokolle der fünf Sitzungen finden sich in englischer Übersetzung bei Ethan Pollock: Conversations with Stalin on Questions of Political Economy. Washington 2001 [= Cold War International History Project, Working Paper 33], <www.wilsoncenter.org/publication/conversations-stalin-questions-political-economy>, S. 14–56.
[42] Das Stenogramm dieser Konferenz umfasst 4000 Seiten und blieb unveröffentlicht; Pollock, Stalin [Fn. 38], S. 247, Anmerkung 50.
[43] Pollok, Stalin [Fn. 38], S. 46–56.
[44] J.W. Stalin: Werke und Texte, Bd. 15, <http://www.stalinwerke.de/>.
[45] Politische Ökonomie. Lehrbuch. Berlin 1955; zuerst Moskva 1954.

„Brot für die Heimat! Wir werden den Plan übererfüllen, und ihr?"

Stalins ökonomische Gesetze des Sozialismus

Stalin hatte mit seiner Schrift von 1952 neben zahlreichen einzelnen Formulierungen auch die methodische Ausrichtung des geplanten Lehrbuchs endgültig festgelegt, was weitreichende Auswirkungen auf die Weiterentwicklung der sowjetischen Ökonomik haben sollte. Er wiederholt hier seine Interpretation der „Klassiker", die seiner Meinung nach Geschichte als durch ökonomische Entwicklungen determiniert erkannt hätten. Diese Darstellung findet sich bereits in seinem Lehrgang der Geschichte der KPdSU.[46] Der Wirtschaftswissenschaft weist er dieselbe Aufgabe wie der Geschichtswissenschaft zu, nämlich die Aufdeckung von ökonomischen „Gesetzen", die unabhängig vom Willen der Menschen wirken, weil sie durch die jeweilige Produktionsweise (d.h. vor allem Technologie und Eigentumsverhältnisse) bestimmt seien. Demnach büßen die ökonomischen Gesetze des Kapitalismus nach Abschaffung des Privateigentums an Produktionsmitteln ihre Kraft ein, während die Gesetze des Sozialismus ebenso spontan in Kraft treten. Die Beschäftigung mit den Methoden der Planung verweist Stalin dagegen in das Gebiet der von der Partei gelenkten staatlichen Wirtschaftspolitik und schließt sie damit aus dem Feld der Wissenschaft aus.
Wie die umfangreichen Notizen in seinem Nachlass und seine Eingriffe in den Entstehungsprozess des Lehrbuchs der Politischen Ökonomie dokumentieren, verwandte Stalin viel Zeit und Mühe auf die Formulierung seiner ökonomischen Theorie des Sozialismus. Freilich blieb er dabei, wie auch in seiner Beschäftigung mit Philosophie und den Naturwissenschaften, Dilettant. Sein Beharren auf der Existenz und überragenden Wichtigkeit von ihm selbst entdeckter ökonomischer Gesetze des Sozialismus erklärt sich aus seinem Wunsch nach Anerkennung als Theoretiker in der Nachfolge von Marx und Lenin, deren „historische Methode" er zu kopieren versuchte.[47]
Stalins ökonomische Gesetze sind entweder Ableitungen aus dem vorausgesetzten Sozialismusbegriff, also Explikationen einer Definition (z.B. das Gesetz der Planmäßigkeit),[48] oder reine Postulate (wie das Grundgesetz des Sozialismus)[49] oder durch die Praxis des Sozialismus angeblich „bestätigte" Gesetzmäßigkeiten wie etwa die Kollektivierung.[50] Diese Bestätigung besteht aber darin, dass willkürlich ausgewählte oder

---

[46] Stalin definierte in seiner „Geschichte der Kommunistischen Partei der Sowjetunion (Bolschewiki). Kurzer Lehrgang", in Kap IV 2 „Über Dialektischen und Historischen Materialismus" als „allererste Aufgabe der Geschichtswissenschaft die Erforschung und Aufdeckung der Gesetze der Produktion, der Entwicklungsgesetze der Produktivkräfte und der Produktionsverhältnisse, der ökonomischen Entwicklungsgesetze der Gesellschaft",
<www.stalinwerke.de/geschichte/geschichte.html>.
[47] Pollok, Stalin [Fn. 38], S. 217.
[48] Zum „Gesetz der planmäßigen (proportionalen) Entwicklung der Volkswirtschaft" schreibt Stalin in seinen „Ökonomischen Problemen des Sozialismus" [Fn. 44]: „Es bedeutet, dass das Gesetz der planmäßigen Entwicklung der Volkswirtschaft unseren Planungsorganen die Möglichkeit gibt, die gesellschaftliche Produktion richtig zu planen."
[49] Das „ökonomische Grundgesetz" formulierte Stalin in seinen „Ökonomischen Problemen des Sozialismus" [Fn. 44], als „Sicherung der maximalen Befriedigung der ständig wachsenden materiellen und kulturellen Bedürfnisse der gesamten Gesellschaft durch ununterbrochenes Wachstum und stetige Vervollkommnung der sozialistischen Produktion auf der Basis der höchstentwickelten Technik."
[50] Pekka Sutela: Reformability of the „objective economic laws" of Socialism, in: János Mátyás Kovács, Márton Tardos (Hg.): Reform and Transformation in Eastern Europe. So-

gänzlich erfundene „Fakten" „verallgemeinert" werden. Auf die gravierenden methodischen Probleme eines derartigen induktiven Vorgehens geht Stalin nicht ein. Offen bleibt, auf welche Weise derartige Gesetze entdeckt werden können und welche Kriterien für ihre Richtigkeit existieren. Der Hinweis, sie entsprächen der Praxis in der Sowjetunion, verweist auf den apologetischen Charakter dieser zirkulären Argumentation: Das Handeln des Sowjetstaats definiert die Gesetze des Sozialismus, durch welche die Praxis wiederum eine höhere Weihe erhält.

Eine wirklichkeitsgetreue Anwendung dieser Methodologie hätte allerdings ganz andere Ergebnisse als die Stalinschen „Gesetze" erbracht: Die Praxis war durch chaotischen Dirigismus, eigensüchtiges Verhalten in Planungshierarchien und Betrieben sowie illegale Praktiken von informeller Wirtschaft bis Diebstahl und Korruption gekennzeichnet, da weder konsistente und rationale Planung, noch Wettbewerb das wirtschaftliche Handeln lenkten und kontrollierten.[51] Dass weder Stalin noch seine Epigonen jedoch derartige Erscheinungen als ökonomische Gesetze des Sozialismus formulieren wollten, liegt auf der Hand.[52]

Da in der Sowjetunion seit der NEP-Periode stets neben der Naturalplanung auch monetäre Größen eine Rolle spielten, weil Geld benutzt wurde, Preise galten und Löhne bezahlt wurden und weil die Produkte der landwirtschaftlichen Genossenschaftsbetriebe (Kolchose) auf Kolchosmärkten zu freien Preisen und in ungeplanten Mengen verkauft werden konnten,[53] schloss Stalin auf das in diesen konsumnahen Sektoren bestehende Fortwirken der Warenproduktion und des „Wertgesetzes" im Sozialismus.[54] Gleichzeitig stellt sich dann aber die Frage, welches ordnende Prinzip dann im sozialistischen Sektor gelten solle, worauf Stalin keine Antwort gibt. Ebenso erörtert er nicht, wie die Koordination der Planungen und Marktergebnisse an den Schnittstellen von Plan- und Marktkoordination erfolgen solle.

Stalin identifiziert Wertgrößen mit auf Kosten beruhenden Preisen, wobei er den Begriff der gesellschaftlich notwendigen Arbeit negiert, der bei Marx für die Wertgröße konstitutiv ist. Entsprechend negiert er auch die Problematik einer Planung, die ohne Wettbewerb auskommen soll, ohne dass an dessen Stelle ein Mechanismus tritt, der die ordnenden Funktionen des Wettbewerbs übernimmt. Stalins Intervention er-

---

viet-type economics on the threshold of change. London, New York 1992, S. 177–192, hier S. 181. Dazu auch: Susanne Becker, Heiko Dierking: Die Herausbildung der Wirtschaftswissenschaften in der Frühphase der DDR. Köln 1988, S. 266–349.

[51] Stalin hatte 1929 betont, dass der sozialistische Wettbewerb und die Konkurrenz zwei vollkommen verschiedene Prinzipien verkörperten: Stalin, Werke und Texte, Bd. 12, <www.stalinwerke.de/>, im Abschnitt „Der Wettbewerb und der Aufschwung der Massen".

[52] Evgenij Jasin formulierte ironisch die wahren Gesetze der sozialistischen Wirtschaft, z.B. das „Gesetz des Besitzes" als „Es gehört jedem, also niemandem" oder das „Gesetz des Defizits" als „Wenig geben, viel bekommen", in Abschnitt 2.4 seines Lehrbuchs: Rossijskaja ėkonomika. Istoki i panorama rynočnych reform. Kurs lekcij. Moskva 2002, <http://institutiones.com/download/lecture/1687-rossijskaya-ekonomika-istoki-i-panorama-reform-yasin.html>.

[53] Haffner, Systemkonträre Beziehungen [Fn. 4], S. 162–164 und S. 216–218.

[54] Stalin am 29.1.1941 im Gespräch über das Lehrbuch Punkt 9, in: Pollok, Stalin [Fn. 38]: Frage: „Gibt es bei uns Waren?" Antwort: „Wenn es Geld gibt, gibt es auch Waren. Alle diese Kategorien sind geblieben, aber sie haben ihre Bedeutungen und Funktionen geändert." Hier offenbart Stalin deutlich seine Gleichgültigkeit gegenüber der Marxschen (wie seine Unkenntnis der „bürgerlichen") Theorie und Terminologie, denn nicht Geld, sondern durch Wettbewerb gesteuerte Marktbeziehungen konstituieren den Warenbegriff.

öffnete zwar einerseits den Weg für die Debatte um die Einbeziehung monetärer Kategorien in die Planung, lieferte andererseits aber eine Pseudolösung: Die monetären Kategorien wurden nur formell anerkannt und ihres funktionalen Sinns beraubt. Das sozialistische „Geld" hatte im Verkehr zwischen den Betrieben keine Kaufkraft, die sozialistischen „Preise" hatten nur eine sehr eingeschränkte Regulierungsfunktion, ebenso wenig waren die sozialistischen „Waren" tatsächlich Waren in der einzig möglichen Bedeutung des Begriffs als auf Märkten gehandelte Produkte, und das Stalinsche Wertgesetz hatte mit dem Wertgesetz, wie es Marx formulierte, nichts zu tun.

Fachlichen Widerspruch hatte Stalin nicht mehr zu befürchten. Alle seine ökonomisch profilierten Konkurrenten waren bereits dem Terror der dreißiger Jahre zum Opfer gefallen oder zumindest verstummt. Nur im Falle des *Gosplan*-Vorsitzenden Nikolaj Voznesenskij wurde nach 1945 noch einmal an einem bekannten Ökonomen ein Todesurteil vollstreckt, wofür vermutlich – wie schon in den dreißiger Jahren – nicht wissenschaftliche Meinungsunterschiede, sondern Machtkämpfe der Grund waren.[55]

Des Kaisers neue Kleider

Stalins ab 1941 geführte „Diskussionen" zu Wirtschaftsthemen waren eigener Art: Die dazu eingeladenen Wissenschaftler konnten durchaus verschiedene Meinungen äußern, wozu sie Stalin auch ausdrücklich aufforderte. Dann aber legte er bis in Einzelheiten die richtige Formulierung fest. Nur ein gewisser Luka Jarošenko, ein stellvertretender Abteilungsleiter des Gosplan, wagte Stalin dann noch zu widersprechen.[56] Zum Entsetzen der anderen Teilnehmer trat er auf der Novemberkonferenz 1951 mit einer krassen Gegenposition zu dem nicht anwesenden Stalin auf, die in den Debatten allerdings ignoriert wurde. Da seine Diskussionsbeiträge auch nicht in die Stalin übergebene Sammlung der „abweichenden Meinungen" aufgenommen worden waren

---

[55] Nikolaj A. Voznesenskij, ein „typischer Funktionär stalinistischen Typs" (Oleg Chlevnjuk) hatte bereits seit 1941 an den ökonomischen Diskussionen mit Stalin teilgenommen. Für sein von Stalin persönlich redigiertes Buch über die Kriegswirtschaft der Sowjetunion im Zweiten Weltkrieg hatte er den Stalinpreis erhalten. Er gehörte zum innersten Führungszirkel Stalins und kam als dessen Nachfolger in Betracht. Sein Sturz scheint vor allem durch eine Intrige Malenkovs und Berijas bewirkt worden zu sein, die nach dem Tode Ždanovs (1948) dessen Gefolgschaft entmachteten, zu der auch Voznesenskij gehörte. Zur „Leningrader Affäre", in deren Verlauf neben Voznesenskij rund 2000 Funktionäre ihres Amtes enthoben und viele von ihnen umgebracht wurden: Oleg Chlevnjuk: Die sowjetische Wirtschaftspolitik im Spätstalinismus und die „Affäre Gosplan", in: OSTEUROPA, 9/2000, S. 1031–1047. – Carl-Günther Jastram: Die „Leningrader Affäre". Ein Beitrag zur Säuberungspraxis in der UdSSR 1949 bis 1953. Hamburg 2011,
<http://ediss.sub.uni-hamburg.de/ volltexte/2012/5484/pdf/Dissertation.pdf>, S. 89–126.

[56] Das berichtet der Ex-*Pravda*-Redakteur Viktor Tomaskevič nach einem Interview mit Jarošenko im September 1989, das die *Pravda* am 29.9.1989 publiziert hatte,
<http://maxpark.com/community/129/content/868177>. Luka Jarošenko war politisch bedeutungslos und in der Öffentlichkeit vollständig unbekannt (im Westen hielt man ihn lange Zeit sogar für eine Erfindung Stalins). Er wurde, nachdem er nicht aufhörte, seine Meinung dem ZK und Stalin darzulegen, zunächst von Moskau nach Irkutsk versetzt, später verhaftet und nach Stalins Tod wieder freigelassen. Seine Parteimitgliedschaft wurde ihm nicht aberkannt, aber er wurde nicht wieder bei staatlichen Einrichtungen beschäftigt und starb 1996 als Hundertjähriger in Moskau.

(mit der Begründung, sie seien Unsinn), fasste er diese selbst in einem Brief an das ZK der KPdSU zusammen, der an Stalin weitergeleitet wurde. Außerdem verlangte er staatliche Unterstützung bei seinem Vorhaben, ein eigenes Lehrbuch der Politischen Ökonomie des Sozialismus zu schreiben.

Dass Stalin sich die Mühe machte, auf immerhin 26 Druckseiten seiner letzten theoretischen Schrift auf Jarošenko einzugehen, hatte nicht den Grund, wie zu den Zeiten der Säuberungen einen „Abweichler" zu brandmarken, sondern er nahm die Gelegenheit wahr, seinen eigenen methodologischen Standpunkt ein weiteres Mal darzustellen:

> Die Probleme der rationellen Organisation der Produktivkräfte, der Planung der Volkswirtschaft und dergleichen sind nicht Gegenstand der politischen Ökonomie, sondern Gegenstand der Wirtschaftspolitik der leitenden Organe. Das sind zwei verschiedene Gebiete, die man nicht miteinander verwechseln darf. Genosse Jaroschenko hat diese zwei verschiedenen Dinge durcheinander geworfen und hat sich dabei blamiert. Die politische Ökonomie erforscht die Entwicklungsgesetze der Produktionsverhältnisse der Menschen. Die Wirtschaftspolitik zieht hieraus praktische Schlussfolgerungen, konkretisiert sie und baut darauf ihre tägliche Arbeit auf. Die politische Ökonomie mit Fragen der Wirtschaftspolitik belasten heißt, sie als Wissenschaft zugrunde richten.[57]

Aber: Wer tatsächlich die sowjetische Ökonomik als Wissenschaft zugrunde richtete und dafür sorgte, dass die Wirtschaftspolitik des Sowjetstaats ohne wissenschaftliche Begründung blieb, war Stalin selbst gewesen. Jarošenko hatte durchaus zutreffend die Haupteinwände gegen den Stalinschen Ansatz formuliert, und Stalin hatte ihnen mit seiner Schrift eine Publizität verliehen, wie es in der gesamten ökonomischen Sowjetliteratur bis in die späten 1980er Jahre nie wieder der Fall war. Dass aber das methodologische Dogma Stalins im Zuge der Chruščevschen Entstalinisierung nicht fallen gelassen wurde, lässt sich mit der Ausbildung und dem Beharrungsvermögen einer entsprechenden „Schule" der Politischen Ökonomie des Sozialismus erklären. Deren führende Mitglieder wie Konstantin Ostrovitjanov, Anatolij Paškov, Aleksej Rumjancev, Stanislav Strumilin und Nikolaj Zagolov samt ihren Schülern konnten sehr gut von und mit der fortwährenden Erörterung der ökonomischen Gesetze des Sozialismus leben, weil dies weder theoretischen noch empirischen Aufwand erforderte. Wie in Andersens Märchen hatte Jarošenko zwar gerufen, dass der Kaiser nackt war, aber das sowjetische Ökonomenvolk wollte nichts sehen und nichts hören!

---

[57] Im Abschnitt „Über die Fehler des Genossen L.D. Jarošenko" in seinen „Ökonomischen Problemen des Sozialismus" [Fn. 44] spottet Stalin: „Es muss gesagt werden, dass bei uns noch kein einziger übergeschnappter ‚Marxist' derartig ungereimtes Zeug verzapft hat." Gefährlicher klingt schon: „Bucharin sagte, dass mit Beseitigung des Kapitalismus auch die politische Ökonomie verschwinden müsse. [. . .] Genosse Jaroschenko tritt in Bucharins Fußstapfen." Aber dann vergleicht er Jarošenkos Wunsch nach Abfassung einer eigenen Politischen Ökonomie des Sozialismus gnädig nur mit dem „Gehabe eines Chlestakov", des betrügerischen Revisors in Gogols gleichnamiger Komödie.

„Es ist uns eine Ehre, den neuen Stalinschen Fünfjahresplan zu erfüllen und überzuerfüllen!"

Politische Ökonomie des Sozialismus – die herrschende Lehre

Die Umsetzung der Pläne gelang umso weniger, je gleichgültiger die Beschäftigten den Betriebsplänen und die Betriebe den volkswirtschaftlichen Plänen gegenüberstanden.[58] Auf Betriebsebene waren die untergeordneten Beschäftigten am Betriebsergebnis wenig interessiert und sabotierten die Anordnungen der Direktoren, weil sie auch bei schlechter Arbeit keine Entlassung zu befürchten hatten und ihrem Lohn kein attraktives Güterangebot gegenüberstand. Die Betriebsleitungen wiederum waren nicht an Steigerung der Produktion und materialsparenden technischen Neuerungen interessiert, weil sie dafür durch gesteigerte Planauflagen und geringere Mittelzuweisungen „bestraft" wurden. Da diese Interessenunterschiede, die nicht recht in das Bild von der harmonischen sozialistischen Gesellschaft einzuordnen waren, sich nicht auf Dauer leugnen ließen, musste man sie notgedrungen auch theoretisch anerkennen, indem man sie als „nicht antagonistische" Widersprüche darstellte. Zur deren Überwindung sollten materielle Anreize (Prämien) dienen. Wie aber waren wiederum diese theoretisch einzuordnen?

Die von der Politischen Ökonomie gebrauchte Terminologie der Warengesellschaft machte es leicht, die materiellen Anreize neu zu definieren. Bislang wurden sie bei der Übererfüllung der Produktionspläne aus einem den Betrieben von oben zugewiesenen Prämienfonds bezahlt. Es bedurfte eines weiteren gedanklichen Schritts, um den Betriebsgewinn bzw. die Rentabilität (Verhältnis von Gewinn zum Betriebsvermögen) als erstrangige Quelle der Anreizfonds zu bestimmen und diese vom Umfang des Absatzes (und nicht nur von der Produktion, die teilweise auf Lager ging) abhängig zu machen. Dieser Schritt wurde von Evsej Liberman gewagt, der im Unterschied zu vielen akademischen Ökonomen die Praxis sehr gut kannte, unter anderem weil er Siemens und AEG besucht hatte.[59]

Gewinn und Rentabilität, die Liberman mehrfach öffentlich als oberste Kennziffern gefordert hatte, erwiesen sich – auf dem Papier – als ideale Mehrzweckinstrumente.[60] Sie sollten nicht nur über die Prämien den Arbeitseifer, sondern auch Kostensenkung und Absatzausweitung anregen, denn nun wären die Betriebe plötzlich nicht mehr, wie zuvor, an „weichen", d.h. niedrigen Plänen und hohen Zuweisungen von Material und Investitionsmitteln interessiert, während ihnen die Qualität des Endprodukts gleichgültig war, sondern genau umgekehrt an sparsamem Mitteleinsatz und bedarfsgerechter Produktion, die auch Absatz fand.

---

[58] Diese Interessendifferenzen und ihre Folgen werden in der „bürgerlichen" Wirtschaftswissenschaft vor allem unter betriebswirtschaftlicher Perspektive, aber auch als Problem der öffentlichen Wirtschaft, innerhalb der Neuen Institutionenökonomie unter dem Stichwort „principal-agent-Theorie" behandelt. Diese berücksichtigt, dass der Auftraggeber (principal) das Verhalten des Auftragnehmers bzw. Angestellten (agent) nicht vollständig kontrollieren kann, weil letzterer einen Wissensvorsprung besitzt (Problem der unvollständigen Information) und eigensüchtiges Verhalten an den Tag legt.

[59] Alfred Zauberman: Liberman's Rules of the Game for Soviet Industry, in: Slavic Review, 4/1963, S. 734–744.

[60] Evsej Liberman: Plan, pribyl', premija, in: Pravda, 9.9.1962. – Ešče raz o plane, pribyli, premii, in: Pravda, 20.9.1964.

Allerdings ließen sich die großen Hoffnungen, die in die „Libermansche" Wirtschaftsreform von 1965 gesetzt worden waren, nicht erfüllen. Die mittleren Planungsinstanzen benutzten, um das Plangleichgewicht zu gewährleisten, nach wie vor naturale Kennziffern und damit das viel kritisierte „Bruttoprinzip" der Planung[61] und schrieben damit den Betrieben Produktionsauflagen vor, die im Gegensatz zu dem von ihnen als profitabel und abnehmergerecht erkannten Sortiment standen. In den Betrieben fand man immer Wege, um die schwerfällige Struktur der Planpreise zu nutzen und damit den Gewinn zu maximieren: Erzeugnisse, die zwar stark nachgefragt waren, aber wegen des niedrigen Preises nur einen niedrigen Gewinnbeitrag lieferten, verschwanden aus dem Sortiment, dafür wurden nur geringfügig veränderte „neue" Erzeugnisse, für die Preisaufschläge erlaubt waren, in großen Mengen produziert und den Abnehmerbetrieben aufgedrängt. Die Kombination von Elementen der alten Planung mit den neuen Möglichkeiten der materiellen Stimulierung ging so auf Kosten der volkswirtschaftlichen Rationalität. Das war der Hauptgrund für das Scheitern der Reform von 1965, und nicht in erster Linie der vielbeklagte Widerstand der „reformfeindlichen Bürokraten".[62]

Ansichten über den Markt

Als sich nach dem XX. Parteikongress der KPdSU 1956 der Diskussionsspielraum erweiterte, stand bald die Frage nach der Ausweitung der Waren- und Wertkonzeption auf den staatlichen Sektor der Volkswirtschaft auf der Tagesordnung. Ein von Jakov Kronrod redigierter Sammelband berichtet über eine Konferenz vom Mai 1957 im Wirtschaftsinstitut der Akademie der Wissenschaften der UdSSR in Moskau,[63] ein von Nikolaj Zagolov betreuter Sammelband über eine Konferenz im Januar 1958 an der wirtschaftswissenschaftlichen Fakultät der Lomonossow-Universität in Moskau.[64] Hier wurde um Formulierungen und Details heftig gestritten, jedoch waren sich fast alle Diskussionsteilnehmer darin einig, dass in der sozialistischen Wirtschaft auch die Produkte der staatlichen Wirtschaft, wenn auch anders als in der Marktwirtschaft, Warencharakter hätten oder Waren besonderer Art seien sowie Wert besäßen. Damit hatte man eine Terminologie zur Kennzeichnung der gesamten sozialistischen Wirtschaft gefunden, die bereits durch die Begriffswahl als „marxistisch" ausgewiesen war. Außerdem konnten nun Worte wie Geld und Preis sowie – bald darauf auch – Gewinn ohne ideologische Bauchschmerzen verwendet werden. Freilich hatte man damit Marx gründlich fehlinterpretiert: Dieser hatte nie einen Zweifel daran gelassen, dass es der Konkurrenzmechanismus ist, der in der Warenwirtschaft den Austausch der Waren zu Preisen erzwingt, denen bestimmte Mengen an „gesellschaftlich notwendiger Arbeit", also die Wertgrößen oder (Arbeits-)werte, zugeordnet werden können.

---

[61] Naturale Größen (t, m², Stück) bezeichnen das Gesamtergebnis (brutto), das den Aufwand mit einschließt, während nur monetäre Größen (Ertrag, Einkommen, Gewinn) das Nettoergebnis (= Ergebnis–Aufwand) erfassen können.
[62] Conert, Die Ökonomie [Fn. 2], S. 122. – Vladimir Kontorovich: Lessons of the 1965 Soviet Economic Reform, in: Soviet Studies, 2/1988, S. 308–316.
[63] Jakov A. Kronrod: Zakon stoimosti i ego ispolzovanie v narodnom chozjajstve SSSR. Moskva 1959.
[64] Nikolaj A. Zagolov (Red.): Das Wertgesetz und seine Rolle im Sozialismus. Berlin 1960 (russ.: Zakon stoimosti i ego rol' pri socializme. Moskva 1959).

Wenn man den Ansatz von Marx weiterdenkt, ergibt sich zwar: Auch in einer dem „Gesetz der Ökonomie der Zeit" bzw. dem Rationalitätsprinzip gehorchenden Planwirtschaft müssen die Austauschverhältnisse der Güter ebenso wie in der Marktwirtschaft – mehr oder weniger und in einer von der „Arbeitswertlehre" nicht geklärten funktionalen Weise – ihren Arbeitswerten entsprechen. Für die Bildung der Planpreise ist allerdings die Kenntnis von (Arbeits-)Werten nicht erforderlich, und diese können grundsätzlich nur berechnet werden, wenn gleichzeitig (simultan) Preise bestimmt werden. Mit anderen Worten: Nicht die Werte bestimmen die Preise, sondern Werte und Preise werden im selben Schritt durch die Entscheidungen über die Produktion festgelegt. Dies ist das von den meisten Theoretikern anerkannte Ergebnis der Debatte über das Problem der Transformation von Werten in Preise (Transformationsproblem).[65] Wenn der Regulator der Konkurrenz oder ein gleichwertiger Ersatz jedoch nicht vorliegt, kann von einer Wirkung des Wertgesetzes, wie Marx es versteht, keine Rede sein, gleichgültig ob in einer sozialistischen Wirtschaft Geld benutzt wird, Preise und Löhne existieren und Gewinne auftreten oder nicht.

Die herrschende Lehre der sowjetischen Ökonomik (wie auch die der anderen „sozialistischen" Staaten) löste das logische Problem der Inkompatibilität der im staatlichen Sektor (angeblich) bestehenden Plan- und Marktkoordination durch das Postulat eines eingeschränkten und geplanten Wirkens der Marktmechanismen und der „bewussten Anwendung" des Wertgesetzes mit Hilfe „ökonomischer Hebel", worunter indirekte Formen der Steuerung (Normative für Gewinnabführung an den Staatshaushalt, Normative der Zuführung zu betrieblichen Prämienfonds, die Höhe der „Produktionsfondsabgabe"[66]) verstanden wurden. Die Diskussion darüber wurde aber nur auf einer grundsätzlichen, begrifflichen Ebene geführt, eine konkrete Ausformulierung des Gesamtmodells wurde jedoch vermieden. Auf diese Weise wurde der Eindruck erweckt, dass das Problem der Integration zweier sich widersprechender Koordinationssysteme – planmäßige und marktmäßige Steuerung – theoretisch gelöst sei.[67]

In Wirklichkeit lagen keine nachvollziehbaren Lösungen vor, sondern nur euphemistische Formulierungen von „Einheit", „Synchronisation" und „Zusammenhang" der Plan- und Marktmechanismen.[68] Mit der Praxis hatte das alles nichts zu tun, denn die Sowjetwirtschaft wurde durch eine chaotische Mixtur von „Inseln" einer zentralen Naturalplanung sowie legalen wie illegalen Märkten in einem Meer der bürokratischen, unstrukturierten „Verwaltungswirtschaft" von vielen Instanzen gesteuert, die dabei ihre eigenen Interessen verfolgten. Die theoretische Diskussion war Ausdruck der Hilflosigkeit gegenüber einer Wirklichkeit, die nicht analysiert werden durfte, weil damit nicht nur die Reputation der Partei beschädigt, sondern auch die der in wissenschaftlichen Artikeln und Lehrbüchern in Jahrzehnten aufgebauten Lehre in Frage gestellt worden wäre.

Am Rande der herrschenden Lehre existierte, allerdings nur für wenige Jahre, eine sie kritisierende Schule. Jakov A. Kronrod leitete den Sektor Politische Ökonomie des Sozialismus am Wirtschaftsinstitut der Akademie der Wissenschaften in Moskau,

---

[65] John Elster: Making Sense of Marx. Cambridge 1985, S. 119–138.
[66] Die Produktionsfondsabgabe entspricht der Kapitalverzinsung, ohne dieses anstößige Wort zu benutzen.
[67] Haffner, Systemkonträre Beziehungen [Fn. 4], S. 221–242.
[68] Ebd., S. 240.

dessen Mitarbeiter als „Marktanhänger" (tovarniki) Warenbeziehungen und Wertgesetz als vorrangige Regulatoren der Wirtschaft ansahen und sich mit den Fürsprechern einer weitgehenden Planwirtschaft anlegten. Kronrod hatte sich bereits in der Diskussion mit Stalin durch kritische Bemerkungen hervorgetan und das Manuskript des geplanten Lehrbuchs der Politischen Ökonomie als unbrauchbar bezeichnet, dagegen jedoch Voznesenskijs Buch zur Kriegswirtschaft gelobt, was ihn schon damals in Bedrängnis brachte. Auch das von Zagolov editierte neue Lehrbuch der Politischen Ökonomie lehnte er ab, was ihn diesen einflussreichen Wissenschaftsmanager zum Feind machte.[69]

Im Laufe der Jahre verfestigte sich bei Kronrod der Eindruck, dass die Sowjetunion vom sozialistischen Weg abgewichen sei, was er nicht verheimlichte. Er schloss aus der im Vergleich zu kapitalistischen Ländern niedrigen Arbeitsproduktivität der Sowjetwirtschaft, dass die UdSSR noch kein reifer, hoch entwickelter sozialistischer Staat sei, und fragte, ob die Phase des Sozialismus statt als kurze Vorphase zum Kommunismus nicht eher als eigenständige Produktionsweise zu verstehen sei, in der Marktgesetze gelten. Seine Mitarbeiter gingen noch weiter und diskutierten über Wettbewerb, Löhne nach Marktlage und das Wertgesetz als oberstes Gesetz des Sozialismus.[70] Dies konnte von der Partei nicht lange toleriert werden. Ein Beschluss des ZK der KPdSU leitete Ende 1971 die Entmachtung Kronrods und die Verdrängung seiner Schüler ein.[71] Mit ihm war der einflussreichste Verfechter eines originär sowjetischen Marktsozialismus verstummt – seine nach 1971 geschriebenen Arbeiten konnten erst nach dem Ende der UdSSR publiziert werden.

Optimale Planung und optimales Funktionieren der Wirtschaft

In Stalins Welt hatten Gedanken und Denker, die die Allmacht und Allwissenheit der Führung in Frage stellen konnten, keinen Platz. Daher war auch der reichen Tradition der mathematischen Ökonomie Russlands und der Sowjetunion Anfang der 1930er Jahre ein jähes Ende bereitet worden.[72] Dass es dennoch in den 1950er Jahren zur Ausbildung einer ökonomisch-mathematischen Schule der Planungstheorie kam, die

---

[69] Tat'jana E. Kuznecova: K istorii Instituta ėkonomiki RAN (AN SSSR). Domysly i realii. Moskva 2005, <http://cdclv.unlv.edu/archives/articles/kuznetsova_institute.html>.
[70] Michail I. Voejkov: Ja.A. Kronrod i dilemmy sovetskoj politėkonomii (k 100 letiju so dnja roždenija), in: Terra Economicus, 2/2012, S. 54–65.
[71] Kuznecova, K istorii [Fn. 69].
[72] Leon Smolinski: The Origins of Soviet Mathematical Economics, in: Jahrbuch der Wirtschaft Osteuropas, 1971, S. 137–154. Smolinski beschreibt die Schicksale sowjetischer mathematischer Ökonomen, die in den 1920er Jahren u.a. auf den Gebieten der Inflations-, Wachstums- und Konjunkturanalyse sowie der Statistik originelle Leistungen erbracht hatten, wobei sie westlichen Theoretikern teilweise um Jahrzehnte voraus waren. Viele, darunter Vladimir A. Bazarov, Vladimir G. Groman und Nikolaj D. Kondrat'ev, wurden in den 1930er Jahren Opfer der Stalinschen Verfolgung, andere wie Grigorij A. Fel'dman und Vasilij V. Leont'ev verließen das Land oder blieben vor Verfolgung nur verschont, wenn sie wie der zuvor mit bahnbrechenden Arbeiten hervorgetretene Evgenij E. Sluckij ihre wirtschaftswissenschaftlichen Forschungen aufgaben. Wenige wie Aleksandr L. Lur'je und Al'bert L. Vajnstejn überstanden die Lagerhaft und begründeten die in den 1950er Jahren wieder auflebende sowjetische ökonomisch-mathematische Schule neu.

von der politischen Führung nicht nur toleriert, sondern sogar gefördert wurde, war größtenteils Verdienst ihres Schöpfers, des Mathematikers Leonid V. Kantorovič. Dieser entstammte einer bürgerlichen jüdischen Familie, war mit 14 Jahren an der Universität Leningrad zum Studium der Mathematik zugelassen worden und hatte bereits mit 16 Jahren wichtige Arbeiten zur Mengentheorie publiziert. Mit 22 Jahren wurde er Professor an der Universität Leningrad, danach Lehrer an der dortigen Kriegsakademie. Im Zweiten Weltkrieg arbeitete er an Rüstungsprojekten, danach 1948 an der Entwicklung der sowjetischen Atombombe mit. Damit stand er unter dem Schutz des Militärs, was ihn mehrfach vor Repressionen bewahrte.[73]

Kantorovič war 1938 mit der Aufgabe betraut worden, eine Berechnungsmethode für die günstigste Kombination von Schälmaschinen in einem Holzbearbeitungswerk zu finden, und hatte erkannt, dass diese nicht nur auf andere betriebswirtschaftliche Probleme (darunter das „Transportproblem", d.h. die Bestimmung des kürzesten Wegs zur Belieferung einer Vielzahl von Orten) anwendbar war, sondern auch das Grundmodell für eine volkswirtschaftliche Planungstheorie lieferte. Es ging in allen diesen Fällen darum, begrenzte Mittel möglichst effektiv einzusetzen, d.h. ein optimales Ergebnis zu erzielen.[74]

Aber sein Algorithmus lieferte nicht nur die besten Ergebnisse für die Produktionsmengen, Maschinenlaufzeiten und Transportwege, sondern auch weitere Größen, die er als Preise interpretierte und „objektiv bedingte Bewertungen" nannte. („Objektiv" meint, dass es sich dabei nicht um subjektive Bewertungen handelt, wie sie die „bürgerliche" Nutzentheorie verwendet; die Bezeichnung „Bewertungen" soll den Unterschied zum Ausdruck „Wert" bzw. „Arbeitswert" verdeutlichen.)[75] Seine Theorie der „optimalen Planung" ist axiomatisch-normativ angelegt und stellt dar, wie ein volkswirtschaftliches Ziel, das durch eine Zielfunktion beschrieben wird, am besten er-

---

[73] Heinz-Dieter Haustein berichtet aus einem Gespräch mit Kantorovič in: Erlebnis Wissenschaft. Wirtschaftswissenschaft in Ost und West aus der Erfahrung eines Ökonomen, 2011, <http://peter.fleissner.org/Transform/HausteinErlebnisWissen_3.pdf>: „Seinerzeit hatte er als junger Leningrader Wissenschaftler 1939 einen Brief an Stalin geschrieben. Darin hatte er dargelegt, dass er mit seiner Linearoptimierung eine Methode entdeckt habe, mit der man die Wirtschaftsplanung revolutionieren könne. Der Brief wurde vom Büro Stalin dem damaligen Vorsitzenden von *Gosplan* mit der Bemerkung übergeben, da habe einer die Absicht, die Planung umzustürzen, das müsse wohl ein „Volksfeind" sein. Der Planungschef, übrigens ein bekannter Preisökonom [damals war Voznesenskij *Gosplan*-Vorsitzender, R.G.], konnte die Sicherheitsschnüffler beruhigen, indem er ihnen begreiflich machte, es handle sich nicht um einen Volksfeind, sondern um einen harmlosen Verrückten. Das rettete ihn."

[74] Im Westen fanden während des Zweiten Weltkriegs George Dantzig und Tjalling Koopmans entsprechende Lösungsverfahren (Simplexalgorithmus) für Problemstellungen, die zunächst militärische Bedeutung hatten, wie das „Diätproblem" (die Zusammenstellung von Nahrungsmittel für die Soldatenverpflegung) und das „Transportproblem" der Optimierung des Schiffstransports von militärischen Ausrüstungen zu einer Vielzahl von Häfen.

[75] Die „Optimalpreise" oder „objektiv bedingte Bewertungen" geben an, um wieviel sich der Optimalwert der Zielfunktion ändert, wenn eine zusätzliche Einheit produziert oder von einer die Produktion begrenzenden Ressource eine Einheit zusätzlich eingesetzt wird. Sie entsprechen den Lagrange-Multiplikatoren eines Optimierungsproblems. Da sie aus der dualen Fassung des Optimierungsproblems gewonnen werden, werden sie auch „Dualvariable" genannt. Eine weitere Bezeichnung ist „Schattenpreise" (shadow prices); Roland Götz: Preis und optimale Planung. Zur Diskussion in der Sowjetunion. Gersthofen ²1973, S. 31–45 und S. 219–229. – Roy Gardner: L.V. Kantorovich. The Price Implications of Optimal Planning, in: Journal of Economic Literature, 2/1990, S. 638–648.

reicht werden kann, wobei beschränkende Bedingungen und die Konsistenz der Pläne berücksichtigt werden. Im Unterschied zur Politischen Ökonomie des Sozialismus sind sowohl die Zielsetzung als auch die beschränkenden Bedingungen genau definiert. Die Theorie der Optimalplanung zeigt auf, dass eine rationale Preisplanung direkt mit der Mengenplanung verknüpft sein muss und dass die Höhe einzelner Preise vom Gesamtsystem der produktiven Beziehungen einschließlich der Bestände an Kapitalgütern und Naturressourcen abhängt. Die Mengen und Preise des optimalen Plans werden simultan bestimmt. Außerdem liefert die Berechnung im gleichen Schritt die Wertgrößen der Marxschen Arbeitswerttheorie.[76]

Die Arbeiten von Kantorovič und der von ihm ideell begründeten ökonomisch-mathematischen Schule wurden von der herrschenden Lehre toleriert, solange sie spezielle einzelwirtschaftliche Probleme betrafen. Der Anspruch, auch die volkswirtschaftliche Planung einschließlich der Preisplanung modellieren zu können, rührte jedoch an dem von ihr beanspruchten Deutungsmonopol. Sie betrachtete die optimale Planung auch deswegen mit Argwohn, weil diese nicht explizit vom Grundsatz der Arbeitswerte als Preisbasis ausging und damit eines ihrer zentralen „Gesetze" missachtete. Dass die Politische Ökonomie des Sozialismus selbst keinen Weg gefunden hatte, Arbeitswerte zu bestimmen, die für Zwecke der Preisplanung verwendet werden konnten, störte ihre Vertreter nicht.

Da Kantorovič eine Methode zur Verbesserung der zentralen Planung vorschlug und nicht im Verdacht stand, mit marktwirtschaftlichen Ideen zu sympathisieren sowie stets die Vereinbarkeit seiner Theorie mit der Lehre von Marx betonte, wurden seine Ideen von Partei und Regierung zunächst gefördert. 1963 wurde in Moskau das ZenčUdSSR (CEMI)[77] unter Leitung von Nikolaj Fedorenko gegründet. Ab 1967 machte Abel G. Aganbegjan das Novosibirsker Institut für Wirtschaft und Organisation der Industrieproduktion zu einem Zentrum der ökonomisch-mathematischen Modellierung, andere Forschungsinstitute schufen Abteilungen für die Entwicklung der ökonomisch-mathematischen Methoden, und diese wurden zum Lehrfach an Universitäten. Die optimale Planung wurde auch deswegen positiv aufgenommen, weil für sie die Arbeiten an Verflechtungsbilanzen (im Westen als Input-Output-Rechnungen bekannt) bereits den geistigen Boden bereitet hatten.[78]

---

[76] Wenn die Zielfunktion die Minimierung des Arbeitsaufwands fordert (was dem Marxschen „Gesetz der Zeit" geradezu wörtlich entspricht), messen der Optimalpreis jeder Ressource den Rückgang des gesamtwirtschaftlichen Arbeitsaufwands bei deren zusätzlichem Einsatz und der Optimalpreis jedes Produkts den zusätzlichen Arbeitsaufwand, der durch Mehrproduktion von produzierten Gütern und erhöhtem Ressourceneinsatz erforderlich wird. Es besteht daher eine Gleichheit von Preis und marginalem Arbeitsaufwand.

[77] Central'nyj ėkonomiko-matematičeskij institut (CEMI), das die Zeitschrift *Ėkonomika i matematičeskie metody* herausgab.

[78] Die Verflechtungsbilanz kann als vollständiges System von Materialbilanzen verstanden werden, das Erzeugnisse in einem bestimmten Aggregationsgrad sowohl von der Aufwands- als auch der Verwendungsseite erfasst. Entweder wird in Istbilanzen nur der Materialfluss aufgezeigt, oder es werden Planbilanzen mit Hilfe von Aufwandskoeffizienten erstellt; Günther Zell: Information und Wirtschaftslenkung in der UdSSR. Eine Analyse des volkswirtschaftlichen Informationssystems. Berlin 1980, S. 130–138. Die Optimalplanungstheorie geht einen Schritt weiter als die Planverflechtungsbilanz, indem sie die Wahl der Produktionsprozesse einschließt und somit nicht nur zulässige (konsistente), sondern auch optimale Planungen demonstriert.

Die Wirkung der optimalen Planung auf die Praxis der Volkswirtschaftsplanung war allerdings gering, da sie nicht in die etablierten Planungsverfahren „eingepasst" werden konnte und sich schon dadurch nicht als praxistauglich erwies. Zwar wurde die optimale Planung in die politökonomische Lehrbuchliteratur aufgenommen, aber dies bedeutete keine grundsätzliche Hinwendung zu einem neuen Planungsmodell. Eine Übertragung auch nur der Grundgedanken der optimalen Planung auf die Preis- und Planungstheorie fand nicht statt: Produktions- und Preisplanung blieben nach wie vor getrennt, die pseudowissenschaftliche Lehre von der planmäßigen Abweichung der Preise von den (unbekannten) Arbeitswerten blieb in Kraft.

Dass eine Steuerung der gesamten Volkswirtschaft von einer einzigen Zentrale nicht möglich und sinnvoll ist, hat die zweite Generation der Anhänger der optimalen Planung, die auf die „Gründergeneration" (Kantorovič, Lur'e, Nemčinov, Novožilov und Vajnstejn) folgte, bald selbst erkannt. Forscher wie Aron Kacenelinbojgen, Stanislav Šatalin und Viktor Volkonskij begannen die Konstruktion eines umfassenden volkswirtschaftlichen Modellsystems für das „optimale Funktionieren der Wirtschaft" (Sistema optimal'nogo funkcionirovanija ėkonomiki, SOFE).[79] Dieses sollte mit Hilfe unterschiedlicher formaler Ansätze wie lineare Optimierung, Kybernetik und Spieltheorie aufgebaut werden. Man wollte die Volkswirtschaft als hoch komplexes, hierarchisch strukturiertes und dynamisches System mit stochastischen Elementen modellieren.

Bei diesem ambitionierten Versuch wurden allerdings viele bislang unterschätzte Probleme deutlich, darunter vor allem die Problematik der Formulierung einer volkswirtschaftlichen Zielfunktion und die Schwierigkeit, die Planung als einen Dialog zwischen Zentrale und Teilsystemen zu organisieren.[80] So folgte in den 1970er Jahren (auch wegen des nach dem Prager Frühling rigider gewordenen innenpolitischen Klimas) eine vorsichtigere Phase, in der die mathematische Ökonomie nicht mehr als Alternative zur Politischen Ökonomie, sondern als deren Teildisziplin definiert wurde. Einen erheblichen Rückschlag musste die ökonomisch-mathematische Schule durch die an sie gerichtete Kritik des ZK der KPdSU im Juni 1983 hinnehmen, worauf das CEMI reorganisiert und entmachtet wurde.[81]

Aber selbst wenn die optimale Planung akzeptiert worden wäre, hätte sich diese nicht zu einem praktisch anwendbaren Planungsverfahren entwickeln können. Die Zahl der zu berücksichtigenden Produktarten, Kapazitäten und Produktionslinien an einer Vielzahl von Standorten wäre selbst unter stationären Verhältnissen (also bei gleich bleibendem Produktsortiment, unveränderter Technologie und konstant verfügbaren Arbeitskräften und Naturressourcen) rechentechnisch nicht zu bewältigen gewesen. Vor allem aber war nicht ersichtlich, wie technischer Fortschritt, der immer mit Unwägbarkeiten und subjektiven Risikoabwägungen einher geht, realistisch – und nicht nur als Fortschreibung bekannter Trends – zu berücksichtigen war.

---

[79] Ihre Ergebnisse wurden zum großen Teil unter der Autorenschaft des CEMI-Direktors Nikolaj Fedorenko veröffentlicht, z.B. Ders.: O razrabotke sistemy optimal'nogo funkcionirovanija ėkonomiki. Moskva 1968, und Ders.: Voprosy optimal'nogo funkcionirovanija ėkonomiki. Moskva 1980.
[80] Sutela, Economic Thought [Fn. 21], S. 38–48. – Jürgen Drzymalla: Planung im sowjetischen Wirtschaftssystem. Begriff, historische Entwicklung, Funktionsprinzipien, Wandlungstendenzen, Alternativkonzepte. Frankfurt/Main 1991, S. 286–294 und S. 339–362.
[81] Drzymalla, Planung [Fn. 80], S. 195.

Darauf haben im Westen die Nachfahren der „Österreichischen Schule" Peter Boettke, Don Lavoie und Jesús Huerta de Soto aufmerksam gemacht.[82] Sie weisen darauf hin, dass neben dem schon vielfach diskutierten Informations- und Rechenproblem ein wenig erörtertes epistemologisches Problem auftritt. Das für Entscheidungsfindung auf volkswirtschaftlicher Ebene erforderliche Wissen ist nämlich kontextuelles Wissen, das nicht fertig vorliegt und einfach in Computer eingegeben werden kann, denn die relevanten Informationen haben großenteils den Charakter von Erwartungen, Vermutungen und subjektiven Auffassungen. Das dadurch existierende umfassende „Kalkulationsproblem" hätten weder die optimale Planung noch das Modellsystem des optimalen Funktionierens der Wirtschaft und auch nicht marktsozialistische Modelle bewältigen können, die auf der Preissetzung durch die Zentrale und auf sie antwortende Mengenreaktionen der Betriebe beruhen. (Deswegen scheitert die volkswirtschaftliche Planung einer zukünftigen sozialistischen Wirtschaft mit Hilfe fortgeschrittener Computertechnologie).[83]
Anfang der 1980er Jahre war von dem Optimismus der mathematischen Ökonomen nicht mehr viel übrig, denn ihre Ansätze blieben theoretische Konstruktionen, die sich nicht praktisch realisieren ließen.[84] Aber wenigstens wurden so in der Sowjetunion die Möglichkeiten und Varianten einer volkswirtschaftlichen Planung erstmals umfassend durchdacht.

Computopia

Auch die sowjetische „kybernetische Schule" versprach in der Tauwetterperiode Mitte der 1950er Jahre, als auch im Westen Kybernetik als Zukunftshoffnung galt, die volkswirtschaftliche Planung wesentlich effizienter machen zu können. Ihr ging es jedoch nicht um eine neue Theorie der Wirtschaftsplanung, sondern um eine Verbesserung des Informationsflusses innerhalb des bestehenden Planungssystems, indem durch Computerisierung der Informationsaustausch beschleunigt und klarer strukturiert würde.[85] Ihr führender Kopf war der Direktor des Kybernetik-Instituts der ukrainischen Akademie der Wissenschaften in Kiew, Viktor Gluškov.[86] Zusammen mit Nikolaj Fedorenkos CEMI wollte er ein unionsweites System der automatischen Steuerung der sowjetischen Wirtschaft entwickeln, das Informationen zentral sammel-

---

[82] Peter J. Boettke: Calculation and Coordination. Essays on Socialism and Transitional Political Economy. New York 2001, <http://econfaculty.gmu.edu/pboettke/pubs/calculation.html>, S. 53f. – Don Lavoie: A Critique of the Standard Account of the Socialist Calculation Debate, in: The Journal of Libertarian Studies, 1/1981, S. 41–87. – Ders.: Rivalry and Central Planning. The Socialist Calculation Debate Reconsidered. Cambridge 1985. – Jesús Huerta de Soto: Socialism, Economic Calculation and Entrepreneurship. Cheltenham 2010, <www.jesushuertadesoto.com/books_english/socialism/socialism.pdf>.

[83] Das wird nicht erkannt bei Allin Cotrell, W. Paul Cockshott: Calculation, Complexity and Planning: The Socialist Calculation Debate Once Again, in: Review of Political Economy, 1/1993, S. 73–112. – W. Paul Cockshott, Allin Cotrell: Alternativen aus dem Rechner. Für sozialistische Planung und direkte Demokratie. Köln 2006.

[84] Sutela, Economic Thought [Fn. 21], S. 95.

[85] Slawa Gerowitsch: Kyberkratie oder Kyberbürokratie in der Sowjetunion, in: Bernd Greiner, u.a. (Hg.): Macht und Geist im Kalten Krieg. Hamburg 2011, S. 376–395, hier S. 378–383.

[86] V.M. Glushkov: History of Computing in Ukraine. Histories and Personalities, <http://en.uacomputing.com/persons/glushkov/>.

te und sie den vier ökonomischen Oberbehörden – der Planungszentrale *Gosplan*, der Versorgungsbehörde *Gossnab*, dem Statistikamt *Goskomstat* und dem Finanzministerium – zugänglich machte, während bislang die Betriebe alle vier jeweils getrennt beliefern mussten.

Anders als es die politische Führung wollte, lehnten die Behörden es aber ab, Macht abzugeben und sich untereinander zu vernetzen. Ministerien und Wirtschaftsverwaltungen bauten stattdessen jeweils eigene Rechenzentren und nicht kompatible Informationssysteme und Datenbanken auf. So konnten sie „ihre" Betriebe zwar besser kontrollieren, blockierten jedoch eine zentrale Kontrolle und Steuerung. Gluškov versuchte Ende der 1960er Jahre noch einmal Unterstützung für das Projekt eines „gesamtstaatlichen automatisierten Lenkungssystems der Volkswirtschaft" (OGAS)[87] zu gewinnen, das alle Betriebe und Wirtschaftsverwaltungen verbinden sollte, scheiterte damit jedoch Anfang der 1970er Jahre endgültig.[88] Selbst wenn Gluškov mehr Unterstützung gefunden hätte, bleibt es fraglich, ob diese „Computopia" wirklich eine spürbare Verbesserung der sowjetischen Wirtschaftsplanung erbracht hätte, denn der Umfang der zu verarbeitenden Daten hätte nicht nur die Kapazitäten der damals vorhandenen Rechenanlagen weit überschritten, sondern auch das Problem des kontextuellen Wissens nicht lösen können.

Konfusion der Perestrojka-Ökonomen

In den 1980er Jahren ging die sowjetische Wirtschaft einer Stagnation entgegen. Weder für die Modernisierung der Betriebe, noch für soziale Aufgaben wie den Wohnungsbau reichten die Investitionsmittel aus. Durch erzwungene Einschränkungen bei den Rüstungsausgaben fiel die Sowjetunion sogar im Rüstungswettlauf mit den USA immer weiter zurück. Die von Michail Gorbačev übernommene politische Führung verkündete erneut Wirtschaftsreformen, was nach ihrer Vorstellung eine weitere „Vervollkommnung" des planwirtschaftlichen Systems bedeutete. Die Führung verlangte – nicht zum ersten Mal – einen Übergang von „administrativen" zu „ökonomischen" Methoden des Managements auf allen Stufen der Wirtschaftsleitung, wobei nicht nur die „Ware-Geld-Beziehungen", sondern sogar ökonomischer Wettbewerb eine stärkere Rolle spielen sollten.[89] Das klang allerdings revolutionärer, als es gemeint war, denn grundsätzlich sollte der Sozialismus nicht wesentlich transformiert oder sogar aufgegeben, sondern weiterentwickelt und gestärkt werden, wobei Gorbačev sich politisch geschickt auf angeblich reformistische Vorstellungen des späten Lenin berief.[90] Publizisten wie Otto Lacis, Vasilij Seljunin und Genadij Lisičkin bezogen auch die gerade rehabilitierte Person und Position Bucharins in ihre Neubewertung der NEP und des Stalinismus ein.[91] Der wichtigste Wirtschaftsberater des Partei-

---

[87] Obščegosudarstvennaja avtomatisirovannaja sistema upravlenija ėkonomiki strany (OGAS); hierzu Zell, Information [Fn. 78], S. 194–198.
[88] History of computing in Ukraine. Stories. Academician Glushkov's life works, <http://uacomputing.com/stories/ogas/>.
[89] Joachim Zweynert: Conflicting Patterns of Thought in the Russian Debate on Transition 1992–2002. Hamburg 2006 [= HWWA Discussion Paper 345], <www.hwwa.de>, S. 178f.
[90] Heinz Timmermann: Gorbačev – ein Bucharinist? Zur Neubewertung der NEP-Periode in Moskau. Köln 1988 [= Berichte des BIOst, 15/1988].
[91] Otto Lacis: Problema tempov v socialističeskom stroitelstve, in: Kommunist, 18/1987, S. 79–90.

chefs und der Regierung, Leonid Abalkin, verbarg nicht, dass für diese „Umgestaltung des Wirtschaftsmechanismus" nur sehr allgemeine Ideen vorlagen, wenn er davon sprach, dass ein „qualitativ neues und zugleich ein sozialistisches Modell" angestrebt werde, das „die Grundsätze des Zentralismus mit der umfassenden Entwicklung der Selbständigkeit der Arbeitskollektive" verbindet.[92] Er erkannte deutlicher als andere, dass praktikable Formen der Verknüpfung von Plan und Markt nur in einem Zeitraum von Jahrzehnten gefunden werden könnten.[93] Eine strategische Vision für die Steuerung dieses Prozesses besaß er ebenso wenig wie Gorbačev.[94]
Die angestrebte Reform der Preisbildung zeigte das Dilemma auf: Die Kalkulation der Planpreise sollte, so Nikolaj Petrakov, so verbessert werden, dass neben den anderen Faktoren der geplanten Preisbildung auch die Nachfrage stärkere Berücksichtigung fände.[95] Ein Übergang zu Marktpreisen war aber von ihm nicht geplant. Dennoch warnten konservative Ökonomen wie Anatolij Derjabin schon vor einer drohenden Aufgabe der Prinzipien der sozialistischen Preisbildung.[96] Evgenij Jasin und Al'bert Ryvkin gehörten damals zu den wenigen, die eine klare Entscheidung zwischen Plan und Markt befürworteten, wofür die Preisbildung den Schlüssel darstelle – entweder Marktpreise oder Planpreise.[97] Freilich stellten sie damit das gesamte Modell der sozialistischen Wirtschaft alter Art zur Disposition.
Von diesen Außenseiteransichten abgesehen ging die Wirtschaftsdiskussion in der Perestrojka nicht weit über das hinaus, was bereits in den 1960er Jahren erörtert worden war. Was sie von vorhergehenden Reformperioden unterschied, war nicht so sehr die Originalität der Vorschläge, sondern die schonungslose Kritik der sozialen und ökonomischen Verhältnisse, wie die der amtlichen Statistik mit ihren „geschönten" Daten, die weder die verdeckte Inflation noch den niedrigen Lebensstandard und den hohen Ressourcenverzehr erkennen ließen.[98]

Nachwort

Weil die „Klassiker" keine Anleitungen für die Gestaltung der zukünftigen Wirtschaftsordnung des Sozialismus gegeben hatten, außer dass sie Markt und Konkurrenz ausschlossen, hinterließen sie den sowjetischen Wirtschaftswissenschaftlern eine schwere

---

[92] Leonid Abalkin in: Leonid Abalkin, Anatoli Blinow (Hg.): Perestroika von innen. Zehn sowjetische Wirtschaftsexperten beziehen Stellung. Düsseldorf u.a. 1989, S. 17–18.
[93] Ebd., S. 12–18.
[94] Peter J. Boettke: Why Perestroika Failed. The Politics and Economics of Socialist Transformation. New York 2003,
<www.peter-boettke.com/research/authored-books/why-perestroika-failed/>, S. 86–87.
[95] Nikolaj Ja. Petrakov: Planovaja cena v sisteme upravlenija narodnym chozjajstvom, in: Voprosy ėkonomiki, 1/1987, S. 44–45.
[96] Anatolij A. Derjabin: Soveršenstvovanie sistemy cen, in: Planovoe chozjajstvo, 1/1987, S. 81–87.
[97] Evgenij Jasin: Socialističeskij rynok ili jarmarka iljuzij? In: Kommunist, 15/1989, S. 53–62. – Al'bert A. Ryvkin: Ėkonomičeskaja teorija i real'nost', in: Voprosy ėkonomiki, 1/1989, S. 130–141.
[98] Grigorij I. Chanin: Ėkonomičeskij rost'. Alternativnaja ocenka, in: Kommunist, 17/1988, S. 83–90. – Grigorij I. Chanin, Vasilij Seljunin: Lukavaja cifra, in: Novyj mir, 2/1987, S. 181–200. – Vasilij Seljunin: Tempy rosta na vesach potreblenija. Polemičeskie zametki, in: Socialisticeskaja industrija, 5.1.1988.

Aufgabe. Diese entwickelten in den 1920er Jahren eine Vielzahl von Ansätzen der Wirtschaftsplanung, bis sie von Stalin am Beginn seiner Industrialisierungs- und Kollektivierungskampagne zum Verstummen gebracht wurden. In seinen letzten Lebensjahren formulierte dann Stalin persönlich seine Lesart der „Klassiker", die als Politische Ökonomie des Sozialismus fortan Ausbildung und Schrifttum dominierte. Eine „Entstalinisierung" der sowjetischen Ökonomik fand nicht statt.

Die sowjetische Wirtschaftswissenschaft vermochte in Jahrzehnten kein überzeugendes Modell der Wirtschaftsplanung zu entwerfen, worüber sie sich selbst nie Rechenschaft gab.[99] Ebenso lieferte sie keine realistische Beschreibung und Analyse der faktischen Wirtschaftslenkung.[100] Die theoretisch erhellenden, aber praktisch nicht realisierbaren Vorschläge der sowjetischen ökonomisch-mathematischen Schule für die volkswirtschaftliche Planung blieben ebenso fragmentarisch wie die marktsozialistischen Ideen der Kronrod-Schule. Als in der Perestrojka Offenheit für konzeptionelle Neuerungen und die Bereitschaft zur schonungslosen Kritik der tatsächlichen Verhältnisse existierten, reichte jedoch weder die Zeit für die Erprobung neuer Wirtschaftsformen aus, noch verfügten Gorbačevs Wirtschaftsberater aus der akademischen Welt über schlüssige Konzepte für die von ihnen angestrebte Verknüpfung von Planung und (echten) Marktbeziehungen.

In Russland wird seither nicht nur den „Radikalliberalen" unter Boris El'cin die Schuld an den Auswüchsen des Kapitalismus in der Transformationsperiode gegeben, sondern ihnen und den Propagandisten der Perestrojka wird die Verantwortung für den Zusammenbruch des sozialistischen Systems der Sowjetunion zugewiesen, was den Boden für einen fragwürdigen „russischen Weg" des nachsowjetischen ökonomischen Denkens bereitet.[101] Dass aber die sowjetische Wirtschaft, weil sie über kein tragfähiges Konzept verfügte, schon seit Ende der 1960er Jahre eine geringe Leistungsfähigkeit aufwies und in den 1980er Jahren gegenüber dem Westen hoffnungslos zurückfiel, wird verdrängt. So wurde noch auf der von der Russischen Akademie der Wissenschaften 2011 veranstalteten Konferenz zum 20. Jahrestag des Endes der UdSSR über „Das Paradoxon. Der Zerfall der UdSSR auf dem Höhepunkt ihrer Macht" gerätselt.[102] Eine „Vergangenheitsbewältigung" der Wirtschaftswissenschaft steht in Russland noch aus.[103]

---

[99] Dabei scheiterte sie nicht nur an ideologischen Schranken, sondern auch an einer unlösbaren Aufgabe. Dass eine der Marktwirtschaft überlegene volkswirtschaftliche Planung überhaupt realisierbar ist, muss unter Berücksichtigung vor allem der Argumente der Kritiker der Planwirtschaft aus der „Österreichischen Schule" Peter Boettke, Don Lavoie und Jesús Huerta de Soto bezweifelt werden [Fn. 82].

[100] Dieter Lösch: Die „Umgestaltung" des Sowjetsozialismus. Probleme und Perspektiven im Lichte der sowjetischen Wirtschaftssystemtheorie, in: Hamburger Jahrbuch für Wirtschafts- und Gesellschaftspolitik, 1987, S. 221–245, hier S. 228.

[101] Andrei Zaostrovtsev: The Principal Conflict in Contemporary Russian Economic Thought. Traditional Approaches Against Economics. Hamburg 2005 [= HWWA Discussion Paper 329]. – Zweyntert, Conflicting Patterns [Fn. 89].

[102] Ot SSSR k RF: 20 let – Itogi i uroki, S. 87–150, <http://rusrand.ru/public/public_564.html>.

[103] Einer der wenigen russischen Wirtschaftswissenschaftler, die sich in nachsowjetischer Zeit ausführlich mit der sowjetischen Periode der eigenen Disziplin beschäftigt haben, ist Vladimir Mau: V poiskach planomernosti. Iz istorii razvitija sovetskoj ėkonomičeskoj mysli konca 30-ch – načala 60-ch godov. Moskva 1990. – Ders.: The Road to Perestroika: Economics in the USSR and the Problems of Reforming the Soviet Economic Order, in: Europe-Asia Studies, 2/1996, S. 207–224. – Ders.: Central Planning in the Soviet System. Moskva 2012 (= Gaidar Institute for Economic Policy Working paper, 0031/2011, revised 2012), <www.iep.ru/files/RePEc/gai/wpaper/0031Mau.pdf>.

Rafał Wnuk

Inszenierte Revolution
Sowjetherrschaft in Polen und dem Baltikum 1939–1941

Im September 1939 marschierte die Rote Armee in Ostpolen, im Juni 1940 in Litauen, Lettland und Estland ein. Um die besetzten Gebiete möglichst schnell und vollständig in die Sowjetunion zu integrieren, wurde ihnen bis 1941 Schritt für Schritt das sowjetische politische, gesellschaftliche, wirtschaftliche und kulturelle System übergestülpt. Scheinwahlen sollten der Annexion den Anstrich demokratischer Legitimation verleihen, Terror und Massendeportationen jeden Widerstand der Bevölkerung im Keim ersticken und „schädliche Elemente" beseitigen, um die neue Ordnung zu stabilisieren. De facto zerstörten die Sowjets gesellschaftliche Bindungen und verschärften die bestehenden nationalen und sozialen Konflikte.

Die mit dunkelblauem Buntstift ausgeführte, schwungvoll-entschlossene Unterschrift Iosif Stalins nimmt fast die Hälfte der Karte ein, auf der Joachim von Ribbentrop und Vjačeslav Molotov als Verhandlungsführer des nationalsozialistischen Deutschland und der Sowjetunion kurz nach Ausbruch des Zweiten Weltkriegs eine neue Grenze zwischen den Einflusssphären ihrer Imperien festgelegten. Weiter unten auf der im Moskauer Kreml angefertigten Karte ist die kleinere, schablonenhafte, etwas eckige Unterschrift Joachim von Ribbentrops zu sehen, für die er einen roten Buntstift verwendete, und außerdem das von seiner Hand geschriebene Datum: 28. September 1939. Eine Abbildung dieser Karte finden estnische, lettische, litauische oder polnische Schüler in jedem Geschichtsbuch. Auch in den meisten Museen zur neueren Geschichte dieser Länder wird eine Kopie der Karte ausgestellt. Überall dient sie als Symbol der deutsch-sowjetischen Verschwörung gegen die internationale Ordnung, als Symbol für den Anfang einer langen Kette von Leiden, die erst mit dem Zusammenbruch der Sowjetunion zu Ende gingen. Esten, Letten und Litauer beginnen mit einer Beschreibung dieser Karte, wenn sie von der ersten sowjetischen Besatzung, dem sogenannten „Jahr des Schreckens" erzählen.

Rafał Wnuk (1967), Dr. habil., Historiker, wissenschaftlicher Mitarbeiter am Museum des Zweiten Weltkriegs, Gdańsk; Dozent am Historischen Institut der Katholischen Universität Lublin
Von Rafał Wnuk erschien in OSTEUROPA: Zwischen Scylla und Charybdis. Deutsche und sowjetische Besatzung Polens 1939–1941, in: Der Hitler-Stalin-Pakt. Der Krieg und die europäischen Erinnerungen. Berlin 2009 [= OE, 7–8/2009], S. 157–172.

„Die ganze Welt wird uns gehören!"

Die sowjetische Besatzung in Ostpolen

Den Anfang der sowjetischen Besetzung Polens markiert der 17. September 1939 – der Tag, an dem die Rote Armee die sowjetisch-polnische Grenze überschritt. Die gegen die deutsche Wehrmacht kämpfende polnische Armee wurde von dieser Aggression aus dem Osten völlig überrascht. Auf Anweisung ihres Oberbefehlshabers ergaben sich die meisten polnischen Einheiten kampflos den Sowjets. Zum Zeitpunkt der Einstellung der Kampfhandlungen befanden sich rund 750 000 Rotarmisten und NKVD-Leute auf dem sowjetisch besetzten Territorium der Zweiten Polnischen Republik. Sie hatten 2500 bis 3000 Tote und zwischen 8000 und 10 000 Verwundete zu beklagen. Rund 150 Armeefahrzeuge und 15 bis 20 Flugzeuge waren verloren gegangen. Auf polnischer Seite gab es laut Schätzungen etwa 6000 bis 7000 Gefallene und rund 10 000 Verwundete.[1] Hinzu kommt eine unbekannte Zahl polnischer Soldaten und Offiziere, die in Gefangenschaft gerieten und anschließend von Rotarmisten oder Mitgliedern verschiedener lokaler roter Milizen ermordet wurden. Weit über 10 000 Soldaten der polnischen Armee und polnische Polizisten landeten in sowjetischen Gefangenenlagern. Aufgrund einer vom Politbüro des ZK der Kommunistischen Allunionspartei (VKP(B)) gebilligten Entscheidung Stalins wurden sie im April 1940 erschossen.[2]

Verschärfung der Nationalitätenkonflikte

In der ersten Septemberhälfte 1939 hatten die in der polnischen Armee dienenden Soldaten ukrainischer, weißrussischer oder jüdischer Nationalität nicht weniger Einsatz gezeigt als die Polen, und es hatte auch keine spürbare Zunahme antipolnischer Aktivitäten von Seiten der Minderheiten gegeben.[3] Nach dem sowjetischen Überfall vom 17. September 1939, als sich abzeichnete, dass die Niederlage der polnischen Armee nur noch eine Frage der Zeit war, veränderte sich die Situation. Während die polnischen Truppen vor den vorrückenden deutschen Einheiten nach Osten zurückwichen, desertierten immer mehr Soldaten zumeist weißrussischer oder ukrainischer Nationalität.

---

[1] Czesław K. Grzelak: Kresy w Czerwieni. Agresja Związku Sowieckiego na Polskę w 1939 roku. Warszawa 1998. – M.I. Meltjuchov: Sovetsko-polskie vojny. Vojenno-političeskoe protivostojanie 1918–1939 gg. Moskva 2000.

[2] Am 5. März 1941 schrieb der sowjetische Volkskommissar des Inneren, Lavrentij Berija, in seinem berüchtigten Brief 794/G an Iosif Stalin, die polnischen Kriegsgefangenen und die in den Gefängnissen im westlichen Weißrussland und in der Westukraine einsitzenden Häftlinge seien allesamt „notorische, unverbesserliche Feinde der Sowjetmacht", und schlug vor, über ihre Fälle in „Sonderberatungen" zu entscheiden und gegen sie die Höchststrafe – Tod durch Erschießen – zu verhängen, ohne die Inhaftierten vorzuladen und ohne Anklage zu erheben. Dieser Vorschlag wurde von Stalin, Kliment Vorošilov, Vjačeslav Molotov, Anastas Mikojan, Michail Kalinin sowie Lazar' Kaganovič angenommen und war die Basis für die Erschießung von 14 700 Kriegsgefangenen und 11 000 Häftlingen; Notatka szefa NKWD ZSSR Ł. Berii dla J. Stalina (marzec 1940), in: Katyń – dokumenty ludobójstwa. Dokumenty i materiały archiwalne przekazane Polsce 14 października 1992 r. Übers. von Wojciech Materski. Warszawa 1992, S. 35–39.

[3] In den sowjetisch besetzten Gebieten lebten rund 13 Millionen Menschen, darunter ca. 43 Prozent Polen, 8,3 Prozent Juden, 33 Prozent Ukrainer, 7,6 Prozent Weißrussen und 6 Prozent „Hiesige". Die restlichen 2 Prozent verteilten sich auf Deutsche, Tschechen, Litauer, Russen und Tataren.

Mitte September 1939 kam es in den polnischen Ostgebieten zu ersten offenen Aktionen von Minderheitenvertretern gegen Polen und polnische Einrichtungen. Diese reichten von der Weigerung, polnische Soldaten oder Flüchtlinge aus Zentralpolen mit Lebensmitteln zu versorgen, bis zu bewaffneten Angriffen, die teilweise den Charakter organisierter Diversionsakte annahmen. Am 11. September, nachdem die Wehrmacht in Ostgalizien eingerückt war, starteten bewaffnete Gruppen der *Organisation Ukrainischer Nationalisten* (OUN) mit organisatorischer, waffentechnischer und finanzieller Unterstützung durch die deutsche *Abwehr*, den Militärgeheimdienst der Wehrmacht, eine breit angelegte antipolnische Operation. Abteilungen der polnischen Armee wurden beschossen, Brücken gesprengt, einzelne Soldaten und Polizisten ermordet und staatliche Behörden in kleineren Ortschaften angegriffen. Nach dem 17. September griffen auch Kampftruppen der Kommunistischen Partei der Westukraine (KPZU) ein. Ab dem Zeitpunkt lässt sich nur noch schwer unterscheiden, welche Angriffe von den Nationalisten und welche von den Kommunisten initiiert wurden. Ähnlich verhielt es sich in den mehrheitlich weißrussisch besiedelten Gebieten der Zweiten Polnischen Republik. So brachten zum Beispiel am 18. September 1939 bewaffnete Gruppen, die vor allem aus Weißrussen und Juden bestanden, die Stadt Skidzel' (poln. Skidel) im Kreis Hrodna (poln. Grodno) in ihre Gewalt. Eine am folgenden Tag aus dem nahen Hrodna entsandte Strafexpedition von Armee- und Polizeieinheiten vertrieb die Aufständischen nach einer regelrechten Schlacht aus dem Städtchen.[4] In Dutzenden von Städten und Dörfern im Nordosten Polens kam es zu Angriffen durch „Milizen", „Selbstverteidigungsgruppen" oder „Armbindler" (so genannt wegen ihrer am Ärmel getragenen roten Armbinden), die vor allem aus Angehörigen nationaler Minderheiten bestanden. Diese Aktionen wurden von einem Untergrundnetzwerk organisiert und koordiniert, dem ehemalige Mitglieder der KPZU, der Kommunistischen Partei des westlichen Weißrussland (KPZB) und der Kommunistischen Partei Polens (KPP)[5] angehörten und das von aus der Sowjetunion eingeschleusten Diversanten unterstützt wurde.[6]

Besonders schmerzte es die Polen, dass die einmarschierenden Sowjets von den Angehörigen der nationalen Minderheiten in der Regel freudig begrüßt wurden. In Nordostpolen reichten den Rotarmisten vor allem einheimische Juden und Weißrussen Brot und Salz, im südlichen Polesien, in Wolhynien und in Galizien waren es Juden und Ukrainer. Vielerorts befanden sich aber auch nicht wenige ethnische Polen unter den Jubelnden.[7]

---

[4] Marek Wierzbicki: Polacy i Białorusini w zaborze sowieckim. Stosunki polsko-białoruskie na ziemiach północno-wschodnich II RP pod okupacją sowiecką (1939–1941). Warszawa 2000, S. 121–122. – Sjarhej Tokc': Skidzel'skae poŭstan'ne 1939 hodu. Antrapalëgija kanfliktu, in: Arche, 8/2009, S. 221–266. In der weißrussischen Historiographie wird diese Aktion häufig als „Aufstand von Skidzel'" bezeichnet.

[5] 1938 hatte die Komintern die KPP, die KPZU und die KPZB aufgelöst, weil ihre Führer angeblich mit dem polnischen Geheimdienst und der Staatspolizei kollaboriert hatten.

[6] Wierzbicki, Polacy i Białorusini [Fn. 4], S. 129–189. Zu den – später enttäuschten – Hoffnungen, die sich für die Ukrainer und Weißrussen in Ostpolen mit dem sowjetischen Einmarsch verbanden, Grzegorz Hryciuk: Die Illusion der Freiheit. Die sowjetische Besatzung Ostpolens, in: Der Hitler-Stalin-Pakt. [= OSTEUROPA, 7–8/2009], S. 173–186.

[7] Ben-Cion Pinchuk: Shtetl Jews under Soviet Rule. Eastern Poland on the Eve of the Holocaust. Oxford 1990, S. 119–122. – Andrzej Leon Sowa: Stosunki Polsko-Ukraińskie

Am 28. September 1939 unterzeichneten die beiden Außenminister Joachim von Ribbentrop und Vjačeslav Molotov den deutsch-sowjetischen Grenz- und Freundschaftsvertrag, der den Hitler-Stalin-Pakt vom 23. August ergänzte und am 4. Oktober ein Zusatzprotokoll erhielt, das den Grenzverlauf präzisierte. Die Sowjetunion erhielt im Tausch gegen Zentralpolen Litauen.

Im Endeffekt kamen fast 52 Prozent des Territoriums der Zweiten Polnischen Republik unter sowjetische Besatzung. Am 23. Oktober 1939 nahmen litauische Einheiten das ihnen von den Sowjets übergebene Wilna (lit. Vilnius, poln. Wilno) zusammen mit den Landkreisen Wilna und Traken (lit. Trakai, poln. Troki) ein. Nach dem Einmarsch der Roten Armee in Litauen am 15. Juni 1940 wurden diese Gebiete Teil der Litauischen SSR. An die Ukrainische SSR wurden mit der sogenannten „Westukraine" die ehemaligen polnischen Woiwodschaften Wolhynien, Stanisławów (ukr. Stanislaviv, seit 1962 Ivano-Frankivs'k) und Tarnopol (ukr. Ternopil') sowie die Mitte und der Osten der Woiwodschaft Lemberg (poln. Lwów, ukr. L'viv) angeschlossen. Zur Weißrussischen SSR kamen die vormaligen Woiwodschaften Polesien, Nowogródek (wr. Navahradak), Białystok und Wilna (ohne die an Litauen gefallenen Teile). Nachdem die Grenze zu Deutschland festgelegt war, machten sich die sowjetischen Machthaber rasch daran, die Verwaltungsstruktur und das sozioökonomische System der besetzten Territorien umzugestalten. Als Vorbereitung dazu dienten Aktionen von Revolutionskomitees und Kampfgruppen der Arbeiter- und Bauernmiliz (Raboče-krest'janskaja milicija, RKM), die noch vor der Roten Armee in Polen einrückten. Diese Gruppen überfielen Ämter und Privathäuser, beraubten und ermordeten Mitarbeiter der polnischen Verwaltung, Gutsbesitzer und Vertreter der Intelligenz. Die Übergriffe hielten auch nach dem Einmarsch der Roten Armee noch einige Tage an. Die Beraubung der örtlichen Eliten wurde als „revolutionäre" Güterumverteilung interpretiert. Dieser Logik zufolge nahmen die von der „Bourgeoisie" benachteiligten Schichten dieser nur ihre durch „kapitalistische Ausbeutung" angehäuften Reichtümer ab. Bei diesen Aktionen wurde innerhalb kürzester Zeit nicht nur die bisherige Gesellschaftsordnung auf den Kopf gestellt, sondern auch ein erheblicher Teil der wirtschaftlichen Infrastruktur zerstört.[8] Da die sowjetischen Behörden die Morde und Plünderungen duldeten, assoziierte die Bevölkerung diese Auswüchse direkt mit der neuen Staatsmacht.[9]

Schrittweise Formalisierung der Annexion

Am 1. Oktober 1939 beschloss das ZK der VKP(B), eine ukrainische Volksversammlung in Lemberg und eine weißrussische in Białystok einzuberufen. Ursprünglich war auch die Bildung einer polnischen Volksversammlung geplant, doch sah man davon

---

1939–1947. Kraków 1998, S. 89–104. – Jan Tomasz Gross, Irena Gródzińska-Gross: „W czterdziestym nas matko na Sybir zesłali ...". Polska a Rosja 1939–1942. Londyn 1983, S. 141–143, 45–57. – Marek Wierzbicki: Polacy i Żydzi w zaborze sowieckim. Stosunki polsko-żydowskie na ziemiach północno-wschodnich II RP pod okupacją sowiecką (1939–1941). Warszawa 2001, S. 23–35. – Wojciech Śleszyński: Okupacja sowiecka na Białostocczyźnie 1939–1941. Propaganda i indoktrynacja. Białystok 2001, S. 49–57.

[8] Krzysztof Jasiewicz: Zagłada polskich Kresów. Ziemiaństwo polskie na Kresach Północno-Wschodnich Rzeczpospolitej pod okupacją sowiecką 1939–1941. Warszawa 1997, S. 85–92.

[9] Rafał Wnuk: Zwischen Scylla und Charybdis. Deutsche und sowjetische Besatzung Polens 1939–1941, in: OSTEUROPA, 7–8/2009, S. 157–172, hier S. 163–164.

ab, da das Lubliner Land und das östliche Masowien, die nach dem Hitler-Stalin-Pakt der Sowjetunion hätten zufallen sollen, im deutsch-sowjetischen Grenz- und Freundschaftsvertrag dem Deutschen Reich abgetreten worden waren.

Nach massiver Agitation und Anwendung von Terror fanden am 22. Oktober 1939 Wahlen statt. In den künftig zur USSR (Ukrainische SSR) gehörigen Gebieten lag die Wahlbeteiligung nach offiziellen Angaben bei 92,83 Prozent, in denen, die der BSSR (Belarussische SSR) zufallen sollten, bei 96,7 Prozent. In beiden Fällen holten die von den Sowjets unterstützten Kandidaten offiziell über 90 Prozent der Stimmen. Die so „gewählten" Abgeordneten traten zur „Volksversammlung der Westukraine" zusammen, die vom 26. bis 28. Oktober 1939 in Lemberg tagte, bzw. zur „Volksversammlung des westlichen Weißrussland", die vom 28. bis 30. Oktober in Białystok tagte. Diese Gremien beschlossen nach einer vielstimmig instrumentierten Kritik an der „Ausrottungspolitik" der „weißpolnischen Okkupanten", „Blutsauger" und „hochmögenden Herren" gegenüber den „ukrainischen und weißrussischen Massen" die Einsetzung einer Sowjetmacht in den besetzten Gebieten, die von Delegiertenräten ausgeübt werden sollte. Anschließend verabschiedeten die beiden Volksversammlungen eine Erklärung, in der sie den Obersten Sowjet der UdSSR „baten", ihre Gebiete an die „Schwesterrepubliken" USSR und BSSR anzuschließen. Beschlossen wurde zudem die entschädigungslose Enteignung von Land, Gebäuden und Einrichtungen, die sich im Besitz von „Großgrundbesitzern", Kirchen und Staatsbeamten befanden, um sie Kleinbauern und Landlosen zur Nutzung (also nicht als Eigentum) zu übergeben. Banken und größere Industriebetriebe sollten verstaatlicht werden. Am 1./2. November beschloss der Oberste Sowjet der UdSSR, das „westliche Weißrussland" und die „Westukraine" an die UdSSR anzugliedern. Der letzte Akt dieser Inszenierung war die „Annahme" der Entscheidungen des Obersten Sowjets der UdSSR durch die Obersten Sowjets der USSR und der BSSR am 14. bzw. 15. November 1939. Die Einsetzung von Volksversammlungen und die darauf folgenden Prozeduren sollten den Anschein erwecken, es gäbe eine rechtliche Grundlage für die Annexionen.[10]

Letztere machten es nötig, die Staatsangehörigkeit der Einwohner der angeschlossenen Gebiete zu regeln. Am 29. November 1939 verabschiedete das Präsidium des Obersten Sowjets der UdSSR ein Dekret, dem zufolge polnische Staatsbürger, die in den „westlichen Bezirken der Ukraine und Weißrusslands" lebten, automatisch zu Staatsbürgern der UdSSR wurden. Hingegen mussten sich die in diesen Gebieten aufhaltenden Flüchtlinge aus Zentralpolen (von denen es schätzungsweise 300 000 gab) eigens um die sowjetische Staatsbürgerschaft bewerben.[11] Die erzwungene Annahme dieser Staatsbürgerschaft bedeutete für die jungen Männer in den betreffenden Gebieten, Wehrdienst in der Roten Armee leisten zu müssen oder auch zur Arbeit in Baubataillonen verpflichtet werden zu können. Dieses Schicksal ereilte insgesamt rund 160 000 ehemalige Bürger der Zweiten Polnischen Republik.[12]

---

[10] Albin Głowacki: Sowieci wobec Polaków na ziemiach wschodnich II Rzeczypospolitej 1939–1941. Łódź 1998, S. 32–69.
[11] Ebd., S. 86–89.
[12] Ryszard Ryś: Przymusowe wcielanie polskich obywateli – mieszkańców Kresów Wschodnich – do regularnych jednostek wojskowych Armii Czerwonej w 1940 r., in: Tomasz Chinciński (Hg.): Przemoc i dzień powszedni w okupowanej Polsce. Gdańsk 2011, S. 248.

In den angegliederten Gebieten wurde im Dezember 1939 der Verwaltungsaufbau nach sowjetischem Vorbild umgestaltet. Dementsprechend gab es fortan auf höherer Ebene Gebiete (oblast'), auf niedrigerer Bezirke (rajon). Im Januar 1940 wurden die bis dahin existierenden untersten Verwaltungseinheiten, die Landkomitees, durch Dorfsowjets (sel'sovet) ersetzt. Die neuen territorialen Einheiten waren viel kleiner als ihre polnischen Vorgänger. Dass das Land somit vergleichsweise stark von Vertretern der neuen Verwaltung durchdrungen war, erleichterte die Kontrolle der Bevölkerung. Der Ausbau des lokalen Apparats ermöglichte es, eine große Zahl von Einheimischen – meist aus den unteren Gesellschaftsschichten – in seine Strukturen aufzunehmen. Diese Menschen entwickelten dadurch ein enges Verhältnis zum Sowjetstaat. Mitarbeiter der polnischen Vorkriegsadministration dagegen erhielten als „unzuverlässige Elemente" in der Regel keine Anstellung im neuen Apparat. In den lokalen Verwaltungen dominierten Ukrainer, Weißrussen und Juden. Zu einem ähnlichen Wechsel der Kader kam es in fast allen staatlichen Einrichtungen. Dies bedeutete jedoch nicht etwa, dass die nationalen Minderheiten der Zweiten Polnischen Republik reale Macht erhalten hätten, denn diese lag in den Händen der *vostočniki* („Ostmänner"), also von Kadern, die aus der „alten" Sowjetunion hergeschickt worden waren.
Eine wichtige Rolle bei der formalen Vereinheitlichung spielten Parteiorganisationen. Das Politbüro des ZK der VKP(B) ordnete schon am 1. Oktober 1939 die unverzügliche Bildung kommunistischer Organisationen in der Westukraine und dem westlichen Weißrussland an. Den Vorzug bei der Aufnahme genossen Arbeiter, „fortschrittliche" Bauern und Vertreter der Intelligenz, die der Roten Armee bei der Errichtung der Sowjetherrschaft geholfen hatten. Ehemalige Mitglieder der im Jahr 1938 von der Komintern aufgelösten Parteien KPZU, KPZB und KPP wurden nicht kollektiv aufgenommen, sondern mussten ihren Beitritt individuell beantragen, ihre Anträge wurden ausführlich geprüft. Zur Schaffung von Parteizellen und Komsomol-Abteilungen wurden rund 6000 Mitglieder der VKP(B) sowie Komsomolzen aus der ukrainischen und weißrussischen KP(B) entsandt.
Die Annexion der ehemaligen ostpolnischen Gebiete an die Sowjetunion wurde in einem nächsten Schritt dadurch formalisiert, dass in diesen Gebieten Wahlen zu den gesetzgebenden Gremien der USSR und BSSR sowie der Sowjetunion stattfanden. Vor den für den 24. März 1940 angesetzten gemeinsamen Ergänzungswahlen zu den Obersten Sowjets der beiden Sowjetrepubliken und der Gesamtunion wurde die örtliche Bevölkerung ein weiteres Mal mit einer massiven Propagandakampagne überzogen. Im Zeichen des Kampfes gegen „feindliche Elemente" wandten die Parteistellen bei der Auswahl der Kandidaten und der Mitglieder der Wahlkommissionen die größte Sorgfalt auf. Die Wahlen selbst wurden als großes Fest inszeniert. In den Wahllokalen wartete ein Imbiss auf die Wähler, Orchester spielten ihnen auf. Wer sich den „Wahlen" entziehen wollte, wurde von der Arbeiter- und Bauernmiliz oder dem NKVD an Ort und Stelle geschafft, Kranke wurden mit Fuhrwerken herbeigekarrt. Offiziell waren die Wahlen ein triumphaler Erfolg für die Partei: Bei einer angeblichen Wahlbeteiligung von 99 Prozent hatten über 98 Prozent der Wähler für die Kandidaten der Partei gestimmt.[13]

---

[13] Głowacki, Sowieci wobec Polaków [Fn. 10], S. 104–105.

Abgeschlossen wurde die Integration der annektierten Gebiete mit den Wahlen zu den Gebiets-, Rajons-, Stadt-, Dorf- und Siedlungssowjets in der Westukraine und im westlichen Weißrussland vom 15. Dezember 1940. Zum dritten Mal innerhalb von 14 Monaten war die Bevölkerung einer massiven, allgegenwärtigen Propagandakampagne ausgesetzt. Auch bei diesen Wahlen lag die Wahlbeteiligung natürlich wieder bei über 99 Prozent, die Unterstützung für die Parteikandidaten bei über 98 Prozent. Von diesem Moment an waren die Westukraine und das westliche Weißrussland administrativ-rechtlich vollständig mit der USSR und der BSSR vereint.

Verstaatlichung von Landwirtschaft, Industrie, Banken und Genossenschaften

Auf Beschluss der Volksversammlungen der Westukraine und Westweißrusslands enteigneten die Kommunisten größere landwirtschaftliche Privatbetriebe und zogen das Eigentum von Kirchen und Glaubensgemeinschaften ein. Bis Ende 1939 hatten die von der Partei kontrollierten Gemeindekomitees die zu ihnen gehörenden landwirtschaftlichen Flächen einschließlich des lebenden und toten Inventars parzelliert. Die Größe der Höfe wurde je nach Region auf 5 bis 15 Hektar begrenzt. Dadurch verschärfte sich ein bereits im Polen der Zwischenkriegszeit bestehendes Problem: die starke Zersplitterung des Landbesitzes. So waren die neu geschaffenen Höfe zwangsläufig von staatlicher Hilfe abhängig. Die Kommunisten wussten, dass Aufrufe zur Kollektivierung selbst unter den Kleinbauern starken Widerstand hervorrufen würden. Aus diesem Grund mieden die sowjetischen Behörden zunächst bewusst alle Parolen, die auf eine beabsichtigte Abschaffung privater Landwirtschaften hätten schließen lassen.

Erst im Januar 1940 warfen die Behörden das Ruder herum. An die Stelle der bisherigen Politik, im Tausch gegen Land die Unterstützung der Bauern zu erlangen, trat nun das Programm einer Kollektivierung der Landwirtschaft. Gestützt auf die von den großen privaten Landwirtschaften übernommenen Maschinen und auf aus dem Osten herbeigeschaffte Ausrüstung, wurden Maschinen-Traktoren-Stationen (MTS) als Basis für die verstaatlichte Landwirtschaft geschaffen. Im Februar entstanden in der Westukraine und im westlichen Weißrussland erste Kolchosen und Sowchosen. Trotz administrativen Drucks und einer aggressiven Propaganda stieß die Kollektivierung bei den Bauern auf großen Widerstand.

Im Eiltempo wurden die Eigentumsverhältnisse in der Industrie, im Banken- und Genossenschaftssektor umgestaltet. Die Nationalisierungsbeschlüsse der Volksversammlungen vom Oktober 1939 bestätigten in vielen Fällen lediglich bereits geschaffene Fakten. Zahlreiche Betriebe waren von den Kommunisten bereits im September 1939 übernommen worden. Am 1. Oktober des Jahres hatte das Politbüro des ZK der VKP(B) verfügt, dass Betriebe, deren Eigentümer geflohen waren oder die die Produktion sabotierten, nationalisiert werden sollten. Bis Ende Dezember waren alle Unternehmen, Schulen, Museen, Krankenhäuser, Apotheken, Badeanstalten, Schwimmbäder, Liegenschaften von Unternehmen mit Zentrale im deutsch besetzten Gebiet, Vereinsgebäude, kommunale Wohnungen usw. verstaatlicht.

Mit der Nationalisierung der Wirtschaft ging der Aufbau eines sowjetischen Genossenschaftswesens einher. Ende 1939 wurden die unabhängigen Genossenschaftszentralen zum Zusammenschluss gezwungen. Mit der technischen Seite der „Fusion"

befassten sich Funktionäre aus dem Osten. Dieses Vorgehen war gleichbedeutend mit der Abschaffung eines echten Genossenschaftswesens.[14]
Ab dem 7. Oktober 1939 wurden die übernommenen polnischen Banken von sowjetischen Ökonomen verwaltet, die aus Moskau entsandt waren. Sie stoppten alle Operationen mit ausländischen Banken. Keine Transaktion durfte nun ohne Wissen der sowjetischen Kommissare erfolgen. Die privaten Sparkonten wurden eingefroren, ihre Besitzer durften nicht mehr als 300 Rubel im Monat abheben. Hatte der Wechselkurs vor dem Krieg 3,20 Rubel für einen Złoty betragen, so wurde er Ende 1939 bei der allgemeinen Währungsumstellung auf 1:1 festgelegt. Damit verloren alle Sparer einen Großteil ihrer Geldeinlagen. Zusammen mit den anderen Nationalisierungsmaßnahmen war dies nichts anderes als ein Raub von Vermögen polnischer Bürger, dessen Gesamtwert sich allen Schätzungen entzieht.[15]

Sowjetische Kultur-, Bildungs- und Religionspolitik

Die Kulturpolitik der Besatzer basierte auf dem Dogma vom Klassencharakter der Kultur. Dementsprechend wurde das Kulturleben von der Hoch- bis zur Massenkultur ideologisiert. Um die Sympathien von Weißrussen und Ukrainern zu gewinnen, beriefen sich die Sowjets immer wieder auf deren Nationalkulturen. Hinter dieser Weißrussifizierungs- und Ukrainisierungspolitik stand jedoch das Ziel, diese Nationalkulturen in die „allgemeinsowjetische Kultur" zu integrieren. Die vermeintlich internationalistische Sowjetkultur diente in Wirklichkeit dazu, die nichtrussische Bevölkerung allmählich zu entnationalisieren. Im Grunde handelte es sich um eine versteckte Russifizierung.[16]
Als Teil dieser Politik wurde die polnische Sprache aus dem öffentlichen Leben verdrängt und durch das Russische, Weißrussische und Ukrainische ersetzt. Die meisten Schulen mit polnischer Unterrichtssprache wurden von den Sowjets geschlossen. Schulen in der Trägerschaft von Kirchen und Glaubensgemeinschaften erhielten keine Konzession. Diese Entscheidung beeinträchtigte vor allem das Schulwesen der jüdischen Gemeinden. Da das Hebräische als Medium eines jüdischen „Nationalismus" eingestuft wurde, mussten alle Schulen mit dieser Unterrichtssprache schließen. Als „proletarisch" galt lediglich Jiddisch, weshalb an jüdischen Schulen ausschließlich in dieser Sprache unterrichtet werden durfte.[17]
Im Juli 1940 revidierten die Machthaber ihre Nationalitätenpolitik teilweise. Die weißrussische und die ukrainische Sprache begannen allmählich durch das Russische ersetzt zu werden. Damit ging eine veränderte Haltung zu den Polen einher. Waren diese bis dahin von der neuen Staatsmacht ausgegrenzt worden, so wandte sie nun die Taktik an, das polnische Segment der Gesellschaft für sich zu gewinnen. Vor allem in Lemberg, aber auch in Białystok erschienen z.B. polnischsprachige sowjetische Zeitungen, ein Teil der polnischen Beamten und Lehrer wurde wieder eingestellt.[18]

---

[14] Marek Wierzbicki: Białorusini polscy w okresie przełomu (1939–1945), in: Pamięć i Sprawiedliwość, 2/2004, S. 83–114, hier S. 91.
[15] Głowacki, Sowieci wobec Polaków [Fn. 10], S. 140–143.
[16] Mieczysław Ingot: Polska kultura literacka Lwowa lat 1939–1941. Ze Lwowa i o Lwowie. Lata sowieckiej okupacj w poezji polskiej. Antologia utworów poetyckich w wyborze. Wrocław 1995, S. 153.
[17] Pinchuk, Shtetl Jews under Soviet Rule [Fn. 7], S. 59.
[18] Wnuk, Zwischen Scylla und Charybdis [Fn. 9], S. 170–171.

Als Symbol des Fortschritts sollte nach dem Willen der Besatzer jedermann Zugang zu kostenloser Bildung auf allen Ebenen erhalten. Um dies zu verwirklichen, mussten neue Plätze in den bereits bestehenden Schulen und Hochschulen sowie neue Unterrichtsstätten geschaffen werden. Zu diesem Zweck wurden Lehrerseminare mit mehrmonatigen Lehrgängen eingerichtet, nach deren Absolvierung die jungen Pädagogen in die Schulen geschickt wurden. Außerdem wurden Lehrer aus der USSR und der BSSR herbeordert.

So erhielten unter den sowjetischen Besatzern zweifellos weit mehr Menschen Zugang zu Bildung als im Zwischenkriegspolen – und zwar ohne Rücksicht auf ihre nationale Zugehörigkeit. Junge Weißrussen und Ukrainer konnten ebenso an Hochschulen lernen und arbeiten wie Juden und Polen, natürlich unter der Voraussetzung, dass sie nicht als „Klassenfeinde" eingestuft wurden. Gleichzeitig jedoch ging die Qualität der Lehre zurück, und die Schulen wurden zu einem Ort intensiver Indoktrination.[19] Dass allen Bürgern kostenloser Unterricht von der Grundschule bis hin zur Universität ermöglicht wurde, stieß nicht zuletzt bei den ärmsten Schichten auf positive Resonanz. Die Abschaffung des *numerus clausus*, der in der Zweiten Republik den Hochschulzugang für Angehörige der nationalen Minderheiten stark begrenzt hatte, erfüllte besonders die jüdische Jugend mit Zufriedenheit, unter der der Anteil der Studierwilligen überproportional groß war.[20]

Allerdings geriet die kommunistische Politik der Weißrussifizierung und Ukrainisierung bisweilen in Widerspruch zur Losung der Gleichberechtigung aller Nationalitäten. Diese Erfahrung machte man beispielsweise am Pädagogischen Institut in Białystok, das 1940 zu dem Zweck gegründet worden war, Lehrpersonal für die weißrussischen Schulen auszubilden. Denn nach den Aufnahmeprüfungen zeigte sich, dass von den insgesamt 267 zu vergebenden Plätzen 210 an Juden gegangen waren, während nur 29 Weißrussen einen Studienplatz erhalten hatten. Daraufhin intervenierte das Gebietskomitee der KP(b) Weißrusslands in Białystok und ordnete an, alle Weißrussen, die sich um einen Studienplatz beworben hatten, unabhängig von ihrem Ergebnis bei den Aufnahmeprüfungen zuzulassen. Dies ging logischerweise auf Kosten der jüdischen Studienbewerber.[21]

Ein Dorn im Auge war den Kommunisten, dass die Bevölkerung der ehemaligen Ostgebiete der Zweiten Polnischen Republik, unabhängig von ihrer Nationalität und Konfession, allgemein stark religiös engagiert war. Die sowjetischen Besatzer ver-

---

[19] Marek Wierzbicki: Stosunki polsko-białoruskie w okresie okupacji sowieckiej ziem północno wschodnich II Rzeczpospolitej (1939–1941), in: Studia z dziejów Okupacji sowieckiej (1939–1941). Obywatele polscy na kresach północnow-wschodnich II Rzeczpospolitej pod okupacją sowiecką w latach 1939–1941. Warszawa 1997, S. 21–30. – Pinchuk, Shtetl Jews under Soviet Rule [Fn. 7], S. 59.

[20] In den 1920er Jahren führten die meisten Hochschulen in Polen einen *numerus clausus* ein, wonach der Prozentanteil der Studenten, die einer nationalen Minderheit angehörten, nicht höher liegen durfte als der Anteil, den die jeweilige Minderheit an der Gesamtbevölkerung des Landes ausmachte. Im Falle der jüdischen Studenten betrug dieser Anteil zehn Prozent. Ausführlicher hierzu und allgemein zu den Diskriminierungen, unter denen jüdische Schüler und Studenten in der Zweiten Polnischen Republik zu leiden hatten: Hanna Schmidt Holländer: Vielfalt in der Einheit. Jüdisches Schulwesen im Polen der Zwischenkriegszeit, in: Mikrogeschichte. Juden in Polen und der Ukraine [= OSTEUROPA, 10/2012], S. 53–70.

[21] Wierzbicki, Polacy i Żydzi [Fn. 7], S. 174.

suchten daher, die institutionelle Basis der dort existierenden Kirchen und Glaubensgemeinschaften zu erschüttern. Diesem Zwecke diente es, ihnen einen Teil ihrer Gebäude wegzunehmen und ihre Güter zu parzellieren und die ihnen verbliebenen Pfarrei- und Kirchengebäude, Kapellen und Gebetshäuser mit einer absurd hohen Grundsteuer zu belasten. Die Schließung von Priesterseminaren und Talmudschulen sollte verhindern, dass künftig noch Geistliche und Rabbiner ausgebildet wurden. Dadurch, dass Schulen und Fürsorgeeinrichtungen in der Trägerschaft von Kirchen und Glaubensgemeinschaften geschlossen wurden und das Fach Religion aus den Schullehrplänen gestrichen wurde, versuchten die Kommunisten, Priester, Rabbiner und andere religiöse Lehrer ihres Einflusses auf die Jugend zu berauben.[22] Für ihren Propagandakampf gegen die Religion setzte die kommunistische Partei ein ganzes Arsenal von Mitteln ein – Parteiaktivisten und Presse, Radio und Film.

Deportationen und Terror: Der sowjetische Sicherheitsapparat

Eine Schlüsselrolle beim Aufbau des sowjetischen Systems in den annektierten Gebieten spielten der sowjetische Sicherheitsapparat und das von seinen Funktionären errichtete Unterdrückungssystem. Für diesen Bereich waren insgesamt 2785 Planstellen vorgesehen. In allen Gebiets- und Rajonsstädten entstanden regionale Unterabteilungen des NKVD. An die Grenzen zum Generalgouvernement, zu Ungarn und Rumänien wurden Grenztruppen des NKVD verlegt. Der Umfang dieser Truppen ist unbekannt, muss jedoch enorm gewesen sein. Die in den NKVD-Einheiten dienenden Soldaten patrouillierten nicht nur an den Grenzen, sondern diese Einheiten unterhielten auch in einem Grenzstreifen von rund 30 Kilometern Breite ein Netz von Zuträgern, die den Grenzern die Anwesenheit von Ortsfremden melden mussten. Bei Deportationen und Gefangenentransporten wurden zusätzlich NKVD-Begleitmannschaften eingesetzt. Am Kampf gegen den „inneren Feind" beteiligte sich außerdem die Spionageabwehr des Militärs. Eine wichtige Rolle innerhalb der NKVD-Strukturen spielte die Arbeiter- und Bauernmiliz. Der Aufbau des sowjetischen Sicherheitsapparats in den annektierten Territorien glich dem in der übrigen UdSSR.[23]

Die Einwohner der besetzten Ostgebiete Polens lernten in Windeseile das ganze Spektrum der NKVD-Methoden kennen. In der ersten Phase der Okkupation handelte es sich vorwiegend um Hausdurchsuchungen, die meist unter dem Vorwand der Suche nach versteckten Waffen durchgeführt wurden. Oft waren diese Durchsuchungen von Prügeln und angedrohtem Waffengebrauch begleitet. In der Regel nahmen die NKVDler auch Wertgegenstände mit. In den ersten Monaten der Besatzung gab es zahlreiche Verhaftungen, die aber noch individueller Natur waren. Sie betrafen am häufigsten Personen der Kategorie „Sozial gefährliche Elemente" (social'no opasnyj element, SOE), also gesellschaftlich oder politisch aktive Bürger, Personen, die höhere Posten in der polnischen Verwaltung bekleidet hatten, sowie Unternehmer. Mit der Zeit stieg der Anteil derjenigen Personen, die wegen Untergrundtätigkeit verhaftet wurden. Die größte Gruppe unter den mehr als 100 000 Verhafteten (etwa 40 Prozent) waren jedoch Personen, die beim Versuch des illegalen Grenzübertritts gefasst worden waren.

---

[22] Andrzej Żbikowski: U genezy Jedwabnego. Żydzi na Kresach Północno-Wschodnich II Rzeczpospolitej, wrzesień 1939 – lipiec 1941. Warszawa 2006, S. 56–57.

[23] Piotr Kołakowski: NKWD i GRU na ziemiach polskich 1939–1945. Warszawa 2002, S. 85, 93.

Ein Wendepunkt war es, als die sowjetischen Behörden begannen, das Prinzip der kollektiven Verantwortung anzuwenden. Dies geschah in Form von Deportationen von Bevölkerungsgruppen, die als Feinde des Proletariats eingestuft worden waren. Dabei wurden polnische Staatsbürger auf der Basis von Verwaltungsentscheidungen, ohne Prozess und Urteil, verschickt. Im Zuge einer ersten Deportation wurden am 10. Februar 1940 polnische Militärsiedler[24] und zivile Siedler sowie Angestellte der Forstbehörden abtransportiert. Die zweite Deportation vom 13. April 1940 betraf Personen, die in der Zweiten Republik höhere Verwaltungsposten innegehabt hatten, aber auch Mitglieder politischer und gesellschaftlicher Organisationen, Gutsbesitzer, Fabrikanten, Offiziere der polnischen Armee, Polizisten und Menschen, die versucht hatten, sich versteckt zu halten. Bei dieser Deportation wurden die Mitglieder der genannten Gruppen mitsamt ihren Familienangehörigen fortgebracht. Die dritte Deportation umfasste vor allem Flüchtlinge aus dem deutsch besetzten Teil Polens, die es abgelehnt hatten, einen sowjetischen Pass anzunehmen. Die vierte fand nach einem Beschluss des ZK der VKP(B) vom 14. Mai 1941 in drei Runden statt. Ihr Zweck war es, die von der UdSSR 1939 und 1940 einverleibten Gebiete zu „säubern". Betroffen waren Mitglieder von Organisationen, die als „konterrevolutionär" eingestuft worden waren, sowie deren Familien, ehemalige Gendarmen, Gefängnispersonal, Großgrundbesitzer, Kaufleute, Industrielle, höhere Staats- und Kommunalbeamte sowie deren Familien, ehemalige Offiziere, Familienmitglieder von Personen, die wegen „konterrevolutionärer" Verbrechen verurteilt worden waren oder die versucht hatten unterzutauchen, aber auch Menschen, die krimineller Aktivitäten verdächtigt wurden. Im Unterschied zu den ersten drei Deportationen erstreckte sich die vierte auch auf die Litauische SSR, so dass sie auch Einwohner von Wilna und seinem Umland betraf, die ja erst kurz zuvor von Polen wieder an Litauen gelangt waren. Insgesamt wurden 330 000 bis 340 000 ehemalige polnische Staatsbürger deportiert. Unter ihnen befanden sich Angehörige aller in den annektierten Gebieten lebenden Ethnien. Polen und Juden waren unter den Deportierten verhältnismäßig häufiger vertreten als andere Nationalitäten. Der besonders hohe Anteil ethnischer Polen hing damit zusammen, dass sie in der Zweiten Polnischen Republik die nationale Elite gebildet hatten und im Staatsapparat überproportional vertreten gewesen waren. Der große jüdische Anteil rührt von der dritten Deportation her, denn Juden stellten unter den Flüchtlingen die große Mehrheit. Weitere 62 000 Menschen wurden auf der Basis von Urteilen von NKVD-Tribunalen ins Innere der Sowjetunion transportiert und verschwanden in Lagern.[25]

Terror war zwar an der Tagesordnung, wurde jedoch nicht „blind" ausgeübt. Er richtete sich gegen diejenigen Gesellschaftsgruppen, die vor dem Krieg die Stützen des polnischen Staates gewesen waren oder um die sich potenziell gesellschaftlicher Widerstand formieren konnte. Die Kommunisten wollten also nicht nur „Volksfeinde" eliminieren, sondern auch Führungspersönlichkeiten mit Autorität und ganze soziale Milieus, die den neuen Machthabern in ihren Augen gefährlich werden konnten. Die Massenrepressionen, die die Kommunisten gegen solche Gruppen anwandten, und das allgegenwärtige Denunziantentum führten zur Zerstörung alter gesellschaftlicher Bindungen und verhinderten zugleich die Bildung neuer.

---

[24] Ehemalige Militärangehörige, die in den östlichen Grenzgebieten der Zwischenkriegsrepublik Höfe erhalten hatten, um den polnischen Bevölkerungsanteil dort zu erhöhen.
[25] Grzegorz Hryciuk, Małgorzata Ruchniewicz, Bożena Szaynok, Andrzej Żbikowski: Wysiedlenia, wypędzenia i ucieczki 1939–1959. Atlas ziem Polski. Warszawa 2008.

Polnischer und ukrainischer Untergrund

Ins Visier des NKVD gerieten natürlich auch die verschiedenen Untergrundorganisationen, die in den ehemaligen Ostgebieten der Zweiten Polnischen Republik praktisch seit dem 17. September 1939 entstanden waren. In diesen Gebieten unter sowjetischer Besatzung konsolidierte sich der Untergrund im Rahmen des *Bundes für den bewaffneten Kampf* (Związek Walki Zbrojnej, ZWZ) viel rascher als in Zentralpolen. Insgesamt waren zwischen 1939 und 1941 25 000 bis 30 000 Menschen im polnischen Untergrund aktiv, davon rund 80 Prozent in den Strukturen des *Dienstes am Siege Polens* (Służba Zwycięstwu Polski, SZP) bzw. in dessen Nachfolgeorganisation ZWZ.[26] Die meisten dieser Menschen stießen zwischen September 1939 und April 1940 zum Untergrund. Zwischen Frühjahr 1940 und Juni 1941 sank die Zahl der an solchen Netzwerken Beteiligten. Am Vorabend des deutschen Überfalls auf die Sowjetunion waren nicht mehr als 5000 Menschen konspirativ tätig.[27]

In Galizien und in Wolhynien baute auch die *Bandera-Fraktion der Organisation Ukrainischer Nationalisten* (OUN-B)[28] Untergrundstrukturen auf. Zu der Zeit saß ihre Führung in Krakau (damals Hauptstadt des Generalgouvernements), von wo aus sie in enger Zusammenarbeit mit den Deutschen Menschen und Material in die sowjetisch besetzten Gebiete schmuggelte. Dieser Führung zufolge verfügten die dortigen Untergrundnetze über rund 20 000 Mitglieder. Die ukrainischen Nationalisten waren bemüht, in jeder Ortschaft, in der die OUN vertreten war, auch eine militärische Sektion entstehen zu lassen. Die jungen *banderovci* erhielten eine gründliche militärische Schulung, organisierten sich in Kampfgruppen und trugen Waffen und Sprengstoff zusammen. Die Leitung der OUN-B plante, beim erwarteten Ausbruch eines deutsch-sowjetischen Krieges einen antisowjetischen ukrainischen Aufstand zu starten. Lemberg sollte erobert und in der Stadt eine ukrainische Regierung eingesetzt werden: Man wollte bereits als Herr im Hause die einrückende verbündete Wehrmacht begrüßen. Doch in der zweiten Jahreshälfte 1940 musste der sich rasch ausweitende ukrainisch-nationalistische Untergrund einige schwere Schläge einstecken. Zwischen Oktober und Dezember verhaftete der NKVD 4500 OUN-Mitglieder und beschlagnahmte 1600 Waffen der Organisation. Im Frühjahr 1941 ging eine weitere Repressionswelle über die OUN her; Tausende von Personen, die verdächtigt wurden, die OUN unterstützt zu haben, wurden verhaftet, 11 000 davon ins Innere der Sowjetunion deportiert. Der deutsche Überfall auf die UdSSR unterbrach die NKVD-Kampagne gegen die ukrainischen Nationalisten.[29]

---

[26] Die SZP war Ende September 1939 von Offizieren im belagerten Warschau als Kern einer Untergrundarmee gegründet worden. Ende Dezember 1939 wurde die SZP in den ZWZ überführt, aus dem 1942 die *Armia Krajowa* (Heimatarmee) hervorging.

[27] Rafał Wnuk: „Za pierwszego Sowieta". Polska konspiracja na Kresach Wschodnich II Rzeczpospolitej (wrzesień 1939 – czerwiec 1941). Warszawa 2007, S. 362–379.

[28] Die 1929 gegründete ukrainische Nationalbewegung OUN spaltete sich 1940 in OUN-B (unter Stepan Bandera) und OUN-M (unter Andrij Mel'nyk).

[29] Grzegorz Motyka: Ukraińska partyzantka 1942–1969. Działalność Organizacji Ukraińskich Nacjonalistów i Ukraińskiej Powstańczej Armii. Warszawa 2006, S. 80–86.

„Unsere Armee ist eine Armee zur Befreiung der Werktätigen! I. Stalin"

Die sowjetische Herrschaft in den baltischen Staaten

In den nach dem Ersten Weltkrieg entstandenen drei baltischen Staaten Litauen, Lettland und Litauen traf eine Vielzahl von Nationalitäten und Konfessionen aufeinander. Litauer, Polen und ein Teil der Letten waren Mitglieder der römisch-katholischen Kirche, die Esten, die meisten Letten sowie die Baltendeutschen waren Lutheraner, Russen und Weißrussen bekannten sich zum orthodoxen Glauben, die Juden waren Anhänger der mosaischen Religion.[30]

Vorbereitung des sowjetischen Einmarschs

Als die drei baltischen Staaten 1939 Hitlers und Stalins bösem Spiel zum Opfer fielen, herrschten dort bereits seit mehreren Jahren autoritäre Regime mit stark nationalistischem Einschlag: In Litauen hatte sich Antanas Smetona 1927 an die Macht geputscht, Lettland wurde seit dem Umsturz von 1934 von Kārlis Ulmanis geführt, und im selben Jahr hatte in Estland Konstantin Päts den Staatsnotstand erklärt, der den Beginn seiner autoritären Herrschaft markierte. 1938 bzw. 1939 erklärten die Regierungen Estlands, Lettlands und Litauens angesichts des drohenden Kriegsausbruchs ihre Neutralität. Dies schützte sie jedoch nicht vor der Aggression der Sowjetunion und des Dritten Reichs. Bereits am 22. März 1939 besetzte die deutsche Wehrmacht das litauische Memelland. Die sowjetische Erklärung vom Juli 1939, die Unabhängigkeit der baltischen Staaten achten zu wollen, wie auch die Nichtangriffspakte, die das Deutsche Reich wenige Wochen zuvor mit Estland und Lettland abgeschlossen hatten, sollten sich schnell als Teile einer Verschleierungstaktik erweisen. Das deutsch-sowjetische Abkommen vom 28. September 1939 machte aus den baltischen Staaten eine „sowjetische Einflusszone". Die militärische Niederlage Polens ermöglichte es Moskau, starken Druck auf die Regierungen Litauens, Lettlands und Estlands auszuüben. In dieser neuen geopolitischen Situation „lud" die sowjetische Regierung sie in ultimativem Ton „ein", „bestimmte konkrete Probleme politischer Natur zu diskutieren". Den „Orzeł-Zwischenfall" vom 18. September 1939, bei dem das vom neutralen Estland (sicherlich auf diplomatischen Druck Deutschlands und der Sowjetunion) internierte polnische U-Boot „Orzeł" aus dem Hafen von Tallinn (Reval) flüchtete, nutzte die Sowjetunion, um den Druck auf Estland zu erhöhen: Am 24. September verlangte der sowjetische Außenminister Molotov von Estland den umge-

---

[30] Estland hatte eine Fläche von 47 500 km^2 und rund 1,1 Mio. Einwohner, Lettland 65 800 km^2 und rund zwei Millionen Einwohner, Litauen wiederum 47 500 km^2 und rund 2,5 Millionen Einwohner. In Estland machten die Esten über 88 Prozent der Bevölkerung aus, 8,5 Prozent waren Russen, 1,5 Prozent Deutsche. In Lettland gab es 75,5 Prozent Letten, 12 Prozent Russen, 5 Prozent Juden, 3,2 Prozent Deutsche und 2,5 Prozent Polen. In Litauen gab es eine litauische Bevölkerungsmehrheit von 75 Prozent, an zweiter Stelle kamen die Polen mit 16 Prozent, dann Juden mit 10 Prozent sowie Russen und Weißrussen mit 2,5 Prozent; Jan Lewandowski: Historia Estonii. Wrocław 2002, S. 191. – Daina Bleiere u.a.: History of Latvia. The 20th Century. Riga 2006, S. 213–221. – Piotr Łossowski: Litwa. Warszawa 2001, S. 114–132.

henden Abschluss eines wechselseitigen Beistandspakts, in dem u.a. festgelegt werden sollte, dass die sowjetische Kriegsmarine Stützpunkte in Estland erhielt.[31]
Am 28. September gab Tallinn dem sowjetischen Druck nach und unterzeichnete den Beistandspakt. Die Sowjetunion erhielt damit das Recht, Marine- und Luftwaffenstützpunkte auf estnischem Territorium einzurichten. Estland musste sich einverstanden erklären, dass künftig ein Kontingent von 25 000 sowjetischen Soldaten diese Stützpunkte „beschützte" (die estnische Armee zählte zu jener Zeit etwas mehr als 15 000 Mann). Am 5. Oktober 1939 wurde Lettland ein ganz ähnlicher Vertrag aufgezwungen. Es musste die Anwesenheit von 30 000 Soldaten der Roten Armee auf seinem Territorium akzeptieren. Als letztes nahm am 10. Oktober Litauen ein vergleichbares sowjetisches Diktat an und billigte die Stationierung einer 20 000 Mann starken sowjetischen Garnison auf seinem Gebiet. Im Gegenzug, als „Geste des guten Willens", übergab die Sowjetunion am 19. Oktober 1939 die vormals polnisch und seit 1939 sowjetisch besetzte Stadt Wilna mitsamt dem umliegenden Gebiet an Litauen.[32]
Die von den baltischen Staaten unterzeichneten Verträge mit der Sowjetunion waren der erste Schritt in Richtung Verlust ihrer Souveränität. Die Führer der drei Staaten waren bemüht, sich ein Mindestmaß an Unabhängigkeit zu bewahren, indem sie um jeden Preis Konflikte mit Moskau vermieden. Als zum Beispiel im Dezember 1939 im Völkerbund über den Ausschluss der UdSSR abgestimmt wurde, enthielten sich die baltischen Staaten der Stimme. Die Sowjetunion hingegen scheute sich nicht, das Kontingent ihrer an den Stützpunkten im Baltikum stationierten Truppen fast auf das Doppelte dessen zu erhöhen, was in den erpressten Abmachungen vorgesehen war.[33]
Nach dem Beginn der deutschen Offensive im Westen im Mai 1940 beschleunigten sich die Ereignisse rapide. Stalin wollte ausnutzen, dass die Weltöffentlichkeit sich auf das Geschehen an der deutsch-französischen Front konzentrierte, um endlich die Vereinbarungen des deutsch-sowjetischen Vertrags vom 28. September 1939 in die Tat umzusetzen. Ende Mai und Anfang Juni 1940 inszenierten die Sowjets eine Reihe von Provokationen gegen die baltischen Staaten, woraufhin Molotov ihre Regierungen beschuldigte, eine Verschwörung gegen die Sowjetunion vorzubereiten. Zwischen dem 14. und 16. Juni stellte die Sowjetunion nacheinander Litauen, Lettland und Estland ein Ultimatum. Moskau warf ihnen vor, den Beistandsvertrag verletzt zu haben, und forderte die Einsetzung von „den Sowjets freundlich gesinnten" Regierungen. Ohne auf eine Antwort zu warten, ordnete Stalin die Besetzung der baltischen Staaten an. Am 15. Juni marschierten 150 000 Soldaten der Roten Armee in Litauen, am 17. Juni mehr als 100 000 Rotarmisten in Lettland und etwa 80 000 in Estland ein. Alle drei Staaten wurden eingenommen, ohne dass auch nur ein Schuss fiel.[34]

---

[31] Estonia 1940–1945. Reports of the Estonian International Commission for the Investigation of Crimes Against Humanity. Tallinn 2006, S. 7–9.
[32] Grzegorz Motyka, Rafał Wnuk, Tomasz Stryjek, Adam Baran: Antysowieckie podziemie w Europie Środkowo-Wschodniej w latach 1944–1953. Gdańsk, Warszawa 2012, S. 16f., 35, 56.
[33] Ilgonis Upmalis, Ēriks Tilgass, Jānis Dinevičs, Anatolijs Gurbanovs: Latvia – USSR Military Base: 1939–1998. Materials and documents on the Soviet army's presence in and withdrawal from Latvia. Riga 2012, S. 22–32.
[34] Julija Z. Kantor: Pribaltika. Vojna bez pravil (1939–1945). Sankt-Peterburg 2011, S. 53–54. – Estonia 1940–1945 [Fn. 31], S. 48–54.

Schrittweise Eingliederung in die Sowjetunion

Nunmehr begann die Eingliederung der Staaten in die Sowjetunion. Diese Eingliederung verlief nach einem deutlich anderen Schema als im Falle der polnischen Ostgebiete. In dem Falle nämlich hatte die Sowjetunion behauptet, die Zweite Polnische Republik existiere nicht mehr, um dann Volksversammlungen der Westukraine und des westlichen Weißrussland einzuberufen, die anschließend darum „gebeten" hatten, in bereits bestehende Sowjetrepubliken aufgenommen zu werden. Die staatliche Existenz Litauens, Lettlands und Estlands dagegen stellte die Sowjetunion nicht in Frage. Im Gegenteil wollte Moskau sie als Sowjetrepubliken annektieren. Sie erhielten theoretisch den Status von „Staaten" innerhalb der Sowjetunion.[35]

Die Annexion lief in allen drei Fällen nach demselben Schema ab. In einer ersten Phase wurden die Präsidenten der baltischen Staaten gezwungen, „der Sowjetunion freundlich gesinnte" Regierungen einzusetzen. In Litauen war dies das Kabinett des Journalisten Justas Paleckis, in Lettland die Regierung von Prof. August Kirhenšteins und in Estland diejenige des Dichters Johannes Vares. Zwar war keiner der neuen Ministerpräsidenten Mitglied der jeweiligen kommunistischen Partei, doch alle gehörten zur radikalen Linken und fungierten als sowjetische „Marionetten".

Ähnlich wie in Ostpolen führte die Schwäche der kommunistischen Parteien in den baltischen Staaten (in Litauen gab es Mitte 1940 nur 133, in Estland nur 122 Parteimitglieder) dazu, dass die Sowjets sich auf Personen stützen mussten, die nur eine lockere Verbindung zum Kommunismus hatten, oder aber auf Opportunisten und Personen, die überzeugt waren, man müsse sich engagieren, um zumindest das zu retten, was zu retten sei. Außerdem wurden mehrere tausend sowjetische Spezialisten ins Baltikum geschickt, um beim Aufbau neuer Machtstrukturen zu „helfen".[36]

Die Sowjets machten sich die Tatsache zunutze, dass die Regierungen Smetona, Ulmanis und Päts keine parlamentarische Legitimation besaßen,[37] und setzten für Mitte Juli 1940 Wahlen zu neuen Staatsparlamenten an. Dabei wurde überall dasselbe Muster angewandt: Jede der Regierungen nahm in der ersten Julihälfte eine neue Wahlordnung an, die es der jeweiligen zuvor illegalen kommunistischen Partei ermöglichte, Kandidaten aufzustellen. Anschließend wurden „undemokratische" politische Gruppierungen sowie die meisten gesellschaftlichen Organisationen aufgelöst. Versuche, antikommunistische Listen aufzustellen, wurden entweder durch Repressionen oder durch das Vorschieben formaler Gründe vereitelt. Letztlich wurde überall nur eine Liste aufgestellt, deren Kandidaten von den Besatzern unterstützt wurden.

Die Wahlen fanden in den drei Staaten parallel, am 14. und 15. Juli 1940, statt. Vorausgegangen waren eine aggressive Propagandakampagne und Terror, ganz ähnlich wie zehn Monate zuvor in den Ostgebieten der Zweiten Polnischen Republik. Nach

---

[35] David Feest: Ethnische Spaltung, nationale Konsolidierung. Die Folgen des Hitler-Stalin-Paktes im Baltikum, in: Der Hitler-Stalin-Pakt [Fn. 6], S. 187–201, hier S. 190.

[36] Mark Laar: War in the Woods. Estonia's Struggle for Survival 1944–1956. Washington DC 1992, S. XIII. – Bleiere u.a., History of Latvia [Fn. 30], S. 245.

[37] Der litauische Präsident Smetona legte sein Amt am Tag des Einmarschs der Roten Armee nieder und floh ins Ausland. Das lettische Staatsoberhaupt Ulmanis wurde Ende Juli 1940 verhaftet und anschließend in die Sowjetunion deportiert. Dasselbe Schicksal ereilte seinen estnischen Amtskollegen Päts.

offiziellen Angaben gingen in Litauen 95,5 Prozent der Stimmberechtigten zu den Urnen, in Lettland 94,85 Prozent und in Estland 94,8 Prozent. Überall entfielen angeblich 98–99 Prozent der gültigen Stimmen auf die kommunistischen Kandidaten. Das „erzieherische" Ziel dieser Wahlfälschungen, die Allmacht der Kommunisten und die Sinnlosigkeit von Widerstand zu demonstrieren, war erreicht.[38]
Am 21. Juli erklärten die drei neu „gewählten" Abgeordnetenversammlungen die Umwandlung ihrer Länder in Sowjetrepubliken. Sodann richteten die Marionettenparlamente, deren Gebäude für alle Fälle von Panzern der Roten Armee und von NKVD-Einsatzkommandos „gesichert" wurden, die „Bitte" an die UdSSR, ihre Republiken in die Union aufzunehmen. Der Oberste Sowjet der UdSSR „kam diesen Bitten nach", und so wurden am 3. August die Litauische SSR (im Vergleich zur Litauischen Republik der Zwischenkriegszeit vergrößert um das Wilna-Gebiet), am 5. August die Lettische SSR und am 6. August die Estnische SSR offiziell Teil der Sowjetunion. Aus Staatsbürgern der baltischen Republiken wurden Bürger der UdSSR. Die Parlamente der drei neuen Sowjetrepubliken nahmen innerhalb weniger Wochen neue Verfassungen nach dem Vorbild der Verfassungen anderer Sowjetrepubliken an. Die bestehenden geringfügigen Unterschiede liefen darauf hinaus, dass kleiner Privatbesitz „zugelassen" war. Die Parlamente verwandelten sich binnen kurzem in Oberste Sowjets der einzelnen Sowjetrepubliken. Land- und Kreisgerichte wurden zu Volksgerichten.[39]

Wirtschaftliche und gesellschaftliche Sowjetisierung

Von diesem Moment an war der Annexionsmechanismus nur mehr eine Kopie dessen, was sich zuvor in der Westukraine und im westlichen Weißrussland abgespielt hatte. Die Obersten Sowjets der drei neuen Sowjetrepubliken beschlossen die Verstaatlichung von Industrie, Handel, Banken, privatem Großgrundbesitz und des Eigentums von Kirchen und Glaubensgemeinschaften. Der Umtausch der baltischen Währungen in Rubel zu einem viel zu niedrigen Kurs (in Litauen lag er um das Vierfache, in Lettland um das Sechsfache und in Estland um das Zehnfache unter dem Vorkriegswechselkurs) führte zusammen mit der Übernahme des Bankensektors und damit auch der Bankguthaben durch die Sowjets zu einem gewaltigen Rückgang der Kaufkraft der Bevölkerung. Auch das in den baltischen Ländern weit entwickelte Genossenschaftswesen wurde abgeschafft. Die bisherige Wirtschaftsordnung wurde zerstört und dem sowjetischen Vorbild angepasst. Im Frühjahr 1941 begannen die Sowjets mit der Bildung von Kolchosen, doch wurde dieser Prozess vom deutschen Angriff unterbrochen.[40]
Der wirtschaftliche Umsturz traf vor allem die Mittelklasse und die wohlhabenderen Schichten. Gleichzeitig bemühten sich die neuen Machthaber, die Unterstützung jener Bevölkerungsgruppen zu erlangen, die sich bislang am Rande des gesellschaftlichen und wirtschaftlichen Lebens befunden hatten. Die Landvergabe an Landlose, die Beseitigung der Arbeitslosigkeit, die gesellschaftliche „Aufwertung" der Armen und ein kostenloses Schulwesen waren ein attraktives Angebot für die ärmsten Bewohner der Region. Langsam wurde auch, praktisch aus dem Nichts, eine kommunistische Parteior-

---

[38] Elena Ju. Zubkova: Pribaltika i Kreml' (1940–1953). Moskva 2008, S. 89.
[39] Kantor, Pribaltika [Fn. 34], S. 45–74.
[40] Bleiere u.a., History of Latvia [Fn. 30], S. 253.

ganisation aufgebaut. Anfang 1941 zählte die litauische KP 2486, die lettische 2798 und die estnische 2036 Mitglieder. Doch selbst von diesen wenigen Mitgliedern stammte nur ein Bruchteil aus den baltischen Republiken. Die überwiegende Mehrheit waren Kommunisten, die als NKVD-Funktionäre, Offiziere der Roten Armee oder höhere Partei- oder Staatsbeamte aus der „alten" UdSSR ins Baltikum gekommen waren.[41]

Säuberung der Armee und NKVD-Terror

Ein weiterer Schritt, der auf die Vereinheitlichung der annektierten Gebiete mit der „alten" Sowjetunion abzielte, war die Eingliederung der nationalen Armeen in die Rote Armee. Die litauische Armee wurde zum 29. Territorialkorps der Roten Armee, die lettische zum 24. Korps, die estnische zum 22. Korps. Dieser Vorgang war von einer Säuberung der Offiziersränge begleitet. So wurden zum Beispiel 270 Offiziere der litauischen Armee „zu Übungen abkommandiert", mit anderen Worten ins Innere der UdSSR deportiert, wo sich ihre Spuren verlieren. Ähnlich verfuhr man mit den estnischen und lettischen Militärkadern.

Zwischen dem 29. und 31. August 1940 erließ Lavrentij Berija Befehle, in denen er die Schaffung von NKVD-Strukturen in den neuen Sowjetrepubliken anordnete. In der Litauischen SSR betrug die Sollstärke des NKVD 5683 Personen, in der Lettischen SSR waren es 4923, in der Estnischen SSR 3272 Personen. Die große Mehrheit der NKVDler wurde aus den „alten" Sowjetrepubliken hierhin versetzt, nur ein geringer Teil waren ortsansässige Anhänger der Kommunisten, die zudem nur die niedrigsten Ämter bekleideten. Parallel entstanden Strukturen der Arbeiter- und Bauernmiliz.[42] Der Sicherheitsapparat ging rasch daran, alle „sozial gefährlichen Elemente", also die lokalen gesellschaftlichen, wirtschaftlichen und politischen Eliten, zu bekämpfen. Ähnlich wie im Falle der Ostgebiete der Zweiten Polnischen Republik waren Deportationen (auf der Basis von Verwaltungsakten, nicht von Gerichtsurteilen) in die innere Sowjetunion das am häufigsten angewandte Repressionsinstrument. Am 14. und 15. Juni 1941 wurden aus Litauen 17 500, aus Lettland rund 17 000 und aus Estland rund 6000 Menschen deportiert.[43] Bis Mitte 1941 wurden über 3000 Esten, über 5000 Letten und über 6000 Litauer in Lager geschickt.[44] Die Zahl der erschossenen Gefangenen ist unbekannt. Einige Forscher gehen aufgrund schwer zu überprüfender Daten davon aus, dass rund 4000 Menschen aus den baltischen Republiken exekutiert wurden. In sowjetischer Haft kamen u.a. der ehemalige lettische Präsident Kārlis Ulmanis um, der frühere litauische Vizepremier Kazys Bizauskas, der Generalsekretär der litauischen nationalistischen Partei *Tautinikai*, Jonas Statkus, sowie die früheren lettischen Ministerpräsidenten Hugo Celmiņš und Marģers Skujenieks. Wie viele Menschen in der Verbannung starben, ist nicht bekannt. Zu denen, die nicht aus der Sow-

---

[41] Zubkova, Pribaltika i Kreml' [Fn. 38], S. 107. Zur Zusammensetzung der kommunistischen Parteiorganisationen auf Republikebene: Feest, Ethnische Spaltung [Fn. 35], S. 192–194.

[42] Aleksander Kukurin: The Basic Activity Directions of the People's Commisariat of Internal Affairs of the Latvian Soviet Socialist Republic in 1940–1941, in: Latvija nacistiskās vācijas okupācijas varā, 1941–1945. Riga 2004, S. 146.

[43] Pavel M. Poljan: Ne po svoej vole... Istorija i geografija prinuditel'nych migracij w SSSR. Moskva 2001, S. 102.

[44] Aigi Hagi-Tamm, Ritvars Janson, Peeter Kaasik: Estonia i Łotwa, in: Czekiści. Organy bezpieczeństwa w europejskich krajach bloku sowieckiego 1944–1989. Warszawa 2010, S. 173.

jetunion zurückkehrten, gehören der frühere estnische Präsident Konstantin Päts und der ehemalige estnische Ministerpräsident Kaarel Eenpalu.⁴⁵

Nach dem deutschen Überfall auf die Sowjetunion am 22. Juni 1941 versuchten die Sowjets, möglichst viele arbeits- und kampffähige Menschen nach Osten zu bringen. Die rasche Einnahme Litauens und Lettlands durch die Deutschen führte dazu, dass von dort nur relativ wenige Menschen abtransportiert werden konnten. Aus Estland hingegen, wo die Kämpfe viel länger dauerten, wurden mehr als 50 000 Personen fortgeschafft.⁴⁶

Auch im Baltikum sorgte die kommunistische Besatzungsmacht für eine Sowjetisierung der Kultur. Publikationen wurden vorzensiert, mehr als 4000 indizierte Buchtitel aus den Bibliotheksregalen entfernt, das Schulwesen auf allen Ebenen wurde sowjetisiert (und zugleich kostenlos), der sozialistische Realismus zum verpflichtenden Kunstmodell erklärt, Kirchen und Glaubensgemeinschaften mit Repressionen überzogen. Die christlichen Kirchen und jüdischen Gemeinden verloren ihren Besitz, zahlreiche Geistliche wurden verhaftet, ein Teil von ihnen ermordet.⁴⁷

Nationaler Widerstand

Auf dem Territorium aller drei besetzten Staaten entstand rasch eine Widerstandsbewegung. Für den litauischen Untergrund spielte die vom früheren litauischen Botschafter in Deutschland Kazys Škirpa geleitete *Front Litauischer Aktivisten* (Lietuvos Aktyvistų Frontas, LAF) eine besondere Rolle. Die LAF war im November 1940 von litauischen Emigranten in Berlin gegründet worden und hatte die Wiederherstellung der Unabhängigkeit Litauens zum Ziel. Dieses Ziel hofften die LAF-Mitglieder mit Hilfe des nationalsozialistischen Deutschland zu erreichen. Die Bewegung übernahm von ihren deutschen Mentoren Elemente der NS-Ideologie und -Symbolik. Die sogenannten „Aktivisten" knüpften mit Hilfe der deutschen *Abwehr* Kontakt zu einem Teil des Untergrunds in Litauen und unterstützten ihn organisatorisch sowie mit Geld und Material. Über den militärischen Nachrichtendienst der Wehrmacht konnte auch der Kontakt zu lettischen Organisationen hergestellt werden. Der estnische Untergrund wurde von den finnischen Geheimdiensten unterstützt. Die meisten lettischen, estnischen und litauischen antikommunistischen Gruppen wurden im Frühjahr 1941 zerschlagen. Die Mitglieder solcher Widerstandsgruppen, die den Verhaftungen durch den NKVD entgingen oder dank der deutschen Offensive freikamen, beteiligten sich im Sommer 1941 an den Kämpfen gegen die Sowjets.⁴⁸

---

⁴⁵ Zum Terror des „Schreckensjahres" 1941: Feest, Ethnische Spaltung [Fn. 35], S. 191–192.
⁴⁶ Estonia 1940–1945 [Fn. 31], S. 373–380.
⁴⁷ Kantor, Pribaltika [Fn. 34], S. 87–89. – Bleiere u.a., History of Latvia [Fn. 30], S. 256–257.
⁴⁸ Valentinas Brandišauskas: Anti-Soviet Resistance in 1940 and 1941 and the Revolt of June 1941, in: Arvydas Anušauskas (Hg.): The Anti Soviet Resistance in the Baltic States. Vilnius 2006, S. 8–22, hier S. 13–15. – Juris Ciganovs: The Resistance Movement against the Soviet Regime in Latvia between 1940 and 1941, in: Ebd., S. 122–130, hier S. 124–127. – Tiit Noormets: The Summer War. The 1941 Armed Resistance in Estonia, in: Ebd., S. 186–208, hier S. 187–189.

Deutsche Besatzung

Der Einmarsch der Deutschen in die baltischen Staaten begann eine Woche nach den Deportationen vom 14./15. Juni 1941. Die Bevölkerung betrachtete die Wehrmachtssoldaten daher zunächst größtenteils als Befreier aus der „sowjetischen Hölle". Das Einrücken der Deutschen in Litauen, Lettland und Estland rief bei den meisten Einwohnern aufrichtige Begeisterung hervor. Im Moment des deutschen Überfalls auf die Sowjetunion brach in Litauen ein Aufstand gegen die sowjetischen Machthaber aus, am 23. Juni erklärten litauische Aufständische die Bildung einer Provisorischen Regierung. Diese wurde jedoch bereits Anfang August unter deutschem Druck aufgelöst. Jüri Uluots, 1939–1940 estnischer Ministerpräsident, schickte nach Beratungen mit Vertretern der wichtigsten politischen Kräfte Estlands ein Memorandum nach Berlin, in dem er um Unterstützung für die Wiedererrichtung eines unabhängigen Estland bat. Auch die Letten versuchten, ihren Staat mit deutscher Duldung wieder aufzubauen. Jedes Mal lautete die deutsche Antwort „Nein", denn die Nationalsozialisten hatten andere Pläne: Sie bildeten wenige Wochen nach dem Angriff auf die Sowjetunion aus den Territorien Litauens, Lettlands und Estlands (sowie einem Großteil des westlichen Weißrussland) das „Reichskommissariat Ostland", das zu einem der Hauptschauplätze des Holocaust werden sollte.

Okkupation oder Annexion?

In der Geschichtsschreibung der baltischen Staaten und Polens wird die sowjetische Inbesitznahme der Ostgebiete der Zweiten Polnischen Republik sowie Litauens, Lettlands und Estlands in der Regel „Okkupation" genannt. Der parallel existierende Begriff der „deutschen Okkupation" lässt den Eindruck entstehen, es habe eine Symmetrie der Verantwortlichkeit gegeben und die beiden Systeme hätten sich geähnelt. Zudem bringt das emotional aufgeladene Wort „Okkupation" gut die negative Haltung der Menschen in den betroffenen Regionen zum Sowjetstaat zum Ausdruck. Auf der Ebene der Wahrnehmung und Empfindungen mag es also berechtigt sein, dieses Wort zu verwenden. Auf der Ebene der historischen Analyse ist der Begriff „Annexion" passender.
Der sowjetischen Propagandaversion zufolge war das, was sich im September 1939 im östlichen Polen und im Juni 1940 in den baltischen Staaten abspielte, eine klassische Revolution, im Zuge derer sich die Massen des arbeitenden Volkes von der Unterdrückung durch die polnischen Großgrundbesitzer und die Kapitalisten befreiten. In Wirklichkeit handelte es sich um einen sorgfältig inszenierten und von Anfang an von den Sowjets gesteuerten Prozess.
Das Ziel der sowjetischen Politik gegenüber den zwischen 1939 und 1941 eroberten Gebieten war klar und einfach: diese Gebiete möglichst schnell und vollständig in die „alte" Sowjetunion zu integrieren. Es ging nicht darum, „Einflusszonen" oder vielstufige Abhängigkeiten von einem Besatzungsregime zu schaffen, sondern darum, die betreffenden Gebiete voll in das in der Sowjetunion bestehende System einzubinden. Die Bürger der unterworfenen Staaten blieben vom Rechts- und Verwaltungssystem des Aggressorstaats nicht ausgeschlossen. Die örtliche Bevölkerung erhielt nicht den Status von Einwohnern „besetzter" Gebiete. Ganz im Gegenteil: Sie erhielt alle

„Rechte" eines sowjetischen Staatsbürgers – mit allen Konsequenzen wie der Wehrpflicht oder der Unterstellung unter das sowjetische Rechtswesen.

Innerhalb kürzester Zeit gelang es Moskau, durch die territoriale Ausweitung der USSR und der BSSR eine „Vereinigung der belarussischen und der ukrainischen Lande" herbeizuführen sowie fünf neue Republiken zu schaffen.[49] Es bemühte sich sehr darum, der Erweiterung der UdSSR den Anschein demokratischer Legitimation zu verleihen. Die administrative Gliederung der annektierten Gebiete folgte dem sowjetischen Muster. Die Verstaatlichung von Industrie, Dienstleistungsbranche und Bankensektor führte zur wirtschaftlichen Sowjetisierung der vor kurzem noch souveränen Staaten. Aus zeitlichen Gründen schaffte es Moskau nicht mehr, die Landwirtschaft zu kollektivieren, obwohl erste Schritte in diese Richtung gemacht wurden. Gleichzeitig wurde das gesamte bisherige institutionelle, politische und juristische System zerstört. Man kann also mit Fug und Recht sagen, dass es den Kommunisten bis Juni 1941 gelang, die „Basis" völlig umzubauen und sie an die sowjetische Vorlage anzupassen. Der beabsichtigten Verwandlung des „Überbaus" wiederum diente die physische Beseitigung der alten gesellschaftlichen, staatlichen und nationalen Eliten, ihre Entfernung aus den eroberten Gebieten. Zu diesem Zweck wurden Massendeportationen von Vertretern ausgewählter Berufs- und Gesellschaftskategorien durchgeführt. Diese Gruppen wurden nicht „zur Strafe" und nicht „wegen eines Gerichtsurteils" abtransportiert, sondern um die am Reißbrett entworfene „sowjetische Gesellschaft" zu erschaffen. Die Entfernung von Gruppen, die „krank" waren oder nicht zur angenommenen „idealen" Gemeinschaft „passen" wollten, war logische Folge des Bestrebens, das sowjetische Modell gesellschaftlicher Entwicklung auf Polen bzw. die baltischen Staaten zu übertragen. Die Deportierten, Verhafteten und in die Lager Geschickten wurden von ihrer eigenen Gemeinschaft isoliert und in Sibirien oder Kasachstan einer „Umerziehung durch Arbeit" unterworfen.

Wer blieb, wurde zu einem „vollberechtigten sowjetischen Staatsbürger". Dabei ging es um mehr als nur darum, die Menschen formal in das bestehende soziale und rechtliche System einzufügen. Die Bevölkerung sollte sich nicht so sehr unterwerfen als vielmehr unablässig ihre Unterstützung für die Sowjetmacht manifestieren. Die ritualisierte, vielfach wiederholte Farce der Wahlen hatte eine wichtige „Erziehungsfunktion". Der gewaltige Propagandaaufwand, der alle „freien Wahlen" begleitete, diente in Verbindung mit stillem Zwang dazu, ein Gefühl von Alternativlosigkeit und somit von Unfreiheit entstehen zu lassen. Den Zweiflern und Unbotmäßigen sollte unmissverständlich klar gemacht werden, dass ihr Wille, ihre Ansichten und die von ihnen anerkannten Werte keinerlei Bedeutung hatten. Die Abrichtung zur Folgsamkeit und die ostentative Negation der bislang geltenden ethisch-religiösen Werte und gesellschaftlich-politischen Anschauungen waren das Fundament, auf dem der *homo sovieticus* entstehen sollte. Dazu dienten auch der Umbau des Bildungssystems, die allgegenwärtige Ideologisierung und die Kontrolle des Staates über alle Bereiche des gesellschaftlichen, politischen und religiösen Lebens.

In allen hier in den Blick genommenen Gebieten versuchte ein Teil der Bevölkerung, über Untergrundorganisationen Widerstand zu leisten. Doch überall, von den Karpaten

---

[49] Neben der Litauischen, Lettischen und Estnischen SSR waren dies die Karelo-Finnische und die Moldauische SSR.

bis zum Ladogasee, fügte die NKVD-Maschinerie den nationalen Untergrundbewegungen schweren Schaden zu, und es war nur eine Frage der Zeit, bis sie völlig zerschlagen worden wären. Aus Sicht dieser Bewegungen kam der deutsche Angriff „in letzter Minute".

Die Deutschen marschierten in Gebiete ein, wo die Eliten dezimiert, die alten sozialen Bindungen geschwächt, die Wertewelt ins Wanken geraten und die bestehenden nationalen und gesellschaftlichen Konflikte extrem verschärft worden waren. Stalin hatte die „alte Welt" Ostmitteleuropas zerstört, um die Sowjetherrschaft zu stabilisieren – und damit unbewusst dem deutschen Besatzungsregime „den Boden bereitet".

Aus dem Polnischen von Peter Oliver Loew, Darmstadt

SED-Plakat aus den 1950er Jahren

Christoph Kleßmann

Kommunismus im halben Land
Aufstieg, Charakter und Niedergang der DDR

> Konstitutives Merkmal des Kommunismus in der DDR war die fehlende nationale Identität. Der Ost-West-Konflikt überlagerte das Problem, löste es aber nicht. Auch nach ihrer völkerrechtlichen Anerkennung als zweiter deutscher Staat wurde die DDR die erdrückende Konkurrenz der kapitalistischen Bundesrepublik nie los. Zunächst hatte der Kommunismus in Ostdeutschland seine Legitimation aus der Befreiung vom Faschismus und der Hoffnung auf ein gerechtes sozialistisches Gesellschafts- und Wirtschaftsmodell gezogen. Doch der repressive Kurs im Inneren und die Rolle als westlicher Vorposten des Sowjetimperiums prägten die Struktur des DDR-Kommunismus nachhaltig. Gesellschaft und Politik waren hochgradig militarisiert, die Abhängigkeit der SED von Moskau größer als die der übrigen Kommunistischen Parteien.

Was war der Kommunismus in der DDR? Warum verkam er ausgerechnet in Deutschland zu einem derartig orthodox verfestigten Lehr- und Politikgebäude? „Die Lehre von Karl Marx ist allmächtig, weil sie wahr ist." Diese bis zum Ende vielfach in der DDR zu findende Parole hätte Marx vermutlich das Grausen gelehrt. Dass Marx zu den großen Denkern und Universalgelehrten des 19. Jahrhunderts gehört, wird wohl auch noch nach dem Ende des sowjetkommunistischen Weltsystems 1989/91 akzeptiert. Aber ist er nicht auch für das Elend der Deformation des Marxismus-Leninismus mitverantwortlich? Den aus der Hegelschen Tradition stammenden und „auf die Füße gestellten", ungebrochenen geschichtsphilosophischen Optimismus im Hinblick auf eine fortschreitend vernünftige gesellschaftliche Entwicklung, der im *Kommunistischen Manifest* seinen wortgewaltigen und agitatorisch höchst wirksamen Niederschlag fand, hat Marx immerhin in seinen historischen Analysen gelegentlich durchaus selbst in Frage gestellt und damit zugleich das intellektuelle Potential des historischen Materialismus als Methode dokumentiert.

In der voluminösen *Weltgeschichte des Kommunismus* von David Priestland taucht die DDR nur hin und wieder am Rande auf, so dass Stefan Heyms viel zitiertes Diktum von der „Fußnote der Weltgeschichte" schon auf diesen Ausschnitt zuzutreffen scheint.[1] Im

---

Christoph Kleßmann (1938), Dr. phil., Historiker, Prof. em. für Zeitgeschichte mit dem Schwerpunkt „Geschichte der DDR" an der Universität Potsdam und von 1997 bis 2004 Direktor des Zentrums für Zeithistorische Forschung (ZZF) Potsdam
Von Christoph Kleßmann erschien in OSTEUROPA: 1968 in Ost und West. Historisierung einer umstrittenen Zäsur, in: OSTEUROPA, 7/2008, S. 17–30

[1] David Priestland: Weltgeschichte des Kommunismus. Von der Französischen Revolution bis heute. Bonn 2010.

„Schwarzbuch des Kommunismus" von 1998 figuriert die DDR als Anhang. Das Bild, das zwei frühere Theologen dort entwerfen, ist denkbar finster, so dass man sich fragen kann, wie man in diesem Schurkenstaat leben konnte und warum er auch noch international anerkannt wurde.² Für Erhart Neubert liegt auf der Hand:

> Die kommunistische Idee war und ist tödlich, sie war ein Liquidationsprogramm von Anfang an. Sie war die Entscheidung für den kommunistischen Homunkulus und gegen den wirklichen und unvollkommenen Menschen. Darum gab es keine Humanisierung oder Liberalisierung des Stalinismus, des Kommunismus, des Sozialismus.³

Das sind klare Worte. Aber wer es sich so einfach macht und in dieser oder ähnlicher Form alles in einen Topf rührt, kann sich weitere Debatten sparen. Andererseits: Wer diese Kritik kritisiert, wird gern zum Schönfärber oder Weichspüler gestempelt. Das zeithistorische Gelände ist also vermint.

Das *Schwarzbuch* war zur Zeit seiner Entstehung gegen ein verzerrtes Kommunismusbild vor allem in Frankreich gerichtet. Das hatte seine Berechtigung, blieb jedoch in dieser rigiden Form für den nach differenzierenden Erklärungen suchenden Blick von Historikern kaum befriedigend. Die deutsche und internationale Kommunismusforschung hat sich seitdem erheblich weiterentwickelt und differenziert, die zeithistorische DDR-Forschung geradezu explosiv ausgeweitet. Deren selbstgenügsame Kleinteiligkeit mit weithin fehlenden Vergleichsperspektiven ist aber ebenfalls kritisiert worden.⁴ In diesem Beitrag steht dennoch lediglich die DDR als deutsches Beispiel für den (Sowjet)Kommunismus mit der Diktatur der SED als Kern zur Diskussion. Das lässt sich jedoch auch mit einem breiteren Blick verbinden. Der Historiker Klaus-Dietmar Henke charakterisiert die Chancen einer erweiterten DDR-Forschung in diesem Zusammenhang treffend so:

> Sehr viel genauer als vor 1990 können dank der einzigartigen Forschungsbedingungen am Beispiel der DDR nunmehr die sowjetischen Hegemonialstrukturen, die allgemeinen Funktionsmechanismen staatssozialistischer Systeme und die Existenzbedingungen von Weltanschauungsdiktaturen in der Moderne studiert werden. So dürfte – und muss – DDR-Forschung künftig über ihren traditionellen Gegenstand hinauswachsen.⁵

---

² Stephane Courtois u.a. (Hg.): Schwarzbuch des Kommunismus. Unterdrückung, Verbrechen und Terror. München 1998; hier Ehrhart Neubert: Politische Verbrechen in der DDR, S. 829–884 und Joachim Gauck: Vom schwierigen Umgang mit der Wahrnehmung, in: ebd., S. 885–896. Die beiden Beiträge stehen unter dem Oberkapitel: „Die Aufarbeitung des Sozialismus in der DDR".
³ Neubert, Politische Verbrechen [Fn. 2], S. 837.
⁴ Jürgen Kocka: Bilanz und Perspektiven der DDR-Forschung. Hermann Weber zum 75. Geburtstag, in: Deutschland-Archiv, 5/2003, S. 764–769. – Als umfassende Bilanz ist vor allem zu verweisen auf: Rainer Eppelmann u.a. (Hg.): Bilanz und Perspektiven der DDR-Forschung. Paderborn 2003.
⁵ Klaus-Dietmar Henke: DDR-Forschung seit 1990, in: Eppelmann, Bilanz [Fn. 4], S. 371–376, hier S. 376.

Die keineswegs nur historische Frage nach dem Wesen und den Erscheinungsformen des Kommunismus müsste für Deutschland besondere Brisanz besitzen, gab es hier doch die längste und nachhaltigste Tradition kommunistischen Denkens seit dem 19. Jahrhundert und war doch nach dem Ende des Zweiten Weltkriegs ein Drittel des bis 1990 gespaltenen Landes Teil des sogenannten „sozialistischen Lagers", dessen plötzliches vollständiges Verschwinden in Europa sich bis dahin niemand vorstellen konnte. Die DDR wurde – allerdings fälschlich – zu den zehn bedeutendsten Industriestaaten gezählt, musste sich aber durch eine martialische Grenze vom Westen abschotten, weil ihr sonst die Bewohner in Massen davon gelaufen wären. Was stellte diese Deutsche Demokratische Republik dar, die weder demokratisch war noch eine deutsche Republik sein durfte, für viele dennoch insbesondere in ihrer Anfangsphase eine historische Alternative zur kapitalistischen Bundesrepublik bieten sollte und bot, die mit großem Pathos im Oktober 1949 in der zertrümmerten alten Reichshauptstadt Berlin gegründet wurde, sich in den folgenden Jahrzehnten verzweifelt um Eigenständigkeit und Legitimation bemühte und 1989 in einem unvorstellbar rasanten Tempo auflöste und von der politischen Bühne verschwand?

Es gibt mittlerweile viele Zugänge und Sichtweisen, um sich mit der nicht mehr existenten DDR auseinanderzusetzen. Sie wird oder wurde als brutale stalinistische Diktatur von Anfang bis Ende verteufelt, als Sozialstaat verklärt, als kleineres und ärmeres Deutschland insgeheim von west- und nordeuropäischen Nachbarn geschätzt, als SED-Diktatur mit der ersten, der NS-Diktatur, verglichen und mitunter auch gleichgesetzt, in Parallele zur Bundesrepublik gesetzt oder auch als kurioses Gebilde mit seinen heute kaum noch nachvollziehbaren Wunderlichkeiten zum Objekt von Spott und Satire gemacht, die in die hintersinnige Frage münden: „Hat es die DDR überhaupt gegeben?"[6]

Eine terminologische Differenzierung zwischen Kommunismus und Sozialismus wäre vom ideologischen Gehalt des politischen Systems her notwendig, lässt sich aber kaum – zumal in einem gerafften Überblick – sinnvoll realisieren, weil die Begriffe in der politischen Praxis nicht durchgängig unterschieden wurden und sich die Angehörigen der Führungselite der „realsozialistischen" Länder durchaus als Kommunisten verstanden und bezeichneten.[7] So antwortete Erich Honecker nach seiner Verhaftung auf die Frage des Untersuchungsarztes Anfang Juni 1990, wie er sich charakterisiere: „Ich war Kommunist, bin Kommunist und werde Kommunist bleiben."[8] Gerd Koenen hat den Kommunismus Leninscher Observanz in der Abgrenzung von allen Horizonten des historischen Marxismus oder Sozialismus als das wirklich Neue diagnostiziert.[9] Damit wird entgegen der Geschichte des Begriffs auf den Kern des Traditionsbruchs in der sozialistischen Arbeiterbewegung durch Lenin hingewiesen, auch wenn die marxistisch-leninistische Bindestrichkonstruktion das verdeckt.

---

[6] David Ensikat: Hat es die DDR überhaupt gegeben? Berlin 1998.
[7] Vgl. das Lemma „Kommunismus", in: Sowjetsystem und demokratische Gesellschaft. Eine vergleichende Enzyklopädie. Hg. von Claus D. Kernig. Freiburg, Basel, Wien 1969, S. 731–771.
[8] Zit. nach: Martin Sabrow: Den Umbruch erzählen. Zur autobiographischen Bewältigung der kommunistischen Vergangenheit, in: ZeitRäume. Potsdamer Almanach 2011. Göttingen 2011, S. 143–158, hier S. 154.
[9] Gerd Koenen: Die große Transformation. Vom Kommunismus zum Postkommunismus, in: ZeitRäume. Potsdamer Almanach 2010. Göttingen 2010, S. 69–83, hier S. 70.

Aus der Wahrnehmung des Neuen lässt sich mindestens ansatzweise erklären, warum jenseits der sowjetischen Eroberungen nach 1945 die Faszination durch das „Vaterland der Werktätigen" für das kommunistische Personal in Europa eine fast heilsgeschichtliche Überhöhung bekam. In diesem Sinne hat Erich Honecker in der Erinnerung an seinen ersten Aufenthalt in der Sowjetunion 1930 das Passieren der Staatsgrenze mit der Gläubigkeit eines religiös Erweckten beschrieben:

> Nein, das hier war eine völlig andere Grenze, die Grenzlinie zwischen zwei Welten, eine Grenze, an der die Macht des Kapitals endete und die Macht der Arbeiter und Bauern begann, eine Grenze vergleichbar mit der heutigen Staatsgrenze zwischen der BRD und der DDR ... In den Rotarmisten, die auf die Trittbretter der Waggons sprangen, sah ich, obgleich mir persönlich unbekannt, meine Brüder und Genossen.[10]

Mag diese Faszination durch die „große Alternative" ein generelles Phänomen unter vielerlei Sympathisanten des Kommunismus vor und nach dem Zweiten Weltkrieg gewesen sein, so blieb es ein wichtiges Alleinstellungsmerkmal der DDR, dass ihr Aufbau und ihre prekäre Existenz „in einem halben Lande" stattfanden.[11] Ob das besiegte Deutschland nach 1945 in seinem auf der Potsdamer Konferenz reduzierten territorialen Umfang geteilt oder als zumindest rudimentäre Einheit behandelt werden sollte, ist eine unter Historikern immer noch strittige Frage.[12] Wie die künftige innere Ordnung aussehen sollte und könnte, hing jedoch mit dieser Frage von Einheit oder Teilung eng zusammen. Man kann davon ausgehen, dass 1945 niemand die Form der Zweiteilung wünschte, die 1949 politische Gestalt annahm. Gleichzeitig engagierte sich aber auch keine der vier Besatzungsmächte wirklich nachdrücklich für die von allen verbal proklamierte Einheit Deutschlands. Das gilt auf besondere Weise für die vom Krieg am härtesten getroffene Sowjetunion. In ihrer Deutschlandpolitik ist der Widerspruch zwischen gesamtdeutschen Proklamationen und revolutionärer Umgestaltung in ihrer Besatzungszone eklatant.

Aus dieser widersprüchlichen Konstellation lassen sich das schlechthin konstitutive Merkmal und der spezifische Strukturdefekt des Kommunismus in der DDR ableiten: die fehlende nationale Identität. Dieser deutsche Teilstaat wurde nach dem gleichen Muster wie die Volksdemokratien Ostmitteleuropas errichtet und ausgestaltet. Er stand anfangs unter einem nationalen Vorbehalt, ohne dass Stalin eine ernsthafte Bereitschaft zeigte, diesen in politischen Kompromissen einzulösen, wurde aber auch als international anerkannter zweiter deutscher Staat nie die erdrückende Nachbarschaft und Konkurrenz der kapitalistischen Bundesrepublik los. Kommunistische Herrschaft in der DDR bedeutete bis in die 1960er Jahre hinein den gewaltsam durchgesetzten völligen Umbau von Wirtschaft und Gesellschaft, ohne pro forma das Ziel der Wiedervereinigung mit dem westlichen Teil aufzugeben. Beides vertrug sich wie

---

[10] Zit. nach: Jens Giesecke: Machtfaktor – Utopie – Hypothek. Die SED und die Sowjetunion, in: Ders., Hermann Wentker (Hg.): Die Geschichte der SED. Eine Bestandsaufnahme. Berlin 2011, S. 84–112, hier S. 98.
[11] Dietrich Staritz: Sozialismus in einem halben Lande. Berlin (West) 1976.
[12] Jochen Laufer: Pax Sovietica: Stalin, die Westmächte und die deutsche Frage 1941–1945. Köln 2009.

Feuer und Wasser. Danach wurde die Zweistaatlichkeit zum politischen Credo, verbunden mit einem allmählichen Wandel der innenpolitischen Verhältnisse. In der Ära Honecker, einer Zeit des sich abschwächenden Kalten Krieges, verstärkten sich seit den 1970er Jahren die Bemühungen, mit der ideologischen Konstruktion einer neuen „sozialistischen Nation" der DDR eine eigene nationale Identität und Legitimation zu verschaffen, sie sozialpolitisch abzusichern und „Abgrenzung" zum Elixier der Politik zu machen. Diese Form von Legitimationsstiftung scheiterte zwar grandios, verhinderte jedoch nicht die begrenzte Loyalität großer Teile der Bevölkerung zu ihrem Teilstaat, weil realistische Alternativen zur Zweistaatlichkeit kaum noch erkennbar waren. Dennoch blieb die „nationale Frage" das Damoklesschwert, das bis zum Ende über dem deutschen „Arbeiter-und-Bauern-Staat" hing. Der Kalte Krieg als Systemkonflikt überlagerte, aber löste dieses Problem nicht.

Ohne Zweifel wies die DDR neben vielen substanziellen Gemeinsamkeiten mit anderen kommunistischen Staaten und Gesellschaften Ostmitteleuropas etliche spezifisch deutsche Ausprägungen auf, die einen Blick in die weiter zurückreichende deutsche Geschichte und die autoritären Traditionen eines „deutschen Sonderwegs" nahelegen. Auch die DDR war eine deutsche Nachkriegsgesellschaft, die sich nolens volens mit den Lasten des Überkommenen auseinanderzusetzen hatte. Jürgen Kocka hat die auf den ersten Blick provozierende Frage nach der DDR als einer Ausprägung des „deutschen Sonderwegs" gestellt.[13] Provozierend war diese These insofern, als sich die DDR gerade konträr zum unheilvollen preußisch-deutschen Weg verstand und sich mit dieser Umkehr im Zuge der historiographischen Debatte um „Erbe und Tradition" seit den 1970er Jahren gar zum „wichtigsten Zeitabschnitt der deutschen Geschichte" stilisiert hatte.[14]

Darüber hinaus erhielt die DDR aber vor allem ihre Prägung durch die Randlage im westlichsten Teil des Sowjetimperiums, die Nachbarschaft zur Bundesrepublik und die prekäre Position der geteilten (Haupt)Stadt Berlin mitten im eigenen Lande. Die quasi-exterritorialen Verbindungswege von der Bundesrepublik nach Westberlin verhinderten trotz Mauer und Stacheldraht eine totale Trennung, wie sie in Korea entlang des 38. Breitengrads bis heute verläuft, – mit erheblichen politischen Folgen für das innere Gefüge der DDR.

Die DDR als „Wendepunkt in der Geschichte Europas"?

Die Rolle als westlichster Vorposten des Sowjetimperiums hat die Struktur und das Erscheinungsbild des Kommunismus in der DDR nachhaltig geprägt. Die Abhängigkeit der SED vom „großen Bruder" in Moskau war daher deutlich größer als die der übrigen kommunistischen Parteien. In fast zynischer Offenheit konstatierte der Generalsekretär der KPdSU Leonid Brežnev in einem vertraulichen Gespräch Juli 1970, in dem er mit Honecker Grundfragen des Ostblocks erörterte:

---

[13] Jürgen Kocka: Ein deutscher Sonderweg. Überlegungen zur Sozialgeschichte der DDR, in: Aus Politik und Zeitgeschichte, 40/1994, S. 34–45.

[14] Heinz Heitzer: Die Geschichte der DDR – wichtigster Zeitabschnitt der deutschen Geschichte, in: Zeitschrift für Geschichtswissenschaft, 32/1984, S. 387–394.

> Erich, ich sage dir offen, vergiss das nie: die DDR kann ohne uns, ohne die SU, ihre Macht und Stärke – nicht existieren. Ohne uns gibt es keine DDR.[15]

Stalin sah in seinem Grußtelegramm in der DDR-Gründung einen „Wendepunkt in der Geschichte Europas".[16] In einem anderen Sinne als der sowjetische Diktator das meinte, wurden diese erzwungene Staatsgründung und die damit verbundene Teilung Deutschlands tatsächlich zu einem Wendepunkt in der europäischen Geschichte des 20. Jahrhunderts. Der „deutsche Sonderweg", der im Nationalsozialismus seinen blutigen Höhepunkt fand, war definitiv zu Ende. Die West- und Ostintegration der beiden Teilstaaten beendete das traditionelle Übergewicht Deutschlands in der Mitte Europas und machte dieses Land, das eine so verheerende Rolle gespielt hatte, gewissermaßen europaverträglich. Man kann noch einen Schritt weiter gehen: Ohne die Teilung Deutschlands wäre die Westintegration des größeren Teils schwerlich bei den Nachbarn durchsetzbar gewesen.[17] Diese wiederum bildete – aus der Langzeitperspektive betrachtet – eine wesentliche Voraussetzung für den Abschied von fatalen Traditionen und für die politische und kulturelle Öffnung nach Westen als eine der großen Errungenschaften der alten Bundesrepublik. Dass auf dieser Basis dann aber 1989/90 die unverhoffte nationalstaatliche Wieder- oder Neuvereinigung in einem vereinten Europa möglich wurde, war keineswegs zwingend, jedoch offenkundig eine Option als Folge des auf der Grundlage der Westintegration praktizierten „Wandels durch Annäherung", seit sich zumindest der Kommunismus in Moskau unter Michail Gorbačev grundlegend gewandelt hatte. Die gewaltsame Ostintegration des kleineren Teils Deutschlands wurde in kürzester Zeit rückgängig gemacht.

Zunächst aber beherrschten die sowjetischen Truppen nicht nur das politische Feld, sondern auch die alltäglichen Erfahrungen der ostdeutschen Bevölkerung. Sie waren, so der für britische Medien arbeitende Journalist Isaac Deutscher in einer seiner informativen Reportagen aus Nachkriegsdeutschland im Oktober 1945, „wie hungrige Heuschreckenschwärme nach Deutschland gekommen", um sich zurückzuholen, was die Deutschen ihnen geraubt hatten.

> Politische Beobachter sind allgemein der Ansicht, dass der Einfluss des Kommunismus zumindest in der russischen Zone jetzt auf einem Tiefpunkt angelangt ist.[18]

Das war ohne Zweifel eine zutreffende Beobachtung. Das Trauma des Anfangs war und blieb eine Konstante in der Geschichte der DDR, auch wenn oder gerade weil darüber nicht öffentlich gesprochen werden durfte und das Narrativ der „unverbrüchlichen Freundschaft" jede Kritik erstickte und schließlich 1974 sogar Verfassungsrang erlangte. Rudolf Herrnstadts legendärer und ein enormes Echo auslösender Artikel im *Neuen*

---

[15] Zit. nach: Peter Przybylski: Tatort Politbüro. Die Akte Honecker. Berlin 1991, S. 281.
[16] Zit. nach: Hermann Weber (Hg.): DDR. Dokumente zur Geschichte der DDR 1945–1985. München 1986, S. 163.
[17] Heribert Prantl: Nationale Streifen und europäische Sterne, in: Süddeutsche Zeitung 29./30.9.2012.
[18] Isaac Deutscher: Reportagen aus Nachkriegsdeutschland. Hamburg 1980, S. 123.

Deutschland, "Über ‚die Russen' und über uns" vom 18. November 1948 blieb ein einsamer Versuch, das Problem des Verhaltens der Roten Armee beim Einmarsch 1945 zumindest indirekt ehrlich anzusprechen.[19] Jede intensivere öffentliche Diskussion blieb seitdem ideologisch blockiert. Die „erfundene Freundschaft" gehörte zum Kernbestand der DDR und des Ostblockkommunismus.[20] Sie war Beschwörungsritual und Legitimationsformel. Für die politischen Eliten bildete sie die Basis ihrer Überzeugung und ihres politischen Handelns. In einem Interview erklärte Erich Honecker 1971:

> Seit jeher hat unsere Partei das Verhältnis zur KPdSU als entscheidenden Grundpfeiler ihrer gesamten Politik betrachtet. In diesem Geiste sind die Kommunisten in der DDR erzogen, und so handeln sie auch.[21]

In der DDR hatte das Bündnis mit der Sowjetunion darüber hinaus aber noch eine besondere Konnotation, die einerseits mit der Befreiung vom Faschismus und andererseits mit dem vorgeblichen Schutz vor der als restaurativ und imperialistisch dargestellten Bundesrepublik zusammenhing. Diese doppelte Stoßrichtung erklärt zu einem Gutteil die besondere „strategische", aber auch emotionale Wirksamkeit des Antifaschismus, ohne den der Kommunismus in der DDR kaum denkbar war. Aus der prägenden europäischen Erfahrung des Faschismus lässt sich – trotz eines noch existierenden Potentials an diffusem Antikommunismus – die verbreitete Faszination eines sozialistischen Gesellschafts- und Wirtschaftsmodells nach Kriegsende 1945 ableiten. Sie beschränkte sich keineswegs auf die ostmitteleuropäischen Staaten und auf gläubige Kommunisten, sondern entfaltete auch im Westen eine beträchtliche Wirkung. Das galt nicht zuletzt für das geschlagene Deutschland. „Der Sozialismus", in welcher Form auch immer, schien für viele politisch Engagierte gerade angesichts der Ausmaße der äußeren und inneren Zerstörung Europas die große Alternative zu sein.[22] Der Kommunismus war zwar durch Joseph Goebbels wüste Propaganda ebenso wie durch das verheerende Verhalten der Roten Armee beim Einmarsch in Deutschland tief diskreditiert, aber als politische Kraft auch ohne den unmittelbaren Rückhalt an der Besatzungsmacht noch keineswegs marginalisiert. Der Blick auf Westeuropa und Westdeutschland kann zumindest dazu beitragen, die (relative) Popularität sozialistischer und kommunistischer Konzepte mit zu erklären. In den Westzonen und der frühen Bundesrepublik verfügte die KPD regional (wie im Ruhrgebiet) anfangs immerhin noch über eine beachtliche Basis. Kommunismus war hier mehr als ein Bekenntnis zu einer politischen Partei, er war, als eine durch den Widerstand gegen Hitler gefestigte Überzeugung und eine im Milieu verankerte Lebensweise, relativ immun gegenüber Informationen aus dem stalinistischen Osteuropa. Der polnische Historiker Jerzy Holzer brachte es in seiner Skizze *Kommunismus in Europa* auf den Punkt:

---

[19] Dazu ausführlich: Norman M. Naimark: Die Russen in Deutschland. Die sowjetische Besatzungszone 1945 bis 1949. Berlin 1997, S. 172–179. – Irina Liebmann: Wäre es schön? Es wäre schön! Mein Vater Rudolf Herrnstadt. Berlin 2008, S. 257f.
[20] Jan C. Behrends: Die erfundene Freundschaft. Propaganda für die Sowjetunion in Polen und in der DDR. Köln 2006.
[21] Weber, DDR. Dokumente [Fn. 16], S. 322.
[22] Kurt Schumachers bekanntes Diktum, „dass in Zukunft die Demokratie in Deutschland sozialistisch sein muss oder gar nicht sein wird", kann dafür exemplarisch stehen.

Die Nachkriegspopularität des Kommunismus ergab sich aus der Überzeugung, dass er sich in seinen Grundkonzepten als konsequenter und siegreicher Gegner des Faschismus erwiesen habe.[23]

Die sozialistisch-kommunistische Vision stand in hellem Kontrast zur Tragödie im Europa der alten kapitalistischen Ordnung. Lebendig waren zudem noch die Erfahrungen der Weltwirtschaftskrise. Insofern versprachen die kommunistischen und sozialistischen Programme einer Sozialisierung und Planung der Wirtschaft glaubhaft den Weg in eine bessere Zukunft.
Etliche linke Intellektuelle setzten in der mythischen „Stunde Null" auf einen grundlegenden Neuanfang in Deutschland.[24] Bei ihnen lassen sich aber auch die stärksten biographischen Brüche verfolgen. Einige markante Namen für den östlichen Teil sind: Victor Klemperer, Wolfgang Leonhard, Alfred Kantorowicz, Robert Havemann. Der kritische Blick nach Westen und die harsche Kritik an der Teilung und an den Restaurationstendenzen in der Bundesrepublik spielten dabei eine Schlüsselrolle.
Victor Klemperers großes Tagebuch aus der NS-Zeit ist eine einmalige Chronik der bürokratisch-perversen Verfolgung eines deutschen Juden, der nur dank seiner Mischehe und vieler Zufälle überlebt. Das Tagebuch, das er nach 1945 in Dresden bis 1959 weiterführte, trägt den Titel „So sitze ich denn zwischen allen Stühlen".[25] Das beschreibt ziemlich genau seine Position. Er hegte Sympathie für den neuen Staat und hasste die DDR wegen ihrer formalen Ähnlichkeiten mit der gerade überwundenen NS-Diktatur. Und er lehnte die Bundesrepublik ab. Erstaunlich sind die immer wieder zu findenden widersprüchlichen Urteile. Klemperer war in vieler Hinsicht ein Sonderfall. Aber die Mischung aus echter Überzeugung, Faszination, Abscheu, Opportunismus, Karrierestreben und persönlicher Eitelkeit ist auch bei vielen anderen Intellektuellen zu finden. „Restauration" war nicht nur im Osten die Kategorie, mit der die gesellschaftliche Entwicklung Westdeutschlands auf einen knappen Nenner gebracht wurde. Jeder halbwegs informierte Historiker weiß heutzutage, wie unzureichend dieser Begriff ist. Aber zeitgenössisch war er auch bei antikommunistischen Autoren im Westen verbreitet. Walter Dirks und Eugen Kogon als Publizisten, Kurt Schumacher als Politiker sind prominente Beispiele. Die gemessen an ursprünglichen Erwartungen enttäuschende politische und gesellschaftliche Entwicklung der Bundesrepublik, vor allem die mit Skandalen gepflasterte und zunächst völlig unzureichende Aufarbeitung der NS-Vergangenheit, verschafften den Kritikern im Osten scheinbar ein gutes Gewissen. Es fußte auf einer charakteristischen Schizophrenie: Die Antifaschisten erklärten sich zu Siegern der Geschichte und verschwiegen die stalinistischen Leichen im Keller und den politischen Terror vor der eigenen Haustür.
Das *Deutsche Tagebuch* von Alfred Kantorowicz, eines der brillantesten Tagebücher dieser Zeit, ist besonders aufschlussreich für diesen Zwiespalt, viel stärker noch als

---

[23] Jerzy Holzer: Der Kommunismus in Europa. Politische Bewegung und Herrschaftssystem. Frankfurt/Main 1998, S. 23.
[24] Christoph Kleßmann: 1945 – welthistorische Zäsur und „Stunde Null", Version: 1.0, in: Docupedia-Zeitgeschichte, 15.10.2010, <www.docupedia.de/zg/1945?oldid=84581>.
[25] Viktor Klemperer: So sitze ich denn zwischen allen Stühlen. Tagebücher 1945–1959, 2 Bde. Berlin 1999.

das Klemperers. Kantorowicz, 1931 in die KPD eingetreten, Kämpfer im Spanischen Bürgerkrieg, Emigrant, Anfang 1947 aus den USA in die Sowjetische Besatzungszone zurückgekehrt, dort 1949 zum Professor mit Lehrauftrag für Neuere deutsche Literatur an der Humboldt-Universität ernannt und 1957 in den Westen geflohen, reflektiert genau, welche Gründe maßgeblich waren für das zähe Festhalten „an einer längst entarteten Sache".[26] Den inneren Zwiespalt in der Konstellation des beginnenden Kalten Krieges charakterisiert Kantorowicz treffend so:

> War die offene Absage an die kommunistische Zwangsherrschaft gleichbedeutend mit Schützenhilfe für faschistische oder auch nur reaktionäre, militaristische, imperialistische Tendenzen, so wollte manch einer lieber drüben (d.h. im Osten; C.K.) zum ewigen Schweigen oder Untergang verdammt sein, als das Odium des scheinbaren Verrats seiner Überzeugungen auf sich nehmen.[27]

1968 in den Monaten des „Prager Frühlings" wiederholten sich Hoffnungen aus der Phase der schnell wieder gescheiterten Entstalinisierung von 1956, wenn auch in weniger ausgeprägter Form. Der Historiker Hartmut Zwahr hat ihnen in seinem in Leipzig geführten Tagebuch auf eindrucksvolle Weise eine Form gegeben.[28] Sie waren in symptomatischer Weise verbunden mit einer plakativen Absage an den kapitalistischen Westen.

Die DDR als Fluchtpunkt der deutschen sozialistischen Arbeiterbewegung?

Die SED beanspruchte als „Arbeiter-und-Bauern-Staat", die Traditionen der alten sozialistischen und kommunistischen Arbeiterbewegung zu vollenden. Sie hatte diese Traditionen usurpiert bzw. einen Strang verabsolutiert, in dem Demokratie und Freiheit nicht mehr vorkamen. Dennoch stand sie in dieser Tradition und der Anspruch blieb auch nicht völlig wirkungslos. Der Mythos der Einheit gehörte dazu. Ohne Zweifel gab es nach Kriegsende unter Mitgliedern und Anhängern von KPD und SPD einen weitverbreiteten und möglicherweise stärker als in anderen Ländern ausgeprägten Drang nach Einheit. Nicht zufällig formulierte der Zentralausschuss der SPD in seinem Gründungsaufruf vom 15. Juni 1945 – anders als die KPD – ausdrücklich diesen Wunsch nach einer einheitlichen Partei:

> Wir wollen vor allem den Kampf um die Neugestaltung auf dem Boden der organisatorischen Einheit der deutschen Arbeiterklasse führen! ... Die Fahne der Einheit muss als leuchtendes Symbol in der politischen Aktion des werktätigen Volkes voran getragen werden![29]

---

[26] Alfred Kantorowicz: Deutsches Tagebuch. Erster Teil. Berlin 1979 [zuerst 1959], S. 39.
[27] Ebd., S. 39f.
[28] Hartmut Zwahr: Die erfrorenen Flügel der Schwalbe. DDR und „Prager Frühling". Tagebuch einer Krise 1968 bis 1970. Bonn 2007.
[29] Christoph Kleßmann: Die doppelte Staatsgründung. Bonn ⁵1991, S. 415f.

Chemie gibt Brot – Wohlstand – Schönheit

Chemiekonferenz des Zentralkomitees der SED und der Staatlichen Plankommission in Leuna am 3. und 4. November 1958

Hauptsache Optimismus

Schon innerhalb weniger Monate entpuppten sich diese Hoffnungen jedoch als Illusion und das konsequente kommunistische Machtkalkül wurde durchschlagend. „Einheit ist die Frage der SPD – sie wird dadurch ausgeschaltet", hatte Wilhelm Pieck bereits im Frühjahr 1944 im Moskauer Exil notiert und damit die Strategie der von Moskau abhängigen KPD in militärisch-knapper Kürze auf den Punkt gebracht.[30] Für die Gewerkschaften als bedeutendste Massenorganisation galt diese Strategie nicht minder.[31] In der erzwungenen Anlehnung an das sowjetische Vorbild war die DDR eine „Diktatur des Proletariats". Diese sollte nach der marxistischen Stadientheorie jedoch kein Dauerzustand sein, sondern den Übergang zum herrschaftsfreien kommunistischen Endzustand bilden. Statt dieser Zukunftsmusik beherrschten massive Repression und millionenfache Flucht in den Westen aus verschiedenen Motiven zunächst das Bild. Insbesondere die bitteren Folgen des gewaltsam niedergeschlagenen Aufstandes vom 17. Juni 1953, der im Kern von Arbeitern begonnen und getragen wurde, sind als kollektives Erlebnis kaum zu überschätzen. Das hat das Verhalten der „führenden Klasse" in den Jahrzehnten danach geprägt. Das Erlebnis offener Gewalt verursachte Skepsis und Vorsicht und kann miterklären, warum sich die Arbeiterschaft in künftigen Krisensituationen auffallend zurückhielt. Zudem verblasste diese Erfahrung des Aufstandes allmählich. Wir wissen kaum etwas darüber, wie diese Erfahrung an jüngere Generationen weitergegeben wurde oder ob die offizielle Etikettierung als „konterrevolutionärer Putschversuch" tatsächlich wirkte. Aber auch umgekehrt steckte der 17. Juni der Machtelite dauerhaft in den Knochen und die Sorge vor Unruhen in der Arbeiterschaft blieb ein bestimmendes Element der Politik der SED. Gewalt und Terror, die in unterschiedlicher Intensität in allen Phasen die DDR-Geschichte mitbestimmten, wurden im Zuge der Entspannungseuphorie der 1970er und 1980er Jahre teilweise verharmlost, nachdem zuvor in der Hochphase des Kalten Krieges eine vom Totalitarismusparadigma dominierte, oft höchst holzschnittartige Darstellung des Kommunismus in allen seinen Spielarten das Feld beherrscht hatte. Die Speziallager, die Waldheimer Prozesse, das „gelbe Elend" in Bautzen oder die Militarisierung der Gesellschaft waren im Westen keineswegs unbekannt. Vieles geriet in Vergessenheit und konnte daher nach 1990 „wiederentdeckt" werden. Anders dagegen die Geschichte der Stasi, deren Umfang und Aktivitäten sich zuvor kaum jemand vorstellen konnte.[32]
Wolfgang Ruge, ein führender DDR-Historiker der Weimarer Republik, der selbst als Kommunist den Gulag erlebte und überlebte, betont zu Recht die Unterschiede des „epigonalen" Stalinismus und Poststalinismus in der DDR zum sowjetischen Original, distanzierte sich aber auch von den offiziösen kurzschlüssigen Personalisierungen aus DDR-Zeiten in der Erklärung des Stalinismus.[33]

---

[30] Zit. nach: Beatrix Bouvier: Ausgeschaltet! Sozialdemokraten in der SBZ und in der DDR 1945–1953. Bonn 1996, S. 11.
[31] Zum Folgenden eingehend das erste Kapitel meiner Darstellung: Arbeiter im „Arbeiterstaat" DDR. Deutsche Traditionen, sowjetisches Modell, westdeutsches Magnetfeld (1945–1971). Bonn 2007.
[32] Zur Stasi, die nach 1990 zunächst ganz im Vordergrund der öffentlichen Debatte stand, vgl. die wichtigen Überlegungen und Beiträge in: Jens Gieseke (Hg.): Staatssicherheit und Gesellschaft. Studien zum Herrschaftsalltag in der DDR. Göttingen 2007. – Als neueste Publikation, die einiges entmythologisiert: Ilko-Sascha Kowalczuk: Stasi konkret. Überwachung und Repression in der DDR. München 2013.
[33] Wolfgang Ruge: Die Doppeldroge. Zu den Wurzeln des Stalinismus, in: Rainer Eckert u.a. (Hg.): Krise – Umbruch – Neubeginn. Eine kritische und selbstkritische Dokumentation der DDR-Geschichtswissenschaft 1989/90. Stuttgart 1992, S. 33–43.

Zum Gesamtbild der DDR gehören neben massiver politischer Repression und Opportunismus aber auch die Attraktivität ungeahnter Chancen des schnellen sozialen Aufstiegs in der staatlichen Bürokratie, in der Partei und in den Gewerkschaften sowie die Angebote eines Bildungswesens, das gezielt Arbeiter- und Bauernkinder ebenso begünstigte wie es Bürgerkinder diskriminierte. Daneben gab es Formen von Aufbruchsstimmung, die der pathetischen Propaganda entsprachen und nicht ausschließlich aufgesetzt waren. Ähnlich wie weiland in der legendären Aufbaueuphorie von Magnitogorsk waren in kleinerem Maßstab auch die Propagierung und Auszeichnung von Aktivisten und „Helden der Arbeit" im Gefolge von Kumpel-Hennecke-Kampagnen, die zwar von oben und nach sowjetischem Vorbild initiiert, aber keineswegs völlig wirkungslos waren. Sie riefen beim einfachen Fußvolk neben Erbitterung auch überzeugtes Engagement und Stolz auf große Leistungen hervor. Diese und andere Rituale funktionierten nicht nur als übergestülpte Zeremonien, sondern schufen in begrenztem Maß auch emotionale Bindungen. Das Bewusstsein, zur „führenden Klasse" zu gehören, war insofern in der Praxis keineswegs irrelevant und bestimmte vielfach die Austragung sozialer Konflikte im Betrieb. Eine zentrale Rolle konnten hier die in den frühen 1950er Jahren geschaffenen Brigaden spielen, deren genuin „kommunistische" Entwicklungsperspektive in den 1959 ins Leben gerufenen „sozialistischen Brigaden" zum Ausdruck kam. Die positive Bewertung der Rolle der Brigaden und generell des Arbeitskollektivs bedeutete nicht Zustimmung zur SED-Diktatur. Dennoch ist hier eine sehr wirksame und nicht nur aus der Rückschau verklärte Bindekraft zu finden. Charakteristisch scheint somit das nicht auflösbare Nebeneinander von Zustimmung und Ablehnung, von Fügsamkeit und Renitenz. Alf Lüdtke hat dafür den treffenden Begriff der „missmutigen Loyalität" geprägt.[34]

„Konstitutive Widersprüchlichkeit" und prekäre Nachbarschaft

Detlef Pollack hat die „konstitutive Widersprüchlichkeit" als Charakteristikum der DDR betont.[35] Das betrifft nicht nur Ambivalenzen, die alle sowjetkommunistischen Staaten und Gesellschaften kennzeichneten, sondern resultiert insbesondere aus der geographisch-politischen Lage der DDR. Schlechterdings konstitutiv für die DDR war die unmittelbare Nähe des „Klassenfeindes" in der gleichen Nation. Westorientierung gab es auch in allen Volksdemokratien. Aber nirgendwo war ihre Präsenz über Tradition, Kultur, Verwandtschaft, Kommunikation und Massenmedien so unmittelbar und damit auch so bedrängend. Das Politbüro schaute ebenso ständig auf die Produktionszahlen oder auch Krisensymptome, wie die Arbeiterklasse im alltäglichen Vergleich Lohnhöhen, Sozialleistungen und Arbeitsplatzsicherheit wahrnahm und diskutierte. In der offiziellen Wahrnehmung und Selbstdarstellung befand sich die DDR ständig in der Defensive gegenüber einem imaginären und sehr konkreten „imperialistischen" Gegner. Schutz vor dem „NATO-Imperialismus" und seiner europäischen

---

[34] Alf Lüdtke: „Helden der Arbeit" – Mühen beim Arbeiten. Zur missmutigen Loyalität von Industriearbeitern in der DDR, in: Hartmut Kaelble u.a. (Hg.): Sozialgeschichte der DDR. Stuttgart 1994, S. 188–213.
[35] Detlev Pollack: Die konstitutive Widersprüchlichkeit der DDR, in: Geschichte und Gesellschaft, 24/1997, S. 110–131.

Speerspitze in Gestalt der „Bonner Ultras" bot nur der große Bruder in Moskau. Daraus resultierte auch eine aberwitzige Form der Militarisierung. Sie reichte von grotesken und nach dem Juniaufstand 1953 wieder aufgegebenen Planungen, die Insel Rügen zu einer hochgerüsteten Flottenbasis auszubauen[36] über frühzeitig und konsequent entwickelte vor- und paramilitärische Organisationen bis zur 1978 eingeführten Wehrkunde an den Schulen, die insbesondere bei den Kirchen erheblichen Unmut hervorrief.[37]

Zur Widersprüchlichkeit gehörte aber auch, dass diesen Kirchen, gegen die in den 1950er Jahren ein rücksichtsloser Kampf geführt wurde und die in ein enges Geflecht von Verbindungen zum Westen einbezogen waren, Freiräume konzediert wurden, die auch im osteuropäischen Vergleich keineswegs selbstverständlich waren. Kirchliche Dienste bildeten nicht nur einen wichtigen Teil der Gesundheitspolitik (besonders in der Alten- und Behindertenfürsorge), sondern die Kirchen konnten auch durch eigene Hochschulen einen Teil der Diskriminierung durch staatliche Bildungspolitik auffangen. In Leipzig, Naumburg und Ostberlin gab es neben den staatlichen Fakultäten kleine theologische Hochschulen der evangelischen Kirche, die Christoph Dieckmann als „die freiesten Lehranstalten Osteuropas" charakterisiert hat: „Der SED-Staat duldete sie auf Widerruf, doch Hammer und Sichel schwebten über unseren Häuptern."[38]

Von wenigen systemtreuen Vertretern abgesehen, waren Christen in der DDR zwar in ihrer großen Mehrheit Gegner des Regimes, aber deswegen nicht gleich Widerständler. Insbesondere in der Spätphase, als die offene Repression der 1950er Jahre vorbei war, gab es im Lande, aber auch im Westen, Formen verdeckter Identifikation mit der bescheidenen und erzwungenermaßen „armen" Kirche. Was Günter Jakob, der Generalsuperintendent von Cottbus, 1963 als „Ende des konstantinischen Zeitalters" bezeichnete, verwies auf größere Distanz zum Staat, größere Nähe zum urchristlichen Ideal, auf Distanz zu jedem „frommen Kitsch" und jeder „routinierten Erbaulichkeit", auf mehr Gemeinschaft, weniger Institution und größere Glaubwürdigkeit. Der 1972 vom Erfurter Propst Heino Falcke geprägte Begriff vom „verbesserlichen Sozialismus" hatte zwar nichts mit Kommunismus zu tun, zeigte aber Ansätze von widerständigen Bindungen an das Gesellschaftssystem der DDR, so ärgerlich dieser Begriff für die SED auch war, weil er aus dem kirchlichen Raum kam und die allein selig machende Staatspartei kaum akzeptieren konnte, dass ihr Sozialismuskonzept ausgerechnet aus dieser Richtung Verbesserungsvorschläge erhielt.[39] Bis heute standen und stehen zudem die Werte von sozialer Gerechtigkeit und relativer Egalität – und auch in dieser Diskussion spielten die Kirchen eine wesentliche Rolle – gegenüber politischer Freiheit in Ostdeutschland besonders hoch im Kurs. Umfragen nach 1990 belegen hier signifikante Unterschiede zum Westen.[40]

---

[36] Dieses abstruse, bislang unbekannte Detail behandelt David Johst: Die Festung Rügen, in: Die Zeit, 14.3.2013.
[37] Zur Militarisierung in präziser Zusammenfassung und Einordnung: Jens Gieseke: Die Einheit von Wirtschafts-, Sozial- und Sicherheitspolitik, in: Zeitschrift für Geschichtswissenschaft, 51/2003, S. 996–1021, besonders S. 1010f.
[38] Christoph Dieckmann: Die DDR-Pfarrhäuser prägten eine Generation, in: ZEIT Magazin, 12/2013, S. 21.
[39] Erhart Neubert: Geschichte der Opposition in der DDR 1949–1989. Bonn ²2000, S. 251f.
[40] Rainer Eckert, Bernd Faulenbach (Hg.): Halbherziger Revisionismus. Zum postkommunistischen Geschichtsbild. München 1996.

Neben der aus der Rand- und Frontlage resultierenden permanenten Abwehrhaltung gegenüber einem hysterisch überhöhten Gegner findet sich ein weiteres, verblüffendes Charakteristikum des DDR-Kommunismus, für das es keine überzeugenden Parallelen in den Volksdemokratien gab: die „Westarbeit". Sie reichte weit über traditionelle Spionage, die jeder Staat betrieb und betreibt, hinaus und erstreckte sich auf viele Ebenen der Propaganda, der Sozialpolitik und der Kultur. Anfangs noch getragen vom Glauben an einen gesamtdeutschen Sozialismus/Kommunismus mutierte die Westarbeit bald zu einer merkwürdigen, von der SED gesteuerten Mixtur von Infiltration, Selbstdarstellung und vagen Hoffnungen auf Einfluss, die sich auf die KPD und ihre Nebenorganisationen stützten. Zur Formenpalette der Westarbeit gehörte das gesamte traditionelle Repertoire wie Spionage, Infiltration, Beeinflussung von Wahlen in den Parteien und Gewerkschaften, Gründung von Vorfeldorganisationen, Seminare, Jugendaustausch, Delegationsbesuche, Beteiligung an Streiks und Demonstrationen, verdeckte Finanzierung, Materialversand, Verteilung von Broschüren und Flugblättern. Vor allem über betriebliche Solidaritätsaktionen für westdeutsche Streiks wird in Geschäftsberichten des FDGB (Freier Deutscher Gewerkschaftsbund) seitenlang berichtet.[41] Das Politbüromitglied Hermann Matern konstatierte in einer Sitzung des ZK der (bereits verbotenen) KPD im Oktober 1956, in Westdeutschland nehme die Teuerung zu und bringe „Kämpfe um Lohn, Arbeitszeit und Beschäftigung" hervor. Er prophezeite:

> Wir haben also für die Partei große Möglichkeiten, wenn wir uns richtig orientieren und wenn wir die Veränderungen, die sich in Westdeutschland zeigen und entwickeln, richtig ausnutzen.[42]

„Der Westen" – das bedeutete aus kommunistischer Sicht Klassenfeind, Missionsfeld und Magnet gleichermaßen. Er gehörte zu allen Zeiten integral zur Geschichte des DDR-Kommunismus, ohne dass den Kadern der Westarbeit jemals eine realitätstüchtige Diagnose gelang. Denn „der Westen" war neben der Projektionsfläche für Abgrenzung in der Machtelite beim Fußvolk auch metaphorisches Kürzel für eine andere, besser funktionierende, aber mit weniger sozialer Sicherheit ausgestattete Gesellschaft.

Ostalgie als diffuses Erbe?

Der Streit um die „richtige" Interpretation der Geschichte der DDR begann unmittelbar nach deren Ende und fiel heftiger aus als in anderen Staaten des auseinanderfallenden Sowjetimperiums. In der ehemaligen Staatspartei ließ sich schon im Winter 1989/90 ein Prozess der inneren „Sozialdemokratisierung" beobachten. Aus der Parteistruktur und dem Programm wurden Elemente des Leninismus eliminiert. Das bedeutete den Abschied vom Kommunismus. Die programmatische Orientierung der Partei an einem „demokratischen Sozialismus" blieb zwar diffus, doch sie entfernte sich verbal vollständig vom Stalinismus, unter den nun alle Übel der Vergangenheit rubriziert wur-

---

[41] Ausführlich dazu mein Beitrag: Das geteilte Deutschland und die „Westarbeit" der DDR im Ruhrgebiet. Stiftung Bibliothek des Ruhrgebiets, Schriften Nr. 34. Essen 2012, S. 21–49.
[42] Zit. nach: Michael Lemke: Einheit oder Sozialismus? Die Deutschlandpolitik der SED 1949–1961. Köln 2001, S. 101.

den. Mit der Transformation der SED in die PDS verbauten sich die Parteistrategen zwar einen wirklichen Neuanfang, die strukturelle, vor allem lebenswichtige finanzielle Kontinuität blieb jedoch gewahrt. Kritisch, aber halbherzig war auch der Umgang mit der eigenen Geschichte.[43] Der vom Bundestag eingesetzten Enquete-Kommission der Mehrheitsparteien zur „Aufarbeitung von Geschichte und Folgen der SED-Diktatur" und ihrem Abschlussbericht setzte die postkommunistische PDS ein Minderheitsvotum und eine Reihe von Abhandlungen entgegen, die zwar nicht simple Apologie betrieben, aber doch eine deutliche Nähe zum alten Regime erkennen ließen.[44] Der Bundestags-Kommission warf sie ein einseitiges Bild der DDR vor. Die Vorstellung, „die Wessis" säßen über der DDR-Geschichte zu Gerichte, war zu dieser Zeit verbreitet, aber sie war falsch, denn die wichtigsten Anstöße kamen aus dem Umfeld der ehemaligen Bürgerrechtler aus der DDR.

Seitdem hat es eine riesige und nicht mehr überschaubare Forschung sowie intensive Debatten über alle Felder der DDR-Geschichte, über die Repression und das alltägliche Leben in einer kommunistischen Diktatur, über die vermeintlichen Vorzüge des Systems und die perversen Aktivitäten der Stasi gegeben. Dass eine plakative Schwarz-Weiß-Zeichnung der DDR auf oft empörte Ablehnung stieß, hatte mit einer vielfach unzureichenden Berücksichtigung ganz unterschiedlicher Erfahrungshorizonte zu tun. Viele ehemalige DDR-Bürger hatten schon Probleme anzuerkennen, dass sie in einer Diktatur gelebt haben. Bei der Bilanzierung der Vor- und Nachteile beider Staaten und Gesellschaftssysteme schnitt daher in Umfragen die DDR keineswegs immer schlecht ab.[45] Der Hauptgrund dafür dürften die sozialen Folgen des Umbruchs von 1990 gewesen sein. Eine komplette sozialistische Volkswirtschaft wurde in kurzer Zeit privatisiert, und die dafür zuständige Treuhand avancierte in Ostdeutschland zur bestgehassten Institution. Die nun völlig neue Erfahrung von Massenarbeitslosigkeit wurde für die ehemals „führende Klasse" zum Menetekel der neuen Gesellschaft. Dass auch ein radikaler und oft rabiater Elitenaustausch auf vielen Feldern mit tiefen individuellen biografischen Brüchen für die ältere und mittlere Generation hinzukam, schuf ein Terrain, auf dem sich Ostalgie offen und versteckt leicht entfalten konnte.

Ohne Frage hatte der Kommunismus als Ideologie und politisches System im gespaltenen Land seiner Entstehung nie eine Tiefen- und Breitenwirkung entfalten können. Das schloss jedoch nicht erhebliche Nachwirkungen in der mentalen Prägung und der politischen Kultur aus. Dass in Umfragen im Osten anders als im Westen soziale Sicherheit über viele Jahre deutlich vor politischer Freiheit rangierte, ist eines der markantesten Merkmale dieses im Grunde nach einem so tiefen Bruch kaum wirklich überraschenden Befundes. Mittlerweile haben sich die Ostalgie und die Ostalgie-Debatten weitgehend gelegt. Das große ökonomische Desaster ist ausgeblieben. Erhebliche soziale und kulturelle Unterschiede sind nicht verschwunden, aber eingeebnet.

---

[43] Frühe Untersuchungen bietet der Sammelband Eckert, Faulenbach, Halbherziger Revisionismus [Fn. 40].
[44] Ansichten zur Geschichte der DDR, hg. von Dietmar Keller, Hans Modrow und Herbert Wolf, 4 Bde. Bonn/Berlin 1993/1994.
[45] forsa Gesellschaft für Sozialforschung und statistische Analysen mbH: Das DDR-Bild der Bevölkerung des Landes Brandenburg. Berlin, November 2011.

„Trau ihm nicht! Der Kulak ist der missgünstigste Feind des Sozialismus."

Jiří Pernes

Rückhalt im eigenen Land
Die Kommunisten in der Tschechoslowakei

Die kommunistische Ordnung in der Tschechoslowakei wurde nicht auf den Bajonettspitzen der Sowjetarmee errichtet. Aus den Wahlen 1946 ging die KSČ im tschechischen Landesteil als stärkste Partei hervor. Sie kontrollierte das Innenministerium, die Polizei und die Geheimdienste. Die Kommunisten unterminierten die parlamentarische Demokratie. Sie schalteten andere Parteien und Gegenkräfte wie die Kirche aus. Die Öffentlichkeit unterstützte diesen Kurs, der zur kommunistischen Alleinherrschaft, der Anlehnung der ČSSR an Moskau und dem Aufbau einer Wirtschaftsordnung sowjetischen Typs führte. Strukturelle Mängel und Entwicklungsschwächen ließen politische und wirtschaftliche Reformen reifen, die im Prager Frühling gipfelten. Nicht die sowjetische Intervention 1968, sondern die Parteiherrschaft der 1970er und 1980er Jahre, die zu Hoffnungslosigkeit und Siechtum führte, brachte die Menschen dazu, gegen das Regime aufzubegehren.

Ende 1989 brach in der Tschechoslowakei – wie in den Nachbarstaaten zuvor – ein Regime zusammen, das auf dem Machtmonopol der Kommunistischen Partei gegründet war. Diese Entwicklung wurde in der Tschechoslowakei genauso wie in den Nachbarländern von breiten Teilen der Gesellschaft unterstützt. Die Tschechen und Slowaken verabschiedeten jedoch eine gesellschaftliche Ordnung, die ihre Eltern und Großeltern freiwillig gewählt hatten. Anders als in Polen, Ungarn und der DDR war das kommunistische Regime nicht auf den Bajonettspitzen der Sowjetarmee in die Tschechoslowakei getragen worden. In Ungarn und Rumänien hatte die kommunistische Partei zwischen 1944 und 1945 jeweils maximal über ein paar Hundert Mitglieder verfügt, bei der Machtübernahme musste das sowjetische Militär nachhelfen. In Polen hatten die Kommunisten nach Kriegsende jahrelang gegen starke gesellschaftliche Widerstände und demokratische politische Kräfte zu kämpfen, bis sie sich 1948 die Alleinherrschaft sichern konnten. In der Tschechoslowakei dagegen genoss die Kommunistische Partei (*Komunistická strana Československa*, KSČ) seit 1945 die Unterstützung breiter Bevölkerungsschichten.

Jiří Pernes (1948), Dr., Historiker, Institut für Zeitgeschichte der Akademie der Wissenschaften der Tschechischen Republik, Brünn

Die gesellschaftliche Stellung der tschechoslowakischen KP

Die außergewöhnlich starke Position der KSČ nach dem Ende des Zweiten Weltkriegs hatte zweifellos damit zu tun, dass „linke" Strömungen in der tschechischen Gesellschaft eine lange Tradition hatten. In der zweiten Hälfte des 19. Jahrhunderts, als sich langsam eine moderne tschechische Nation herausbildete, breitete sich ein als „Antiklerikalismus" verbrämter Atheismus aus, antifeudale Tendenzen nahmen zu, der Marxismus fand großen Zulauf unter den Arbeitern.
Nach dem Ersten Weltkrieg verstärkten sich unter dem Eindruck der bolschewistischen Revolution in Russland solche „linken" Strömungen – nicht nur im neuen tschechoslowakischen Staat, sondern in ganz Europa. Doch während die Revolutionsstimmung in den meisten Nachbarländern bald verpufft war und die Bedeutung der neu entstandenen Parteien Leninschen Typs schwand, blieb die 1921 gegründete Kommunistische Partei der Tschechoslowakei eine der stärksten politischen Kräfte im Land.[1]
Bei allen Parlamentswahlen, an denen die KSČ teilnahm, erzielte sie Spitzenergebnisse. Bei ihrer ersten Teilnahme 1925 kam sie gänzlich unerwartet auf 13,2 Prozent und holte 41 Mandate. Die 1925 eingeleitete und auf dem V. Parteitag 1929 besiegelte „Bolschewisierung", also die Abkehr vom bisherigen relativ liberalen Kurs und die Annäherung an die Komintern, tat der Popularität der Partei keinen Abbruch: Obwohl sie sich zum Zeitpunkt der Parlamentswahlen 1929 in einer tiefen Krise befand, konnte sie mit 10,2 Prozent und 30 Mandaten erneut einen beachtlichen Erfolg verbuchen. Die Wahl von 1935 bestätigte die starke Position der Kommunisten: Mit 10,3 Prozent und 30 Mandaten zog die KSČ als viertstärkste Kraft ins Parlament ein.[2] Welche bedeutende Rolle sie im Leben des Landes spielte, zeigte sich daran, dass sie ungeachtet dessen, dass sie während der gesamten Existenz der Ersten Tschechoslowakischen Republik in der Opposition blieb, in bestimmten Momenten entscheidenden Einfluss auf die innenpolitische Entwicklung nehmen konnte. Dass 1935 Edvard Beneš und nicht sein Gegenkandidat aus dem rechten politischen Lager zum Staatspräsidenten gewählt wurde, lag nicht zuletzt an der Unterstützung, die er von Seiten der Kommunisten erhielt.
In der Weltwirtschaftskrise konnte sich die Partei als Kämpferin für die Rechte der Arbeiterklasse präsentieren und dadurch ihr Ansehen steigern. Ende der 1930er Jahre konzentrierte sie sich immer stärker auf den Kampf gegen den auch in der Tschechoslowakei aufkommenden Faschismus. Ab 1938 stellte sie sich entschieden auf die Seite jener Kräfte, die das Münchner Abkommen ablehnten und die demokratische Tschechoslowakei notfalls auch ohne Hilfe der westlichen Verbündeten verteidigen wollten. Dank ihrer vielen Mitglieder spielte sie – anders als die kommunistischen Parteien in den anderen Staaten Ostmitteleuropas – eine wichtige Rolle im Widerstand gegen die nationalsozialistischen Besatzer.
Während des Zweiten Weltkriegs wurde die KSČ endgültig zu einer für die Mehrheit der Gesellschaft akzeptablen politischen Kraft. Tschechen und Slowaken sahen in der

---
[1] Zur Geschichte der KSČ vor dem Zweiten Weltkrieg: Jacques Rupnik: Histoire du Parti Communiste. Des origines à la prise du pouvoir Tchécoslovaque. Paris 1981.
[2] Pavel Marek: Komunistická strana Československa, in: Jiří Malíř, Pavel Marek u.a. (Hg.): Politické strany. Vývoj politických stran a hnutí v českých zemích a v Československu 1861–2004. Erster Teil: Období 1861–1938. Brno 2005, S. 711–746, hier S. 738–739.

Partei immer weniger eine vom Ausland gelenkte politische Organisation. Im Gegenteil schenkten immer mehr Menschen den patriotischen Proklamationen der Kommunisten Glauben. Dabei spielte Präsident Edvard Beneš, der wenige Tage nach dem Münchner Abkommen zurückgetreten und ins Londoner Exil gegangen war, eine entscheidende Rolle. Zwar erkannte Beneš seinen gewählten Nachfolger Emil Hácha mehrfach öffentlich als rechtmäßiges Staatsoberhaupt der Tschechoslowakei an. Doch 1940 bildete Beneš eine tschechische Exilregierung und beanspruchte das Präsidentenamt wieder für sich. Nach dem Krieg kehrte er in seine Heimat zurück und übernahm dort erneut das Amt des Staatspräsidenten. Er war sich dessen bewusst, dass er seine Pläne ohne die Unterstützung der Kommunisten und der Sowjetunion nicht würde verwirklichen können. Bereits in seinen im Exil entstandenen Schriften *Demokracie dnes a zítra*[3] (Demokratie heute und morgen, London 1942), *Úvahy o slovanství*[4] (Gedanken zum Slaventum, London 1944) und seinen Erinnerungen an München und an den Zweiten Weltkrieg[5] zeichnete er die Sowjetunion als einen Staat, der inzwischen meilenweit von der blutigen Diktatur der 1930er Jahre entfernt sei, sowie die KSČ als demokratische Kraft, die das Vertrauen der Bürger verdiente. Als Beneš 1945 nach neuen Verbündeten für die Tschechoslowakei suchte, die Frankreich und Großbritannien ersetzen konnten, fiel seine Wahl ganz selbstverständlich auf die Sowjetunion. Das Bündnis mit dem Kreml wäre kaum zustande gekommen, hätte er die tschechoslowakischen Kommunisten ignoriert. Deshalb behandelte Beneš, seit er Ende 1943 in Moskau mit Stalin einen Freundschaftsvertrag unterzeichnet hatte, auch die Vertreter der KSČ als vertrauenswürdige Partner und trug dadurch dazu bei, dass die breite Öffentlichkeit in seiner besetzten Heimat bereit war, die KSČ als legitime politische Macht anzusehen.

Dank Benešs Hilfe befanden sich in der Regierung, die auf dem Umweg über Moskau aus London in die Heimat zurückkehrte, bereits einige Ministerposten in der Hand der Kommunisten. Diese Regierung war ganz anders zusammengesetzt als die 1940 gebildete Exilregierung. Sie repräsentierte das neue politische System der Nationalen Front der Tschechen und Slowaken, dessen Hauptarchitekten die Kommunisten waren. Beneš ließ zu, dass die meisten seiner engsten Mitarbeiter als angebliche „Rechte" beseitigt wurden. An ihre Stellen traten den Kommunisten genehmere Politiker der linken Parteien. Dass diese Parteien es den Kommunisten überließen, das neue Regierungsprogramm und politische System zu entwerfen, zeugt von ihrem mangelnden Weitblick. Bei den Verhandlungen über die künftige Gestalt der neuen Republik hatten vor allem die Kommunisten das Wort, die Vertreter demokratischer Parteien machten lediglich vereinzelte Gegenvorschläge, die meist ungehört verhallten. Wenn sie sich bei Beneš über die Unnachgiebigkeit der Kommunisten beschwerten, zuckte dieser nur mit den Achseln. „Ihr müsst verhandeln", sagte er immer wieder. Das „Verhandeln mit den Kommunisten" sah allerdings in der Regel so aus, dass die Demokraten den Kürzeren zogen, wie der damalige Minister Prokop Drtina von der Tschechoslowakischen National-Sozialistischen Partei in seinen Memoiren konstatiert.[6]

---

[3] Edvard Beneš: Demokracie dnes a zítra. Praha 1946.
[4] Ders.: Úvahy o slovanství. Hlavní problémy slovanské politiky. Praha 1947.
[5] Ders.: Paměti. Od Mnichova k nové válce a k novému vítězství. Praha 1947.
[6] Prokop Drtina: Československo, můj osud. Kniha života českého demokrata 20. Století. Bd. I, Teil 1: Emigrací k vítězství. Praha 1992, S. 24.

Die Kommunisten in der volksdemokratischen Tschechoslowakei

Die Nationale Front der Tschechen und Slowaken wurde in erster Linie ins Leben gerufen, um zu verhindern, dass politische Kräfte, die sich in der Vorkriegszeit im rechten Lager engagiert hatten, an die Macht kamen. Das Regierungsprogramm von Košice (Kaschauer Programm) vom April 1945 stempelte sie allesamt pauschal als „faschistisch"[7] ab. Deswegen durften nach 1945 nicht nur die Sudetendeutsche Partei, die Slowakische Volkspartei Hlinkas (*Hlinkova Slovenská strana ľudová*) und die Nationale Faschistische Gemeinschaft (*Národní obec fašistická*) ihre Tätigkeit nicht fortsetzen, sondern auch demokratische Parteien wie die Agrarpartei (*Strana agrární*) oder die Nationale Vereinigung (*Národní sjednocení*) wurden verboten. Lediglich vier Parteien im tschechischen Teil des Landes durften sich erneuern: die Tschechische Sozialdemokratische Partei (*Československá sociální demokracie*), die Tschechoslowakische National-sozialistische Partei (*Československá strana národně socialistická*), die Tschechoslowakische KP (KSČ) und die Tschechoslowakische Volkspartei (*Československá strana lidová*). Hinzu kamen zwei Parteien in der Slowakei, die Demokratische Partei (*Demokratická strana*) und die Kommunistische Partei der Slowakei (*Komunistická strana Slovenska*, KSS).

Die Tatsache, dass drei von vier politischen Parteien, die in den tschechischen Gebieten erlaubt waren, sich mit ihrem Namen auf den Sozialismus beriefen, sagt einiges über den Charakter der von der Nationalen Front errichteten „Volksdemokratie" aus. Die Schlüsselpositionen im ersten Kabinett von Ministerpräsident Zdeněk Fierlinger (April bis November 1945) waren mit Kommunisten besetzt: Stellvertretende Ministerpräsidenten waren der Vorsitzende der KSČ Klement Gottwald und der Vorsitzende der KSS Viliam Široký. Darüber hinaus hielten die Kommunisten das Innenministerium, das Ministerium für Schule und Bildung, das Informationsministerium, das Landwirtschaftsministerium und das Ministerium für Arbeitsschutz und Sozialfürsorge, außerdem stellten sie einen Staatssekretär im Außenministerium.

Bei ihrer Rückkehr in die Heimat war die Führung der KSČ fest entschlossen gewesen, die im ganzen Lande neu entstehenden Organe der Staatsverwaltung unter ihre Kontrolle zu bekommen. Die bisherigen Kreis-, Stadt- und Gemeindebehörden sollten durch Nationalausschüsse ersetzt werden, die spontan aus dem Boden schossen, ohne dass irgendwer sie gewählt hätte. Gerade diesen Umstand wollten sich die Kommunisten zunutze machen. Bereits am 3. Februar 1945 schrieb Klement Gottwald an den Ex-Generalsekretär der Kommunistischen Internationalen, Georgi Dimitrov, der nun in der Abteilung Internationale Information des ZK der KPdSU in Moskau tätig war:

> Im Hinblick auf die Möglichkeit, dass die Rote Armee bald auf tschechisches Gebiet, insbesondere in das bedeutende Industrierevier von Mährisch-Ostrau vordringt, erachten wir es als notwendig, aus Moskau eine Gruppe tschechischer Parteiarbeiter in die Region zu schicken, die auf dem befreiten Gebiet sofort mit dem Aufbau von Parteizellen, der Organisation von Natio-

---

[7] Program prvé domácí vlády republiky, vlády Národní fronty Čechů a Slováků. Sbírka dokumentů. Ministerstvo informací, Praha 1945, S. 20.

nalausschüssen und der Mobilisierung der Massen zur Unterstützung der Roten Armee beginnt.[8]

In dem von der Roten Armee befreiten Gebiet wuchs rasch ein Netz kommunistischer Parteiorganisationen. Die zuerst befreite Slowakei war dabei Vorreiterin: Im September 1945 zählte die Kommunistische Partei der Slowakei bereits über 200 000 Mitglieder, 15-mal so viele wie vor dem Krieg. In Böhmen, Mähren und Tschechisch-Schlesien verzeichnete die Kommunistische Partei der Tschechoslowakei einen noch rasanteren Mitgliederzuwachs: Hatte sie Anfang März 1945 dort nur etwa 475 300 Mitglieder gehabt, so waren es Ende des Jahres bereits über 965 600, Ende Mai 1946 knapp 1,16 Mio. und Ende Februar 1948 an die 1,41 Mio.[9]

Der politische Erfolg der Kommunistischen Partei der Tschechoslowakei zeigte sich auch bei den Parlamentswahlen von 1946. In den tschechischen Landesteilen war die KSČ mit 40,17 Prozent der abgegebenen Stimmen die stärkste Partei. In der Slowakei lag die Demokratische Partei mit 62 Prozent vorn, die Kommunistische Partei der Slowakei erhielt 30,37 Prozent der Stimmen. In diesem Zusammenhang wird häufig betont, die Kommunisten hätten in der Slowakei eine Niederlage erlitten. Man sollte das Wahlergebnis der slowakischen Kommunisten aber nicht unterbewerten: Sie belegten zwar nicht den ersten Platz, wurden aber immerhin von einem Drittel der Wahlberechtigten gewählt.

Der Wahlerfolg stärkte die Position der Kommunisten in der Tschechoslowakei zusätzlich. Klement Gottwald als Vorsitzender der siegreichen Partei wurde zum Premier der neuen Regierung. Zu den bereits vorher kommunistisch geführten Ministerien kamen nun noch das Finanzministerium und das Ministerium für Binnenhandel hinzu. In all diesen Ressorts wurden leitende Positionen mit Genossen oder mit Personen besetzt, die der Partei auf irgendeine Weise verbunden waren.

Der starke Einfluss der Kommunisten auf die öffentliche Verwaltung in der Tschechoslowakei war nicht zu übersehen, auch wenn das Land formal noch immer eine parlamentarische Demokratie war. In vielen Bereichen wurden kommunistische Praktiken angewandt und geltendes Recht verletzt – so bei den von offizieller Seite geduldeten brutalen Exzessen gegen die deutsche Bevölkerung, den Prozessen gegen die Minister der Protektoratsregierung, den Gerichtsverfahren gegen Politiker des rechten Spektrums wie Rudolf Beran, Radola Gajda, Jiří Stříbrný, General Syrový oder den Unternehmer Jan A. Baťa.[10] Die tschechoslowakische Öffentlichkeit nahm all diese

---

[8] Rossijskij gosudarstvennyj archiv social'no-političeskoj istorii (im Folgenden RGASPI), fond 17, opis' 128, delo 745, list 10.

[9] Jiří Maňák: Komunisté na pochodu k moci. Vývoj početnosti a struktury KSČ v období 1945–1948. Praha 1995.

[10] Ein Beispiel dafür, wie das von den Kommunisten geführte Innenministerium gegen geltende Gesetze verstieß, ist die Affäre von Nechanice vom Juli 1947. Nachdem die Bauernpartei RSZML 1945 verboten worden war, hatten ihre Mitglieder – zumeist wohlhabende Kleinbauern – eine unpolitische Reiterorganisation gegründet. Die Kommunisten fassten dies jedoch als Provokation auf, und als die Organisation am 5. Juli 1947 in dem Örtchen Nechanice Pferderennen abhalten wollte, umzingelte die Polizei das Dorf unrechtmäßig, verhinderte die Abhaltung der Rennen und trieb die Teilnehmer auseinander. Dazu: Zdeněk Jirásek: Nechanická aféra 1947. Hradec Králové 1992.

Entwicklungen nicht nur zur Kenntnis, sondern billigte sie de facto sogar, denn die Popularität der KSČ und ihre Mitgliederzahl stiegen gerade zu jener Zeit steil an.

Es lässt sich schwer erklären, warum die Mehrheit der Tschechen und der Slowaken die kommunistische Partei so massiv unterstützten. Zweifellos spielten die Erfahrung der Wirtschaftskrise der 1930er Jahre und das Abkommen von München eine große Rolle. Niemand wollte sich erneut in einer Situation wiederfinden, in der Hunderttausende qualifizierter Arbeitskräfte ohne Beschäftigung waren und weder sich noch ihre Familien ernähren konnten. Genauso prägend war der Verrat von München: der Moment, als die Tschechen mit der Waffe in der Hand an der Grenze standen, bereit, ihr Leben für ihr Land zu opfern – und dann gezwungen waren, kampflos aufzugeben und mit den Okkupanten zu leben. Offensichtlich waren es eben die Kommunisten, die mit ihrer aggressiven Rhetorik und ihrer betonten Radikalität am ehesten den Eindruck vermittelten, sie würden etwas Derartiges nie mehr zulassen. Doch es gab sicher auch noch andere Gründe. Nicht zuletzt stellten die Kommunisten sich nach 1945 als demokratische Partei dar. Ihre Funktionäre beteuerten immer wieder, sie wollten die sowjetische Realität nicht kopieren, sondern eine eigene, spezifische Form des Sozialismus schaffen.

Durchsetzung der kommunistischen Alleinherrschaft

Eine besondere Gefahr für die tschechische Demokratie ergab sich daraus, dass die Kommunisten seit 1945 das Innenministerium kontrollierten. Sie hatten nicht nur die wichtigsten Posten im Ministerium mit eigenen Leuten besetzt, sondern unauffällig auch die Polizei (*Sbor národní bezpečnosti*, SNB, Korps für nationale Sicherheit) und die Geheimpolizei (*Státní bezpečnost*, SB, Staatssicherheit) unter ihre Kontrolle gebracht. Der Streit um eben jene Polizei bot den Kommunisten im Februar 1948 die Gelegenheit, eine Regierungskrise zu provozieren, die zu ihrer Machtübernahme führte.[11] Ermöglicht wurde sie nicht nur durch die Unfähigkeit der Führer der demokratischen Parteien, denen Klement Gottwald haushoch überlegen war, und durch die Schwäche von Präsident Beneš, sondern vor allem auch, weil sich die Mehrheit der tschechoslowakischen Bevölkerung eindeutig auf die Seite der Kommunisten stellte. Ohne die landesweiten Massendemonstrationen von Gottwald-Anhängern, ohne den spontanen Generalstreik und ohne die nach dem Schneeballsystem entstehenden Aktionsausschüsse der Nationalen Front (*Akční výbory Národní fronty*) hätten die Kommunisten nicht die Macht ergreifen können. Den eigentlichen Umsturz bewerkstelligten eben diese Aktionsausschüsse: Sie jagten in Prag und anderswo die legal gewählten Funktionäre aus ihren Ämtern und ersetzten sie durch Kommunisten und Kooperationswillige. Die Bevölkerung schaute zu, noch häufiger half sie mit. Zwar unterstützten

---

[11] Der Anlass, der zur Regierungskrise führte, war die Entlassung von acht Polizeibezirksleitern, die durch Kommunisten ersetzt worden waren. Die nichtkommunistischen Kabinettsmitglieder forderten den Innenminister auf, den Schritt rückgängig zu machen, was dieser verweigerte. Daraufhin traten am 20. Februar 1948 die zwölf Minister der National-Sozialistischen Partei, der Volkspartei und der slowakischen Demokratischen Partei zurück. Ihre Rechnung, dass Präsident Beneš Neuwahlen ausrufen oder aber ihren Rücktritt ablehnen würde, ging nicht auf. Stattdessen ernannte Beneš anstelle der designierten Minister zwölf kommunistische.

zweifellos nicht alle tschechoslowakischen Bürger die Errichtung des totalitären KSČ-Regimes; es gab auch zahlreiche Menschen, die damit nicht einverstanden waren. Doch die Zahl der Gegner war kleiner als die der Befürworter, erstere waren schlechter organisiert, und ihre Führer versagten in der Stunde der Prüfung.[12]
Noch ehe sie die Macht im Lande fest im Griff hatten, begannen die Kommunisten die Bewegungsfreiheit der tschechoslowakischen Bürger einzuschränken. In der Nacht vom 22. auf den 23. Februar 1948 befahl das Innenministerium den Grenzstationen des SNB, jeden, der ausreisen wollte, festzunehmen, wenn sein Reisepass nicht mit einer Sonderausreisegenehmigung des Innenministeriums in Prag oder des Innenbeauftragten in Bratislava versehen war.[13] Das neue Regime führte sofort eine Zensur der Tagespresse und des Rundfunks ein und verbot innerhalb weniger Wochen 570 (!) überregionale und regionale Zeitungen und Zeitschriften nichtkommunistischer Parteien und Organisationen.[14] Gleichzeitig begannen die Kommunisten, ihnen unliebsame staatliche und öffentliche Funktionsträger von ihren Posten zu entfernen. Laut eigener Statistiken der Kommunisten wurden im Februar und März 1948 etwa 30 000 Personen, darunter etwa 12 000 Staatsbeamte und Angestellte des Öffentlichen Dienstes, im Zuge solcher „Säuberungen" ausgewechselt;[15] der Historiker Karel Kaplan geht auf der Basis von Archivrecherchen gar von etwa 250 000 Entlassenen aus.[16] Aus den Nationalausschüssen aller Ebenen entfernten die Aktionsausschüsse der Nationalen Front etwa 60 000 Mitglieder nichtkommunistischer Parteien, mehr als 20 000 Gewerkschafter verloren ihre Funktionen. Aus der Sportvereinigung *Sokol* beriefen Überprüfungskommissionen etwa 15 000 Funktionäre ab, von denen etliche im Gefängnis landeten.[17] Etwa 11 000 Beamte wurden wegen ihrer vormaligen politischen Zugehörigkeit entlassen, von den etwa 600 Direktoren verstaatlichter Betriebe mussten 294, also fast die Hälfte, ihre Posten räumen. Ihnen folgte binnen kurzem eine nicht genauer bekannte Zahl von Angehörigen des SNB und der SB, darunter vor allem Personen, die bereits in der Ersten Tschechoslowakischen Republik gedient hatten. Die Armee entließ 28 Prozent ihrer Offiziere. Auch viele Hochschullehrer mussten gehen, und 18 Prozent der 48 000 Studenten bestanden die politische Überprüfung ebenfalls nicht.[18] Die frei gewordenen Stellen besetzte die Kommunistische Partei mit eigenen Leuten. All dies spielte sich unmittelbar nach dem Februarumsturz innerhalb kürzester Zeit ab. Die Säuberungen wurden jedoch auch danach noch in allen Bereichen des öffentlichen Lebens systematisch fortgesetzt. Die tschechoslowakische Öffentlichkeit bejahte alle diese Maßnahmen oder nahm sie zumindest stillschweigend hin.

---

[12] Zum kommunistischen Februarumsturz Jiří Kocian, Markéta Devátá (Hg.): Únor 1948 v Československu. Nástup komunistické totality a proměny společnosti. Praha 2011.

[13] Jan Rychlík: Cestování do ciziny v habsburské monarchii a v Československu. Pasová, vízová a vystěhovalecká politika 1848–1989. Praha 2007, S. 34. – Martin Pulec: Nástin organizace a činnosti ozbrojených pohraničních složek v letech 1948–1951, in: Securitas imperii. Sborník k problematice bezpečnostních služeb, 7/2001, S. 55–91, hier S. 55.

[14] Petr Bednařík, Jan Jirák, Barbara Köpplová: Dějiny českých médií. Od počátku do současnosti. Praha 2011, S. 256.

[15] Václav Pavlíček: Politické strany po únoru. Teil 1. Praha 1966, S. 141–142.

[16] Karel Kaplan, Pavel Paleček: Komunistický režim a politické procesy v Československu. Brno 2011, S. 26.

[17] Karel Kaplan: Proměny české společnosti (1948–1960). Teil 1. Praha 2007, S. 67.

[18] Ebd., S. 26–27.

Danach machte sich die Kommunistische Partei daran, die anderen politischen Parteien zu liquidieren: Während sie sich durch eine „Vereinigung" die Sozialdemokratie einverleibte, verwandelte sie die Tschechoslowakische National-sozialistische Partei, die Tschechoslowakische Volkspartei und die Slowakische Demokratische Partei in Transmissionshebel ihrer Politik. Auch das Vereinsleben wurde nicht verschont: Schrittweise tauschten die Kommunisten Funktionäre aller Sport-, Studenten-, Jugend-, Frauen- und anderer Vereine aus, unliebsame Vereinigungen wurden verboten. Sofort nach dem Februarumsturz begann der Feldzug gegen die Kirchen, insbesondere gegen die römisch-katholische Kirche. Die Kirchen waren damals die einzigen gesellschaftlichen Organismen, die noch eine politische und geistige Alternative zur kommunistischen Partei und ihrer Ideologie darstellten. Als einzige konnten sie sich noch eine Zeitlang eine gewisse Autonomie bewahren und wurden nicht von Kommunisten durchdrungen. Nachdem das Regime kurze Zeit erfolglos versucht hatte, die tschechoslowakische römisch-katholische Kirche vom Vatikan zu trennen und in eine Art regimetreue „Nationalkirche" zu verwandeln, ging sie zu einer Politik harter Repressionen über. Bald nach 1950 fanden sich fast alle höheren kirchlichen Würdenträger entweder im Gefängnis oder in Internierungslagern wieder. 1950 wurden alle Orden aufgelöst, die Klöster von der Polizei besetzt, Ordensbrüder in Arbeitslager gesteckt oder zur Armee eingezogen, Ordensschwestern zu Schwerarbeit verurteilt. Die griechisch-katholische Kirche, die besonders in der Ostslowakei stark vertreten war, wurde vollständig liquidiert und ihre Gotteshäuser an die griechisch-orthodoxe Kirche übergegeben.[19]

Auch sonst wurde die Gangart des kommunistischen Regimes in der Tschechoslowakei härter. Dazu trugen zwei Schlüsselereignisse bei.

Zum ersten kritisierte das ZK der VKP(B) in einem Gutachten vom 5. April 1948 mit dem Titel „Über manche Fehler in der Tätigkeit der Kommunistischen Partei der Tschechoslowakei" den bisherigen relativ unabhängigen Kurs der tschechoslowakischen Kommunisten. In den ersten Monaten nach dem Februarumsturz hatte die Führung der KSČ sich bemüht, diesen eigenen Kurs weiterzuführen. In seinem Gutachten lehnte das Moskauer Zentralkomitee jedoch die gesamte Politik der tschechischen Partei vor dem Februar 1948 in scharfer Form ab. Die sowjetischen Ideologen warfen der KSČ vor, hinter ihren „Fehlern" stecke eine feindliche Absicht. Das Vorhaben der tschechoslowakischen Parteiführung, einen eigenen, tschechoslowakischen Sozialismus zu errichten, lehnten sie mit aller Entschiedenheit ab.[20] Die Führung der KSČ akzeptierte die sowjetische Kritik vorbehaltlos; seither wurde ein eigener Weg zum Sozialismus nie wieder erwähnt.

Einfluss auf den künftigen Charakter des kommunistischen Regimes in der Tschechoslowakei hatte zum zweiten der sowjetisch-jugoslawische Konflikt im Sommer 1948. Die tschechoslowakische Parteiführung identifizierte sich mit der Resolution des *Kominform* vom Juni 1948, die zum Ausschluss der jugoslawischen KP aus dem *Kominform* führte. Der Schulterschluss der tschechoslowakischen KP mit Moskau äußerte sich innenpolitisch darin, dass sie fortan härter gegen vermeintliche und wirkliche Gegner des kommunistischen Regimes vorging und die Kollektivierung der

---
[19] Stanislav Balík, Jiří Hanuš: Katolická církev v Československu 1945–1989. Brno 2007.
[20] O nekotorych ošibkach v dejatel'nosti Kommunističeskoj partii Čechoslovakii, RGASPI, f. 17, op. 128, Nr. 745.

tschechoslowakischen Landwirtschaft nach sowjetischem Vorbild einleitete, obwohl die Kommunisten noch zum Zeitpunkt des Februarumsturzes geschworen hatten, keine Kolchosen gründen zu wollen. Am 23. Februar 1949 verabschiedete die Nationalversammlung ein Gesetz zur Gründung landwirtschaftlicher Einheitsgenossenschaften. Das Gesetz sah zwar einen freiwilligen Beitritt der Bauern zu den Genossenschaften vor, doch in Wirklichkeit war den Kommunisten jedes Mittel inklusive brutaler Gewalt recht, um die Landwirte zu diesem Schritt zu zwingen.

Der Widerstand des nichtkommunistischen, demokratisch eingestellten Teils der tschechoslowakischen Öffentlichkeit kam vor allem beim Begräbnis des verstorbenen Staatspräsidenten Beneš im September 1948 zum Ausdruck, was Anlass für massive Unruhen wurde. Das Regime reagierte darauf mit dem Gesetz Nr. 231/48 zum Schutz der Volksdemokratischen Republik vom 6. Oktober 1948, das ihm die Verfolgung „unzuverlässiger" Personen erleichterte, und dem Gesetz Nr. 247/48 über die Errichtung von Zwangsarbeitslagern, das eine Internierung solcher Personen ohne Gerichtsurteil ermöglichte. Die Geheimpolizei wurde mit unbegrenzten Befugnissen ausgestattet und errichtete landesweit ein riesiges Netzwerk von Informanten und Denunzianten.

Schon 1949 kam es zu ersten politischen Prozessen, in deren Verlauf wichtige Vertreter des besiegten demokratischen Lagers verurteilt wurden. General Heliodor Píka, der während des Zweiten Weltkriegs Leiter der tschechoslowakischen Militärmission in der UdSSR gewesen war, wurde im Juni 1949 hingerichtet. Es folgten Monsterprozesse gegen Kirchenvertreter, gegen eine angebliche „internationale imperialistische Verschwörung gegen die Volksdemokratien" um die national-sozialistische Abgeordnete Milada Horáková (Mai/Juni 1950) und gegen andere „Volksfeinde". Die Prozesse folgten einem im Voraus ausgearbeiteten Drehbuch, die Opfer wurden vom Regime nach Bedarf ausgewählt, die hohen Strafen, die der Abschreckung dienten, standen von vornherein fest. Es traf Menschen aus allen Schichten der Gesellschaft; nach jüngsten Untersuchen wurden mehr als 264 000 Personen aus politischen Gründen vor Gericht gestellt.

Unter diesen Umständen entschlossen sich zahlreiche tschechoslowakischer Bürger, ins demokratische Ausland zu emigrieren. Die meisten von ihnen waren fest davon überzeugt, der Kalte Krieg werde in einen „heißen" übergehen, was es ihnen ermöglichen würde, an der Seite westlicher Armeen aktiv für die Befreiung ihrer Republik zu kämpfen. Wie viele Bürger nach dem Februarumsturz 1948 die Tschechoslowakei verließen, ist nicht genau bekannt. Nach Schätzungen gingen in den ersten 20 Jahren der kommunistischen Herrschaft mehr als 60 000 Menschen ins Exil, bis 1989 sogar etwa 200 000.[21] Eine ebenfalls nicht unbedeutende Zahl von Tschechen und Slowaken verschrieb sich dem bewaffneten antikommunistischen Widerstand im eigenen Land, dem sogenannten „dritten Widerstand" (nach dem ersten gegen die österreichisch-ungarische Monarchie und dem zweiten gegen die NS-Besatzung). Erwiesenermaßen

---

[21] Ein Überblick zum tschechischen demokratischen Exil nach 1948 fehlt. Bislang gibt es nur Einzelstudien wie Francis D. Raška: Opuštění bojovníci. Historie Rady svobodného Československa 1949–1961. Praha 2009. – Bořivoj Čelovský: Politici bez moci. První léta exilové rady svobodného Československa. Šenov u Ostravy 2000. – Jiří Pernes: Das tschechoslowakische Exil nach 1968. Exilanten, Emigranten, Landsleute. Diskussion über Begriffe, in: Dittmar Dahlmann (Hg.): Unfreiwilliger Aufbruch. Migration und Revolution von der Französischen Revolution bis zum Prager Frühling. Essen 2007, S.187–196.

gelang es der Staatssicherheit, diesen antikommunistischen Widerstand mit ihren Agenten zu infiltrieren und somit relativ effektiv zu bekämpfen. So landeten unzählige Kämpfer für die Demokratie im Gefängnis, viele verloren ihr Leben: In den Jahren der kommunistischen Herrschaft wurden in der Tschechoslowakei mehr als 250 Personen hingerichtet, davon 231 wegen antikommunistischer Tätigkeit.

Auch Familienangehörige verfolgter Personen, Menschen, die ins Ausland geflüchtet waren, und solcher, deren Verhalten den Normen der kommunistischen Machthaber nicht entsprach, waren Repressionen ausgesetzt. Um den gesellschaftlichen Aufstieg solcher Menschen zu verhindern und gleichzeitig sicherzustellen, dass leitende Positionen nur von politisch zuverlässigen Personen besetzt wurden, führte das Regime eine sogenannte Kaderordnung (*kádrový pořádek*) ein. Die Kaderpolitik des Regimes erstreckte sich auf alle gesellschaftlichen Bereiche, sie diente etwa auch dazu, die Zulassung zu weiterführenden und Hochschulen und die Erteilung wissenschaftlicher Grade nach politischen Kriterien zu reglementieren.[22]

Selbstverständlich kontrollierte das Regime auch die Zusammensetzung der gesetzgebenden Organe. Die Partei entschied, welche Personen Abgeordnete der Nationalversammlung wurden. So war garantiert, dass die Abgeordneten nur Gesetze verabschiedeten, die die Macht der KSČ befestigten. Als Hüter dieser Gesetze befand sich die Polizei natürlich ebenfalls fest in kommunistischer Hand.

Das kommunistische Regime und die Arbeiterschaft

Seit dem ersten Tag seiner Existenz bemühte sich das kommunistische Regime in der Tschechoslowakei darum, die Arbeiterschaft auf seine Seite zu ziehen. Bereits am 28. April 1948 verabschiedete die von den Kommunisten kontrollierte Nationalversammlung eine Reihe von Gesetzen, in denen Industrie und Groß- sowie Außenhandel, Betriebe mit über 50 Angestellten und eine ganze Reihe anderer Kategorien von Betrieben nationalisiert wurden. Es handelte sich dabei um einen politischen Akt, wirtschaftlich gesehen entbehrte dieser Schritt jeder Notwendigkeit. Ab dem Moment gab es im Land praktisch keine Privatbetriebe mehr, der Staat hatte im Wirtschaftsbereich fortan eine Monopolstellung. Der bekannte Mechanismus mangelnder Konkurrenz und unternehmerischer Initiative, mangelnder Effizienz und mangelnder Wirtschaftsentwicklung kam in Gang. Das Ergebnis war eine chronische Wirtschaftskrise.

Die Kommunisten enteigneten nicht nur Industrie und Großhandel, sondern auch private Kleinhändler, Gewerbetreibende und Handwerker. Sie alle wurden zu Beschäftigten in „volkseigenen" Betrieben. So konnte der Staat seine neue Sozial- und Lohnpolitik durchzusetzen, die auf soziale Nivellierung abzielte. Diese Nivellierung erfolgte erstens dadurch, dass die Arbeiter, was die Entlohnung anging, gegenüber anderen gesellschaftlichen Gruppen bevorzugt wurden: Zwischen 1948 und 1953 stieg der durchschnittliche Nominallohn eines Arbeiters um 56 Prozent, das Durchschnittsgehalt von Ingenieuren und Technikern dagegen nur um 26 Prozent und von Verwaltungsmitarbeitern um 15 Prozent. Unter den Kommunisten stieg auch das gesellschaftliche Prestige der Arbeiter, während umgekehrt das der Intelligenz sank und Bildung immer weniger galt. Auch dies spiegelte sich im sozialen Status und der

---

[22] Karel Kaplan: Kádrová nomenklatura KSČ 1948–1956. Sborník dokumentů. Praha 1992.

Lohnentwicklung wider: Lag das Durchschnittsgehalt eines Ingenieurs oder Technikers 1948 66 Prozent und das eines Beamten 24 Prozent über dem Durchschnittslohn eines Arbeiters, so war 1953 das Gehalt von Ingenieuren/Technikern nur noch 33 Prozent höher, das eines durchschnittlichen Beamten lag sogar acht Prozent darunter. Während die Löhne der Beschäftigten in der Industrie stetig stiegen, stagnierten die Gehälter von Arbeitnehmern in anderen Bereichen oder sanken sogar. Zweitens kam es zu einer Lohnnivellierung, die aus der Geringschätzung qualifizierter Lohnarbeit resultierte und zu einer bewussten Einebnung des Unterschiedes zwischen der Vergütung qualifizierter und unqualifizierter Arbeit führte. Drittens wurde die Arbeiterklasse privilegiert, was den Zugang zu Konsumgütern und sonstigen Waren und Dienstleistungen anging.

Die bewusste Sozial- und Lohnnivellierung zugunsten der Arbeiterschaft und speziell auch die Bevorzugung bestimmter Gruppen von Arbeitern – insbesondere der Beschäftigten der Schwerindustrie[23] – wurden vom Regime als Stabilisierungsmittel eingesetzt. Neben Lohnsteigerungen hatte die KSČ den Arbeitern noch anderes zu bieten: das Gefühl sozialer Sicherheit, ein verbrieftes Recht auf Arbeit, ein System von Sozialleistungen, die vor allem der Arbeiterschaft zugutekamen. Im Vergleich zur Vorkriegszeit stieg das Lebensniveau der Arbeiter merklich an, denn zu den gestiegenen Nominallöhnen kamen noch Dinge wie Sozialzulagen, niedrige Mieten, niedrige Preise für Dienstleistungen und preiswertes Kantinenessen.[24]

All dies trug dazu bei, dass die KSČ in den ersten Jahren nach der Machtübernahme von breiten Teilen der tschechoslowakischen Gesellschaft unterstützt wurde. Nicht einmal die Tatsache, dass die Partei demokratische Freiheiten beseitigte, konnte daran etwas ändern. Die Beliebtheit der Kommunistischen Partei spiegelte sich in wachsenden Mitgliederzahlen. Ende 1948 hatte die Partei bereits knapp 2,68 Mio. Mitglieder. Das entsprach etwa 22 Prozent der Bevölkerung.[25] Dass die KSČ unmittelbar nach ihrer Machtübernahme praktisch jedermann offen stand, wurde allerdings von den sowjetischen Genossen moniert. Die tschechoslowakische KP führte daher 1949 eine Reihe von Überprüfungen und Säuberungen durch, in deren Folge die Mitgliederzahl wieder etwas zurückging.

Die Situation änderte sich Anfang der 1950er Jahre, als das kommunistische Regime in der Tschechoslowakei in eine tiefe wirtschaftliche, gesellschaftliche und politische Krise geriet. Die Wirtschaftskrise hing in hohem Maße damit zusammen, dass sich die kommunistische Führung des Landes überstürzt auf die Rüstungsproduktion konzentriert hatte. Dies war auf Drängen Moskaus geschehen, das vor dem Hintergrund der geplanten Militarisierung der Gesellschaft und der Vorbereitung eines möglichen Militärschlags gegen den Westen Europas eine Art tschechoslowakischer Waffenschmiede für den sowjetischen Block plante. Der Niedergang der Wirtschaft, der mit einer Verschlechterung der materiellen Lage der Bevölkerung einherging, führte zu

---

[23] Die etwa 400 000 in diesem Bereich Beschäftigten verdienten nicht nur weit mehr als der Durchschnittsarbeiter, sondern genossen auch spezielle soziale Vergünstigungen.
[24] Karel Kaplan: Sociální souvislosti krizí komunistického režimu 1953–1957 a 1968–1975. Praha 1993, S. 10ff.
[25] Jiří Maňák: Proměny strany moci. Studie a dokumenty k vývoji Komunistické strany Československa v období 1948–1968, Teil 1. Praha 1995, S. 14. – Muriel Blaive: Le parti communiste tchécoslovaque et la société entre 1948 et 1951. Actions et réactions. Documents de travail du CEFRES, Nr. 2, Dezember 1995, S. 4.

wachsender Unzufriedenheit und zur Entfremdung jener Gruppen von der Partei, die sie und ihre Politik bis dahin rückhaltlos unterstützt hatten. Die Produktivität der Fabriken sank, dafür nahmen Absenzen und Fluktuation zu, es kam sogar zu Streiks und Massendemonstrationen gegen die Politik der Partei, zuerst 1951 in Brünn und Umgebung,[26] 1953 dann auch in anderen Orten, vor allem in Pilsen.[27] Das Vertrauen der Öffentlichkeit in die Partei wurde zudem durch Schauprozesse gegen hohe Parteifunktionäre[28] erschüttert, allen voran gegen ein angebliches „staatsfeindliches Verschwörungszentrum" um den ehemaligen Generalsekretär der KSČ Rudolf Slánský. Derartige Prozesse gab es auch in anderen Staaten des Sowjetblocks, doch kaum einer war so blutig wie der in der Tschechoslowakei. Auf der Anklagebank saßen 14 Genossen, die zuvor leitende Positionen in Partei und Staatsverwaltung inne gehabt hatten. Elf von ihnen wurden zum Tode verurteilt und hingerichtet.[29]

Erst Stalins Tod am 5. März 1953, das Ableben von Klement Gottwald wenige Tage später und der Antritt einer neuen Führungsriege im Kreml machten Veränderungen in der Innen- und Außenpolitik der Tschechoslowakei möglich, wie sie auch in der Sowjetunion und in deren anderen Satellitenstaaten zu beobachten waren. Ab 1953 ergriff die Führung der KSČ eine Reihe von Maßnahmen, die gesellschaftliche Spannungen abbauen und das Lebensniveau der Bevölkerung und insbesondere der Arbeiterklasse heben sollten. So senkte das Regime bis Ende 1956 sechsmal die Preise für ausgewählte Verbrauchsgüter und Dienstleistungen und unternahm weitere sozialpolitische Schritte, um sich die Unterstützung der Bevölkerungsschichten zurückzuholen, die ihm 1948 zur Macht verholfen hatten. Das zahlte sich gerade im Jahr 1956 aus: Während es damals in Polen zu Massenprotesten und dramatischen Versuchen der kommunistischen Elite kam, die Situation durch einen Wandel der Parteipolitik zu stabilisieren, und in Ungarn ein antikommunistischer Aufstand ausbrach, blieb die Tschechoslowakei eine Insel der Ruhe und Ordnung, die Bevölkerung bezeugte – mit kleineren Einschränkungen – ihre Treue gegenüber der Kommunistischen Partei.[30]

Gescheiterter Liberalisierungsversuch

Das kommunistische Regime in der Tschechoslowakei ging aus den Ereignissen von 1956 so gestärkt hervor, dass es 1960 eine neue Verfassung verabschieden konnte, in der die „führende Rolle" der KSČ in der tschechoslowakischen Gesellschaft festgeschrieben und die Staatsbezeichnung in Tschechoslowakische Sozialistische Republik

---

[26] Jiří Pernes: Die Verfolgung der Teilnehmer an den Arbeiterdemonstrationen in Brünn im Jahre 1951, in: Christiane Brenner, Peter Heumos (Hg.): Sozialgeschichtliche Kommunismusforschung. Tschechoslowakei, Polen, Ungarn, DDR 1945–1968. München 2005, S. 355–364.

[27] Jiří Pernes: Die politische und wirtschaftliche Krise in der Tschechoslowakei 1953 und Versuche ihrer Überwindung, in: Christoph Kleßmann, Bernd Stöver (Hg.): 1953 – Krisenjahr des Kalten Krieges in Europa. Köln u.a. 1999, S. 93–113. – Jiří Pernes: Arbeiterunruhen in der Tschechoslowakei im Jahre 1953, in: Roger Engelmann, Ilko-Sascha Kowalczuk (Hg.): Volkserhebung gegen den SED-Staat. Eine Bestandaufnahme zum 17. Juni 1953. Göttingen 2005, S.124–133.

[28] Václav Brabec: Vztah KSČ a veřejnosti k politickým procesům na počátku padesátých let, in: Revue dějin socialismu, 3/1969, S. 363–385, hier S. 364.

[29] Kaplan, Paleček, Komunistický režim a politické procesy [Fn. 16], S.124–135.

[30] Jiří Pernes: Krize komunistického režimu v Československu v 50. letech 20. Století. Brno 2008.

(*Československá socialistická republika*, ČSSR) geändert wurde. Auch die tschechoslowakische Gesellschaft änderte sich: In den 1960er Jahren trat eine neue Generation hervor, der „der Vergleich mit der vorrevolutionären Vergangenheit weitgehend fehlte, die weniger politisch ausgerichtet und gleichzeitig kritischer war als die Generation davor".[31] Gemeint ist die Gruppe der 15–35-Jährigen, die 1967 knapp 60 Prozent der Bevölkerung im arbeitsfähigen Alter ausmachte.[32] Die Angehörigen dieser Altersgruppe beurteilten die gesellschaftliche Realität viel stärker anhand eigener Erfahrungen und nahmen die offiziellen Proklamationen weniger ernst als die Elterngeneration. Kennzeichnend für diese neue Generation war ein hoher Anteil von Intellektuellen: In den Jahren 1960–1967 traten über 340 000 Personen mit höherem oder Hochschulabschluss ins Berufsleben ein. Stark vertreten waren darunter insbesondere Angehörige der technisch-ökonomischen Intelligenz. Schritt für Schritt übernahmen diese Menschen leitende Positionen in der Produktion und Verwaltung der Betriebe. Diese Generation war in der sogenannten sozialistischen Gesellschaft groß geworden und akzeptierte für sich, dass ihr künftiges Schicksal mit dieser verbunden bleiben würde. Deswegen traten ihre Angehörigen häufig der KSČ bei, übernahmen Parteifunktionen und engagierten sich in Gewerkschaften, Nationalausschüssen und anderen gesellschaftlichen Organisationen.[33] Doch einem Teil von ihnen wurde zunehmend der tiefe Widerspruch zwischen der Theorie, die ihnen von den Vertretern des kommunistischen Regimes eingebläut wurde, und der Praxis bewusst, die ihnen am Arbeitsplatz begegnete. Kritiker aus ihren Reihen, die offen die Verhältnisse in Betrieben, Gewerkschaften und in der Partei kritisierten, erwarben sich in der Gesellschaft immer mehr Anerkennung und Autorität. Dies wurde dadurch begünstigt, dass das Regime das Denken der Menschen nicht mehr in demselben Maße kontrollieren konnte wie früher, dass es ihm nicht mehr gelang, das Land vom Rest der Welt abzuschotten und alle Informationen zu zensieren.[34]

In der damaligen Entwicklung der Tschechoslowakei spiegelte sich natürlich die Entwicklung in der UdSSR wider, insbesondere die innenparteilichen Kämpfe in der KPdSU. Im Oktober 1961 fand in Moskau der XXII. Parteitag der KPdSU statt, auf dem Nikita Chruščev erneut mit seinen stalinistischen Gegnern abrechnete.[35] Im Zuge der Entstalinisierung wurden weitere Verbrechen Stalins enthüllt, Gefangene aus dem Gulag entlassen, es gab eine neue Rehabilitierungswelle. Stalins Leichnam wurde aus dem Leninmausoleum entfernt und an der Kremlmauer beigesetzt.[36] Die Tschecho-

---

[31] Pavel Machonin: Sociální struktura Československa v předvečer Pražského jara 1968. Praha 1992, S. 22.
[32] Ebd.
[33] Karel Kaplan: Československo v letech 1953–1966. Teil 3: Společenská krize a kořeny reformy. Praha 1992, S. 22.
[34] Anfang der 1960er Jahre strahlten ausländische Rundfunksender (ohne *Radio Free Europe*) zusammen wöchentlich über 61 Stunden Programme in tschechischer und slowakischer Sprache aus. Die tschechischen bzw. slowakischen Sendungen der BBC machten davon 15 Stunden, die von *Voice of America* 14 Stunden, die der Deutschen Welle 10,5 Stunden aus. Auch in Paris, Rom, aus dem Vatikan und anderen Städten wurden tschechische Sendungen ausgestrahlt. *Radio Free Europe* sendete etwa 126 Stunden pro Woche auf Tschechisch/Slowakisch. Nová mysl 10/1965, S. 1183, zitiert nach František Moravický: K vývoju a výsledkom politiky KSČ v prvej polovici šesťdesiatich rokov. Praha 1982, S. 99.
[35] XXII. sjezd KSSS, říjen 1961. Prag 1961 [=Nová mysl, Sonderheft].
[36] Ebd., S. 417.

slowakei kam nicht umhin, auch diesmal nachzuziehen: Der XII. Parteitag der KSČ im Dezember 1962 war zwar in erster Linie den wirtschaftlichen Problemen des Landes gewidmet, die die Parteiführung gewaltig unter Druck setzten, gleichzeitig wurden aber auch die Verbrechen thematisiert, derer sich die Partei in der Vergangenheit schuldig gemacht hatte und die sie nun mit der Bezeichnung „Verletzungen der sozialistischen Gesetzlichkeit" zu verschleiern suchte. Im ideologischen Bereich wurde die Notwendigkeit betont, neben dem „Revisionismus" auch „Dogmatismus" und „Sektierertum" zu bekämpfen.[37] Der Parteitag konnte natürlich auch die neuen Anzeichen einer sowjetischen Distanzierung von Stalins Erbe nicht ignorieren. Bereits im November 1962 wurde das gigantische Stalin-Denkmal gesprengt, das seit 1955 auf die Prager Altstadt herabgeblickt hatte. Im selben Jahr wurde der einbalsamierte Leichnam von Klement Gottwald, der bis dahin nach sowjetischem Vorbild in einem Glassarkophag aufgebahrt worden war, aus seinem Mausoleum entfernt und eingeäschert. Auf dem Parteitag jenes Jahres wurde erstmals Kritik an Gottwalds Tätigkeit geübt und der Personenkult um ihn verurteilt. Am 22. August 1963 brachte das Parteiorgan *Rudé právo* einen Bericht über die Ergebnisse der im Jahr zuvor begonnenen Revision der politischen Prozesse der 1950er Jahre, in dem die KSČ öffentlich zugab, Verbrechen verübt zu haben.

Das alles hatte natürlich nicht nur auf jene großen Einfluss, die immer schon in Opposition zum kommunistischen Regime standen, sondern vor allem auch auf die, die geholfen hatten das Regime zu installieren und es begeistert aufgebaut hatten. Die Neubewertung der politischen Prozesse der 1950er Jahre beeinflusste das Denken der Parteimitglieder. Auch die Partei begann sich zu verändern. Die Mitgliederzahlen stiegen: Im Jahr 1962 hatte die KSČ 1,66 Mio. Mitglieder, vier Jahre später hatten bereits 1,7 Mio. Menschen ein Parteibuch. Das entsprach zwölf Prozent der Bevölkerung. In den tschechischen Gebieten war jeder fünfte Bürger Parteimitglied, in der Slowakei jeder neunte. Das Durchschnittsalter der Mitglieder stieg, die Zahl der Arbeiter sank. Umgekehrt traten immer mehr Menschen mit höherer Bildung der KSČ bei. 1966 hatten bereits 30 Prozent der Mitglieder einen höheren Schulabschluss als den einer Grundschule.[38] Der damalige Parteifunktionär Čestmír Císař erinnert sich, beim XII. Parteitag der KSČ habe das ZK zu einem Drittel aus neuen ZK-Mitgliedern bestanden, die Kandidaten des ZK seien sogar zu 80 Prozent andere gewesen als beim vorangegangen Parteitag.[39] Der damalige KSČ-Generalsekretär Antonín Novotný habe auf diese Weise „in der Krisensituation jüngeren, fähigeren Funktionären eine Chance geben" wollen. Im Zuge der Entstalinisierungswelle der frühen 1960er Jahre mussten jene die Führung der KSČ verlassen, die sich im Zusammenhang mit den Schauprozessen am meisten kompromittiert hatten, andere räumten ihre Posten im Rahmen des üblichen Generationswechsels. An ihre Stelle traten Jüngere, die durch die *Kominform*-Praktiken nicht belastet waren und meistens auch eine bessere Bildung mitbrachten. 1963 wurde Alexander Dubček zum Ersten Sekretär der slowakischen KP gewählt, im selben Jahr wurde Čestmír Císař, der sogar ein Studium in Frankreich absolviert hatte, zum Sekretär des ZK der KSČ für Schule, Kultur, Kom-

---

[37] Diskussionsbeitrag von Viliam Široký, vorgetragen am 6.12.1962 auf dem XII. Parteitag der KSČ. Rudé právo, Nr. 338/1962 (7.12.1962), S. 3.
[38] Kaplan, Československo v letech 1953–1966, Teil 3 [Fn. 33], S.137.
[39] Čestmír Císař: Paměti. Nejen o zákulisí Pražského jara. Praha 2005, S. 493.

munikation und Auslandsbeziehungen ernannt. All dies animierte immer mehr Menschen dazu, sich im Rahmen der KSČ aktiv für gesellschaftliche Veränderungen einzusetzen.

Funktionäre, die in den 1950er Jahren die Geschicke der tschechoslowakischen Gesellschaft gelenkt hatten und an den alten Methoden festhalten wollten, gerieten in die Defensive. Die Parteispitze gab ihren Segen zu einer Liberalisierung des öffentlichen Lebens. Zeugnis dessen ist ein Dossier, das Čestmír Císař dem Sekretariat des ZK am 30. Juli 1963 zur Beratung vorlegte und das den Titel „Über weitere Aufgaben der ideologischen Arbeit der Partei" trug. Darin wurden die Bedeutung des Kampfes gegen Dogmatismus und Sektierertum und die wichtige Rolle der Geisteswissenschaften und Künste für die Weiterentwicklung der sozialistischen Gesellschaft hervorgehoben. Císař sprach sich für eine Liberalisierung aus, indem er sich von den „Leuten von Gestern" abgrenzte, nach dem Motto „Kinder können nichts für ihre Eltern".[40]

Die praktischen Auswirkungen dieser neuen Haltung ließen sich bald in allen Bereichen der Gesellschaft beobachten. Die bisherige strenge Zensur, die das geistige Leben des Landes im Würgegriff gehalten hatte, wurde allmählich gelockert. In der Tschechoslowakei erschienen nun Bücher und Artikel, deren Publikation kurz zuvor noch undenkbar gewesen wäre. Die freiere Atmosphäre ließ eine Fülle neuer Werke entstehen, sei es im Bereich der Literatur, der Musik, der bildenden Künste oder in anderen Bereichen. Es entwickelte sich eine landesweite Diskussion über die Vergangenheit und die wunden Punkte der Gegenwart. Die „goldenen 1960er Jahre" hatten begonnen.[41] Sie gipfelten im Prager Frühling der Jahre 1968–1969: dem Versuch, das kommunistische Regime in der Tschechoslowakei wirtschaftlich und politisch zu reformieren. Die KPdSU-Führung bezeichnete diese Entwicklung als „Konterrevolution", als Versuch, die sozialistische Ordnung umzustürzen. Dies entsprach nicht der Wirklichkeit. Obwohl die Menschen in der Tschechoslowakei über die Verbrechen, die die Kommunistische Partei der Tschechoslowakei in den letzten zwanzig Jahren verübt hatte, inzwischen gut Bescheid wussten, sahen sie ihr Schicksal weiterhin mit dem der KSČ verbunden. In ihren Augen lag ihre Zukunft immer noch im Sozialismus, wenn auch einem „demokratischen" oder einem Sozialismus „mit menschlichem Antlitz", wie man poetisch sagte, aber eben doch einem Sozialismus unter der Ägide der Kommunistischen Partei.[42] Die Leute waren zufrieden mit den sozialen Sicherheiten, als deren Garant das kommunistische Regime auftrat, und den demokratischen Errungenschaften und der Erweiterung der persönlichen Freiheiten, die die zweite Hälfte der 1960er Jahre gebracht hatte. Die sowjetische Invasion bedeutete nicht das

---

[40] O dalších úkolech ideologické práce strany, Národní archiv Praha, fond 02/4, sv. 13, a.j. 22, bod 1.

[41] Radka Denemarková (Hg.): „Zlatá šedesátá" – Česká literatura, kultura a společnost v letech tání, kolotání a ... zklamání. Materiály z konference pořádané Ústavem pro českou literaturu AV ČR 16 –18.června 1999 v Praze. Praha 2000. – Miroslav Londák, Stanislav Sikora, Elena Londáková: Predjarie. Politický, ekonomický a kultúrny vývoj na Slovensku v rokoch 1960–1967. Bratislava 2002.

[42] Die Reihe der Publikationen zur Entwicklung der tschechoslowakischen Gesellschaft in den Jahren 1968–1969 ist lang. Stellvertretend sei hier auf die Memoiren verwiesen: Ota Šik: Jarní probuzení – a skutečnost. Praha 1990. – Alexander Dubček: Naděje umírá poslední. Vlastní životopis Alexandra Dubčeka. Praha 1993. – Zdeněk Mlynář: Mráz přichází z Kremlu. Praha 1990. Dt. u.d.T.: Nachtfrost. Erfahrungen auf dem Weg vom realen zum menschlichen Sozialismus. Köln, Frankfurt/Main 1978.

Ende der spontan entstandenen gesamtgesellschaftlichen Bewegung für einen demokratischen Sozialismus, die unter den neuen Bedingungen nach neuen Formen zu suchen begonnen hatte.[43] Erst das Versagen des Dubček-Regimes, das – trotz breiter Unterstützung durch die Bevölkerung – so leicht dem sowjetischen Druck nachgab, und dann vor allem die Politik, die im April 1969 sein Nachfolger als Generalsekretär, Gustáv Husák, einläutete, setzten diesem gesellschaftlichen Experiment ein Ende. Es waren die Hoffnungslosigkeit und das Siechtum der 1970er und 1980er Jahre, die die tschechoslowakische Gesellschaft zur Abkehr von der Kommunistischen Partei und ihrer Politik bewegten. Erst diese Erfahrungen brachten im November und Dezember 1989 die Menschen dazu, auf die Straße zu gehen, und gaben ihnen die Kraft, gegen das kommunistische Regime aufzubegehren.

Aus dem Tschechischen von Eva Profousová, Hamburg

Der Zahn der Zeit. Prag, Letná-Park. Standort des Stalin-Denkmals (1955–1962)

---

[43] Jiří Pernes: Gewerkschaften und Arbeiterselbstverwaltung in der Tschechoslowakei der sechziger Jahre, in: Christoph Boyer (Hg.): Sozialistische Wirtschaftsreformen. Tschechoslowakei und DDR im Vergleich. Frankfurt/Main 2006, S. 397–433.

Andrzej Paczkowski

Das „schwächste Glied"

Polen unter kommunistischer Herrschaft

Das Ende der sowjetischen Vorherrschaft über Ostmitteleuropa wurde in Polen eingeleitet. Dies hat mehrere Gründe: In der polnischen Gesellschaft waren antirussische und antisowjetische Reflexe tiefer verwurzelt als in den anderen Staaten der Region. Das gewaltsam oktroyierte kommunistische System wurde als besonders fremd empfunden. Auch agierte die katholische Kirche ungewöhnlich autonom, und ihre starke Position wurde durch die Wahl des Polen Karol Wojtyła zum Papst im Jahr 1978 weiter gestärkt. Arbeiter und Studenten zeigten sich bereit zum Massenprotest. Als sich die kleine, aber enorme Breitenwirkung entfaltende oppositionelle Intelligenz Mitte der 1970er Jahre mit den Arbeitern solidarisierte und die schlechte Versorgungslage die Autorität des Regimes zunehmend untergrub, war dessen Ende besiegelt.

Im Frühjahr 1978 schrieb der Sicherheitsberater von US-Präsident Jimmy Carter Zbigniew Brzeziński in einem Memorandum für Carter, Polen sei „gegenwärtig das schwächste Glied in der Kette [der Staaten unter] sowjetischer Vorherrschaft über Osteuropa".[1] Die Bezeichnung „schwächstes Glied" spielte auf die bekannte Formulierung Lenins an, Russland sei das schwächste Glied in der Kette der imperialistischen Staaten. Beide Thesen, sowohl die Leninsche als auch die des amerikanischen Sowjetologen, sollten sich als richtig erweisen: Nicht in Deutschland oder England, sondern in Russland brach 1917 die Revolution aus, in deren Folge der erste kommunistische Staat entstand. Und eben in Polen und nicht etwa in der Tschechoslowakei oder der DDR nahm 1980 die erfolgreiche, wenn auch langsame Demontage der sowjetischen Vorherrschaft über den östlichen Teil Europas ihren Anfang.

Doch während der fast 45-jährigen sowjetischen Dominanz über Ostmitteleuropa fehlte es nicht an Momenten, in denen die „schwächsten Glieder" andere Staaten als Polen waren: Zweimal – 1956 in Ungarn und 1968 in der Tschechoslowakei – sah sich die Sowjetunion zur gewaltsamen Intervention gezwungen, um die erschütterte Staats- und Gesellschaftsordnung wieder herzustellen und ihre Oberhoheit zu sichern. Zweifellos war es jedoch Ende der 1970er Jahre in der Tat Polen, das am stärksten auf eine gesellschaftliche Explosion zusteuerte, während in den übrigen kommunistischen Staaten die Situation eher stabil war. Daher gilt es zu fragen, ob die polnische Variante des kommunistischen Systems bzw. die Situation in Polen Spezifika aufwies, die erklären, warum gerade hier die Kette der Abhängigkeit endgültig zerriss.

Andrzej Paczkowski (1938), Prof. Dr., Historiker, Institut für Politische Studien der Polnischen Akademie der Wissenschaften, Warschau

[1] Archiwum Instytutu Pamięci Narodowej (AIPN), BU 0449/33, t. 3, S. 116.

Die ostmitteleuropäischen Staaten waren zwar nach einem aus Moskau importierten Schema konstruiert. Doch sie wiesen alle Besonderheiten auf. Diese werden bisweilen als eine Art lokale Folklore betrachtet. Doch sie sind darauf zurückzuführen, dass sich zum einen die tief verankerte politische Kultur der einzelnen Gesellschaften unterscheidet und zum anderen der Zweite Weltkrieg für die einzelnen Staaten ganz anders verlief. Ziel dieses Beitrags ist es nicht, sämtliche Unterschiede zwischen dem sozialistischen Polen und den anderen europäischen Staaten, die in der zweiten Hälfte des 20. Jahrhunderts von kommunistischen Parteien beherrscht wurden, zu beschreiben. Es geht um jene Faktoren, die das kommunistische System untergruben und zu seinem Sturz beitrugen.[2]

Wider die Russen, wider die Sowjets, wider den Kommunismus

Im März 1944 schrieb Władysław Gomułka, der kurze Zeit später ins Politbüro der *Polnischen Arbeiterpartei* aufgenommen wurde, zur Situation seiner Partei nach Moskau:

> [Selbst] die Bruderschaft des heiligen Antonius würde, wenn sie eine Revision der polnischen Ostgrenzen befürworten würde, zu einer Dienststelle Moskaus erklärt werden, die für Moskauer Geld daran arbeitet, das polnische Volk Stalin auszuliefern.[3]

Unabhängig von der Frage, warum Gomułka von den zahlreichen katholischen Vereinigungen ausgerechnet jene auswählte, die sich der Armenhilfe verschrieben hatte, bringt seine Feststellung etwas sehr plastisch auf den Punkt: Der Widerstand gegen Russland hat in Polen eine lange Tradition. Eine besonders wichtige Rolle spielten die drei großen Volksaufstände gegen das Zarenreich (1794, 1830–1831 und 1863–1864), die einen festen Platz im romantischen Weltbild haben, das in der polnischen Kultur lange Zeit große Bedeutung hatte. Neue, äußerst dramatische Akzente fügten der Polnisch-sowjetische Krieg von 1920 und die missglückte Offensive der Roten Armee auf Warschau im August 1920, der Hitler-Stalin-Pakt und die sowjetische Aggression vom 17. September 1939, die Annektierung der Hälfte des Staatsgebiets und die Deportation von Hunderttausenden von Personen und schließlich das im April 1943 aufgedeckte Verbrechen von Katyń hinzu.[4] Feindseligkeit, wenn nicht Hass gegen

---

[2] Einen weiteren offensichtlichen Unterschied erwähne ich hier nur am Rande, weil er für die Schwächung des Regimes keine zentrale Rolle spielte: Anders als in fast allen anderen kommunistischen Staaten – von der Tschechoslowakei über China und Nordkorea bis nach Kuba – wurde die Landwirtschaft in Polen nicht vollständig kollektiviert. Gleichwohl waren natürlich auch in der Volksrepublik Polen die Bauern vollkommen abhängig vom Staat. Dieser entschied über die Verteilung der Produktionsmittel und hatte das Monopol für den Ankauf der landwirtschaftlichen Produktion. 30 Prozent der Anbauflächen standen unter direkter staatlicher Verwaltung. Die Bauern waren politisch viel passiver als die Arbeiter oder die Intelligenz und beteiligten sich als soziale Gruppe nach dem Ende des ersten Kollektivierungsversuchs 1949–1951 nicht mehr an Protesten gegen das System.

[3] Zitiert nach Andrzej Werblan: Władysław Gomułka, Sekretarz Generalny PPR. Warszawa 1988, S. 192.

[4] In der Nähe des bei Smolensk gelegenen Dorfes Katyń ermordete der sowjetische NKVD im Frühjahr 1940 mehr als 4000 polnische Offiziere. Soldaten der deutschen Wehrmacht fanden die Massengräber im Februar 1943, im April 1943 gab das NS-Regime den Fund bekannt, um

Russland und die Sowjetunion, die als direkte Erbin des Zarismus galt, wurde zu einem wesentlichen Bestandteil des polnischen nationalen Bewusstseins – und ist es in bedeutendem Maße bis heute. Diese Feindseligkeit ging einher mit dem Gefühl einer zivilisatorischen Überlegenheit über die „asiatischen Wilden". Aber auch Angst vor Übermacht und Rücksichtslosigkeit des östlichen Nachbarn gehört dazu. Kein anderes Volk in Ostmitteleuropa verbindet mit Russland und der Sowjetunion derart traumatische Erfahrungen.

Mit dem Antisowjetismus eng verbunden war der Antikommunismus. Schon kurz nach ihrer Entstehung im Jahr 1918 wurde die *Komunistyczna Partia Polski* (Kommunistische Partei Polens, KPP) verboten. Die Behörden nahmen – richtigerweise – an, dass hinter der Partei Polens Feind aus Russland stehe. Die Kommunisten verkündeten nicht nur revolutionäre Losungen, sondern sprachen sich auch für eine Teilung des polnischen Staates aus: Die Ostgebiete sollten an die Sowjetunion angeschlossen werden.[5] Darüber hinaus zog die KPP zahlreiche Vertreter der nationalen Minderheiten an. Vor dem Hintergrund eines verbreiteten Antisemitismus leistete dies der Ausbreitung des Stereotyps der „Judenkommune" (żydokomuna) in der polnischen Bevölkerung Vorschub. Dies führte dazu, dass kommunistische Ableger der verbotenen KPP bei Parlamentswahlen nie mehr als einige wenige Sitze errangen. Erst Mitte der 1930er Jahre knüpften diese Parteien Kontakte zum linken Flügel der Sozialdemokratie sowie zu einigen Kreisen der Intelligenz. Im November 1937 beschloss die *Komintern*, die KPP aufzulösen, da sie von „Spionen und Provokateuren" durchsetzt sei.[6]

Der Hitler-Stalin-Pakt und die sowjetische Invasion schienen dann dem Kommunismus in Polen den endgültigen Todesstoß zu versetzen. Doch im Januar 1942 wurde die Partei auf Initiative der *Komintern* reaktiviert. Zwar hieß sie nun *Polska Partia Robotnicza* (Polnische Arbeiterpartei, PPR). Doch ihre Mitglieder waren die alten Kader der KPP. Mit dem neuen Namen sollte zum einen die Verbindung zu der Vorgängerpartei verwischt werden. Zum anderen sollte aber auch ein programmatischer Wandel ausgedrückt werden: Statt revolutionärer Losungen rückten nun patriotische Parolen sowie allgemeine demokratische und sozialreformerische Forderungen wie die Nationalisierung der Industrie oder die Enteignung der Großgrundbesitzer und die Übertragung des Landes an Landlose und Kleinbauern in den Vordergrund. Die PPR erkannte weder die polnischen Exilbehörden in London noch die Heimatarmee (*Armia Krajowa*, AK) an, sondern gründete eigene Partisanengruppen. Auch beharrte sie nicht auf der Wiederherstellung der polnischen Ostgrenze der Zwischenkriegszeit, sondern akzeptierte die Eingliederung der Ostgebiete in die Sowjetunion. Dies zeigte sich nicht zuletzt daran, dass in diesen Gebieten keine Zellen der PPR gegründet wurden.

---

ihn für seine Propaganda zu nutzen. „Katyń" steht heute für die gesamte Serie der Massenmorde an polnischen Offizieren, Polizisten und Intellektuellen, bei denen der NKVD ca. 25 000 Menschen ermordete.

[5] In dem Parteiprogramm, das die KPP auf ihrem II. Parteitag 1922 verabschiedete, war vom „Recht auf Abtrennung" der von Ukrainern und Weißrussen bewohnten Gebiete vom polnischen Staat die Rede. Die Partei sprach sich zudem für die Rückgabe des polnischen „Korridors", Danzigs und Oberschlesiens an Deutschland aus. Zu gewissen Änderungen (jedoch nur hinsichtlich der Westgebiete) kam es nach Hitlers Machtübernahme; siehe ausführlicher Krystyna Trembecka: Miedzy utopią a rzeczywistością. Myśl polityczna Komunistycznej Partii Polski (1918–1939). Lublin 2007, S. 256–265.

[6] Ryszard Nazarewicz: Komintern a lewica polska. Wybrane problemy. Warszawa 2008, S. 58.

All das hatte zur Folge, dass die Partei unter den polnischen politischen Kräften isoliert dastand und nur wenige Anhänger hatte. Als sich jedoch nach der Schlacht von Stalingrad im Laufe des Jahres 1943 abzeichnete, dass die Rote Armee die Deutschen aus den von ihnen besetzten polnischen Gebieten hinausdrängen würde, und Stalin nach der Aufdeckung des Verbrechens von Katyń im April 1943 die Beziehungen zur polnischen Exilregierung abgebrochen hatte, begann Moskau, die PPR zu einem Machtzentrum aufzubauen, das in der Lage ist, die Behörden der Zweiten Polnischen Republik abzulösen.

Der Weg zur Macht

Als die Rote Armee am 22. Juli 1944 den Bug überschritt, gab Radio Moskau die Gründung eines *Polnischen Komitees der Nationalen Befreiung* (Polski Komitet Wyzwolenia Narodowego, PKWN) bekannt und verbreitete dessen Manifest, das mit dem Programm der PPR übereinstimmte. Dem nach dem Ort seiner Gründung „Lubliner Komitee" genannten PKNW gehörten zwar auch einige Linkssozialisten, ein kleiner Kreis von Bauernaktivisten und eine Gruppe liberaler („fortschrittlicher") Intellektueller an. Es wurde jedoch von den Kommunisten dominiert, die sich die Herrschaft über die Armee sowie den Sicherheits- und den Propaganda-Apparat gesichert hatten.

Erhebliche Bedeutung für den weiteren Verlauf hatte der Warschauer Aufstand. Am 1. August 1944 erhob sich die *Armia Krajowa* angesichts des Herannahens der sowjetischen Truppen gegen die deutschen Besatzer. Die sowjetische Offensive kam jedoch an der Weichsel zum Stehen, und die Deutschen schlugen den Aufstand nieder. Dies schwächte den polnischen Untergrundstaat erheblich und untergrub das Ansehen der Exilregierung. Hinzu kam, dass Stalin sich gegen die Westalliierten durchsetzen konnte und militärische Unterstützung und Hilfslieferungen für die *Armia Krajowa* unterband. Dies führte dazu, dass sich unter vielen Polen die Überzeugung verbreitete, sie seien wie schon im September 1939 sich allein überlassen, ja verraten worden.

Bis zum Januar 1945, als die Rote Armee weiter nach Westen vorrückte, wurden in jenem Teil des künftigen polnischen Staates, der bereits von der deutschen Besatzung befreit worden war, etwa 2,5 Millionen sowjetische Soldaten sowie Einheiten des NKWD stationiert. Diese verhafteten u.a. 25 000–30 000 Soldaten der *Armia Krajowa* und deportierten sie in Lager. Unter dem Schutz der sowjetischen Truppen erstarkte die neue polnische Staatsmacht rasch. Sie teilte große Landgüter auf, was ihr die Unterstützung eines Teils der Bauern sicherte. Der Staat begann Fabriken zu übernehmen; es entstanden von der PPR abhängige politische Parteien, die den Anschein demokratischer Pluralität erwecken sollten; Armee und Sicherheitsapparat wurden ausgebaut.

Obwohl die Westalliierten auf den Konferenzen von Jalta und Potsdam die Angliederung der polnischen Ostgebiete an die Sowjetunion sowie die Verschiebung der Westgrenze akzeptiert hatten, herrschte in Polen in weiten Kreisen die Überzeugung, dass eine militärische Konfrontation zwischen den Westalliierten und der Sowjetunion bevorstehe. Daher entschloss sich ein Teil jener Soldaten, die im Untergrund gegen die deutschen Besatzer gekämpft und dem NKVD entkommen waren, den Partisanenkampf fortzusetzen. Doch die Eskalation des Konflikts zwischen der Sowjetunion und den Westalliierten blieb aus, und die polnische Gesellschaft verhielt sich überwiegend reserviert gegenüber dem verzweifelten Unterfangen der Partisanen. Zwar gab es nur wenige Anhänger der Sowjets und der polnischen Kommunisten, doch die

Besatzungen und der Massenterror – über zwei Millionen Polen verloren in den Jahren 1939–1945 ihr Leben – hatten an den Menschen gezehrt, sie waren des Kriegs- und Nachkriegschaos müde. Auch die Umsiedlungen aus den der Sowjetunion zugeschlagenen Ostgebieten in die neuen polnischen Westgebiete führten dazu, dass lokale Gemeinschaften zerstört wurden und Millionen Menschen um ihr täglich Brot kämpfen mussten.[7]

Die Kommunisten setzten derweil ihr im Juli 1944 begonnenes Werk fort. Mit der Sowjetunion im Rücken konnten sie die territoriale Integrität des Staates in seinen neuen Grenzen garantieren und als einzige organisierte Kraft auftreten, die in der Lage war, das zerstörte Land wiederaufzubauen. Sie brachten die Wirtschaft in den ehemals deutschen Gebieten wieder in Gang, vergaben bei einer Bodenreform an über eine Million Bauernfamilien Land und ermöglichten so breiten Schichten der Bevölkerung einen sozialen Aufstieg. Gleichwohl gab es zivilen und militärischen Widerstand. Diesen brachen die Kommunisten mit brutalem Terror in nicht einmal drei Jahren. Unabhängig denkende Sozialisten wanderten ebenso ins Gefängnis wie Anhänger der Bauernpartei und Nationalisten. Die Massenrepressionen dauerten mehrere Jahre: Bis 1956 wurden etwa 245 000 Personen aus politischen Gründen zu Gefängnis- oder Lagerhaft verurteilt,[8] mehr als 3000 zum Tode verurteilt.[9] Doch trotz Versprechungen und Gewalt mussten die Kommunisten das Ergebnis des Referendums von 1946, bei dem über die Auflösung des Senats, die Bodenreform und die Verstaatlichung großer Industriebetriebe sowie die Westverschiebung des Staatsgebiets abgestimmt wurde, ebenso fälschen wie ein Jahr später das der Wahlen zum Sejm.

Die Kommunisten konnten somit die Macht dank einer Kombination aus Gewalt und Betrug auf der einen und Erfolgen beim Wiederaufbau des Landes auf der anderen Seite erobern und festigen. Der soziale Aufstieg breiter Bevölkerungsschichten sowie die Einschätzung der geopolitischen Lage in Europa förderte die Bereitschaft, sich mit der Einbeziehung Polens in den sowjetischen Machtbereich abzufinden.

Gleichwohl ist es bis heute erstaunlich, dass in der polnischen Gesellschaft, die so tief von der Feindschaft gegenüber Russland und der Sowjetunion geprägt war, die Kommunisten zur Massenpartei werden konnten: Bereits 1948 hatte die Partei über 900 000 Mitglieder, 1960 waren es zwei Millionen und 1980 3,2 Millionen. Die einen fügten sich in die Situation, weil sie überzeugt waren, dass der polnische Staat nur dann existieren könne, wenn sein politisches und ökonomisches Ordnungssystem den Interessen der sowjetischen Großmacht entspreche; andere wurden von Konformismus und Karrieredenken geleitet; wieder andere strebten bewusst danach, einen kommunistischen Staat zu errichten – der „sozialistisch" genannt oder mit der Bezeichnung „Volksdemokratie" verbrämt wurde.

---

[7] Ein überaus aussagekräftiges Bild der Situation zeichnet Marcin Zaremba: Wielka trwoga. Polska 1944–1947. Ludowa reakcja na kryzys. Kraków 2012.
[8] AIPN, BU 0887/73, S. 2.
[9] Jerzy Poksiński: „My, sędziowie, nie od Boga...". Z dziejów sądownictwa wojskowego w PRL, 1944–1956. Materiały i dokumenty. Warszawa 1996, S. 14.

„Vorwärts! In den Kampf für den Sechsjahresplan!"

Antisowjetische und antikommunistische Stimmungen wurden unterdrückt, ohne dass sie verschwanden. Noch viele Jahre nach der Etablierung des sozialistischen Systems gab es Versuche, Ehrenmäler für die Rote Armee oder Lenindenkmäler zu zerstören – zuletzt 1978 in Nowa Huta. Fortwährend tauchten antisowjetische und antikommunistische Flugblätter und Schriftzüge an Häusern und Mauern auf, und Hunderte von Witzen und Gerüchten kursierten. Jeder Wettkampf, an dem sowjetische Sportler teilnahmen – darunter die Internationale Friedensfahrt, die seit 1948 ausgetragene „Tour de France des Ostens" –, rief nationale Emotionen hervor. Nach den Unruhen im Herbst 1956 wurde mit Władysław Gomułka, der 1951 verhaftet und aus der Partei ausgeschlossen worden war, ein Mann in die Partei zurückgeholt und an deren Spitze gewählt, der breite Unterstützung in der Bevölkerung hatte, weil er als ein Mann galt, der sich Stalin entgegengestellt hatte. Als Gomułka im November 1956 von Gesprächen in Moskau zurückkam, versammelten sich entlang der Bahnstrecke Menschenmassen mit Blumen. Die Orchester, die ihn an den Bahnhöfen erwarteten, spielten nicht die Internationale, sondern die polnische Nationalhymne.

Die Kirche

Ein spezifischer Faktor, der dazu führte, dass gerade Polen zum „schwächsten Glied" in der Kette der sowjetischen Satellitenstaaten wurde, war die große Rolle der katholischen Kirche in der polnischen Gesellschaft. Diese geht wie die Feindschaft gegenüber Russland auf das 19. Jahrhundert zurück. Nach den Teilungen Polens Ende des 18. Jahrhunderts hatten die beiden großen Teilungsmächte, das orthodoxe Russland und das protestantische Preußen, die katholische Kirche zeitweise offen bekämpft. So wurde die Kirche zu einem der Pfeiler der polnischen nationalen Identität.
Der Zweite Weltkrieg, der Holocaust und die Massenumsiedlungen hatten zur Folge, dass Polen nicht nur zu einem monoethnischen, sondern auch zu einem monokonfessionellen Land wurde. Dies erschwerte den Kampf gegen die Kirche. Während die Kommunisten diesen in den meisten Staaten rasch nach ihrer Machtübernahme begannen, scheuten sie in Polen in den 1940er Jahren die offene Konfrontation, da sie angesichts der Existenz einer legalen Opposition sowie einer bewaffneten Untergrundbewegung keine zusätzliche Front eröffnen wollten. Eine Rolle spielt auch, dass Kardinal Stefan Wyszyński, der 1948 Primas der polnischen katholischen Kirche wurde, eine Verschärfung des Konflikts zu vermeiden suchte. 1950 unterzeichnete er ein Abkommen mit der Regierung, in dem das Episkopat die neue Gesellschaftsordnung und die neuen Staatsgrenzen akzeptierte und sogar den Untergrundkampf verurteilte.
So versuchte die Staatsmacht die Kirche erst in den Jahren 1951–1954 konsequent zu unterdrücken. Der härteste Schlag war die Verhaftung des Primas Ende 1953, also nach Stalins Tod, als das Regime sich langsam von der Politik des allgemeinen Terrors abzuwenden begann. Doch blieb der Druck auf die Kirche schwächer als einige Jahre zuvor in Ungarn und der Tschechoslowakei. Der Posener Aufstand von 1956 und die tiefe politische Krise, in die Polen geriet, brachten das Regime dazu, auf eine schärfere Konfrontation zu verzichten. Selbst die kommunistischen Führer, die – wie Władysław Gomułka – die Kirche zurückdrängen wollten, appellierten bei verschiedenen Gelegenheiten an die Würdenträger, sie sollten die Gläubigen nicht

zum Aufruhr ermuntern, um eine weitere Destabilisierung des Landes zu verhindern – so etwa im Herbst 1956, als Primas Wyszyński freigelassen wurde, im Dezember 1970 nach den Unruhen in Gdingen, Danzig und Stettin, besonders deutlich aber in den 1980er Jahren, nach der Entstehung der *Solidarność*.

Dies machte die Staatsführung in einem gewissen Maße von der Kirche abhängig. Kardinal Wyszyński, der bis zu seinem Tod im Mai 1981 an der Spitze der katholischen Kirche in Polen stand, lehnte zwar offenen Widerstand gegen die Staatsmacht ab, gleichzeitig aber war er unermüdlicher Vorkämpfer eines Katholizismus, für den ein Marienkult sowie religiöse Massenveranstaltungen charakteristisch sind. Dieses Verständnis des Katholizismus als gesellschaftlicher Kraft barg große Sprengkraft. Dies zeigte sich sehr deutlich 1966, als Kirche und Staat einen geschichtspolitischen Konflikt austrugen: Die Kirche wollte in diesem Jahr das Millenium der Taufe Polens feiern, der Staat sein 1000-jähriges Bestehen.

Wenngleich die katholische Kirche keine direkten politischen Ambitionen hatte, so war sie doch nicht nur eine weltanschauliche, sondern eine kulturelle und de facto auch eine politische Alternative zum offiziellen Marxismus. Sie besaß eine straffe, gut ausgebaute Organisation, zu der in den 1970er Jahren um die 15 000 Priester, über 30 000 Mönche und Ordensschwestern und etwa 10 000 Priesterseminaristen und Studenten theologischer Hochschulen gehörten. Hinzu kam eine intellektuell sehr lebendige Laienbewegung, die in Klubs der katholischen Intelligenz (Kluby Inteligencji Katolickiej) organisiert war und ab 1957 mit dem *Klub Poselski „Znak"* (Abgeordnetenklub „Zeichen") eine mehrköpfige parlamentarische Vertretung hatte. Daneben gab es quasipolitische katholische Organisationen, die offiziell staatsnah waren, deren Loyalität sich der kommunistische Staat allerdings nicht immer ganz sicher sein konnte. Die größte dieser Organisationen, die *Stowarzyszenie PAX* (Vereinigung PAX), hatte mehr als 10 000 Mitglieder, verfügte über einen eigenen Verlag und gab eigene Zeitungen heraus. Ein wichtiger Stützpfeiler der Kirche waren die vielen Tausenden von Studenten- und Jugendseelsorgern. Ihre eigentliche Basis aber bildeten die zahlreichen Gläubigen aus allen gesellschaftlichen Schichten und Altersgruppen. Selbst ein Großteil der Mitglieder der *Polnischen Arbeiterpartei* bezeichnete sich als gläubig.

Im Oktober 1978 soll der damalige Erste Sekretär der PZPR Edward Gierek bei der Nachricht von der Wahl des Erzbischofs von Krakau Karol Wojtyła zum Papst ausgerufen haben: „Um Himmels willen!" (O rany boskie!).[10] Bemerkenswert ist nicht nur, welche Sprache die polnischen Jünger von Karl Marx pflegten, sondern auch, dass Gierek die Bedeutung dieses Ereignisses bewusst gewesen zu sein scheint.

Die Parteiführung bemühte sich, gute Miene zum bösen Spiel zu machen, und schrieb in einem Glückwunschschreiben an den Vatikan, die Wahl sei ein Triumph „des polnischen Volkes [...], das [...] an der Größe und dem Wohle seines sozialistischen Vaterlandes arbeitet".[11] Somit suggerierte die Partei, der neue Papst habe seine Wahl im Grunde der Tatsache zu verdanken, dass er aus dem sozialistischen Polen stamme. Dies stimmte allenfalls in dem Sinne, dass Karol Wojtyła als Gegner des sozialistischen Systems zum Papst gewählt wurde. Dessen waren sich die

---

[10] Andrzej Friszke, Marcin Zaremba (Hg.): Wizyta Jana Pawła II w Polsce, 1979. Dokumenty KC PZPR i MSW. Warszawa 2005, S. 5.
[11] Trybuna Ludu, 18.10.1978.

kommunistischen Politiker auch bewusst. Nachdem der sowjetische Außenminister Andrej Gromyko im Januar 1979 den Vatikan besucht hatte, schrieb er in einem Bericht an Gierek, dass der Papst „uns viele Schwierigkeiten bereiten kann".[12] Dass dies in der Tat so war, bewies die Reise Johannes Pauls II. nach Polen im Juni 1979. Zu den Treffen mit dem Papst kamen Millionen von Polen. Für viele Menschen war es ein Zeichen der Hoffnung, dass eine so große Menschenmenge zusammenkommen konnte, obwohl es nicht das Zentralkomitee war, das zu einer Versammlung aufgerufen hatte. Vor allem aber sprach der Papst das an, wonach sich die Menschen sehnten: Wahrheit, Würde, individuelle und kollektive Rechte. Eine besondere Bedeutung bekamen angesichts der politischen Situation die Worte Jesu, die der Papst an die Gläubigen richtete: „Fürchtet euch nicht!"
Es steht außer Zweifel, dass die Wahl eines Polen in das Amt des Papstes sowie dessen Reise durch das Land erheblich dazu beitrugen, dass sich die Menschen von dem Regime abwandten. Auch spielte die Kirche eine erhebliche Rolle für die friedliche Entwicklung. Als in der Gesellschaft der Unmut über das Regime immer mehr wuchs, sprach sich die Kirche stets für Mäßigung und einen evolutionären Wandel aus. So war die Kirche bis 1989 ein Vermittler, ja man kann fast sagen ein Schiedsrichter, der eine Eskalation vermied, zugleich aber auch ein Bindeglied zwischen den Konfliktparteien war. Etwas Ähnliches gab es in keinem anderen Staat Ostmitteleuropas.

Revolten, Streiks, Proteste

Von der Sonderstellung Polens zeugten auch die immer wieder aufflammenden Proteste, die die Züge einer Revolte gegen das Regime trugen. Zwar gab es in einigen anderen kommunistischen Staaten ähnliche Vorkommnisse – etwa die Aufstände in der DDR und der Tschechoslowakei 1953 oder die Arbeiterunruhen im sowjetischen Novočerkassk 1962. Doch nur in Polen handelte es sich nicht um einmalige Vorkommnisse.
Gleichwohl war die verbreitetste Form des Protests auch in Polen der gewöhnliche Streik. Solche Streiks waren in der Regel von kurzer Dauer, und es ging in erster Linie um sozialpolitische Forderungen. Auch vermieden die Arbeiter eine Politisierung und ließen sich mit Zugeständnissen und Drohungen dazu bewegen, an ihre Arbeitsplätze zurückzukehren. Allein in den Jahren 1945–1947 gab es über 1000 solcher Streiks.[13] Auch in den folgenden drei Jahrzehnten kam es zu Dutzenden von „Arbeitsunterbrechungen", wie die Streiks euphemistisch genannt wurden.
1949–1951 häuften sich zudem Demonstrationen mit religiösem Hintergrund. Im August 1949 strömten Zigtausende zum „weinenden Bild" der Gottesmutter in der Lubliner Kathedrale und zogen trotz eines Verbots der Miliz in improvisierten Prozessionen durch die Straßen. Daraufhin verbreiteten sich die Wunder wie eine Epidemie. An Dutzenden von Orten versammelten sich teilweise mehrere Tausend Men-

---

[12] Friszke, Zaremba, Wizyta Jana Pawła II [Fn. 10], S. 140.
[13] Łukasz Kamiński: Strajki robotnicze w Polsce w latach 1945–1948. Wrocław 1999, S. 110. Am Rande sei erwähnt, dass die polnischen Arbeiter in den Zwischenkriegsjahren zu den „Rekordhaltern" im Bereich der Streikaktivität gehörten: In den Spitzenjahren 1936–1937 gab es um die 4100 Streiks; Mały Rocznik Statystyczny 1939. Warszawa 1939, S. 284.

schen, um an dem Wunder teilzuhaben.[14] Immer wieder kam es zu Protesten, bei denen religiöse Symbole wie Kreuze in Klassenzimmern verteidigt oder die Errichtung von Sakralbauten gefordert wurden. Die größte dieser Protestaktionen war der mehrtägige „Kampf um das Kreuz" von Nowa Huta im April 1960, an dem sich Tausende von Personen beteiligten. Die Miliz nahm mehr als 500 Personen fest, einige Dutzend wurden von Gerichten verurteilt.

Eine große Rolle spielten auch Proteste der Jugend. Bereits 1946 organisierten Studenten und Oberschüler landesweit Streiks und Demonstrationen, nachdem die Behörden alle Feiern zum polnischen Nationalfeiertag am 3. Mai untersagt hatten. Die Miliz verhaftete Tausende Personen, Hunderte wurden von Hochschulen und Schulen relegiert, Dutzende zu Haftstrafen verurteilt. Im Oktober 1957 protestierten Warschauer Studenten tagelang gegen die Auflösung der beliebten Wochenschrift *Po prostu*. Es gab zahlreiche Verletzte, Hunderte von Festnahmen und über 20 Gerichtsurteile gegen Protestteilnehmer.[15]

Die größten Demonstrationen fanden im März 1968 statt. Auslöser war die Verhaftung zweier Studenten, die dagegen protestiert hatten, dass das Schlüsseldrama der polnischen Romantik, Adam Mickiewiczs *Dziady* (Die Totenfeier), vom Spielplan des Warschauer Nationaltheaters genommen worden war. Eine Solidaritätskundgebung ihrer Kommilitonen jagte die Miliz brutal auseinander. Daraufhin kam es in ganz Polen zu tagelangen Studentenstreiks und -demonstrationen, an denen auch Schüler teilnahmen. Die Miliz verhaftete etwa 2700 Personen, um die 80 wurden vor Gericht gestellt, Hunderte von der Hochschule relegiert. An einigen Universitäten wurden auch ganze Lehrstühle geschlossen.[16]

Initiiert worden waren die Proteste, für die sich die Bezeichnung „Märzereignisse" eingebürgert hat, von einem Kreis junger Leute, den so genannten *komandosi* („Spezialkräfte"). Sie standen mit revisionistischen Intellektuellen in Verbindung, von denen sich ein Teil – wie Jacek Kuroń, Karol Modzelewski oder Leszek Kołakowski – vom Marxismus abgewandt hatte. Die Brutalität, mit der die Miliz vorging, die immensen Dimensionen des Protests und die antisemitischen Säuberungen, welche die erstarkende Fraktion der „Nationalkommunisten" um Mieczysław Moczar innerhalb der Machtelite entfesselte (und infolge derer etwa 12 000 Juden und Personen jüdischer Herkunft Polen verließen), machten den „März" zu einer wichtigen Zäsur in der polnischen Nachkriegsgeschichte. Für Tausende junger Menschen war er ein Generationenerlebnis, der Moment ihrer politisch-ideologischen Initiation, das Ereignis, das darüber entschied, dass sie sich bewusst in Opposition zum kommunistischen System begaben. Knapp zehn Jahre später sollte diese „Märzgeneration" die zentrale Rolle bei der Bildung einer demokratischen Opposition spielen.

Am wichtigsten waren jedoch die großen Arbeiterstreiks, die sich zu massenhaften Straßenprotesten ausweiteten. Der erste dieser Streiks brach am 28. Juni 1956 in Posen aus, wo die Arbeiter einer der größten Fabriken gegen eine Kürzung ihrer Prämien protestierten. Am selben Morgen verließ die vieltausendköpfige Belegschaft den Betrieb und marschierte ins Stadtzentrum. Mehr und mehr Menschen schlossen sich

---

[14] Dariusz Jarosz: Polityka władz komunistycznych a chłopi. Warszawa 1998, S. 361–368. Wohl nicht zufällig fiel die „Welle der Wunder" mit den Anfängen der Kollektivierung zusammen.
[15] Antoni Dudek, Tomasz Marszałkowski: Walki uliczne w PRL, 1956–1989. Kraków 1999, S. 79.
[16] Andrzej Paczkowski: Pół wieku dziejów Polski, 1939–1989. Warszawa 2005, S. 247.

dem Protestmarsch an. Vor den Gebäuden des Wojewodschaftskomitees der PZPR und der städtischen Behörden versammelten sich Abertausende von Posenern. Büroräume wurden demoliert, Vorrichtungen zum Stören westlicher Radiosender zertrümmert, ein Gefängnis angegriffen und dort vorgefundene Waffen mitgenommen, der Sitz des Sicherheitsamtes (Urząd Bezpieczeństwa, UB) belagert. Hatten die Arbeiter auf ihrem Weg ins Zentrum noch die „Internationale" gesungen, so gingen sie später zur Nationalhymne sowie zu patriotischen und religiösen Liedern über. Sie forderten Lohnerhöhungen und skandierten Losungen wie „Brot und Freiheit" oder „Weg mit den Russen". Die Miliz bekam die Situation nicht in den Griff, und so ordnete das Politbüro einen Einsatz der Armee an. Diese schlug die Unruhen nieder, etwa 70 Menschen kamen ums Leben. Die schnelle und drastische Reaktion des Regimes verhinderte zwar eine Ausbreitung des Streiks auf andere Städte. Doch die Posener Revolte zwang die Machthaber dazu, nach einem politischen Ausweg aus der Krise, die sich zu einer veritablen Systemkrise ausgewachsen hatte, zu suchen – zu offensichtlich war geworden, dass sie sich mit Waffengewalt nicht lösen ließ. Den Ausweg meinte man im Oktober 1956 gefunden zu haben: Der in der Bevölkerung enorm beliebte Gomułka kehrte an die Parteispitze zurück.

Der zweite große Streik fand im Dezember 1970 statt, als die Arbeiter der wichtigsten Betriebe in Danzig, Gdingen und Stettin ihre Arbeit niederlegten, nach dem die Regierung kurz vor den Weihnachtsfeiertagen angekündigt hatte, die Lebensmittelpreise würden erhöht. Ähnlich wie zwölf Jahre zuvor gingen die Streikenden auf die Straßen, griffen Gebäude der Wojewodschaftskomitees der Partei sowie der städtischen Behörden und der Miliz an und setzten sie teilweise in Brand. Die Unruhen begannen am 14. Dezember, bereits einen Tag später gab Gomułka der Miliz und dem Militär freie Hand zum Einsatz von Waffen. Bei der Niederschlagung der mehrtägigen Proteste kamen über 40 Personen ums Leben, Tausende wurden verletzt. Nicht nur die Krankenhäuser füllten sich, sondern auch die Arrestzellen und Gefängnisse. Der noch kurz zuvor verehrte Gomułka wurde zum Sündenbock; die Parteispitze berief ihn vom Posten des Ersten Sekretärs des Zentralkomitees ab und ersetzte ihn durch Edward Gierek.

Im Jahr 1976 schwoll erneut ein Streik zu einer Massenaufruhr an. Wieder war der Auslöser eine Anhebung der Lebensmittelpreise, die nötig geworden war, weil die Steigerung des Lebensstandards in der ersten Hälfte der 1970er Jahre mit westlichen Krediten finanziert worden und nicht länger tragbar war. Diesmal war das Zentrum des Protests die zentralpolnische Industriestadt Radom.

Am Morgen des 25. Juni riefen die Arbeiter der größten örtlichen Fabrik, dem Metallbetrieb *Łucznik*, den Streik aus und marschierten zum Gebäude des Wojewodschaftskomitees der PZPR. Unterwegs schlossen sich ihnen die Belegschaften anderer Betriebe an, so dass sich vor dem Gebäude mehrere Tausend Personen versammelten. Wie zuvor in Posen und Danzig stand auf der einen Seite eine aufgebrachte Menge und auf der anderen Seite ein im Gebäude eingeschlossenes, verschrecktes örtliches Establishment, das gar nicht die Kompetenz hatte, die Preiserhöhungen zurückzunehmen. Diesmal befahl Gierek der Miliz, die Demonstranten ohne Anwendung von Waffengewalt auseinander zu jagen. Dennoch gab es zwei Todesopfer, und über 300 Personen wurden verhaftet und viele auf den Polizeirevie-

ren zusammengeschlagen. 50 Personen wurden zu Gefängnisstrafen bis zu zehn Jahren verurteilt, 1200 Personen verloren ihre Arbeit.[17]
Kleinere Unruhen gab es in Ursus bei Warschau, landesweit kam es an diesem Tag im Juni 1976 zu über 100 Streiks. Die Welle des Aufruhrs wurde nicht nur durch das Eingreifen der Miliz aufgehalten. Entscheidend war, dass Ministerpräsident Piotr Jaroszewicz noch am selben Abend in einer dramatischen Fernsehansprache bekanntgab, es werde keine Preiserhöhungen geben. Damit hatte das Regime das Problem allerdings nicht gelöst, sondern nur verschoben.
All diesen Arbeiterprotesten war gemeinsam, dass sie spontan entstanden und nach kurzer Zeit niedergeschlagen wurden. Daher blieben die Forderungen an die lokalen und zentralen Behörden ein heterogenes Konglomerat. Vor allem aber kristallisierte sich weder ein Kreis führender Personen heraus, noch entstanden organisatorische Strukturen. Gleichwohl hatten die Streiks große Bedeutung, denn die Straßenproteste waren Symbol eines Aufbegehrens der gesamten Gesellschaft gegen das Regime. Stets tauchten weiß-rote Fahnen auf, die den Demonstrationen ein patriotisches Element verliehen. Vor allem in Posen, weniger in Radom, war sehr deutlich, dass die Proteste sich nicht nur gegen einzelne Entscheidungen des Regimes, sondern gegen das System an sich richteten.
Die größte Wirkung hatten die Proteste nicht aufgrund ihrer kurzfristigen Erfolge wie der Ablösung Gomułkas 1970 oder der Verhinderung von Preiserhöhungen 1976. Vielmehr sind sie in den 1980er Jahren zur Grundlage des Mythos von der unbeugsamen polnischen Gesellschaft geworden, die unbeirrt gegen die kommunistische Macht gekämpft und bereitwillig Opfer gebracht habe. Ganz konkret zeigt sich dies daran, dass die Errichtung eines Denkmals für die Opfer der Proteste im Dezember 1970 eine der drei Forderungen war, mit denen im August 1980 in Danzig jener Streik begann, der nicht nur Polen verändern sollte.

Die Opposition

In den späten 1960er Jahren begannen in Polen, wie auch in anderen osteuropäischen Staaten unter kommunistischer Herrschaft, verschiedene, wenig organisierte Gruppen mit ganz unterschiedlichem Hintergrund – das Spektrum reichte von (post)marxistischen Revisionisten und Sozialdemokraten bis hin zu Christdemokraten und Nationalisten – Petitionen gegen Gerichtsurteile in politischen Verfahren oder gegen Verfassungsänderungen zu formulieren. Aus diesen Gruppen formierte sich in Polen in den Jahren 1976–1977 die demokratische Opposition.
Ein wichtiger Anstoß war die Solidarität mit den Menschen, die nach den Streiks im Sommer 1976 verhaftet und verurteilt worden waren. Mit der juristischen und finanziellen Unterstützung der Verhafteten und ihrer Familien befreiten sich die Intellektuellen aus ihrem Ghetto. Bereits im September 1976 entstand das *Komitee zur Verteidigung der Arbeiter* (Komitet Obrony Robotników, KOR),[18] später wurden

---

[17] Ausführlich hierzu Paweł Sasanka: Czerwiec 1976. Geneza, przebieg, konsekwencje. Warszawa 2006, passim.
[18] Eine detaillierte Geschichte dieser Organisation findet sich in dem nicht mehr ganz neuen, aber nach wie vor informativen Buch von Jan J. Lipski: KOR. A History of the Workers'

weitere Organisationen wie das *Studentische Solidaritätskomitee* (Studencki Komitet Solidarności, SKS), die *Bewegung für die Verteidigung der Menschen- und Bürgerrechte* (Ruch Obrony Praw Człowieka i Obywatela, ROPCiO), die *Bewegung des Jungen Polen* (Ruch Młodej Polski, RMP) und die *Konföderation des Unabhängigen Polen* (Konfederacja Polski Niepodległej, KPN) gegründet.
Die KPN forderte nicht nur, wie bereits ihr Name verkündete, dass Polen wieder souverän werden solle, sondern verstand sich geradeheraus als politische Partei. Die breitesten Aktivitäten entfaltete das KOR, das zudem die wichtigste Informationsquelle für westliche Medien war.
Den oppositionellen Kreisen gehörten nicht mehr als 1500 bis 2000 Personen an, die jedoch sehr aktiv und entschlossen waren. Neben der Hilfe für Personen, die ins Visier des Regimes geraten waren, protestierten sie mit Hungerstreiks gegen die Unrechtspolitik des Regimes, organisierten Feiern anlässlich von Gedenktagen, die der Staat nicht anerkannte (Tag der Verfassung vom 3. Mai 1791, Tag der Wiedererlangung der Unabhängigkeit 1918), und hielten Vorlesungen für Studenten zu verbotenen Themen. Vor allem aber entstand der sogenannte „zweite Umlauf" (drugi obieg): Bücher und Zeitschriften wurden im Selbstverlag und ohne Genehmigung der Behörden in großer Zahl und mit vergleichsweise hoher Auflage herausgegeben. Allein 1978 konfiszierte die politische Polizei ca. 300 000 Seiten verschiedenster Druckschriften, von Januar bis Juli 1980 an die 600 000. 1976–1980 wurden 35 Druckmaschinen, über 1,5 Millionen Druckbögen Papier und über 110 Kilogramm Druckfarbe beschlagnahmt.[19] Diese Zahlen zeigen nicht, dass die Polizei schärfer kontrollierte, sondern sind ein Beleg für die Explosion des „zweiten Umlaufs".
Wichtig für die Opposition waren ihre guten Kontakte zur katholischen Kirche. Eine Reihe von Priestern engagierte sich bei der Bildung oppositioneller Organisationen, einer der Gründer des KOR war der Priester Jan Zieja. Feierlichkeiten zu Jahrestagen begannen stets mit einer heiligen Messe, in den Kirchen wurden Hungerstreiks organisiert, Mitglieder der Klubs der katholischen Intelligenz sowie Menschen, die sich in der Studentenseelsorge engagierten, arbeiteten in der Opposition mit. Kardinal Wojtyła zählte zu den Bischöfen, die der Opposition besonders wohlwollend gegenüberstanden.
Nicht nur Oppositionsgruppen aus dem nationalen und konservativen Milieu, sondern auch die linke antikommunistische Intelligenz hatten Kontakt zur Kirche. Dies spiegelt sich in Büchern wie *Rodowody niepokornych* (Lebensläufe von Ungehorsamen, 1971) des katholischen Intellektuellen Bohdan Cywiński und *Kościół, lewica, dialog* (Die Kirche, die Linke, der Dialog, 1977[20]) aus der Feder des einstigen „März-*Komandosy*" Adam Michnik. Der Großteil des Klerus beteiligte sich zwar nicht an diesem Dialog, aber es gab doch genügend Personen, die der Opposition positiv gegenüberstanden, um mit Fug und Recht sagen zu können, dass die Kirche einen Schutzschild für die Gegner des herrschenden Systems bildete.

Defense Committee in Poland, 1976–1981. Berkeley 1985. Die neueste Monographie in polnischer Sprache ist Jan Skórzyński: Siła bezsilnych. Historia Komitetu Obrony Robotników. Warszawa 2012.

[19] AIPN, BU 0296/57, t. 2, S. 32.

[20] Deutsch unter dem Titel: Die Kirche und die polnische Linke. Von der Konfrontation zum Dialog. München 1980.

Für die Opposition noch wichtiger als das Wohlwollen der Kirche war aber, dass es ihr gelang, die Kluft zwischen Intellektuellen und Arbeitern zu durchbrechen. 1977 begann das KOR die Zweiwochenschrift *Robotnik* (Der Arbeiter) herauszugeben, die den Titel der Untergrundschrift der *Polnischen Sozialistischen Partei* vom Ende des 19. Jahrhunderts aufnahm, deren jahrelanger Redakteur Józef Piłsudski gewesen war. Im April 1978 gründete eine Gruppe von Personen im Umfeld des KOR und der *Bewegung des Jungen Polen* in Danzig die *Freien Gewerkschaften des Küstengebiets* (Wolne Związki Zawodowe Wybrzeża, WZZ). Die WZZ-Aktivisten verbreiteten unter Arbeitern Publikationen des „zweiten Umlaufs", druckten eine eigene Zeitung, führten Schulungen zu Themen wie Arbeitssicherheit und Arbeiterrechte durch und hielten Vorträge über die Geschichte Polens. Auch veranstalteten sie Gedenkfeiern anlässlich des Jahrestages der gewaltsamen Niederschlagung der Proteste in der Küstenregion im Dezember 1970. Bei einer solchen Gedenkveranstaltung an dem Ort, wo es die ersten Toten gegeben hatte, versprach im Jahre 1979 ein Elektriker der Danziger Lenin-Werft namens Lech Wałęsa einer tausendköpfigen Menge, dass dort innerhalb eines Jahres ein Denkmal zur Erinnerung an diese Opfer errichtet werde – was dann auch geschah.

1979 erarbeitete der Kreis um den *Robotnik* eine „Charta der Arbeiterrechte", die u.a. das Streikrecht und die Gründung unabhängiger Gewerkschaften aufzählte. Über 100 Personen aus 26 Städten unterzeichneten diese Charta, bevor 50 000 Exemplare in Dutzenden von Fabriken verteilt wurden. In keinem anderen Staat unter kommunistischer Parteiherrschaft gelang der Opposition eine Aktion diesen Ausmaßes.

Eine nicht unbedeutende Rolle bei der Entwicklung einer demokratischen Opposition spielten die Entspannung im Ost-West-Konflikt und die Unterzeichnung der KSZE-Schlussakte in Helsinki 1975. In dem Dokument verpflichteten sich die Unterzeichnerstaaten u.a. zur Wahrung der Menschenrechte. Offenbar unterschätzten die kommunistischen Machthaber, welche Wirkung dies haben sollte, als Oppositionelle begannen, unter Verweis auf diese Selbstverpflichtung gegen Menschenrechtsverletzungen zu protestieren.[21] Da den polnischen Kommunisten nicht zuletzt wegen der Abhängigkeit Polens von westlichen Krediten[22] daran gelegen war, dass ihr Land ein gutes Image hatte, scheute die Staatsmacht davor zurück, die Opposition brutal zu unterdrücken. „Unser Land", verkündete ein hoher Funktionär des Sicherheitsapparats bei einer Besprechung mit Parteiaktivisten, „wird als eines betrachtet, das [...] keine politischen Gefangenen hat [...], und das zahlt sich für uns aus".[23] Zwar fehlte es nicht an Befürwortern radikaler Methoden, doch sie konnten sich in der Parteiführung nicht durchsetzen. Sicherlich gab es Schikanen gegen Oppositionelle. Aber der stellvertretende Innenminister konstatierte 1980 zurecht, die polnischen Behörden gingen im Vergleich zu dem, was sich in der Tschechoslowakei oder in der Sowjetunion

---

[21] François Fejtö: La fin des démocraties populaires. Paris 1992, S. 94.
[22] 1975 betrug die polnische Staatsverschuldung ca. acht Milliarden US-Dollar, 1980 an die 25 Milliarden, und allein die Zinszahlungen überstiegen Polens Einnahmen aus Exporten in den Westen. Janusz Kaliński: Gospodarka Polski w latach 1944–1989. Przemiany strukturalne. Warszawa 1995, S. 172 und 194.
[23] Referat gen. Adama Krzysztoporskiego, September 1979, in: Łukasz Kamiński, Paweł Piotrowski (Hg.): Opozycja demokratyczna w Polsce w świetle akt KC PZPR (1976–1980). Wybór dokumentów. Wrocław 2002, S. 273.

abspielte, „sehr zärtlich" vor.[24] Die Regimegegner genossen zweifellos in Polen mehr Handlungsfreiheit als in den Nachbarstaaten. Und sie wussten dies zu nutzen.

Kalter Bürgerkrieg und Epochenwende

Die besondere Schwäche des kommunistischen Regimes in Polen hatte somit ein ganzes Bündel von Ursachen, angefangen von den in der polnischen Gesellschaft tief verwurzelten antisowjetischen Reflexen über die Autonomie der katholischen Kirche – deren Bedeutung mit der Wahl eines Polen zum Papst weiter wuchs – bis zum Zusammenwirken von Arbeitern und Intellektuellen beim Protest gegen das Regime.
Eine Rolle spielten darüber hinaus die Kontakte in den Westen sowie die schlechte Versorgungslage. Spätestens 1976 ließ sich nicht mehr verbergen, dass das Land in einer strukturellen Wirtschaftskrise steckte und das Regime die angesichts der Entwicklungen in den Nachbarstaaten und im Westen wachsenden Konsumansprüche des Volks nicht mehr bedienen konnte.
Im Sommer 1980 entstand eine Situation, in der all dies zusammenkam.[25] Anfang Juli kündigte die Regierung eine Erhöhung der Fleischpreise an, darauf brachen in vielen Städten unkoordinierte Streiks aus. Auf der Danziger Werft entschieden sich die streikenden Arbeiter, nicht auf die Straße zu ziehen, sondern auf dem Gelände zu bleiben. Dies war eine entscheidende Wende, da sich die Behörden daraufhin gegen eine gewaltsame Lösung entschieden. Primas Wyszyński rief die Menschen im ganzen Land zur Ruhe auf, und das Politbüro schickte statt der Armee eine Verhandlungsdelegation.
Die zentrale Forderung der Streikenden war die Zulassung unabhängiger Gewerkschaften. Nach einigem Zögern stimmte die Parteiführung dem zu. So entstand die *Unabhängige Selbstverwaltete Gewerkschaft „Solidarität"* (Niezależny Samorządny Związek Zawodowy „Solidarność"), der auf dem Höhepunkt ihrer Entwicklung 9,5 Millionen Menschen angehörten. Die *Solidarność* wurde zum Inbegriff des Widerstands. Sie stand aber auch für eine Geisteshaltung, in der Würde, Solidarität und nationale Identität zentrale Werte waren.
Zwar schreckte die Mehrheit der *Solidarność*-Mitglieder vor weiteren Aktionen zurück, nachdem das Regime im Dezember 1981 das Kriegsrecht verhängt hatte. Doch die Zahl derjenigen, die den offenen Widerstand fortsetzten, blieb so groß, dass das Regime nicht mehr glaubhaft für sich beanspruchen konnte, es vertrete das ganze Volk. Auch wenn der seit Oktober amtierende Parteichef der PZPR General Wojciech Jaruzelski energisch und selbstsicher auftrat, so fand er doch kein Mittel gegen die Opposition. Zu einer gewaltsamen Lösung konnte sich das Regime nicht mehr entschließen.
Auch gelang es Jaruzelski nicht, den Westen zu neuen Krediten oder einer Verringerung der polnischen Schuldenlast zu bewegen. Daher blieb die Versorgungslage schlecht, was den Unmut der Bevölkerung befeuerte.

---

[24] Referat gen. Bogusława Stachury, Januar 1980, in: ebd., S. 283.
[25] Zu den Ereignissen der Jahre 1980–1989 in Polen siehe ausführlicher Andrzej Paczkowski: Polnischer Bürgerkrieg. Der unaufhaltsame Abstieg des Kommunismus, in: Freiheit im Blick. 1989 und der Aufbruch in Europa [= OSTEUROPA, 2–3/2009], S. 97–117.

Als das Regime sich nach Jahren des Stillstands zu radikalen Wirtschaftsreformen entschloss, wollte es diese angesichts der zu erwartenden sozialen Folgen nicht allein verantworten. Vielmehr suchte es einen Modus vivendi mit der *Solidarność*. Dies führte zu den Vereinbarungen, die zwischen Februar und April 1989 am Runden Tisch ausgehandelt wurden, zu denen die – halbdemokratischen – Wahlen vom 4. Juni 1989 gehörten. Die unerwartet dramatische Wahlniederlage der PZPR zwang diese in eine Koalition, so dass mit Tadeusz Mazowiecki ein Aktivist der *Solidarność* an die Spitze der Regierung gelangte. Damit war das Ende des auf dem Alleinvertretungsanspruch der Vereinigten Arbeiterpartei beruhenden Systems besiegelt, die umfassende Transformation von Staat und Gesellschaft konnte beginnen.

Bei aller Bedeutung der polnischen Zusammenhänge wäre diese friedliche Entwicklung selbstredend nicht möglich gewesen, wenn es nicht gleichzeitig die Veränderungen in der Sowjetunion unter Michail Gorbačev gegeben hätte. Erst die Aufgabe der Brežnev-Doktrin im März 1985 schuf die Möglichkeit zur Flucht aus dem sozialistischen Lager. Diese nutzte Polen als erstes Land und setzte damit eine Kettenreaktion in Gang.

Aus dem Polnischen von Andrea Huterer, Berlin

Harro von Senger

Langer Marsch

Kommunismus in der Volksrepublik China

Der westliche Blick auf die Volksrepublik China leidet unter der starken Fokussierung auf die Utopie des „Kommunismus". Die Suche nach dem Phantom „Kommunismus" lenkt die Aufmerksamkeit ab von den recht transparent kommunizierten politischen Absichten und Plänen der Führungspersonen des Reichs der Mitte. Die Folge ist, dass der Westen die auf langfristige Ziele hin geplanten Entwicklungen in China nicht vorausschauend einzuschätzen und sich darauf einzustellen vermag.

Zu den weitverbreiteten Klischees über China gehört die Feststellung, die Volksrepublik China entspreche so gar nicht dem Bild, das man sich von einem Land mache, das von einer als „kommunistisch" bezeichneten Partei regiert wird. Der Volksrepublik wird vorgehalten, dass in diesem Land zu beobachtende Phänomene nicht dem „kommunistischen Ideal" entsprächen: „Es ist nicht weit von den Armenvierteln des alten Manchesters zu den [. . .] Wanderarbeitern in China, deren Elend – welche Ironie der Geschichte – ausgerechnet von einer kommunistischen Partei in Kauf genommen wird."[1]

Immer wieder heißt es in der westlichen China-Berichterstattung, kommunistisch sei „nur noch der Mantel",[2] vom Kommunismus in China seien einzig „die Fahne und die Partei" übriggeblieben.[3] Andererseits nennt Henry Kissinger die VR China „das einzige kommunistische Land neben Kuba, Nordkorea und Vietnam, dessen politisches System den weltweiten Zusammenbruch des Kommunismus überdauerte".[4] Völlig unbeachtet bleibt bei beiden Urteilen die amtliche Selbstwahrnehmung und Selbstdarstellung der Volksrepublik China.

Statt eine Utopie zum Maßstab zu nehmen, sollten die von der chinesischen Partei- und Staatsführung verkündeten Projekte, Pläne, Parolen und Aussagen analysiert und beurteilt werden. Dies bedeutet natürlich nicht, dass die Volksrepublik China nicht

---

Harro von Senger (1944), Dr. iur., Dr. phil., Jurist und Sinologe, Privatdozent für Sinologie an der Universität Zürich, Prof. em. der Albert-Ludwigs-Universität Freiburg im Breisgau

[1] Revolutionär mit Geld und Gefühl. Eine Biografie über Friedrich Engels zeigt den Weggefährten von Karl Marx in all seinen Facetten, in: Die Zeit, 19.12.2012, S. 54.

[2] So der Bericht „Erfahrungen über eine politische Studienreise der Landeszentrale für politische Bildung Baden-Württemberg durch China, das ‚Reich der Mitte'" (Studienfahrt vom 24.4.–6.5.2001).

[3] Spécial Chine. Le grand boom en avant, in: Le Nouvel Observateur, 13.–19.11.2003 (Sondernummer „Chine. La conquète du monde"), S. 95.

[4] Henry Kissinger: Zwischen Tradition und Herausforderung: China. München ³2011, S. 107f. – Zum gleichen Urteil über das politische System kommt auch Richard McGregor: Der rote Apparat. Chinas Kommunisten. Berlin 2013, S. 10f.

anhand von Maßstäben wie der Allgemeinen Erklärung der Menschenrechte gemessen werden kann und sollte. Jedoch sollte auch und gerade beim Thema „Kommunismus in China" die offizielle chinesische Sicht nicht einfach ignoriert werden.

Kommunismus – ein Projekt für die Zukunft

Als die Kommunistische Partei Chinas (KPCh) im Jahre 1949 die Macht eroberte, galt ihre Satzung vom 11. Juni 1945. Darin heißt es im ersten Absatz des „Allgemeinen Programms", die KPCh kämpfe „in der derzeitigen Phase für die Verwirklichung eines neudemokratischen Systems in China. Ihr Endziel ist die Verwirklichung des kommunistischen Systems in China."

Wann das Erreichen dieses „Endziels" zu erwarten sei – ob in 5, 50 oder 500 Jahren – wurde offen gelassen. Entsprechend ist auch im „Allgemeinen Programm der Politischen Konsultativkonferenz des chinesischen Volkes" vom 29. September 1949, bei dem es sich um die provisorische Verfassung der von Mao am 1. Oktober 1949 ausgerufenen Volksrepublik China handelt, von „kommunistisch" nur ein einziges Mal die Rede: bei der Nennung der Kommunistischen Partei Chinas. Über den neu zu errichtenden Staat heißt es in der Präambel in leninistischer Diktion, aber ohne Erwähnung des Wortes „Kommunismus:

> Die chinesische demokratische Diktatur des Volkes[5] ist ein Regime der volksdemokratischen Einheitsfront der chinesischen Arbeiterklasse, Bauernklasse, Kleinkapitalistenklasse, der Klasse der nationalen Bourgeoisie und anderer patriotischer Persönlichkeiten; ihre Grundlage ist das Bündnis zwischen Arbeitern und Bauern, die Führung liegt bei der Arbeiterklasse.[6]

Über die Verwendung des Ausdrucks „Sozialismus" war heiß diskutiert worden, doch auch er taucht in der provisorischen Verfassung nicht auf.[7]

Stattdessen erklärte die Partei, sie wolle in ihrem neuen Staat mit der „Kleinkapitalistenklasse" und mit der „Klasse der nationalen Bourgeoisie" zusammenarbeiten, also – im sinomarxistischen Jargon – eine „Einheitsfront" bilden.

Zum anderen sollte ein Fundament des „Sozialismus" erst noch errichtet werden, nämlich die Institution des Gemeineigentums. In der Verfassung der VR China vom 20. September 1954 heißt es:

---

[5] Zur sinomarxistischen Bedeutung des Wortes „Volk", die von dem im Westen geläufigen Begriffsverständnis erheblich abweicht, siehe Mao Zedong: Über die richtige Behandlung der Widersprüche im Volke, in: Ders.: Fünf philosophische Monographien. Peking 1976, S. 90f. – Harro von Senger: Einführung in das chinesische Recht. München 1994, S. 195, 203f.

[6] Zhongguo Renmin Zhengzhi Xieshang Huiyi gongtong gangling (Gemeinsames Programm der Konsultativkonferenz des chinesischen Volkes), <http://news.xinhuanet.com/ziliao/2004-12/07/content_2304465.htm>; leicht abweichende deutsche Übersetzung in: Edgar Tomson, Jyun-hsiong Su: Regierung und Verwaltung der Volksrepublik China. Köln 1972, S. 323.

[7] Shi Fuzhou: 1949 nian tongguo de „Gongtong gangling" weishenme meiyou xie shang „shehuizhuyi", in: Beijing Ribao, 10.10.2009, <http://dangshi.people.com.cn/GB/85041/10168468.html>.

> Zwischen der Gründung der VR China und der Errichtung der sozialistischen Gesellschaft liegt eine Übergangsperiode, in der die Hauptaufgaben des Staates die stufenweise sozialistische Industrialisierung des Landes, die stufenweise Vollendung der sozialistischen Umgestaltung der Landwirtschaft, des Handwerks sowie der kapitalistischen Industrie und des kapitalistischen Handels sind. In den jüngst vergangenen Jahren hat unser Volk erfolgreich eine Reihe großartiger Kämpfe durchgeführt, welche unter anderem die Bodenreform [...] zum Ziel hatten. So wurden die notwendigen Voraussetzungen für [...] den stufenweisen Übergang zu einer sozialistischen Gesellschaft geschaffen.[8] (Präambel, Abs. 2)

Gemeint sind die Enteignung der Produktionsmittel und die Kollektivierung der Landwirtschaft.

Dieses Ziel erklärte die KPCh im Jahr 1956 für erreicht. So lautete die Selbstdarstellung der Volksrepublik China auch ab 1956 nicht mehr „neudemokratisch", sondern „sozialistisch".

Kurze Zeit später begann Mao Zedong ungeduldig zu werden. Er wollte sein Land möglichst rasch in die Epoche des „Kommunismus" führen. Es kam 1958 zum „Grossen Sprung" und zur Einführung der Volkskommunen.

In dem Ende August 1958 verabschiedeten Beschluss des Zentralkomitees der KPCh zur Errichtung von Volkskommunen heißt es, die Volkskommunen sollten den Bauern die notwendige Richtschnur

> beim beschleunigten Aufbau des Sozialismus und beim Übergang zum Kommunismus [sein]. [...] Die Verwirklichung des Kommunismus in unserem Land liegt nicht mehr in ferner Zukunft.[9]

Ende 1958 stellte das Zentralkomitee der KPCh klar, dass „die gegenwärtige Phase immer noch Sozialismus, nicht Kommunismus ist".[10] Mao Zedong sagte am 4. November 1958:

> Es geht immer noch um den Sozialismus, man darf nicht einfach so vom Kommunismus daherschwadronieren [...] ihr sprecht von einer Übergangszeit von zehn Jahren, daran glaube ich nicht unbedingt.[11]

Ende 1960 äußerte Mao Zedong: „Darüber hinaus steht fest, dass von jetzt an gerechnet das sozialistische System für mindestens 20 Jahre – jeder nach seinen Möglichkeiten und Vergütung nach Leistung – nicht verändert wird."[12]

---

[8] Die Verfassung der Volksrepublik China. Angenommen am 20. September 1954 vom 1. Nationalen Volkskongress der Volksrepublik China auf seiner 1. Sitzung. Peking 1954, S. 1.
[9] Yang Jisheng: Grabstein. Die große chinesische Hungerkatastrophe 1958–1962. Frankfurt/Main 2012, S. 414.
[10] Ebd., S. 422.
[11] Ebd., S. 621.
[12] Ebd., S. 627.

„Genosse Mao ist die röteste Sonne in unserem Herzen"

Sino-Marxismus

In der noch zu Lebzeiten Maos am 17. Januar 1975 verkündeten Verfassung der Volksrepublik China ist von „Kommunismus", außer im Namen der KPCh, nicht die Rede, wohl aber von „Sozialismus":

> Die sozialistische Gesellschaft umfasst eine ziemlich lange geschichtliche Periode. Diese ganze Geschichtsperiode hindurch existieren Klassen, Klassenwidersprüche und Klassenkämpfe, existiert der Kampf zwischen den beiden Wegen, dem des Sozialismus und dem des Kapitalismus, existiert die Bedrohung durch Umsturz und Aggression seitens des Imperialismus und des Sozialimperialismus. (Präambel Abs. 3)[13]

Nach dem Tod Mao Zedongs im September 1976 änderte sich an der den Kommunismus nicht als etwas bereits Verwirklichtes bezeichnenden Sprachregelung nichts. Auch unter Deng Xiaoping, Jiang Zemin, Hu Jintao und Xi Jinping hieß und heißt es: „Das Endziel der Partei ist die Verwirklichung des Kommunismus".
Seit 2002 wird die Verwirklichung des Kommunismus zusätzlich als „das höchste Ideal" der Partei bezeichnet.[14]
Entsprechend weisen die Satzungen darauf hin, dass „die Entwicklung und Vervollkommnung des sozialistischen Systems ein langer historischer Prozess" sei.[15] Seit Anfang der 1990er Jahre wird sogar noch zurückhaltender formuliert:

> China befindet sich jetzt im Anfangsstadium des Sozialismus und wird sich über eine längere Zeit in diesem Stadium befinden. Das ist ein unüberspringbares historisches Stadium bei der sozialistischen Modernisierung im wirtschaftlich und kulturell rückständigen China, das mehr als hundert Jahre in Anspruch nehmen wird. [...] In der gegenwärtigen Etappe ist der Hauptwiderspruch in der chinesischen Gesellschaft der Widerspruch zwischen den wachsenden materiellen und kulturellen Bedürfnissen des Volkes und der rückständigen gesellschaftlichen Produktion. Infolge inländischer Faktoren und internationaler Einflüsse wird der Klassenkampf in begrenztem Umfang noch lange Zeit existieren und sich unter bestimmten Bedingungen sogar verschärfen können, aber er ist nicht mehr der Hauptwiderspruch. [...] Man muss am grundlegenden Wirtschaftssystem, in dem das Gemeineigentum den Hauptteil bildet und die Wirtschaften verschiedener Eigentumsformen sich gemeinsam entwickeln, festhalten und es vervollständigen, am Verteilungssystem, in dem die Verteilung nach der Arbeitsleistung im Vordergrund steht, neben der noch mehrere Verteilungsformen parallel bestehen, festhalten und es vervollständigen, einen Teil der Gebiete und der Menschen ermutigen, als erste wohlhabend zu werden, die Armut schrittweise beseitigen, den gemeinsamen Wohlstand verwirklichen und auf der Grundlage der Entwicklung der Produktion und des Zuwachses des gesellschaftlichen Reichtums die wachsenden materiellen und kulturellen Bedürfnisse des Volkes ständig befriedigen.

---

[13] Dokumente der I. Tagung des IV. Nationalen Volkskongresses der Volksrepublik China. Beijing 1975.
[14] Satzungen der KPCh vom 14.11.2002, 21.20.2007 und 14.11.2012.
[15] Satzung vom 17.1.1975 (Allgemeines Programm, Abs. 4, erster Satz). Ebenso in der Satzung vom 6.9.1982.

[…] Die strategischen Ziele für die wirtschaftliche und gesellschaftliche Entwicklung in der neuen Phase des neuen Jahrhunderts sind: das ansatzweise erreichte Niveau des bescheidenen Wohlstands zu festigen und zu entwickeln, bis zum 100. Gründungstag der Partei [2021] eine Gesellschaft mit bescheidenem Wohlstand auf einem noch höheren Niveau, die mehr als einer Milliarde Menschen Vorteile bringen wird, fertig aufzubauen und bis zum 100. Gründungstag der Volksrepublik [2049] das Pro-Kopf-Bruttoinlandsprodukt auf das Niveau eines Schwellenlandes zu heben und die Modernisierung im Wesentlichen zu realisieren.[16]

In einer Atmosphäre des Terrors, wie sie insbesondere während der „Kulturrevolution" (1966–1976) herrschte, ließe sich die chinesische Bevölkerung Chinas für die Bewältigung der beiden im „Anfangsstadium des Sozialismus" zu erreichenden Einhundert-Jahresziele nicht motivieren. Ein gewisser individueller Rechtsschutz ist ihnen daher zu gewährleisten. Deshalb enthalten die KPCh-Satzungen vom 21. Oktober 2007 und vom 14. November 2012 jeweils im „Allgemeinen Programm" sogar die folgende Formulierung: „Menschenrechte sind zu respektieren und zu schützen."
Seit 2004 enthält auch die Verfassung der Volksrepublik China eine entsprechende Bestimmung.[17] Dass sich die KPCh je nach Stadium, das gerade durchlaufen wird, zu Menschenrechten bekennt, ist eine Vorgehensweise, die auf Mao Zedong und dessen Führungsmethode der Unterordnung der gesamten Politik unter einen „Hauptwiderspruch" zurückgeht. Mao Zedong erließ Rechtserlasse zum Schutze individueller Menschenrechte, ja sogar zur Gewährleistung des Grundeigentums von Großgrundbesitzern.[18] Dies geschah während des Widerstandskrieges gegen die japanischen Invasoren 1937–1945, als die KPCh mit der *Guomindang* Tsiang Kaisheks eine „Einheitsfront" bildete. Damals wollte Mao Zedong alle Chinesen, auch Angehörige der „Feindesklassen", gegen Japan mobilisieren. Denn der „Hauptwiderspruch" war in seinen Augen in jenem Stadium nicht der „Klassen"-Widerspruch, sondern der Widerspruch „China gegen Japan". Diesem waren die Beziehungen mit dem „Klassenfeind" unterzuordnen. Unter dem während der „Kulturrevolution" zu lösenden „Hauptwiderspruch" „Proletariat" gegen „Kapitalistenklasse" wollte Mao vom Schutz der Menschenrechte von „Klassenfeinden" nichts mehr wissen.
Im Gegensatz zur DDR, wo wenige Jahre vor deren Untergang behauptet wurde, man gestalte „die entwickelte sozialistische Gesellschaft",[19] was allzu offensichtlich der Realität Hohn sprach, redet die KPCh seit 1992 vorsichtig vom „Anfangsstadium des

---

[16] Satzung vom 18.10.1992, Allgemeines Programm, Abs. 6. Die Satzungen von 2007 und 2012 enthalten den gleichen Passus, zu dem 2007 lediglich die Aufgabe hinzugefügt wurde, es sei „die allseitige Entwicklung der Menschen" zu „fördern".
[17] Art. 33, Abs. 3: „Der Staat respektiert und schützt Menschenrechte." Verfassung der Volksrepublik China, <www.verfassungen.net/rc/verf82-i.htm>.
[18] „Mao Zedong als Befürworter bourgeoiser individueller Menschenrechte und des Grundeigentums von Großgrundbesitzern", in: Harro von Senger: Supraplanung. München 2008, S. 112f.
[19] Uwe-Jens Heuer: Recht und Wirtschaft im Sozialismus. Von den Möglichkeiten und von der Wirklichkeit des Rechts. Berlin (DDR) 1982, S. 138; siehe auch: Peter Borowsky: Die DDR in den siebziger Jahren. Bundeszentrale für politische Bildung, <www.bpb.de/izpb/10111/die-ddr-in-den-siebziger-jahren>.

Sozialismus". Das ist eine recht listige Formel,[20] vor allem wenn man in Betracht zieht, dass dieses Stadium „mehr als einhundert Jahre" dauern soll. Mit dieser Formel lassen sich sämtliche Missstände – etwa die erbärmliche Lage von Millionen von Wanderarbeitern – bequem begreiflich machen. Welche kommunismuswidrige Realitäten man auch immer der KPCh vor Augen führen mag, sie wird dank dieser Formel um eine Erklärung nicht verlegen sein. Denn man befindet sich, so ihre Sicht der Dinge, erst im „Anfangsstadium des Sozialismus", und dieses sei nun einmal unweigerlich bis zum Rande gefüllt mit Unvollkommenheiten aller Art. Denn zur „alten Gesellschaft" mit all ihren negativen Nachwirkungen, auch auf das teilweise rückständige Denken von Funktionären, bestehe ein allzu naher – und zum irdischen Paradies im künftigen kommunistischen Zeitalter ein gar weiter Abstand.

Die Formel „Anfangsstadium des Sozialismus" prägten Ende der 1970er Jahre der Ökonom Xue Muqiao (1904–2005)[21] und vor allem Su Shaozhi (geb. 1923),[22] zu jener Zeit Mitglied der Theoriegruppe der *Renmin Ribao* (Volkszeitung), eines Presseorgans des Zentralkomitees der KPCh.[23] Sie knüpft an Aussagen von Karl Marx an, der eine „erste Phase" von einer „höheren Phase der kommunistischen Gesellschaft" abgrenzte.[24] Über die „kommunistische Gesellschaft" der „ersten Phase" schrieb Marx, dass sie

> eben aus der kapitalistischen Gesellschaft hervorgeht, also in jeder Beziehung, ökonomisch, sittlich, geistig, noch behaftet ist mit den Muttermalen der alten Gesellschaft, aus deren Schoß sie herkommt. [...] [...] Aber diese Missstände sind unvermeidbar in der ersten Phase der kommunistischen Gesellschaft, wie sie eben aus der kapitalistischen Gesellschaft nach langen Geburtswehen hervorgegangen ist.[25]

Schon Lenin sagte über die „Gesellschaftsordnung", die „Marx als erste Phase des Kommunismus bezeichnet", dass sie „gewöhnlich als Sozialismus bezeichnet wird".[26] An Lenins Gebrauch des Wortes „Sozialismus" anknüpfend, ersetzten die chinesischen Theoretiker den Terminus „erste Phase der kommunistischen Gesellschaft" durch die Ausdrücke „unentwickelter Sozialismus" beziehungsweise „Anfangsstadium des Sozialismus". Allerdings vertraten sie die Ansicht, dass in einer Gesellschaft wie der chinesischen, die sich außerhalb des Gesichtsfeldes von Karl Marx befunden habe, die „erste Phase" noch weniger entwickelt sei als von Marx vorgesehen, der allein einen Triumph des Sozialismus in entwickelten „kapitalistischen" Gesellschaften in Betracht gezogen habe. Das führte bei den chinesischen Theoretikern aber nicht zu der Schlussfolgerung, dass China den „Sozialismus" gar nicht übernehmen könne oder solle, sondern zum Konzept eines „Sozialismus mit chinesischen Besonderheiten", durch welches der Mar-

---

[20] Senger, Supraplanung [Fn. 18], S. 194f.
[21] Xue Muqiao, <https://zh.wikipedia.org/wiki/%E8%96%9B%E6%9A%AE%E6%A1%A5>.
[22] (Su Shaozhi), <http://baike.baidu.com/view/3599274.htm>.
[23] Siehe im Detail Yan Sun: The Chinese Reassessment of Socialism 1976–1992. Princeton 1995, S. 184f.
[24] Zhang Nianhong: Makesizhuyi Fazhan Zhong De Diyi. Beijing 1991, S. 234f.
[25] Karl Marx: Kritik des Gothaer Programms, in: Karl Marx; Friedrich Engels: Werke, Bd. 19. Berlin (Ost) 1976, S. 20f.
[26] W.I. Lenin: Werke, Bd. 25. Berlin (Ost) 1977, S. 479.

xismus „bereichert" werde.²⁷ Erstmals in einem amtlichen Dokument erschien die Formel „Anfangsstadium des Sozialismus" 1981 in der auf der 11. Tagung des VI. Plenums des Zentralkomitees der KPCh verabschiedeten „Resolution über einige Fragen in der Geschichte unserer Partei seit der Gründung der VR China".²⁸

Die Aufmerksamkeit ist auch auf die Formulierung zu lenken, man müsse „am grundlegenden Wirtschaftssystem, in dem das Gemeineigentum den Hauptteil bildet", festhalten.²⁹ In der Tat befindet sich in der Volksrepublik China nicht ein Quadratmillimeter Boden in Privateigentum.³⁰ Insofern ist ein zweifellos nicht unwichtiger Aspekt des „Sozialismus", wie man ihn sich im Westen gemeinhin vorstellt, in der Volksrepublik China durchaus gegeben.

Ein weiterer Satz aus der zitierten aktuellen Satzung der KPCh verdient Beachtung. Wenn es heißt, man müsse „einen Teil der Gebiete und der Menschen ermutigen, als erste wohlhabend zu werden", so bedeutet dies: Eine Schere zwischen Arm und Reich entspricht dem Wollen und Planen der KPCh. Sie ist aus deren Sicht keineswegs Ausdruck einer Abkehr vom Kommunismus, sondern im Gegenteil eine im „Anfangsstadium des Sozialismus" nicht zu vermeidende Übergangserscheinung auf dem Wege zum fernen Kommunismus.

Ferner verspricht die KPCh in ihrer Satzung nicht, dass die Armut im 1,3-Milliardenvolk über Nacht verschwinden werde. Sie solle vielmehr „schrittweise" behoben werden, in einem Zeitraum von mehr als einhundert Jahren. Auch mit dem Hinweis auf die weit verbreitete Armut in der Volksrepublik China kann man die KPCh, so gesehen, keineswegs in Verlegenheit bringen und ihr vorhalten, sie behaupte, ein kommunistisches China mit 1,3 Milliarden wohlhabenden Menschen errichtet zu haben oder in Rekordgeschwindigkeit – in dieser Hinsicht ist die KPCh seit den Zeiten Maos ein gebranntes Kind – errichten zu wollen.

Vom Marxismus zum Sinomarxismus

Wer im Westen das seit Beginn der Ära Deng Xiaoping befürwortete Streben nach Reichtum als Abfall vom kommunistischen Ideal bezeichnet, übersieht, dass Marx und Engels die Epoche, in welcher der Kommunismus verwirklicht sein werde, mitnichten als eine Epoche geschildert haben, in der alle Menschen im Elend verkommen und Hungers sterben.³¹ So sagte Marx über die „höhere Phase der kommunistischen Gesellschaft", dass „alle Springquellen des genossenschaftlichen Reichtums voller fließen" werden und „die Gesellschaft auf ihre Fahnen" werde schreiben können: ‚Jeder nach seinen Fähigkeiten, jedem nach seinen Bedürfnissen!'"³²

Schon zu Maos Zeiten und mit Maos Billigung wurde das kommunistische Zeitalter ganz im Sinne der paradiesischen Verheißungen von Marx und Engels als eine Epo-

---

²⁷ Yan Sun, The Chinese Reassessment [Fn. 23], S. 189.
²⁸ Shehuizhuyi chuji jieduan lilun, in: Makesizhuyi Baike Yaolan. Band 1. Beijing 1993, S. 91.
²⁹ Siehe auch: Verfassung der VR China von 4.12.1982 in der Fassung vom 14.3.2004, Art. 6 und 7, <www.verfassungen.net/rc/verf82.htm>.
³⁰ Verfassung der VR China von 4.12.1982 in der Fassung vom 14.3.2004, Art. 9 und 10, <www.verfassungen.net/rc/verf82.htm>.
³¹ Die Wohlstandsverheißung des Karl Marx, in: von Senger, Supraplanung [Fn. 18], S. 78f.
³² Marx, Kritik des Gothaer Programms [Fn. 25], S. 21.

che des allgemeinen Wohlstandes gepriesen. Nicht den Tatsachen entspricht die mit Blick auf die Volksrepublik China geäußerte pauschale, undifferenzierte Behauptung, erst „seit dem Ende des Kommunismus bedeutet Reichtum Ruhm".[33] Schon Mao, unter dem die Volksrepublik China nach weit verbreitetem westlichen Urteil ein „kommunistisches" Land gewesen sei, stand der Sinn nach Reichtum, wenn auch nicht bezogen auf Individuen, sondern auf den Gesamtstaat. 1957 prophezeite er in seiner auch während der „Kulturrevolution" (1966–1976) verehrten[34] Schrift „Über die richtige Behandlung der Widersprüche im Volke": „Chinas Lage als armes Land [...] wird sich [...] ändern. Das arme Land wird reich werden."[35]
Maos „Großer Sprung" führte zu einer Hungerkatastrophe größten Ausmaßes.[36] Dies ist von Mao zu verantworten, aber es war sicher nicht das Ziel, das Mao erreichen wollte. Nicht Maos Ziel, sondern seine irrealen Maßnahmen zur Verwirklichung des Ziels führten ins Elend. Inspiriert unter anderem von den in der Sowjetunion unter Stalin eingerichteten Kolchosen wähnte er, durch „Klassenkampf", Planwirtschaft, Volkskommunen, die Vernichtung der Familie sowie die Abschaffung des Privateigentums einen schnellen Eintritt in das irdische Paradies einer kommunistischen Gesellschaft, in der alle nach ihren Bedürfnissen leben können, herbeiführen zu können.
Das Ziel der Schaffung einer von allgemeinem Wohlstand geprägten, letzten Endes – wenn auch nicht mehr wie zu Maos Zeiten in naher, sondern in ferner Zukunft – kommunistischen Gesellschaft haben Deng Xiaoping und seine Nachfolger von Mao übernommen. Von dessen fieberhafter Hast haben sie sich jedoch zugunsten langfristiger Planungen[37] losgesagt. Die Planwirtschaft wurde nicht grundsätzlich abgeschafft – derzeit gilt der 12. Fünfjahresplan für den Zeitraum 2011–2016[38] – sondern durch eine sogenannte sozialistische Marktwirtschaft ergänzt.[39] Eine grundlegende Methode Maos benutzen Deng und seine Nachfolger, wie aus Absatz 9 des Allgemeinen Programms der KPCh-Satzung vom 14. November 2012 hervorgeht, weiter: die Formulierung eines „Hauptwiderspruchs", dem alles andere untergeordnet ist. Seit 1978 ist dieser „Hauptwiderspruch", vereinfacht gesagt, der zwischen Rückständigkeit und Modernisierungsbedürfnis.[40] Die ganze Energie des 1,3-Milliardenvolkes wird seit Ende 1978 auf die bis 2049 zu vollendende Lösung dieses Widerspruchs fokussiert. Wenn die KPCh seit Deng Xiaopings Machtantritt Ende der 1970er Jahre Wohlstand anstrebt, übernimmt sie also die von Mao 1958 verfolgte Zielsetzung, aber sie ersetzt Maos ganz und gar nicht zielführenden Methoden durch einen anderen Weg zum gleich gebliebenen Ziel.

---

[33] Intern, in: Weltwoche, 28.3.2013, S. 3; Hinweis auf den Artikel „Viva Macau!" von Urs Gehriger, ebd., S. 44f..
[34] Mao Zedong: Guanyu zhengque chuli renmin neibu maodun de wenti, in: Mao Zhuxi De Wu Pian Zhexue Zhuzuo. Beijing 1970, S. 78f.
[35] Mao Tsetung: Über die richtige Behandlung der Widersprüche im Volke, in: Ders.: Fünf philosophische Monographien. Beijing 1976, S. 140.
[36] Yang Jisheng, Grabstein [Fn. 9].
[37] China im Jahr 2049: Zukunftsziele im Reich der Mitte, in: NZZ, 10.4.1985, S. 5, <www.supraplanung.eu/pdf/2011/Zukunftsziele-NZZ-1985.pdf>.
[38] 12. Fünfjahresplan 2011–2016, <http://german.beijingreview.com.cn/ 2011lh/node_51141.htm>.
[39] Die EU erkennt China jedoch nicht als Marktwirtschaft an; siehe hierzu S. Bolzen, J. Erling, C. Schiltz: China könnte Europa helfen – für eine Gegenleistung, in: Die Welt, 26.10.2011.
[40] Siehe hierzu: Den Ochsen am Nasenring führen: Die Hauptwiderspruchsmethode, in: von Senger, Supraplanung [Fn. 18], S. 99f.

So ist der Marxismus-Leninismus aus der Sicht der KPCh bis heute der entscheidende Faktor, dem China den erreichten Wohlstand zu verdanken hat und der die Fortsetzung des eingeschlagenen Pfades verspricht.

Beinahe täglich veröffentlicht die amtliche chinesische Presse Artikel über den Marxismus und dessen Fortentwicklung in Richtung auf einen sinisierten Marxismus. Im Allgemeinen Programm der geltenden Satzung der KPCh vom 14. November 2012 heißt es in den Absätzen 2 und 3:

> Die Kommunistische Partei Chinas betrachtet den Marxismus-Leninismus, die Mao-Zedong-Ideen, die Deng-Xiaoping-Theorie, die wichtigen Ideen des „Dreifachen Vertretens" und das wissenschaftliche Entwicklungskonzept als die Richtschnur ihres Handelns.

Die KPCh beruft sich also nicht allein auf die Schriften von Marx, Engels und Lenin, sondern auch auf chinesische Ergänzungen des Marxismus-Leninismus. Somit praktiziert sie nicht denselben Marxismus wie etwa die untergegangene UdSSR, die ehemalige DDR oder das in viele Teile zerfallene Jugoslawien Titos. Aus diesem Grunde sollte die Summe aller Elemente, welche die von der KPCh beachtete „Richtschnur des Handelns" bilden, als „Sinomarxismus" bezeichnet werden. Dieser ist keine Sammlung kanonischer Dogmen, sondern eine „Richtschnur des Handelns". Das steht ganz im Einklang mit Lenin, der erklärt hatte:

> Wir betrachten die Theorie von Marx keineswegs als etwas Abgeschlossenes und Unantastbares; wir sind im Gegenteil davon überzeugt, dass sie nur das Fundament der Wissenschaft gelegt hat, die die Sozialisten nach allen Richtungen weiterentwickeln müssen, wenn sie nicht hinter dem Leben zurückbleiben wollen.[41]

---

[41] W.I. Lenin: Unser Programm, in: W.I. Lenin: Werke, Bd. 4. Berlin (DDR) 1977, S. 205f. Diese Aussage Lenins zitieren Xu Zhihong, Qin Xuan (Hg.): Zhongguo Tese Shehuizhuyi Lilun Tixi Gailun. Beijing 2011, S. 30.

Manfred Sing

Marxismus in arabischen Ländern
Versuch einer De-Provinzialisierung

> Vielen erscheint der Kommunismus als Wiedergänger des Islam und der Islamismus als Wiedergänger des Kommunismus. Dies wird mit Verweis auf Gemeinsamkeiten wie etwa ein totalitäres Weltbild, eine Feindschaft gegenüber dem imperialistischen Westen oder einem Hang zu politisch motivierter Gewalt begründet. Die Frage, warum sich dann ausgerechnet arabische Marxisten so schwer taten, sich einen Reim auf Islam und Islamismus zu machen, bleibt in solchen Betrachtungen aber zumeist außen vor. Ohnehin ist der arabische Kommunismus ein wenig untersuchtes Feld. Eine historische Spurensuche hat die Berührungs- und Abstoßungspunkte zwischen den vier Einheiten – Marxismus, Kommunismus, Islam und Islamismus – ebenso in Rechnung zu stellen wie die Flexibilität von politischen Ideologien.

Die Frage nach dem Kommunismus in der arabischen Welt fordert zwei Formen von Provinzialismus heraus. Zum einen dürfen Studien über den Marxismus insofern als provinziell[1] gelten, als sie in der Regel auf Europa und die Sowjetunion konzentriert sind; nicht-europäische Intellektuelle und Bewegungen, selbst der Maoismus, sind weit weniger gut untersucht. Daher scheint es, als lasse sich die Frage, was der Kommunismus gewesen sei, anhand der sowjetischen Eigenheiten oder kommunistischer Herrschaftssysteme beantworten,[2] obwohl der Marxismus doch ein globales Phänomen par excellence darstellt. Zum anderen leiden Studien über die arabische Welt an einem Provinzialismus, der politische und soziale Entwicklungen trotz ihrer regionalen und transnationalen Verflechtungen immer wieder aus den religiösen, rechtlichen oder philosophischen Besonderheiten einer Kultursphäre heraus zu erklären versucht. Dabei ist die Entwicklung des Kommunismus im Mittleren Osten bislang nur partiell untersucht, und das Urteil von Alexander Flores, dass trotz anderslautender Buchtitel

---

Manfred Sing (1966), Dr. phil., Leibniz-Institut für Europäische Geschichte, Mainz

[1] Jan Hoff: Marx global. Zur Entwicklung des internationalen Marx-Diskurses seit 1965, Berlin 2009, S. 14f. Hoff stellt „im Gegensatz zur beinahe globalen Entwicklung" einen „theoretischen Provinzialismus" in der Diskussion zur Entwicklung philosophischen Denkens im Anschluss an Marx fest, den es zu überwinden gelte.

[2] Koenen beschränkt sich weitgehend auf das sowjetische und chinesische System; Gerd Koenen: Was war der Kommunismus? Göttingen 2010. – Auf Massenverbrechen fokussieren die sogenannten Schwarzbücher; Stéphane Courtois et al. (Hg.): Das Schwarzbuch des Kommunismus. Unterdrückung, Verbrechen und Terror (Band I); Das schwere Erbe der Ideologie (Band II). München 1998 und 2004. – Keinen Hinweis auf Kommunismus in arabischen Ländern enthalten auch so umfangreiche Studien wie Archie Brown: Aufstieg und Fall des Kommunismus. Berlin 2009, und David Priestland: Weltgeschichte des Kommunismus. Von der Französischen Revolution bis heute. München 2009.

„eine umfassende Studie zum Kommunismus in der gesamten arabischen Welt oder in großen Teilen von ihr fehlt",[3] hat nach wie vor Gültigkeit. Ein Gesamtüberblick kann daher auch hier nicht geboten werden. Noch stiefmütterlicher ist nur die Geschichte der Arbeiterbewegung, die zum Teil eng mit derjenigen sozialistischer und kommunistischer Parteien zusammenhängt, behandelt worden, so dass etwa Joel Beinin noch gegen das Vorurteil anschreiben musste, es habe in der Region im 19. Jahrhundert keine oder kaum Streiks gegeben.[4] Besonders problematisch ist in diesem Zusammenhang auch, dass der Islam als Sonderfall, als *die* „politische Religion" schlechthin, gesehen wird.[5]

Darin spiegeln sich nicht nur Denktraditionen des 19. Jahrhunderts wider, sondern auch eine Neigung, unliebsame politische Verhältnisse mit dem Islam gleichzusetzen, zu erklären und damit zu „de-europäisieren". So hat schon Bertrand Russel 1920 Bolschewismus und Islam als aufeinander verweisende Phänomene aufgefasst.[6] Und im Kalten Krieg wurde auf totalitäre Vorstellungen verwiesen, die dem Islam und dem Kommunismus gemein seien.[7] So sollte erklärt werden, warum die Sowjetunion etwa in den 1960er Jahren den „arabischen Sozialismus" in Nassers Ägypten unterstützte, obwohl dieser ideologisch nicht auf Linie lag, Kommunisten verhaften ließ und sich islamisch legitimierte.[8] Galten somit Kommunismus und Islam strukturell als *nicht* unvereinbar, so wurde seit den 1980er Jahren der Islamismus – nicht zuletzt, da Nassers Nachfolger Sadat in den 1970er Jahren die Muslimbrüder zur Eindämmung der Nasseristen eingesetzt hatte – als entschiedener Gegner des Kommunismus angesehen. Manchen galt der Islamismus als authentischer anti-westlicher Nachfolger des Kommunismus, wobei argumentiert wurde, „radikalislamischen Gruppen" seien Merkmale zu eigen, die als typisch für die frühere revolutionäre Bewegung gegolten hätten, jetzt aber in „authentischerem" islamischen Gewand aufträten.[9]

Aus solchen Vorstellungen resultiert der Zirkelschluss, dass einerseits der Islam den Kommunismus und andererseits der Kommunismus den Islamismus erklären hilft. Das Verhältnis von Islam, Islamismus und Kommunismus in der arabischen Welt

---

[3] Siehe Alexander Flores: Tareq Y. Ismael: The Communist Movement in the Arab World (Rez.), in: Critique, 1/2011, S. 173–174, hier S. 173.

[4] Joel Beinin: Workers and Peasants in the Modern Middle East. Cambridge 2001, S. 2f.

[5] Reinhard Schulze: Der Islam als politische Religion: eine Kritik normativer Voraussetzungen, in: Jan Assmann, Harald Strohm (Hg.): Herrscherkult und Heilserwartung. Paderborn 2010, S. 103–149.

[6] „Bolshevism combines the characteristics of the French Revolution with those of the rise of Islam [...]. Among religions, Bolshevism is to be reckoned with Mohammedanism rather than with Christianity and Buddhism. Mohammedanism and Bolshevism are practical, social, unspiritual, concerned to win the empire of this world." Bertrand Russell: The Practice and Theory of Bolshevism. London 1920, S. 5 und S. 114; zitiert bei Reinhard Schulze: Islamofascism: Four Avenues to the Use of an Epithet, in: Die Welt des Islams, 3–4/2012, S. 290–330, hier S. 325.

[7] Siehe Schulze, Islamofascism [Fn. 6], S. 322–325. – Walter Z. Laqueur: Communism and Nationalism in the Middle East. New York 1956.

[8] Rami Ginat: Islam vis-à-vis Communism and Socialism, in: Mosha Gammer, Joseph Kostiner, Moshe Shemesh (Hg.): Political Thought and Political History. Studies in Memory of Elie Kedourie. London 2003, S. 41–55. – Günther Kassian: Die Orientierung an der frühislamischen Geschichte in der Ideologie des arabischen Sozialismus unter Nasser. Bonn 1991.

[9] Ellis Goldberg: Communism and Islam, updated by Michaelle Browers, in: John L. Esposito (Hg.): The Oxford Encyclopedia of the Islamic World. Oxford 2009, S. 475–480, hier S. 480.

lässt sich nach dieser Vorstellung in dreifacher Weise fassen: als *Konflikt* erscheint es, wenn auf die unterschiedlichen Menschenbilder und Gesellschaftstheorien verwiesen wird; sobald das revolutionäre – sprich: ideologische – Potential in den Fokus rückt, lassen sich hingegen sowohl strukturelle *Anleihen* beim Marxismus durch islamistische Theoretiker wie Sayyid Qutb[10] als auch *Synthesen* bei linksislamischen Eklektikern wie Ali Shariati, Munir Shafiq und Hasan Hanafi relativ problemlos erklären.[11] Freilich ist eine solche Herangehensweise nicht nur unhistorisch und begrenzt plausibel. Es fehlt ihr vor allem an Einsicht in die Flexibilität von Ideologien. Selbst eine derart dogmatische Bewegung wie die kommunistische ist voller Ambivalenzen und Widersprüche, die nur in Relation zum gesamten Feld politischen Denkens und Handelns sinnvoll begriffen werden können. Die Annäherung oder Distanzierung zwischen Aktivisten verschiedener Orientierung sind ebenso wie Radikalisierung und Mäßigung ein grundsätzliches Merkmal politischer Aktivitäten. Strukturell teilen konträre Ideologien schon deshalb mehr, als ihre Anhänger wahrnehmen wollen, weil sie verschiedene Antworten auf dieselben komplexen politischen, ökonomischen und sozialen Fragen geben wollen – im arabischen Falle etwa auf die Schwierigkeiten der Dekolonisierung und der ökonomischen Entwicklung oder das Palästinaproblem. Sandra Halpern argumentierte, die arabische Geschichte des 20. Jahrhunderts lasse sich gar nicht verstehen, wenn man nicht die permanente Repression der Linken durch die arabischen Regime, deren westliche Verbündete und die Islamisten in Betracht ziehe.[12] Mit diesem Argument ist freilich weder die Frage gelöst, was unter „links" zu verstehen ist, noch das Problem angesprochen, dass die „Linke", uneins wie sie war, oftmals an ihrer eigenen Repression mitgewirkt hat.[13] Die Annahme jedoch, Radikalität sei ein wesentliches Merkmal der Kommunisten, das sie mit Islamisten teilten, vernachlässigt die innerlinke Kritik am nicht-revolutionären Standpunkt der arabischen KPs, übergeht den modernisierenden und internationalistischen Aspekt des Kommunismus und klammert aus, dass es Schwierigkeiten bereitet zu definieren, was das Marxistische am Kommunismus und was das Islamische am Salafismus ist.[14]

Die „De-Provinzialisierung"[15] des Marxismus in arabischen Ländern ist daher eine doppelte epistemologische Notwendigkeit, die Vorüberlegungen zum Wesen von Ideologien und zur arabischen Adaption des Marxismus erfordert. Erstens sind Ideologien keine zeit- und ortlosen Weltbilder, sondern ihre Übernahme und Fortentwicklung ist von historischen und regionalen Bedingungen bestimmt. Der „Markenkern" einer Ideologie kann daher je nach den Umständen eine sehr weite Bandbreite an Positionen zulassen. Um diese Ungenauigkeit zu erfassen, wird in der Regel zwischen

---

[10] Dazu ausführlich Roxanne L. Euben: Enemy in the Mirror. Islamic fundamentalism and the Limits of Modern Rationalism. Princeton 1999.
[11] Goldberg, Communism and Islam [Fn. 9], S. 479.
[12] Sandra Halpern: The Post-Cold War Political Topography of the Middle East: prospects for democracy, in: Third World Quarterly, 7/2005, S. 1135–1156.
[13] Roel Meijer: Quest for Modernity. Secular Liberal and Left-Wing Political Thought in Egypt 1945–1958. London 2002.
[14] Zur Schwierigkeit, Islamismus zu definieren, der zwischen Quietismus, Sozialreform und Jihad mäandert, siehe William E. Shepard: Islam and Ideology: Towards a Typology, in: International Journal of Middle East Studies, 3/1987, S. 307–336. – Roel Meijer: „Introduction", in: Ders. (Hg.): Global Salafism. Islam's New Religious Movement. London 2009, S. 1–32.
[15] Ich entlehne diesen Begriff von Ilham Khuri-Makdisi: The Eastern Mediterranean and the Making of Global Radicalism, 1860–1914. Berkeley 2010, S. 165–171.

Kommunismus, Marxismus, Sozialismus und (radikaler) Linker differenziert, ohne dass die Grenzen eindeutig wären.[16] Die Erfahrungen von Marxisten in der arabischen Welt waren beeinflusst und inspiriert von europäischen, sowjetischen, chinesischen, kubanischen und vietnamesischen Vorbildern. Gleichzeitig unterstützten die Kommunisten dieser Länder die arabische Sache weder bedingungs- noch rückhaltlos – trotz der realitätsfernen Ermahnungen, man möge voneinander lernen. Die Dekolonisation schuf vielmehr neue Herausforderungen, die sich etwa darin niederschlugen, dass die syrischen Kommunisten den Kampf gegen die französische Mandatsmacht ab Mitte der 1930er Jahre gegenüber dem Kampf gegen den internationalen und lokalen Faschismus zurückzustellen hatten; dass arabische Kommunisten auch aufgrund der Haltung der französischen oder sowjetischen „Mutterpartei" eine oftmals schwer zu vermittelnde Position einnehmen mussten – etwa im nationalen Befreiungskampf Algeriens[17] oder in der Palästinafrage; dass für die Sowjetunion die außenpolitischen Interessen generell Vorrang hatten, selbst wenn Staaten im Innern Kommunisten verfolgten, wie beispielsweise in Ägypten, im Sudan, im Irak oder in Iran geschehen; oder dass die chinesische Unterstützung für palästinensische Guerillas deutlich abnahm, nachdem die Volksrepublik China 1971 einen Sitz im Weltsicherheitsrat erhalten hatte und die diplomatischen Beziehungen zu den arabischen Staaten ausbaute.

Des Weiteren ist es wichtig, die Fluidität politischer und intellektueller Konzepte im Auge zu behalten, wenn man verstehen will, wie sie sich über kurze und lange Sicht verändern. Schon im 19. Jahrhundert hatte ja Karl Marx die Rivalitäten zwischen anarchistischen und sozialistischen Gruppen in Frankreich beklagt und festgestellt, er betrachte sich selbst nicht als einen „Marxisten".[18] In Anlehnung an eine Bemerkung Pierre Bourdieus lässt sich der Wandel des intellektuellen Felds seit den 1960er Jahren so beschreiben: Zunächst war es möglich, Kommunist zu sein, ohne Marx gelesen zu haben, später war es so chic, Marxist zu sein, dass man sogar Marx lesen konnte. Schließlich wurde es der letzte Schrei, alles hinter sich gelassen zu haben, vor allem aber den Marxismus.[19] Marxisten verhandelten in den vergangenen Jahrzehnten nicht nur permanent die Bedeutung, sondern auch die Zentralität, Anwesenheit oder Abwesenheit der Texte von Marx.

Marxismus in die arabische Welt zu übersetzen, war ein langer und vielschichtiger Prozess, angefangen von vor-bolschewistischer Zeit über den Aufstieg der Moskauer Orthodoxie in der Zwischenkriegszeit, den Kalten Krieg und die Herausbildung einer Neuen Linken in der arabischen Welt nach 1967/68 bis hin zur Revision der Erfahrungen seit den 1990er Jahren und zum „Arabischen Frühling" von 2011.[20] Überset-

---

[16] Zur Verwendung der Begriffe siehe den Beitrag von Egbert Jahn in diesem Band, S. 37–62.

[17] Siehe Allison Drew: Communists, State and Civil Society in Colonial Algeria, 1945–1954, in: Manfred Sing (Hg.): Rethinking Totalitarianism and its Arab Readings. Beirut 2012 [= Orient-Institut Studies 1].

[18] Eintrag „Marxismus" in: Geschichtliche Grundbegriffe. Historisches Lexikon zur politisch-sozialen Sprache in Deutschland, herausgegeben von Otto Brunner, Werner Conze und Reinhart Koselleck. Stuttgart 2004, Bd. 3, S. 937–976, hier S. 950.

[19] Pierre Bourdieu: Der Tote packt den Lebenden, herausgegeben von Margareta Steinrücke. Hamburg 1997, S. 41.

[20] Siehe zum Beispiel Sami A. Hanna, George H. Gardner (Hg.): Arab Socialism. A Documentary Survey. Leiden 1969. – Hanna Batatu: The Old social Classes and the Revolutionary Movements of Iraq: A Study of Iraq's Old Landed and Commercial Classes and of its Communists, Ba'thists, and Free Officers. Princeton 1978. – Khuri-Makdisi, The Eastern Medi-

zung bezeichnet hier sowohl die Übertragung marxistischer Texte ins Arabische als auch den Versuch, daraus politische Positionen für bestimmte Konstellationen zu entwickeln. Zur Übernahme der Begriffe Sozialismus und Kommunismus bürgerten sich bald die Neologismen *ishtirākiyya* und *shuyūʿiyya* ein, die semantisch das Bedeutungsfeld „gemeinsame Teilhabe" respektive „allgemeine, öffentliche Verfügbarkeit" abdecken. Anzumerken ist, dass die Arbeiten von Marx und Engels selbst nur zum Teil ins Arabische übersetzt wurden.[21] Die „Arabisierung" des Marxismus-Leninismus war Ende der 1920er Jahre eine Direktive der *Komintern*, die zum Ziel hatte, die Zahl der arabischen Parteimitglieder zu erhöhen; in den 1970er Jahren war sie der Schlachtruf marxistisch-leninistischer Gruppen, die den an Moskau orientierten Kommunistischen Parteien vorwarfen, ein klein-bürgerliches Verständnis des Marxismus verbreitet zu haben.[22] Die neuen Gruppierungen verstanden sich als revolutionär, bezeichneten sich als Organisationen der „Kommunistischen Aktion" (wie in Syrien und Libanon) und waren eher als die Kommunisten dazu geneigt, palästinensische oder kurdische Guerillakämpfer zu unterstützen. Eine wachsende Zahl politisch engagierter Studenten setzte in jener Zeit ihr Studium an westeuropäischen Universitäten fort und lernte dort undogmatische Literatur kennen, die sie der sowjetischen Literatur vorzogen und ins Arabische übersetzten.

Daher bildeten Kommunisten und Marxisten nie eine Einheit, und bis heute bietet sich ein fragmentiertes Bild. Sim nahm eine Unterscheidung zwischen Post-*Marxisten*, die nur den marxistischen Absolutheitsanspruch aufgeben, und *Post*-Marxisten vor, die sich zu einem theoretischen Pluralismus bekennen.[23] Hitchens wiederum differenziert zwischen einer Linken, deren Priorität beim Anti-Imperialismus liegt, und einer Linken, die sich als anti-totalitär versteht.[24] Gleichwohl können solche ideologischen Differenzierungen nicht erhellen, warum – betrachtet man die Vorwürfe, die sich Post-Marxisten gegenseitig machen – anti-imperialistische Linke totalitäre Partner und anti-totalitäre imperialistische Partner akzeptieren.

Obwohl also der Marxismus seinem Selbstbild zufolge sowohl die fortschrittlichste europäische als auch die radikalste anti-imperialistische Denkschule darstellte, gab es nie einen Konsens darüber, wie dieses Selbstbild in die Praxis übersetzt werden sollte. Auf theoretischer Ebene wurden verschiedene Bücher rezipiert, übersetzt und geschrieben, auf der praktischen Ebene wurden teilweise konträre politische Positionen bezogen. Selbst in Libanon und Syrien, wo 1924 eine vereinte *Syrische Kommunistische Partei* (SKP) für beide Teile des Mandatsgebiets als eine der ersten arabischen KPs überhaupt gegründet

---

terranean [Fn. 15] – Orit Bashkin: The Other Iraq. Pluralism and Culture in Hashemite Iraq. Stanford 2009. – Meijer, Quest for Modernity [Fn. 13]. – Tareq Y. Ismael: The Communist Movement in the Arab World. London 2005. – Faleh A. Jabar: The Arab Communist Parties in Search of an Identity, in: Ders. (Hg.): Post-Marxism and the Middle East. London 1997.

[21] Stefan Wild: „Das Kapital" in arabischer Übersetzung, in: Wolfdietrich Fischer (Hg.): Festgabe für Hans Wehr. Zum 60. Geburtstag am 5. Juli 1969 überreicht von seinen Schülern. Wiesbaden 1969, S. 98–111.

[22] Als Beispiel solcher Kritik siehe Muḥsin Ibrāhīm, Li-mādhā Munaẓẓamat al-Ishtirākīyīn al-Lubnānīyīn. Ḥarakat al-Qawmīyīn al-ʿArab min al-fāshiyya ilā l-nāṣiriyya. Taḥlīl wa-naqd, Beirut: al-Ṭalīʿa 1970.

[23] Stuart Sim: Introduction. Spectres and Nostalgia: Post-Marxism/Post-Marxism, in: Ders. (Hg.): Post-Marxism: A Reader. Edinburgh 1998, S. 1–11, hier S. 2, 5–8.

[24] Christopher Hitchens: from 9/11 to the Arab Spring, in: The Guardian, 9.11.2011, <www.guardian.co.uk/books/2011/sep/09/christopher-hitchens-911-arab-spring>.

wurde, waren die kommunistischen Erfahrungen grundsätzlich unterschiedlich. 1944 formte die Partei aufgrund der Unabhängigkeit des Libanon im Jahr 1943 zwei getrennte Zweige unter einem Dach, die sich 1964 in formal getrennte Parteien entwickelten – wohl nicht zuletzt auch als Reaktion auf das eiserne Regiment des Generalsekretärs Khaled Bakdash (gest. 1995).[25] Im Libanon gab es nie einen kommunistischen Minister oder Parlamentsabgeordneten; erst seit den 1990er Jahren konnten einige ehemalige Kommunisten, die für unterschiedliche Parteien kandidierten, Ministerämter bekleiden. Obwohl die Partei zwischen 1948 und 1970 offiziell verboten war, verfolgte oder verhaftete der Staat ihre Mitglieder kaum. Die LKP spielte zusammen mit der *Organisation der Kommunistischen Aktion* im Libanon (OKAL) eine hervorragende Rolle bei den Studentenprotesten der 1970er Jahre sowie im Bürgerkrieg (1975–1989), in dem beide Gruppen schwere Verluste durch militärische Konfrontationen mit rivalisierenden Milizen, der israelischen Armee und von Syrien unterstützten Kräften erlitten und sich in der Folge als Hauptverlierer des Bürgerkrieges betrachteten.

Syrien hingegen war das erste arabische Land, in dem ein Kommunist ins Parlament gewählt (Generalsekretär Bakdash 1954) und Minister wurde.[26] Unter der Baath-Herrschaft seit 1966 und in der *Nationalen Progressiven Front* (NPF) seit 1972, die von der UdSSR mit der Idee der „nicht-kapitalistischen Entwicklung"[27] gerechtfertigt wurde, hielten Kommunisten bis auf eine kurze Unterbrechung durchgehend Kabinettsposten.[28] In den 1970er Jahren spalteten sich – in Opposition zu Hafiz al-Asads Innenpolitik und dessen Eingreifen in den libanesischen Bürgerkrieg – Marxisten, Nasseristen und Sozialisten von allen in der NPF vertretenen Parteien ab. Aufgrund unüberbrückbarer Differenzen, spaltete sich die *Syrische Kommunistische Partei* in den 1980er Jahren in zwei Flügel, die entgegen sonst üblicher Praxis beide von der UdSSR anerkannt wurden.[29] Die meisten Mitglieder der radikalen Gruppen außerhalb der SKP wurden Opfer der staatlichen Repression gegenüber linker und islamistischer Opposition ab Ende der 1970er Jahre und verbüßten oft langjährige Haftstrafen. Der syrische Staat hat also eine lange Geschichte sowohl der Kooptation als auch der Verfolgung von Kommunisten und Marxisten.[30] Die Mehrzahl der Verhafteten kam in den 1990er Jahren frei, beteiligte sich am Damaszener Frühling (2000/01) und ist teils gewollt, teils ungewollt in den Aufstand verwickelt, der im März 2011 begann. Unter ex-kommunistischen Oppositionellen ist heute durchaus

---

[25] Über Bakdash siehe zum Beispiel Tareq Y. Ismail, Jacqueline S. Ismail: The communist movement in Syria and Lebanon. Gainesville 1998, S. 25–78.

[26] Ḥāzim Ṣāghiyya, al-Baʻth al-sūrī. Tarīkh mūjaz. Beirut: Sāqī 2012, S. 27, 51.

[27] Jabar nennt dies einen Glaubensartikel aller KPs im Mittleren Osten. Er bedeutet, dass weder die Führung durch die Arbeiterschaft noch durch die KPs eine notwendige Voraussetzung war, um eine sozialistische Revolution zu erreichen; Faleh A. Jabar: The Arab Communist Parties in Search of an Identity, in: Ders. (Hg.): Post-Marxism and the Middle East, S. 91–107, hier S. 94f.

[28] In der PNF, gegründet von Hafez al-Asad 1971 und offiziell abgeschafft Ende 2011, stand den Kommunisten eine Quote für zwei Ministerposten zu. Zwischen 1981 und 1986 zog sich die SKP aus der Front zurück; Volker Perthes: The Political Economy of Syria under Asad. London/New York 1997, S. 163.

[29] Durch den Bruch zwischen Bakdash und seinem Stellvertreter Yusuf Faysal entstanden 1986 eine SKP/Bakdash mit weitgehend kurdischer Gefolgschaft und eine SKP/Faysal.

[30] Erster kommunistischer Märtyrer in Syrien war 1959 der Libanese Farajallah Helou, der zum KP-Repräsentanten bestimmt worden war, als Bakdash aufgrund der Ägyptisch-Syrischen Einheit ins Ausland ging.

auch die Vorstellung zu finden, dass die USA nicht immer der Feind sind,[31] was dem Regime einen Vorwand gab, gegen die Opposition vorzugehen, mit dem Vorwurf, sie habe die Bindung an Moskau zugunsten einer Orientierung an Washington aufgegeben.[32] Ohne die Beteiligung junger linker Aktivisten und eine kampfbereite Arbeiterschaft mit langjähriger Streikerfahrung wären, wie vor allem Joel Beinin argumentiert hat,[33] die arabischen Aufstände 2011, vor allem in Tunesien und Ägypten, nicht denkbar gewesen. Manche Kader altlinker Parteien reagierten aber auch verhalten auf die Proteste, entweder weil sie von den „sozialistischen" Regimen kooptiert waren oder weil sie taktischen Erwägungen folgten. Beim Aufstand in Syrien überwiegen hingegen die strategischen Überlegungen, so dass die Mehrheit der Kommunisten eine Zwischenposition wählt, indem sie sich weder gänzlich zu den Rebellen noch zum Regime bekennt, sondern die loyale Opposition und Präsident al-Asad zum Dialog aufruft.[34] Umstritten war und ist in der Linken vor allem die Frage, ob wer für den Aufstand eintrete, automatisch ausländische Interventionen gutheiße und Partei für die Ölmonarchien ergreife.[35] Die Unfähigkeit der arabischen Linken, einen klaren Standpunkt zu beziehen, brachte ihr viel (Selbst-) Kritik und nicht zuletzt den Vorwurf ein, nicht mehr zu wissen, wer „die Verdammten dieser Erde" seien.[36] Dennoch darf nicht übersehen werden, dass Handlungsunfähigkeit und strategische Interessensabwägung in der Syrien-Frage kein speziell linkes Problem sind, sondern eines, das alle (arabischen) politischen Kräfte betrifft.

---

[31] Siehe Riyad al-Turks positive Bemerkung über George W. Bushs „Middle East Initiative" 2008 auf *Middle East Transparent*: „Riyāḍ al-Turk: Naqif maʿa Lubnān alladhī yashhad tadakhkhulan sūrīyan wa-īrānīyan fī shuʿūnihi. Ashkur raʾīs Bush ʿalā taḍāmunihi maʿa shaʿbinā wa-nakhtalif maʿa siyāsāt Amīrkā al-ʿIrāq wa-Afghanistān", <www.metransparent.com/spip.php? page=imprimer_article_avec_forum&id_article= 2947>.
[32] Volker Perthes: Geheime Gärten. Die neue arabische Welt. Berlin 2002, S. 211.
[33] Siehe beispielsweise Joel Beinin: What have Workers Gained from Egypt's January 25 ,Revolution'? <www.jadaliyya.com/pages/TME1/5239/what-have-workers-gained-from-egypt%E2%80%99s-january-25-%E2%80%9C>.
[34] Zum Dilemma der Linken siehe Nicolas Dot-Pouillard: Syria divides the Arab Left, in: Le Monde Diplomatique, <http://mondediplo.com/2012/08/04syrialeft>. – Siehe die beiden simultan publizierten Briefe des LKP-Generalsekretärs Khalid Ḥaddāda, „Risālatān ilā l-Asad wa-l-muʿāraḍa al-dīmuqrāṭiyya: Lā khiyār li-Sūriyā …illā l-ḥiwār" (9.9.2011), <www.ahewar.org/debat/show.art.asp?aid=274857>. <22.2.2012>.
[35] Siehe al-Akhbār: „Muthaqqafūn lubnānīyūn maʿa al-shaʿb al-sūrī" (18.4.2011); al-Mustaqbal: „Muthaqqafūn lubnānīyūn yadʿūn ilā waqfa taḍāmuniyya maʿa l-shaʿb al-sūrī l-ithnayn fī sāḥat al-shuhadāʾ" (5.8.2011).
[36] Khalīl ʿĪsā: „al-Yasār al-lubnānī yasquṭ fī Sūriyā", al-Akhbār (21.7.2011). – Ebenso Farajallāh ʿAbd al-Ḥaqq: „al-Mawqif fī l-waḍʿ al-sūrī min baʿḍ al-yasār. Taʾammulāt fī mawqif al-rafīq Hishām Nafāʿ ʿalā mawqiʿ al-Ḥiwār al-Mutamaddin" (27.9.2011), <www.ahewar.org/debat/show.art.asp?aid=277222>. <29.9.2011>.

„Wir werden Widerstand leisten... Nationale Libanesische Widerstandsfront (Ministerium des Südens)" Plakat gegen die israelische Beatzung aus den 1980er Jahren

Arabischer Marxismus und Islam

Einem gern erzählten Witz zufolge vereinbaren arabische Kommunisten und Islamisten eine Zusammenarbeit. Schnell wird ein gemeinsames Programm aufgesetzt, das Imperialismus, Zionismus und Ausbeutung verurteilt und Gerechtigkeit verlangt. Da kommt einer auf die Idee, dass auch ein gemeinsamer Slogan her müsse. Man kann sich nicht einigen und argumentiert die ganze Nacht hindurch. Schließlich findet man einen Kompromiss: „Proletarier aller Länder ... betet[37] für den Propheten" (*yā ʿūmmāl al-ʿālam... ṣallū ʿalā n-nabī*).
Der verschiedenen geistigen Vätern zugeschriebene Witz nimmt einige wichtige Punkte im Verhältnis von Kommunisten und Islamisten aufs Korn. Zum einen gibt es eine gewisse Schnittmenge, nicht nur, was die politischen Forderungen anbelangt, sondern auch in Bezug auf das soziale Milieu – die gebildeten Kinder der Mittelschicht –, die für radikalen sozialen Wandel mobilisiert werden soll. Zum anderen ist es eine recht eigentümliche Allianz – weniger wegen politischer, als vielmehr aufgrund kultureller Differenzen. Durch das gesamte 20. Jahrhundert hindurch hatten Kommunisten bei ihren Gegnern meist den Ruf, religiöse Belange abschätzig zu betrachten, dem Alkohol zuzusprechen und „die Gemeinsamkeit an Besitz und Weib"[38] gutzuheißen. Der Slogan verweist implizit auf den Punkt, an dem die Dinge inkompatibel werden: Formal greift er die marxistische Phraseologie auf, inhaltlich aber gewinnt das islamische Gebet die Oberhand. Daher wirkt der Witz in Bezug auf kommunistische Politik ambivalent. Es ist möglich, ihn als klugen Schachzug zu verstehen, um ein muslimisches Milieu zu agitieren; noch eher aber lässt er sich als völligen Ausverkauf des Marxismus deuten.
Mit diesen gegensätzlichen Bedeutungen funktioniert der Witz in verschiedenen Situationen. Im Irak kann er auf gescheiterte links-schiitische Koalitionsversuche zum Sturz Saddam Husseins anspielen oder auf die Vetternwirtschaft in der post-Saddam-Ära.[39] Der frühere jordanische Generalsekretär Yaʿqub Zayadin betrachtete die Distanz, die arabische Kommunisten zu den Religionen hielten, als Fehler Nummer 2 unter ihren Top-Ten-Fehlern, weil sie dadurch versäumt hätten, biblische und koranische Verse über Armut und Unterdrückung für eigene Zwecke zu nutzen. Er erzählt den Slogan des Witzes zustimmend, um zu erklären, wie es linken und religiösen Studenten 1986 mit einer gemeinsamen Demonstration auf dem Campus gelang, die Sicherheitskräfte zu überrumpeln.[40] In Syrien kann der Slogan benutzt werden, um das Bündnis zwischen säkularer und islamistischer Opposition[41] und auch jenes zwischen Regime-Kommunisten und offiziellem Islam entweder zu karikieren oder gutzuheißen.

---

[37] Da Muslime nur zu Gott „beten", bedeutet das Wort hier, „Gott zu bitten, dem Propheten seinen Segen zu geben".

[38] Yavuz Köse: „Ich bin Sozialist, gib mir die Hälfte deines Vermögens". Rezeption des Sozialismus und Kommunismus in spätosmanischer Zeit (1870–1914), in: Lothar Gall, Dietmar Willoweit (Hg.): Judaism, Christianity and Islam in the Course of History: Exchange and Conflict. München 2011, S. 105–122, hier S. 109.

[39] Jamāl Muḥammad Taqī: „Yā ʿummāl al-ʿIrāq ṣallū ʿalā l-nabī wa-āl baytihi", in: al-Ḥiwār al-Mutamaddin (22.2.2009) auf <www.ahewar.org/debat/show.art.asp?aid=163634>.

[40] „Yaʿqūb Zayādīn al-Amīn al-ʿĀmm al-Sābiq li-l-Ḥizb al-Shuyuʿī al-Urdunnī yarwī jāniban min dhikrayātihi li-l-Rāya (4-4)", auf <www.raya.com/news/pages/7970bb86-32b3-477c-a3e8-84d05353e3fc>.

[41] Siehe den Thread auf der Website Swaydāʾ al-Waṭan auf

Die Realität ist nicht weit von der Satire entfernt. Der sunnitische Scheich Muhammad Habash[42], ein „unabhängiger" syrischer Parlamentsabgeordneter, war 2007 vom Faysal-Flügel der SKP eingeladen, zum 90. Jahrestag der Oktoberrevolution und 83. Jahrestag der Gründung der SKP zu sprechen, ein Jahr, nachdem die syrischen Truppen aus dem Libanon abgezogen werden mussten.[43] Er verwendete den Slogan am Ende der Rede, um die Gemeinsamkeiten gegenüber Israel und den USA zu betonen. Es ist interessant, die rhetorische Strategie seiner Ansprache in Augenschein zu nehmen. Gleich zu Beginn erläuterte er, wie Religion, Identität und Vaterlandsliebe zusammenhängen.

> Parteien, die die Religion angreifen, gibt es nicht in Syrien. Niemand kann seine Geschichte und Identität leugnen. [...] Wir mögen nicht das technologische, finanzielle oder kommerzielle Zentrum der Welt sein, aber wir sind sicherlich ihr spirituelles Zentrum.[44]

Der revolutionäre Kampf für die Ausgebeuteten entspreche der koranischen Aufforderung, „auf dem Wege Gottes für die Unterdrückten" (Koran 4:75) zu kämpfen. Zwar hätten beide Seiten in der Vergangenheit aneinander Zweifel gehegt:

> Wir in den Moscheen haben Euch als vom Ausland abhängige Ungläubige beschrieben, und Euer Diskurs hat Unterdrücker und Reaktionäre fortwährend mit unbedarften Begriffen belegt.[45]

Mit dem wachsenden Bewusstsein für die brutalen Seiten der Globalisierung und das US-Projekt in der Region sei aber eine Einheit zur Verteidigung Syriens mehr denn je geboten. Während die Gläubigen aufgerufen seien, jemandes Gruß zu erwidern (Koran 4:94), gehe auch „der kommunistische Diskurs nicht länger davon aus, Religion als Opium des Volkes zu sehen. Wäre dies anders, wäre ich heute nicht hier". Weiterhin bestehende Differenzen stufte der Scheich als sekundär ein:

> Ich bin nicht hier, um einen roten Islam auszurufen oder zu behaupten, dass die kommunistischen Genossen Asketen werden und Bataillone zur Pilgerfahrt aufstellen, aber ich bin überzeugt, dass die gemeinsame Basis zwischen uns größer ist, als die Feinde dieser *umma* meinen.[46]

Zwar glaube er, dass es für einen Muslim nötig sei, die fünf Pfeiler des Islam einzuhalten, um ins Paradies zu gelangen, doch zum Einsatz für die Nation sei jeder aufgerufen, und nur Gott werde die Differenzen beurteilen (Koran 39:46). Weiter argumentierte Habash, Islam und Christentum seien „Inspirationen für die sozialistische Bewegung" gewesen. Er bezog sich dabei auf die Ermahnung des Prophetengefährten Abu Dharr al-

---

<www.swaidaplus.com/news/forum/viewthread.php?thread_id=3872>.

[42] Paul L. Heck: Religious Renewal in Syria. The Case of Muhammad Al-Habash, in: Islam and Christian-Muslim Relations, 2/2004, S. 185–207.

[43] Muḥammad Ḥabash: „Min ajl ḥiwār islāmī shuyūʿī fī sabīl allāh wa-l-mustaḍʿafīn fī l-arḍ" (29.11.2007), <http://an-nour.com/old/index.php?option=com_content&task=view&id=4031&ltermid=21>.

[44] Ebd.
[45] Ebd.
[46] Ebd.

Ghifari[47], den Reichtum der *umma* für die Armen zu verwenden, sowie auf Jesu wütende Reinigung des Tempels von Geldwechslern. Zu guter Letzt betonte er, dass der gemeinsame „Widerstand gegen den Weltimperialismus" keine „utopische Lesart" sei, sondern bereits Realität. Da viele kommunistische und islamistische Kämpfer Seite an Seite (in israelischen Gefängnissen) eingekerkert gewesen seien, hätten sie ihre Zeit oft mit hitzigen Diskussionen verbracht. Wie ihm Hamas-Führer Khalid Mashʻal aber versichert habe, hätten sich die Gemüter sofort beruhigt, sobald der erwähnte Slogan die Runde gemacht habe.

Habashs Gastrede steht nicht *pars pro toto* für kommunistisch-islamische Kooperation, sondern zeigt lediglich ihre Möglichkeit unter bestimmten politischen Bedingungen sowie die dabei von muslimischer Seite zu überwindenden Hindernisse auf.

Für die radikale Linke in arabischen Ländern stellte der Islam im Laufe des 20. Jahrhunderts hingegen ein dreifaches Problem dar. Erstens weigerten sich Kommunisten, ihre Länder und deren Probleme in irgendeiner Weise als spezifisch islamisch anzusehen. Religion verstanden sie in erster Linie als einen Teil der traditionellen Gesellschaft, der sozialen Fortschritt behindere. Da ihnen anders als in der UdSSR die Machtmittel fehlten, die Religionen zu kontrollieren, versuchten sie, die Übereinstimmung sozialistischer Ideen mit religiösen Lehren (Gerechtigkeit, Solidarität, Abu Dharr) hervorzukehren. Dies brachte ihnen den Zorn muslimischer Rechtsgelehrter und konservativer Kritiker ein, die gegen eine „Bolschewisierung des Islam"[48] zu Felde zogen.

Zweitens war Kommunismus als politische Option für radikalen sozialen Wandel überproportional für solche Aktivisten attraktiv, die religiösen oder ethnischen Minderheiten entstammten (Christen, Juden, Schiiten, Armenier, Kurden, Turkmenen, Berber). Aufgrund der Diskriminierung durch Staat und Mehrheitsgesellschaft waren sie darauf erpicht, Identitäten gerade nicht zum Dreh- und Angelpunkt ihrer politischen Aktivitäten zu machen. Die Kritik an Sektierertum und Tribalismus konstituierte für sie vielmehr die raison d'être ihres Engagements, und sie behaupteten, dass die *anderen* eine bestimmte Politik aufgrund *ihrer* Identität betrieben. In der Praxis ergab sich vor allem in den 1950er und 1960er Jahren ein Konflikt zwischen einem kleinteiligen (ägyptischen, syrischen oder irakischen) Patriotismus, der gegenüber Minderheitenrechten eher offen war, und einem pan-arabischen Nationalismus, der im Verdacht stand, das ideologische Vehikel der (sunnitischen) Mehrheitsbevölkerung zu sein. Dessen ungeachtet herrschte unter den nationalistischen Befreiungsbewegungen jedoch ein Konsens darüber, dass der Islam eine gemeinsame kulturelle (oder „zivilisatorische") Basis sowohl für Muslime als auch orientalische Christen darstelle.

---

[47] Zur Darstellung Abu Dharrs als eines ersten Sozialisten siehe Werner Ende: Arabische Nation und islamische Geschichte. Die Umayyaden im Urteil arabischer Autoren des 20. Jahrhunderts. Beirut 1977, S. 210–221.

[48] Siehe Salāḥ al-Dīn al-Munajjid: Balshafat al-Islām ʻinda l-mārksiyyīn al-ishtirākiyyīn al-ʻarab. Beirut 1966. – Zu einer Sammlung anti-kommunistischer Rechtsgutachten siehe ʻAbd al-Ḥalīm Maḥmūd: Fatāwā ʻan al-shuyuʻiyya. Kairo 1976. – Gegen die Vereinnahmung von Abu Dharr durch die arabische Linke siehe ʻAbd al-Ḥalīm Maḥmūd: Abu Dharr al-Ghifārī wa-l-shyuʻiyya. Kairo 1976. – Noch in den 1990er Jahren wurde versucht, die Koranlektüre Muhammad Shahrurs als „Markslamismus" zu diskreditieren, siehe Andreas Christmann: The Qurʼan, Morality and Critical Reason. The Essential Muhammad Sharur. Leiden 2009, S. xxiii und xxv.

Drittens wurden die linken Gewissheiten über Religion durch die Iranische Revolution 1978/79 massiv in Frage gestellt, weil sich erwies, dass mit dem Islam die Massen besser mobilisiert werden konnten als mit dem Marxismus. Islam konnte nun nicht länger als Teil der traditionellen Gesellschaft oder Herrschaftsinstrument denunziert werden, und die Islamisten weigerten sich zudem, den Islam auf eine kulturelle oder historische Komponente zu reduzieren. In der Auseinandersetzung mit dem politischen Islam stand darüber hinaus das Problem der „Modernisierung" zur Disposition, weil Islamisten – übrigens frühere Vorwürfe arabischer Nationalisten aufgreifend – den Marxisten vorhielten, einer ausländischen, letztlich westlichen Theorie zu folgen, was unmöglich zu politischer und kultureller Unabhängigkeit führen könne. Wie der Publizist Hazem Saghieh hierzu resümierte, bewirkte der Marxismus in der arabischen Welt unter seinen Anhängern kulturell einen Modernisierungsschub, da er einherging mit (1) der inner-arabischen Zusammenarbeit über die Grenzen von Rasse, Ethnie, Konfession, Stammes- und Familienzugehörigkeit hinweg, (2) der internationalistischen Öffnung zu anderen kommunistischen und Dritt-Welt-Staaten, sowie (3) der Lektüre „fortschrittlicher" Schriftsteller aus verschiedensten Ländern und (4) der Aneignung kritischer Methoden zur Sozial- und Kulturanalyse.[49] Man müsse sich jedoch viele arabische Kommunisten und Marxisten als „tragische Helden"[50] vorstellen, weil sie unter Bezug auf die von Lenin und Stalin formulierte „wissenschaftliche Theorie" diesen Modernisierungsschub teilweise als kapitalistischen oder imperialistischen Prozess ablehnten und dadurch selbst abschwächten. Saghieh knüpft mit dieser Wahrnehmung an die Arbeiten der unorthodoxen Marxisten Yasin Hafiz und Elias Murqus aus den 1970er Jahren an, die der Ansicht waren, die arabischen Gemeinwesen hätten noch nicht die Stufe bürgerlicher Gesellschaften erreicht, weswegen die Verknüpfung von „vormoderner" Sozialstruktur mit Sozialismus zu einer *ta'akhkhurakiyya* führe – also zum Versuch der Regime, soziale Rückständigkeit als sozialistische Errungenschaft zu zementieren.[51]

Angesichts des Islamismus grübelte die Linke seit den 1980er Jahren darüber, ob dieser eine kulturell angemessene Antwort auf den Imperialismus sei, ob er als reaktionär oder revolutionär, als sozial trennend oder verbindend, als Verführung des Mobs oder authentischer Wille der Massen zu bewerten sei. Es gelang Kommunisten und Marxisten nicht, einen gemeinsamen Standpunkt in dieser Frage zu entwickeln.[52] Zwischen Sympathisanten und Gegnern der Islamischen Revolution und des Islamismus im allgemeinen waren die Grenzen fließend, so dass mancher im Zuge der Ereignisse die Position wechselte oder zwischen einer konservativen und revolutionären

---

[49] Ḥāzim Ṣāghiyya: „Kārl Mārks", in: Ders.: Nānsī laysat Kārl Mārks. Beirut 2010, S. 347–356, hier S. 354–356.
[50] Ebd., S. 354.
[51] Murqus wurde aus der SKP wegen seiner Kritik an der Haltung Bakdashs zum arabischen Nationalismus ausgeschlossen; Ilyās Murquṣ und Muḥammad 'Alī Zarqā: Khiyānat Bakdāsh li-l-qawmiyya al-'arabiyya. Kairo 1959. – Hafiz verließ aus demselben Grund die SKP, schloss sich zunächst der marxistischen Faktion der Baath-Partei an, ehe er auch diese verließ und um 1970 die Revolutionäre Sozialistische Arbeiterpartei gründete; Ṣāghiyya, al-Ba'th al-sūrī, S. 44. – Den genannten Begriff prägte Yasin Hafiz in al-Hazīma wa-l-īdiyūlūjiyā l-mahzūma (1976), al-A'māl al-kāmila IV. Damaskus ²1997, S. 36.
[52] Siehe zum Beispiel Alexander Flores: Säkularismus und Islam in Ägypten. Die Debatte der 1980er Jahre. Berlin 2012, S. 159–163.

Tendenz innerhalb des Islam differenzierte.[53] Die Flüchtigkeit dieser politischen Bewertungen hing auch mit der Taktik der arabischen Regime zusammen, die abwechselnd Linke und Islamisten zu kooptieren versuchten, um ein nachhaltiges Bündnis der Oppositionslager zu unterbinden.[54] Manche Linke wechselten auch zeitweise, wie etwa Saghieh, oder für immer ins islamische Lager, wie etwa der illustre Fall einer Gruppe palästinensischer Maoisten im Libanon um den gebürtigen Christen Munir Shafiq zeigt, die Anfang der 1980er Jahre zu Jihadisten mutierten.[55]

Ein Faktor für solche politisch-kulturellen Verschiebungen war die pro-palästinensische Solidarität von Kommunisten und Marxisten nach 1967, die einerseits zum Ausbruch des Libanesischen Bürgerkrieges 1975 beitrug und andererseits einen konfessionellen Unterton enthielt. Palästinensische Flüchtlinge im Libanon, die mehrheitlich Muslime waren, wurden von vielen libanesischen Christen, besonders den Maroniten, auch aufgrund ihres Glaubens despektierlich behandelt, obwohl in der PLO-Führung Christen stark vertreten waren. Die Kommunisten im Libanon hatten traditionell besonders unter orthodoxen Christen ein starkes Unterstützerumfeld. Im Bürgerkrieg fanden sich nun Kommunisten christlicher Herkunft aufgrund ihrer pro-palästinensischen Haltung plötzlich auf der „falschen" Seite des Konflikts wieder, nicht nur ideologisch, sondern auch physisch im vorwiegend christlichen Ost-Beirut, und zogen deshalb nach West-Beirut um; die pro-palästinensische Haltung verband sich daher mit einer pro-islamischen.[56] Als Folge dieser Konfliktlage entfremdete sich einerseits das christliche Sympathisantenumfeld von den Kommunisten; andererseits kehrten der LKP und der OKAL in den 1980er Jahren viele junge Aktivisten schiitischer Herkunft, die in den 1970er Jahren von anderen Parteien oder direkt von Schule und Universität angeworben worden waren, den Rücken und wechselten zu den schiitischen Parteien *Amal* und *Hizballah*;[57] drittens islamisierte sich der palästinensische Widerstand zunehmend, nicht zuletzt auch aufgrund der anti-israelischen Tiraden Khomeinis. Daher rührt nach dem Bürgerkrieg das Grundgefühl bei den libanesischen Kommunisten, gegen den Konfessionalismus verloren, anstatt ihn abgeschafft zu haben.

Palästina als praktisches Problem

Die Palästinafrage hat für arabische Nationalisten, Linke und Islamisten stets, aber besonders nach 1967, eine zentrale Rolle gespielt, um Anhänger zu mobilisieren und

---

[53] Maḥmūd Amīn al-ʿĀlim, „Taʾyīd al-Mārksīyīn al-ʿarab li-l-thawra al-īrāniyya taʾyīd kāmil wa-mubdaʾī wa-laysa tabrīr wujūdihim wa-lā li-taghṭiyya ḍuʿfihim!" [Interview], al-Nahār al-ʿArabī wa-l-Duwalī 99 (26.3.1979), S. 9–10. – Maxime Rodinson: Khumaynī sunnī ... hal hādhā mumkin? Sa-tanqassimu Īrān bayna l-taqaddumīyīn wa-l-rajʿīyīn wa-sa-takūnu l-milkiyya al-dīniyya maṣdar al-kathīr min al-mushkilāt" [Interview], al-Nahār al-ʿArabī wa-l-Duwalī 94 (19.2.1979), S. 20–21.

[54] Michaelle L. Browers: Political Ideology in the Arab World. Accommodation and Transformation. New York 2009, S. 77–109. – Dina Shehata: Islamists and Secularists in Egypt: opposition, conflict, and cooperation. London/New York 2010.

[55] Manfred Sing: „Brothers in Arms: How Palestinian Maoists Turned Islamic Jihadists", in: Die Welt des Islams, 1/2011, S. 1–44. – Allgemein zum Phänomen politischer Konversionen zum Islamismus siehe Browers, Political Ideology [Fn. 54], S. 19–47.

[56] Siehe Ḥāzim Ṣāghiyya: Hādhihi laysat sīra. Beirut 2007.

[57] Rami Siklawi: The Dynamics of the Amal Movement in Lebanon 1975–90, in: Arab Studies Quarterly, 1/2012, S. 4–26.

Protest zu kanalisieren. Bis heute hat das Palästinaproblem für die Linke nichts an Brisanz verloren, auch wenn es zugleich ein Zeichen linker Auszehrung darstellt. Diese Auszehrung ist auch ein Ergebnis der nur schwer zu vereinbarenden Strategien, sowohl auf revolutionären Kampf als auch auf eine politische Lösung zu setzen.

Die linke Schwierigkeit, mit der Trias Palästina, Israel und Holocaust umzugehen,[58] spiegelt sich in der sowjetischen Befürwortung des Teilungsplanes von 1947 und der teilweisen Revision dieser Haltung durch arabische KPs und Marxisten nach dem Sechs-Tage-Krieg 1967. Nach 1967 erfanden sich viele frühere Nationalisten als Marxisten-Leninisten (PFLP, DFLP, OKAL) neu und unterstützten die „palästinensische Revolution", also die Guerilla-Aktionen der *Fatah*. Im Wettbewerb mit solchen Gruppen und angesichts einer vergleichbaren Verschiebung bei der globalen Linken – radikale Linke wurden pro-palästinensisch, sozialdemokratische Parteien israelkritisch – radikalisierten sich auch die arabischen Kommunisten, wenngleich sie auch kritisch gegenüber dem „Abenteurertum" der Guerilla blieben. Nach einigen Monaten der Diskussion machte eine Partei nach der anderen Moskau in leicht abweichender Wortwahl deutlich, dass man von nun an das Palästinaproblem als wichtige gemeinsame arabische Sache betrachte, weil sich der Staat Israel zu einem Aggressor und Agenten des Imperialismus gewandelt habe.[59] Diese Neupositionierung verlief nicht einstimmig, sondern bewirkte in Syrien 1972 die erste Spaltung der SKP zwischen Parteiführer Khalid Bakdash und den Mitgliedern des Politbüros um Riyad al-Turk; die besorgten Sowjets konnten den Bruch trotz massiver Einflussnahme nicht abwenden.[60]

Die Libanesen, die die Diskussion der Syrer aufmerksam verfolgten, konnten einen ähnlichen Bruch zwar vermeiden, doch war die Solidarität mit den Palästinensern vor allem für die jüngere Generation, die so genannten „Jungen" (*al-shabāb*), ein Grund, sich an Demonstrationen gegen den libanesischen Staat zu beteiligen, zu den Waffen zu greifen und sich in den Bürgerkrieg hineinziehen zu lassen. Gemeinsam mit der PFLP gründeten LKP und OKAL nach der israelischen Invasion und den Massakern von Sabra und Shatila 1982 die *Nationale Libanesische Widerstandsfront*, an deren etwa 190 „Märtyrer", 1200 Verletzte, 3000 Gefangene und 900 Operationen bis heute bei einer alljährlichen Gedenkveranstaltung erinnert wird.[61] „Widerstand" (*muqāwama*) zu leisten oder geleistet zu haben, darf als identitätsstiftend für die radikale Linke gelten, wenngleich die Definition des Hauptfeindes im Laufe der Jahrzehnte deutlichen Schwankungen unterlag.[62] Daneben zeichneten sich Marxisten aber auch durch eine moderierende Rolle im palästinensisch-israelischen Konflikt aus. Der Marxist Nayef Hawatmeh (DFLP) war einer der ersten hochrangigen PLO-Kader, der 1972 ein Stu-

---

[58] Zur Sicht auf Israel und den Holocaust siehe Omar Kamil: Der Holocaust im arabischen Gedächtnis. Eine Diskursgeschichte 1945–1967. Göttingen 2012. – Gilbert Achcar: The Arabs and the Holocaust: the Arab-Israeli war of narratives. New York 2010.

[59] Siehe Usāma Ghazzī: Azmat al-Ḥizb al-Shuyūʿī l-Sūrī wa-l-qaḍiya filasṭīniyya: Dirāsa muqārana maʿa baʿḍ al-aḥzāb al-shuyūʿiyya al-ʿarabiyya, in: Shuʾūn Filasṭīniyya, 12/1972, S. 127–137.

[60] Bakdash folgte der sowjetischen Linie, militärische Konfrontation zu vermeiden und die UN-Resolutionen zu implementieren. Die Diskussion in der SKP und mit den sowjetischen Experten wurde dokumentiert in: SKP: Qaḍāyā l-khilāf fī l-Ḥizb al-Shuyūʿī al-Sūrī. Damaskus 1972.

[61] Diese Angaben stammen von der kommunistischen Website <www.jammoul.net>.

[62] In ungefährer zeitlicher Reihenfolge: Mandats- und Kolonialmächte; faschistische Achsenmächte; reaktionäre Bourgeoisie; US-Imperialismus und Zionismus; libanesisches Militär; „faschistisch"-christliche Milizen; israelische Armee; syrische Armee; Neo-Liberalismus.

fenprogramm der Befreiung propagierte und damit das Tor zu den späteren Verhandlungen zwischen PLO und Israel öffnete. In den 1970er Jahren versuchten sich zudem jüdische Kommunisten aus Ägypten als Mediatoren des Konflikts.[63] Eine weitere Initiative, die nationalen Grenzen zu überwinden, war die in den 1970er und 1980er Jahren auf Betreiben der *Israelischen Sozialistischen Organisation* (Matzpen) in Paris und London herausgegebene Zeitschrift *Khamsin*, in der israelische und arabische „revolutionäre Sozialisten" wie Eli Lobel, Mosché Machover, al-Afif al-Achdar und Sadiq Jalal al-'Azm publizierten.[64]

Das Scheitern der Friedensverhandlungen wie auch des bewaffneten Kampfes, der seit Ende der 1980er Jahre zudem weitgehend von Islamisten übernommen wurde, hat inzwischen dazu geführt, dass die radikale Linke guten Gewissens weder rückhaltlos für das eine noch das andere einzutreten vermag, sehr wohl aber den Ausverkauf in die eine oder andere Richtung innerhalb der eigenen Reihen beklagt.[65] So bleibt ihr nur der radikale, wenn auch hilflose Gestus, sich anklagend gegen den (auf ein Fortbestehen des *status quo* gerichteten) westlichen und arabischen „Konsens" zu wenden.

In manchen linken Kreisen hat sich daher eine gewisse Erschöpfung beim Thema Palästina breit gemacht. Einige frühere kommunistische Kämpfer im Libanon, die mittlerweile in der *Bewegung der Demokratischen Linken* (MDL) organisiert sind, erklärten öffentlich, nicht mehr willens zu sein, für die palästinensische Sache in den Krieg zu ziehen und dadurch arabische Regime oder islamistische Bewegungen zu legitimieren; zuerst müsse der Aufbau eines funktionierenden Staates im Libanon kommen.[66] Diese „neutrale" Position blieb indes nicht unwidersprochen und führte zu einem Zerwürfnis, da die prominenten MDL-Intellektuellen Ziyad Majid und Elias Khouri während des Krieges 2006 ihre Freunde daran erinnerten, dass es in Zeiten, da Israel den Libanon unter Beschuss nehme, Pflicht sei, sich an die Seite des Widerstands zu stellen, also auch des *Hizballah*.[67]

---

[63] Joel Beinin: The Dispersion of the Egyptian Jewery, besonders Kapitel 6: Egyptian Jews in Paris and the Arab-Israeli Conflict After the 1967 War, auf: <http://publishing.cdlib.org/ucpressebooks/view?docId=ft2290045n&chunk.id=s1.2.12&toc.depth=1&brand=eschol>.

[64] Dazu Lutz Fiedler: Der letzte Winter des Internationalismus. Vergangene Utopien einer jüdisch-arabischen Gegenwart im Nahen Osten, in: Nicolas Berg et al. (Hg.): Konstellationen. Über Geschichte, Erfahrung und Erkenntnis. Festschrift für Dan Diner zum 65. Geburtstag. Göttingen 2011, S. 403–426.

[65] Als Beispiel hierfür siehe As'ad AbuKhalils Angriffe auf Achcars Holocaust-Buch [Fn. 58] auf *alakhbar english:* <http://english.al-akhbar.com/node/2322>, <http://english.al-akhbar.com/node/2397>, sowie die Entgegnung des Angegriffenen, <http://english.al-akhbar.com/node/3019>. – Siehe auch den Versuch, mit Marx- und Kommunistenzitaten Judenfeindschaft zu begründen, sowie die Replik, Rassismus könne keine Basis für sozialistisches Denken sein, in der Zeitschrift *al-Manshūr* der libanesischen Trotzkisten: Ṭāriq al-'Alī: al-'Alāqa mā bayna l-fikr al-ishtirākī wa-l-fikr al-yahūdī, *al-Manshūr* 15 (2009), S. 22, Barnādīt Daw: al-'Unṣuriyya lā yumkin an takūn asāsan li-l-fikr al-ishtirākī, *al-Manshūr* 15 (2009), S. 23; zu finden unter <www.al-manshour.org/pdf-archive>.

[66] „Cèdres et cendres", Liberation 8.1.2008, <www.liberation.fr/portrait/010171182-cedre-et-cendres>, 21.2.2012. – Jād Samān: Shuyū'ī al-sābiq wa-amīn sirr Ḥarakat al-Yasār Dīmūqrāṭī ḥālīyan Ziyād Ṣa'b: Lā qitāl ilā mā lā nihāya wa-l-awlawiyya li-Lubnān. an-Nahār, 25.5.2006.

[67] Ziyād Mājid, Ilyās Khūrī: Risāla ilā rifāqinā fī Ḥarakat al-Yasār ad-Dīmūqrāṭī. an-Nahār, 29.7.2006.

Islam als kulturelle Herausforderung

Das selbstkritische Eingeständnis, dass arabische Kommunisten eine ernsthafte Auseinandersetzung mit dem Islam und dem politischen Islam haben vermissen lassen, findet sich erst nach 1989; es ist ebenso zeitgebunden wie die früheren Versuche einer marxistischen Deutung des Islam. Oft beginnt die Selbstkritik mit einer Neulektüre von Marx' Diktum, Religion sei „das Opium des Volks".[68] Bei Marx heißt es: „Das *religiöse* [kursiv M.S.] Elend ist in einem der *Ausdruck* des wirklichen Elendes und in einem die *Protestation* gegen das wirkliche Elend. Die Religion ist der Seufzer der bedrängten Kreatur, das Gemüt einer herzlosen Welt, wie sie der Geist geistloser Zustände ist".[69] Dies ermöglicht ein komplexes Verständnis von Religion, mit dem implizit die Leninsche Version, Religion sei „Opium *für* das Volk" zurückgewiesen wird.

So kritisierte etwa der Autor Ibrahim Mahmoud in der arabischen Marxistisch-Leninistischen Zeitschrift *al-Nahj* 1990, es habe sich niemals eine „arabische, marxistische Theorie zur Religion" herauskristallisiert und nie habe ein arabischer, marxistischer Denker systematisch über Religion als soziales und politisches Phänomen geschrieben.[70] Entweder sei die Behandlung des Islam von jeher ideologisch geleitet gewesen wie etwa bei Abdallah Laroui (Marokko) oder Sadiq Jalal al-ʿAzm (Syrien), die Religion lediglich als irrationale Komponente der zeitgenössischen arabischen Ideologie wahrgenommen hätten, ohne ihre Attraktivität für die Masse des Volkes zu verstehen.[71] Oder Gelehrte wie Tayyib Tizini (Syrien) und Husayn Muruwwa (Libanon) hätten sich einseitig darum bemüht, die materialistischen Bestandteile im islamischen Erbe herauszuarbeiten, dabei aber nur ihre eigene „mechanistische oder halbmechanistische Anwendung" marxistischer Terminologie offenbart.[72] Die soziologischen Analysen von Faleh ʿAbd al-Jabbars und Hadi al-ʿAllawis (beide Irak), so die Kritik Mahmouds, träfen sich in der Haltung zur Religion weitestgehend mit dem sowjetischen Orientalismus.[73] Auf diese Weise hätten arabische Marxisten nicht zur Veränderung der arabischen Welt beigetragen, da sie nicht einmal einen Beitrag zu einem besseren Verständnis des Islam in arabischen Gesellschaften geleistet hätten. Stattdessen sei dieser nur ideologisch behandelt und damit der eigene Anspruch, sich mit der Realität auseinanderzusetzen, nicht eingelöst worden.[74] Trotz dieser Kritik hatte es nicht an Versuchen gemangelt, die Entstehung des Islam marxistisch zu deuten oder zu vereinnahmen.[75] Als erster marxistischer Interpretationsversuch zur frühis-

---

[68] Ibrāhīm Maḥmūd: Mafhūm al-dīn fī l-khiṭāb alʿarabī al-mārksī", al-Nahj, 30/1990, S. 181–202, hier S. 185f. – Karīm Muruwwa: Ḥiwār maʿa risālat al-Khumaynī ilā Jurbātshūf, in: Qaḍāyā Fikriyya, 13/14 (Oktober 1993), S. 149–157, hier S. 152.

[69] „Zur Kritik der hegelschen Rechtsphilosophie. Einleitung", in: Karl Marx / Friedrich Engels – Werke, Band 1. Berlin (Ost). 1976, S. 378–391, hier S. 390.

[70] Maḥmūd: „Mafhūm al-dīn", S. 181, 189, 190, 199f.

[71] Ebd., S. 190–193.

[72] Ebd., S. 193–197.

[73] Ebd., S. 190, 197f. – Zum sowjetischen Orientalismus siehe Michael Kemper, Stephan Conermann (Hg.): The Heritage of Soviet Oriental Studies. Oxon/New York 2011.

[74] Ebd., S. 199. – Der Autor zitiert Maḥmud Amīn al-ʿĀlim: „Der zentrale Punkt im Marxismus liegt nicht in der Kritik des Himmels, sondern der Erde. Marxismus ist keine Organisation, um Atheismus zu verbreiten, sondern eine Theorie für den Kampf, um das Leben zu ändern und zu erneuern. Von diesem Standpunkt aus behandelt der Marxismus religiöse Bewegungen und Erscheinungen auf objektive Weise."

[75] Zu den Legitimationsversuchen unter Nasser siehe Kassian, Die Orientierung [Fn. 8].

lamischen Geschichte gilt gemeinhin ein Werk von 1928 aus der Feder des seit 1893 in Russland und danach in der Sowjetunion lebenden Palästinensers christlicher Herkunft Bandali Jawzi (gest. 1942), der unter anderem die Qarmaten und Ismailiten als sozialrevolutionäre Gruppe beschrieb.[76] In einer dreibändigen Studie über Husayn (1939–1948) verlagerte der sunnitische libanesische Gelehrte ʿAbdallāh al-ʿAlāyili (gest. 1996) das sozialrevolutionäre Potential des Islam bereits in die schiitische Revolte gegen die Umayyaden und deutete den Märtyrertod Husayns als Gipfelpunkt der frühislamischen Geschichte.[77] Solche Interpretationen waren freilich ebenso heikel wie kontrovers.[78] So veröffentlichte zum Beispiel der Übersetzer und frühere OCAL-Aktivist Hassan Kubeissi (gest. 2006) zwar 1981 eine Studie, in der er den Ansatz des französischen Marxisten Maxime Rodinson in seiner Mohammed-Biographie[79] als unangemessen kritisierte, nahm aber Abstand von dem Plan, auch eine arabische Übersetzung der Biographie selbst, die er im Zuge seines Promotionsverfahrens angefertigt hatte, zu publizieren.[80]

Auch die genannten Versuche Tayyib Tizinis und Husayn Muruwwas, die „arabisch-islamische" Geschichte mit Mitteln des historischen Materialismus zu deuten, waren selbst unter Marxisten-Leninisten umstritten.[81] Tizini hatte in der DDR studiert und wurde mit einer Arbeit zum Begriff des arabischen Erbes beim Philosophiehistoriker Hermann Ley promoviert (1968). Tizini versuchte, Leys Arbeiten über die Geschichte des Materialismus im Mittelalter auf Philosophen wie al-Kindi, Farabi, Ibn Sina, Ibn Tufail und Ibn Rushd anzuwenden und publizierte in der Folge mehrere Werke, darunter *Min al-turath ila l-thawra* (Vom Erbe zur Revolution, 1976). Zu etwa derselben Zeit arbeitete Husayn Muruwwa, der in der Islamischen Hochschule in Najaf (Irak) graduiert hatte, an einer Studie über „Materialistische Tendenzen in der arabisch-islamischen Philosophie" (1978) mit direkter Unterstützung der LKP.[82]

Als die islamische Revolution in Iran zu Beginn des Jahres 1979 ihrem Höhepunkt entgegenstrebte, war in einer Sondernummer der libanesischen Parteizeitschrift *al-Ṭarīq* zu lesen, mit Tizinis und Muruwwas Arbeiten habe eine „neue Stufe im Studium

---

[76] Bandalī Jawzī: Min tārīkh al-ḥarakāt al-fikriyya fī l-islām. Jerusalem 1928. – Tamara Sonn: Interpreting Islam. Bandali Jawzi's Islamic Intellectual History. New York/Oxford 1996.

[77] Manfred Sing: Progressiver Islam in Theorie und Praxis. Die interne Kritik am hegemonialen islamischen Diskurs durch den „roten Scheich" ʿAballāh al-ʿAlāyilī (1914–1996). Würzburg 2007, S. 167–185.

[78] Siehe hierzu die Diskussion bei: Ende, Arabische Nation [Fn. 47]; Kassian, Die Orientierung [Fn. 8]; Sonn, Interpreting Islam [Fn. 76]; Sing, Progressiver Islam [Fn. 77].

[79] Maxime Rodinson: Mahomet. Paris 1961.

[80] Ḥasan Qubaysī: Rūdinsūn wa-nabī l-islām. Beirut 1981. Siehe hierzu auch die Rezension von Ḥusayn Ḥijāzī, „Rūdinsūn wa-nabī l-islām", in *al-Fikr al-ʿArabī* 32 (1983), S. 190–193.

[81] Zu Tizini und Muruwwa siehe Anke von Kügelgen: Averroes und die arabische Moderne. Ansätze zu einer Neubegründung des Rationalismus im Islam. Leiden u.a. 1994, S. 237–260. – Thomas Hildebrandt: Neo-Muʿtazilismus? Intention und Kontext im modernen arabischen Umgang mit dem rationalistischen Erbe des Islam. Leiden u.a. 2007, S. 252–265. – Silvia Naef: The Arab Shi'a and the fascination with communism: the example of the life of Ḥusayn Muruwwa (1910–1987), in: Asien – Afrika – Lateinamerika, 28/2000, S. 533–547. – Dies.: Shīʿī – shuyūʿī or: How to Become a Communist in a Holy City, in: Rainer Brunner, Werner Ende (Hg.): The twelver Shia in modern times. Religious culture & political history. Leiden u.a. 2001, S. 255–267.

[82] Muḥammad Dakrūb: Arā fī l-shabāb mustaqbal al-ḥizb fī l-ʿamal wa-fī l-fikr ʿalā l-sawāʾ, in: Al-Nidāʾ, 23.10.2009, S. 18–20, hier S. 19.

des arabisch-islamischen Erbes" begonnen. In einem Interview erläuterten die beiden Gelehrten, dass ihr Interesse für die Vergangenheit natürlich auch gegenwärtige Anliegen reflektiere; die Interpretation der Vergangenheit sei Teil ideologischer Kämpfe mit verschiedenen bourgeoisen und konservativen Gegnern.[83] Doch trotz dieses Enthusiasmus kam die Zeitschrift nicht umhin, in den Folgenummern eine scharfe dreiteilige Replik von Tawfiq Sallum, einem Naturwissenschaftler, der in Moskau promoviert worden war, zu drucken.[84] Sallum bemängelte in Tizinis und Muruwwas Arbeiten allerlei Ungenauigkeiten, Inkonsistenzen und terminologische Schwächen. Die Islam-Deutungen linker Denker aus den frühen 1980er Jahren zielten darauf ab, den Islam nicht rein als Religion, sondern als historisch wandelbare und potenziell revolutionäre Erscheinungsform des arabisch-islamischen philosophischen Denkens aufzufassen. Die Islamische Revolution und Khomeinis Rolle in ihr sollten nicht als außergewöhnliches Ereignis erscheinen, sondern wurden auf diese Weise in eine Reihe mit früheren arabisch-islamischen Versuchen gestellt, das Denken und die Gesellschaft umzustürzen, und mit anderen zeitgenössischen Revolutionen (Algerien, Sowjetunion) verglichen.[85] Schon zu diesem Zeitpunkt findet sich das Argument, dem krisengeschüttelten Imperialismus erwachse im revolutionären Islam ein neuer Gegner.[86]

Den politischen Islam verstehen

Mit der Krise und dem Zusammenbruch der Sowjetunion stellte sich für die radikale Linke das Islamproblem stärker noch als zuvor als Frage der politischen Bündnisfähigkeit in der Opposition. Karim Muruwwa, damals Mitglied des Politbüros der libanesischen KP, versuchte einen „Dialog der Ideologien" zu eröffnen, indem er sich explizit auch auf Khomeinis Neujahrsbotschaft 1988/89 an Gorbačev[87] bezog.[88] Khomeini hatte Gorbačev aufgefordert, nach dem Niedergang des Marxismus nicht auf den Kapitalismus umzuschwenken, sondern zu begreifen, dass der Hauptfehler der UdSSR darin bestanden habe, gegen Gott und Religion zu kämpfen. In dem Brief verwies Khomeini Gorbačev auf eine Reihe nicht-orthodoxer Philosophen – die Mehrheit aus der Reihe jener, die Tizini und Husayn Muruwwa als frühe Materialisten behandelt hatten. Das brachte Khomeini Kritik von einer Gruppe Gelehrter ein, die den Verweis auf Koran

---

[83] Muḥammad Dakrūb, Iliyās Shākir: Marḥala jadīda fī dirāsat al-turāth, in: al-Ṭarīq, 1/1979, S. 21–79, hier S. 65–69.
[84] Tawfīq Sallūm: al-Māddiyya wa-tajalliyyātihā fī l-ʿaṣr al-wasīṭ, in: al-Ṭarīq, 3/1979, S. 181–194. – Ders.: ‚al-Tārīkhīyya' fī dirāsat al-turāth al-falsafī, in: al-Ṭarīq, 4/1979, S. 193–210. – Ders.: Ḥizbiyyat al-fasafa, in: al-Ṭarīq, 6/1979, S. 131–145.
[85] Ḥusayn Muruwwa: Muqaddimāt asāsiyya li-dirāsat al-islām, in: Ders. et al: Dirāsāt fī l-islām. Beirut 1981, S. 30, 36, 66f.
[86] Samīr Amīn: al-Islām fī ḥarakat al-taḥarrur al-waṭanī li-l-shuʿūb al-ʿarabī wa-l-shuʿūb al-sharq, in: Ḥusayn Muruwwa et al.: Dirāsāt, S. 193–230, hier S. 195–203.
[87] Imām Khomeinī: A Call To Divine Unity (1989). Letter from Imām Khomeinī to Mikhail Gorbachev. Teheran 1993 [= The Institute for Compilation and Publication of Imām Khomeinī's Works], <www.imamreza.net/eng/imamreza.php?id=430>.
[88] Siehe unter anderem Karīm Muruwwa (Hg.): Ḥiwārāt. Mufakkirūn ʿarab yunāqishūn Karīm Muruwwa fī l-qawmiyya wa-l-ishtirākiyya wa-l-dīmuqrāṭiyya wa-l-dīn wa-l-thawra. Beirut 1990. – Ders.: „Ḥiwār maʿa risālat Khūmaynī.

und Sunna vermissten.⁸⁹ Die Reaktionen auf Karim Muruwwas Initiative waren freilich verhalten. In der Folge schwenkte er zu anti-islamistischen Positionen um, nicht zuletzt gegenüber der *Hizballah*, die er als Staat im Staat verurteilte.⁹⁰
In Rückgriff auf die Diskussion um religiösen Fundamentalismus (*uṣūliyya*), die im westlichen akademischen Feld in den 1980er Jahren begonnen hatte, fragten arabische Marxisten in den 1990ern kritisch, ob auch der Marxismus fundamentalistische Züge besäße.⁹¹ In Auseinandersetzung mit dem islamischen Fundamentalismus bezeichneten Karim Muruwwa und Mahmud Amin al-ʿAlim (Ägypten) auch Aspekte des Sozialismus oder Sowjetkommunismus aufgrund dogmatischer Verhärtung als fundamentalistisch.⁹² In dieser Art von Kritik ging es allerdings nicht allein darum, Dogmatismus im marxistischen Denken zu entlarven.⁹³ Vielmehr suggerierten marxistische Autoren, wenn sie sich neuerdings zu Pluralismus und Offenheit bekehrt hatten, Engstirnigkeit und Unbeweglichkeit seien eben nicht nur ein Merkmal der Sowjetunion gewesen, sondern kennzeichneten auch manche Tendenzen des religiösen Denkens. Dieser Überlegenheitsanspruch der Marxisten – ihre Überzeugung, sich selbst und die anderen durchschaut zu haben –, ist einer der Gründe, warum die Zusammenarbeit zwischen KPs und Islamisten so konfliktanfällig erscheint.
Deutlich weniger spannungsgeladen stellt sich hingegen die Kooperation von Marxisten außerhalb der arabischen KPs mit Islamisten dar. Seit den 1990er Jahren trafen sich verschiedene Gruppierungen, auch unter Einschluss von KP-Vertretern, auf diversen Konferenzen in Beirut und Kairo.⁹⁴ Abgesehen davon, dass es eine Fluktuation zwischen unorthodoxen Linken und Islamisten gab, haben Maoisten und Trotzkisten eine höhere Bereitschaft, revolutionäre Bewegungen unterschiedlicher Prägung gutzuheißen und zu unterstützen. Daher ist es wenig verwunderlich, dass der einflussreichste jüngere Beitrag, den Islamismus marxistisch zu verstehen, von trotzkistischer Seite stammt. Der Brite Chris Harman erklärte in seiner Schrift „The Prophet and the Proletariat" (1994)⁹⁵ die beiden in der Linken vorherrschenden Positionen zum Islamismus für falsch. Der Islamismus sei weder eine Form von Faschismus,⁹⁶ noch könnten die Islamisten unbesehen zu den progressiven und anti-imperialistischen Kräften gezählt werden. Ebenfalls unter Verweis auf Marx' Diktum von der Religion als „Gemüt einer herzlosen Welt" und „Opium des Volkes" argumentierte er, dass der Islamismus

---

⁸⁹ Siehe dazu Adam Lewis: Reconzeptualizing Khomeini. The Islamic Republic of Iran and U.S. Democratization Policies in the Middle East, S. 51–63, auf <http://triceratops.brynmawr.edu/dspace/bitstream/handle/10066/5454/2010LewisA.pdf>.
⁹⁰ Karīm Muruwwa, al-Fikr al-ʿarabī wa-taḥawwulāt al-ʿaṣr. Ruʾan wa-afkār min wijhāt naẓr mārksiyya mukhtalifa. Karīm Muruwwa: ḥāwarahu ʿAbdalilāh Balqzīz. Beirut 2006.
⁹¹ Horst Heimann: Marxismus als Fundamentalismus? In: Thomas Meyer: Fundamentalismus in der modernen Welt. Die Internationale der Unvernunft. Frankfurt/Main 1989, S. 213–230.
⁹² Karīm Muruwwa: Ḥiwār maʿa risālat Khūmaynī, S. 157. – Maḥmūd Amīn al-ʿĀlim: al-Fikr al-ʿarabī l-muʿāṣir bayna l-uṣūliyya wa-l-ʿilmāniyya, in: Qaḍāyā Fikriyya, 13/14 (Oktober 1993), S. 9–20, hier S. 17.
⁹³ Siehe etwa al-ʿAẓm im Interview mit ʿAlī Ḥarb, Ṣādiq Jalāl al-ʿAẓm: Irādat al-maʿrifa am irādat al-mārksiyya? In: al-Fikra al-ʿArabī al-Muʿāṣir, 82/83 (1990), S. 113–123.
⁹⁴ Browers, Political Ideology [Fn. 54], S. 77–108.
⁹⁵ Harman starb 2009, als er an einer Konferenz der ägyptischen trotzkistischen Gruppe der *Revolutionären Sozialisten* (RS) in Kairo (www.e-socialists.net/node/4410) teilnahm.
⁹⁶ Er bezog sich auf den Politikwissenschaftler Fred Halliday, der das iranische Regime als „Islam with a fascist face" bezeichnet hatte.

voller Ambiguitäten sei, die nur durch eine Analyse der Klassenbasis erhellt werden könnten. Der Faschismus-Vorwurf ignoriere den destabilisierenden Effekt islamistischer Bewegungen für die Interessen des Kapitals. Die anti-imperialistische Schablone hingegen vernachlässige, dass Islamisten auch gegen Säkularismus, die Linke, ethnische und religiöse Minderheiten sowie gegen Frauen, die sich nicht nach islamischen Moralvorstellungen richteten, kämpfen. Islamismus sei als „Produkt einer tiefen sozialen Krise, die er nicht beheben kann" zu verstehen, da die Interessen der vier sozialen Milieus, in denen er wurzele – das Milieu der alten Ausbeuter, das der neuen Ausbeuter, das der Armen und das der Mittelklasse – grundverschieden seien. Islamismus, so Harman, „nährt die Verbitterung des Volkes und lähmt es gleichzeitig [...] er destabilisiert den Staat und behindert gleichzeitig den realen Kampf gegen den Staat". Der Hauptkonflikt spitze sich auf die Frage zu, ob für Veränderungen friedlich oder bewaffnet gekämpft werden solle, weil das Kleinbürgertum stets in zwei Richtungen getrieben werde: in eine radikale Rebellion gegen die bestehende Gesellschaft und zu einem Kompromiss mit ihr.

Diese Analyse wandte Harman auf Ägypten, Algerien, Iran und Sudan an, um zu belegen, dass der Islamismus unweigerlich in einen radikalen und reformerischen Flügel zerfalle. Praktisch bedeutete dies, dass Sozialisten weder kleinbürgerliche Utopisten als ihren Hauptfeind ansehen, noch Islamisten volle Unterstützung geben sollen. Vielmehr gelte die Losung: „manchmal mit den Islamisten, aber nie mit dem Staat".

Harmans Schrift wurde von der ägyptischen trotzkistischen Gruppe der *Revolutionären Sozialisten* (RS) 1997 ins Arabische übersetzt und verteilt.[97] Obwohl die RS nur eine relativ kleine Gruppe war, spielte sie seit den 1990er Jahren bei vielen Protesten und nicht zuletzt bei den Demonstrationen, die 2011 zum Sturz von Hosni Mubarak führten, eine wichtige Rolle. Beeinflusst durch Harmans Ideen, forderten die ägyptischen Trotzkisten die alte linke Garde wegen deren Kooperation mit dem Regime heraus. Der Sozialwissenschaftler Samih Naguib etwa übte in dem Werk *al-Ikhwān al-muslimūn: ruʾya ishtirākiyya* (Die Muslimbrüder: eine sozialistische Sicht, 2006) scharfe Kritik an prominenten Marxisten wie Samir Amin und Rifʿat al-Said.[98] Zugleich versuchten die RS, durch Demonstrationen für Palästina und gegen den Irakkrieg (2003) auch junge Muslimbrüder auf die Straße zu holen, um die widersprüchliche Haltung ihrer Mutterorganisation bloßzustellen. Bei einer Paneldiskussion[99] erläuterte Naguib, wie erfolgreich diese Strategie vor, während und nach der Revolution 2011 gewesen sei, und gab seiner Hoffnung Ausdruck, dass es nun eine Chance gebe, junge Islamisten für die Linke zu gewinnen, wenn „wir nur kreativ genug sind";[100] dies setze lediglich voraus, einen „stalinistischen Marxismus", der Atheismus zu einer Grundbe-

---

[97] Die englische Version ist verfügbar auf <www.marxisme.dk/arkiv/harman/1994/prophet/prophet.htm>, die arabische auf <www.e-socialists.net/node/1469>. – Siehe hierzu auch Hossam El-Hamalawy: Comrades and Brothers, in: Middle East Research and Information Project (MERIP) 242 (2007), <www.merip.org/mer/mer242/comrades-brothers>.
[98] Browers, Political Ideology [Fn. 54], S. 125–126.
[99] Nachzuhören als Audiodatei: „The Prophet and the Proletariat" (2011) auf: youtube <www.youtube.com/watch?v=juvepJnRCgQ>, 1:17:20 h, hochgeladen von John Molyneux am 13.8.2012. – Mehrere Artikel von Naguib über die Revolution 2011 und die Nachwirkungen finden sich auch auf: <http://socialistworker.org>.
[100] Audiodatei „The Prophet and the Proletariat" [Fn. 99], 34:12–34:19 min.

dingung mache, und „einfältigen Materialismus"[101] hinter sich zu lassen. Ob der neotrotzkistische Optimismus – und spiegelbildlich dazu das sicherheitspolitische Krisenszenario globaler „rot-grüner Allianzen"[102] – berechtigt ist, kann dahingestellt bleiben. Das Beispiel illustriert vielmehr, welche Wegstrecke marxistisches Denken in knapp 100 Jahren bei der Suche nach dem Paradies auf Erden zurückgelegt hat und doch nur ein unvollendetes Projekt bleiben konnte.

Resümee

Die Rezeption von Sozialismus und Kommunismus in arabischen Ländern verlief seit dem Ende des 19. Jahrhunderts in mehreren Phasen und folgte stark der allgemeinen Konjunktur zwischen Bolschewistischer Revolution, Kaltem Krieg und Auflösung der UdSSR. Der Höhepunkt marxistisch-leninistisch inspirierter Politik waren die 1970er Jahre, als sich – beeinflusst durch Vietnam-Krieg und Palästina-Konflikt – unterschiedlichste radikale Gruppierungen der „Neuen Linken" formierten. In der gleichen Phase zeigten sich aber auch deutliche Zeichen linker Desorientierung, da sich der sino-sowjetische Konflikt auch in Konkurrenz vor Ort niederschlug und militante Gruppen sowie sozialistische Parteien und Staaten sich nicht ausreichend von den kommunistischen Mächten unterstützt fühlten. Ebenso wie der „Sowjetimperialismus" geriet auch das „prometheische Projekt" des Kommunismus bei der Neuen Linken in Misskredit, die sich gegen Bürokratie und Technokratie wandte und stattdessen eine Kulturrevolution einforderte, in der das revolutionäre Potential der eigenen Kultur gegen den Kulturimperialismus gestellt wurde.[103] Zunehmend wurde nun die Frage diskutiert, ob der Marxismus nicht viel eher auf Verwestlichung denn auf Emanzipation hinwirke.[104] Da Marxismus nicht nur eine Grundsatzkritik, sondern auch eine Theorie der Modernisierung darstellte, fragten sich Kritiker, inwiefern er auf „orientalistischen" Grundannahmen aufbaue: wenn der Marxismus annehme, es gelte im Zuge der Modernisierung die „asiatische Produktionsweise" zu überwinden, basiere er auf der eurozentrischen (und damit imperialistischen) Vorstellung von einem Wesensunterschied zwischen Europa und Asien. Der Marxismus müsse sich daher, so die Kritik, gegen seine eigenen Grundlagen wenden, um weniger eine bestimmte Produktionsweise denn die Vorstellung davon zu überwinden und Emanzipation möglich zu machen.[105]
Ebenso wie die marxistische Sprache die Wirklichkeit nicht nur beschreiben, sondern auch mit Gewalt gefügig machen wollte, konnte sie sich auch gegen den Kommunismus selbst, als etwas gesellschaftlich Bestehendes, wenden. Der Bruch mit dem Bestehenden, um Geschichte gestaltbar zu machen, konnte sich daher sowohl prometheisch als auch anti-prometheisch artikulieren. Das universalistische Vorhaben, die Unterdrückten aller Länder zu einen, führte seine Anhänger oftmals, aber besonders seit den

---

[101] Ebd., 34:28–34:36 min.
[102] Emmanuel Karagiannis, Clark McCauley: The Emerging Red-Green Alliance: Where Political Islam Meets the Radical Left, in: Terrorism and Political Violence, 2/2013, S. 167–182.
[103] Zur Neuen Linke siehe etwa Priestland, Weltgeschichte des Kommunismus [Fn. 2], S. 543–598.
[104] Siehe hierzu etwa Edward Said: Orientalism. New York 1978, S. 153–157, 324f.
[105] Dass der Marxismus hierzu theoretisch bestens gerüstet sei, meinte Bryan S. Turner: Marx and the End of Orientalism. London 1978. – Für die arabische Übersetzung siehe Yazīd Ṣāyiġ: Mārks wa-nihāyat al-istišhrāq. Beirut 1981.

1970er Jahren, in unterschiedliche Richtungen und begründete neue Grenzziehungen, die die eigenen Reihen spalteten und „Kommunisten ohne Kommunismus"[106] hervorbrachten. Wenn es nach dem *Kommunistischen Manifest* darum ging, „mit nüchternen Augen anzusehen", wie alles Ständische und Stehende verdampfe und alles Heilige entweiht werde, so war schon die religiöse Art der Verehrung, die die Oktoberrevolution durch nicht wenige Intellektuelle erfuhr, nicht minder paradox.[107] Ob sich die Paradoxien des Kommunismus durch den Verweis auf einen ihm eigenen romantischen Impuls auflösen lassen, darf indes bezweifelt werden. Koenen bietet unter anderem die psychologisierende Deutung an, eine fortschreitende Arbeitsteilung habe „im Gegenzug regressive Wünsche nach kommunistischer, traditionaler oder religiöser Verbindlichkeit"[108] produziert,

> nach Zuständen also, worin Gesellschaft noch einmal eine beschützende Solidargemeinschaft oder „große Familie" [...] oder vielfarbige *Umma* der Rechtgläubigen aller Völker wäre, die sich einem ein für alle Mal gegebenen „Gesetz" unterwürfe, welches von den dazu Berufenen ausgelegt und angewandt würde. Was anderes war der Kommunismus? Dass es ihn so niemals gegeben hat (so wenig wie die große islamische *Umma*), ändert nichts an der Universalität dieses Wunsches.[109]

Einmal mehr soll hier die Überführung in ein kulturelles Idiom, die *Umma*-isierung, den Kommunismus erklären helfen, wobei implizit auch der Islamismus durch den Kommunismus als etwas Schon-einmal-Dagewesenes gedeutet wird und die „Universalität" beider Romantizismen als das Niemals-wirklich-Dagewesene ausgewiesen wird. Die Benennung mit einem arabisch-koranischen Begriff distanziert den Kommunismus nicht nur von sich selbst als einer fernen Schwärmerei; auch wird suggeriert, das Scheitern des europäischen Kommunismus sei durch Rückfall auf eine ihm eigentlich fremde (d.h. religiöse) Kultur erklärbar. Zum einen hätte sich dann der arabische Kommunismus nie von seiner eigenen Kultur gelöst. Zum anderen wiederholt eine solche Deutung die „orientalistische" Trennung (Nüchtern – Religiös; Westen – Orient) sowie die Kritik an ihr und verbleibt auf diese Weise innerhalb der Möglichkeiten marxistischer Sprachspiele, ohne das Paradox Kommunismus wirklich zu erhellen.

---

[106] Jacques Rancière: Communists Without Communism, in Costas Douzinas/Slavoj Zizek: The Idea of Communism. London/New York 2010, S. 167–178.
[107] Dazu Michail Ryklin: Kommunismus als Religion. Die Intellektuellen und die Oktoberrevolution. Frankfurt/Main 2008.
[108] Koenen, Was war der Kommunismus? [Fn. 2], S. 123.
[109] Ebd.

Nikolas R. Dörr

Emanzipation und Transformation

Rückblick auf den Eurokommunismus

> Anfang der 1970er Jahre leiteten die italienischen Kommunisten eine revolutionäre Wende ein. Sie lösten sich aus der Vorherrschaft der KPdSU und nahmen Abschied von Prinzipien der marxistisch-leninistischen Ideologie. Sie erkannten die Grundlagen der parlamentarischen Demokratie an und bejahten die Westintegration. Diese Wende speiste sich aus der Kritik an der militärischen Niederschlagung des „Prager Frühlings" und der autoritär repressiven Politik der Sowjetunion. Unterstützung fanden sie zunächst in Frankreich und Spanien. Der Eurokommunismus war kein homogenes theoretisches Gebilde. Die eurokommunistische Periode war eine des Übergangs. An ihrem Ende stand die Transformation der westeuropäischen kommunistischen Parteien in sozialdemokratische oder der Absturz in die Bedeutungslosigkeit. Offen ist, wie stark die sowjetischen Reformer unter Gorbačev vom Eurokommunismus beeinflusst waren.

Vor fast genau 40 Jahren, im September/Oktober 1973, publizierte der Generalsekretär des *Partito Comunista Italiano* (PCI, dt. KPI) Enrico Berlinguer drei Artikel in *Rinascita*, dem theoretischen Organ der Partei. Diese Artikel, die nach kurzer Zeit auch international Beachtung fanden, legten die Basis für eine geradezu revolutionäre strategische Wende der Kommunistischen Partei Italiens, die auf den gesamten westlichen Kommunismus ausstrahlen sollte.[1] Der seit 1972 amtierende PCI-Generalsekretär wurde dadurch zum Vordenker der kurze Zeit später so genannten Eurokommunisten, obwohl er den Begriff für wenig passend hielt.[2]

Berlinguers *Riflessioni sull' Italia dopo i fatti del Cile* nahmen auf den nur wenige Wochen zuvor am 11. September gegen die Regierung des Sozialisten Salvador Allende verübten Militärputsch in Chile Bezug. Im Gegensatz zum bisherigen Standardreflex kommunistischer Parteien schrieb Berlinguer kein Traktat über den verabscheuungs-

---

Nikolas R. Dörr (1979), M.A., Dipl.-Politikwissenschaftler, Doktorand am Zentrum für Zeithistorische Forschung Potsdam

[1] Die drei Artikel sind in deutscher Übersetzung erschienen in: Enrico Berlinguer: Für eine demokratische Wende. Ausgewählte Reden und Schriften 1969–1974. Berlin (DDR) 1975, S. 360–386.

[2] De facto hatte Berlinguer aufgrund der Erkrankung des PCI-Generalsekretärs Luigi Longo bereits Ende der 1960er Jahre die Führung der italienischen Kommunisten übernommen.

würdigen Imperialismus der Vereinigten Staaten von Amerika und die zu würdigende Friedfertigkeit der Sowjetunion.

Vielmehr verfasste Berlinguer eine nüchterne Analyse der Situation kommunistischer Parteien in westlichen Staaten und legte seinen Schwerpunkt auf Italien. Die politische, wirtschaftliche, militärische und kulturelle Macht der USA sei ein Faktum, das nicht geleugnet werden dürfe. Daher könne keine kommunistische Partei im Westen langfristig erfolgreich gegen die Interessen jener Supermacht agieren, sofern sie Regierungsverantwortung übernehmen wolle. Selbst wenn eine westliche KP in demokratischen Wahlen mehr als 50 Prozent der Stimmen erhalten würde, wären die Gegner im Innern wie im Äußeren stark genug, um diese demokratisch gewählte kommunistische Regierung ökonomisch, politisch oder wie im chilenischen Fall sogar militärisch zu destabilisieren oder zu stürzen. Vollständig ausgeschlossen sei es daher, die Staatsgewalt nach dem Vorbild der Oktoberrevolution gewaltsam zu übernehmen. Der Weg an die Macht könne, zumindest in westlichen Staaten, nur schrittweise erfolgen.

Ohne es explizit auszusprechen, stellte sich Berlinguer mit seinen Artikeln gegen die revolutionäre Machtgewinnung und propagierte einen Weg gradueller Reformen, die schließlich in Anlehnung an Antonio Gramscis *blocco storico*, die breite Masse der Bevölkerung von den Vorteilen kommunistischer Politik überzeugen sollte.[3] Auf lokaler und regionaler Ebene hatte der PCI diese Hegemonie bereits erreicht. In den Regionen Emilia-Romagna und Toskana dominierten die Kommunisten seit dem Ende des italienischen Faschismus. Jahrzehntelang kommunistisch regierte Städte wie Bologna galten in Italien als vorbildlich in ihrer Verwaltungseffizienz, der Infrastruktur und ihrem Kampf gegen Korruption und Mafia.[4] Der PCI schickte sich nun an, jene Regierungsfähigkeit auch national unter Beweis stellen zu wollen.

Unter dem Titel *compromesso storico* veränderte sich die Partei in den folgenden Jahren massiv.[5] Hatte jener Historische Kompromiss durch einen „revolutionären Reformismus"[6] zahlreiche innerparteiliche und programmatische Reformen zum Ziel, wurde er international vor allem auf die angestrebte Koalitionsfähigkeit mit Christdemokraten, Liberalen, Sozialdemokraten und anderen politischen Parteien reduziert.[7] Tatsächlich schien eine christdemokratisch-kommunistische Regierung Mitte der 1970er Jahre in den Bereich des Möglichen zu rücken. Seit dem Ausschluss der Kommunisten aus der Regierung von Ministerpräsident Alcide De Gasperi im Mai 1947 hatte die *Democrazia Cristi-*

---

[3] Zu Gramscis Einfluss auf den italienischen Eurokommunismus: Enzo Bettiza: Eurocommunism in Limbo, in: Austin Ranney, Giovanni Sartori (Hg.): Eurocommunism. The Italian Case. Washington D.C. 1978, S. 121–131, hier 124–127. – Christine Buci-Glucksmann: Gramsci und der Eurokommunismus, in: Beiträge zum wissenschaftlichen Sozialismus, 3/1977, S. 91–111.

[4] Peter Lange: The PCI at the Local Level. A Study of Strategic Performance, in: Donald L. Blackmer, Sidney Tarrow (Hg.): Communism in Italy and France. Princeton, London 1975, S. 259–304.

[5] Zum *compromesso storico*: Heinz Timmermann: Die Diskussion um den „historischen Kompromiss". Beobachtungen und Bemerkungen zum 14. Kongress der IKP (März 1975). Köln 1975. – Aus kritischer Perspektive: Giuseppe Are: Comunismo, compromesso storico e società italiana. Profilo di un innesto fallito. Lungro di Cosenza 2004.

[6] Heinz Timmermann: Revolutionärer Reformismus. Bemerkungen zum Sozialismusmodell der italienischen KP. Köln 1973.

[7] Petra Rosenbaum: Italien 1976. Christdemokraten mit Kommunisten? Reinbek 1976. – Theodor Leuenberger, Werner Gysin: Der historische Kompromiß. Chancen und Grenzen des Eurokommunismus. Berlin (West) 1979.

ana (DC) mit großen Parlamentsmehrheiten regiert und alle staatlichen Institutionen direkt oder mit Hilfe ihrer Koalitionspartner kontrolliert.
In dieser Phase waren die italienischen Kommunisten eng an Moskau und das Kominform angebunden. Erst mit der langsamen Lösung vom sowjetischen Einfluss während der Entstalinisierung konnte der PCI seine Wählerschaft erheblich verbreitern. Bei jeder Parlamentswahl zwischen 1958 und 1976 gewannen die Kommunisten hinzu, während die DC seit Ende der 1950er Jahre nicht mehr die Grenze von 40 Prozent der Wählerstimmen überschreiten konnte. Folge war ein christdemokratischer Strategiewechsel. So koalierte die DC nun mit dem *Partito Socialista Italiano* (PSI), der sich bis zur Niederschlagung des Volksaufstands in Ungarn eng an den PCI angelehnt hatte.
Ab Dezember 1963 dienten derartige *centro-sinistra*-Koalitionen dazu, christdemokratischen Ministerpräsidenten die Regierungsmehrheit zu sichern, doch sie brachten keine Lösung für die dringendsten Probleme Italiens. Nach dem rechtsterroristischen Anschlag auf die Piazza Fontana in Mailand im Dezember 1969 verschärfte sich die politische und gesellschaftliche Krise massiv. Links- und Rechtsterrorismus, ein abgebrochener Putschversuch rechter Kreise 1970, eine Wirtschafts- und Finanzkrise, die anhaltende Instabilität der Regierungen, der ungelöste Nord-Süd-Konflikt und immer wiederkehrende Skandale der Regierungsparteien führten zu einer weitgehenden Diskreditierung der DC und ihrer Koalitionspartner der rechten und linken Mitte. Während diesen Parteien von den Wählern zunehmend die Fähigkeit zur Lösung der genannten Punkte abgesprochen wurde, bot der PCI mit der langfristig angelegten Strategie des *compromesso storico* eine Perspektive, die dringendsten Probleme zu bewältigen und vor allem die italienische Demokratie vor autoritären Tendenzen zu bewahren.
Unter dem Eindruck dieser massiven Krise schien die jahrzehntelang undenkbare Zusammenarbeit der beiden großen politischen Blöcke Italiens einen Ausweg zu bieten. Innerhalb der DC war die Haltung zum PCI äußerst umstritten. Während sich der linke Flügel um den Vorsitzenden Aldo Moro, der 1978 von den *Brigate Rosse* entführt und ermordet wurde, für eine Zusammenarbeit mit den Kommunisten aussprach, verweigerte der rechte Parteiflügel um Amintore Fanfani jede Gesprächsbereitschaft. Die Niederlage der DC im Referendum über die Ehescheidung 1974 sowie die hohen Zugewinne des PCI bei den Regionalwahlen 1975 ließen einen Sieg der Kommunisten in den Parlamentswahlen vom 20. Juni 1976 möglich erscheinen. Der PCI erzielte 34,4 Prozent. Das waren über 12,5 Millionen Stimmen. Mit diesem Ergebnis blieben die Christdemokraten, die 38,7 Prozent (14,2 Millionen Stimmen) erhalten hatten, zwar stärkste Partei. Durch die Weigerung des PSI, eine weitere Koalition mit der DC einzugehen, trat jedoch der Fall ein, dass die christdemokratische Minderheitsregierung unter Giulio Andreotti nun auf das Stimmverhalten des PCI im Parlament angewiesen war. Diese Machtfülle einer kommunistischen Partei hatte es in Westeuropa seit der unmittelbaren Nachkriegszeit nicht gegeben. Zusätzlich hatte der *Parti Communiste Français* (PCF, dt. KPF) mit dem *Parti Socialiste* (PS) François Mitterrands im Juni 1972 ein gemeinsames Wahlprogramm, das *Programme commun*, beschlossen und schickte sich an, mit den Sozialisten die französischen Parlamentswahlen 1978 zu gewinnen.[8] In Griechenland, Portugal und

---

[8] Letztlich verlor die *Union de la gauche* aus PS, PCF und dem kleineren linksliberalen *Mouvement des radicaux de gauche* die Wahlen im März 1978 knapp. Mitterrand hatte jedoch sein wichtigstes Ziel erreicht, die Sozialisten wieder zur stärksten Partei der französischen Linken zu machen. Nach dem sozialistischen Sieg in der Präsidentschafts- und Parlamentswahl 1981 kam es zu einer Koalition aus PS und dem stark dezimierten PCF; Nikolas R.

Spanien, wo kurz zuvor noch Militärdiktaturen geherrscht hatten, verfügten die aus dem Widerstand und Exil gekommenen kommunistischen Parteien über eine breite Basis in der Arbeiterschaft. Auch wenn die Ergebnisse bei den ersten freien Parlamentswahlen mit 9,5 (KKE), 14,4 (PCP) und 9,3 Prozent (PCE) geringer ausfielen als die Kommunisten erhofft hatten, war deren politischer Einfluss nicht zu unterschätzen. Auch in Skandinavien und Finnland erzielten die kommunistischen Parteien vergleichsweise große Erfolge.

Diese Machtposition kommunistischer Parteien erregte Mitte der 1970er Jahre große Aufmerksamkeit in Politik, Öffentlichkeit und Wissenschaft.[9] 1975 prägte Frane Barbieri, ein Journalist der Mailänder Tageszeitung *Il Giorno Nuovo*, den Begriff „Eurokommunismus". Ursprünglich verwendete er ihn lediglich als Sammelbezeichnung moskaukritischer kommunistischer Parteien in Westeuropa.[10] Schnell machte der Begriff „Eurokommunismus" Karriere und wurde auf alle mehr oder weniger reformorientierten kommunistischen Parteien im Westen ausgeweitet.[11] Die nun in Millionen erscheinenden Artikel, aber auch Monografien und Sammelbände zum Thema drehten sich vor allem um die Frage, ob man dem Wandel der Kommunisten im Westen trauen könne. Vernachlässigt wurde dabei, dass es sich beim Eurokommunismus nie um ein geschlossenes theoretisches Konzept handelte. Zurecht hatte Frane Barbieri konstatiert:

> Ich habe mich für den Ausdruck „Eurokommunismus" entschieden, weil ich ihn für geographisch bestimmt, ideologisch jedoch für unbestimmt halte [...] Der Eurokommunismus ist ein ideologisch fließendes, unbestimmtes Phänomen, dem ich zwar nicht völlig eine neue ideologische Komponente absprechen will, jedoch keine andersartige Ideologie in einem abgeschlossenen Sinne zuerkennen möchte.[12]

Die Parteien nahmen das Etikett „Eurokommunisten" eher widerwillig an. Auch wenn es einige Versuche gegeben hatte, den Eurokommunismus theoretisch zu fundieren, so etwa vom spanischen Generalsekretär Santiago Carrillo, kam es nie zur Ausarbeitung eines eurokommunistischen Manifests.[13] Zwischen 1975 und 1977 kam es kurz zu intensiven Kontakten zwischen den Parteiführungen von PCI, PCF und dem *Partido Comunista de España* (PCE) sowie anderen kleineren Parteien, die dem Eurokommunismus zugerechnet wurden. Den vielbeachteten Höhepunkt stellte das Gipfeltreffen der drei Generalsekretäre Enrico Berlinguer, Georges Marchais und Santiago Carrillo am 3. März 1977 in

---

Dörr: François Mitterrand und der PCF – Die Folgen der *rééquilibrage de la gauche* für den *Parti Communiste Français*, in: Mitteilungen des Instituts für deutsches und internationales Parteienrecht und Parteienforschung (PRuF), 1/2011, S. 43–52.

[9] Nikolas R. Dörr: Die Auseinandersetzungen um den Eurokommunismus in der bundesdeutschen Politik 1967–1979, in: Jahrbuch für Historische Kommunismusforschung 2012. Berlin 2012, S. 217–232.

[10] Interview mit Barbieri in: Manfred Steinkühler (Hg.): Eurokommunismus im Widerspruch. Analyse und Dokumentation. Köln 1977, S. 389–392.

[11] Peggy L. Falkenheim: Eurocommunism in Asia. The Communist Party of Japan and the Soviet Union, in: Pacific Affairs, 1/1979, S. 64–77.

[12] Frane Barbieri zitiert in: Steinkühler, Eurokommunismus im Widerspruch [Fn. 10], S. 390.

[13] Santiago Carrillo: Eurocomunismo y estado. Barcelona 1977; deutsch: Eurokommunismus und Staat. Hamburg, Berlin 1977.

Madrid dar.[14] Eine gemeinsame politische Strategie ergab sich daraus nicht, obwohl dies konservative Kritiker des Eurokommunismus in Westeuropa und den USA erwartet und befürchtet hatten.[15] Der Begriff „Eurokommunismus" blieb undefiniert und wurde für alle kommunistischen Parteien in westlichen Staaten verwendet, die sich zumindest zeitweise moskaukritisch zeigten, grundlegende Merkmale pluralistischer Demokratien (v.a. Abwählbarkeit der Regierung, freie und gleiche Wahlen) akzeptierten und innerparteiliche Reformen (etwa die Abschaffung des demokratischen Zentralismus) sowie die Autonomie der parteinahen Gewerkschaften) umsetzten.

Allerdings eignete sich „Eurokommunismus" nur sehr bedingt als analytischer Begriff. Die zeitgenössische Debatte drehte sich zum großen Teil um die Frage, ob es die Eurokommunisten ernst meinen oder sie lediglich Marionetten in einem Täuschungsmanöver aus Moskau seien, um über den Reformkurs Zugang zu den euroatlantischen Machtzirkeln zu finden.[16] Erst mittelfristig offenbarte sich die wahre Zielsetzung der eurokommunistischen Parteien. Begreift man den Eurokommunismus ex post als Loslösung vom sowjetischen Einfluss inklusive innerparteilicher Demokratisierung, die nicht nur kurz-, sondern langfristig angelegt war, kann man von den größeren Parteien lediglich den PCI und mit Abstrichen den PCE hinzuzählen.

Eurokommunismus und der reale Sozialismus sowjetischen Typs

Große Hoffnungen hatten die späteren Eurokommunisten auf den Reformkommunismus Alexander Dubčeks in der Tschechoslowakei gesetzt. Die Idee eines nationalen Weges zum Sozialismus, der jeweils unabhängig von der sowjetischen Marxismus-Leninismus-Interpretation und ohne sowjetische Einmischung verfolgt werden sollte, war integraler Bestandteil des Eurokommunismus. Bereits Palmiro Togliatti hatte 1956 in seiner Vorstellung des Polyzentrismus das Recht einer jeden kommunistischen Partei auf einen eigenen nationalen und unabhängigen Weg betont.[17] Die gewaltsame Niederschlagung des „Prager Frühlings" im August 1968 durch Truppen des Warschauer Paktes und die knapp drei Monate später verkündete Brežnev-Doktrin wirkten traumatisch auf reformorientierte Kommunisten in Westeuropa. Zwar hatten einzelne Kommunisten bereits

---

[14] Heinz Timmermann: Vor dem historischen Niedergang? Entwicklungen und Perspektiven der kommunistischen Parteien Westeuropas. Köln 1989, S. 3.

[15] Nikolas R. Dörr: Ängste und Hoffnungen im Kalten Krieg. Der Eurokommunismus der 1970er Jahre, in: Frank Bösch, Martin Sabrow (Hg.): Jahresbericht des Zentrums für Zeithistorische Forschung 2011. Potsdam 2012, S. 44–47. – Beispiele konservativer Kritik am Eurokommunismus: Henry Kissinger: Communist Parties in Western Europe. Challenge to the West. Stanford 1977. – Silvius Magnago: Die Gefahren des Eurokommunismus, in: Friedrich Zimmermann (Hg.): Anspruch und Leistung. Widmungen für Franz-Josef Strauß. Stuttgart 1980, S. 127–142. – Rainer Barzel: Gegeneinander – miteinander – oder was sonst? In: Götz Hohenstein (Hg.): Der Umweg zur Macht. Euro-Kommunismus. München 1979, S. 241–261.

[16] Ausdruck der Angst vor einer sowjetischen Täuschung war das Bild des „Trojanischen Pferdes" namens Eurokommunismus, in dem tatsächlich sowjettreue Kommunisten darauf warteten, die Schaltzentralen des Westens zu besetzen; Rainer Holzer: Eurokommunismus – Was ist das? Berlin (West) 1978, S. 20.

[17] Palmiro Togliatti: Il „sistema policentrico" e la via italiana al socialismo, in: PCI (Hg.): Il Partito Comunista Italiano e il movimento operaio internazionale. 1956–1968. Roma 1968, S. 62–81.

gegen die Niederschlagung des Volksaufstandes in Ungarn protestiert, die nach Chruščevs Geheimrede vom 25. Februar 1956 auf eine Liberalisierung gehofft hatten. Doch das war eine Minderheit. In der Regel reagierten die kommunistischen Parteien auf Kritik aus ihren eigenen Reihen an der Sowjetunion mit Parteiausschluss. Besonders moskaufreundlich zeigten sich die französischen Kommunisten, die mit Emmanuel Le Roy Ladurie, François Furet, Alain Besançon, Anni Kriegel und Henri Lefebvre einige der renommiertesten französischen Geisteswissenschaftler ausschlossen oder so viel Druck auf sie aufbauten, dass sie freiwillig den PCF verließen.

Zwölf Jahre später stellte sich die Situation in Teilen anders dar. Die kommunistische Bewegung Europas spaltete sich nach dem Einmarsch in die ČSSR in ein moskautreues und ein moskaukritisches Lager. Der KPdSU hörige Parteien wie die *Deutsche Kommunistische Partei* (DKP) reagierten in gewohnter Manier. Die italienischen und spanischen Kommunisten kritisierten dagegen überraschend offen das sowjetische Vorgehen als eklatante Verletzung des Rechts auf einen nationalen Weg zum Kommunismus. Nach dem Einmarsch machte der PCI zeitweise sogar seinen Frieden mit der NATO.[18] Altiero Spinelli begründete dies mit der Schutzfunktion, die Italien für Titos Jugoslawien gegenüber der Sowjetunion einnehmen müsse:

> Nähme Italien eine neutrale Position ein, wäre es möglich, dass Jugoslawien genauso endet wie die ČSSR 1968. Das wollen die Kommunisten nicht.[19]

Nicht zuletzt fühlten sich die Eurokommunisten in ihrer eigenen Entwicklung durch Moskau bedroht. Berlinguer betonte im Juni 1976, dass er sich auf der Seite der NATO sicherer fühle, weil er dort nicht Angst zu haben brauche, das Schicksal Alexander Dubčeks zu erleiden.[20]

Im Dezember 1975 lud der damalige Außenminister der USA Henry Kissinger die US-Botschafter in Europa nach London ein. Mit seinem engen Berater für Sowjet- und Osteuropafragen Helmut Sonnenfeldt wollte er die US-Diplomaten auf einen konfrontativen Kurs gegen die eurokommunistischen Parteien einschwören. Kissinger und Sonnenfeldt, beide ursprünglich deutsche Juden, die vor den Nationalsozialisten fliehen mussten, teilten einen fast doktrinären Glauben an Hans Joachim Morgenthaus realistische Theorie der internationalen Politik.[21] In der Logik der Balance-of-Power war es unerheblich, ob sich kommunistische Parteien tatsächlich von Moskau lösten oder dies nur vortäuschten. Selbst wenn der Eurokommunismus eine Demokratisierung der entsprechenden Parteien zum Ziel hätte, würde dies unweigerlich früher oder später „innenpolitische Explosionen"[22] in Osteuropa auslösen. Für Kissinger war für die Vereinigten Staaten kein strategischer Gewinn durch die Eurokommunisten möglich. Entweder

---

[18] Zur Reaktion westeuropäischer kommunistischer Parteien: Maud Bracke: Which Socialism, Whose Détente? West European Communism and the Czechoslovak Crisis of 1968. Budapest, New York 2007.

[19] Altiero Spinelli zitiert in: Helmut Richter, Günter Trautmann (Hg.): Eurokommunismus. Ein dritter Weg für Europa? Hamburg 1979, S. 73.

[20] Enrico Berlinguer: La politica internazionale dei comunisti italiani. 1975–1976. Rom 1976, S. 149–160.

[21] Hans Joachim Morgenthau: Politics among nations. The Struggle for Power and Peace. New York 1948.

[22] Helmut König: Der rote Marsch auf Rom. Entstehung und Ausbreitung des Eurokommunismus. Stuttgart 1978, S. 278.

die Parteien waren von Moskau angehalten, einen Reformkurs vorzutäuschen oder sie waren wirkliche Reformkommunisten, was wiederum zu Unruhe in Osteuropa, der Zerstörung des Gleichgewichts und einer verschärften Reaktion der Sowjetunion führen könnte, wenn diese Parteien von den Vereinigten Staaten unterstützt werden würden. Darüber hinaus würden die USA dadurch Reformkommunisten zur Macht in Westeuropa verhelfen. Eine Unterstützung der eurokommunistischen Parteien in ihrem Reformkurs war daher für Kissinger keine Option:

> Wir können nicht den Fortschritt kommunistischer Parteien ermutigen oder einen Präzedenzfall schaffen, in dem unsere Untätigkeit den Erfolg einer kommunistischen Partei befördert. Wie weit solch eine Partei Moskaus Linie unterstützt, ist dabei uninteressant. Selbst wenn Portugal dem italienischen Modell gefolgt wäre, hätten wir dagegen opponiert.[23]

In den realsozialistischen Staaten in Ostmittel- und Osteuropa lösten die Eurokommunisten dagegen ein reges Interesse aus. Reformkommunisten und Regimegegner hofften auf den Durchbruch jener Parteien. Die Hoffnungen ruhten hierbei auf einer demokratischen Reform der realsozialistischen Diktaturen mit Hilfe des Eurokommunismus. In der DDR verfolgten Regimekritiker wie Robert Havemann, Rudolf Bahro und Wolf Biermann fasziniert die Entwicklungen in den eurokommunistischen Parteien. In seinem Aufsatz „Der Sozialismus und die Freiheit" stellte Havemann diese Entwicklungen dem realen Sozialismus sowjetischen Typs gegenüber:

> Wer nicht bereit ist, den *realen* Sozialismus zu akzeptieren, wer ihn nicht als *Diktatur des Proletariats,* sondern als eine *Diktatur einer Parteiführung über das Proletariat* ansieht, der sollte den französischen Genossen zustimmen.[24]

Unter den Parteiführungen der realsozialistischen Staaten löste die Reformpolitik der Eurokommunisten dagegen Ängste aus, dass sie den eigenen Machtanspruch unterminieren könnte. Hermann Axen, Internationaler Sekretär des ZK der SED und zuständig für den Kontakt zu den westeuropäischen Bruderparteien, befürchtete, dass „solche Tendenzen auch die Werktätigen in Osteuropa vom realen Sozialismus entfremden könnten".[25] Bereits nach dem Einmarsch in Prag hatte die Sowjetführung irritiert und aggressiv auf die deutliche Kritik westeuropäischer KPs reagiert. In einigen Parteien machte Moskau seinen Einfluss geltend und ging aggressiv gegen die Kritiker vor. So kam es zu einer großangelegten Offensive gegen die Kritiker der Sowjetunion in den Reihen der *Kommunistischen Partei Österreichs* (KPÖ). Als Handlanger der KPdSU fungierte die SED. Auf dem Parteitag der KPÖ 1969 kam es zu einer Säuberung der Führung. Danach trat

---

[23] Henry Kissinger zit. nach: Theo Sommer: Vom Umgang mit Kommunisten. Eine US-Debatte, die auch uns angeht, in: Die Zeit, 17/1976, <http://www.zeit.de/1976/17/vom-umgang-mit-kommunisten>.

[24] Robert Havemann zitiert in: Hermann Vogt: Eurokommunismus. Ein Reader. West-Berlin 1978, S. 173 (kursiv im Original). Der PCF hatte zuvor auf seinem XXII. Parteikongress im Februar 1976 beschlossen, die Forderung nach der Diktatur des Proletariats aus dem Programm zu streichen.

[25] Hermann Axen zitiert in: Heinz Timmermann: Die Beziehungen Ost-Berlins zu den jugoslawischen und zu den Eurokommunisten. Köln 1977, S. 9.

knapp ein Drittel der Mitglieder aus oder wurde ausgeschlossen.[26] Wenn der Ausschluss der moskaukritischen Fraktion nicht funktionierte, ließ die sowjetische Parteiführung eine ihr loyale Fraktion eine neue moskauhörige Konkurrenzpartei gründen. Dies war 1971 etwa in Australien der Fall.[27] In Finnland war die eurokommunistische Fraktion in der KP so stark, dass weder der von der KPdSU gewünschte Ausschluss der Reformkommunisten gelang, noch eine Neugründung einer sowjetorientierten Partei vorgenommen wurde. Die sowjetische Führung konnte nur insofern ihren Einfluss geltend machen, als ein Zwangsproporz in den Parteiämtern angeordnet wurde, der die Moskauer Fraktion in der finnischen KP überproportional bevorteilte.[28]

Auf die kommunistischen Massenparteien Italiens und Frankreichs konnte jedoch kein äquivalenter Druck aufgebaut werden. Dank ihrer zahlreichen Mitglieder konnten beide Parteien ihren Finanzbedarf durch Beiträge, Spenden, Erlöse aus der Parteipresse und Publikationen sowie Beteiligungen an Unternehmen zumindest für eine Übergangszeit selbst decken und waren daher von sowjetischer Finanzierung weniger abhängig als kleinere Parteien. Dennoch spürten PCI und PCF die verringerten, zeitweise gar eingestellten Finanzhilfen aus Moskau. Letztlich war die Sowjetführung jedoch daran interessiert, den Einfluss auf die eurokommunistischen Parteien zu erhalten und einem erneuten Schisma in der kommunistischen Bewegung Europas vorzubeugen. Die Zahlungen wurden daher im Normalfall nach kurzer Zeit wieder aufgenommen.[29]

Vor allem die italienischen Kommunisten blieben für die Sowjetführung ein Problem. Im Gegensatz zum PCF, der spätestens nach dem Bruch der *Union de la gauche* 1977 wieder auf einen orthodox-kommunistischen Kurs zurückkehrte[30], führten die italienischen Kommunisten ihren Reformkurs kontinuierlich weiter, wodurch die Entfremdung zwischen den beiden Parteisitzen in der *Via delle Botteghe Oscure* in Rom und dem Alten Platz in Moskau wuchs. Besondere Bedeutung hatte die Einführung parteiinterner Demokratie für die italienischen Kommunisten. So beschloss der XIV. Parteikongress des PCI 1975 eine umfangreiche Änderung der Statuten. Dort hieß es nun unter anderem:

> Artikel 5c) Jeder Genosse hat das Recht, bei den Organen der Partei die eigenen Ansichten zu vertreten, auch wenn sie von denen abweichen, die in den Anleitungen für die Orientierung und die Arbeit enthalten sind.
> Artikel 5e) Jedes Parteimitglied hat die Pflicht, Kritik und Selbstkritik zu üben, um die eigene Aktivität und die der Partei zu verbessern; in den Instanzen der Partei gegen die Mängel, die Verletzungen der Demokratie und der Normen des Statuts ... zu kämpfen.[31]

---

[26] Maximilian Graf, Michael Rohrwasser: Die schwierige Beziehung zweier „Bruderparteien". SED, KPÖ, Ernst Fischer und Franz Kafka, in: Jochen Staadt (Hg): Schwierige Dreierbeziehung. Österreich und die beiden deutschen Staaten. Frankfurt/Main u.a. 2013, S. 137–178.
[27] Wolfgang Leonhard: Eurokommunismus. Herausforderung für Ost und West. München 1978, S. 327–334.
[28] Nikolas R. Dörr: Wandel des Kommunismus in Westeuropa. Eine Analyse der innerparteilichen Entwicklungen in den Kommunistischen Parteien Frankreichs, Finnlands und Italiens im Zuge des Eurokommunismus. Berlin 2006, S. 45–60.
[29] Dazu ausführlich: Valerio Riva: Oro di Mosca. I finanziamenti sovietici al PCI dalla Rivoluzione d'Ottobre al crollo dell'URSS. Mailand 1999.
[30] Zum Eurokommunismus im PCF siehe: Yves Santamaria: Histoire du Parti communiste français. Paris 1999, S. 78–95.
[31] Aus dem Statut der PCI nach dem XIV. Parteitag zitiert in: Manfred Spieker (Hg.): Der Eurokommunismus – Demokratie oder Diktatur? Stuttgart 1979, S. 225f.

Zusätzlich kam es zu einer programmatischen Wende. Der PCI erkannte die katholische Kirche als Dialogpartner an, akzeptierte grundsätzlich die Existenz der NATO und verzichtete auf die Forderung nach großangelegten Verstaatlichungen und behielt diesen Reformkurs bei.

Seinen Höhepunkt erlebte der Eurokommunismus auf der Kommunistenkonferenz am 29./30. Juni 1976 in Ost-Berlin.[32] Bereits bei den langwierigen Vorbereitungen hatten sich die Gegensätze angedeutet, die später auf der Konferenz zutage traten.[33] Die drei großen eurokommunistischen Parteien PCI, PCF, PCE bildeten mit Titos *Bund der Kommunisten Jugoslawiens* und der rumänischen KP Nicolae Ceau□escus einen Block, der sich gegen die Vorgaben der KPdSU wehrte. In ihren Reden betonten Enrico Berlinguer, Georges Marchais und Santiago Carrillo das Recht auf die Unabhängigkeit einer jeden kommunistischen Partei von Moskau. Besonders deutlich wurde Carrillo:

> Jahrelang war Moskau, wo unsere Träume begannen, Wirklichkeit zu werden, unser Rom. Wir sprachen von der Großen Sozialistischen Oktoberrevolution, als wäre sie unsere Weihnacht. Das war unsere Kinderzeit. Heute sind wir erwachsen.[34]

Der Streit zwischen den beiden kommunistischen Blöcken Europas entspann sich vor allem am Text des Abschlussdokuments. Die Eurokommunisten verhinderten mit der jugoslawischen und rumänischen KP die Annahme des von KPdSU und SED erarbeiteten Entwurfs und erzwangen auf diese Weise eine offene Diskussion über den Text.[35] Letztlich musste der sowjetorientierte Block einlenken, um nicht die protestbedingte Abreise der eurokommunistischen Parteien zu riskieren. Statt der ursprünglich von der KPdSU gewünschten Festlegung auf den „proletarischen Internationalismus" wurde nun das Recht einer jeden kommunistischen Partei auf eine „völlig selbständig und unabhängig ausgearbeitete und beschlossene politische Linie" in das Abschlussdokument aufgenommen.[36] Dieser Erfolg war jedoch nicht von langer Dauer. Spätestens mit dem sowjetischen Einmarsch in Afghanistan im Dezember 1979 wurden die Risse im eurokommunistischen Lager deutlich. Der PCI verurteilte die Militärintervention in einer Erklärung vom 29. Dezember auf das Schärfste:

> Militärische Interventionen von außen stellen, in jedem Fall, eine unzulässige Verletzung der Grundsätze der Unabhängigkeit, der Souveränität und der Nichteinmischung in die inneren Angelegenheiten dar, die die Grundlage für die Beziehungen zwischen Staaten darstellen und in jeder Situation respektiert werden müssen.[37]

---

[32] Zur Konferenz siehe: Heinz Timmermann: Die Konferenz der europäischen Kommunisten in Ost-Berlin. Ergebnisse und Perspektiven. Köln 1976.
[33] Ders.: Das Tauziehen um die gesamteuropäische Kommunistenkonferenz. Köln 1975, S. 22.
[34] Santiago Carrillo zitiert in: Steinkühler, Eurokommunismus im Widerspruch [Fn. 10], S. 376.
[35] SAPMO-BArch, DY 30 IV B 2/20/491, S. 201–205.
[36] Abschlussdokument der Konferenz kommunistischer und Arbeiterparteien Europas in: Steinkühler, Eurokommunismus im Widerspruch [Fn. 10], S. 292.
[37] Fondazione Istituto Gramsci (FIG), Archivio del Partito Comunista Italiano (APC), Estero, 1979, mf 0439, 2694, Forte preoccupazione, 29.12.1979.

Enrico Berlinguer

Ähnlich kritische Stimmen suchte man von der Führung des PCF vergeblich. Vielmehr stellten sich die französischen Kommunisten auf die Seite der Invasoren. Georges Marchais' Bestreben, im April 1980 eine Konferenz einzuberufen, die zwar den NATO-Doppelbeschluss verurteilen, aber nicht auf den sowjetischen Einmarsch eingehen sollte, erteilte der PCI eine klare Absage:

> Auf der Pariser Konferenz hätte sich die KPI mit der Politik der Raketenbesitzer, den Regierungsparteien des Warschauer Paktes, identifizieren müssen. Und das ist keineswegs unsere Linie. [. . .] Als uns die französischen und polnischen Genossen zur Konferenz einluden, haben wir bereits klargemacht, dass man derzeit nicht über Krieg und Frieden reden kann, ohne die sowjetische Intervention in Afghanistan zu erwähnen.[38]

Verschärft wurden die Gegensätze durch die unterschiedliche Haltung beider Parteien zur freien Gewerkschaft *Solidarność* in Polen. Zum offenen Bruch zwischen der Sowjetführung und dem PCI kam es im Laufe des Jahres 1981.[39] Vom 23. Februar bis 3. März 1981 führte die KPdSU ihren XXVI. Parteitag durch. Für den PCI sollte der überzeugte Eurokommunist Giancarlo Pajetta ein Grußwort vortragen. Allerdings wurde Pajetta verweigert, auf der offiziellen Rednertribüne zu sprechen.[40] Die Sowjetführung um den erkrankten Generalsekretär Leonid Brežnev reagierte mit diesem symbolischen Akt der Zurücksetzung auf die anhaltende Kritik der italienischen Kommunisten. Die Ausrufung des Kriegsrechts in Polen im Dezember 1981 verurteilte die Führung des PCI als „Militärputsch". Berlinguer sprach erstmals davon, dass „die aus der Oktoberrevolution hervorgegangene Triebkraft des Realsozialismus sowjetkommunistischer Prägung endgültig erschöpft" sei.[41]

Mit der Wahl Michail Gorbačevs zum Generalsekretär der KPdSU im März 1985 wendete sich das Blatt der Eurokommunisten. Gorbačev offenbarte großen Respekt für Berlinguer und die italienischen Kommunisten.[42] Von nun an gab es Präferenzbeziehungen zu den in Moskau lange verschmähten italienischen Kommunisten, während orthodoxkommunistische Parteien kritisiert wurden.[43] So mahnte Aleksandr Jakovlev, Mitglied des Politbüros der KPdSU und außenpolitischer Berater Gorbačevs, die Genossen der DKP auf deren Parteitag Anfang 1989 „die Scheuklappen veralteter ideologischer Kli-

---

[38] Giancarlo Pajetta zitiert in: Bruno Schoch: Die internationale Politik der italienischen Kommunisten. Frankfurt/Main, New York 1988, S. 469.
[39] Heinz Timmermann: Die italienischen Genossen gehen auf Distanz. Zur jüngsten Kontroverse zwischen PCI und KPdSU, in: OSTEUROPA, 6/1982, S. 443–460. – Christian Zänker: Die Isolierung des Eurokommunismus. Die sowjetische Auseinandersetzung mit den italienischen Kommunisten zwischen dem XXIV. und XXVI. Parteitag der KPdSU, in: Neue Gesellschaft, 3/1982, S. 244–253.
[40] Giancarlo Pajetta: Zu den außenpolitischen Konzeptionen der italienischen Kommunisten, in: OSTEUROPA, 5/1982, S. 405–413.
[41] Schoch, Die internationale Politik [Fn. 38], S. 531f. – Birgit M. Kraatz: Still und heimlich im Chambre séparée. Über die langsame Annäherung von PCI und SPD in Rom, in: Karlheinz Bentele u.a. (Hg.): Metamorphosen. Annäherungen an einen vielseitigen Freund. Für Horst Ehmke zum Achtzigsten. Bonn 2007, S. 268.
[42] Michail Gorbatschow: Alles zu seiner Zeit. Mein Leben. Hamburg 2013, S. 319–322. Welchen Einfluss der Eurokommunismus auf das politische Denken Michail Gorbačevs hatte, ist bislang eine ungeklärte Frage.
[43] Heinz Timmermann: Die sowjetische Westeuropapolitik unter Gorbatschow. Köln 1987, S. 20f.

schees abzustreifen und die Realität so zu sehen, wie sie ist".[44] Zu diesem Zeitpunkt war der Eurokommunismus jedoch bereits Vergangenheit. Während Parteien wie der PCF nun wieder jeden Reformkommunismus ablehnten und zig Kritiker aus der Partei ausschlossen, intensivierten die italienischen Kommunisten nach Berlinguers überraschendem Tod 1984 den Erneuerungskurs und näherten sich der westeuropäischen Sozialdemokratie an. Im Februar 1991 kam es zur Umwandlung des PCI in den sozialdemokratischen *Partito Democratico della Sinistra*,[45] der nach verschiedenen Umbenennungen und Fusionen die Mehrheit des heutigen *Partito Democratico* bildet.[46]

Was bleibt vom Eurokommunismus?

Vom Eurokommunismus ist wenig geblieben. Ausgerechnet die Finanzkrise im Euro-Raum hat den Eurokommunismus in der Öffentlichkeit wieder in Erinnerung gerufen. Um die Parlamentswahlen in Griechenland am 6. Mai und am 17. Juni 2012 war häufig zu hören, dass der Ursprung der Linkspartei *SYRIZA* im Eurokommunismus liegt. Tatsächlich war deren Vorsitzender Alexis Tsipras in den 1980er Jahren in die eurokommunistische Fraktion der griechischen Kommunisten eingetreten. Damals eine Splitterpartei konnte sie dank der Fusion mit weiteren linken Gruppierungen zum Bündnis *SYRIZA* 2004 eine solide Wählerbasis erreichen. Bei den Wahlen vom 17. Juni 2012 profitierte sie von der massiven Unzufriedenheit der Wähler mit den etablierten Parteien *PASOK* und *Nea Dimokratia* und stieg zur zweitstärksten Partei des Landes auf. Vielen Wählern außerhalb Griechenlands erscheinen die Forderungen der *SYRIZA* radikal. Dabei wird häufig vergessen, dass das Parteienbündnis bereits die abgemilderte Form des griechischen Kommunismus darstellt. Mit der orthodoxkommunistischen *Kommounistikó Kómma Elládas* (KKE) befindet sich noch eine weitere, links der *SYRIZA* angesiedelte Partei im Parlament. Allerdings hat die KKE bei den zweiten Wahlen 2012 mit nur noch 4,5 Prozent der Wählerstimmen und zwölf Mandaten einen Rückschlag erleiden müssen.[47]

Häufig sind die ehemals eurokommunistischen Parteien gezwungen, Fusionen oder Wahlverbindungen einzugehen, um im Parlament vertreten zu sein. Als eine der letzten hat der PCF diesen Weg vollzogen. Seit 2009 tritt die Partei mit dem *Parti de Gauche* innerhalb des *Front de Gauche* zu Wahlen an. Den Niedergang der französischen Kommunisten von der einst stärksten Partei des Landes in die Bedeutungslosigkeit hat der *Front de Gauche* bislang eher nur verlangsamt denn umgekehrt.

Der *Partido Comunista de España*, einst drittgrößte eurokommunistische Partei, durchlitt nach schlechten Wahlergebnissen und Mitgliederverlust Anfang der 1980er Jahre heftige innerparteiliche Querelen. Diese führten nicht nur zur Abspaltung mehrerer Kleinpartei-

---

[44] Zit. nach: Heinz Timmermann: Die KPdSU und das internationale kommunistische Parteiensystem. Paradigmenwechsel in Moskau. Köln 1989, S. 20.

[45] Eine Minderheit im PCI schloss sich dem Wandel zur Sozialdemokratie nicht an und gründete den *Partito della Rifondazione Comunista*.

[46] Zum *Partito Democratico*: Nikolas R. Dörr: Die Krise der Sozialdemokratie in Italien, in: Felix Butzlaff, Matthias Micus, Franz Walter (Hg.): Genossen in der Krise? Europas Sozialdemokratie auf dem Prüfstand. Göttingen 2011, S. 226–241.

[47] Bei den Mai-Wahlen 2012 hatte die KKE noch 8,5 Prozent Wählerstimmenanteil und 26 Abgeordnetensitze gewonnen.

en. Der Vordenker des Eurokommunismus, Santiago Carrillo, wurde im April 1985 auf Betreiben seines reformfreudigeren Nachfolgers Gerardo Iglesias aus der Partei ausgeschlossen. Carrillo gründete daraufhin den *Partido de los Trabajadores de España-Unidad Comunista*, der allerdings erfolglos blieb und im Oktober 1991 aufgelöst wurde. Im April 1986 musste sich die Kommunistische Partei Spaniens schließlich im Parteienbündnis *Izquierda Unida* zusammenschließen. Seinerzeit vor allem als Sammlungsbecken linker Parteien und Gruppierungen gedacht, die gegen den NATO-Beitritt Spaniens eintraten, hatte das Bündnis jedoch die Hauptaufgabe, den Verlust an Wählerstimmen und Mitgliedern der Kommunisten auszugleichen. Nach Jahren des Niedergangs – bei den Wahlen im März 2008 konnte *Izquierda Unida* gerade noch zwei Mandate im Abgeordnetenhaus erreichen – profitierte das Linksbündnis mit elf gewonnenen Sitzen bei den Wahlen 2011 von der aktuellen Krise.

Die eurokommunistische Transformation war jedoch kein Garant für eine erfolgreiche Fortexistenz der kommunistischen Parteien über das Ende der Sowjetunion hinaus. Paradoxerweise ist mit dem *Partido Comunista Português* (PCP) einer der vehementesten Gegner des Eurokommunismus sowie auch der Reformen Michail Gorbačevs weiterhin eine nationale politische Größe. Vor allem in der zentral- und südportugiesisch gelegenen Region Alentejo erhalten die Kommunisten heute bis zu 30 Prozent der Wählerstimmen. Bereits frühzeitig hatte sich der PCP zu einem Wahlbündnis zusammengeschlossen. Gemeinsam mit dem *Partido Ecologista – Os Verdes*, den portugiesischen Grünen, und der kleinen linken Partei *Associação de Intervenção Democrática* bildet der PCP seit September 1987 die *Coligação Democrática Unitária*, wobei die Kommunisten deutlich stärkste Partei sind und im Durchschnitt mehr als drei Viertel der Mandate des Wahlbündnisses wahrnehmen. Anders als die meisten kommunistischen Parteien Westeuropas hält der PCP weiterhin am Hammer-und-Sichel-Symbol fest.

Der theoretische Ansatz eines Dritten Weges zwischen westeuropäischer Sozialdemokratie und Sowjetkommunismus ist weitgehend aufgegeben worden. Der Großteil der eurokommunistischen Parteien hat sich aufgelöst oder in eine sozialdemokratische oder linkssozialistische Partei umgewandelt. In allen Staaten Westeuropas haben sich auf der politischen Linken sozialdemokratische Parteien durchgesetzt. Der Eurokommunismus ist von einem Gegenstand der Politik- und Sozialwissenschaften zu einem historiographischen Thema geworden. Seit Beginn der 2000er Jahre haben sich vor allem italienische und französische Historiker des Eurokommunismus angenommen.[48] Mit der Öffnung zahlreicher Archive kommunistischer Parteien und Staaten bieten sich neue Blicke auf den Eurokommunismus. Einen Schwerpunkt bildet die Rolle eurokommunistischer Parteien in der internationalen Politik während des Kalten Krieges. Insbesondere die Funktion als Vermittler zwischen Ost und West während der Entspannungspolitik ist dabei von zeithistorischem Interesse.[49]

---

[48] Frédérique Valentin-McLean: Dissidents du Parti Communiste Français. La révolte des intellectuels communistes dans les années 70. Paris 2006. – Silvio Pons: Berlinguer e la fine del comunismo. Turin 2006. – Ders.: La politica internazionale di Berlinguer negli anni dell' „Unità Nazionale". Eurocomunismo, NATO e URSS (1976–1979), in: Agostino Giovagnoli, Luciano Tosi (Hg.): Un ponte sull'Atlantico. L'alleanza occidentale 1949–1999. Mailand 2003, S. 282–297. – Thomas Hofnung: Georges Marchais. L'inconnu du Parti communiste français. Paris 2001.

[49] Irwin Wall: L'amministrazione Carter e l'eurocomunismo, in: Ricerche di storia politica, 2/2006, S. 181–196. – Ders.: Les États-Unis et l'eurocommunisme, in: Relations Internationales, 119/2004, S. 363–380. – Nikolas R. Dörr: Der Eurokommunismus als sicherheitspoli-

Es zeigte sich, dass die Kontakte zu ausgewählten sozialdemokratischen Parteien Westeuropas deutlich intensiver waren als bislang angenommen. So fungierte beispielsweise der PCI nicht nur als Vermittler der sozial-liberalen Ostpolitik der Bundesregierung nach Osteuropa, sondern erstattete den westdeutschen Sozialdemokraten sogar kontinuierlich Bericht über die wachsenden Divergenzen im kommunistischen Lager.[50] Gleichzeitig unterstützte die SPD den Reformkurs der italienischen Kommunisten seit 1967 durch gegenseitige Treffen,[51] die zu einer Vertrauensbasis zwischen beiden Parteien führten. Der Dialog wurde bis zum Wandel des PCI in eine sozialdemokratische Partei und der Aufnahme in die Sozialistische Internationale fortgeführt.[52] Zeitweise führte dieser intensive Austausch sogar zu Protesten der Bruderparteien.[53] In der deutschen Geschichtswissenschaft spielt die Haltung der SED zum Eurokommunismus eine wichtige Rolle.[54] Obwohl die SED-Führung um Erich Honecker den Eurokommunismus entschieden ablehnte und als innenpolitische Gefahr wahrnahm, hat die neuere Forschung nachgewiesen, dass die SED zeitweise auf die entsprechenden Parteien zuging, um einen Bruch der kommunistischen Bewegung Europas zu verhindern.[55] Wie die Dissidenten in Osteuropa

---

tisches Problem für die Bundesrepublik Deutschland und die Vereinigten Staaten von Amerika am Beispiel des *Partito Comunista Italiano* (PCI), in: Potsdamer Bulletin für Zeithistorische Studien, 45/46/2009, S. 45–49. – Ders.: Der Eurokommunismus als Herausforderung für die europäische Sozialdemokratie. Die Beispiele Frankreich und Italien, in: Perspektiven DS – Zeitschrift für Gesellschaftsanalyse und Reformpolitik, 2/2010, S. 83–102. – Alessandro Brogi: Confronting America. The Cold War between the United States and the communists in France and Italy. Chapel Hill 2011.

[50] Archiv der sozialen Demokratie in der Friedrich-Ebert-Stiftung Bonn (AdsD), Bestand Leo Bauer, Leo Bauer als Gesprächsführer im Dialog SPD/PCI, 1/LBAA000010, Aktenvermerk von Leo Bauer an Willy Brandt und Herbert Wehner, 7.11.1969, Bonn, S. 1f. – Ebd., „Bericht über die Begegnung mit der KPI am 29. und 30. März 1969 in Rom" von Leo Bauer, 1.4.1969, Bad Godesberg, S. 1f.

[51] Heinz Timmermann: Im Vorfeld der neuen Ostpolitik. Der Dialog zwischen italienischen Kommunisten und deutschen Sozialdemokraten 1967/68, in: OSTEUROPA , 6/1971, S. 388–399.

[52] Bernd Rother: „Era ora che ci vedessimo". Willy Brandt e i PCI, in: Contemporanea. Rivista di storia dell'800 e del'900, 1/2011, S. 61–82.

[53] So beschwerte sich die DKP beim PCI, dass die italienischen Kommunisten engere Kontakte zur SPD als zur bundesdeutschen Bruderpartei pflegten: FIG, APC, Estero, 1973, mf 065, 1108–1114, Nota sul congresso del D.K.P, riservato per Berlinguer von Agostino Novella, 7.11.1973, Rom. Bettino Craxi vom PSI protestierte bei der SPD gegen die engen Kontakte zum PCI: Willy-Brandt-Archiv im AdsD, A 11.15, 10, „Aufzeichnungen über das Gespräch zwischen Willy Brandt und Bettino Craxi am 18. September in Heilbronn", 23.9.1976, S. 1.

[54] Nikolas R. Dörr: Die Beziehungen zwischen der SED und den kommunistischen Parteien West- und Südeuropas. Handlungsfelder, Akteure und Probleme, in: Arnd Bauerkämper, Francesco Di Palma (Hg.): Bruderparteien jenseits des Eisernen Vorhangs. Die Beziehungen der SED zu den kommunistischen Parteien West- und Südeuropas (1968–1989). Berlin 2011, S. 48–65. – Ulrich Pfeil: Sozialismus in den Farben Frankreichs. SED, PCF und „Prager Frühling", in: Deutschland Archiv, 34/2001, S. 235–245. – Manfred Steinkühler: Die SED und der PCI. Rückblick eines Angehörigen des Auswärtigen Dienstes, in: Deutschland Archiv, 6/2010, S. 1016–1023. – Francesco Di Palma: Die SED, die *Kommunistische Partei Frankreichs* (PCF) und die *Kommunistische Partei Italiens* (PCI) von 1968 bis in die Achtzigerjahre. Ein kritischer Einblick in das Dreiecksverhältnis, in: Deutschland Archiv, 1/2010, S. 80–89.

[55] Francesco Di Palma: Der Eurokommunismus und seine Rezeption durch die SED (1968–1976). Einige theoretische Bemerkungen, in: Jahrbuch für Historische Kommunismusforschung 2012. Berlin 2012, S. 233–248.

den Eurokommunismus rezipierten und welche Haltung die Sowjetunion zum Eurokommunismus bezog, bedarf weiterer historischer Forschung.[56]

Heute ist der Eurokommunismus ein abgeschlossenes Kapitel. Er hat keine Erneuerung des kommunistischen Denkens hervorgebracht, aber den Wandel zahlreicher kommunistischer Parteien beschleunigt. Die Periode des Eurokommunismus war eine Phase der Transformation. Um sich vom omnipräsenten Einfluss der KPdSU zu lösen, bedurften Parteien wie der PCI neuer internationaler Kontakte, die sie vor allem mit den westeuropäischen Sozialdemokraten aufbauten.[57] Zeitweise stimmten die eurokommunistischen Parteien ihr Vorgehen ab, so auf der Konferenz kommunistischer Parteien Ende Juni 1976 in Ost-Berlin. Allerdings war dies bereits der Höhepunkt der gemeinsamen Aktivitäten.

Ende 1977 beendeten die französischen Kommunisten das eurokommunistische Experiment und kehrten auf einen moskaufreundlichen Kurs zurück. 1978/79 konnten sich PCI und PCF nicht einmal mehr auf ein gemeinsames Wahlprogramm für die ersten Direktwahlen zum Europäischen Parlament einigen.

---

[56] Bisher handelt es sich bei den meisten Publikationen um zeitgenössische, die keine Archivquellen auswerten, etwa Borys Lewytzky: Zur Auseinandersetzung mit dem Eurokommunismus in der UdSSR. Köln 1977. – Dina Spechler: Zhdanovism, Eurocommunism and Cultural Reaction in the USSR. Jerusalem 1979.

[57] Nikolas R. Dörr: Das Fazit des Eurokommunismus. Ergebnisse der Konferenz „Vom Eurokommunismus zur sozialen Demokratie?" / „Dall'eurocommunismo alla socialdemocrazia?" in der Villa Vigoni vom 19. bis 21. April 2009, in: Perspektiven DS – Zeitschrift für Gesellschaftsanalyse und Reformpolitik, 1/2009, S. 162–167.

„Du entscheidest! Regionalalwahlen 1981. Solidarność"

Burkhard Olschowsky

Revolution statt Revolution
Wirkung und Wahrnehmung der *Solidarność*

> 1980 begann in Polen eine Revolution. Zum ersten Mal in der Geschichte der kommunistischen Staatenwelt gründeten Arbeiter eine freie Gewerkschaft. Für die regierende Arbeiterpartei in Polen und die kommunistischen Bruderparteien von der UdSSR bis zur DDR war die bloße Existenz der *Solidarność* ein Angriff auf ihr ideologisches Selbstverständnis und ihr Machtmonopol. Die *Solidarność* wuchs zu einer breiten Freiheitsbewegung. Mit ihrer Verpflichtung auf Gewaltfreiheit und Selbstbeschränkung revolutionierte sie den Revolutionsbegriff. Sie brach mit der polnischen Aufstandstradition, und sie prägte den Runden Tisch. Hier waren Kompetenz und Verhandlungsgeschick gefragter als revolutionärer Furor. Der ausgehandelte Übergang von einem autoritären sozialistischen System in eine demokratische Ordnung vollendete 1989 eine Revolution besonderer Art.

Die Entstehung der unabhängigen, selbstverwalteten Gewerkschaft *Solidarność* infolge der ökonomischen und politischen Unzufriedenheit war ein Novum im sowjetischen Einflussbereich. Die Nachricht über das Danziger Abkommen, das am 31. August 1980 der Werftelektriker und Vorsitzende des „Überbetrieblichen Streikkomitees", Lech Wałęsa, und der stellvertretende Ministerpräsident Mieczysław Jagielski unterzeichnet hatten, elektrisierte das ganze Land.

Die meisten Polen verbanden mit der *Solidarność* die große Hoffnung auf eine demokratische Erneuerung des Landes. Sie erwarteten, dass die *Solidarność* die über Jahre gewachsene Ungerechtigkeit beseitigen und den Machtmissbrauch des Apparats eindämmen würde. Erstmals seit Jahrzehnten konnten die Polen offen ihre Meinung äußern, außerhalb des Privaten ihren Gefühlen freien Lauf lassen und sich solidarisch verbunden fühlen. Es war die kollektive Subjektwerdung einer in Vormundschaft gehaltenen Gesellschaft. Angesichts dieser Erwartungen und des rasanten Anstiegs der Mitgliederzahl binnen weniger Monate auf 9,5 Millionen erwies sich das Verständnis von *Solidarność* als bloßer Gewerkschaft rasch als eng.[1]

In der neuen Bewegung engagierten sich Arbeiter, Bauern, Intellektuelle, Katholiken, Atheisten, Sozialdemokraten, Liberale und Konservative. Auch dank dieser sozialen

---

Burkhard Olschowsky (1969), Dr. phil., Historiker, Europäisches Netzwerk Erinnerung und Solidarität, Warschau; Bundesinstitut für Kultur und Geschichte der Deutschen im östlichen Europa, Oldenburg

[1] Jerzy Holzer: Solidarność 1980–1981. Geneza i Historia, Paryż 1984, S. 111f. – Melanie Tatur: Solidarność als Modernisierungsbewegung. Frankfurt/Main 1989, S. 114f.

und ideellen Vielfalt wurde die *Solidarność* zu einer nationalen Freiheitsbewegung. Das einende Band war die Gewaltlosigkeit, die Fähigkeit zur Selbstbeschränkung sowie die Überzeugung, dass die *Solidarność* in der Tradition jener polnischen Generationen stehe, die um Freiheit rangen. Das unterstrich eine entsprechende Symbolik.[2]
Die Regierungen und Bevölkerungen in Ost und West waren von der Entstehung der *Solidarność* überrascht und blickten gebannt darauf, was in Polen geschah. Die Gründung einer unabhängigen Gewerkschaft in einem Land der sowjetischen Einflusssphäre erschien als ein gewagter Schritt, da sie den Machtanspruch der *Polnischen Vereinigten Arbeiterpartei* (Polska Zjednoczona Partia Robotnicza; PVAP) und damit auch die sowjetische Vorherrschaft in Frage stellte. Insbesondere die sowjetische Führung betrachtete die Entwicklung mit großem Argwohn. Moskau sorgte sich um die Geschlossenheit des sozialistischen Lagers. Unruhen in Polen, das im Zentrum des Warschauer Pakts lag, konnten die Verbindungswege in die DDR und die ČSSR beeinträchtigen. Die Streiks in Polen trafen die sowjetische Führung zu einem prekären Zeitpunkt. Der Einmarsch in Afghanistan Ende Dezember 1979 hatte eine schwere internationale Krise ausgelöst und die Sowjetunion weltweit isoliert. Moskau wandte sich zunehmend drohend an die polnische Regierung und forderte, der „Konterrevolution" endlich Einhalt zu gebieten.[3]
In Washington verfolgte man die Entstehung der *Solidarność* mit Sympathie, jedoch auch mit Sorge, ob die Sowjetunion ihre Armee zur Niederschlagung der Gewerkschaftsbewegung einsetzten würde. Zbigniew Brzeziński, Sicherheitsberater von Präsident Jimmy Carter, widmete Polen seine besondere Aufmerksamkeit. Das Weiße Haus war entschlossen, die UdSSR im Dezember 1980 von einer Intervention in Polen abzuhalten, und machte das Moskau öffentlich auch unmissverständlich deutlich.[4]
Auf die Entstehung und Anerkennung der *Solidarność* durch die PVAP reagierte die Führung der DDR mit Fassungslosigkeit. Die Entwicklungen in Polen sah die SED-Führung 1980/81 durch ihre ideologisch und machtpolitisch getönte Brille. Sie verstand sofort, welche Gefahr von der Gründung einer freien Gewerkschaft für das Machtmonopol der Partei im kommunistischen System und für die Lage des deutschen Teilstaates ausging. Um Kontakte zwischen polnischen Bürgern und Bürgern der DDR und so die Verbreitung des „*Solidarność*-Bazillus" zu unterbinden, kündigte die DDR-Regierung am 30. Oktober 1980 – gegen den Willen der polnischen Führung – einseitig den visafreien Reiseverkehr. Das kam der Schließung der Grenze gleich. Gleichzeitig erhöhte die DDR-Regierung den Zwangsumtausch für Bundesbürger bei der Einreise in die DDR. Das war der Versuch, die Bevölkerung der DDR von zwei Seiten gegen äußere Einflüsse abzuschotten.[5]
Die *Solidarność* verstand sich auch als eine Bewegung für die Unterdrückten im sowjetischen Einflussbereich. Sie suchte den Kontakt zu Gewerkschaftlern im Westen

---

[2] Barbara Törnquist-Plewa: The wheel of polish fortune. Myths in polish collective consciousness during the first period of Solidarity. Lund 1992, S.117f. – Jan Kubik: The role of symbols in the legitimation of power in Poland 1976–1981. PhD Columbia University, 1989, S. 380f.
[3] Dokumenty Teczka Susłowa. Warszawa 1993.
[4] Zbigniew Brzeziński: White House diary, in: Orbis, Winter 1988, S. 32, 36f. – Thomas H. Cynkin: Soviet and American Signaling in the Polish Crisis. New York 1988, S. 43.
[5] Burkhard Olschowsky: Einvernehmen und Konflikt. Das Verhältnis zwischen der DDR und der Volksrepublik Polen 1980–1989. Osnabrück 2005, S. 32–37.

sowie zu Bürgerrechtlern und Oppositionellen in Ostmittel- und Osteuropa.[6] Die Bevölkerung in den sozialistischen Nachbarstaaten nahm Anteil am Schicksal der Polen, spürten sie doch, dass niemals zuvor die kommunistische Macht derart in Frage gestellt worden war. Für ihren Mut wurden die Polen von vielen Arbeitern jenseits von Oder und Bug ebenso beneidet wie für ihre Gewerkschaft, die authentisch die Interessen der Arbeiter vertrat. Werte wie Gleichheit, soziale Gerechtigkeit und leistungsgerechte Entlohnung standen auf beiden Seiten der Oder und Neiße hoch im Kurs. Doch die *Solidarność* fand keine Nachahmer, zu spezifisch waren die polnische Erfahrung der Selbstbehauptung, die Tradition des Widerstands und die gesellschaftlichen Bedingungen für soziales Handeln wie Streiks.[7]

Besonders weit ging im September 1981 der *Solidarność*-Kongress mit seiner „Botschaft an die Arbeiter Osteuropas", in der die polnische Gewerkschaft ihre Kollegen in anderen sozialistischen Ländern ermutigte, „den schwierigen Weg des Kampfes um eine freie Gewerkschaft zu beschreiten".[8] Die Herrschenden in Polen, vor allem aber jene in Moskau, Prag und Ost-Berlin fassten diese Botschaft als Affront auf. Die Zeichen standen auf Konfrontation. Im Hintergrund hatte die polnische Führung in Absprache mit der sowjetischen die Verhängung des Ausnahmezustands vorbereitet. Die Verschlechterung der Versorgungslage, die einsetzende Ernüchterung in der Bevölkerung über die *Solidarność* und deren Radikalisierung „von unten" eröffneten General Wojciech Jaruzelski und seinem Kreis den geeigneten Moment. Am 13. Dezember 1981 verhängte er das Kriegsrecht über das Land.[9]

Kriegsrecht in Polen und die Reaktionen

Das Kriegsrecht traf Polen und die *Solidarność* unvorbereitet. Wo Widerstand aufflammte, wurde er erstickt. Verboten waren alle Arten von Versammlungen, Demonstrationen und Streiks sowie das Verbreiten unerlaubter Schriften und Informationen. Es wurden eine Polizeistunde eingeführt, die Reise- und Bewegungsfreiheit der Bürger eingeschränkt, Telefongespräche und Postverkehr unterlagen fortan der Zensur. Die Tätigkeit aller Gewerkschaften, Vereine und gesellschaftlicher Organisationen war bis auf weiteres ausgesetzt. Jeder Bürger über 17 Jahren konnte auf Befehl der Wojewodschaftskommandeure der Miliz unbefristet interniert werden.

Trotz dieser Härte fällt das Urteil über die Verhängung des Kriegsrechts unterschiedlich aus. Ein bedeutender Teil der polnischen Bevölkerung sah das Kriegsrecht als notwendiges Übel, um einen sowjetischen Einmarsch und den totalen wirtschaftlichen Kollaps zu verhindern. Insofern hatte der Kreis um Jaruzelski mit dem neu geschaffe-

---

[6] Węgierski Łącznik. Warszawa 2008. Hierbei handelt es sich um einen Band mit Interviews mit Ákos Engelmayer, Csaba György Kiss, Jstván Kovács, Attila Szalai, Imre Molnár.– Andrzej Chwalba: Czasy „Solidarności". Francuscy Związkowcy i NSZZ „Solidarność" 1980–1989. Kraków 1997.
[7] Olschowsky, Einvernehmen und Konflikt [Fn. 5], S. 101–124.
[8] Holzer, Solidarność 1980–1981 [Fn. 1], S. 269.
[9] Christopher Andrew, Wassili Mitrochin: Das Schwarzbuch des KGB. München 2001, S. 625.

nen *Militärrat zur nationalen Rettung* (Wojskowa Rada Ocalenia Narodowego; WRON) als zentrales Machtorgan partiell die Rückendeckung der Gesellschaft.[10]
Die Regierungen der Warschauer-Pakt-Staaten nahmen Jaruzelskis Vorgehen mit Genugtuung auf. Das Politbüro der KPdSU, in dem vor dem 13. Dezember Zweifel laut geworden waren, ob Jaruzelski die nötige Härte zur Durchsetzung des Kriegsrechts habe, lobte das Vorgehen und beschloss Wirtschaftshilfen für Polen.[11] In der DDR liefen staatlichen Hilfsmaßnahmen an, um dem Jaruzelski-Regime den Rücken zu stärken. Im ganzen Land wurden Päckchen zusammengestellt und nach Polen geschickt. Wie wir heute aus den Stasi-Aufzeichnungen wissen, gab es in der Bevölkerung natürlich viele, die diese Solidaritätsaktionen „als politischen Schaueffekt" erkannten.[12]
Die westlichen Regierungen sorgten sich um das Schicksal der Internierten. Aufgrund der Informationssperre drangen kaum Informationen aus Polen nach außen. Insgesamt wurden über 9000 Personen interniert, in dieser Zeit jedoch nicht misshandelt. Doch bei der militärischen Besetzung von Betrieben, wo sich die Streikenden zur Wehr setzten, kam es unter den Arbeitern zu Toten. Das geschah in der Zeche *Wujek* in Kattowitz.
Auf den 13. Dezember 1981 fiel der letzte Tag des politisch sensiblen Staatsbesuches Helmut Schmidts in der DDR. Von einem Journalisten nach seiner ersten Reaktion auf das Kriegsrecht befragt, antwortete Schmidt:

> Herr Honecker ist genauso bestürzt gewesen wie ich, dass dies nun notwendig war. Ich hoffe sehr, dass es der polnischen Nation gelingt, ihre Probleme zu lösen. Sie dauern ja schon sehr lange. Und die wirtschaftlichen und finanziellen Hilfsmöglichkeiten anderer Staaten zugunsten Polens sind ganz gewiss nicht unbegrenzt.[13]

Während der damalige ständige Vertreter der Bundesrepublik in Ost-Berlin, Klaus Bölling, glaubt, Schmidt habe sehr bald begriffen, „dass es ein Fehler gewesen war, die Polen indirekt als Störfaktor für die deutsch-deutschen Beziehungen hinzustellen",[14] räumt Schmidt rückblickend lediglich eine „im Augenblick der Erregung nicht ganz glückliche Wortwahl" ein.[15] Die Bundesregierung sah sich daraufhin heftigen

---

[10] Jerzy Holzer: Abschied von einer Illusion. Die Solidarność und die Idee einer konfliktfreien Gesellschaft, in: OSTEUROPA, 2–3/2009, S. 151–166, hier S. 157. – 23 Prozent der Befragten einer Umfrage vom Oktober 1983 meinten, die *Solidarność* trage die Verantwortung für die Einführung des Kriegsrechts, 27 Prozent wiesen den Machthabern die Verantwortung zu. 50 Prozent gaben beiden Seiten eine Mitverantwortung; CBOS: Społeczeństwo i władza. Lat osiemdziesiątych w badaniach CBOS. Warszawa 1994, S. 59.
[11] Politbüro-Sitzung der KPdSU vom 14. Januar 1982, in: Generał Pawłow: Byłem rezydetem KGB w Polsce. Warszawa 1994, S. 370f.
[12] Archiv der Bundesbeauftragten für die Unterlagen des Staatssicherheitsdienstes der ehemaligen DDR (BStU), ZAIG 4152. Bericht zur Reaktion der Bevölkerung der DDR auf Vorgänge in Polen, 22.12.1981 und 5.1.1982 Bl.53-59.
[13] Bundespresseamt, Nachrichtenabteilung, Ref. II R3, Rundfunk-Auswertung Deutschland, DFS,13.12.1981, 12.55, he.
[14] Klaus Bölling: Die fernen Nachbarn. Erfahrungen in der DDR. Hamburg 1983, S. 157.
[15] Helmut Schmidt: Die Deutschen und ihre Nachbarn. Berlin 1990, S. 74.

Vorwürfen vonseiten der CDU/CSU-Opposition ausgesetzt; sie zeige zu wenig Unterstützung für die unterdrückten polnischen Bürger.[16]
In den USA schenkten Diplomatie und Medien der Ausrufung des Kriegsrechts in Polen große Beachtung. Einhellig verurteilten sie das Kriegsrecht und machten als treibende Kraft die Sowjetführung verantwortlich. Präsident Reagan forderte am 18. Dezember 1981 die europäischen Verbündeten zu einer harten Haltung und zu Wirtschaftssanktionen gegen das Jaruzelski-Regime auf. Damit hatte er keinen Erfolg, denn es war fraglich, ob die Sanktionen tatsächlich die herrschende Elite und nicht die Bevölkerung treffen würden: Da in der amerikanischen Öffentlichkeit die Empörung über die Bilder aus Polen wuchs, verhängte die US-Regierung Wirtschaftssanktionen gegen die Sowjetunion. Zu dieser Entscheidung trug auch die moralische Aufladung des Ost-Welt-Konflikts bei.[17]
Am 5. Januar 1982 kam Bundeskanzler Schmidt zu Gesprächen nach Washington. Auch er machte primär die Sowjetunion für die Lage in Polen verantwortlich. Er sagte aber der amerikanischen Administration zu, die Wirtschaftshilfe der Bundesrepublik für Polen so lange auszusetzen, bis das polnische Volk nicht mehr unterdrückt werde. Wirtschaftssanktionen lehnte er jedoch weiterhin ab.[18] Er begründete dies damit, dass die Verhängung des Kriegsrechts eine innere Angelegenheit Polens sei, Wirtschaftssanktionen den kleinen Mann härter als die Herrschaftselite treffen würden und die Deutschen aufgrund ihrer Geschichte zur Versöhnung mit den Nachbarn verpflichtet seien.[19]
Die Forderung der US-Administration vom Sommer 1982 an die Bundesrepublik, Frankreich und Großbritannien, auf das geplante Erdgasröhrengeschäft mit der Sowjetunion zu verzichten, offenbarten unterschiedliche wirtschaftliche Interessen und einen Konflikt zwischen dem amerikanischer Unilateralismus und dem westeuropäischen Multilateralismus. Hier konnten sich die Europäer durchsetzen, zumal für sie wirtschaftliche Kooperation über Blockgrenzen hinweg Teil der Entspannungspolitik in Europa war.[20]

Das Kriegsrecht und die Suche nach politischer Orientierung

Die Ausrufung des Kriegsrechts und die Unterdrückung der *Solidarność*, die nationale, kommunitaristische und religiöse Züge trug, zwangen die Regierungen in Ost und West – im Westen aber auch einzelne Parteien und gesellschaftliche Gruppen – zu Polen Stellung zu beziehen. Die Schwierigkeit bestand darin, dass das bisherige Koordinatensystem und Kategorien wie „Frieden" und „sozialistisches Bruderland" im Osten und „Berechenbarkeit" und „Wandel durch Annäherung" im Westen nicht

---

[16] Bundestag, Plenarprotokolle, 9/74, 18.12.1981, S. 4289, 4296.
[17] U.S. State Department Briefing Paper from L. Paul Bremer to James W. Nance, Poland. President's Meeting with Lane Kirkland, 17.12.1981, in: Poland 1980–1982. Internal Crisis International Dimensions, No 69. – Lane Kirkland, who led the A.F.L.-C.I.O. in difficult times for workers, dies at 77, in: New York Times, 16.8.1999.
[18] Krzysztof Malinowski: Polityka Republiki Federalnej Niemiec wobec Polski w latach 1982–1991. Poznań 1997, S. 78f.
[19] Helmut Schmidt: Menschen und Mächte. Berlin 1987, S. 309f.
[20] Christian Th. Müller: Der Erdgas-Röhren-Konflikt 1981/82, in: Bernd Greiner, Christian Th. Müller, Claudia Weber (Hg.): Ökonomie im Kalten Krieg. Bonn 2010, S. 501–520, hier S. 512f.

taugten, um der Forderung der *Solidarność* nach Freiheit, Unabhängigkeit, sozialer Gerechtigkeit und gesellschaftlicher Selbstorganisation zu entsprechen. Die üblichen Bezeichnungen „links" und „rechts" schienen in Bezug auf die *Solidarność* und den Umgang mit Polen obsolet.[21]

Es galt, das Verhältnis von Politik und Moral, Verantwortung und Gesinnung, Frieden und Menschenrechten zu justieren. Exemplarisch für diese Ambivalenz steht die sozialliberale Ostpolitik. Die erste Phase der Ostpolitik war zweifelsohne wichtig. Ohne die deutsche Schuld am Zweiten Weltkrieg anzuerkennen, wäre es kaum möglich gewesen, mit den kommunistischen Regierungen Kontakt aufzunehmen, Regeln des gemeinsamen Umgangs festzulegen und die Ostverträge auszuhandeln. Diese Phase fand ihren Höhepunkt in der Schlussakte der KSZE von Helsinki, wo Moskau seine Zustimmung zur Anerkennung der Menschenrechte (im sogenannten Korb III) zu Protokoll gab.[22]

Die Entspannungspolitik war sicher ein Katalysator, jedoch keine unabdingbare Voraussetzung für die Entstehung der *Solidarność*. Später führte die Fixierung führender westlicher Entspannungspolitiker auf Kontakte mit den kommunistischen Regierungsvertretern sowie der Vorrang, den sie vermeintlichen Stabilitätsinteressen vor Menschenrechten einräumten, bei der Opposition in Polen und Osteuropa zur Enttäuschungen – sie forderten aus dem Verständnis eines ganzheitlichen Begriffs der Menschenrechte, dass es keinen „äußeren" Frieden ohne den im Inneren geben dürfe.[23]

Aus der Enttäuschung über diese Entspannungspolitiker erklärt sich zu einem Teil auch, weshalb Ronald Reagan als weltanschaulicher Antipode wohl nirgendwo sonst in Europa ein ähnlich hohes Ansehen besaß wie in Polen. Und dies, obwohl der amerikanische Handelsboykott die Restrukturierung der polnischen Wirtschaft erschwerte. Dass Washington mit seiner Politik Polen möglicherweise in noch stärkere Abhängigkeit von der Sowjetunion brachte, sahen nur wenige Beobachter jenseits des Atlantiks. Aufgrund des ausgeprägten antikommunistischen Konsenses in der amerikanischen Gesellschaft und Politik negierte die Reagan-Administration die erkennbaren nationalen und kulturellen Unterschiede zwischen den Ländern des „Ostblocks" und neigte dazu, das Jaruzelski-Regime als bloßen Befehlsempfänger Moskaus zu dämonisieren.[24]

Doch auch Reagans Politik war keineswegs so kohärent „antikommunistisch", wie im Rückblick gern behauptet wird. Am 16. Januar 1984 bot Reagan der Sowjetunion Abrüstungsverhandlungen an. Es handelte sich dabei um keinen Propagandatrick. Die unveränderten ideologischen Gegensätze traten hinter das „gemeinsame lebenswichtige Interesse", einen Atomkrieg zu vermeiden und die Risiken zu reduzieren, die zu seinem Ausbruch führen könnten, denn das „könnte sehr wohl der letzte der Mensch-

---

[21] Heinrich Böll, Freimut Duve, Klaus Staeck (Hg.): Verantwortlich für Polen? Hamburg 1982.
[22] Marion Dönhoff: Der richtige Weg: Schritt um Schritt, in: Die Zeit, 28.2.1992.
[23] Klaus Moseleit: Die „Zweite" Phase der Entspannungspolitik der SPD 1983–1989. Frankfurt/Main 1991, S. 20.
[24] Zbigniew Brzeziński: U.S. policy toward Poland in a Global Perspective, in: Paul Marer, Włodzimierz Siwiński (Hg.): Creditworthiness and Reform in Poland. Bloomington 1988, S. 320. – Verteidigungsminister Caspar Weinberger hatte Jaruzelski nach Verhängung des Kriegsrechts einen „sowjetischen Offizier in polnischer Uniform" genannt.

heit sein".[25] Im Präsidentschaftswahlkampf präsentierte Reagan sich als antikommunistischer „Freiheitskämpfer", während er außenpolitisch seinen entspannungsinspirierten Kurs fortsetzte. „Dabei verhehlte er nicht, dass er die neu gewonnene militärische und politische Stärke der USA als realistischen Ausgangspunkt für Verhandlungen betrachtete."[26]

Wie ungeeignet die Kategorien „links" und „rechts" waren, um die *Solidarność* und das Kriegsrecht zu bewerten, zeigten die Einschätzungen von weltanschaulich so unterschiedlichen Personen wie Enrico Berlinguer, Generalsekretär der Kommunistischen Partei Italiens (KPI), sowie Zbigniew Brzeziński.

Die italienischen Kommunisten, die sich seit den frühen 1970er Jahren nach und nach von Moskau gelöst und den Eurokommunismus geprägt hatten, verabschiedeten am 29. Dezember 1981 eine Protestresolution gegen die Verhängung des Kriegsrechts in Polen. Hierin verbanden sie das Schicksal der *Solidarność* mit der Friedensbewegung und konkret mit den Genfer Rüstungskontrollverhandlungen. Ein Übergehen der „leidgeprüften Polen" sei unverantwortlich, zynisch und nicht vereinbar mit den Prinzipien der Kommunistischen Partei Italiens. Demokratie und Sozialismus seien unlösbar an die universalen Menschenrechte gebunden. Berlinguer betrachtete das Kriegsrecht als den Abbruch des polnischen Wegs zum Sozialismus, der ein demokratischer und pluralistischer hätte sein können, wenn die Sowjetunion und die Warschauer-Pakt-Staaten ihn nicht systematisch torpediert hätten.[27]

Nach Zbigniew Brzeziński hatte Polen wenig Aussicht, sich in absehbarer Zeit aus der sowjetischen Umklammerung zu lösen. Mittelfristig sollten die Polen dreierlei anstreben: Zum einen ihre wirtschaftliche Lage verbessern, um nicht in dauerhafte Abhängigkeit von der Sowjetunion zu geraten. Zum zweiten sollten sie ihr geistig-kulturelles Bewusstsein pflegen und sich dabei auf eine unverfälschte Geschichte stützen. Drittens empfahl er ihnen, den ideologischen Kern des Regimes durch nationale Werte zu unterlaufen. Nationales Freiheitsstreben berge die Möglichkeit, das Sowjetsystem von innen aufzuweichen, es für die internationale Zusammenarbeit zu gewinnen und dessen Umgestaltung zu fördern. Insofern komme Polen eine eminent wichtige strategische Bedeutung zu.[28]

„Normalisierung von oben" in Polen

Die Repressionen unter dem Kriegsrecht, das bis zum 22. Juli 1983 in Kraft war, hatten die *Solidarność* im Untergrund merklich geschwächt. Die Internierten wurden genötigt, Loyalitätserklärungen gegenüber den Machthabern abzugeben, bevor sie Aussicht auf Entlassung hatten. Diesem perfiden Instrument sahen sich auch Beamte,

---

[25] Ronald Reagan: Public Papers 1984, Bd. 1 Washington, DC 1986, S. 40–44. – Klaus Schwabe: Verhandlung und Stationierung. Die USA und die Implementierung des NATO-Doppelbeschlusses 1981–1987, in: Philipp Gassert u.a. (Hg.): Zweiter Kalter Krieg und Friedensbewegung: Der NATO-Doppelbeschluss in deutsch-deutscher und internationaler Perspektive. München 2011, S. 65–93, hier S. 82.
[26] Schwabe, Verhandlung und Stationierung [Fn. 25], S. 83.
[27] Enrico Berlinguer: After Poland. Towards a New Internationalism. Nottingham 1982, S.13f.
[28] Hoover Institution Archives (HIA): Zdzisław Najder, Box 6. Eine Konferenz in Mai 1984 in Yale zum Thema „Współczesna Polska w perspektywie historycznej".

Lehrer und Journalisten ausgesetzt, wenn sie ihren Beruf ausüben wollten. Schätzungen zufolge verließen in den 1980er Jahren etwa zwei Millionen Polen das Land, was die *Solidarność* schwächte, vor allem aber einen Verlust für die polnische Gesellschaft darstellte, da primär junge und gut ausgebildete Menschen emigrierten.[29]

Die PVAP-Führung bemühte sich um eine „Normalisierungspolitik". Sie hielt einerseits an den Repression gegen die Opposition fest, andererseits versicherte sie öffentlich, dass es keine Rückkehr zum Voluntarismus der Gierek-Ära geben werde. Zudem machte das Regime rechtsstaatliche Konzessionen. So wurden ein Verwaltungs- und ein Verfassungsgericht eingerichtet sowie das Amt eines Ombudsmanns für Bürgerrechte geschaffen. Ziel war es, die politische und sozioökonomische Lage des Landes zu stabilisieren. Das gelang jedoch nur ansatzweise.

In den 1980er Jahren versuchte die polnische Regierung mehrfach, mit Wirtschaftsreformen der ausweglosen Situation aus Verschuldung, Ineffektivität und Investitionsmangel zu entkommen, ohne eine radikale Abkehr von der Planwirtschaft zu wagen. Die Reformen sollten die Wirtschaft dezentralisieren, die Selbstverwaltung und Selbstfinanzierung der Betriebe auf den Weg bringen, ein Marktgleichgewicht von Angebot und Nachfrage in wenigstens einigen Branchen erreichen, um marktwirtschaftliche Wachstumskräfte zu stimulieren. Die Umsetzung scheiterte am Widerstand des Partei- und Wirtschaftsapparats. Dem unabdingbaren Anstieg der Verbraucherpreise folgte in der Regel eine Anhebung der Löhne und damit das Abgleiten in die Hyperinflation. Der Warenmangel und das Versorgungsdefizit zwangen die Bevölkerung täglich, stundenlang nach Lebensmitteln und Konsumgütern anzustehen, was die Frustration in der Gesellschaft noch erhöhte.[30]

Für die polnische Führung war es seit 1980 unmöglich, sich der in den sozialistischen Ländern üblichen Rhetorik von der Interessenidentität zwischen Machthabern und Gesellschaft zu bedienen. Um die entstandene Kluft zu überwinden, verzichtete die Partei auf ideologische Postulate wie den Aufbau einer „entwickelten sozialistischen Gesellschaft" oder das Streben nach „kommunistischer Moral".[31] Den eigenen ideologischen Anspruch, nach dem die Partei die führende Rolle in Politik, Wirtschaft und Gesellschaft innehabe, reduzierte die PVAP auf ein „moralisch-ideelles Gebot", der Gesellschaft und insbesondere der Arbeiterklasse zu „dienen".[32]

Neue Einsichten aus dem Osten

Mit der Berufung von Michail Gorbačev zum Generalsekretär der KPdSU veränderte sich das Verhältnis zwischen Polen und der Sowjetunion deutlich. Gorbačevs offenkundige Sympathie für Jaruzelskis Reformbemühungen beförderte Polen vom Paria

---

[29] Andrzej Friszke: Statystyka represji, in: Wolność i Solidarność. Studia z dziejów opozycji wobec komunizmu i dyktatury, 2/2011, S. 45–63.
[30] Dariusz T. Grala: Reformy gospodarcze w PRL (1982–1989). Próba uratowania socjalizmu. Warszawa 2005.
[31] Marcin Zaremba: Komunizm, legitymizacja, nacjonalizm. Nacjonalistyczna legitymizacja władzy komunistycznej w Polsce. Warszawa 2005, S. 383f.
[32] Program Polskiej Zjednoczonej Partii Robotniczej. Warszawa 1987, S. 184f.

zum Versuchsfeld wirtschaftlicher Reformen.³³ Die westlichen Regierungen registrierten Polens neue Rolle zwar, begegneten dem Jaruzelski-Regime aber weiterhin mit Vorbehalten. Die Amnestie der inhaftierten Oppositionellen im September 1986 war ein wichtiger Schritt, um dem Westen und insbesondere den USA, welche die Wirtschaftssanktionen aufrechterhalten hatten, ein Entgegenkommen zu signalisieren. Doch das Verbot der *Solidarność* blieb bestehen.

Die Sanktionen der USA blieben im Wesentlichen bis Ende 1986 in Kraft, obwohl deren Wirksamkeit nach Aufhebung des Kriegsrechts zunehmend in Zweifel gezogen wurde. Der Außenpolitische Ausschuss des Repräsentantenhauses gestand 1987 selbstkritisch, dass man Polen über Jahre als „Ersatzfeind" für die Sowjetunion behandelt hatte.³⁴ Auffällig war, dass sich ab 1984 Papst Johannes Paul II., Zbigniew Brzeziński, Lech Wałęsa und andere Oppositionelle einmütig für die Aufhebung der Sanktionen aussprachen.³⁵ Denn in der Tat war der politische Nutzen der Sanktionen zwischen 1984 und 1986 geringer geworden, während die handelspolitischen Nachteile vor allem die Bevölkerung unverändert bedrückten.

Mitte der 1980er Jahre wurde der Schatten kürzer, den der Kriegszustand geworfen hatte. Der polnischen Regierung gelang es nun, schrittweise die außenpolitischen Beziehungen zu verbessern. Jaruzelski besuchte 1985 Frankreich, im Dezember 1984 kam Italiens Außenminister Giulio Andreotti, im April 1985 der britische Geoffrey Howe. Beide verknüpften ihre offiziellen Visiten mit einem Besuch des Grabes von Jerzy Popiełuszko, jenes Priesters, der 1984 vom Sicherheitsdienst ermordet worden war.³⁶ Hochrangige deutsche Politiker, sei es von der SPD oder der CDU, mieden in der Regel derartige Gesten. Repräsentativ war das Auftreten des SPD-Ehrenvorsitzenden Willy Brandt in Warschau im Dezember 1985, als er General Jaruzelski, Primas Józef Glemp und Vertreter des Warschauer „Klubs der katholischen Intelligenz" wie Tadeusz Mazowiecki traf. Ein Treffen mit Lech Wałęsa kam weder in Danzig noch in Warschau zustande. Bei der polnischen Opposition setzte sich der Eindruck fest, dass die deutschen Sozialdemokraten stärker auf die Empfindlichkeiten des Regimes Rücksicht nahmen, als Solidarität mit der bedrängten Opposition zu zeigen.³⁷

Wenn westliche Politiker Polen besuchten und Wałęsa treffen wollten, missbilligten das die Machthaber nach wie vor. Doch sie konnten es in der zweiten Hälfte der 1980er Jahre immer weniger verhindern. Sie befanden sich in dem Dilemma, dass der Ausbau der Kontakte mit dem Westen Warschaus internationale Position stärkte und

---

[33] Dieter Bingen: Nach der Stabilisierung der Machtstrukturen in Polen: Dialog mit wem? Köln 1986 [= Berichte des BIOst 53/1986], S. 35.

[34] Poland's renewal and U.S. options: a policy reconnaissance. Committee on foreign affairs. U.S. House of Representatives, March 1987, S. 37.

[35] Ebd., S. 37. – Zbigniew Brzeziński: U.S. policy toward Poland in a global perspective, in: Paul Marer, Włodzimierz Siwiński (Hg.): Creditworthiness and Reform in Poland. Bloomington 1988, S. 320. – Nicholas G. Andrews: The Effectiveness of U.S. Sanctions against Poland, in: ebd., S. 326f.

[36] Antoni Lewek: Das neue Heiligtum der Polen. Die Grabstatt des Märtyrers Jerzy Popiełuszko. Warschau 1986, S. 9.

[37] Reinhold Vetter: Polens eigensinniger Held. Wie Lech Wałęsa die Kommunisten überlistete. Berlin 2012, S. 208f. – Peter Merseburger: Willy Brandt 1913–1992. Visionär und Realist. München 2002, S. 809.

Polen als tolerantes Land erscheinen ließ, dass dadurch aber die Opposition aufgewertet und unterstützt wurde. Letztlich überwogen für Warschau die Vorteile dieser Besuchspraxis.[38]

1989 – Ursachen und Resonanz

1986 wurde offensichtlich, dass in Polen zwischen Staat und Gesellschaft eine Patt-Situation entstanden war. Die Machthaber waren nicht bereit zu grundlegenden politischen Reformen, die einer desillusionierten, apathischen Gesellschaft und dem Land eine Perspektive eröffnet hätten. Sinnbild für diese Patt-Situation war das für ein sozialistisches Land ungewöhnliche Referendum im Herbst 1987. Mit diesem Referendum über einschneidende ökonomische und vage politische Reformen wollte sich die PVAP der Zustimmung der Bevölkerung für die absehbaren materiellen Härten versichern. Das Referendum endete desaströs: Die Mehrheit der Stimmberechtigten lehnten es ab. Diese Niederlage ließ bei den Herrschenden die Überzeugung reifen, dass ein Ausweg aus der politischen und sozialen Blockade nur im Dialog mit jenen Oppositionellen gelingen könne, die im September 1986 aus der Haft entlassen worden waren.[39]

Die Streikwelle 1988 war ein wichtiger Katalysator für die Gespräche am „Runden Tisch", die im Februar 1989 unter maßgeblicher Mithilfe der katholischen Kirche zustande kamen. Diese Gespräche über politische, soziale und wirtschaftliche Fragen bildeten einen Wendepunkt in der Geschichte Polens. Die 1980 begonnene und 1989 vollendete Revolution der *Solidarność* brach mit der polnischen Aufstandstradition, wonach jede Erhebung gegen die Machthaber sich lohne, auch wenn der Sieg nur ein moralischer wäre. Sachbezogenheit und Verhandlungsgeschick waren nun eher gefragt als revolutionärer Furor.[40]

Die Möglichkeit, den Übergang von einem autoritären sozialistischen System zu einer demokratischen Ordnung auszuhandeln und zu gestalten, faszinierte die Opposition in Polens Nachbarländern. Sie übernahmen von den Polen Techniken und Vermittlungsmechanismen, die auch in anderen Ländern wie der DDR Lernprozesse ermöglichten. Nach Einschätzung des Ex-Bürgerrechtlers Wolfgang Templin kann von einem „Mobilisierungsfaktor Polen" gesprochen werden. Der „Runde Tisch" wurde zu einem „Exportschlager" für einen friedlichen Systemwechsel.[41]

In der politischen Debatte in Polen seit dem Jahr 2000 ist die Meinung zu finden, der „Runde Tisch" sei weniger das Symbol der friedlichen Transformation als vielmehr Inbegriff einer fragwürdigen und schädlichen Fraternisierung zwischen alten und

---

[38] HIA, Poland SB, Box 14, Model wizyt zachodnich polityków w Polsce /doświadczenia, reperkusje, przeciwdziałanie. Warszawa 17.2.1988.
[39] Karol Janowski: Polska 1981–1989. Między Konfrontacją a Porozumieniem. Warszawa 1996, S. 125f. – Klaus Ziemer: Polen nach dem Referendum. Sackgasse oder Chancen für weitere Reformen? In: Aus Politik und Zeitgeschichte, 11–12/1988, S. 46.
[40] Jan Skórzyński: Rewolucja okrągłego stołu. Kraków 2009, S. 141–145, 161–169.
[41] Thoralf Barth: Die Zentrale des Umbruchs von 1989/90. Meinungen über den Runden Tisch der DDR. Berlin 2009, S. 202, 134, 172, 242 (Interviews mit Gregor Gysi, Lothar de Maizière, Rolf Henrich und Carlo Jordan.). – Węgierski Łącznik [Fn. 6], S. 30f., 68f., 126f.

neuen Eliten.⁴² In den Kreisen, die ihren Unmut über die Zustände in der Dritten Republik seit 1989 Ausdruck gaben, mutierte der „Runde Tisch" zum Symbol der nur halbherzig durchgeführten Transformation. Auch habe er die moralische Abrechnung mit dem Kommunismus erschwert.⁴³
Differenzen in der Wahrnehmung und Interpretation des Revolutionsjahres 1989 sind eher die Regel als die Ausnahme. Aus der Sicht des Westens waren die Überwindung der Spaltung Europas, des Ost-West-Konflikts und des Wettrüstens sowie die Reduzierung der Nuklearwaffen die drängenden Fragen. Der Umgang mit dem geteilten Deutschland einschließlich der „Frontstadt" Berlin genoss besondere Aufmerksamkeit. Weit weniger Beachtung schenkte der Westen dem Wandel in Ostmitteleuropa. Die sprachlichen und kulturellen Barrieren, aber auch schlichtes Desinteresse am scheinbar grauen „Ostblock" trugen zu diesen Wahrnehmungsdefiziten bei.⁴⁴
Der Mauerfall ist nicht nur Symbol für das Ende der deutschen Teilung. Vielmehr ist er heute ein Erinnerungsort für die Überwindung der Spaltung Europas. Erst der Fall der Berliner Mauer und die Überwindung der deutschen Teilung ermöglichten die Einigung Europas. Die Danziger Werft und die Berliner Mauer sind kommunizierende Röhren. Ohne die Werft hätte es keinen Mauerfall gegeben, aber ohne Mauerfall und deutsche Vereinigung hätten sich Polen und Ungarn schwerlich aus dem Bereich des großen sowjetischen Bruders gelöst. Dies hatte die demokratische Opposition der 1970er und 1980er Jahre in Polen wie keine andere erkannt – zum Missfallen vieler Politiker auch im Westen.⁴⁵

---

⁴² Jan Olszewski im Gespräch mit Antoni Macierewicz, in: Głos, 54/1989. – Solidarność Walcząca: To kolejny wybieg władzy. Interview mit Kornel Morawiecki, in: Głos Solidarności, 10/1988. – Zdzisław Krasnodebski: Demokracja peryferii, wyd. słowo/obraz terytoria. Gdańsk 2003.
⁴³ Bronisław Wildstein: Elity się porozumiewały, gmin bił brawo, in: Rzeczpospolita, 5.2.2009. – Rafał A. Ziemkiewicz: Sterta bzdur o Okrągłym Stole, in: Rzeczpospolita, 11.2.2009. – Aleksander Hall: Okrągły Stół – ani rewolucyjny zryw, ani kapitulacja, in: Dziennik, 30.1.2009. – Piotr Winczorek: Tadeusz Mazowiecki bez lukru, in: Rzeczpospolita, 17.9.2009.
⁴⁴ Aleksander Smolar: Globalne konsekwencje 1989 roku, in: Marek Andrzejewski u.a. (Red.): Od Wojny do wolności. Wybuch i konsekwencje II wojny światowej 1939–1989. Gdańsk, Warszawa 2010, S. 199–207, hier S. 200.
⁴⁵ Krystyna Rogaczewska: Niemcy w myśli politycznej polskiej opozycji w latach 1976–1989. Wrocław 1998, S. 130–138. – Olschowsky, Einvernehmen [Fn. 5], S. 442, 447. – Piotr Zariczny: Das geteilte Deutschland in der oppositionellen Publizistik Polens anhand von ausgewählten Beispielen, in: Acta Universitatis Nicolai Copernici, 371/2005, S. 99–119, hier S. 113.

Moskau 2012

Lev Gudkov

Fatale Kontinuitäten
Vom sowjetischen Totalitarismus zu Putins Autoritarismus

> Mit der Auflösung der Sowjetunion endete das Machtmonopol der Kommunistischen Partei. Auch die zentrale Planungsbehörde wurde aufgelöst. Aber zentrale Pfeiler der sowjetischen totalitären Herrschaft wie die Geheimdienste, die Armee, die Staatsanwaltschaft und das Gerichtswesen bestehen fort. Auf ihnen gründet der autoritäre Staat, der unter Putin entstanden ist. Die Schule, die zentralen Medien und die Wehrpflichtarmee reproduzieren Werte und Praktiken der Sowjetunion. Auf Rechtsnihilismus und Gewalt reagieren die Menschen wie in der Vergangenheit: mit Anpassung. Bürokratische Willkür und Repression gelten als unvermeidlich, ja als „normal". Dies ist die typische Mentalität des *Homo Sovieticus*, die auch nach dem Untergang der Sowjetunion von Generation zu Generation weitergegeben wird.

Woraus ist dein Panzer, Schildkröte?
Fragte ich und erhielt eine Antwort:
„Ich habe ihn aus Angst gewebt,
nichts auf der Welt ist so solide.
Lev Chalif[1]

Die Demokratisierung der osteuropäischen Staaten und Gesellschaften galt nach 1989 als etwas, das mit einer Rezeptur aus ökonomischen, politischen und sozialen Maßnahmen zu bewerkstelligen sei. Vergessen wurde die Möglichkeit, dass eine grundsätzlich konservative Gesellschaft sich allen Veränderungen widersetzen könnte. Gerade Russland galt vielen als eine Gesellschaft, die sich in einem postkommunistischen Übergangsstadium befinde. Diese Sicht unterstellt, dass es einen „revolutionären" Anfang des Wandels im Jahr 1991 sowie Akteure mit entsprechenden Motiven gegeben habe. Tatsächlich zerstörten die Reformen, die nach dem gescheiterten Putsch der kommunistischen Nomenklatura unter Präsident Boris El'cin eingeleitet wurden, anders als es klassische Revolutionstheorien vorsehen, nur einige der Institutionen totalitärer Herrschaft – wenn auch überaus wichtige. Beseitigt wurden zunächst

---

Lev Gudkov (1946), Prof. Dr., Soziologe, Direktor des Levada-Zentrums, Moskau
Von Lev Gudkov erschien zuletzt in OSTEUROPA: Sozialkapital und Werteorientierung. Moderne, Prämoderne und Antimoderne in Russland, in: OE, 6–8/2012, S. 55–83. – Russland in der Sackgasse. Stagnation, Apathie, Niedergang, in: OE, 10/2011, S. 21–45. – Staat ohne Gesellschaft. Zur autoritären Herrschaftstechnologie in Russland, in: OE, 1/2008, S. 3–16.

[1] Lev Jakovlevič Chalif (*1930), russischsprachiger jüdischer Dichter, 1974 aus dem Schriftstellerverband der UdSSR ausgeschlossen, 1977 Emigration in die USA. Die Verse wurden bekannt, da sie Vasilij Grossman in seinem Roman *Leben und Schicksal* zitiert.

lediglich die beiden Grundpfeiler des sowjetischen Totalitarismus: Zum einen das Machtmonopol der Kommunistischen Partei; damit entfielen auch das bisherige Rekrutierungsprinzip, nach dem nur Angehörige der Nomenklatura Posten im Machtapparat bekommen konnten, und ihre Kontrolle über die Sozialstruktur und die soziale Mobilität der Bevölkerung. Zum anderen wurde die zentrale Planungsbehörde, die Schlüsselorganisation der Kommandowirtschaft aufgelöst.

Jene Institutionen allerdings, die entscheidend für das Machtmonopol des „vertikal" organisierten Machtstaates sind, die Zwangsapparate, waren gegen Veränderungen resistent. Ihr Überdauern wurde lediglich rhetorisch kaschiert, als von Demokratie, Rechtsstaat und Sozialstaat die Rede war.

Auf eine Phase der relativen Freiheit – nicht zuletzt der Medien – zwischen 1991 und 1997 folgte die Wiederherstellung des Zwangssystems. Eingeleitet wurde sie, indem die Putin-Administration all jene Fernsehkanäle, Zeitungen und Radiosender unter ihre Kontrolle stellte, die viele Zuschauer, Leser und Hörer an sich gebunden hatten. Zwar übernahmen formal oft Unternehmer Kontrollpakete an diesen Medien oder kauften unabhängige Medien. Da es sich jedoch um Vertraute Putins – ausgewählte Oligarchen oder Direktoren der größten Staatsunternehmen wie etwa *Gazprom* – handelte, wurden diese Medien faktisch verstaatlicht. Danach kam es zu personalpolitischen Veränderungen, mit denen die Redaktionspolitik der Administration des Präsidenten unterstellt wurde. Diese hatte damit wieder die Deutungsmacht über die Vorgänge im Land. Dadurch scheint es, als spiele das staatliche Zwangssystem heute eine geringere Rolle als zu sowjetischen Zeiten, als sei es diffuser. Dies erschwert das Verständnis dieses Zwangssystems und seiner Folgen.

Drei Problemfelder gilt es, bei der Analyse der postkommunistischen Gesellschaft Russlands zu beachten:

1) *die institutionelle Seite*: Welche sozialen Institutionen sind durch die Transformation verschwunden, welche haben sich erhalten?
2) *die individuelle Seite*: Wie passt sich der „Sowjetmensch" an den repressiven Staat an. Das ist der Faktor, der entscheidet ob sich die Gesellschaft Veränderungen widersetzt.
3) *die zentralen Werte und Symbole:* Die Absage an die kommunistische Ideologie und der Bruch mit der sowjetischen Vergangenheit unter El'cin dürfen nicht darüber hinwegtäuschen, dass die zentralen Werte, welche die sowjetische Identität bestimmten, erhalten geblieben sind. Bis heute dienen sie der Elite und der breiten Gesellschaft als Ausgangspunkt zur Deutung von Russlands Vergangenheit und seiner Gegenwart.

Der Kern der von Traumata geprägten postsowjetischen kollektiven Identität ist die untrennbare Verbindung von nationaler Größe und Gewalt über das Individuum. Das alltägliche Gefühl der Erniedrigung und der Wehrlosigkeit gegenüber der Willkür des Staates wird durch einen Kult der Stärke und der Gewalt kompensiert. Das eine ist ohne das andere nicht ausdrückbar. Die Symbole der kollektiven Einheit – „das riesige Land" – rufen dazu auf, stolz auf die Militärmacht des Imperiums zu sein, sie verlangen Rituale des nationalen Ruhms, festigen das Gefühl der Überlegenheit über andere Völker und fordern Bereitschaft zur Mobilisierung. Gleichzeitig schützen sie vor einer rationalen Kritik am sakralen Status des Machtstaats, der von seinen Untertanen Opfer und Leidensfähigkeit verlangt. Wir haben es mit einer Faszination vom Bösen und der Gewalt zu tun. Es ist kein Zufall, dass die Menschen in Russland bei Umfragen in den vergangenen 25 Jahren auf die Frage nach den bedeutendsten Persönlichkeiten in der Geschichte Russlands, der Sowjetunion, der Welt fast ausschließlich Gewalttäter nannten: Zaren, mit deren Namen Kriege gegen andere Länder oder gegen das eigene Volk verbunden sind, Generäle und totalitäre Führer: Lenin, Stalin, Peter den Großen, den Generalstabschef der Roten Armee im Zweiten Weltkrieg, Georgij Žukov, den Heerführer Katharina der Großen Aleksandr Suvorov, Hitler, Napoleon, dessen Gegenspieler Michail Kutuzov, Alexander den Großen, Ivan den Schrecklichen, den Gründer der sowjetischen Geheimpolizei Feliks Dzeržinskij und Leonid Brežnev.[2]

Dieses kollektive Bewusstsein erklärt zu einem gewissen Maße, weshalb es in Russlands Gesellschaft so wenig Solidarität gibt, woher der anomische Individualismus kommt,[3] weshalb die Gesellschaft selbst unter repressiven Bedingungen aus fragmentierten Gruppen besteht, aber auch, warum der Wert des einzelnen Menschenlebens so gering und die deklarierte Bereitschaft, die eigenen Interessen jenen des Staates unterzuordnen, so hoch ist – während faktisch alles getan wird, um das eigene „Überleben" und das der Familie sowie der Freunde zu sichern. Die Ambivalenz derartiger Grundhaltungen ist durchaus funktional. Sie erlaubt es, sich auf jede Herrschaft einzustellen, indem man sich innerlich von ihr distanziert, nach außen aber seine Loyalität und Untergebenheit demonstriert.

Dieses kollektive Bewusstsein lähmt die Fähigkeit zu politischen Veränderungen und führt zu einer „Sterilisierung" oder Neutralisierung des autonomen Subjekts angesichts der vom Staat verkörperten nationalen Größe. Diese Mischung aus gesellschaftlich verankerten Werthaltungen und alltäglichen Strategien des Umgangs mit unerträglichen Zumutungen des Staats führt entweder zu einem spezifischen Typ des konformistischen Zynismus und des morallosen Opportunismus. Oder es führt – wie unter den gegenwärtigen Bedingungen eines ideologischen Vakuums und schwindender Legitimität der herrschenden Elite – dazu, dass große Teile der Gesellschaft Zuflucht bei Neotraditionalismus, religiösem Fundamentalismus oder kompensatorischem Nationalismus suchen.

Auch die Trägheit der unreformierten Sozialisationsinstitutionen wie etwa der Schulen und der Hochschulen oder der Jugendorganisationen ist in Rechnung zu stellen. Diese setzen in Form und Inhalt das sowjetische Modell de facto fort. Erschwerend kommt hinzu, dass nach dem Zerfall der UdSSR auch die sowjetische Intelligencija abgetreten ist, die – wenn auch nicht mit allzu viel Nachdruck – eine Entstalinisierung und eine moralische Auseinandersetzung mit dem kommunistischen System gefordert hatte. Diese beiden Umstände – sowie die stillschweigende Rehabilitierung Stalins im vergangenen Jahrzehnt – haben dazu geführt, dass die schreckliche Vergangenheit verdrängt und vergessen wurde. An die Stelle des Strebens nach einem „Sozialismus mit menschlichem Antlitz" und einer Verurteilung der Stalinschen Repressionen, wie

---

[2] Juri Lewada: Die Sowjetmenschen. Soziogramm eines Zerfalls. Berlin 1992, S. 329. – Lev Gudkov: Vremja i istorija v soznanii rossijan. Stat'ja vtoraja, in: Vestnik obščestvennogo mnenija, 2/2010, S. 13–61.
[3] Zum Begriff der Anomie, der Gesetz- und Regellosigkeit, die gesellschaftliche Integration verhindert oder zerstört: Émile Durkheim: Der Selbstmord. Neuwied/Berlin 1973.

es für die Gorbačev-Ära charakteristisch war, ist Apathie getreten. War es in der späten Sowjetunion für die gebildeten Schichten ein Akt der Sinnstiftung, wenn sie sich innerlich von dem totalitären System abwendeten oder – viel seltener – sich ihm aus ethischen Gründen offen widersetzen, so will heute kaum noch jemand von dem Großen Terror hören. Es herrscht eine Unfähigkeit zu trauern, die Menschen entziehen sich der moralischen Pflicht, die Natur der Gewalt zu verstehen, sowie der Notwendigkeit, das Geflecht von Ideologie, Staat und Terror zu entzaubern.

Zum Wesen der Gewalt gehört es, dass der, der sie ausübt, seinem Opfer bewusst menschliche Eigenschaften abspricht, seinen Wert als Individuum und Teil der Gemeinschaft, seine Autonomie und Unabhängigkeit. Jegliche Gewalt, sei es psychische, soziale oder physische, bedeutet, dass der Täter das Opfer entweder grundsätzlich entwertet oder entmenschlicht. Daher die verbreitete Diffamierung von Opfern der Gewalt als „Lagerstaub" oder „Material".

Es geht hier um mehr als um die bloße Einteilung in Freund und Feind. Der Täter konstituiert sich durch die Gewalt als Subjekt der Gewalt und zementiert durch die Gewalt seine vermeintliche moralische Überlegenheit. Daher ist die Anwendung von physischer und symbolischer Gewalt eine Voraussetzung für das psychische Wohlbefinden all jener, die auf illegitime Weise an die Macht gekommen sind, an einem Minderwertigkeitskomplex leiden, zu Aggressivität neigen, autoritäre Strukturen benötigen oder Wege der extremen Selbstdarstellung suchen. In einer Gesellschaft, in der Gewalt als Zeichen der Stärke verstanden wird, als „angemessenes" Sozialverhalten, ist der Besitz von Gewaltinstrumenten ein Ausweis für einen hohen sozialen Status eines Einzelnen oder einer Gruppe, er verleiht ihm Autorität und Prestige.

Schauen wir uns dies anhand einiger Institutionen – der Armee, des Justizwesens, des Verhältnisses von Staat und Wirtschaft – sowie am Beispiel des Verhältnisses zur Stalinzeit genauer an.

Gewaltinstitutionen waren die Voraussetzung zur sowjetischen Staatsbildung. Sie waren das zentrale Mittel, um den Staat zu konsolidieren und die sowjetische Gesellschaft dem Staat zu unterwerfen. Die Geheimpolizei Tscheka, die Arbeiter- und Bauernarmee, die mit physischer Gewalt zusammengetrieben wurde, die Arbeitsfronten, die Säuberungen, die Entrechtung, die Enteignung der Bürger und der Bauern waren von Anfang an die fundamentalen Institutionen der Sowjetunion. Auch wenn sie natürlich vielfach umgestaltet wurden, blieben sie nicht nur bis zum Ende der Sowjetunion erhalten, sondern bestehen bis heute. Das Sowjetregime rechtfertigte sie ideologisch und propagandistisch stets als Hilfsinstrumente, die beim Aufbau einer „neuen Gesellschaft" und der Schaffung eines „neuen Menschen" unabdingbar seien und nach dem „Sieg des Kommunismus" verschwänden.

Die Geschichte hat jedoch gezeigt, dass die Armee, die politische Polizei, die Geheimdienste und auch die sogenannten Rechtsschutzbehörden (die Staatsanwaltschaft, das Untersuchungskomitee, die Miliz, die Gerichte) bis zum heutigen Tag die stabilsten und am wenigsten reformierten Institutionen sind.[4] 25 Jahre nach Gorbačevs Pe-

---

[4] Seit 1992 sind elf Reformen gescheitert, die Massenmobilisierungsarmee sowjetischen Typs, die auf der allgemeine Wehrpflicht der männliche Bevölkerung über 18 Jahren basiert, durch eine mobile High-Tech-Berufsarmee zu ersetzen. Der jüngste Versuch wurde nach der Entlassung des Verteidigungsministers Anatolij Serdjukov im November 2012 wegen des Verdachts auf Korruption und Amtsmissbrauch eingestellt. Ähnliches gilt für den KGB bzw.

restrojka tritt wieder in aller Deutlichkeit zu Tage, welch zentrale Rolle diese Institutionen bis heute für die Organisation und Reproduktion der Gesellschaft spielen. Ihre Aufgabe ist es keineswegs nur, als Exekutivapparate den Staat zu schützen, sie haben eine äußerst wichtige Funktion für die symbolische Integration der Gesellschaft.
Das sowjetische Gewaltsystem war extrem zentralisiert, die Ausführung der Parteidirektiven wurde auf allen Ebenen streng kontrolliert. Ideologie und Propaganda arbeiteten mit aller Kraft an seiner Rechtfertigung: Die „Umstände" würden es unerlässlich machen, wegen äußerer Feinde und innerer Gegner des Sozialismus sei es unverzichtbar, die „ungebildete" Bevölkerung müsse zum Aufbau einer besseren Zukunft gezwungen werden.
Das heutige Gewaltsystem ist hingegen dezentral und wird von keiner Ideologie mehr gerechtfertigt. Es ist extrem korrupt, was ab und an dazu führt, dass die Bevölkerung aufbegehrt.[5] Dass seine Funktionen die alten sind, ist spätestens deutlich geworden, seit die Unterstützung für das autoritäre Putin-Regime zurückgegangen ist. Entsprechend wurden seit Beginn der Proteste im Dezember 2011 die Ausgaben für die Staatsbürokratie als ganzes, insbesondere aber für die Gewaltstrukturen – die Armee, die Geheimdienste, das Innenministerium und andere Behörden – deutlich erhöht, sodass heute die Ausgaben für die „nationale Sicherheit" 2,5–2,7mal so hoch sind wie jene für Gesundheit, Bildung und Wissenschaft zusammen. Entscheidend ist nicht nur, dass die zentralen Institutionen der organisierten Gewalt die gleichen wie zu sowjetischen Zeiten sind, sondern vor allem, dass sie die entscheidenden Machtinstrumente sind, ohne die alle anderen Ministerien und Behörden handlungsunfähig sind.[6] Ohne diese totalitären Gewaltinstitutionen funktioniert Russlands Exekutive nicht.
Zu den staatlichen Zwangsanstalten sind auch die Sozialisierungsinstitutionen zu zählen, insbesondere die Schule, die bis heute der Abrichtung immer neuer Schülergenerationen dient, sowie die Propagandaagenturen, die Anhänger des Regimes produzieren sollen, also die staatlichen oder vom Staat abhängigen Medien, insbesondere das von der Präsidialverwaltung kontrollierte Staatsfernsehen. Die Schulen und Hochschulen, denen die Erfüllung ideologischer Funktionen wie die Erziehung zum Patriotismus und zu religiösem Denken aufgezwungen wird, befinden sich in einer Dauerkrise oder sogar in einem Zustand des schleichenden Zerfalls.

---

    seinen Nachfolger, den FSB, dessen Abteilungen mehrfach aufgelöst und dann wieder zusammengefasst wurden, die „Modernisierung" oder „Sanierung" der Polizei, der Staatsanwaltschaft, der Untersuchungsbehörden sowie für die Reform des Gerichtswesens, das bis heute von der Exekutive abhängig ist.

[5] Etwa bei der sogenannten Monetarisierung von Sozialleistungen 2005, als verschiedene Personengruppen, insbesondere Rentner, die zuvor bestimmte staatliche Leistungen kostenlos erhielten, als Kompensation für die Streichung dieser Vergünstigung direkte Geldzahlungen erhalten sollten; Hans-Henning Schröder: Landesweite Proteste gegen die Monetarisierung von Sozialleistungen sowie Dokumentation: Proteste gegen die Sozialreformen, in: Russland-Analysen, 53/2005, S. 5–13.

[6] Das System reagiert auf die Unfähigkeit zentraler Behörden wie in spätsowjetischer Zeit mit der massenhaften Einstellung von neuen Beamten bei gleichzeitig starker Einschränkung der Aufstiegsmöglichkeiten. Allein zwischen 1994 und 2004 stieg die Zahl der Staatsbeamten um 31 Prozent von einer Million auf 1,3 Millionen. In der Exekutive betrug der Zuwachs 23 Prozent, in der Judikative 80 Prozent, in der Legislative 300 Prozent. Trotz des angekündigten Kampfs gegen die Bürokratie stieg die Zahl der Beamten in den letzten Jahren weiter.

Die Kerninstitutionen des alten Systems konnten nur durch radikale Einschnitte in die staatliche Sozialpolitik erhalten werden. Als der Staat das Ziel der sozialen Umverteilung aufgegeben hatte, bedurfte es keiner Planwirtschaft mehr. Dies führte zu einem Wechsel des Regulierungsregimes: Macht wurde in Geld konvertiert. Die Führung des Landes konnte die Fesseln der Ideologie abstreifen und sich des Parteiapparates, der die staatlichen Behörden gespiegelt hatte, entledigen. Das Regime benötigt keine Ideologie mehr, es beabsichtigt keine totale Umgestaltung der Gesellschaft und keine Schaffung eines „neuen Menschen" mehr. Der Machtstaat ist Selbstzweck geworden und daher ausschließlich mit seiner Selbsterhaltung beschäftigt.

Seit Mitte der 1990er Jahre ist das zentrale Ziel aller staatlichen Politik in Russland der Schutz der herrschenden Elite vor ihren Gegnern – vor unzufriedenen Bevölkerungsgruppen ebenso wie vor einzelnen Fraktionen aus den eigenen Reihen. Wurde in der Sowjetunion Macht durch einen weitverzweigten Kontrollapparat ausgeübt, der über die ideologische Loyalität wachte, so sind es heute die Steuerbehörden, die Strafverfolgungsbehörden sowie die Gerichte, die ökonomischen und juristischen Druck ausüben: Schutz des Eigentums wird nur im Tausch gegen Loyalität gewährt. Zentrale Aufgabe der Staatsanwaltschaft, des Untersuchungskomitees, des Innenministeriums, der Polizei, der Gerichte und der staatlichen Medien ist es, die Gegner des Putin-Regimes zu diskreditieren und sie ihrer Ressourcen zu berauben. Dazu müssen sie nicht umgebracht werden, es genügt, ihnen den Einfluss auf die Gesellschaft zu nehmen – etwa indem man ihnen den Zugang zu den wichtigen landesweiten Fernsehsendern und den auflagenstarken Zeitungen versperrt, sie von Wahlen aussperrt, ihnen ihr Eigentum nimmt.

Dieses halbgeschlossene, ausschließlich auf Selbsterhaltung ausgerichtete autoritäre Regime formierte sich, als einerseits die kommunale und regionale Selbstverwaltung zunächst eingeschränkt und ab 2004 gänzlich aufgehoben und andererseits die Unternehmenspolitik sämtlicher Großkonzerne den Interessen der politischen Führung untergeordnet wurden. Damit wurde auch allen zivilgesellschaftlichen Organisationen, die durch die bloße Tatsache ihrer Unabhängigkeit und ihrer gesellschaftlichen Legitimität eine Gefahr für das Regime darstellten, der Zugang zu einer aus Russland stammenden Finanzierung abgeschnitten.

Dieses Regime befindet sich seit Mitte 2008 in einer Krise, deren Ausgang unklar ist.[7] Während der totalitäre Sowjetstaat seine Macht durch straffe Kontrolle der Gesellschaft und Lenkung sämtlicher Lebensbereiche aufrechterhalten wollte, verfügt das heutige Regime über wesentlich flexiblere Lenkungs- und Zwangsmechanismen. Der Verzicht auf die Fähigkeit, Ressourcen in großem Maßstab umzuverteilen, hat das Regime wesentlich stabiler gemacht, da mit der Verantwortung des Staates *für* die Gesellschaft auch seine Abhängigkeit *von* der Gesellschaft verringert wurde. Der Staat benötigt keine umfassenden Kontrollmechanismen mehr. Bis vor kurzem gewährte das Putin-Regime der Gesellschaft in all jenen Sphären recht viel Freiheit, die nicht unmittelbar sein Selbsterhaltungsinteresse betrafen: insbesondere im Bereich der Kultur und des Konsums. Kleinunternehmen können sich frei entwickeln, sozialer Aufstieg

---

[7] Marija Lipman, Nikolaj Petrov (Hg.): Rossija-2020. Prognoznye szenarii. Moskva 2012. – Auge auf! Aufbruch und Regression in Russland. Berlin 2012 [= OSTEUROPA, 6–8/2012]. Hier vor allem die Beiträge von Maria Lipman, Vladimir Gel'man, Lev Gudkov, Boris Dubin, Benno Ennker, Nikolaj Petrov und Natal'ja Zubarevič.

ist möglich. Besonders wichtig ist die Verbreitung dezentraler Kommunikationsmittel wie Handy und Internet sowie die Entstehung unabhängiger kommerzieller Fernseh- und Radiosender, Verlage und Zeitungen. Gleichzeitig stützt sich das Regime auf wichtige Pfeiler zentraler und autoritärer Herrschaft. Von herausragender Bedeutung zur Reproduktion sowjetischer Werte und Praktiken bleiben die Armee und die Gerichte.

Die Armee

Wehrpflichtarmeen haben nicht nur die Aufgabe, die nationale Sicherheit zu gewährleisten und das Land vor Angriffen von außen zu schützen. Eine solche Armee ist auch innenpolitisch eine bedeutende Machtressource. Entscheidend ist jedoch nicht, dass im Falle eines offenen Konflikts zwischen einzelnen Machtcliquen mit dem Einsatz der Armee gedroht werden kann. Auch ist Russlands Armee wie schon die sowjetische weit davon entfernt, eine Prätorianergarde zu sein, die zu einem Militärputsch in der Lage wäre.

Die zentrale Funktion der Armee ist die einer Sozialisationsinstanz. Mit ihrer Hilfe übt die Führung des Landes Sozialkontrolle aus. Die Armee bewahrt und repräsentiert grundlegende Werte einer totalitären Gesellschaft. In der Armee werden Bevölkerungsgruppen, die sich am Rande der Gesellschaft befinden, ideologisch geformt. Jungen Männern aus armen und rechtlosen Bevölkerungsgruppen – insbesondere aus den von sozialem Niedergang gekennzeichneten Kleinstädten und Dörfern –, denen entweder das Geld fehlt, um sich mittels Bestechung von der Wehrpflicht freizukaufen, oder die den Wehrdienst als Möglichkeit zu sozialem Aufstieg und beruflicher Qualifikation sehen, wird in der Armee Nationalismus – oder, wie es offiziell heißt: Patriotismus – eingeimpft.[8]

Diese Gewalt- und Zwangsinstitution, die das Prinzip einer streng hierarchischen Gesellschaft reproduziert, in der anstelle der Gleichheit vor dem Gesetz und der Idee universeller Moralvorstellungen die Rechte, die Pflichten und der Wert des Einzelnen von seinem Rang abhängen, in der die Welt auf archaische Weise in Gut und Böse eingeteilt ist, durchlaufen heute trotz der Krise der Armee immer noch ein Drittel aller Männer. Knapp die Hälfte der heutigen Bevölkerung wurde hier sozialisiert und auf jene antimoderne Werthaltung abgerichtet, die sie zur sozialen Basis des Putin-Regimes macht. Die Armee ist wie zu Sowjetzeiten eine Schule der Grausamkeit, sie reproduziert durch das unter Wehrpflichtigen unterschiedlichen Dienstalters verbreitete informelle Herrschafts- und Gewaltverhältnis der Kadettenschinderei (dedovščina) archaische Vorstellungen von Gewalt und Gerechtigkeit.[9] Anderthalb bis zwei Millionen Männer haben durch ihren Dienst in der Armee an den Kriegen in Tschetschenien und dem Konflikt in Dagestan teilgenommen. Bei ihnen hat sich ein gewaltiges posttraumatisches Aggressionspotential aufgestaut, das sie in die gesamte Gesellschaft hineintragen. Am deutlichsten ist dies in jenen sozialen Schichten zu spüren, die über

---

[8] Zu den sozioökonomisch marginalisierten Schichten und Räumen in Russland: Lev Gudkov: Sozialkapital und Werteorientierung. Moderne, Prämoderne und Antimoderne in Russland, in: OSTEUROPA, 6–8/2012, S. 55–83. – Natal'ja Zubarevič: Russlands Parallelwelten. Dynamische Zentren, stagnierende Peripherie, in: ebd. S. 263–278.
[9] Aleksej G. Levinson: Škola žestokosti. Sovetskij čelovek o nasilii, in: Čelovek, 1/1992, S. 25–34. – Alexei Lewinson: Kasernenterror. Zur Soziologie der „Dedowschtschina", in: Kursbuch, 103/1991, S. 139–150.

die geringsten sozialen Ressourcen in Form von Bildung, Berufsqualifikation, Einkommen und Zugang zu unabhängigen Informationen verfügen, vor allem also in den Provinzstädten und Dörfern.

Die Gerichte

Eine ebenso wichtige Rolle wie die Armee spielen die Gerichte zur Aufrechterhaltung institutionalisierter Gewalt. Die Bevölkerung sieht sie wie zu Sowjetzeiten in erster Linie als Strafforgane, die mit Repression die herrschende Elite schützen sollen.[10] Die Bürger Russlands versuchen um jeden Preis, Gerichtsverfahren zu vermeiden. Selbst eine Zivilklage gilt nur als allerletztes und sehr unangenehmes Mittel. In Fragen des Zivilrechts und des Wirtschaftsrechts – vorausgesetzt, es sind keine Interessen eines Staatskonzerns berührt – glaubt die Bevölkerung immerhin, dass die Wahrscheinlichkeit eines gerechten Urteils bei 50 Prozent liegt. Geht es allerdings um das Strafrecht oder um eine juristische Auseinandersetzung zwischen einem einfachen Bürger und einem Staatsbeamten, so halten 80–85 Prozent der Befragten die Sache für aussichtslos. Der weitaus größte Teil der Bevölkerung fühlt sich der Willkür der Staatsbürokratie wehrlos ausgesetzt und glaubt, dass der Korpsgeist der herrschenden Klasse dazu führt, dass deren Angehörige niemals zur Verantwortung gezogen werden.[11]

Dieser Rechtsrelativismus ist Folge der Anpassung an die Doppelstruktur des russländischen Gemeinwesens. Auf der einen Seite steht der Staatsapparat, der keiner gesellschaftlichen Kontrolle unterliegt, auf der anderen Seite befinden sich die neuen gesellschaftlichen Institutionen, für die es keine adäquaten rechtlichen Regelungen gibt. Das zynische Verhältnis zum Recht wird täglich schon dadurch gefördert, dass die Realität den in der Verfassung deklarierten Prinzipien Hohn spricht und die Praxis der Rechtsanwendung offen den Gesetzen zuwiderläuft. Es handelt sich nicht um einzelne Abweichungen oder kleinere Mängel. Vielmehr hat sich eine politische und juristische Macht etabliert, die außerhalb der Verfassung steht. Dazu gehören das autoritäre Regime im Zentrum und auch die Strukturen des informell dezentralisierten Staates, regionale oder lokale Behörden also sowie die Staatskonzerne, die sich die Mittel und Ressourcen der Staatsmacht angeeignet haben.

Strafverfahren werden von den Untersuchungsbehörden und der Staatsanwaltschaft dominiert. Ursachen sind ein Korpsgeist, personelle Verflechtung – Richter werden in der Regel aus den Untersuchungsbehörden, aus der Polizei oder aus dem Justizapparat rekrutiert – sowie die tradierte Vorstellung, dass die Sicherheitsorgane und die mit der Aufrechterhaltung der „öffentlichen Ordnung" befassten Behörden über der Gesellschaft stehen. Die Folge ist, dass Anklage und Verteidigung nicht gleichberechtigt sind und praktisch nie Freisprüche ergehen: Weniger als ein Prozent der Strafverfahren enden mit Freisprüchen.[12]

---

[10] Lev Gudkov, Boris Dubin, Natal'ja Zorkaja: Rossijskaja sudebnaja sistema v mnenijach obščestva, in: Vestnik obščestvennogo mnenija, 4/2010, S. 7–43.
[11] Diese Ansicht vertraten bei einer Umfrage im November 2012 79 Prozent der Befragten; Obščestvennoe mnenie 2012. Ežegodnik. Levada-Centr. Moskva 2012, S. 34, Tabelle 3.6.5.
[12] Geschworenengerichte, auf die die Untersuchungsbehörden weniger Einfluss haben, sprechen die Angeklagten hingegen in 20 Prozent der Fälle frei. Ihre Zuständigkeit wurde in den letzten Jahren jedoch erheblich eingeschränkt.

Wenn heute die Hälfte der Bevölkerung Russlands glaubt, sie habe keine Möglichkeit, sich mit Hilfe des Rechts vor der Willkür einflussreicher sozialer Gruppen zu schützen, so ist dies nicht einer Reaktion auf ein bestimmtes Ereignis zuzuschreiben, sondern ist Ergebnis der Erfahrungen, die die Menschen in Russland mit dem Staat gemacht haben.

Das selektive Vorgehen der Gerichte fördert die berühmte Duldsamkeit der Russen, bei der es sich bei genauerer Betrachtung um politische Passivität und eine Taktik des „wegduckenden Anpassens", um eine Adaption an ein aus Sicht der Bevölkerung teilweise irrationales Regime handelt, dessen Handlungen unvorhersehbar sind. All dies dient natürlich auch dazu, die eigene verächtliche Haltung zu den Gesetzen zu rechtfertigen.

Funktional betrachtet stabilisiert der Rechtsrelativismus somit sowohl das tradierte Verhältnis von Bürgern und Staatsmacht als auch die traditionellen Beziehungen zwischen einzelnen Teilen der Gesellschaft. Er ist Voraussetzung dafür, dass sich die Untertanen an die bürokratische Willkür anpassen und diese Willkür als unvermeidlich, ja als „normal" wahrnehmen. Dies ist die typische Mentalität des *Homo Soveticus*, die auch nach dem Untergang der Sowjetunion von Generation zu Generation weitergegeben wurde.

Der Verstoß gegen Gesetze gilt in der Folge nicht mehr als kriminell, als Ausweis von Devianz. Vielmehr glauben die meisten Menschen in Russland, dass „alle" gegen das Gesetz verstoßen – vom einfachen Bürger bis zu den Vertretern des Staates –, am häufigsten jedoch die Angehörigen der Bürokratie, die davon überzeugt ist, dass sie über dem Gesetz steht und ein Monopol auf dessen Auslegung hat. Gesetze verlieren somit ihren Wert als öffentliches Gut und verwandeln sich in das Gegenteil: in ein Instrument selektiv angewendeter Gewalt. Dies konnte man an einer Vielzahl von Prozessen beobachten: an den Verfahren gegen Umweltschützer wie Grigorij Pas'ko und Wissenschaftler wie den Atomphysiker Igor' Sutjagin, die wegen Spionage verurteilt wurden, an den beiden Chodorkovskij-Prozessen sowie an den Verfahren gegen Teilnehmer der Moskauer Anti-Putin-Demonstration vom Mai 2012.[13] Umgekehrt verlaufen Verfahren, in der es um organisierte Kriminalität mit Verwicklung lokaler Behörden und der örtlichen Polizei geht, ebenso im Sande wie die Untersuchungen zur Korruption im Verteidigungsministerium, im Landwirtschaftsministerium, im Bildungsministerium, in der Weltraumbehörde, in der Staatsanwaltschaft...

Besonders deutlich zeigen sich die Folgen dieses Rechtsnihilismus in der Wirtschaft. Jeder sechste Unternehmer Russlands sitzt im Gefängnis, nachdem er in begründeten oder fabrizierten Verfahren verurteilt wurde. Es ist sehr schwierig, die Zahl der fabrizierten Verfahren in diesem Bereich abzuschätzen, da in neun von zehn Prozessen, in denen Anklage auf der Grundlage des Wirtschaftsstrafrechts erhoben wird, kein Urteil ergeht. Solche Verfahren müssen daher als ein Mittel im Kampf gegen Konkurrenten gesehen werden. Diese werden mit Hilfe der Untersuchungsbehörden und der Staats-

---

[13] Jens Siegert: Ökoheld oder Vaterlandsverräter. Der Fall Pas'ko. Ein Lehrstück über Russlands defekten Rechtsstaat, in: OSTEUROPA, 4/2002, S. 405–418. – Grigorij Pas'ko: Der Spion, der keiner war. Der Fall Sutjagin ist nicht beendet, in: OSTEUROPA, 1/2005, S. 91–102. – Otto Luchterhandt: Rechtsnihilismus in Aktion. Der Jukos-Chodorkovskij-Prozeß, in: OSTEUROPA, 7/2005, S. 7–37, sowie ders.: Verhöhnung des Rechts. Der zweite Strafprozess gegen Michail Chodorkovskij und Platon Lebedev, in: OSTEUROPA, 4/2011, S. 3–42.

anwaltschaft erpresst und gekapert. So kommt es unter Beteiligung der staatlichen Behörden zu einer ständigen Umverteilung von Einkommen. Die entstehende Mittelklasse Russlands hat erkannt, dass das Fehlen unabhängiger Gerichte das zentrale Hindernis für die Modernisierung des Landes ist. Ohne diese gibt es keine Garantie des Eigentums, und die Besitzer kleiner und mittlerer Unternehmen, die von den Behörden nicht gedeckt werden und der Willkür ausgeliefert sind, investieren nicht in moderne Produktionsanlagen.

Die Zahl der offiziell registrierten Verbrechen ist von 1,8 Millionen im Jahr 1990 auf 3,6 im Jahr 2008 gestiegen.[14] Mehr als 1,3 Millionen Menschen – 85 Prozent von ihnen Männer – befinden sich in Russland heute in Haft oder Untersuchungshaft.[15] Das Gefängnis bricht viele, die dorthin geraten. Vier von zehn Verurteilen werden rückfällig. Schätzungen gehen davon aus, dass zwischen 15 und 18 Prozent der männlichen Bevölkerung Russlands bereits einmal in der „Zone" war. Die meisten von ihnen kommen aus den unteren Schichten, wohnen in den von sozialem Niedergang gekennzeichneten Dörfern oder Provinzstädten, wo Kriminalität und Alkoholismus zum Alltag gehören. Dies ist genau jenes Milieu, aus dem ein Großteil der Wehrdienstleistenden stammt, das Reservoir, aus dem die Gewaltinstitutionen für ihre systematische Reproduktion schöpfen und dabei eine von alltäglicher „unmotivierter" Aggression geprägte Subkultur produzieren.

Die Wirtschaft

Der zentrale Motor für die Umwandlung des totalitären sowjetischen Systems in das heutige autoritäre System waren die ökonomischen Interessen der Angehörigen der Staatsbürokratie. Verschiedene Gruppen aus der Bürokratie haben die Kontrolle über die Finanzflüsse übernommen. Putins Machtantritt und die Festigung der Machtposition von Ex-KGBlern in den Jahren 2000–2002 führten dazu, dass jegliche Opposition konsequent erstickt wird, Wahlen in großem Stile gefälscht werden, die Gouverneure der Regionen nicht mehr gewählt, sondern vom Präsidenten ernannt werden und die wichtigsten Medien zu Propagandaorganen und Instrumenten der Polittechnologie umgewandelt wurden. Darüber hinaus verteilten die von ehemaligen Geheimdienstlern dominierten Klans in großem Stile mit Hilfe der staatlichen Gewaltstrukturen Eigentum zu ihren Gunsten um.

Die Verschmelzung des Staatsapparats mit der Wirtschaft bedeutet faktisch eine Dezentralisierung der Macht, die sich von außen betrachtet als Korrumpierung des Verwaltungsapparats darstellt. Heute befinden sich 60–70 Prozent der Volkswirtschaft unter staatlicher Kontrolle. Diese spezifische Form der Privatisierung von Staatseigentum, bei der im Austausch gegen Loyalität zur Staatsführung bedingte Eigentumsrechte vergeben wurden, führte zu Monopolbildung und zu einer Dominanz des Rohstoffsektors. Gleichzeitig hatte sie zur Folge, dass die Bedingungen für kleine und mittlere Unternehmen wegen der Willkür der Behörden und Steuerschikanen extrem schlecht sind.

---

[14] Anerkannte Kriminologen wie V. Občinskij gehen davon aus, dass diese Zahlen viel zu niedrig sind. Insbesondere die Zahl schwerer Verbrechen liege um das anderthalbfache bis zweifache höher, als es die offizielle Statistik ausweist.

[15] Mindestens ebenso hoch ist übrigens die Zahl der Angestellten der Justizvollzugsbehörden, der Mitarbeiter der verschiedenen Abteilungen des OMON, der Polizeibeamten und der privaten Sicherheitsagenturen.

Das Regime sieht in den kleinen und mittleren Unternehmen sogar in zunehmendem Maße eine Gefahr, da mit ihrem Wachstum unabhängige Wirtschaftssubjekte und eine gesellschaftliche Sphäre entstehen, die Reformen fordern und mehr Freiheit verlangen.[16] Die Staatsmacht hat daher ein objektives Interesse daran, dass die Privatwirtschaft schwach ist. Je größer der Kreis der Privatunternehmer, desto größer wird die Mittelschicht, die eine echte Gewaltenteilung und vor allem unabhängige Gerichte fordert. Steuerschikanen und administrativer Druck haben dazu geführt, dass allein im Jahr 2012 die Zahl der kleinen Unternehmen und der Ein-Mann-Unternehmen um 300 000 zurückgegangen ist. Die soziale Basis des Putin-Regimes ist das Russland der siechenden Industriezonen, das sich paternalistischen Illusionen hingibt und immer noch hofft, dass der Staat ihm aus der Dauerkrise hilft. Genau in diesem sozialen Milieu sind auch die Gewaltinstitutionen nach wie vor fest verankert.

Da das Regime vor allem auf Einnahmen aus dem Export von Rohstoffen setzt, also auf den Handel mit reichen und hochentwickelten Ländern, ist es nicht darauf angewiesen, dass es der Bevölkerung gut geht. Es achtet lediglich darauf, einen Teil der Überschüsse aus dem Rohstoffgeschäft so zu verteilen, dass kein relevantes Protestpotential entsteht. So hat das Regime die Abhängigkeit des Staates von der Gesellschaft verringert und die politische Repräsentation korporativer Interessen eingeschränkt. Damit wurde auch der wirtschaftliche Reformdruck verringert. Dieses spezifische Verhältnis von Staat und Wirtschaft verhindert Eigenverantwortung der Bürger. Es fördert die Erhaltung oder das Wiederaufleben einer paternalistischen Mentalität, das passive Erdulden von immer neuen Einschränkungen und die Anpassung an die staatliche Willkür.

So wurde der sowjetische Totalitarismus nach der Aufgabe des ideologischen Monopols der Kommunistischen Partei schrittweise in einen Autoritarismus verwandelt. Russland erfüllt heute alle Kriterien eines autoritären Staats, die etwa Juan Linz benannt hat: Das Regime stützt sich auf oligarchische Gruppen, auf Machtapparate, die höhere Bürokratie und die Direktoren der großen Staatskonzerne. Die Ideologie der Schaffung einer neuen Gesellschaft und die weltpolitische Mission sind verschwunden. Stattdessen versucht das Regime, sich mit einem imitierten Traditionalismus (Orthodoxie und russischer Nationalismus) zu legitimieren, propagiert „russische Werte" wie Duldsamkeit, Intellektuellenfeindlichkeit, Feindschaft gegenüber dem Westen, Hörigkeit und die Ablehnung liberaler Vorstellungen, spricht von einem „Sonderweg" oder der „Einzigartigkeit der russischen Zivilisation". Vor allem aber fördert es die politische Apathie der Gesellschaft.

Verdrängung der Vergangenheit – Rückkehr Stalins

Zur Rechtfertigung einer autoritären, niemandem verantwortlichen Herrschaft muss die Bedrohung des nationalen Kollektivs und seiner Werte beschworen, alles Private und Individuelle hingegen herabgesetzt und entwertet werden. Die Menschen sollen von Schuldgefühlen befreit werden, Scham über eine Vergangenheit des Terrors, der Armut und der alltäglichen Erniedrigung wird verdrängt. Dies führt zu jener Passivität, die organisierten öffentlichen Widerstand gegen das Putin-Regime unmöglich

---

[16] Sergej Belanovskij u.a.: Bewegung in Russland. Der Aufstieg der Mittelschicht und die Folgen, in: OSTEUROPA, 1/2012, S. 79–99.

macht. Damit wächst der öffentliche Zynismus und eine offene Morallosigkeit. Dieser Mangel an gemeinsamen Werten zwingen das Putin-Regime dazu, auf der Suche nach Quellen der Legitimität auf ein Sammelsurium „nationaler Werte" zurückzugreifen, die „Patriotismus" stimulieren sollen: von der Orthodoxie bis zu den „Helden der Arbeit" und den „Erbauern des Kommunismus", von der Legende über die Vertreibung der Polen aus Moskau im Jahr 1612 bis zum Sieg über Napoleon im Jahr 1812.[17]

Seit dem Machtantritt Putins betreibt das Regime systematisch eine konservative Reideologisierung der Gesellschaft. Höhepunkt waren die Feiern zum 60. Jahrestag des Sieges über Hitler-Deutschland. Der Name Stalins, der während der Perestrojka vor allem mit dem Terror gegen die eigene Bevölkerung verbunden war, wurde zum Symbol für den Sieg im Großen Vaterländischen Krieg gemacht.[18] Schulbücher bringen Stalin heute in Zusammenhang mit Nationalstolz. Diese Propaganda zeigt Wirkung: Bei den regelmäßigen Umfragen des Levada-Zentrums landete Stalin im Jahr 2012 erstmals seit 1989 auf Platz 1 der „größten Persönlichkeiten der Weltgeschichte und der Geschichte unseres Vaterlandes".[19]

Stalin wird als Generalissimus, als Oberkommandierender der Roten Armee, als einer der drei Führer der siegreichen Alliierten und Schöpfer der Nachkriegsordnung präsentiert. So ist Stalin selbstverständlicher Bestandteil eines pompösen Rituals der nationalen Selbstbeweihräucherung, bei der die Überlegenheit Russlands über andere Länder gefeiert wird. Stalin wird als jemand präsentiert, der die Modernisierung eines rückständigen Landes „erfolgreich gemanagt" hat. Seine Methoden seien zwar hart gewesen, aber unter den gegebenen Bedingungen ohne Alternative. Zu diesem Bild gehört unabdingbar ein feindlicher und heuchlerischer Westen mit seiner „demokratischen Fassade" und seiner „Menschenrechts-Demagogie". So wie einst Stalin Russland rettete, habe nun Putin das Land vor dem Ausverkauf durch die Liberalen gerettet, die nach dem Zerfall der Sowjetunion zur Befriedigung ihrer Geldgier auch einen Zerfall Russlands hätten herbeiführen wollen. Dies ist das Mantra, das Putins Propagandamaschine täglich verbreitet.

Mit dem Stalinismus und der Stalinzeit verbinden die Menschen in Russland heute auf der einen Seite eine irrationale Angst, auf der anderen Seite ein mythisches Heldentum. Die Angst gehört zum Individuum, das Heldentum zum Kollektiv, zur mobilisierten Gesellschaft, in der der Wert des Einzelnen an seiner Bereitschaft gemessen wird, sich dem Enthusiasmus der Masse hinzugeben und sich für das Ganze zu opfern. Zum heroischen Bild von der Stalinzeit gehört auch, dass diese als eine Epoche gesehen wird, die so tief in der Vergangenheit liegt, dass Mitgefühl mit den Opfern der Repressionen nicht möglich ist. Gemeinsam ist diesen beiden Schichten der kol-

---

[17] Dazu: Mythos Erinnerung. Russland und das Jahr 1812. Berlin 2013 [= OSTEUROPA, 1/2013].

[18] Lev Gudkov: Die Fesseln des Sieges. Rußlands Identität aus der Erinnerung an den Krieg, in: Kluften der Erinnerung. Rußland und Deutschland 60 Jahre nach dem Krieg. Berlin 2005 [= OSTEUROPA, 4–6/2005], S. 56–72. – Maria Ferretti: Unversöhnliche Erinnerung. Krieg, Stalinismus und die Schatten der Erinnerung, in: ebd., S. 45–54. – Arsenij Roginskij: Fragmentierte Erinnerung. Stalin und der Stalinismus im heutigen Russland, in: OSTEUROPA, 1/2009, S. 37–44.

[19] 42 Prozent der Befragten nannten Stalin; Thomas de Waal, Maria Lipman, Lev Gudkov, Lasha Bakradze: The Stalin Puzzle: Deciphering Post-Soviet Public Opinion. Washington 2013.

lektiven Erinnerung, der Angst und der Heroisierung, dass die traumatische Geschichte verdrängt wird, dass die Furcht vor einer Wiederkehr der Vergangenheit Widerstand gegen eine Beschäftigung mit der Vergangenheit produziert: „Davon will ich nichts mehr wissen." Somit wird ein moralisches Urteil über die Vergangenheit ebenso wie eine rationale Auseinandersetzung mit der Geschichte verhindert.

Die Angst vor der Geschichte hat auch zur Folge, dass die Menschen nichts von der Gegenwart wissen wollen. Der Vergleich des vergangenen Regimes mit dem heutigen ist tabu, da die Menschen unterbewusst spüren, dass der Einzelne heute ebenso schutzlos der Willkür der Macht ausgeliefert ist wie damals, dass sein Lebensweg und sein Lebensglück ebenso wenig in seiner Hand liegen wie zu sowjetischen Zeiten. Die Beschäftigung mit der sowjetischen Geschichte und das Wissen, dass sie auf die Gegenwart wirkt, sind Voraussetzung dafür, dass das heutige System der institutionalisierten Gewalt verstanden werden kann. Zur Verdrängung der Vergangenheit gehört auch, dass sie im Fernsehen in unzähligen Unterhaltungsshows und Serien zerredet, dass die Stalinzeit in Doku-Soaps wie „Unser Stalin" oder „Die Frauen des Kreml" zu einem Glamour-Thema gemacht wird. All dies fördert die Bereitschaft, die Zumutungen der Gegenwart geduldig zu ertragen, und schwächt den Willen, Verantwortung zu übernehmen und sich politisch zu engagieren.

Die Sinnfabrikanten des Putin-Regimes stellen somit ein äußerst wichtiges soziales Produkt her: Sie produzieren mit ihrer Propaganda eine passive Haltung zur Vergangenheit, ein Geschichtsbild, in dem es keine handelnden Personen gibt, so dass niemand für die Verbrechen des Staates verantwortlich gemacht werden kann. So wie die Menschen in Russland die Vergangenheit betrachten, so sehen sie auch die Gegenwart. Wem der Wille und die Möglichkeit zum Verständnis der Vergangenheit fehlt, der kann auch heute nur passiv sein und allenfalls versuchen, sich selbst und seine Nächsten zu schützen; seine Hoffnungen und Bedürfnisse beschränken sich darauf, in einer Atmosphäre der grundlosen Angst und der ständigen Bedrohung zu überleben.[20]

Es gibt in Russland heute niemanden mehr, der über ausreichend moralische und intellektuelle Autorität verfügt, um der Gesellschaft ein anderes Geschichtsbild zu vermitteln. Von sich aus ist die Gesellschaft angesichts der geschilderten Lage nicht im Stande, das dekorative Geschichtsbild durch ein authentisches zu ersetzen. Bei Umfragen erklären mehr als drei Viertel der Befragten, „die ganze Wahrheit über die Stalinzeit nie zu erfahren", und fast ebenso viele sind der Meinung, es lohne sich auch nicht, diese zu suchen, da es „eine objektive Wahrheit in der Geschichte nicht geben kann". Die einzige Reaktion auf das frustrierende Wissen um die Stalinschen Repressionen ist der Wunsch, all dies zu vergessen. Die Putinsche Herrschaftstechnologie war erfolgreich.

Aus dem Russischen von Andrea Huterer, Berlin

---

[20] Dies erklärt zum Teil auch das große Vertrauen in die Kirche. Es handelt sich um eine Art Magie, um eine Übertragung von Verantwortung, um eine Kompensation für den moralischen Bankrott des postsowjetischen Menschen.

„Ehre dem großen Stalin, dem Schöpfer der Verfassung der UdSSR!"

Brief an den Genossen Stalin

aufgezeichnet von Zachar Prilepin

Der Sozialismus wurde erbaut.
Lasst uns Menschen darin ansiedeln.
Boris Sluckij

Wir haben uns in deinem Sozialismus angesiedelt.
Das Land, das du geschaffen hast, haben wir aufgeteilt.
Wir haben Millionen verdient mit den Fabriken, die deine Sklaven und deine Wissenschaftler gebaut haben. Deine Betriebe haben wir in den Bankrott getrieben und das Geld über die Grenze gebracht, um uns dort Paläste zu bauen. Tausende echter Paläste.
du hast nie so eine Villa gehabt, pockennarbige Missgeburt.
Deine Eisbrecher und Atomschiffe haben wir verkauft und uns dafür Yachten spendiert.
Nein, das ist keine Metapher, das gehört zu unserem Lebenslauf.
Deshalb kratzt und juckt dein Name uns innerlich, und wir wünschten, es hätte dich nie gegeben.
Du hast unserem Stamm das Leben gerettet.
Wärst du nicht gewesen, hätten die Gaskammern von Brest bis Wladiwostok gestanden, unsere Großväter wären allesamt ermordet worden, und unsere Frage wäre endgültig gelöst gewesen. In sieben Schichten hast du die Leichen der Russen getürmt, um das Leben unseres Samens zu retten.
Wenn wir behaupten, dass auch wir gekämpft haben, dann ist uns bewusst, dass wir nur in Russland und mit Russland gekämpft haben, auf dem Rücken von Russen. In Frankreich, Polen, Ungarn, in der Tschechoslowakei, in Rumänien usw. ist uns das Kämpfen weniger gut gelungen, dort hat man uns eingesammelt und verbrannt. Gelungen ist es uns nur in Russland, wo wir unter deinen widerwärtigen Fittichen Rettung erlangten.
Wir wollen Dir schnauzbärtigem Köter nicht für unser Leben und das unseres Volkes danken müssen.
Aber insgeheim wissen wir: Wenn du nicht gewesen wärst, wären wir nicht mehr da.
Das ist ein ganz normales Gesetz im menschlichen Dasein: Keiner will einem anderen lange dankbar sein. Dankbarkeit ermüdet! Jemandem verpflichtet sein ist irritierend und quälend, das kennt jeder. Wir wollen alles nur uns selbst zu verdanken haben – unserem Talent, unserem Mut, unserem Intellekt, unserer Kraft.

Zachar Prilepins „Brief an Stalin" erschien am 30.7.2012 auf den Seiten des Internetportals *Svobodnaja Pressa*, das Prilepin seit Anfang Juli 2012 gemeinsam mit Sergej Šargunov leitet, und wurde von zahlreichen anderen Seiten übernommen. Die Veröffentlichung löste eine heftige Debatte aus: zahlreiche Schriftsteller distanzierten sich – vor allem wegen der offen antisemitischen Passagen des „Briefs" – von Prilepin, andere rechtfertigten den Text als gezielte Provokation oder taten ihn als Ausrutscher ab. Prilepin selbst veröffentlichte am 9.8.2012 eine Antwort an seine Kritiker, in der er seinen Text als Reaktion auf die „Exzesse" der (stalin-kritischen, liberalen) Presse zum 9. Mai 2012 erklärte. Stesnjat'sja svoich otcov, in: Svobodnaja Pressa, <http://svpressa.ru/society/article/57713/>

Noch unangenehmer sind uns Leute, denen wir eine große Summe Geld schulden, die wir nicht zurückgeben können. Oder wollen.

Deshalb möchten wir die Sache so darstellen, als hätten wir keinen Kredit bei dir aufgenommen, sondern uns alles selbst erarbeitet, oder als hätte uns irgendwer ein Kilo Bargeld in großen Scheinen geschenkt, oder als wäre das Geld einfach irgendwo herumgelegen und keiner hätte es gebraucht – ja, genau! einfach herumgelegen! und wir hätten es nur aufgesammelt – deshalb verschwinde, lass uns in Ruhe, geh uns aus den Augen, du Aas, hau ab!

Um dich loszuwerden, denken wir uns immer neue Varianten einer alternativen Geschichtsschreibung aus, Fälschungen und Taschenspielertricks, stupide Lügengeschichten und hinreißende, gemeine Demagogie.

Wir sagen – und das ist ausnahmsweise beinahe die Wahrheit – du hättest das russische Volk nicht geschont und es immer wieder zu vernichten versucht. Wie immer setzen wir die Opferzahlen zehnmal, ja hundertmal zu hoch an, doch das sind Kleinigkeiten. Entscheidend ist, dass wir verschweigen, dass uns weder an diesem Volk noch an seiner Intelligenzija irgendetwas liegt. Stur und unermüdlich behaupten wir, die Schuld daran, dass die Bevölkerung dieses Landes und die Aristokratie seines Volkes heute in Siebenmeilenschritten unaufhaltsam verschwinden, liege – welch entzückendes Paradox! – bei dir. Nein, wir waren es nicht, die das russische Dorf und die russische Wissenschaft ermordet und die russische Intelligenzija zu Bettlern und Bastarden degradiert haben, das warst alles, lach nicht, du. Du, der du seit 60 Jahren tot bist! Wir haben damit nichts zu tun. Als wir gekommen sind, war alles schon kaputt und den Bach runter. Unsere Milliarden haben wir selbst verdient, mit unserer eigenen Arbeit, aus dem Nichts! Das schwören wir bei unserer Mutter!

Im Absterben des russischen Ethnos sehen wir allenfalls einen objektiven Prozess. Unter deiner Herrschaft hat man die Leute umgebracht, bei uns sterben sie von selbst. So viele konntest du so schnell gar nicht umbringen, wie heute aus freien Stücken sterben. Das ist eine objektive Tatsache, oder?

Außerdem behaupten wir unerschütterlich, der Sieg sei trotz deiner zustande gekommen. Etwas seltsam ist es natürlich, dass seitdem in Russland nichts mehr „trotzdem" passiert. Zum Beispiel will das Land einfach nicht zu einer vernünftigen, starken Großmacht werden, trotz unserer Bemühungen, ja nicht einmal dank ihrer. Schon wieder ein Paradox, Teufel nochmal.

Wir sagen, dass du selbst einen Krieg entfesseln wolltest, obwohl wir bis heute kein einziges Dokument gefunden haben, das dies beweist.

Wir sagen, dass du alle roten Offiziere umgebracht hast, und manchen aus der von dir umgebrachten militärischen Elite verehren wir sogar, jene dagegen, die du nicht umgebracht hast, hassen und beschimpfen wir. Du hast Tuchačevskij und Blücher umgebracht, Vorošilov und Budennyj aber am Leben gelassen. Deshalb sind Vorošilov und Budennyj Stümper und Bastarde. Wäre es umgekehrt gewesen, wären Tuchačevskij und Blücher am Leben geblieben, dann gälten sie heute als Stümper und Bastarde.

Wie dem auch sei, für uns steht fest, dass du die Armee und die Wissenschaft enthauptet hast. Dass wir unter deiner Herrschaft trotz deiner immerhin eine Armee und eine Wissenschaft hatten, während unter unserer Herrschaft weder das eine noch das andere auch nur ansatzweise erkennbar ist, tut unserer Gewissheit keinen Abbruch.

Wir sagen, dass du dich am Vorabend des furchtbaren Krieges nicht mit den „westlichen Demokratien" einigen wolltest – wobei die einen „westlichen Demokratien", wie wir insgeheim wissen, sich selbst sehr gut mit Hitler geeinigt hatten, während andere westliche sowie einzelne östliche Demokratien sich zum Faschismus bekannten und dabei waren, faschistische Staaten aufzubauen. Damit nicht genug, gleichzeitig investierten die Finanzkreise der in überirdisches Licht getauchten Vereinigten Staaten von Amerika gewaltige Mittel in Hitler und seine dreckige Zukunft. Allen haben wir alles verziehen, nur dir nicht.

Dich hassten sowohl die „westlichen Demokratien" als auch die „westlichen Autokratien" als auch die besagten Finanzkreise, und sie hassen dich bis heute, denn sie haben nicht vergessen, mit wem sie es damals zu tun hatten.

Nämlich mit jemandem, der in jeder Hinsicht das Gegenteil von uns ist. Du bist ein anderer Maßstab. Ein Gegenpol. Du bist der Träger eines Programms, das in unser kleines Shtetl-Denken einfach nicht hineinpasst.

Du standest an der Spitze eines Landes, das im furchtbarsten Krieg der gesamten Menschheitsgeschichte gesiegt hat.

Größer als der Hass auf dich sind nur deine Taten.

Gehasst wird, wer etwas tut. Wer nichts tut, dem lässt sich nichts vorwerfen. Was haben die Staatsoberhäupter Frankreichs, Norwegens oder Polens zum Beispiel getan, als der Krieg damals begann, ist das allen in Erinnerung?

Sie haben nicht befohlen, „keinen Schritt zurück" zu gehen. Sie haben keine Sperrtruppen aufgestellt, um „ihre Machtposition zu verteidigen" (das nämlich sagen wir aufopfernde Altruisten gern über dich). Sie haben keine ganzen Regimenter und Divisionen in den Kugel- und Geschosshagel geschickt und nicht wegen einer kleinen Anhöhe ganze Felder mit Blut getränkt. Sie haben keine Minderjährigen in Rüstungsfabriken arbeiten lassen und keine brutalen Strafen für Zuspätkommen bei der Arbeit eingeführt, nein! Ihre Bürger haben millionenfach einfach ruhig und gewissenhaft für Hitlerdeutschland gearbeitet. Was soll man ihnen vorwerfen? Die Vorwürfe der Welt gelten dir.

Unter deiner Herrschaft wurden die Grundlagen für die Eroberung des Weltraums gelegt – hättest du etwas länger gelebt, dann hätte der erste Weltraumflug noch zu deiner Zeit stattgefunden, und das wäre vollends unerträglich gewesen. Stell dir nur vor – der Zar, der schnauzbärtige Kaiser, der die ganze Welt neu zugeschnitten hat, entlässt aus seiner ewig rauchenden Pfeife einen Menschen ins All, wie ein Vögelchen!

Oh, hättest du nur noch ein halbes Jahrhundert gelebt, niemand hätte die große Odyssee im Weltraum gegen IPods und Computerspiele eingetauscht!

Zu alledem wurde zu deiner Zeit auch noch die Atombombe geschaffen und damit die Welt vor einem Nuklearkrieg und die russischen Städte vor amerikanischen Atomschlägen bewahrt – andernfalls wäre an der Stelle von Petersburg nur ein warmes, phosphoreszierendes Hiroshima geblieben, und an der Stelle Kiews ein friedliches, wolkiges Nagasaki. Und das wäre ein Triumph jener Demokratie gewesen, die uns so am Herzen liegt.

Du hast Russland zu dem gemacht, was es niemals zuvor war: zur stärksten Macht auf dem Erdball. In der gesamten Menschheitsgeschichte war nie ein Reich so stark wie Russland unter dir.

Glaubst du, dass irgendwer so etwas gerne sieht?
So sehr wir uns auch bemühen, wir werden es nie schaffen, dein Erbe, deinen Ruhm restlos zu verschleudern und in alle Winde zu zerstreuen, das lichte Andenken an deine großen Taten zu verdrängen durch die düstere Erinnerung an deine – ja, realen, und ja, ungeheuerlichen – Verbrechen.
Wir verdanken dir alles. Sei verflucht.

Gezeichnet: Die liberale Öffentlichkeit Russlands

Zachar Prilepin

Olga Radetzkaja

Supernacbol

Die politischen Facetten des Schriftstellers Zachar Prilepin

Zachar Prilepin ist in seiner Heimat ein Star. Sein erster ins Deutsche übersetzter Roman wurde auch hierzulande enthusiastisch gewürdigt. Entscheidenden Anteil hat daran offenbar weniger die literarische Qualität als die schillernde Persönlichkeit des Autors. Prilepin gilt als „linksradikal" und als entschiedener Putin-Gegner. Tatsächlich vertritt er eine populistische Mischung aus Nationalismus, Ressentiment und Sowjetnostalgie.

Ein neuer Stern steht am Himmel der russischen Literatur. Über Russland leuchtet er bereits seit einiger Zeit, über Deutschland ist er erst vor kurzem aufgegangen: Im Verlag *Matthes & Seitz* erschien im Dezember 2012 Zachar Prilepins Roman *Sankja*. Die Feuilletons sprechen von einer „mitreißenden Geschichte von Revolte, Liebe und Verrat",[1] von „großer Literatur"[2]. Der Berliner Slawist Georg Witte pries Prilepin bei einer Veranstaltung der Akademie der Künste als „begnadeten" Autor, und auch der St. Gallener Slawist Ulrich Schmid schwärmt von dem „Sog", den Prilepins Texte entfalteten. Zwar vertrete der Autor ein „durchaus fragwürdiges Gesellschaftsideal", doch habe er „schriftstellerische Qualitäten". *Sankja* sei „ein politisches Ärgernis", trotzdem faszinierend.[3]

In seiner Programmvorschau stellt Prilepins deutscher Verlag *Sankja* vor und fragt sich dann:

> Wie aber ist sein Autor zu beurteilen? Linksradikal und gewaltbereit, nationalistisch und antikapitalistisch, antitotalitär und einer der prominentesten Putin-Kritiker, gehört er einer Partei an, die sich ‚nationalbolschewikisch' nennt. Provokation oder gefährlicher Wiedergänger?[4]

Olga Radetzkaja (1965), Literaturübersetzerin, Mitarbeiterin bei OSTEUROPA
[1] Judith Leister: Mit der Mayonnaise-Bombe aufs russische Staatsoberhaupt, in: FAZ 10.12.2012. Leister zitiert wörtlich den Pressetext des Verlages, <www.matthes-seitz-berlin.de/buch/sankya.html>. Ebenso wörtlich zitiert diesen das *Haus der Kulturen der Welt* in Berlin, für dessen Internationalen Literaturpreis Prilepins Buch neben vier weiteren Titeln nominiert ist.
[2] Ronald Pohl: Raubtier auf dem Sprung in Russlands sterbenden Städten, in: Standard, 4.2.2013.
[3] Ulrich Schmid: Ein faszinierendes Ärgernis, in: NZZ, 9.10.2012.
[4] <www.matthes-seitz-berlin.de/fs/downloads/kataloge/msb-vorschau.pdf>, S. 2.

Überlebensgroß: Zachar Prilepin

Dass Prilepin politisch, vorsichtig ausgedrückt, eine „schillernde Figur" ist, darauf weisen die meisten Rezensenten hin – die einen vorsichtig distanziert, die anderen umso begeisterter. Haben wir es also mit einem – politisch unbequemen – großen Sprachkünstler zu tun? Einem neuen Gottfried Benn, einem russischen Céline?
Sankja erzählt von einem chancenlosen jungen Mann im Russland der Nullerjahre, der sich einer radikalen Partei anschließt. Demonstrationen, Straßenschlachten, Festnahmen, konspirative Treffen, dazwischen viel Männerfreundschaft und viel Ressentiment. Der Anlage nach ist *Sankja* ein Porträt einer sozialen Schicht – der „abgehängten" russischen Provinzjugend – und der Versuch der psychologischen Darstellung einer Weltanschauung – des Nationalbolschewismus. Der russische Verlag annoncierte den Titel in der Erstausgabe von 2006 als „klassischen psychologischen Roman" – viele Rezensenten fühlten sich allerdings eher an Sozrealismus erinnert.[5]

> Matwej kam aus dem Raum, den die „Sojusniki" als „sakrales" Zimmer bezeichneten, in dem früher der unermüdliche Kostenko gearbeitet hatte. Jetzt schuftete dort Matwej von morgens bis abends für die Partei.
> Er war nicht groß, trocken, mit einem kleinen Bart, klaren Augen und einem guten Lächeln.
> Die „Sojusniki" liebten ihn, viele imitierten ihn [...] Sascha hatte an dem einen oder anderen „Sojusnik" die Gewohnheit bemerkt, mit dem Matwej eigenen unerklärbaren Charme zu sprechen [...].[6]

Einem deutschen Rezensenten zufolge ist Prilepin „ein Autor, der wie von selbst in einer radikal entschlackten, lakonischen Straßensprache schrieb".[7] Blick ins Buch:

> Sie kommt ja irgendwo aus der Provinz. Sie kam eigentlich um zu studieren. Und jetzt da ... [...] Woher kommt das bei ihr überhaupt, diese Leidenschaft, in Formation zu marschieren, in der Kolonne vorne weg, diese unsere Fahnen, diese unsere Wut ...[8]

– radikal entschlackt?

> Einsamkeit, so schien es Sascha, ist gerade deswegen unerreichbar, weil man in Wahrheit nicht mit sich selbst allein bleiben kann – unberührt von den Reflexen, die in dir jene hinterlassen haben, die an dir nur vorbeikamen, ohne besondere Beleidigung, Fehler und Verletzungen.[9]

– lakonisch?

---

[5] Igor' Gulin: Zachar Prilepin. Černaja obez'jana, in: OpenSpace.ru, 30.5.2011, <http://os.colta.ru/literature/events/details/22705/?attempt=1>.
[6] Zakhar Prilepin: Sankya. Deutsch von Erich Klein und Susanne Macht. Berlin 2012, S. 142.
[7] Uli Hufen: Politische Radikalisierung im Russland der 90er Jahre. Deutschlandfunk, 6.5.2013, <www.dradio.de/dlf/sendungen/buechermarkt/2098964/>.
[8] Prilepin, Sankya [Fn. 6], S. 139.
[9] Ebd., S. 31.

Auf den Stil und die literarische Kunstfertigkeit des Autors ist die Begeisterung der deutschen Rezensenten – wie auch eines Teils der russischen Kritiker – vermutlich eher nicht zurückzuführen. Olga Martynova verbuchte Prilepin 2009 unter dem Rubrum „Rückkehr zum Sowjetgeschmack" und attestierte ihm und einigen ähnlich orientierten Schriftstellern literarische Hilflosigkeit: „Bereits ihr einfaches Erzählen fällt ihnen spürbar schwer."[10] Tatsächlich wirkt *Sankja* über weite Strecken sentenziös und unbeholfen. Stilistisch schwankt es zwischen betonter Rauheit und schwer erträglichem Jugendbewegungskitsch, zwischen „verpiss dich" und den „klaren, ehrlichen Gesichtern" der jungen Rebellen. Zu den Stärken des Buchs gehören dichte Schilderungen von rasanten Kampfhandlungen und verlangsamtem Dorfleben; in beiden Materien ist Prilepin offensichtlich Experte. Seine Figuren aber bleiben leblos, Pathos und Parolen überwiegen.[11] Prilepin, so der Kritiker Igor' Gulin anlässlich des Erscheinens von dessen jüngstem Roman *Černaja obez'jana* (Schwarzer Affe), verlange vom Leser „entweder absolute Loyalität, oder eine sehr hohe Toleranzschwelle".[12]

Testosteron, Revolution, Authentizität

Was ist es also, was den angeblichen „Sog" dieser Literatur ausmacht, ihre „gefährliche Aura"? Für manche Leser sind es vielleicht der „Testosterongehalt", die „Männlichkeitsposen"[13] und die saftigen Action-Szenen.[14] Für andere ist es die Atmosphäre der Revolte – die Helden sind „jung und schön, sie machen Revolution und haben Sex – in einem unschönen, heruntergekommenen Land"[15] – und die Identifikation mit den Schwachen, Unterlegenen. Prilepin beschreibe „das verzweifelte, hoffnungslose, graue, kalte Russland [. . .]. Fern von allen postmodernen Experimenten, fern von jeder Ironie und modischem Zynismus. Leidenschaftlich, zärtlich und ernst."[16]
Der Roman steht und fällt mit seinem Protagonisten, zu dem der Erzähler keinerlei Distanz hält. Saša „Sankja" Tišin ist eine Figur, die in erster Linie aus emotionalem Nachdruck, diffuser Stimmung und Meinungen besteht. Der begeisterte Rezensent Dmitri Vachedin bringt es auf den Punkt:

> Während Sankya in Regionalzügen durchs Land reist, sich von Suppen ernährt und in Dörfer einkehrt, sehen wir Russland durch seine Augen und müssen feststellen: Das Land ist krank. Und es ist Zeit zu handeln. Sankya

---

[10] Olga Martynova: Der späte Sieg des Sozrealismus, in: NZZ, 28.8.2009.
[11] Vasilij Ševcov: Cvety negative, in: Nezavisimaja gazeta, 1.6.2006.
[12] Gulin, Zachar Prilepin [Fn. 5].
[13] Leister, Mit der Mayonnaise-Bombe [Fn. 1]. – Der russische Kritiker Lev Danilkin konstatiert „Testosteronausstoß" sowohl auf der inhaltlichen als auch auf der formalen Ebene von *Sankja*. Lev Danilkin: „Mat'" bez ėlektričestva, in: Afiša, 5.4.2006.
[14] Danilkin, ebd.
[15] Dmitri Vachedin: Es gibt einen Gott. Es gibt nur eine Heimat, in: Russland erlesen, 8.10.2012, <http://russland-heute.de/articles/2012/10/08/es_gibt_einen_gott_es_gibt_nur_ eine_heimat_16823.html> – *Sankja*, so der Pressetext von *Matthes & Seitz*, ist „auch das Abbild eines ewigen Topos – Prilepin schildert darin die revolutionäre Kraft, die überall auf dieser Welt in jeder jungen, unzufriedenen und ungehörten Generation lauert und immer wieder zum Ausbruch gelangt."
[16] Hufen, Politische Radikalisierung [Fn. 7].

polemisiert nicht. Er weiß es einfach: ‚Seitdem er erwachsener geworden war, war alles klar geworden. Es gibt einen Gott. Ohne Vater ist es schlecht. Die Mutter ist gut und teuer. Es gibt nur eine Heimat.' Natürlich hat diese Erkenntnis zur Folge, dass der Romanheld sich im Laufe der Handlung kein Stück verändert. Das ist kein Held von Tolstoi oder Dostojewski, auch keiner von Gorki. Und doch verdeutlicht Prilepin durch das Abmeißeln von Überflüssigem das Wesentliche.

Mit linker Kunst, mit formaler Radikalität, mit Avantgarde hat das alles wenig bis nichts zu tun. Im Gegenteil: Vachedin findet Prilepins Helden „beneidenswert, wenn man ein bisschen nachdenkt", und zwar

> weil Sankya von Gegenständen umgeben ist, die auf ihren Kern reduziert sind. [...] Isst Sankya eine Suppe, dann isst er nicht etwa Borschtsch oder Kürbissuppe. Isst er Fleisch, dann ist es Fleisch und kein Rind. Die Botschaft: Das Leben ist einfach, und man sollte es nur für große Taten nutzen.[17]

Die Sehnsucht nach Erholung von den Mühen der Differenzierung ist sicher ein Moment, das zum Reiz von *Sankja* beiträgt. Ein weiterer Grund dürfte in der vermuteten Authentizität dieses Erzählens liegen. Prilepin wisse, „dass Russland randvoll ist mit zornigen jungen Männern wie Sankya. Er kennt sie, er war selber einer von ihnen, er kann sie beschreiben und verstehen."[18]

Die enorme Popularität des Autors in Russland liege „auch an seiner Glaubwürdigkeit. [...] Was Prilepin schreibt, das hat er erlebt. Wozu er aufruft, das tut er selber. Das macht ihn überzeugend. Und ungemütlich."[19] Der Schriftsteller bürgt für die Fiktion mit seiner Person, ja, eben die Person scheint einen wesentlichen Anteil am Erfolg der Fiktion zu haben.

Musterknabe, Medienprofi, Maulheld

Was das deutsche Publikum über diese Person des Autors erfährt – abgesehen von Publikationen und Preisen – fällt, je nachdem, welche Leserschaft angesprochen wird, etwas anders aus. Am vorsichtigsten ist der Pressetext des deutschen Verlags:

> Zakhar Prilepin, geboren 1975 in Zentralrussland. Sohn eines Hochschulprofessors und einer Krankenschwester, studierte Linguistik in Nischni Nowgorod. [...] Prilepin lebt mit seiner Familie in Nischni Nowgorod.[20]

Prilepins Agentur *Nibbe & Wiedling* erwähnt in ihrer Vorstellung des Autors immerhin seine Teilnahme an „Anti-Terror-Operationen in Tschetschenien 1996 und 1999".[21] Klarer ist das Porträt von Moritz Gathmann:

---

[17] Vachedin, Es gibt einen Gott [Fn. 15].
[18] Hufen, Politische Radikalisierung [Fn. 7].
[19] Moritz Gathmann: Schreiben, kämpfen, schreiben, in: SZ, 15.5.2012.
[20] <www.matthes-seitz-berlin.de/autor/zakhar-prilepin.html>.
[21] <www.nibbe-wiedling.de/authors/prilepin.html>. – Einen Überblick über zahlreiche abweichende Versionen dieser und anderer Daten in Prilepins Biographie bietet <http://lenta.ru/lib/14182720/>.

Sachar (eigentlich Jewgenij) Prilepin, geboren 1975, wächst in einer einfachen, aber gebildeten Familie im Gebiet Nischnij Nowgorod auf, der Vater Lehrer, die Mutter Krankenschwester. Mit 16 fängt er an zu arbeiten, als Türsteher, als Packer, nebenher studiert er Literatur. Dann heuert er bei der Omon an, einer Spezialeinheit der russischen Polizei, die besonders brutal gegen Demonstranten vorgeht. In den 90er Jahren wurden die Omon-Einheiten nach Tschetschenien geschickt. Prilepin kämpfte 1996 als Kommandeur in Grosny, dann im Zweiten Tschetschenienkrieg 1999.[22]

Prilepins politisches Engagement bei der Nationalbolschewistischen Partei, den *Nacboly*, erscheint auf der Agenturseite nicht bzw. nur in frisierter Form: Er komme, heißt es dort, „aus der Bewegung *Anderes Russland*, einer Koalition russischer Parteien, Menschenrechtsorganisationen und demokratischer Aktivisten".[23]

Die meisten Rezensenten in den Feuilletons sprechen es jedoch an: „Prilepin unterstützt Limonows ‚Nationalbolschewistische Partei', die von einem neuen russischen Imperium träumt", schreibt etwa Ulrich Schmid.[24] Offensichtlich macht dieses Engagement ihn für viele sogar interessanter:

> Zakhar Prilepin ist selbst seit fünfzehn Jahren Nazbol. Dementsprechend tritt er auf: Er ist ein kräftiger Kerl mit kahlrasiertem Schädel, schwarzen Klamotten, Doc Martens an den Füßen, und zu alldem die Sanftheit in Person. Man sollte sich vorsehen, ich weiß, aber nach ein paar Stunden mit ihm würde ich mein Wort geben, dass Zakhar Prilepin ein großartiger Typ ist: Ehrlich, freundlich, tolerant, einer, der dem Leben [. . .] direkt ins Gesicht sieht.[25]

Gewinnend scheint Prilepin zweifellos, fotogen ist er auch und zudem ein Medienprofi. Auf seiner „offiziellen Website" finden sich Videoauftritte, MP3-Mitschnitte, Musik, unzählige begeisterte „Blurbs" und eine Liste wissenschaftlicher Arbeiten über ihn, ein Presse-Kit und viele, mehr oder weniger stilisierte Fotos, denen zu entnehmen ist: Prilepin ist ein cooler Typ, und er pflegt sein Image sorgfältig. „Lifestyle" und Lebensgefühl spielen in der Berichterstattung über ihn denn auch keine geringe Rolle:

> ‚Die Liberalen haben die Revolution verkackt! Sie haben die Proteste einfach den Bach runtergehen lassen', schimpft Sachar Prilepin, während er seinen schwarzen Mitsubishi-Jeep über die Schlaglöcher jagt. Aus den Lautsprechern rappt 50Cent, Prilepins Wagen hüpft wie in einem amerikanischen Gangsta-Rap-Video auf und nieder. Draußen ziehen endlose Birkenwälder vorbei, die zwischen Nischnij Nowgorod und Prilepins Dorf Jarki liegen.[26]

---

[22] Gathmann, Schreiben [Fn. 19].
[23] Auf der Basis dieser Bewegung *Drugaja Rossija* entstand 2010 eine gleichnamige Partei, die von Éduard Limonov geleitet wird und als Auffangbecken für die seit 2007 verbotene Nationalbolschewistische Partei dient.
[24] Schmid, Ein faszinierendes Ärgernis [Fn. 3]. Hufen berichtet, Prilepin sei weiterhin „Mitglied der seit 2005 offiziell als extremistisch verbotenen Nationalbolschewistischen Partei". Hufen, Politische Radikalisierung [Fn. 7].
[25] Emmanuel Carrère: Limonow. Berlin 2012, hier zitiert nach der Verlagsvorschau, <www.matthes-seitz-berlin.de/fs/downloads/kataloge/msb-vorschau.pdf>.
[26] Gathmann, Schreiben [Fn. 19].

Die kernige Attitüde, die konservativen Attribute – Prilepin ist gläubig, lebt mit Frau und vier Kindern in der Provinz, Bernhardiner und Katzen sind mit von der Partie –, das „Einstecken-Können" („zahlreiche Festnahmen"[27]), die Ich-sag's-wie's-ist-Pose sind Facetten seiner Person, die zu seiner Beliebtheit beitragen: bei der „junge(n) russische(n) Generation, die die Postmoderne satt hat und wieder nach Werten fragt", aber wahrscheinlich nicht nur.[28] Zugleich bringt ihn seine betonte Maskulinität und Volkstümlichkeit oft erstaunlich nahe an den Habitus, den auch das Regierungsoberhaupt pflegt.[29]

Eine zweite Komponente ist das „Radikale" und dessen popkulturelle Aura – Stichwort „Revolution und Sex". Einerseits gilt Prilepin als einer der prominentesten und entschiedensten Oppositionellen in Russland – „er hasst Putin"[30] – gleichzeitig war er früher Teil des Systems – und zwar nicht irgendwie, sondern im Krieg, unter Einsatz seines Lebens. Wenig ist für den westlichen Kulturbetrieb so reizvoll wie echte Waffenträger – die RAF-Ikonen Baader, Meinhof, Ensslin sind dafür ein Beispiel –, und politisch ist man dabei umso weniger wählerisch, je weiter das Land, in dem die betreffende Revolte sich vollzieht oder vollziehen soll, entfernt ist.

Drittens ist da der Nimbus des Erfolgs. Dessen Höhepunkt war wohl erreicht, als Prilepin im Juni 2011 den mit 100 000 Dollar dotierten Preis „Nationaler Bestseller des Jahrzehnts" – im Volksmund: *Supernacbest* – erhielt. Als „Unfall" habe der Autor das bezeichnet, berichtet Moritz Gathmann – eine Einschätzung, der Gathmann nicht folgt, „denn Prilepin wird unter Tschetschenien-Veteranen ebenso akzeptiert wie in den höheren Moskauer Kreisen. Dutzende Male habe er schon in einer der Rubljowka-Villen gesessen."[31]

Selten unerwähnt bleibt in den biographischen Angaben zu Prilepin außerdem der Umstand, dass der ehemalige OMON-Mann heute Redakteur der *Novaja Gazeta* in Nižnij Novgorod ist, „für die auch die ermordete Anna Politkowskaja tätig war".[32]

---

[27] Gisela Erbslöh: „Nieder mit Putin" oder „Wenn ich Stalin sage, will ich provozieren." Russische Nationalbolschewisten proben den Aufstand. Feature, Deutschlandfunk 21.1.2011, <www.dradio.de/download/131149>.
[28] Gathmann, Schreiben [Fn. 19]. – Owen Matthews: Russia's Young Hemingway, in: Newsweek, 15. 8. 2011. – Anna Nemtsova: Zakhar Prilepin: a modern Leo Tolstoy, in: Russia Now, 13.4.2012. (*Russia Now* ist eine von der Regierungszeitung *Rossijkaja gazeta* produzierte Beilage zum Londoner *Daily Telegraph*, ein Äquivalent zur deutschen *Russland Heute*, die der Süddeutschen Zeitung beiliegt.)
[29] Mark Lipoveckij bezeichnet diesen epochenprägenden Habitus, den Prilepin vertritt und Putin verkörpert, als ‚pacanskij stil'" (eine Art „Mackermanier"). Zu dessen Charakterisierung greift Lipoveckij eine Reihe von Punkten auf, die Umberto Eco zu den Merkmalen des „Ur-Faschismus" zählt: Ablehnung von Differenz, Traditionskult, Irrationalismus/Kult der Aktion, Ethnozentrismus etc. Mark Lipoveckij: Političeskaja motorika Zachara Prilepina, in: Znamja, 10/2012, <http://magazines.russ.ru/znamia/2012/10/li12.html>. Umberto Eco: Urfaschismus, in: Die Zeit, 28/1995, <www.zeit.de/1995/28/Urfaschismus>.
[30] Matthews, Russia's Young Hemingway [Fn. 28].
[31] Gathmann, Schreiben [Fn. 19]. – Prilepins anfänglichen Erfolg in verschiedensten Kreisen, darunter auch denen der demokratischen Opposition und liberalen *Intelligencija*, erwähnt auch Lipoveckij, Političeskaja motorika [Fn. 29]. – Auf der Website des Autors sind die Lobeshymnen in erschöpfender Ausführlichkeit dokumentiert: <www.zaharprilepin.ru/ru/otzyvy>.
[32] Leister, Mit der Mayonnaise-Bombe [Fn. 1]. Ebenso bei <www.nibbe-wiedling.de/authors/prilepin.html>, bei Matthews, Russia's Young Hemingway [Fn. 28], und bei Nemtsova, Zakhar Prilepin [Fn. 28].

Nackte Tatsachen: Putin, Prilepin.

Allerdings relativiert Prilepin selbst Politkovskajas Bedeutung – wiederum in ähnlicher Weise wie Vladimir Putin bei seinem Besuch in Dresden 2006:

> Ihren Tod habe ich als persönliche Tragödie empfunden. Politkowskaja fehlt Russland sehr. [...] Aber die Bedeutung, die der Westen ihr beimisst, entspricht nicht ihrer Wahrnehmung in Russland. Für die meisten Bürger sind ihr Name und ihre Rolle nicht maßgeblich.[33]

Umso gewichtiger schätzt Prilepin seine eigene Rolle ein. Im Interview mit der Zeitschrift *Afiša* erklärt er im Mai 2011: „Heute ist jeder oppositionell. Opposition ist in, Opposition ist Trend. Darauf bin ich stolz, weil das nicht zuletzt mein Verdienst ist."[34]

Rinks, lechts, ribelar

Zachar Prilepin ist kein politischer Denker, aber er ist definitiv ein politischer Aktivist und als solcher in Russland mindestens so präsent und einflussreich wie als Schriftsteller. Von Prilepin sind neben Romanen und Erzählungen drei Essaybände erschienen, er schreibt für mehrere Zeitungen und Internetportale, bloggt und postet auf Facebook, tritt im Rundfunk und Fernsehen auf – er funkt auf allen Kanälen, und er bezieht gern lautstark Position.

Prilepin gehöre „zu jenen rabiaten Patrioten, die den Russen ein radikales nationales Erziehungsprogramm verschreiben wollen", schreibt Schmid in der NZZ. Doch Vorsicht! Als „Faschist", heißt es bei Schmid weiter, sei der Autor nur „vorschnell abgestempelt" worden.

Schwer einzuordnen also? Ein Mann, so rätselhaft wie Russland selbst?[35]

Prilepin selbst bezeichnet sich als „links-konservativ" – eine Kombination, die in westlichen Ohren widersprüchlich klingt, da „links" hier historisch stets als progressiv verstanden wurde. Für Prilepin dagegen ist das kein Widerspruch, eher schon eine Tautologie, denn er meint sowohl mit „links" etwas anderes als auch mit „konservativ". „Konservativ" heißt für ihn zunächst einmal „mainstream": „das Konservative ist das, was von der Mehrheit der Bevölkerung akzeptiert wird". Im Fall der Mehrheit, die Prilepin meint, fällt das mit dem Begriffskern des „Bewahrens" des Bewährten, Altbekannten durchaus zusammen: „Für sie ist der Konservatismus [...] die Sowjetunion. In der Sowjetunion sind sie aufgewachsen, und sie haben nichts an ihr auszusetzen."[36] An sich bedeutet konservativ aber einfach „normal", und „normal" ist für Prilepin sowohl die traditionalistische Familienpolitik, die er vertritt („Kinder sind die

---

[33] Sachar Prilepin: Aljoscha Karamasow und die Band Pussy Riot, in: Russland erlesen 12.10.2012, <http://russland-heute.de/articles/2012/10/12/aljoscha_karamasow_und_die_band_pussy_riot_16909.html>. – Putin sagt Merkel Aufklärung des Falls Politkowskaja zu, in: FAZ, 11.10.2006.

[34] Černaja obez'jana – èto ne pro negrov. Interview mit Lev Danilkin, in: Afiša, 17.5.2011, <www.afisha.ru/article/zahar-prilepin>.

[35] „To understand Russia today, you need to understand Prilepin", erklärt Matthews, Russia's Young Hemingway [Fn. 28].

[36] Zachar Prilepin vs. Maksim Sokolov: Moda na levoe, in: OpenSpace.ru, 10.7.2009, <http://os.colta.ru/society/russia/details/11234 >. Dass der Inhalt dieses Konservatismus auch etwas anderes sein könnte, deutete Prilepin schon vor zwei Jahren in einem Gespräch mit Lev Danilkin an: „Wir (Prilepin meint außer sich Naval'nyj, Kašin, Šargunov; OR) spielen alle Sowjetnostalgie, und dabei übertreiben wir oft ein bisschen." Černaja obez'jana [Fn. 34].

Norm. Und Kinder, die in einer vollständigen Familie aufwachsen, sind auch die Norm"[37]), als auch sein inbrünstiger Nationalismus („In den schrecklichsten Weltkriegen haben wir gesiegt. Es gibt tausend Nationalitäten auf der Welt, aber nur die Russen haben gesiegt."[38]). „Normal" ist das Bedürfnis, in einem möglichst „großen", möglichst „starken" Land zu leben, weshalb Prilepin geradezu obsessiv um das Thema Bevölkerungspolitik kreist: „Ich rede vom einzigen, was wirklich zählt: dem Wachstum der Nation."[39] Nicht gerade ein „linksradikales" Programm, wie der entsprechend eingestimmte deutsche Prilepin-Leser es erwarten würde – eher, um es mit Kerstin Holm zu sagen, eine Art „aggressiver Opportunismus".[40] Aber wie verträgt sich das mit der „linken" Komponente von Prilepins Weltbild?

Das „Linke" ist in Prilepins Verständnis zunächst einmal identisch mit dem „Sowjetischen", es umfasst also sowohl traditionell linke Programmpunkte wie soziale Gerechtigkeit als auch Charakteristika, die im Westen keineswegs als links gelten: hierarchischer Staatsaufbau, Autoritätsgläubigkeit, Großmachtstatus, großrussischer Chauvinismus. Früher, in der Sowjetära, sei vielleicht nicht alles, aber zweifellos das Leben insgesamt besser gewesen. Zwar habe es Repressionen gegeben, aber immerhin konnten einfache Leute von ihrem Gehalt leben, Bildungssystem und Armee funktionierten, und „selbst während der Kollektivierung gab es einen positiven Bevölkerungszuwachs".[41]

Prilepin huldigt einer strikt binären Logik: Es gibt nur Freund und Feind, „wir" und „sie", gut und schlecht.[42] Per se gut ist die sowjetische Vergangenheit (Prilepins Geburtsjahrgang, 1975, ist dieser Verklärung sicher zuträglich), daraus ergibt sich die Gleichung gut = „links". Schlecht ist folgerichtig das Gegenteil dieser sowjetischen Vergangenheit, also: die 1990er Jahre, der Liberalismus, der Westen.[43] Im Umkehrschluss ist dann auch alles, was schlecht ist, für Prilepin fast automatisch „liberal".

Diese Verschiebung oder Verwischung üblicher Zuordnungen treibt – wiederum aus westlicher Perspektive betrachtet – bei Prilepin oft kuriose Blüten. So ordnet er etwa Putin ohne weiteres als Liberalen ein. Die vagen sozioökonomischen Anhaltspunkte „Privateigentum", „Mittelklasse", und „Markt", die er dafür anführt, sind für die Zuordnung selbst aber ebenso unwichtig wie das Merkmal der „Freiheit für die Menschen" – die gebe es nicht nur in Russland nicht, sondern „nirgends auf der Welt", denn Liberalismus meine vor allem: „Freiheit für das Geld", also die Freiheit, Geld aus dem Land zu schaffen.[44] Hier liegt der Hund begraben: Putin setzt in Prilepins

---

[37] Zachar Prilepin: Oblom s bėbi-bumom, in: Svobodnaja Pressa, 16.4.2013, <http://svpressa.ru/society/article/66898>.

[38] Zachar Prilepin: Ja prišel iz Rossii, <www.zaharprilepin.ru/ru/knigi/ya-prishel-iz-rossii.html>.

[39] Prilepin vs. Sokolov [Fn. 36]. – Prilepin, Oblom s bėbi-bumom [Fn. 37]: „Man muss den Bürgern Russlands endlich so deutlich wie möglich erklären, dass das Kinderkriegen nicht nur unsere „Privatsache" ist."

[40] Kerstin Holm: Moskaus Macht und Musen. Hinter russischen Fassaden. Berlin 2012, S. 52.

[41] Prilepin vs. Sokolov [Fn. 36]. – Zachar Prilepin: Pis'mo tovariščų Stalinu, in: Svobodnaja pressa, 30.7.2012, <http://svpressa.ru/t/57411>, dokumentiert in diesem Band, S. 297–300.

[42] Zachar Prilepin: Važnee vašich svobod, in: Svobodnaja Pressa, 21.11.2012, <http://svpressa.ru/society/article/61060>.

[43] Zum Verhältnis von Links und Rechts sowie der aktuellen Konjunktur antiwestlicher Strömungen: Andreas Umland: Neue rechtsextreme Intellektuellenzirkel in Putins Russland: das Anti-Orange Komitee, der Isborsk-Klub und der Florian-Geyer-Klub, in: Russland-Analysen, 256/2013, S. 2–5.

[44] Prilepin, Važnee vašich svobod [Fn. 42].

Augen das El'cinsche Reformprogramm fort und ist allein deshalb „genauso liberal wie alle anderen Obamas auf der Welt".[45] Dass das autoritäre Putinsche Regime mit seiner „Machtvertikale" und seiner abhängigen Justiz in westlichen Augen eher rechts und repressiv als liberal aussieht, ist für dieses Urteil völlig unerheblich.
Aus der Gleichung „links" = gut, „liberal" = schlecht ergibt sich weiter auch, dass man als „guter, fähiger, in der klassischen Tradition stehender russischer Autor" heute unmöglich liberal sein könne: „Die russische Literatur ist durch und durch antiliberal", behauptet Prilepin so forsch wie kontrafaktisch, und antiliberal ist wiederum gleich: „links".[46]
Zu Prilepins Image als „radikaler", auch „linksradikaler" Autor hat seine Mitgliedschaft in der seit 2007 als extremistisch verbotenen *Nationalbolschewistischen Partei* einiges beigetragen. In der Tat sieht er nach eigener Aussage keine Chancen für einen friedlichen Wandel in Russland. Die Korruption, die mangelnde wirtschaftliche Autarkie, die soziale Schieflage, die Schwäche der Armee und der dramatische Bevölkerungsrückgang – all das verlange nach einer „Revolution".[47] Eine andere Frage ist, welches Regime auf diese Revolution folgen sollte. Heißt „nationalbolschewistisch" kommunistisch? Für Prilepin scheint es zwischen diesen Begriffen wenig Zusammenhang zu geben: die „schwerfälligen Bolschewiki" hätten vielmehr die längste Zeit „vergeblich versucht, das von ihnen errichtete System in Richtung der konservativen Revolution zu lenken".[48]
Der ideologische Kern der sich wandelnden Parteiprogramme der NBP liegt im Nationalismus.[49] „Rossija – vse, ostal'noe – ničto!" (Russland ist alles, der Rest ist nichts!), lautete die alte Devise der *Nacboly*. Zu Prilepins politischer Haltung passt das bestens: laut Mark Lipoveckij stellt sie eine diffuse Mischung von „Ressentiment, Nostalgie, einem Gefühl von Ungerechtigkeit und sozialer Benachteiligung, Protest und Konformismus" dar.[50] In der Frage, welches politische System er favorisiert und welche konkreten Maßnahmen er für nötig hält, geht Prilepin ungern ins Detail. Stattdessen rekurriert er auf das „ganz normale Leben", Gerechtigkeit, Pietät gegenüber der sowjetischen Vergangenheit, Heimat, Nation.

---

[45] Ebd.
[46] Prilepin vs. Sokolov [Fn. 36].
[47] Prilepin vs. Sokolov [Fn. 36]. – Gathmann, Schreiben [Fn. 19].
[48] Zachar Prilepin: Sortirovka i otbrakovka intelligencii, in: Svobodnaja Pressa, 30.12.2012, <http://svpressa.ru/society/article/62624>. – Zur Ausbreitung der Verbindung von sozialem Egalitarismus und protofaschistischem Denken vgl. Aleksandr Morozov – Vladimir Pastuchov: Perepiska iz dvuch uglov, in: Colta.ru, 28.4.2013, <www.colta.ru/docs/21390>.
[49] Die NBP hat ihr Programm mehrfach geändert – vom großrussischen Imperialismus, der 1994 noch auf ihren Fahnen stand, zum 2004 formulierten Ziel, Russland zu einem „modernen", „demokratischen" Staat zu machen. Das Programm der 2010 gegründete Nachfolgepartei *Drugaja Rossija* ist sehr vorsichtig gehalten (<http://drugros.ru/programm.html>) – wahrscheinlich nicht zuletzt, um dem Vorwurf des „Extremismus" zu entgehen. Die personelle Kontinuität zur NBP ist mit Limonov als Vorsitzendem und führenden Mitgliedern wie Sergej Aksenov und Andrej Dmitriev allerdings unübersehbar, <http://drugros.ru/persons/>. – Vgl. Erbslöh, „Nieder mit Putin" [Fn. 27].
[50] Lipoveckij, Političeskaja motorika [Fn. 29]. Lipoveckij geht ausführlich auf die innere Widersprüchlichkeit dieser „politischen Motorik" ein, die allerdings auch gar nicht auf Schlüssigkeit angelegt sei: Das Politische sei bei Prilepin eher ein „politisches Unbewusstes".

Prilepin bekennt sich in vielen seiner Publikationen ganz offen zu einem nationalistischen Credo[51] – westlichen Gesprächspartnern gegenüber allerdings ist er oft etwas vorsichtiger. So kann Moritz Gathmann erklären:

> Tatsächlich besingt Prilepin das Russentum, aber gleichzeitig ist er Kosmopolit. ‚Die Nationalisten in Russland sind allesamt durchgeknallte Verschwörungsfanatiker und Judenfresser', sagt er.[52]

Die letzten beiden Sätze dürften eher dem deutschen Publikum gelten, für das Gathmann schreibt und das „Judenfressern" nicht sehr tolerant gegenübersteht. Dass Prilepin in anderen Zusammenhängen deutlich weniger Distanz zu solchen „Durchgeknallten" hält, zeigt exemplarisch sein 2012 veröffentlichter *Brief an den Genossen Stalin*. Als Absender figuriert darin eine angebliche „liberale Öffentlichkeit" (Prilepin selbst erscheint nur als „Briefträger"), die Stalin verleugne, obwohl sie ihm doch alles verdanke. Der Text verbindet Prilepins zentrales Feindbild, das der „Liberalen", die Stalins große Errungenschaften („deine Betriebe", „deine Eisbrecher und Atomschiffe") aus schierem Eigennutz verschleudert hätten,[53] mit offenem Antisemitismus. Denn eben diese perfiden Liberalen sind bei ihm identisch mit jenem „Stamm" der nur dank Stalin seiner Vernichtung „in den Gaskammern" entkommen sei, und der nur auf Kosten der Russen am Ruhm des Siegs habe partizipieren können. Stalins großer Plan passe in das „kleine Shtetl-Denken" dieser liberalen, sprich: rückgratlosen, sprich: jüdischen Öffentlichkeit „einfach nicht hinein".[54] Der Brief ist ein nur sehr oberflächlich verklausulierter Ausdruck von imperialem Phantomschmerz, von Sehnsucht nach Stalin als „Zar" und nach der Sowjetunion als „stärkster Macht auf dem Erdball" – damit, so Prilepin, artikuliere er nicht seine private Sicht der Dinge, sondern das „kollektive nationale Gedächtnis".[55]

Das Stalin-Bild des *Briefs* basiert auf der klassischen, in Deutschland hinlänglich bekannten „Es-war-nicht-alles-schlecht"-Argumentation. Einem grundlegenden Urteil über dieses Regime verweigert sich diese Argumentation, sie relativiert sowohl im moralischen Sinn als auch unter nationalen bzw. ideologischen Aspekten: „Wir" können unseren Stalin vielleicht kritisieren, „ihr" (die Liberalen, die Juden, der arrogante Westen) dürft das aber keinesfalls.[56]

---

[51] Prilepin, Ja prišel iz Rossii [Fn. 38].
[52] Gathmann, Schreiben [Fn. 19].
[53] Die Liberalen sind bei Prilepin tendenziell an allem schuld: am angeblichen Scheitern der Protestbewegung nach den letzten Parlaments- und Präsidentenwahlen (Gathmann, Schreiben [Fn. 19]), wie schon am Sturz des Zaren und am Bürgerkrieg. Die Bolschewiki dagegen hätten gar nicht kämpfen wollen: nur der „antisowjetische liberale Untergrund" habe sie von ihrer „Aufbautätigkeit" abgehalten. Prilepin, Sortirovka [Fn. 49].
[54] Prilepin, Pis'mo [Fn. 41].
[55] Zachar Prilepin: Stesnjat'sja svoich otcov, in: Svobodnaja Pressa, 9.8.2012, <http://svpressa.ru/society/article/57713/>.
[56] Interessant sind in diesem Zusammenhang auch Prilepins Bemerkungen über die Šalamov-Rezeption im Westen, die er als „Übergriffe" Unbeteiligter auf eine „fremde Tragödie" wahrnimmt. Zachar Prilepin: Mertvye v razves. In: Svobodnaja Pressa, 23.2.2013, <http://svpressa.ru/culture/article/64575>.

Westöstlicher Relativismus

In die aktuelle Diskussion über die Übertragbarkeit oder Nichtübertragbarkeit von rechtlichen, moralischen, politischen Standards in den deutsch-russischen Beziehungen fügt sich die Prilepin-Rezeption glatt ein. Es ist wohl kein Zufall, dass gerade ein Journalist wie Moritz Gathmann, der im vergangenen Jahr die Aufmerksamkeit der deutschen Medien für den Fall *Pussy Riot* für übertrieben befand und die Aktionen der Gruppe in die Nähe der RAF rückte, zu Prilepins begeisterten Anhängern gehört.[57] Genervt reagieren die Apologeten – darin ganz einer Meinung mit Prilepin[58] – vor allem auf „Arroganz" der Russlandkritiker, wünschen würden sie sich mehr „Bescheidenheit".[59] Damit verbunden ist die Vorstellung, ein Urteil könne nur auf der moralischen Vollkommenheit des Urteilenden beruhen: daher das häufig wiederkehrende Bild des „hohen Rosses", von dem die kritischen westlichen (bei Prilepin: liberalen) Betrachter herabsteigen sollten, um zunächst einmal gründliche Selbstkritik zu üben.

Steht hinter diesem Hang zur Relativierung auf russischer Seite vor allem gekränkter Narzissmus,[60] so lassen sich für die apologetische Außenperspektive grob zwei Motive ausmachen: zum einen eine tiefe Unsicherheit über die Kriterien des eigenen Urteils, zum anderen blanker Zynismus: Keine Vorteile verlieren, einen möglicherweise stärkeren Partner nicht verprellen, und einem repressiven System seine Repressivität nachsehen, weil es „eben anders" ist. So widersprüchlich, so undurchschaubar. Nicht selten ergibt sich der Zynismus aus der Unsicherheit, gelegentlich vermischen beide sich auch – etwa im Kalkül mit politischen Moden.

Das Ergebnis ist ein mehr oder weniger ausgeprägter Hang zur Gleichsetzung von allem möglichen mit allem möglichen. So wie Prilepin die demographischen Effekte von Kollektivierung, stalinistischen Repressionen und Schwangerschaftsabbrüchen im heutigen Russland in einem Atemzug nennt[61] und „die liberale Gesellschaft" für „totalitär" erklärt[62], so findet die Broschüre *Russland Erlesen* Prilepin „nüchtern betrachtet nicht extremistischer als Lady Gaga", weil bestimmte Aktionen bei deren Konzerten äußerlich der politischen Randale von Sankja und Genossen ähneln.[63]

Dass Prilepin nicht nur in Russland, sondern auch im westlichen Ausland so viele Anhänger findet, zeugt in erster Linie wohl tatsächlich von deren Verunsicherung – und Versicherungsbedürfnis. Als „blauäugig" möchte man nicht gelten, den Begriff „demokratisch" benutzt man daher gerade im linken kritischen Milieu nur mit äußerster Vorsicht – weil er zu oft missbraucht wurde, respektive aus generellem Misstrauen gegen jede Normativität.

---

[57] Lady Suppenhuhn, in: FAS, 25.8.2012, <www.faz.net/aktuell/politik/ausland/pussy-riot-lady-suppenhuhn-11867761.html>.
[58] Prilepin, Važnee vašich svobod [Fn. 42].
[59] Siehe etwa Erhard Eppler: Bescheidenheit könnte uns nicht schaden, in: SZ, 26.11.2012.
[60] Siehe Prilepin, Stesnjat'sja svoich otcov [Fn. 55]: Der unbedingte Wunsch nach einem positiven Selbstverhältnis macht die Vorstellung, „sich für seine Eltern schämen" zu müssen, unerträglich.
[61] Prilepin, Oblom s bėbi-bumom [Fn. 37]. – Prilepin vs. Sokolov [Fn. 36].
[62] Prilepin vs. Sokolov [Fn. 36]. – Prilepin, Važnee vašich svobod [Fn. 42]. – Dass manche dieser Aussagen eher einer infantilen Retourkutschenlogik als ernsthafter Reflexion zu entspringen scheinen, macht sie nicht weniger bezeichnend.
[63] Vachedin, Es gibt einen Gott [Fn. 15].

„Gewiss ist Prilepins Roman in höchstem Maß politisch unkorrekt", schreibt Ulrich Schmid. „Allerdings zielt die Frage nach einem moralischen Standard für Literatur ins Leere." Tut sie das wirklich in jedem Fall – auch in dem einer Literatur, die vor allem aus ihrem moralischen Anspruch auf „Ehrlichkeit" und „Radikalität" Kapital schlägt? Und geht die „Strahlkraft" im Fall von *Sankja* nicht nur vom bloßen Faktum aus, dass hier ein Autor seine eigenen Überzeugungen vertritt, wie Schmid meint, sondern auch vom Faszinosum einer politischen Hässlichkeit, die man sich selbst nicht erlaubt? Eben dies transportiert das Epitheton „politisch unkorrekt" (und nicht etwa „unappetitlich" oder gar „unannehmbar"): Man darf es nicht sagen, aber man würde ja gern. Letztlich liest man Prilepin im Westen also vielleicht gerade deshalb so fasziniert, *weil* er ein politisches Ärgernis ist.

Radikaler Mainstream

In seiner Heimat ist Zachar Prilepin kein Außenseiter. Anders als sein Held hat er

> einen Ausweg gefunden aus Frustration und Hoffnungslosigkeit, er hat sich den brennenden Wunsch etwas zu tun, etwas zu ändern und dem Leben einen Sinn zu geben erfüllt, indem er Schriftsteller wurde. [...] Sankya Tischin findet diesen Ausweg nicht. Er greift zur Waffe.[64]

Prilepin würde das zwar manchmal vielleicht auch noch gern tun – „Hätten sie uns beim OMON besser bezahlt, wäre ich heute noch Polizist", bekennt er im Gespräch mit Anna Nemtsova.[65] Einstweilen aber genießt er seine Rolle als polternder Populist und „linker" Literaturstar in vollen Zügen. Seiner Selbstwahrnehmung als mutiger Einzelgänger tut die offizielle Anerkennung, etwa in Form des *Subernacbest*-Preises, zwar keinen Abbruch[66], doch zugleich nutzt er eben diese auch als Argument gegen den Vorwurf des Extremismus: Absurd sei das, schließlich sei *Sankja* „in alle wichtigen europäischen Sprachen übersetzt", und er selbst Träger diverser Preise, „nebenbei" auch des *Supernacbest*.[67]

Mit dem historischen Bolschewismus verbindet den radikalen Mainstream-Exponenten Prilepin vielleicht noch am ehesten sein Verhältnis zur Gewalt. Dieses affirmative Verhältnis – Igor' Gulin spricht vom „naturhaften Recht auf Gewalt", dessen Sprachrohr alle Helden von Prilepin seien[68] – ist eine weitere Gemeinsamkeit des Autors mit seinem erklärten Feind Vladimir Putin, dessen Drohung, die Tschetschenen „in der Latrine kaltmachen" zu wollen, in *Sankja* gleich mehrfach und mit sichtlichem Vergnügen variiert wird.[69] Das Verhältnis des *Supernacbol* zum Superpräsidenten ist in dieser Hinsicht auch als „Abstoßung gleichgepolter Magneten" zu verstehen.[70]

---

[64] Hufen, Politische Radikalisierung [Fn. 7].
[65] Nemtsova, Zakhar Prilepin [Fn. 28].
[66] Prilepin, Stesnjat'sja svoich otcov [Fn. 55].
[67] Ėkstremisty v gostjach u Gogolja, in: Svobodnaja Pressa, 4.3.2013, <http://svpressa.ru/society/article/65042/>.
[68] Gulin, Zachar Prilepin [Fn. 5].
[69] Prilepin, Sankya [Fn. 6], S. 142. – Dazu passt auch Prilepins Bekenntnis in Prilepin vs. Sokolov [Fn. 36]: „Ich würde diese Machthaber sogar lieben, wenn sie nur täten, was sie verkünden."
[70] Lipoveckij, Političeskaja motorika [Fn. 29].

Roland Götz

Vom privatisierten Staat zum verstaatlichten Markt?

Eigentum in der Sowjetunion und in Russland

In der Sowjetunion bestand eine hierarchisch strukturierte Planwirtschaft mit Staatseigentum nur auf dem Papier. Daneben und mit ihr verknüpft gab es ausgedehnte Zweige der Untergrundwirtschaft und informelle Beziehungsnetzwerke. Die „roten Manager" hatten sich die Betriebe jedoch nicht angeeignet. Erst in der Perestrojka begann die Privatisierung des Staatsvermögens, das vor allem an Insider aus den Betrieben ging. Anfang der 1990er Jahre sollte mit Hilfe der Gutscheinprivatisierung das ganze Volk zu Eigentümern der Betriebe gemacht werden. Doch erneut setzten sich Privilegierte mit guten Kontakten zur Bürokratie durch. Die Vertreter großer Kapitalgruppen, die als „Oligarchen" berüchtigt wurden, kauften sich zu Vorzugspreisen in Großunternehmen ein. Das Staatsvermögen wurde rasch und weitgehend, wenn auch äußerst ungleich verteilt. Nur im Energie- und Rüstungssektor wurde die Privatisierung gestoppt. Der volle Schutz des Privateigentums steht noch aus, denn die Machtstrukturen verfolgen viele kleine und mittlere Unternehmen mit falschen Anschuldigungen.

In der Sowjetunion waren seit den 1930er Jahren Grund und Boden, Industrieanlagen, Dienstleistungseinrichtungen sowie der städtische Wohnungsbestand nach dem Wortlaut der Verfassung „staatliches Eigentum, das heißt Gemeingut des Volkes". Zwar kannte das Sowjetrecht daneben ein besonderes gesellschaftliches Eigentum der landwirtschaftlichen Kollektivwirtschaften. Da jedoch die Kolchosbauern keine Eigentumsrechte besaßen, handelte es sich faktisch ebenfalls um staatliches Eigentum. Nur Einzelpersonen oder Familien war die Nutzung einer kleinen Parzelle, geringfügige Viehhaltung sowie eine die „Ausbeutung fremder Arbeit ausschließende" Gewerbetätigkeit erlaubt. Weil die staatliche Wirtschaft die Nachfrage der Bevölkerung weder nach Menge noch nach Qualität befriedigen konnte, bestand zudem eine ausgedehnte Untergrundwirtschaft, in der mit aus der staatlichen Wirtschaft abgezweigtem Material „Defizitprodukte" gefertigt wurden. Diese Untergrundwirtschaft machte in der Spätzeit der Sowjetunion nach verschiedenen, aus Datenmangel freilich nur

---

Roland Götz (1943), Dipl.-Volkswirt, Dr. oec. publ., Wiltingen
Von Roland Götz erschien zuletzt in OSTEUROPA: Mythen und Fakten. Europas Gasabhängigkeit von Russland, in: OE, 6–8/2012, S. 435–458. – Kapitalflucht aus Russland. Gefahr für die Volkswirtschaft? in: OE, 10/2011, S. 83–94. – Postsowjetischer Ressourcenfluch? Rohstoffreichtum und Autoritarismus, in: OE, 7/2011, S. 3–23. – Pipeline-Popanz. Irrtümer der europäischen Energiedebatte, in: OE, 1/2009, S. 3–18. – Wirtschaftsmacht Russland. Das Öl, der Aufschwung und die Stabilität, in: OE, 2/2008, S. 21–32.

groben Schätzungen 15–25 Prozent des Volkseinkommens aus.[1] Das offenbarte erhebliche Versorgungsmängel, jedoch keine Dominanz privaten Eigentums. Aber waren nicht die Staatsbetriebe längst in Händen ihrer Leiter, der „roten Manager"?

Die roten Manager – keine herrschende Klasse in der Sowjetunion

Die Wirtschaftsverwaltung der Sowjetunion war nur auf dem Papier zentralisiert und hierarchisch organisiert. Die Planungszentrale war nicht nur mit der Komplexität der Planungsaufgabe und der Informationsfülle überfordert. Sie konnte ihre Anweisungen auch nicht effektiv durchsetzen, da diese vom Eigeninteresse der unteren Instanzen durchkreuzt wurden. Um die ihnen auferlegten, inkonsistenten Produktionsanweisungen (über-)erfüllen und die Prämien einstreichen zu können, traten die Betriebsdirektoren, die lokalen Parteifunktionäre und die Mitarbeiter der Planungsorgane auf lokaler Ebene in direkten Kontakt. Es entstanden „komplexe Netze informeller personeller Beziehungen".[2] Sogar von „schattenhaften Eigentumsrechten" an den Staatsbetrieben war die Rede, denen konstitutive Eigenschaften des Eigentums wie volle Verfügbarkeit allerdings fehlten.[3] Die faktische Machtstellung der sowjetischen Betriebsleiter war jedoch nicht rechtlich, sondern nur politisch fundiert und daher äußerst labil.[4] Somit konnte von einer Herrschaft der „roten Manager" nicht die Rede sein.[5] Die angebliche „Konvergenz der Systeme", wonach in West wie Ost die Manager an Stelle der Eigentümer die Macht übernommen hätten, war ebenso eine Fehldeutung.[6]
Die Konvergenzthese war in den 1960er Jahren von prominenten Ökonomen wie Jan Tinbergen, Walt Whitman Rostow und John Kenneth Galbraith vertreten worden.[7] Diese sahen im Wachstum der Großbetriebe, in der Nutzung von betrieblichen und volkswirtschaftlichen Planungstechniken, in der Zunahme des wissenschaftlich-technischen Personals sowie in der starken Stellung der Manager und deren Kontakten zur Politik im Westen dieselben Tendenzen am Werk wie im Osten. Sie folgerten

---

[1] Dirk Holtbrügge: Ursachen, Ausmaße und Ausprägungen der Schattenwirtschaft in der UdSSR, in: OSTEUROPA, 1/1991, S. 46–55, hier S. 49.

[2] Rafael Mrowczynski: Gordische Knoten. Verwaltungshierarchien und Netzwerke in der UdSSR, in: OSTEUROPA, 10/2005, S. 31–46, hier S. 38–43.

[3] Lev M. Timofeev: Institutional'naja korrupcija socialističeskoj sistemy, in: Jurij N. Afanas'ev (Hg.): Sovetskoe obščestvo. Vosniknovenie, razvitie, istoričeskij final. Bd. 2, Moskva 1997, S. 508–544, <http://you1917-91.narod.ru/timofeev_industrialnaya.html>.

[4] Dass die „technisch-ökonomische Intelligenz" der Sowjetunion keine herrschende Klasse war, steht bereits bei Werner Hofmann: Die Arbeitsverfassung der Sowjetunion. Berlin 1956, S. 499–509.

[5] Die Bezeichnung geht zurück auf David Granick: Der rote Manager. Ein Blick hinter die Kulissen der russischen Wirtschaft. Düsseldorf 1960. Granick verweist – wie auch die Konvergenztheorie – auf die Übereinstimmungen sowohl der Aufgaben als auch der angewandten Verfahren westlicher wie östlicher Betriebsleiter.

[6] Eduard März: Konvergenz der Systeme in historischer Perspektive, in: Gewerkschaftliche Monatshefte, 12/1970, S. 705–710, <http://library.fes.de/gmh/main/pdf-files/gmh/1970/1970-12-a-705.pdf>.

[7] Jan Tinbergen gilt als Erfinder der Konvergenztheorie im engeren Sinne, während Walt W. Rostow in seiner Analyse der „Stadien des wirtschaftlichen Wachstums" sowie John K. Galbraith in seiner Darstellung der „modernen Industriegesellschaft" auf Konvergenzprozesse hinweisen.

daraus, dass sich die politischen und wirtschaftlichen Systeme annähern würden und so der Ost-West-Gegensatz zu überwinden sei. Große Hoffnungen setzten sie auf die Entstalinisierung in der Sowjetunion. Eigentlich aber erwarteten sie eine vom technischen Fortschritt getriebene Übernahme des westlichen Wirtschafts- und Gesellschaftsmodells durch die Planwirtschaften des Ostens. Damit stießen sie auf heftige Ablehnung durch die offizielle sowjetische Politökonomie, die an der grundsätzlichen Unvereinbarkeit von Sozialismus und Kapitalismus festhielt und die Konvergenztheorie als „Rückzugsgefecht der bürgerlichen Ideologie" einstufte. Gleichzeitig signalisierten die sowjetischen Vertreter damit dem sozialistischen Lager, dass ein Abweichen vom einzig richtigen Weg nicht akzeptiert werde; den Ländern der Dritten Welt führten sie die Notwendigkeit vor Augen, sich für eines der beiden Systeme zu entscheiden, die kapitalistische Welt im Untergang sei und der chinesische Weg die Restauration des Kapitalismus bedeute.[8] Aber auch westliche Sowjetologen wie Zbigniew Brzezinski, Samuel Huntington, Karl Thalheim und Karl Paul Hensel wiesen darauf hin, dass trotz wachsender Ähnlichkeit der technologischen und organisatorischen Abläufe in beiden Systemen die gravierenden Unterschiede in den Eigentumsverhältnissen und der politischen Willensbildung eine wirkliche Konvergenz unmöglich machten.

Die Niederschlagung des „Prager Frühlings" 1968 ließ im Westen alle Hoffnungen auf eine Konvergenz der Systeme schwinden. Nicht verschwunden waren aber die Strukturen, die sich im Osten in Reaktion auf die Funktionsmängel der Planwirtschaft herausgebildet hatten. Diese etablierten Netzwerke boten bereits vor der Transformation der Wirtschaft gerade den „roten Managern" eine gute Ausgangsbasis, um Eigentum zu erwerben.

Die verdeckte Privatisierung in der Perestrojka

Lange bevor Anfang der 1990er Jahre in Russland Privateigentum an Produktionsmitteln offiziell erlaubt wurde, war das Staatseigentum in großem Umfang in private Hände gewandert. Die Unterschiede zwischen der herkömmlichen Schattenwirtschaft und einer neuen, zunächst verdeckt agierenden Privatwirtschaft, verschwammen. Den Anfang machten ab 1987 die Angehörigen des Komsomol, der Nachwuchsorganisation der Kommunistischen Partei, die dazu auserehen waren, mit marktwirtschaftlichen Formen zu experimentieren. Sie durften in Form von Kooperativen kleine Betriebe wie Restaurants, Wäschereien und Diskotheken gründen, wofür sie staatliche Kredite erhielten. Bis Ende 1989 entstanden so auf Grundlage des Mitte 1988 in Kraft getretenen Genossenschaftsgesetzes rund 200 000 derartiger Betriebe mit drei Millionen Mitgliedern. Ein Teil von ihnen wurde innerhalb von Staatsfirmen gegründet und diente der verdeckten Privatisierung von Staatseigentum.

Der Komsomol war auch federführend bei der Entstehung der „Wissenschaftlichen Technologiezentren für die Jugend". In ihnen sollten junge Wissenschaftler Aufträge staatlicher Betriebe erledigen, wofür sie von den Staatsbetrieben in baren Rubeln bezahlt wurden, die dafür ihre überflüssigen Bestände an unbaren Verrechnungsru-

---

[8] Hans-Hermann Höhmann, Gertraud Seidenstecher: Sowjetische Politische Ökonomie und Konvergenztheorie. Köln 1970 [= Berichte des BIOst, 26/1970], S. 3 und S. 17f.

beln verwenden konnten. Unter der Decke des gesetzlichen Rahmens und durch Bestechung von Staatsbediensteten wurden Finanzmittel aus dem staatlichen in den privaten Sektor transferiert, Handels- und Devisengeschäfte getätigt und im Inland billig erworbene Rohstoffe ins Ausland verkauft, deren Erlöse wiederum zum profitablen Import von Defizitprodukten wie Computer und Kosmetika sowie zur Gründung privater Banken benutzt wurden. Auf diese Weise wurde das Kapital gebildet, das in der folgenden offiziellen Phase der Privatisierung der Staatsbetriebe eingesetzt und vielfach vermehrt werden konnte. Zwar hatten die 1990 beschlossenen Gesetze über Unternehmen, Eigentum, Pacht sowie Boden den Weg zur Bildung von Privateigentum noch nicht gänzlich eröffnet, doch erleichterten sie dem Leitungspersonal der Staatsunternehmen bereits den Zugriff auf die Vermögenswerte. Die „roten Direktoren" privatisierten nunmehr tatsächlich das Staatsvermögen, Russland erlebte eine weitere „ursprüngliche Akkumulation".[9] Es setzten sich betriebliche Insider durch, die bereits während der Sowjetunion durch ihre Vernetzung mit der Wirtschaftsbürokratie Startvorteile hatten. Dieser dem Gerechtigkeitsempfinden der Bevölkerung widersprechende Vorgang erzwang eine Entscheidung für eine radikale Reform der Eigentumsverhältnisse, die ab 1992 mit einem breit angelegten Privatisierungsprogramm angegangen wurde.

Die große Privatisierung unter El'cin

Die Wiedereinführung des Privateigentums an Produktionsmitteln war weder in der Sowjetunion noch in den anderen ehemals kommunistisch regierten Staaten Ergebnis einer theoretischen Debatte oder Wunsch einer breiten Volksbewegung, sondern Nebenprodukt oder erzwungene Folge der politischen Entwicklungen. In der DDR war die Hoffnung auf Wiedervereinigung, im Baltikum und in Ostmitteleuropa die Rückkehr nach Europa und in den Randstaaten der sich auflösenden Sowjetunion die Gewinnung nationaler Selbständigkeit der zentrale Antrieb für eine radikale Abwendung vom bestehenden politischen und wirtschaftlichen System. In Russland fehlte eine derartige nationale Idee. Statt ihrer wurde die Aussicht auf privaten Reichtum zum Ansporn. Diese Entwicklung galt es in sozial verträgliche Bahnen zu lenken.
Die offizielle Privatisierung des Staatseigentums sollte dem Volk die von ihm geschaffenen Werte zurückgeben, die der Staat in seinem Namen nur unzulänglich verwaltet hatte. Diejenigen, die wie Gorbačev an eine sozialistische Zukunft unter Führung einer demokratisch legitimierten kommunistischen Partei glaubten, traten für genossenschaftliche Formen der Privatisierung und die Übertragung des Staatseigentums an die Belegschaften ein, also für eine geregelte Insiderprivatisierung. Die politische Entwicklung machte diese Pläne obsolet. Gorbačev verlor die Macht an Russlands Präsident Boris El'cin, den Sieger über die Putschisten vom August 1991. El'cin verkündete am 28. Oktober 1991 in einer programmatischen Rede auf dem Kongress der Volksdeputierten den von ihm präferierten Weg Russlands zur Markt-

---

[9] Vorausgegangen war im 20. Jahrhundert bereits die Stalinsche Industrialisierung und Kollektivierung, die von Autoren wie Werner Hofmann, Leo Kofler und Tony Cliff ebenfalls als „ursprüngliche Akkumulation" verstanden wurden.

wirtschaft mit einem „mächtigen Privatsektor".[10] Neben der kostenlosen Übertragung eines erheblichen Teils des Vermögens der Staatsbetriebe an die Belegschaften (bei Bevorzugung des Leitungspersonals) sollten zusätzlich alle Einwohner Russlands über Anteilsscheine (Voucher) Anteile am Staatsvermögen erhalten.[11] Das bedeutete zwar, dass unmittelbar keine unternehmerisch qualifizierten Eigentümer zum Zuge kamen und auch kein Austausch der Manager stattfand. Dafür konnte die Verteilung des Vermögens rasch erfolgen, während ein Verkauf sehr lange gedauert hätte, denn zunächst hätten die Betriebsvermögen bewertet, dann geeignete und finanzstarke Käufer gefunden und ausgewählt und Auktionen veranstaltet werden müssen.

Auf schnelles Vorgehen drängten vor allem westliche Berater, die eine Verzögerung des Reformkurses und das Schließen des „window of opportunity" befürchteten, das El'cin geöffnet hatte, aber von einer kommunistischen Revanche bedroht schien. Sie empfahlen das Modell des „Washingtoner Konsens", das „Standardmodell" der Strukturanpassung für Entwicklungsländer: Freigabe der Preise, Liberalisierung des Binnen- und Außenhandels, Deregulierung, Privatisierung sowie Stabilisierung der Staatsfinanzen durch Subventionsabbau. Dieses Modell war in Lateinamerika (wie es schien) erfolgreich angewandt worden, war jedoch nicht ohne weiteres auf Transformationsländer mit ihren besonderen Strukturproblemen übertragbar.[12] Weitgehend vernachlässigt wurde die Frage, ob die Bevölkerung bereit war, die Folgen zu tragen.[13]

Überragendes Motiv der westlichen Einflussnahme auf die Wirtschaftstransformation und insbesondere auf die Privatisierung war es, die Rückkehr des Kommunismus und damit die Widerauferstehung einer dem Westen feindlich gesinnten Großmacht zu verhindern. Das Mittel war die „Depolitisierung" durch Trennung von wirtschaftlicher und politischer Macht: Der Staatsbürokratie wurde durch die Privatisierung die Verfügung über das Staatseigentum entzogen, was ihre Macht beschränkte. Gleichzeitig entstand eine Schicht von Eigentümern, von der man annehmen konnte, dass sie gegenüber der kommunistischen Ideologie immun sein würde. Die Reformer um Privatisierungsminister Anatolij Čubajs wussten sehr wohl, dass die unter politischen Gesichtspunkten gewählte Privatisierungsmethode zu ineffizienten Eigentumsstrukturen führen konnte.[14] Einen anderen Weg sahen sie jedoch nicht.[15]

---

[10] Rede des Präsidenten der RSFSR Boris El'cin auf dem V. Kongress der Volksdeputierten der RSFSR am 28.10.1991, <http://ru-90.ru/chronicle/1991>.

[11] Roland Götz: Zehn Jahre Wirtschaftstransformation in Russland – und der Westen, in: OSTEUROPA, 11–12/2001, S. 1286–1304, hier S. 1287f. – Stefan Kordasch: Privatisierung in Russland. Eine Gesellschaft auf der Suche nach effizienteren eigentumsrechtlichen Strukturen. Frankfurt/ Main 1997.

[12] Roland Götz: Theorien der ökonomischen Transformation, in: OSTEUROPA, 4/1998, S. 339–354, hier S. 341ff. Die in Russland gewählte Version des Standardmodells, in der die außenwirtschaftliche Öffnung den binnenwirtschaftlichen Reformen vorausgehen sollte, um das Anpassungstempo zu erhöhen, war sogar eine besonders radikale Variante.

[13] Carsten Herrmann-Pillath, Joachim Zweynert: Institutionentransfer und nachholende Entwicklung, in: OSTEUROPA, 9/2010, S. 97–111, hier S. 110.

[14] Nach der Theorie der Verfügungsrechte (property rights) ist bei der Privatisierung die anfängliche Verteilung des Eigentums nicht entscheidend. Ineffiziente Eigentümer würden später durch effizientere Eigentümer abgelöst werden, sofern der Staat für geeignete Spielregeln („geringe Transaktionskosten") sorgt. Diese Voraussetzung war in Russland aber lange Zeit nicht gegeben, weswegen auf unfähige Eigentümer nur raffinierter vorgehende folgten. Fallstudien zur Enteignung der ursprünglichen Eigentümer bietet: Roland Götz: Die Privatisierung der russischen Industrie in Theorie und Praxis, in: OSTEUROPA, 10/2000, S. 1097–1114, hier S. 1101ff.

Wie die amtliche Statistik ausweist, waren bis 1991 noch 91 Prozent des Anlagevermögens der Betriebe in staatlicher Hand. Beim nichtstaatlichen Eigentum handelte es sich vor allem um das formal genossenschaftliche Eigentum der Kolchosbeschäftigten. Ab 1992 sank der Staatsanteil auf weniger als 30 Prozent. (Schaubild 1).

Schaubild 1: Anteil des nichtstaatlichen am gesamten Anlagevermögen der Betriebe (%)

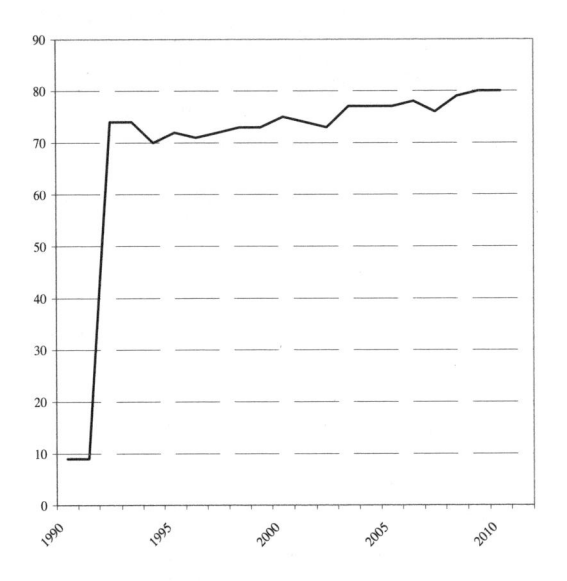

Anmerkung: Nichtstaatliches Eigentum meint rein privates, mehrheitlich privates sowie genossenschaftliches Eigentum. Das Anlagevermögen umfasst Gebäude, Maschinen und Transportmittel. Unter staatliches Eigentum fallen alle Betriebe, bei denen der Staat einen Anteil von mindestens 50 Prozent hat.
Quelle: Federal'naja služba gosudarstvennoj statistiki: Predprinimatel'stvo/osnovnye fondy, <www.gks.ru/wps/wcm/connect/rosstat_main/rosstat/ru/statistics/enterprise/fund/#>.

Auch wenn diese Angaben für das Ende der Sowjetzeit einerseits die bestehende Untergrundwirtschaft sowie die Ergebnisse der verdeckten Privatisierung nicht erfassen und andererseits wegen der Berücksichtigung des nur mehrheitlich privaten Eigentums beim nichtstaatlichen Eigentum die Geschwindigkeit der Entwicklung 1992–1993 wohl überzeichnen, können sie doch als Indiz für die enorme und rasche Verwandlung der Eigentumsverhältnisse dienen. Allerdings sind selbst damit noch nicht westliche Relationen erreicht: Während in Russland 2010 der Staatsanteil am Unternehmensvermögen auf 20 Prozent gefallen war, liegt er in westeuropäischen Ländern, außer in Norwegen, wo er neun Prozent beträgt, unter vier Prozent.[16]

---

[15] Elke Siehl: Privatisierung in Rußland. Mannheim 1997 [= Untersuchungen des FKKS, 15/1997], S. 7.
[16] Hans Christiansen: The Size and Composition of the SOE Sector in OECD Countries. Paris 2011 [= OECD Corporate Governance Working Papers, Nr. 5], S. 18. Dort wird der Staatsanteil mit Hilfe der Beschäftigten in Staatsbetrieben an den gesamten Beschäftigten gemessen.

Noch rascher als in der Industrie verlief die Privatisierung der Landwirtschaft. Bereits 1994 waren 95 Prozent der landwirtschaftlichen Betriebe privatisiert. Die Flächen wurden auf die Beschäftigten aufgeteilt, die Anteile zwischen vier und acht Hektar pro Person erhielten. Diese Anteile brachten sie größtenteils in neu organisierte landwirtschaftliche Großbetriebe ein, die aus den ehemaligen Kolchosen und Sovchosen entstanden.[17] Auch der Wohnungsbestand wurde zügig privatisiert. Die staatlichen Wohnungen, in denen die städtische Bevölkerung lebt, wurden seit 1992 den Bewohnern gegen eine geringe Verwaltungsgebühr übereignet. Einerseits wurde so breit gestreutes Eigentum geschaffen, andererseits hat sich der Staat damit aus seiner Unterhaltspflicht für die oft stark heruntergekommenen Wohngebäude zurückgezogen, die nun Sache der überwiegend wenig einkommensstarken Eigentümer ist.

Aufstieg und Zähmung der „Oligarchen"

Im Jahr 1995 brauchte der russländische Staat, der bereits hoch verschuldet war, dringend neues Geld zur Finanzierung von Rentenzahlungen. Bereits 1994 hatte ein Konsortium russischer Privatbanken (federführend war Vladimir Potanins Onexim-Bank) vorgeschlagen, dem Staat Kredite gegen verpfändete Anteile an großen Staatsbetrieben zu gewähren.[18] Das Motiv der Bankenchefs war es nach ihrer Darstellung, Zugriff auf große Staatsbetriebe zu erhalten, die keine Löhne bezahlten, Schulden aufhäuften und deren Direktoren in die eigene Tasche wirtschafteten. Sie sollten unter neuer Leitung restrukturiert werden. Der Kreml wiederum wollte sich auf diese Weise der Unterstützung der Geschäftswelt bei den Mitte 1996 anstehenden Präsidentschaftswahlen versichern, bei denen Kommunistenchef Gennadij Zjuganov als Favorit galt, während El'cins Popularität auf einem Tiefstand angelangt war – bei einem Sieg des Kommunisten hätten die Banker mit Sicherheit ihr Geld und ihre Pfänder verloren. Im Herbst 1995 ging die Regierung daher gerne auf den Vorschlag der Bankenchefs ein und Aktienanteile von zwölf großen Staatsunternehmen wurden zur Absicherung von umgerechnet 800 Millionen US-Dollar bei den Banken hinterlegt.[19] Als der Staat, wie vorauszusehen war, im September 1996 die Kredite nicht tilgte, durften die Banken die Pfänder auf Auktionen versteigern. Das gewählte Verfahren war skandalös: Die Banken, die die Versteigerung organisierten, konnten selbst mitbieten und gewannen in den meisten Fällen auch die Ausschreibungen, weil andere Bieter diskriminiert wurden. Ausländer waren zu der Versteigerung nicht zugelassen worden. Das „Kredite für Anteile"-Geschäft (loans for shares) wurde innerhalb wie außerhalb Russlands zum Symbol für alle Irrtümer und Sünden der El'cin-Ära. Es habe die Wirtschaft deformiert, die Bevölkerung verarmen lassen und die korrupte Grundlage gelegt für alles, was danach kam und war Höhepunkt des „Ausverkaufs des Jahrhunderts" (Chrystia Freeland).[20]

---

[17] Peter Lindner, Alexander Vorbrugg: Wiederkehr der Landfrage. Großinvestitionen in Russlands Landwirtschaft, in: OSTEUROPA, 6–8/2012, S. 325–342, hier S. 328.
[18] Vladimir Potanin, <http://www.netstudien.de/Russland/potanin.htm#.UZMaYEqSny0>.
[19] Ursprünglich waren über 40 Staatsbetriebe für das Kreditprogramm bestimmt gewesen. Die meisten ihrer Direktoren konnten sich jedoch wehren, so dass schließlich zwölf Unternehmen übrig blieben, darunter die Ölgesellschaften Surgutneftegaz, Jukos, Lukoil, Sidanko und Sibneft, die Bergbauunternehmen Norilsk Nikel und Mechel und das Stahlwerk Novolipezk.
[20] Chrystia Freeland: Sale of the Century. Russia's Wild Ride from Communism to Capitalism. New York 2000.

Daniel Treisman kommt in einer Untersuchung zu weit weniger dramatischen Ergebnissen.[21] Der Vorwurf, das Volksvermögen sei verschleudert worden – der Preis lag in fast allen Fällen nur knapp über den vorher festgelegten Mindestgeboten – berücksichtige nicht, dass wegen der unklaren Zukunftsaussichten der übernommenen Betriebe auch bei einem fairen Verfahren keine wesentlich höheren Preise zu erzielen gewesen wären. Bezahlt wurde im Durchschnitt rund die Hälfte des zum damaligen Zeitpunkt geltenden Marktpreises, was einen bei Transaktionen dieser Art international üblichen Abschlag bedeutet. Die größten finanziellen Nutznießer der Aktion waren nicht die Chefs der Banken, sondern alte „rote Direktoren", nämlich die Leiter der Ölgesellschaften Lukoil (der ehemals sowjetische Energieminister Jagit Alekperov) und Surgutneftegaz (Vladimir Bogdanov), die sich so günstig in ihre eigenen Unternehmen einkauften.

Man sprach von einer Privatisierung nicht nur des Staatsvermögens, sondern sogar des Staates. Damit ist gemeint, dass es den Vertretern großer Kapitalgruppen angeblich gelang, die Politik ihren finanziellen Interessen zu unterwerfen. Als „Oligarchen" wurden Boris Berezovskij, Michail Chodorkovskij, Michail Fridman, Petr Aven, Vladimir Gusinskij und Vladimir Potanin berühmt.[22] Um eine Festigung ihrer Position – etwa mit Hilfe eines Wirtschaftsverbands – bemühten sie sich jedoch nicht. Daher ist fraglich, ob die Wahrnehmung ihres Einflusses als organisierte, gesetzlose und uneingeschränkte Herrschaft weniger Reicher zutreffend war, oder ob es sich bei ihnen doch nur um zwar einflussreiche, aber jeder seine eigenen Ziele verfolgende Lobbyisten handelte. Außerdem agierten sie nie als alleine dominierende Kraft, sondern als eine der Kräfte neben den Regionen, den Vertretern der Präsidialverwaltung und der Regierung.

Nachdem Vladimir Putin im Jahr 2000 neuer Präsident Russlands geworden war, war es eines seiner Hauptziele, den Einfluss der „Oligarchen" zurückzudrängen. Er wollte zwar nicht garantieren, dass die Privatisierungen der 1990er Jahre für immer Bestand haben sollten, sprach sich aber auch nicht für eine umfassende Revision der Privatisierung aus. Wenn die „Oligarchen" sich aus der Politik heraushielten, würden sie unbehelligt bleiben. Diese doppeldeutigen Aussagen konnten zur Rechtfertigung sowohl für ein Vorgehen gegen einzelne Unternehmer als auch für eine Passivität des Staates herangezogen werden.[23] Ein Testfall wurde das Vorgehen gegen Michail Chodorkovskij, den Mehrheitseigner des *Jukos*-Konzerns.[24] Dieser hatte mit seiner wiederholt öffentlich vorgetragenen Kritik an Korruption in den oberen Etagen der Bürokratie den ungeschriebenen Pakt zwischen dem Kreml und den Wirtschaftseliten gebrochen und sich damit als Gegenfigur zum amtierenden Präsidenten positioniert.[25]

---

[21] Daniel Treisman: „Loans for Shares" Revisited, in: Post-Soviet Affairs 3/2010, S. 207–227, <http://www.sscnet.ucla.edu/polisci/faculty/treisman/Pages/publishedpapers.html>.
[22] Hans-Henning Schröder: Jelzin und die „Oligarchen". Über die Rolle von Kapitalgruppen in der russischen Politik (1993–Juli 1998). Köln 1998 [= Berichte des BIOst, 40/1998], <www.ssoar.info/ssoar/handle/document/4370>, S. 32–38.
[23] Heiko Pleines: Aufstieg und Fall, Oligarchen in Rußland, in: OSTEUROPA, 3/2004, S. 71–81.
[24] Eberhard Schneider: Putin und die Oligarchen. Berlin 2004 [= SWP-Studie, 36/2004], S. 15–22. – Heiko Pleines, Hans-Henning Schröder (Hg.): Die Jukos-Affäre. Russlands Energiewirtschaft und die Politik. Bremen 2005 [= Arbeitspapiere der Forschungsstelle Osteuropa 64].
[25] *Rosneft'*-Präsident Sergej Bogdančikov, ein Vertrauter Putins und Igor Sečins, hatte 2002 die Ölgesellschaft *Severnaja Neft'* vom ehemaligen stv. Finanzminister Andrej Vavilov für 600

Außerdem hatte er Oppositionsparteien einschließlich der Kommunisten mit Parteispenden bedacht und angeblich sogar Abgeordnete „gekauft". Überdies dachte er an einen Verkauf von Teilen seines Unternehmens an ausländische Firmen. Seine Verhaftung und Enteignung konnte einerseits als Revision der Eigentumsverteilung gedeutet werden, andererseits als Warnung an die Großunternehmer vor einer Einmischung in die Staatspolitik auf oberster Ebene.[26]

Das Vorgehen Putins gegen Personen wie Chodorkovskij, Gusinskij und Berezovskij wird nicht nur in Russland, sondern auch im Westen vielfach als gerechtfertigt angesehen, weil dadurch eine „Oligarchenherrschaft" verhindert worden sei.[27] Diese war jedoch ein Mythos, der von Putin als Vorwand für den Ausbau seiner „Machtvertikale" benutzt wurde.

> Das Wort „Oligarchen" hatte anfangs nur den engsten Kreis der größten rußländischen Industriellen und Finanziers bezeichnet, die El'cin und seinen Reformkurs unterstützten. Mit Putins Machtantritt und der von seiner Administration angezettelten Propagandakampagne zur Stärkung der zentralisierten „Machtvertikale" und zum Kampf gegen die vielen Feinde – tschetschenische Separatisten, Terroristen, Korrumpierte, Regionalbarone – hat sich der Begriff allmählich in ein appellatives, wenn auch semantisch leeres Gebilde verwandelt, das in seiner Funktion der Formel von den „Volksfeinden" ähnlich ist. Das Ideologem von den „Oligarchen" wurde zu einem Element der Restauration des fast verschwunden geglaubten Systems ideologischer Massenvorstellungen, die Realität als Kampf zwischen „den Unsrigen und den anderen", den fremden, feindlichen Kräften wahrzunehmen, in der „unsere", heldenhafte und fürsorgliche Staatsmacht gezwungen ist, immer wieder aufs neue Gerechtigkeit und Ordnung zu schaffen.[28]

Der Fall Chodorkovskij war mit einer Kursänderung in Putins Ära verbunden. In einer Zeit steigender Energiepreise nahm zwischen den Interessengruppen der Kampf um die Bodenschätze Russlands zu. Putin wollte nicht nur die „Oligarchen" unter Kontrolle halten, sondern auch die Verteilung der Gewinne (der „Renten" aus der Rohstoffgewinnung) regulieren. Seine Lösung bestand darin, einerseits das marktwirt-

---

Mio. $ gekauft, die dieser billig erworben und restrukturiert hatte. Chodorkovskij vermutete, dass dieser Preis überhöht und Korruption im Spiel war und trug dies am 19.2.2003 bei einem Treffen der „Oligarchen" mit Präsident Putin vor, was diesen sehr verärgerte. Der Vorgang gilt als Auslöser für die *Jukos*-Affäre. Das Hauptunternehmen *Jugaskneftegaz* des *Jukos*-Konzerns wurde im Dezember 2004 über die Briefkastenfirma *Baikalfinanzgruppe* weit unter Wert an *Rosneft* übertragen.

[26] Roland Götz: Rußland und seine Unternehmer. Der Fall Chodorkowskij. Berlin 2003 [= SWP-Aktuell 45]. – Julia Kuznir: Der Staat schlägt zurück. Wirtschaftspolitische Konsequenzen der Jukos-Affäre, in: OSTEUROPA, 7/2005, S. 76–86, hier S. 85.

[27] So schreibt Peter W. Schulze von der mit Chodorkovskij drohenden „reale(n) Gefahr einer erneuten Herrschaft der Oligarchen wie schon zu Jelzins Zeiten" in: Genesis und Perspektiven des politischen Systems in Russland, in: Gernot Erler, Peter W. Schulze (Hg.): Die Europäisierung Russlands. Moskau zwischen Modernisierungspartnerschaft und Großmachtrolle. Frankfurt/Main, New York 2012, S. 33–114, hier S. 53.

[28] Lev Gudkov, Boris Dubin: Der Oligarch als Volksfeind. Der Nutzen des Falls Chodorkovskij für das Putin-Regime, in: OSTEUROPA, 7/2005, S. 52–75., hier S. 64f.

schaftliche System grundsätzlich zu bejahen, andererseits die politischen Ambitionen der (nach der Krise von 1998) wieder erstarkten Kapitalisten zu beschneiden. Ein traditionelles, anachronistisches Modell der staatlichen Souveränität war die Folge.[29] Die von Putin aufgebaute „Machtvertikale" funktioniert aber ganz anders, als geplant: Sie bildet nur das Gerüst für ungesetzliches Treiben der unteren Machtinstanzen, die sich am Eigentum vergreifen.

Eigentumsraub unter Putin

In den 1990er Jahren wurde Eigentum vielfach mit Hilfe von Auftragsmorden gewonnen und gesichert. Heute ist Russland immer noch ein räuberischer Staat, aber die neuen Räuber sind die Machtstrukturen.[30] Diese bürokratische Macht schließt nicht nur die eigentlichen Siloviki (den Inlandsgeheimdienst FSB), sondern auch das Innenministerium, die Strafverfolgungsbehörden bzw. Staatsanwaltschaften, die Gerichte und Zollbehörden ein. Ihre Tätigkeit beginnt mit einer (falschen) Beschuldigung auf Grundlage der Wirtschaftsartikel des Strafgesetzbuchs, was den Beklagten vor die Wahl stellt: Entweder kauft er sich frei, oder er leistet regelmäßige Zahlungen an einen Vermittler oder er verkauft sein Unternehmen zu einem geringen Preis an ein anderes, das informelle Beziehungen zur bürokratischen Macht hat.[31] Wer nicht dazu bereit ist, wird angeklagt und erhält eine Gefängnisstrafe, womit oft auch sein Unternehmen ruiniert ist. Ein Indiz für dieses Vorgehen ist, dass nur 10–15 Prozent der Angelegenheiten, die von den Mitarbeitern der Polizei als wirtschaftliche Straftaten behandelt werden, mit einem Gerichtsurteil enden. Vorausgesetzt, dass alle diese Urteile richtig sind, kommen auf einen Verurteilten sechs bis zehn Personen, die zu Unrecht beschuldigt wurden.[32] Die geringe Quote der mit einem Urteil beendeten Wirtschaftsdelikte (während andere Strafsachen fast immer mit einer Verurteilung enden) verweist darauf, dass die Strafverfolgungsbehörden ein außerdienstliches Interesse an derartigen Verfahren haben, weil sie illegales Einkommen versprechen, weswegen viele Scheindelikte bearbeitet werden.

---

[29] Richard Sakwa: Putin and the Oligarchs, in: New Political Economy, 2/2008, S. 185–191, hier S. 190f.
[30] Jordan Gans-Morse: Threats to Property Rights in Russia: From Private Coercion to State Aggression, in: Post-Soviet Affairs, 3/2012, S. 263–295.
[31] Exemplarisch: Roland Götz: Machtkampf um den St. Petersburger Turbinenbau. Das russische Bankrottgesetz als Waffe, in: Stefan Creuzberger u.a. (Hg.): St. Petersburg – Leningrad – St. Petersburg. Eine Stadt im Spiegel der Zeit, Stuttgart 2000, S. 244–256.
[32] Vadim Volkov: Jenseits der Gerichte. Warum die Gesetze nicht so funktionieren wie sie sollen, in: OSTEUROPA, 10/2005, S. 75–84.

Der Fortgang der Privatisierung

Der russländische Staat war Anfang 2010 noch Eigentümer von 3517 kleineren Staatsbetrieben sowie Teilhaber an 2950 Aktiengesellschaften.[33] Hohe Staatsanteile existieren insbesondere im Verkehrswesen (Eisenbahn, Leitungstransport), im Fahrzeug- und Maschinenbau sowie in einigen Zweigen der Energiewirtschaft (Tabelle 1).[34]

Tabelle 1: Staatsanteile nach Wirtschaftszweigen 2010, gewichtet mit den Staatsanteilen am Grundkapital der Unternehmen, in Prozent

Transport und Verkehr	73
Schiffbau, Flugzeugbau	57
Erdgasförderung	48
Stromproduktion	35
Erdölförderung	23
Kraftfahrzeugbau	17
Maschinenbau (außer Rüstungsgüter)	15
Telekommunikation	14
Papier- und Zellstoffindustrie	12
Bauwirtschaft	9
Erdölverarbeitung	8
pharmazeutische Industrie	4
Grundchemikalien	4
Buntmetallurgie	3
Schwarzmetallurgie	1

Quelle: Igor' Volosov: Gosudareva dolja, in: Rossijskaja gazeta, 28.6.2011, <www.rg.ru/2011/06/28/biznes.html>.

In Tabelle 1 werden die Staatsanteile an den Wirtschaftszweigen mit den jeweiligen staatlichen Anteilen am Grundkapital der Unternehmen gewichtet (bei *Gazprom* sind dies 50,002 Prozent, bei *Rosneft'* 75 Prozent). Daher sind die dort ausgewiesenen Werte in den Branchen Erdöl- und Erdgasförderung niedriger als die oft genannten Zahlen, die dadurch entstehen, dass die mehrheitlich im Staatsbesitz befindlichen Unternehmen zu 100 Prozent in die Rechnung eingehen. Zählt man die Unternehmen, in denen der Staat mehr als 50 Prozent des Grundkapitals besitzt, voll als Staatsbetriebe, ergeben sich die in Tabelle 2 ausgewiesenen Werte für deren Anteile an den Fördermengen bei Erdöl und Erdgas.

---

[33] Privatisierungsplan 2011–2013, <www.rg.ru/2011/01/25/privatizacia-dok.html>.
[34] Der Kohlebergbau ist in Russland vollständig privatisiert worden.

Tabelle 2: Förderanteile der Unternehmen in mehrheitlichem Staatsbesitz, ohne Gewichtung nach dem Staatsanteil am Grundkapital, an der Gesamtfördermenge von Erdöl und Erdgas in (%)

	Erdöl		Erdgas	
	2003	2011	2003	2011
Rosneft'	4,6	22,4	1,2	2,7
Gazprom	2,6	2,8	84,9	74,2
Gazprom Neft'*	0	5,9	0	1,3
gesamt	7,2	31,1	86,1	78,2

* *bis 2005: Sibneft' (damals mehrheitlich bei Roman Abramovič), danach zu 100 % bei Gazprom.*
Quellen: Institut ėkonomičeskoj politiki imeni E.T. Gajdara: Rossijskaja ėkonomika v 2011 godu. Tendencii i perspektivy. Moskva 2012, <www.iep.ru/ru/rossiiskaya-ekonomika-v-2011-godu.html>, S. 169–170. – Ders.: Rossijskaja ėkonomika v 2003 godu. Tendencii i perspektivy. Moskva, <www.iep.ru/ru/rossiiskaya-ekonomika-v-2003-godu-tendencii-i-perspektivy-vypusk-25-2.html>, S. 175.

Nach der in Tabelle 2 verwendeten, oben erläuterten Methodik beläuft sich der Staatsanteil im Erdölsektor auf 31 Prozent und im Erdgassektor auf 78 Prozent. Im Erdölsektor war er seit 2004 vor allem durch die Eingliederung von *Sibneft'* und Chodorkovskijs *Jukos* in *Rosneft'* gestiegen. Durch die Eingliederung von *TNK-BP* – das 2011 14,2 Prozent des gesamten Erdöls förderte – in *Rosneft'* wird der Staatsanteil an der Erdölförderung ab 2012 auf rund 45 Prozent erhöht. Im Erdgassektor ist der Staatsanteil zwischen 2003 und 2011 dagegen zurückgegangen, da der Anteil des privaten Gasförderers *Novatėk* am Fördervolumen auf rund sieben Prozent stieg.
Freilich suggeriert diese Art der Berechnung, dass die Staatsbürokratie, wenn Mehrheitsbeteiligungen des Staats an großen Unternehmen bestehen, diese vollständig lenken könnte. Obwohl der Staat seine Vertreter in die Aufsichtsräte entsendet, kann jedoch von einer einseitigen Einflussnahme nicht gesprochen werden, sondern höchstens von einer Unternehmenspolitik des Gebens und Nehmens. Bestes Beispiel ist *Gazprom*, das seine kommerziellen Interessen, darunter die Abwehr einer Trennung von Erzeugung und Transport und die Gewährung des Gasexportmonopols gegen soziale Verpflichtungen – niedrige Binnenpreise in Russland – eintauschte.[35]
Einen erneuten Anlauf zur Entstaatlichung nahm Präsident Dmitrij Medvedev mit einem Privatisierungsgesetz aus dem Jahr 2010, auf dem die Privatisierungsprogramme ab 2011 aufbauen.[36] Als Organisatoren des Fortgangs der Privatisierung berief er 2012 den „liberalen" Ökonomen und ehemaligen stellvertretenden Wirtschaftsminis-

---

[35] Roland Götz: Mythen und Fakten. Europas Gasabhängigkeit von Russland, in: OSTEUROPA, 6–8/2012, S. 435–458, hier S. 444f.
[36] Föderales Gesetz No. 106-FZ vom 31.5.2010, <www.rg.ru/2010/06/04/privatizaciya-dok.html>.

ter Andrej Belousov zum Leiter des Wirtschaftsministeriums und Olga Dergunova, die zuvor als Chefin der russländischen *Microsoft*-Filiale sowie in Vorständen von Banken tätig war, zur Leiterin der Föderalen Agentur für die Verwaltung des Staatsvermögens.[37] Dies deutet darauf hin, dass er es mit der Fortsetzung der Privatisierung ernst meinte. Ein Großteil der kleinen und mittleren Unternehmen, die sich noch in Staatsbesitz befinden, soll bis 2016 an Investoren verkauft werden. Bei Großunternehmen ist eine schrittweise Privatisierung vorgesehen, die sich über längere Zeit hinziehen wird. Allerdings sollen zumindest bis 2016, wie Putin nach seinem Amtsantritt als Präsident im Mai 2012 erklärte, Rohstoff- sowie Rüstungsunternehmen von der Privatisierung ausgenommen werden.[38]

In Russland ist trotz aller Hemmnisse mit einer allmählichen Zunahme des Sektors der kleinen und mittleren Unternehmen zu rechnen. Diese beschäftigen in Europa im Durchschnitt rund zwei Drittel aller Erwerbstätigen, ihr Anteil in Russland ist dagegen bislang nur halb so hoch (Tabelle 3).

Tabelle 3: Kleine und mittlere Unternehmen 2011

	kleine	**mittlere**	**gesamt**
Zahl der Betriebe	1 836 433	15 856	1 852 289
Beschäftigte**	11 480 500	2 051 500	13 532 000
durchschnittliche Zahl der Beschäftigten pro Betrieb*	6	129	7
Anteil an allen Beschäftigten (%)	23	4	27

Kleine Unternehmen:, 1–100 Beschäftigte, mittlere Unternehmen: 101–250 Beschäftigte
* einschließlich Mikrounternehmen
** ohne Zweitbeschäftigte
Quelle: Rosstat: Maloe i srednee predprinimatel'stvo v Rossii. Moskva 2012, Tabellen 2.1 und 2.2, <www.gks.ru/wps/wcm/connect/rosstat_main/rosstat/ru/statistics/publications/catalog/doc_1139841601359>. – Russian SME Resource Centre: SME Statistics in Russia. New Facts and Figures 2011, <http://www.rcsme.ru/eng/common/totals.asp >.

Mit der Zunahme der Mittel- und Kleinbetriebe wächst andererseits eine wohlhabende Mittelschicht, die nach mehr demokratischer Mitsprache verlangt, weil sie nicht wie die Großindustrie über einen direkten Zugang zur Macht verfügt.

Die Zukunft des Eigentums in Russland

Die „Entstaatlichung" des Eigentums, eines der Hauptziele der Reformen der 1990er Jahre, ist in Russland weitgehend abgeschlossen. Dies gilt nicht für den Energie- und den Rüstungssektor, die zu Ausnahmebereichen erklärt wurden. Damit nimmt Russ-

---

[37] Federal'noe agenstvo po upravleniju gosudarstvennym imuscestvom, <www.rosim.ru/>.
[38] Ukaz Prezidenta „O dolgosročnoj gosudarstvennoj ekonomičeskoj politike", 7.5.2012, <www.kremlin.ru/acts/15232 >.

land allerdings international keine Sonderstellung ein. Verbesserungsbedürftig bleibt die Sicherheit des Eigentums. Russland steht im internationalen Vergleich der rechtlichen Sicherung des Eigentums auf Platz 112 von 130 untersuchten Staaten.[39]
Eine breitere Streuung des Vermögens steht ebenfalls noch aus. Ergebnis des gesamten Privatisierungsprozesses vom Ende der 1980er Jahre bis heute ist eine extrem ungleiche Vermögenskonzentration. Das reichste Prozent der Russen besaß 2012 71 Prozent aller Vermögenswerte der Privathaushalte. Damit liegt Russland an der Spitze aller Staaten – mit Ausnahme einiger Karibikinseln (Tabelle 4). Diese einseitige Vermögensverteilung, mit der auch eine entsprechend einseitige Einkommensverteilung einhergeht, hat dazu geführt, dass die gesamten Reformen in den Augen der Bevölkerung diskreditiert sind.

Tabelle 4: Vermögensanteil* des reichsten Prozent der Bevölkerung 2012

Russland	71
Indien	49
Thailand	43
USA	37
Schweiz	35
China	32
Deutschland	27
Frankreich	25
Großbritannien	22

* *Anteil am Nettovermögen (finanzielles Vermögen, Häuser und Grundstücke abzüglich Schulden) der privaten Haushalte. Quelle: Credit Suisse Research Institute: Global Wealth Data Book 2012. Zürich 2012, S. 150, <https://infocus.credit-suisse.com/ data/_product_documents/_shop/369553/2012_global_wealth_databook.pdf>.*

Die einseitige Eigentumsverteilung in Russland ist allerdings – anders als die Kritiker des Marktreformkurses glauben – nicht in erster Linie Folge eines falschen Rezepts der Privatisierung oder der Wirtschaftsreform überhaupt. Sie ist vielmehr Spätfolge der Vernichtung jeglichen legalen Unternehmertums unter Stalin. Nur eine kleine Schicht von mit den Machtstrukturen gut vernetzter Privilegierter konnte daher die Chancen zum Eigentumserwerb wahrnehmen, welche die neuen Verhältnisse boten. Daran hätte sich auch nichts geändert, wenn die Reformen langsamer umgesetzt worden wären. Dies hätte vielmehr noch mehr Raum für illegale Privatisierungen geboten.
Während in den 1990er Jahren oft von einer Eroberung des Staats durch die Geschäftswelt (state capture) gesprochen wurde, ist in der Putin-Periode von der Besitznahme der Wirtschaft durch den Staat (business capture) die Rede.[40] Der Umgang des

---

[39] International Property Rights Index 2012, <www.internationalpropertyrightsindex.org>.
[40] Evgeny Yakovlev, Ekaterina Zhuravskaya: State Capture. From Yeltsin to Putin. Moscow 2006, <www.cefir.org/papers/WP94_Zhuravskaya_ Yakovlev.pdf>.

russländischen Staates mit dem Privateigentum wurde kritisch auch als neopatrimonialer Kapitalismus im Sinne einer Verschmelzung von traditionaler und bürokratischer Herrschaft[41] sowie – etwas übertrieben – als Opričnik-Wirtschaft gekennzeichnet.[42] Man wird eher an die Neue Ökonomische Politik der 1920er Jahre erinnert, als der Staat die „Kommandohöhen" der Wirtschaft (Lenin auf dem X. Parteitag 1921) einnahm. Freilich implizieren diese Begriffe eine Autonomie der staatlichen Herrschaft, die in Russland trotz des gegenteiligen Scheins nicht gegeben ist. Lässt sich der Kapitalismus denn wirklich dadurch lenken, dass Staatsvertreter die Großunternehmen beaufsichtigen? Die Logik des Kapitals spricht dagegen. Große Unternehmen entwickeln eine Eigendynamik. Ihr Motto lautet: Was gut für *Gazprom* oder *Rosneft'* oder *Noril'sk Nikel'* ist, ist auch gut für Russland. Die gut bezahlten Staatsvertreter in den Aufsichtsräten sind damit gerne einverstanden. Das Ergebnis ist eine Symbiose zwischen Staat und Wirtschaft, nicht eine Herrschaft der einen Seite über die andere.

Russlands politische Führung steht immer noch vor der Entscheidung, ob das Land ein neopatrimonial geprägter Staat bleiben oder dem westlichen Modell der Trennung von privater und öffentlicher Sphäre folgen soll, wozu auch eine autonome Geschäftswelt gehört. Vorerst präferiert sie neben dem Modell der „gelenkten Demokratie" ebenfalls das einer gelenkten Wirtschaft mit dem Ziel der vielbeschworenen Modernisierung – das so nie erreicht werden dürfte. Die Gegenposition, wonach eine von Staatseingriffen (abgesehen zur Ordnung und Stabilisierung der Wirtschaft wie etwa Wettbewerbs- und Konjunkturpolitik) freie Wirtschaft sich selbsttätig modernisiert, ist der politischen Führung trotz aller Bekenntnisse zur Marktwirtschaft suspekt. Dabei verkennt sie, dass die Herausbildung einer nationalen Eigentümerklasse, die in der Politik mitreden will, zur Emanzipation der bürgerlichen Gesellschaft gehört, die wiederum das Fundament der Marktwirtschaft bildet.

Die Eigentumsdebatte

In der Sowjetunion war das Staatseigentum an Produktionsmittel sowohl in der offiziellen Ideologie als auch im Verständnis der Bevölkerung ein Wesensmerkmal der sozialistischen Gesellschaft. Freilich war die radikale Verstaatlichung nach dem Ende der NÈP-Periode Mitte der 1920er Jahre keineswegs eine notwendige Folge und einzige Möglichkeit der sozialistischen Transformation. Wenn die Stalinsche Verfassung von 1936 „staatliches Eigentum, das heißt Gemeingut des Volkes" deklarierte, so machte sie unabsichtlich darauf aufmerksam, dass sich der Staat hier, wie im Sowjetsystem allenthalben, im Zuge der Machtergreifung Stalins an die Stelle des Volkes gesetzt hatte. Mit Marx, der zwar keine Theorie der sozialistischen Gesellschaft ent-

---

[41] Allen C. Lynch: How Russia Is Not Ruled. Reflections on Russian Political Development. Cambridge 2005, S. 128ff.
[42] Andrej Zaostrovcev: Russia: an Opričnik economy. Open Democracy, 9.1.2013, <www.opendemocracy.net/od-russia/andrei-zaostrovtsev/russia-oprichnik-economy>. – Opričniki war die Bezeichnung für die Mitglieder einer von Ivan dem Schrecklichen im Kampf gegen die Bojaren 1565 geschaffenen Terrororganisation, denen der Zar die von ihnen konfiszierten Güter der Adligen versprach. Heute habe die Bürokratie in ähnlicher Weise von Putin eine „Lizenz zum Rauben" erhalten.

worfen, sich aber jedenfalls die „Assoziation" (so im „Kommunistischen Manifest") oder den „Verein freier Menschen" (Kapital, Bd. I) niemals als allmächtigen Staat vorgestellt hatte, ließ sich das totale Staatseigentum in der Sowjetunion jedenfalls nicht rechtfertigen. Mit der selbstverständlichen Gleichsetzung von Gemeineigentum und Staatseigentum entzog sich der Sowjetsozialismus vielmehr jeder Diskussion über seine Grundlagen.

Selbst während der *Perestrojka* stellten die sowjetischen „Reformökonomen", die sehr vorsichtig Ideen des Marktsozialismus ins Spiel brachten, das Staatseigentum nicht in Frage. Daher erschien die Einführung von Privateigentum in Russland als Bestandteil des Übergangs zur Marktwirtschaft als eine aus dem Westen übernommene Idee. Statt sich mit der Eigentumsfrage grundsätzlich auseinanderzusetzen, konzentrierte sich die ökonomische Diskussion in Russland fortan auf die – unbestrittenen – Missstände der Privatisierung, ohne dass die ökonomischen Zwänge, die andere Lösungen ebenso fragwürdig machten, ebenso kritisch erörtert worden wären.

Gegen die Fortsetzung der Privatisierung wenden sich heute vor allem Wissenschaftler aus den konservativen wirtschafts- und sozialwissenschaftlichen Instituten der Russischen Akademie der Wissenschaften. Ihr lautstarker Wortführer ist Sergej Glaz'ev, der sich für eine ausgedehnte staatliche Förderung des technologischen Fortschritts und staatliche Lenkung der industriellen Entwicklung einsetzt, weil seiner Meinung nach private Unternehmen diese Aufgaben nicht ausreichend erfüllen könnten.[43] Stattdessen befürwortet Glaz'ev die 2007 geschaffenen Staatskorporationen (*goskorporacii*). Diesen pro forma „nichtkommerziellen Organisationen" waren per Gesetz staatliche Vermögenswerte wie ganze Staatsbetriebe und Finanzmittel übereignet worden, um gemeinnützige Funktionen zu erfüllen. Der Staat soll seinen Einfluss durch Bestellung der Leiter sowie durch Entsendung von Staatsvertretern in ihre Aufsichtsorgane sichern, ist aber selbst nicht Eigentümer – die Staatskorporationen besitzen sich selbst.[44] Sie sollen allerdings, wenn es nach dem Wirtschaftsministerium und der Agentur für die Verwaltung des Staatsvermögens geht, nicht auf Dauer bestehen bleiben, denn sie arbeiten überwiegend unwirtschaftlich, können ihre Ziele nicht erreichen, und einige ihrer Leiter waren in Korruptionsverfahren verwickelt.[45]

Während Glaz'ev in den Zeiten der Krise und weltwirtschaftlichen Turbulenzen die Rolle des Staates als Motor der Entwicklung stärken möchte und weitere Privatisierung ablehnt, spricht sich Viktor Polterovič, Russlands international renommiertester Wirtschaftswissenschaftler, für einen Fortgang der Privatisierung zumindest der klei-

---

[43] Sergej Glaz'ev war nach einer raschen wissenschaftlichen Karriere als Ökonom in die Politik gegangen und kurzzeitig Minister in den Kabinetten Gajdar und Černomyrdin gewesen. Er versuchte sich vergeblich als Gründer linksnationaler Parteien und trat mit seiner Kritik an der Privatisierungspolitik und der Währungspolitik der russischen Zentralbank hervor. Präsident Putin berief ihn 2012 zum Berater für Fragen der Eurasischen Union und Zollunion. Seine Stellungnahmen zur Wirtschaftspolitik sind unter <www.glazev.ru/econom_polit/> einsehbar, darunter: Kak postroit' novuju ėkonomiku? In: Ėkspert, 21.2.2012.

[44] Staatskorporationen bestehen für Entwicklung, Produktion und Export von Hochtechnologie (*Rostechnologii*), für Nanotechnologie (*Rosnano*), für Atomenergie (*Rosatom*), für den Bau von Anlagen für die Olympischen Spiele (*Olimpstroj*), für die Reform der Wohnungswirtschaft, die Entwicklungs- und Außenhandelsbank (*Vnešėkonombank*) und die Agentur für die Sicherung von Bankeinlagen.

[45] Konstantin Grudin: Začem Rossii goskorporacii, in: Argumenty nedeli, 4.5.2012, <http://argumenti.ru/toptheme/n338/174862>.

neren Staatsbetriebe aus. Bei den Großbetrieben solle ihre Verwandlung in Agenten der Modernisierung sowie großer sektoraler und sektorenübergreifender Projekte geprüft werden. Gleichzeitig müssten, so Polterovič, nicht nur die Ziele jedes Staatsbetriebs, sondern auch das Gebiet und der Umfang seiner Tätigkeit festgelegt werden. Da die Staatsbetriebe gegenüber privaten Unternehmen Vorteile wie den Zugang zu billigeren Krediten haben, sollen sie nicht in direktem Wettbewerb mit Privatfirmen stehen. Sie sollen keine privaten Unternehmen verdrängen und sich in „Futterkrippen" für Staatsdiener verwandeln.[46] Polterovič, der wie Glaz'ev aus der sowjetischen ökonomisch-mathematischen Schule stammt, glaubt zwar wie dieser an die Vorzüge der staatlichen Steuerung des technologischen Fortschritts, erkennt jedoch mehr als Glaz'ev die Gefahren eines ausufernden Staatssektors und tritt für ein „optimales" Verhältnis von Privat- und Staatseigentum ein. Aber wird damit wirklich die richtige Frage gestellt?

Während die Vorteile des Privateigentums für den „gesunden Menschenverstand" offensichtlich sind, brauchte die ökonomische Theorie lange für seine Begründung. Das Eigentum, darunter auch an Grund und Boden und Produktionsmitteln, wurde im 16. bzw. 17. Jahrhundert zunächst von John Locke und David Hume naturrechtlich als Ergebnis der menschlichen Arbeit gerechtfertigt. Klassische Ökonomen des 18. Jahrhunderts wie John Stuart Mill erörterten die Anreize des Privateigentums für das wirtschaftliche Handeln. Dies wurde bereits Mitte des 19. Jahrhunderts von Hermann Heinrich Gossen und Albert Schäffle als Argument gegen den eben erst entstehenden Sozialismus ins Feld geführt. Marx verkannte die Anreizfunktion des Eigentums keineswegs, glaubte aber – ohne dass er sich damit auseinandergesetzt hätte – dass im Sozialismus dafür kein Bedarf mehr bestehe, weil in diesem die Wirtschaft durch vernünftiges Handeln im Interesse der Menschen konfliktfrei organisiert werden könne. In der Ende des 19. Jahrhunderts ausgebildeten neoklassischen Preistheorie, der Kerntheorie der bis in die Gegenwart „herrschenden" bürgerlichen Ökonomik, spielt das Eigentum an den Produktionsmitteln ebenfalls keine Rolle. Dabei werden von ihr aber – in paradoxer Parallele zur Auffassung von Marx – wesentliche Eigenheiten des in der Praxis zu beobachtenden wirtschaftlichen Handelns ausgeblendet. Gegen die Vernachlässigung der Eigentumsfrage in der Diskussion um Kapitalismus und Sozialismus waren in den 1930er Jahren Ludwig von Mises und Friedrich August von Hayek mit Argumenten aufgetreten, die ebenso gegen die Grundvorstellungen der Neoklassik gerichtet waren. Aber erst als die Neue Institutionenökonomik, die sich gegen Ende des 20. Jahrhunderts formiert hatte, auf der Berücksichtigung von Transaktionskosten, eingeschränkter Rationalität und unvollständiger Voraussicht bestand, akzeptierte die mainstream-Ökonomik, dass Privateigentum eine Bedingung für effizientes ökonomisches Verhalten ist.[47]

Der „gesunde Menschenverstand" wird so bestätigt: Anders als Gemeineigentum schafft Privateigentum mit seinen Eigenschaften der Exklusivität und Übertragbarkeit

---

[46] Viktor M. Polterovič: Privatizacija i racional'naja struktura sobstvennosti. Moskva 2012 [= MPRA Paper 41069], <http://mpra.ub.uni-muenchen.de/41069/>.

[47] Rudolf Richter: Ökonomische Theorie des Privateigentums: Thema und Variationen, in: Jahrbuch für Sozialwissenschaft, 3/1993, S. 311–347, hier S. 316ff. – Rudolf Richter, Eirik G. Furubotn: Neue Institutionenökonomik. Eine Einführung und kritische Würdigung. Tübingen [4]2010, S. 20f., S. 88–90 und S. 136–142.

starke Anreize für einen langfristig angelegten, sparsamen Umgang mit Vermögen. Das heißt aber noch längst nicht, dass die (westliche) ökonomische Theorie das Heil nur im Privateigentum sieht, wie ihr in der russländischen Diskussion oft unterstellt wird. In der Diskussion um das Für und Wider des Staatseigentums, wie sie Russlands konservative Akademiker führen, wird der Fehler begangen, die Lösung des Problems in der Wahl der richtigen Alternative zu sehen. In Wirklichkeit kommt es darauf an, wie das Eigentum kontrolliert wird. Missbrauch kann, was die Wirtschaftspraxis weltweit täglich zeigt, sowohl mit Privat- als auch mit Staatseigentum begangen werden. In beiden Fällen ist der Eigentümer mit dem Problem konfrontiert, dass die Manager nur schwer zu kontrollieren sind (principal-agent-Dilemma).

Daher haben Kontrollmechanismen, die der Wirtschaft übergeordnet sind, eine so wichtige Funktion: das (ungebeugte) Recht, demokratische Verfahren und freie Presse. Alle Versuche autoritärer Bekämpfung von Verschwendung, Unterschlagung und Korruption müssen hingegen vergeblich bleiben. Eigentum gleich welcher Art bedarf des Schutzes durch die politische Ordnung. Die „gelenkte Demokratie" mit ihrem Hang zur Gängelung der Justiz und der öffentlichen Meinung ist deswegen kein erfolgversprechendes Konzept für Russlands wirtschaftliche Zukunft.

Vladimír Handl

Agiles Fossil

Die Kommunistische Partei Böhmens und Mährens

> Die einstigen kommunistischen Staatsparteien sind fast überall in Osteuropa reformiert, umbenannt oder in der Bedeutungslosigkeit versunken. Nicht so in Tschechien. Dort hat sich die KP Böhmens und Mährens mit ihrem antiwestlichen und antiliberalen Weltbild eingeigelt. Das Milieu ihrer Unterstützer, die weiter an der alten Ordnung von vor 1989 hängen ist bis heute so groß, dass die Partei regelmäßig in das Parlament einzieht und angesichts der Krise der anderen Parteien immer salonfähiger wird.

Nach dem Umbruch von 1989 sind in vielen Staaten Ostmittel- und Osteuropas die kommunistischen Parteien von der Bildfläche verschwunden. Oft entledigten sie sich ihres Namens, ihrer Ideologie, ihrer politischen Grundsätze und ihres besonders diskreditierten Führungspersonals und wurden so zu sozialdemokratischen Parteien. Jene Gruppierungen, die sich diesem Wandel widersetzten, wurden zu Splitterparteien. Doch es gibt eine Ausnahme in Ostmitteleuropa: Die *Komunistická strana Čech a Moravy* (Kommunistische Partei Böhmens und Mährens, KSČM), wie sich die Nachfolgepartei der tschechoslowakischen KP seit dem Umbruch und der Auflösung des Staates in den frühen 1990er Jahren nennt.[1]

Die KSČM nimmt sich bis heute als intellektuelle Avantgarde wahr, die eine radikale Alternative zum Kapitalismus bieten kann.[2] Sie stellt China als Modell für eine „sozialistische Marktwirtschaft" dar und kritisiert die USA wie die Europäische Union scharf. Gleichzeitig vertritt die Partei ein ethnonationales Weltbild und ist in kultureller Hinsicht extrem konservativ. So verwundert es nicht, dass sie bei den Präsidentenwahlen 2003 und 2008 ihren nur scheinbar größten Widersacher, den Architekten des tschechischen Kapitalismus Václav Klaus unterstützte.

Vladimír Handl (1957), Dr. phil., wissenschaftlicher Mitarbeiter am Institut für internationale Beziehungen (UMV), Prag
Von Vladimír Handl ist in OSTEUROPA erschienen: Sicherheitsverband. Deutschland und die ostmitteleuropäischen Staaten, in: OE, 2/2012, S. 53–70. – Entspannte Übungen. Tschechien und Deutschland in der EU, in: OE, 10/2006, S. 65–76. – Vom Sowjetsatelliten zur Westintegration. Zwanzig Jahre tschechische Europapolitik: Eine Bilanz, in: OE, 2–3/2009, S. 357–368.

[1] Der Gründungsparteitag der tschechischen Territorialorganisation der tschechoslowakischen KP fand im März 1990 statt. Zuvor hatte es lediglich eine tschechoslowakische KP, die KSČ, sowie eine slowakische Territorialorganisation gegeben. Im Juni 1992 löste sich nach dem Austritt und der Umbenennung der slowakischen Sektion die gesamtstaatliche Partei auf und im tschechischen Landesteil blieb die KSČM übrig.

[2] Zpráva ÚV KSČM o činnosti strany v období of VII. do VIII. sjezdu KSČM. VIII. sjezd KSČM, Liberec 19–20. Mai, 2012, S. 26. – Socialismus v 21. století. <www.kscm.cz/volby-a-akce/viii-sjezd-kscm-v-liberci/ dokumenty/ 64118/socialismus-v-21-stoleti>.

Zwar haben die übrigen tschechischen Parteien die KSČM 20 Jahre isoliert, und ihr wurde immer wieder vorhergesagt, dass ihre Mitglieder und Anhänger bald aussterben würden. Doch seit 1989 zog sie immer wieder in das tschechische Abgeordnetenhaus ein. Bis heute gehört sie zu den vier wichtigsten tschechischen Parteien. Bei den ersten freien Parlamentswahlen in der Tschechoslowakei seit 1946 erhielt sie im Juni 1990 überraschende 14,5 Prozent der Stimmen, bei den letzten tschechische Parlamentswahlen im Mai 2010 immerhin noch 11,3 Prozent. Dies ist zwar ein klarer Rückgang gegenüber dem Höhepunkt von 2002, als die KSČM bei den Wahlen zum Abgeordnetenhaus 18,5 Prozent der Stimmen erhielt. Das Ergebnis zeugt jedoch keineswegs von einem Niedergang. Vielmehr wurden die Kommunisten bei den Regionalwahlen im Oktober 2012 mit landesweit 20,4 Prozent der Stimmen zweitstärkste und in den Regierungsbezirken Karlovarský kraj und Ústecký kraj im Nordwesten des Landes sogar stärkste Partei.[3] Noch wichtiger ist, dass sie nun in mehreren Bezirken an der Regierung beteiligt ist und im Ústecký kraj sogar erstmals seit dem Umbruch mit Oldřich Bubeníčka sogar den Hejtman stellt. All dies trägt dazu bei, dass die KSČM nicht mehr weit davon entfernt ist, auch auf der nationalen Ebene salonfähig zu werden.

Einigeln, um zu überleben

Ein zentraler Faktor für den Erfolg der *Kommunistischen Partei Böhmens und Mährens* ist, dass der Übergang von der Zentralverwaltungswirtschaft zur freien Marktwirtschaft und vom Monopol der KP zur pluralistischen Demokratie in der tschechischen Gesellschaft heute nicht mehr als ungetrübte Erfolgsgeschichte verstanden wird. Zwar ist das politische System demokratisch und stabil und auch die soziale Polarisierung der Gesellschaft ist weit weniger ausgeprägt als in den meisten anderen Staaten Ostmitteleuropas und Westeuropas. Die Korruption ist jedoch weit verbreitet und der Rechtsstaat hat noch immer mit starken Interessengruppen zu kämpfen, die als Nebenprodukt der Privatisierung entstanden sind und sich durch die Aneignung von Staatsaufträgen und den Missbrauch von EU-Subventionen weiter ausgebreitet haben.[4]
Dies kommt der KSČM zugute, die erklären kann, sie habe die neue Gesellschaftsordnung ja von Anfang an kritisiert. Zwar wurden in den vergangenen Jahren alle tschechischen Parteien einschließlich der KSČM zu Interessengruppen, die sich immer weniger am – wie auch immer verstandenen – Allgemeinwohl orientieren. Da die KSČM jedoch bislang an keiner gesamtstaatlichen Regierung beteiligt war, gelingt es ihr, sich als einzige Partei mit sauberen Händen darzustellen. Dies gilt umso mehr, seit sich die beiden Kräfte, die bei den Wahlen 2010 als unverbrauchte Hoffnungsträger aufgetreten waren – die TOP 09 von Außenminister Karel Schwarzenberg sowie die Partei *Věci veřejné* (Öffentliche Angelegenheiten), die explizit als Anti-Korruptions-Partei aufgetreten war –, durch eine Reihe von Skandalen rasch diskreditiert haben.
Die *Kommunistische Partei Böhmens und Mährens* ist somit eine Protestpartei. Sie hat es geschafft, all jene Menschen an sich zu binden, die ihre Frustration und ihre Wut, ihre nostalgische Sehnsucht nach dem früheren Leben und ihr Ressentiment gegen die

---

[3] Alle Wahlergebnisse seit 1990 stellt das tschechische Statistikamt online zur Verfügung: <www.volby.cz>.
[4] Petr Drulák: politika nezájmu. Česko a Západ v krizi. Praha 2012, insbesondere S. 249–279.

neue Ordnung ausdrücken wollen. Vor allem unpolitische Menschen sehen in ihr eine Kraft, die wenigstens ein radikales Konzept des Wandels vorschlägt. Daran ändert auch die Tatsache nichts, dass die Partei ungeachtet ihrer dogmatischen Starre immer wieder zu pragmatischer Kooperation mit ihrem ideologischen Gegner, der *Občanská demokratická strana* (Demokratische Bürgerpartei, ODS) und deren Gründer und langjährigem Vorsitzenden, Václav Klaus bereit war. Auf eine informelle Koalition mit diesem ließ sich die KSČM immer dann ein, wenn es darum ging, gemeinsame konservative und nationalistische Positionen zu vertreten, insbesondere in Fragen der europäischen Integration und des Verhältnisses zu Deutschland.

An diesen Punkt ist die KSČM jedoch nicht dank systematischer programmatischer Arbeit gelangt. Vielmehr hat sie stets aus der Defensive agiert und auf Veränderungen nie oder nur sehr zögerlich reagiert. So konnte sie ihr Selbstverständnis als Partei der Errungenschaften der alten Ordnung aufrechterhalten. In den Jahren 1990–1993 hatte zwar der damalige Parteichef Jiří Svoboda versucht, die KSČM zu reformieren, war jedoch an den konservativen Kräften in der Partei gescheitert. Seither hat sich die KSČM kaum weiterentwickelt, sie ist wie ehedem antiwestlich und antiliberal, kritisiert die innerstaatliche Ordnung in der Tschechischen Republik ebenso scharf wie ihre Einbindung in die internationale Ordnung und präsentiert die Jahre vor 1989 als glückliches Zeitalter, zu dem man zurückkehren und dabei sogar einige Fehler, die damals begangen wurden, vermeiden könne.

Auf eine solche Strategie des Einigelns zog sich die Partei unter starkem äußerem Druck zurück. Die „samtene Revolution" hatte sich zwar nicht so sehr *gegen* die KP gerichtet, vielmehr standen Demokratisierung und Freiheit auf der Agenda. In den 1990er Jahren wuchs dann jedoch der Druck auf die Nachfolgepartei der KSČ. Die tschechische Gesellschaft begann, die kommunistische Vergangenheit aufzuarbeiten, und neben der Forderung, dass sich die KSČM ihrer Verantwortung stellen solle, wurden auch Rufe nach strafrechtlichen und eigentumsrechtlichen Konsequenzen laut.[5] Auch wenn nur sehr wenige Parteifunktionäre und ehemalige kommunistische Staatsbeamte tatsächlich wegen Verbrechen verurteilt wurden, die sie vor 1989 in ihrem Amt begangen hatten, und die Partei relevante Teile des Parteivermögen behalten konnte, breitete sich in der KSČM das Gefühl aus, ihre Mitglieder sowie die Partei als ganzes seien existentiell bedroht und ihnen widerfahre ein historisches Unrecht.

Der Antikommunismus in der tschechischen Gesellschaft wuchs weiter, als im Verlauf der Privatisierung häufiger ehemalige Kader der KSČ oder einstige Mitarbeiter der kommunistischen Staatssicherheit zum Zuge kamen. Es entstand der Eindruck, als würde gerade dieses Netzwerk von Leuten nicht nur Reichtum anhäufen, sondern die Kontrolle über die tschechische Volkswirtschaft übernehmen. Vor einer solchen Entwicklung warnte etwa Václav Havel bereits im August 1990, obwohl Havel der reformierten Linken gegenüber grundsätzlich sehr aufgeschlossen war.

---

[5] Ein Gesetz aus dem Jahr 1993 (Sbírka zákonů, 198/1993) legte in Paragraph 2 fest: „Die Kommunistische Partei der Tschechoslowakei war eine verbrecherische, verwerfliche Organisation, das gleiche gilt für weitere Organisationen, die auf ihrer Ideologie gründeten und zum Ziel hatten, die Menschenrechte und die Demokratie zu beseitigen." Das Gesetz über die Rückgabe von Eigentum wurde bereits 1990 verabschiedet. Alle relevanten Gesetze zum Umgang mit der kommunistischen Vergangenheit unter: <www.ustrcr.cz/cs/pravni-normy>.

Der Antikommunismus trieb die Kommunisten zwar in die Isolation, führte jedoch auch dazu, dass Mitglieder und Anhänger der Partei ihre Reihen schlossen und ihr altes Selbstverständnis festigten. So trug der Antikommunismus dazu bei, dass sich der konservative Flügel der Parteiführung, der jegliche Veränderungen ablehnte, durchsetzen konnte.

Neben dem Druck von außen spielten jedoch auch die Mehrheitsverhältnisse in der Partei ein Rolle. Der weitaus größere Teil der Mitglieder empfand den Umbruch von 1989 als Katastrophe und verharrte im alten kommunistischen Selbstverständnis, das nun sogar eher noch strenger ausgelegt wurde. Wenn sich die Partei somit einigelte, so war dies weniger einer klaren Strategie geschuldet, als einer programmatischen, personalpolitischen und organisatorischen Reaktion der Parteiführung auf Druck von außen sowie von der „traditionalistischen" Basis.

Die Besinnung auf die Traditionen bedeutete für die Partei vor allem eine „Rückkehr zu den kommunistischen Wurzeln", vermeintlich zu Marx, real zur traditionellen Marx-Auslegung der Partei. Der so verstandene Marxismus ist für die KSČM ein sicherer Boden, da er in der Partei kaum umstritten ist. Auf ihn können sich die verschiedenen Parteiströmungen einigen. Zugleich dient er als Grundlage für die Zusammenarbeit mit linken Gruppierungen und Parteien in der Tschechischen Republik sowie im Ausland. Vor allem aber dient die Rückkehr zu Marx auch dazu, dass sich die Partei nicht direkt mit Lenin, Stalin oder dem langjährigen Generalsekretär der KSČ (1929–1953) Klement Gottwald beschäftigten muss. Über deren Bewertung würde sie bei weitem nicht so leicht einen Konsens finden. Da es in der Partei bis heute Stalin-Apologeten gibt, würde die KSČM zudem die Kritik der nichtkommunistischen und antikommunistischen Öffentlichkeit auf sich ziehen, wenn sie anfinge, sich mit diesem Erbe auseinanderzusetzen.

Stalinisten, Neokommunisten, Traditionalisten, Pragmatiker

Zum Einigeln der Partei gehörte auch eine Reform ihrer Organisationsstruktur. Bereits 1990 verabschiedete sie sich vom Prinzip der „demokratischen Zentralismus" und gab der – traditionalistischen – Basis größeren Einfluss auf die Ausrichtung der Partei.[6] Diese Demokratisierung ist auch eine „Rückkehr" – in diesem Falle allerdings in die 1920er Jahre, als die tschechischen Kommunisten noch eine demokratische Massenorganisation waren, bevor sie sich unter dem Druck der *Kommunistischen Internationalen* 1929 in eine straff geführte bolschewistische Kaderorganisation verwandelte.

Diese Demokratisierung hat jedoch ihre Grenzen. Als die Partei sich 1993 ein neues Statut gab, bestätigte sie zwar die größere Rolle der Basis, verbot jedoch zugleich die organisatorische Festigung innerparteilicher Strömungen. Als Nebeneffekt dieser beiden Reformen – der Stärkung der Basis und des Festhaltens an der ideologischen und organisatorischen Einheit der Partei – entstand eine Kluft in der Partei: Einerseits vertritt sie ideologisch eine konservative Linie. Politisch aber bemühte sich vor allem in den

---

[6] Josef Heller: Bída analýzy aneb Co překroutili analytici ČSSD, in: Alternativy, 14/2003, S. 26–37. – Ähnlich Anna M. Grzymala-Busse: Redeeming the Communist Past. The Regeneration of Communist Parties in East Central Europe. Cambridge 2002, S. 86.

1990er Jahren eine neokommunistische Strömung in der KSČM um eine Reform, die sie zu einer „modernen linken Partei" machen sollte.
Die Anhänger der konservativen Strömung, die oft als Stalinisten bezeichnet werden, vertreten bis heute das sowjetische Modell des Staatssozialismus und verweigern jede selbstkritische Reflexion der Geschichte.[7] Führende Vertreter dieser Strömung, deren Einfluss auf die Partei in den vergangenen Jahren sogar gewachsenen ist, sind Marta Semelová, Vorsitzende des Prager Stadtverbands der KSČM und Abgeordnete im tschechischen Parlament, sowie Stanislav Grospič, der ebenfalls für die KSČM im Abgeordnetenhaus sitzt. Als Organ zur Verbreitung ihres Weltbilds dient diese Strömung die parteinahe Tageszeitung *Haló Noviny* sowie die Wochenzeitung mit dem bezeichnenden Namen *Naše Pravda* (Unsere Wahrheit).
Führender Kopf der neokommunistischen „Modernisierer" war in den 1990er Jahren der damalige stellvertretende Parteivorsitzende Miroslav Ransdorf. Dieser wechselte jedoch 2004 ins Europäische Parlament. Seitdem sind jene Kräfte, die die KSČM in eine moderne linke Partei verwandeln wollen, geschwächt, obgleich mit dem stellvertretenden Parteivorsitzenden Jiří Dolejš immer noch ein reformorientierter Mann in der Parteiführung vertreten ist.
Die Schwäche der neokommunistischen Strömung rührt vor allem daher, dass die konservativen Kräfte an der Parteispitze die traditionalistische Parteibasis hinter sich haben. Diese sind nicht nur der marxistisch-leninistischen Ideologie treu geblieben, sondern auch den Grundhaltungen der Nachkriegszeit und des Kalten Kriegs wie der Angst vor Deutschland, dem Antiamerikanismus und der Treue zum „russischen Brudervolk". Der Parteibasis gehören zum einen schlecht ausgebildete und sozial benachteiligte Menschen an, zum anderen aber auch viele Menschen der Nachkriegsgeneration, die unter der Herrschaft der Kommunisten aufwuchsen, ausgebildet wurden und sozial aufstiegen. Nicht zuletzt wegen ihres hohen Alters sind sie nicht zu einer kritischen Auseinandersetzung mit der Vergangenheit in der Lage. Die Geschichte der Partei ist Teil ihrer Identität, in der Partei finden sie Menschen, die ihre Erinnerungen teilen und ihre Lebensleistung anerkennen.
Eine vierte innerparteiliche Strömung bilden die Pragmatiker, deren Bedeutung seit der Wahl von Vojtěch Filip zum Parteivorsitzenden im Jahr 2005 stetig gewachsen ist. Filip gehört nicht zum harten Kern der Stalinisten in der Partei, hat aber erkannt, dass die neokommunistische Erneuerung weitgehend gescheitert ist: Voraussetzung für eine starke Position an der Parteispitze ist, dass man die traditionalistische Basis hinter sich schart. Zu den Pragmatikern gehört der Großteil jener Parteimitglieder, die in den lokalen, regionalen und gesamtstaatlichen Parteiorganen aktiv sind, als Abgeordnete in Stadt- oder Bezirksparlamenten oder im Abgeordnetenhaus sitzen oder auf einer dieser Ebenen in der Verwaltung arbeiten. Sie stimmen dem traditionalistischen Weltbild der Basis zu, sind jedoch gleichzeitig Teil des „normalen" tschechischen Politikbetriebs, in dem sie durchaus auch ihre privaten wirtschaftlichen Interessen verfolgen. Da sie in ideologischen Fragen immer nur dann hervortreten, wenn die traditionalistische Parteibasis ein klares Bekenntnis verlangt, werden sie von der konservativen Strömung scharf kritisiert.

---

[7] Stanislav Holubec: Die radikale Linke in Tschechien, in Birgit Daiber, Cornelia Hildebrand: Die Linke in Europa, Analysen der linken Parteien und Parteiallianzen. Berlin 2009, hier S. 124.

In mancherlei Hinsicht ähnelte die Lage der tschechischen Kommunisten Anfang der 1990er Jahre jener ihrer Genossen in Ostdeutschland. Auch die PDS konnte auf eine lange Tradition der Arbeiterbewegung zurückblicken, und auch sie igelte sich nach 1989 ein. Gleichwohl wählte die ostdeutsche Partei einen ganz anderen Weg als die KSČ: Sie änderte nicht nur ihren Namen in *Partei des Demokratischen Sozialismus* (PDS) und später in *Die Linke*, sondern öffnete sich auch für viele linke Strömungen sowie für Menschen mit Migrationshintergrund und sexuelle Minderheiten. Solche Vielfalt ließ die KSČM nicht zu. Sie beschränkte vielmehr den innerparteilichen Pluralismus und konzentrierte sich auf einen „treuen Kern".

Zu Besuch bei Freunden. Der Vorsitzende des Zentralkomitees der KSČM Vojtěch Filip beim Generalsekretär der KP Vietnams, Nguyen Phu Trong, Februar 2010

Die Parteibasis

Anders als die *Ungarische Sozialistische Arbeiterpartei* und die *Polnische Vereinigte Arbeiterpartei* war die *Tschechoslowakische Kommunistische Partei* zumindest in der tschechischen Gesellschaft – für die slowakische galt dies weniger – gut verankert. Die tschechoslowakische KP war bis 1989 gemessen an der Zahl ihrer Mitglieder im Verhältnis zur Gesamtbevölkerung eine der größten Kommunistischen Parteien der Welt. 1989 hatte sie 1,7 Millionen Mitglieder – mehr als zehn Prozent der Bevölkerung. Die KSČM hat zwar heute nur noch 50 000 Mitglieder, von denen die Hälfte im Rentenalter ist. Das Durchschnittsalter der Mitglieder ist 74, in Prag sogar 79 Jahre. Gleichwohl hat die Partei immer noch mehr Mitglieder als alle anderen tschechischen Parteien zusammen und gewinnt sogar jährlich 600 neue Mitglieder hinzu.[8]

Ein weiteres Charakteristikum der tschechoslowakischen KP, das die Parteibasis der KSČM prägt, war der hohe Anteil von Arbeitern an den Mitgliedern.[9] Im Unterschied zu Russland oder Ungarn – ähnlich allerdings wie in Polen – war der Akademikeranteil unter den Parteimitgliedern sehr niedrig.[10] Auch dieses Erbe hat die KSČM natürlich übernommen: 2007 hatten 56 Prozent der Mitglieder nur einen Volksschulabschluss, nur 10,4 Prozent waren Hochschulabsolventen.[11] Dies trägt erheblich zu einer antiintellektualistischen Haltung der Partei bei.

Aufgrund ihrer breiten Verankerung im Volk sah sich die KSČ nach dem Ende der stalinistischen Ära ab der zweiten Hälfte der 1950er Jahre nicht genötigt, Kompromisse mit der nichtkommunistischen Mehrheitsgesellschaft einzugehen. Vielmehr führte gerade die Tatsache, dass sie über eine authentische demokratische Geschichte verfügte und nicht nur durch das Vorrücken der Roten Armee nach Ostmitteleuropa am Ende des Zweiten Weltkriegs an die Macht gelangt war, dazu, dass die KSČ eine intolerante und orthodoxe Linie vertrat.[12] Ganz konnte die Partei in der zweiten Hälfte der 1980er Jahre die vom Generalsekretär der KPdSU angestoßenen Veränderungen nicht ignorieren, ein Reformflügel der Partei entwickelte sich jedoch bis 1989 nicht. Die Einheit und Reinheit der disziplinierten Parteibasis galten weiterhin als Wert an sich.

Vergangenheit, Gegenwart, Zukunft

Die KSČM hat unter dem Druck der Öffentlichkeit zwar nach außen die Menschenrechtsverletzungen des kommunistischen Regimes der Jahre 1948–1989 verurteilt und sich entschuldigt.[13] Nach innen ist die Partei jedoch fest im Weltbild der 1970er und

---

[8] Darstellung von Milan Krajča, Mitglied des Zentralkomitees, während eines Seminars am 7. Mai 2013, Prag.
[9] Der Anteil der Arbeiter war höher als in allen anderen sozialistischen Staaten. Gary N. Marks: Communist party membership in five former Soviet bloc countries, 1945–1989, in: Communist and Post-Communist Studies, 37/2004, S. 241–263, hier S. 251ff.
[10] Im Durchschnitt der Jahre 1949–1989 betrug er 19 Prozent, in der Polnischen Vereinigten Arbeiterpartei ebenfalls 19%, in der ungarischen MSZMP hingegen 28% und in der sowjetischen KPdSU 46%, ebd., S. 251.
[11] Martin Polášek et al.: Mezi masovou a kartelovou stranou. Možnosti teorie při výkladu vývoje ČSSD a KSČM v letech 2000–2010. Praha 2012, S. 120.
[12] Zur Geschichte der KSČ siehe den Beitrag von Jiří Pernes in diesem Band, S. 191–206.
[13] Prohlášení k občanům ČSSR (mimořádný sjezd KSČ, 20.12.1989), <www.kscm.cz/article.asp?thema=2730&item=24181&category=, 5.3.2007>.

1980er Jahre verankert und hält daran fest, dass die alte Ordnung die richtige war. Seit dem Ausscheiden von Jiří Svoboda 1993, der sich für eine Entschädigung der Opfer des früheren Regimes eingesetzt hatte, hat die Partei keine vergleichbaren Initiativen mehr ergriffen oder auch nur unterstützt. Stattdessen stand sie ehemaligen Funktionären und Mitgliedern, gegen die Verfahren eröffnet wurden, finanziell und moralisch zur Seite.[14]

Dieser Umgang mit der Vergangenheit bildet eine tiefe Kluft, die die KSČM von allen anderen größeren tschechischen Parteien trennt. Zudem hat sich die KSČM bislang kaum modernen linken Themen zugewandt. Dies gilt insbesondere für die Politikfelder Energie und Ökologie. Wie die konservative Rechte betrachtet die Energieversorgung unter dem Blickwinkel einer vermeintlichen nationalen Sicherheit. Sie gibt zwar vor, sich um Umweltthemen bemühen zu wollen, kritisiert jedoch die bestehende tschechische Ökologiebewegung und stimmt auch gern – wie im Fall der parlamentarischen Abstimmung über die Abschaffung von Emissionsgebühren, die die Chemieindustrie zu leisten hatte – mit den Konservativen.[15]

Auch sonst verband und verbindet die KSČM viel mit ihrem scheinbar schärfsten Gegner, der konservativen *Demokratischen Bürgerpartei* und insbesondere mit deren langjährigem Vorsitzenden Václav Klaus. Diesem stand die KSČM immer weitaus näher als dem verstorbenen Präsidenten und ehemaligen Bürgerrechtler Václav Havel, gegen den die Partei einen ritualisierten Hass entwickelt hatte.

Die Zukunft der Partei hängt hingegen in hohem Maße von den tschechischen Sozialdemokraten ab. Diese hatten eine Zusammenarbeit mit der KSČM auf gesamtstaatlicher Ebene zwei Jahrzehnte lang verweigert. Auf Bezirksebene ist sie jedoch mittlerweile in vielen Koalitionen mit ihr verbunden. Diese Kooperation könnte bei den Parlamentswahlen 2014 zum Vorbild für eine rot-rote Regierung werden. Dies würde den Widerspruch zwischen der Strategie des Rückzugs in ein soziokulturelles Ghetto und dem pragmatischen Umgang mit den politischen Gegebenheiten der heutigen Tschechischen Republik, zwischen der Grundsatzkritik am System und der Beteiligung an ihm weiter verschärfen.

Aus dem Tschechischen von Olga Radetzkaja, Berlin

---

[14] Ein typisches Beispiel war der Fall von Alois Grebeníček, des Vaters des damaligen Parteivorsitzenden Miroslav Grebeníček. Die Staatsanwaltschaft in Uherské Hradiště klagte ihn 1997 wegen der Beteiligung an Folterungen an, die Eröffnung eines Verfahrens wurde jedoch immer wieder verzögert, bis der ehemalige Mitarbeiter des tschechoslowakischen Staatssicherheit 2003 verstarb. Die KSČM hatte sich ohne Einschränkung hinter ihn gestellt und damit in den Augen der Öffentlichkeit auch die Verbrechen der 1950er Jahre gerechtfertigt.

[15] Die KSČM stimmte als einzige Fraktion geschlossen für die Abschaffung. Seznam: poslanci, kteří řekli ano bezplatnému vypouštění jedů, Lidové noviny, 12.2.2012.

Kristina Andělová, Ondřej Slačálek

Tschechiens „neue Linke"
Strömungen, Menschen, Ideen

Der Umbruch des Jahres 1989 ermöglichte die Entstehung einer neuen Linken in Ostmitteleuropa. Obwohl sich diese von der kommunistischen Diktatur scharf abgrenzte und demokratische linke Traditionen aufspürte, fand sie wenig Anklang. Einige Gruppierungen lösten sich auf, andere wie die Anarchisten verharrten am Rande der Gesellschaft. Neue Impulse lieferte die Globalisierungskritik. Den größten Erfolg hatte die tschechische Umweltbewegung. Dafür musste sie jedoch ihre grundsätzliche Gesellschaftskritik aufgeben und an die Stelle der Suche nach einer besseren Ordnung die ökologische Optimierung der bestehenden Gesellschaft setzen.

Nach dem Umbruch von 1989 war die Linke in Ostmitteleuropa in der Defensive. Ihre Schlüsselbegriffe waren diskreditiert, sie musste viel intellektuelle Arbeit darauf verwenden, ihre Sprache zu erneuern. Begriffe wie „Sozialismus", „Gleichheit" oder „Arbeiterinteressen" waren nicht zu retten und wurden zu kommunistischem Gerümpel auf dem Müllhaufen der Geschichte. Zugleich war die Linke jedoch endlich frei: Der Fall der Diktatur machte es möglich, neue linke Identitäten zu entwickeln.

Bezeichnet man die Bewegung, die in den 1990er Jahren entstand, als „neue Linke", so unterliegt man einem produktiven Irrtum. Auf der einen Seite fand die Abgrenzung von der „alten" Linken in einem ganz anderen Kontext statt als bei der westeuropäischen Neuen Linken. Die Debatten waren andere, und die Vorbilder unterschieden sich. Die für die westeuropäische Neue Linke typische Mischung aus Kritischer Theorie und linkem Radikalismus sowie deren Übergang von materialistischen Forderungen (Umverteilung) zu postmaterialistischen (andere Lebensstile) ist nicht charakteristisch für Ostmitteleuropa. Auf der anderen Seite war die westeuropäische Neue Linke durchaus ein Vorbild für ostmitteleuropäische Bewegungen. Die zentrale politische Losung des Jahres 1989 „Zurück nach Europa" galt auch für diesen Teil des politischen und kulturellen Spektrums. Untrennbar mit ihr verbunden war ein Gefühl der Trauer über die verlorenen Jahre, die man im kommunistischen „Stillstand" vergeudet hatte, während die „Entwicklung", die es nun einzuholen galt, im Westen stattgefunden hatte.[1]

Ondřej Slačálek (1982), wissenschaftlicher Assistent am Institut für Politikwissenschaft der Karls-Universität, Prag
Kristina Andělová, Studentin der Geschichtswissenschaft, Karls-Universität, Prag

[1] Boris Buden: Zone des Übergangs: Vom Ende des Postkommunismus. Berlin 2009. – Pavel Barša: Orientálcova vzpoura (a další texty z let 2003–2011). Praha 2011.

Drei Elemente sind daher auch charakteristisch für sämtliche neuen linken Gruppierungen. Wie das gesamte politische Spektrum jenseits der – in Tschechien im Vergleich zu den Nachbarländern sehr starken – Altkommunisten[2] grenzte sich die neue Linke eindeutig von der Orientierung nach Osten ab, suchte nach demokratischen linken Traditionen, die nicht durch das kommunistische Regime diskreditiert waren, und akzeptierte Marktwirtschaft und Privateigentum als Ersatz für die bürokratische Planwirtschaft.

Tschechiens neue Linke steht somit zwischen den Altkommunisten von der *Kommunistische Partei Böhmens und Mährens* (Komunistická strana Čech a Moravy, KSČM) auf der einen Seite, die nach der Niederlage des Reformflügels der Partei in den frühen 1990er Jahren weiterhin an der Orientierung nach Osten festhalten, das Vorwende-Regime trotz „einiger Fehler" verteidigen und die Marktwirtschaft grundsätzlich ablehnen, und den Sozialdemokraten auf der anderen Seite, die die neue Ordnung in allen drei Dimensionen grundsätzlich bejahen.

Jene tschechischen Gruppierungen, die man als neue Linke bezeichnen kann, haben in allen drei Fragen eine „Ja, aber"-Haltung:

- Sie hat sich von der Orientierung nach Osten losgesagt, identifiziert sich aber mit jenen Gruppierungen im Westen, die die eigene Gesellschaft einer grundlegenden Kritik unterziehen. Damit steht die neue Linke gleichzeitig in der Tradition der Dissidenten-Bewegung;
- sie kritisiert den Stalinismus der 1950er Jahre sowie das Normalisierungsregime der 1970er und 1980er Jahre scharf, erkennt aber die grundsätzlichen Motive an und betont vor allem, dass der Prager Frühling mit seinem „Sozialismus mit menschlichem Antlitz" eine Alternative dargestellt habe;
- schließlich sucht sie nach einer Alternative nicht nur zum bürokratischen Sozialismus der kommunistischen Diktatur, sondern auch zum Kapitalismus.

Von Altkommunisten und Sozialdemokraten, die vor allem in der mittleren und älteren Generation verankert sind und die für einen kulturellen Konservatismus stehen, unterscheidet das Milieu der neuen Linken darüber hinaus, dass es am anderen Ende der Achse liberal-konservativ steht und ihm vor allem junge Menschen angehören – wenngleich diese nur eine Minderheit ihrer Generation bilden.

Neue linke Bewegungen

Die Gruppierung *Levá alternativa* (Die linke Alternative) wurde nach mehreren Monaten der Vorbereitung Ende November 1989 gegründet. Ihre führenden Köpfe waren die marxistischen Dissidenten Petr Uhl und Egon Bondy. Auch einige Trotzkisten und Anarchisten gehörten ihr an. Sie wendete sich gegen die „bürokratische Diktatur" der KSČ, aber auch gegen eine Erneuerung des Kapitalismus. Statt dessen forderte sie einen freien Sozialismus der Selbstverwaltung. Die *Levá alternativa* formuliert zwar ein sozialistisches Programm, akzeptiert jedoch auch Marktwirtschaft und repräsentative Demokratie, die nicht zwangsläufig mit einer „Vorherrschaft der politischen

---

[2] Siehe dazu den Beitrag von Vladimír Handl in diesem Band, S. 333–340.

Parteien" und „ausbeuterischen Verhältnissen" einher gehen müssten. Durch die Vermeidung dieser beiden Übel könnten Marktwirtschaft und repräsentative Demokratie für eine nicht umgehbare Übergangsphase zum Instrument für die weitere Entwicklung von direkter Demokratie und selbstverwaltetem Sozialismus werden.
Der Gruppierung gelang es nicht, Anhänger jenseits eines engen Kreises von Intellektuellen zu gewinnen. Aus dem *Občanské fórum* (Bürgerforum), dem die *Levá alternativa* angehörte, wurde sie ausgeschlossen, nachdem im Verlaufe des Jahres 1990 dort rechte Kräfte die Oberhand gewonnen hatten und im Oktober Václav Klaus zum Präsidenten gewählt worden war. 1992 zerstritt sich die Gruppierung über die Frage, ob sie bei den Parlamentswahlen die nur wenig reformierte Nachfolgepartei der tschechoslowakischen KP unterstützen solle. Kurze Zeit später löste sie sich auf. Damit war ein Versuch gescheitert, eine libertäre, antistalinistische und gleichzeitig radikale linke Bewegung zu etablieren.

Anarchisten

Die Anarchisten kamen Ende der 1980er Jahre aus der Punkszene und der antimilitaristischen Bewegung. Die erste anarchistische Gruppierung, die *Československé anarchistické sdružení* (Tschechoslowakische anarchistische Vereinigung, ČAS), entstand im Oktober 1989. Sie sahen sich in der Tradition eines linken Radikalismus, der auch gegen den Leninismus opponierte, und beriefen sich etwa auf den Kronstädter Matrosenaufstand von 1921. Viele Anarchisten erklärten daher in den 1990er Jahren, sie seien weder rechts, noch links, sondern frei".
Die Anarchisten protestierten gegen Militärdienst und Militarismus, setzten sich für Tierschutz und vegetarische Ernährung ein und demonstrierten gegen die neue Elite – etwa gegen den Prager Opernball, der als Inbegriff der Verschmelzung von Politik, Wirtschaft und Glamour gesehen wurde. Ihr wichtigstes Thema aber war der Antifaschismus, den sie in erster Linie als Widerstand gegen rassistische Skinheads verstanden. Die Anarchisten suchten zum einen die offene Konfrontation auf der Straße, unterstützen aber auch Roma, die Opfer von rassistischer Angriffe geworden waren.
Im März 1991 gründete Jakub Polák – der Doyen der tschechischen Anarchisten, der sich bereits als Schüler an den Protesten gegen die Niederschlagung des Prager Frühlings im Jahr 1968 beteiligt hatte –, gemeinsam mit anderen Mitgliedern der ČAS die Zeitschrift *A-kontra*, in deren erster Nummer sich die anarchistische Bewegung zum Nachfolger des tschechoslowakischen Undergrounds der Jahre vor 1989 erklärte. Tatsächlich waren die Anarchisten wie der Underground stark im Milieu verschiedener Musik-Subkulturen verankert, insbesondere in der Punkszene.
Eine wichtige Quelle der Inspiration war in den frühen 1990er Jahren die deutsche, insbesondere die Berliner Autonomenszene. Wie diese besetzten auch die tschechischen Anarchisten leerstehende Häuser. Jakub Polák erklärte, die anarchistische Bewegung solle von der Idee abrücken, eine Alternative für die gesamte Gesellschaft zu formulieren und sich lediglich für das Recht auf alternative Lebensformen einsetzen. Allerdings bemühte sich im Laufe der 1990er Jahre ein Teil der Anarchisten unter dem Einfluss anarcho-syndikalistischer und anarcho-kommunistischer Strömungen, aus der Subkultur auszubrechen. Sie wählten eine radikalere Rhetorik und versuchten – allerdings ohne Erfolg – anarchistische Gewerkschaften zu gründen.

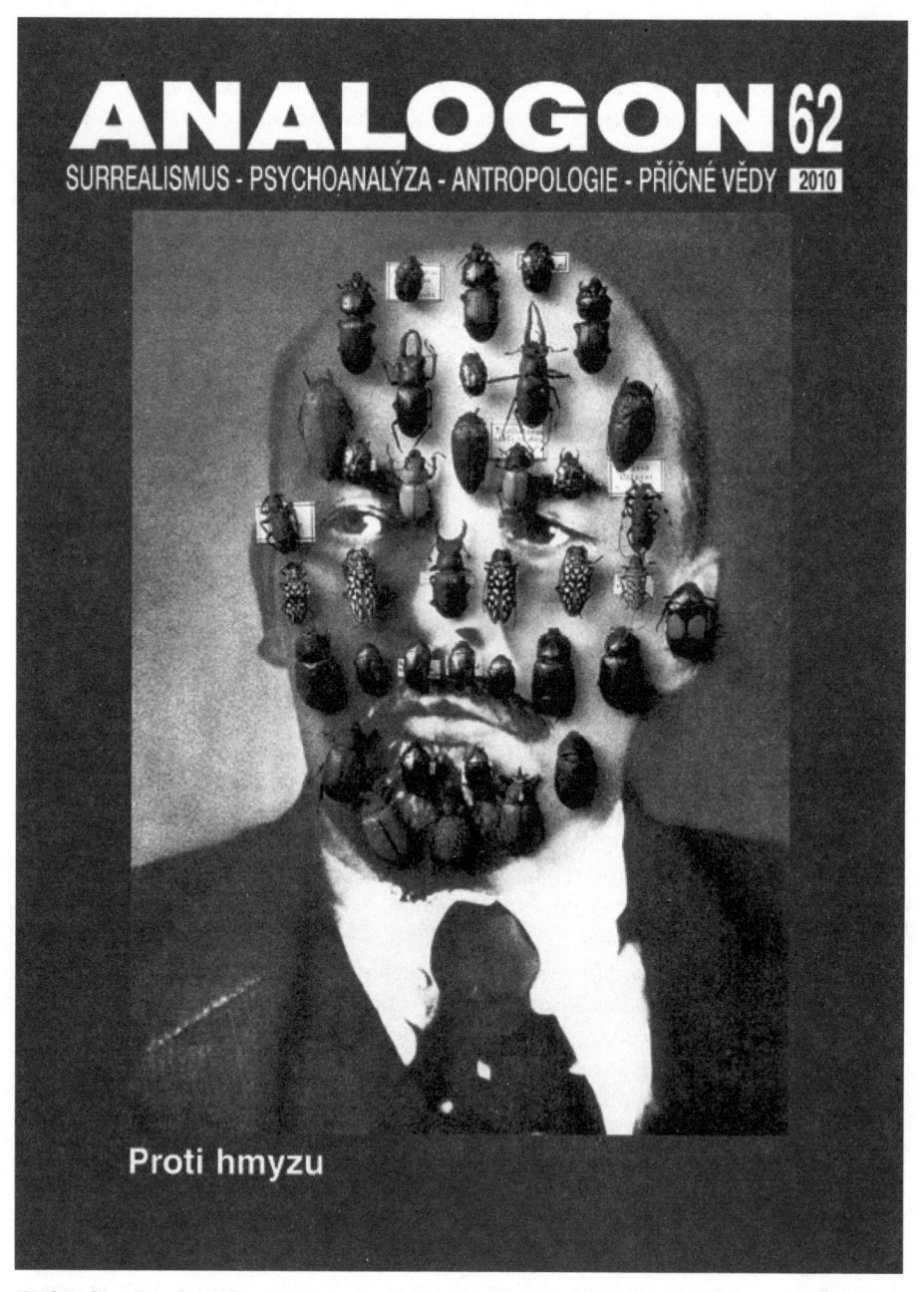

Wider das Geschmeiß

Trotzkisten

Neben der *Linken Alternative* bildeten sich weitere Gruppierungen mit marxistischer Orientierung, die gute Kontakte zu internationalen Vereinigungen wie *Militant Tendency* oder *International Socialists* hatten. Charakteristisch für diese Gruppierungen war die Verbindung einer für tschechische Verhältnisse ungewöhnlich radikalen linken Rhetorik mit einem starken Engagement für einzelne politische Themen – etwa Proteste gegen die Einführung von Schulgeld oder gegen Rassismus. Obwohl die bedeutendste dieser Gruppierungen, die *Socialistická solidarita* (Sozialistische Solidarität), in Anlehnung an die Schriften des führenden Theoretikers der *International Socialists*, Tony Cliff, die Gesellschaftsordnung der Tschechoslowakei in den Jahren 1948–1989 als „Staatskapitalismus" bezeichnete[3] und sich eindeutig davon distanzierte, konnte die *Sozialistische Solidarität* angesichts der antikommunistischen Stimmung nach 1989 schon wegen ihres Namens und der marxistischen Begriffe ihrer Gesellschaftsanalyse kaum Anhänger gewinnen. Sie stand daher in den 1990er Jahren im Schatten der Anarchisten.

Surrealisten

1990 erschien mit einer Verspätung von einundzwanzig Jahren die zweite Nummer der 1969 von Vratislav Effenberger (1923–1987) gegründeten surrealistischen Zeitschrift *Analogon*. Die Surrealisten der 1950er und 1960er Jahre bezogen sich in erster Linie auf Karel Teige (1900–1951), den Kunsttheoretiker und Künstler der tschechischen Avantgarde in der Zwischenkriegszeit. Allerdings war ihnen klar, dass eine neue Ästhetik gefunden werden musste, da es nach 1948 nicht mehr darum gehen konnte, poetisch eine neue Gesellschaft zu imaginieren. Einige Künstler führte diese Suche weg vom Surrealismus. Eine Gruppe um Effenberger ersetzte den „lyrischen" Surrealismus der Zwischenkriegszeit durch einen „sarkastischen" Surrealismus, wie ein Vertreter dieser Richtung, der Regisseur Jan Švankmajer es nannte. Mit diesem wollten sie die Absurdität des Alltags im Realsozialismus erfassen und mit Hilfe von Humor und Ironie Freiheitsräume ausloten und erweitern.[4]
Auch nach 1989 setzten die Surrealisten auf Gesellschaftskritik durch Kunst und gelegentliche Provokationen. Als Švankmajer 2011 den von Staatspräsident Václav Klaus verliehenen Staatspreis erhalten sollte, lehnte er diesen ab: Er habe nie eine staatliche Anerkennung angenommen, denn „der Staat ist organisierte Gewalt, eine Quelle von Repression und Manipulation".[5]

Die Umweltbewegung und die Frauenbewegung

Anders als in Westeuropa, wo die Umweltbewegung und die Frauenbewegung in den 1970er und 1980er Jahren ein linkes Selbstverständnis hatten, verstanden sich tschechische Umweltschützer und Feministinnen nach 1989 nicht als links. Vielmehr wur-

---

[3] Tony Cliff: State Capitalism in Russia. London 1974.
[4] Jan Švankmajer: Síla imaginace. Režisér o své filmové tvorbě. Praha 2001.
[5] Pošli to dál. Některé ceny smrdí, in: Nový prostor 397, <http://novyprostor.cz/clanky/397/ nektere-ceny-smrdi.html>.

den sie von ihren Gegnern als „links" bezeichnet, um sie zu diffamieren. Der langjährige Ministerpräsident (1992–1998), Vorsitzender des Abgeordnetenhauses (1998–2002) und Staatspräsident (2003–2013) Václav Klaus sprach von der Umweltbewegung als „weicher Variante des Kommunismus", die heute „die größte Gefahr für Freiheit und Demokratie" sei.[6] Mitte der 1990er Jahre setzte der Staat einige Öko-Gruppen zusammen mit einigen Gruppierungen der radikalen Rechten sowie den Anarchisten auf eine Liste extremistischer Vereinigungen.

Solche Anfeindungen sowie die als katastrophal wahrgenommene ökologische Lage – die wichtigste Zeitschrift der Umweltbewegung hieß von 1991–1997 *Poslední generace*: Die letzte Generation – führten dazu, dass ein Teil der Umweltbewegung zum Mittel des zivilen Ungehorsams griff. Organisationen wie *Děti země* (Kinder der Erde) und *Hnutí Duha* (Bewegung Regenbogen) organisierten etwa Blockadeaktionen im Zusammenhang mit dem Bau des Atomkraftwerks im südböhmischen Temelín. Viele Umweltschützer hielten die Begriffe „rechts" und „links" für obsolet, sahen sich in der Tradition der tschechischen Dissidentenbewegung und hatten in den 1990er Jahren mit Präsident Václav Havel auch einen hochrangigen Sympathisanten.

Ganz anders war die Ausgangslage der Frauenbewegung. Während Anfang der 1990er Jahre große Teile der tschechischen Gesellschaft die ökologische Lage für katastrophal hielten, galt der Feminismus als etwas Fremdes, ja Verrücktes. Feministische Gruppierungen griffen daher in der Regel Vorbilder aus dem Ausland auf. Eine breite Frauenbewegung konnte unter diesen Umständen nicht entstehen.[7]

***

Der Erfolg neuer linken Bewegungen im Tschechien der 1990er Jahren war bescheiden: Die *Levá Alternativa* löste sich bald nach ihrer Gründung auf, die Anarchisten verharrten in ihrer selbstgewählten Randlage und oszillierten zwischen der Forderung nach einer revolutionären Politik und einem Verständnis von Anarchismus als Lebensstil einer jugendlichen Subkultur. Die Trotzkisten blieben in den 1990er Jahren eine unbedeutende Splittergruppe, und die Surrealisten waren schon immer eher eine ästhetische Strömung als eine politische Gruppierung.

Den größten Erfolg hatte die Umweltbewegung – die sich jedoch gleichzeitig auch am meisten veränderte. Die Bewegung professionalisierte sich, an die Stelle von Protestaktionen trat die Arbeit von Nichtregierungsorganisationen, ökologisch motivierte Grundsatzkritik an der modernen Gesellschaft wurde durch Aufklärung und Lobbyarbeit für zentrale umweltpolitische Themen abgelöst.[8] Symbolisch ist die Umbenen-

---

[6] Klaus: Environmentalismus je nový komunismus, Ihned.cz, 21.3.2007, <http://zpravy.ihned.cz/ svet/c1-20712180-klaus-environmentalismus-je-novy-komunismus>. Ähnlich auch in seinem Buch: Modrá, nikoli zelená planeta. Praha 2007. Deutsch unter dem Titel: Blauer Planet in grünen Fesseln. Wien 2007.

[7] Mirek Vodrážka: Aktivismus bez hnutí nebo protohnutí? In: Hana Hašková, Alena Křížková a Marcela Linková (Hg.): Mnohohlasem. Vyjednávání ženských prostorů po roce 1989. Praha 2006, S. 61–80. – Zur tschechischen Frauenbewegung siehe Jiřina Šiklová: Freiheit ist nicht maskulin. Die tschechische Frauenbewegung vor und nach 1989, in: Freiheit im Blick [= OSTEUROPA, 2–3/2009], S. 167–172.

[8] Ondřej Císař: Politický aktivismus v České republice – sociální hnutí a občanská společnost v období transformace a evropeizace. Brno 2008. – Gleiches gilt auch für die feministischen

nung der Zeitschrift *Poslední generace* in *Sedmá generace* (Die siebte Generation): An die Stelle des apokalyptischen Weltbilds trat die Orientierung am Nachhaltigkeitsprinzip.[9] Der Preis ist allerdings, dass technokratische Optimierung an die Stelle einer Perspektive für eine andere Gesellschaft getreten ist.

Eigenständige Traditionen und Denker der nichtkommunistischen Linken

In den 1990er Jahren begab sich die nichtkommunistische Linke auf die Suche nach einer eigenen Geschichte oder einer Tradition des Widerstands gegen die kommunistische Parteidiktatur. Exemplarisch für diese Suche stehen die Bücher des Historikers Václav Tomek *Český anarchismus* (Der tschechische Anarchismus) aus dem Jahr 1996 und des Journalisten Pavel Pečinka *Pod rudou vlajkou proti KSČ* (Unter rotem Banner gegen die KSČ) aus dem Jahr 1999.
Ansatzpunkt für eine eigenständige linke Tradition jenseits der parteioffiziellen der späteren Staatspartei sind die tschechischen Anarchisten des späten 19. Jahrhunderts. Sie unterzogen das Programm der tschechischen Sozialdemokraten einer Kritik von links und versuchten, individuelle Freiheit und Sozialismus zu verknüpfen. Die Bewegung hatte zwei Zentren, die auch für die beiden Pfeiler ihrer sozialen Basis stehen: auf der einen Seite die Prager Künstler-Bohème, auf der anderen Seite revoltierende Bergleute in Nordböhmen. Die Dichter kämpften für das Recht des Einzelnen auf Freiheit von Zwangsinstitutionen wie Armee oder Kirche, die Bergleute gründeten radikale Gewerkschaften.
Distanzierten sich die Anarchisten zunächst ironisch von nationalen Traditionen und dem Hauptstrom der tschechischen Politik, so begannen sie während des Ersten Weltkriegs ebenfalls, einen tschechischen Staat zu fordern. Einer der führenden Vertreter der Anarchisten, Bohuslav Vrbenský, hatte in den ersten Jahren der Tschechoslowakei sogar mehrere Ministerposten inne. Die Enttäuschung über die Entwicklung der Ersten Republik und die Auseinandersetzung mit den Gründen der politischen Isolation, in der sich die Anarchisten vor dem Ersten Weltkrieg befunden hatten, brachten diese in den 1920er Jahren dazu, sich der Kommunistischen Partei anzuschließen, die den politischen und kulturellen Raum links der Sozialdemokratie beherrschte.
Linker Widerstand gegen die Kommunistische Partei formierte sich, als sich diese in den späten 1920er Jahren zunehmend stalinisierte. All jene, die sich dem widersetzten, wurden als Trotzkisten bezeichnet. Schlüsselfigur des Widerstands war der Philosoph und Journalist Záviš Kalandra (1902–1950), der 1936 aus der Partei ausgeschlossen wurde und aus einer linken Perspektive Kritik an den Moskauer Schauprozessen und der Politik der Sowjetunion im Spanischen Bürgerkrieg übte. Während des Zweiten Weltkrieges war Kalandra in den Konzentrationslagern Ravensbrück und Sachsenhausen interniert, nach der kommunistischen Machtübernahme von 1948 wurde er

---

Gruppierungen, denen es heute gelingt, ihre Themen auf die politische Agenda zu bringen, ohne dass sie Rückhalt in einer breiten Frauenbewegung hätten; ebd.

[9] Der Name der Zeitschrift spielt auf eine indianische Lebensregel an, nach der die heutige Generation so zu wirtschaften habe, dass sie die Lebensgrundlage der nächsten sieben Generationen nicht gefährdet.

verhaftet und gemeinsam mit der Frauenrechtlerin Milada Horáková und sieben anderen Personen wegen Hochverrats in einem Schauprozess zum Tode verurteilt.

Schließlich kann sich die nichtkommunistische Linke in der Tschechischen Republik auf die linke Bewegung berufen, die Ende der 1960er Jahre in der tschechischen Studentenbewegung entstanden war. Einige der führenden Köpfe dieser Zeit gehörten zu den Dissidenten der 1970er und 1980er Jahre und traten auch nach dem Zusammenbruch des kommunistischen Systems als öffentliche Intellektuelle auf.

Petr Uhl: Vom Trotzkismus zur Verteidigung der Menschenrechte

Zu nennen ist in erster Linie Petr Uhl (*1941); er versammelte in den späten 1960er Jahren einen Kreis von Studenten um sich, der sich mit den Schriften von Milovan Djilas, Jacek Kuroń, Karol Modzelewski und Nelson Mandela auseinandersetze. Sie entwickelten antiautoritäre Vorstellungen und forderten eine politische Revolution gegen die herrschende Bürokratenkaste. Nach dem Einmarsch der Truppen des Warschauer Pakts in Prag gründete Petr Uhl mit Jaroslav Suk die *Hnutí revoluční mládeže* (Bewegung der revolutionären Jugend). Ende 1969 wurden beide verhaftet und in einem politischen Prozess zu vier Jahren Gefängnis verurteilt. Nach ihrer Entlassung formulierten Uhl und Suk ein umfangreiches *Program společenské samosprávy (*Programm der gesellschaftlichen Selbstverwaltung*)*, das auch jenseits der Tschechoslowakei Widerhall fand.[10]

1977 gehörte Uhl zu den ersten Unterzeichnern der Charta 77, 1978 gründete er gemeinsam mit Václav Havel und anderen das *Komitee zur Verteidigung unrechtmäßig Verfolgter* (Výbor na obranu nespravedlivě stíhaných, VONS), 1979 wurde er erneut zu fünf Jahren Haft verurteilt. Uhl hielt Kontakt zur IV. Internationalen, die seine Aktivitäten unterstützte. In den Jahren 1988–1989 kritisierte er sowohl das Programm von *Obroda* (Wiedergeburt), einer Gruppierung von aus der KSČ ausgeschlossenen Reformkommunisten, als auch die gesellschaftspolitischen Vorstellungen, die eine Gruppe um Václav Havel in dem Manifest „Demokratie für Alle" formuliert hatte. Uhl kritisierte aus marxistischer Perspektive die undemokratischen „Technokraten". Darunter verstand er all jene, die eine „Gesellschaft der Leistung, der Verantwortung und der Disziplin" fordern und sich für die Ausweitung der Macht der Manager und Experten sowie eine repräsentative Demokratie einsetzen würden.[11] Ihnen stellte er die Anhänger einer gesellschaftlichen Selbstverwaltung gegenüber, die antiautoritär seien, den Kapitalismus und die „bourgeoise Demokratie" kritisierten und Einsicht in die „Probleme der sogenannten Dritten Welt" hätten. Den westlichen Kapitalismus lehnte er wegen seiner Rolle in der „Dritten Welt" und unter Verweis auf das Konzept der Menschenrechte ab, das zuvor die Opposition zusammengehalten hatte:

> Gründe für den Widerstand gegen Unternehmen, die auf Ausbeutung fremder Arbeit fußen ... können nicht nur aus der sozialistischen Idee abgeleitet werden, sondern auch aus dem heute universellen Konzept der Menschenrechte.[12]

---

[10] Test und Publikationsgeschichte des Programms finden sich unter: <www.sok.bz/index.php? option=com_content&task=view&id=589>.
[11] Petr Uhl: Demokracie pro některé. Kritika manifestu Hnutí za Občanskou svobodu, in: Inprektor (Revue IV. Internacionály), 12/1988, S. 16.
[12] Ebd.

Bei den Wahlen im Jahr 1990 wurde Uhl für das *Občanské fórum* in die tschechoslowakische Föderalversammlung gewählt. Gleichzeitig war er von 1990–1992 Generaldirektor der staatlichen Nachrichtenagentur ČSTK. In dieser Zeit verließ er die *Levá Alternativa* und löste die Verbindung zur IV. Internationalen. Als Publizist setzt er sich seit dieser Zeit für die Einhaltung der Menschenrechte ein, insbesondere für die Rechte der Roma. Von 1998–2001 war er Beauftragter der – von den Sozialdemokraten geführten – Regierung für Menschenrechte. 2002 trat er den tschechischen Grünen bei, 2007 verließ er sie wieder.

Karel Kosík: Suche nach der alternativen Zivilisation

Der Philosoph Karel Kosík (1926–2003) wurde in den 1960er Jahren durch sein Buch *Dialektik des Konkreten. Eine Studie zur Problematik des Menschen und der Welt* bekannt, das in viele Sprachen übersetzt wurde. Nach der Niederschlagung des Prager Frühlings wurde er aus der Kommunistischen Partei ausgeschlossen und durfte in der Tschechoslowakei weder an öffentlichen Hochschulen lehren noch publizieren.

Im Unterschied zu den meisten anderen Reformkommunisten des Jahres 1968, die nach 1989 in der Regel sozialdemokratische Ansichten vertraten, deutete Kosík das Vermächtnis des Prager Frühlings als Verpflichtung zu einer radikalen Zivilisationskritik. Im Jahr 1968 habe sich eine historische Alternative zu Kapitalismus auf der einen und Stalinismus auf der anderen Seite aufgetan. Da Kapitalismus und Sozialismus dem gleichen Paradigma der Moderne entsprungen seien, sei der Bankrott des einen nicht als Sieg des anderen zu verstehen. Der Niedergang des Sozialismus dürfe nicht davon ablenken, dass der Kapitalismus auch nur eine von vielen Ideologien sei. Die größte Herausforderung der Zeit sei es daher, den Kapitalismus nicht als natürliche Gegebenheit zu akzeptieren, sondern eine Alternative zu ihm zu formulieren.

Dies gelte umso mehr, als der Kapitalismus sich gewandelt habe. Das Kapital durchdringe heute alle Bereiche des menschlichen Lebens. Ökologisch motivierte Gesellschaftskritik teilte Kosík zwar. Die Suche nach einer echten Alternative müsse jedoch weit über die Fragen der Ökologie hinausgehen.

Egon Bondy: Beatnik, Maoist, Globalisierungskritiker

Der Dichter und Philosoph Zbyněk Fišer alias Egon Bondy (1930–2007) war eine einsame und non-konforme Stimme der tschechischen Linken. In seinen jungen marxistischen Jahren lernte er führende Köpfe der tschechischen linken Avantgarde wie Karel Teige und Záviš Kalandra kennen. Deren Surrealismus befand Bondy jedoch später für ungenügend, um sich mit dem Stalinismus auseinanderzusetzen. Er entwickelte daher einen von Sarkasmus und Absurdität geprägten eigenen Stil, den „totalen Realismus". Seine Gedichte, die in den 1970er Jahren von der Underground-Band *The Plastic People of the Universe* vertont wurden, fanden vor 1989 keinen offiziellen Verlag.

Den Marxismus wollte Bondy mit Elementen des utopischen Sozialismus und des Anarchismus bereichern, zu einer revolutionären Politik gehörte für ihn auch die Verbreitung spiritueller Werte, die er in erster Linie aus dem Buddhismus und dem Taoismus entlehnte. Für eine kurze Zeit faszinierte ihn Maos Kulturrevolution, grundsätzlich war er jedoch eher Skeptiker als Ideologe.

Seine Zusammenarbeit mit Petr Uhl in der *Levá Alternativa* im Jahre 1989 währte nicht lange, da bekannt wurde, dass Bondy Informant der kommunistischen Staatssicherheit gewesen war. Die Folgen des Umbruchs von 1989 sah Bondy durchweg skeptisch, so dass er sich der *Kommunistischen Partei Böhmens und Mährens* zuwandte, von der er glaubte, sie allein könne der Rechten die Stirn bieten. Nach der Auflösung der Tschechoslowakei verließ er die Tschechische Republik, um nach Bratislava zu ziehen. In seinem 1997 veröffentlichten antiutopischen Science-Fiction-Roman *Cyberkomiks* über die Folgen der Globalisierung beherrscht ein transnationales Unternehmen die Welt und bringt alle um, die nicht der Elite angehören oder ihr als Sklaven dienen.

Václav Bělohradský: Vom Markt zur Almende

Der Philosoph und Soziologe Václav Bělohradský (*1944) kehrte 1989 nach fast 20jährigem Exil nach Prag zurück. Aus Italien brachte er neue Ideen und eine neue Sprache mit. Als Anhänger der Postmoderne und liberaler Denker betrachtete er den Markt als ein Instrument zur Verwirklichung individueller Freiheit, das verhindere, dass Elitengruppen sich an der Macht festsetzten. Dies brachte ihn zeitweise in die Nähe der neoliberalen Rechten. An deren Politik schätzte er den politischen Realismus, den er als Gegengewicht zu einen sich ausbreitenden „Moralkitsch" sah. Gleichzeitig erklärte er: „Die Marktwirtschaft ist ein Ideal der Linken, denn sie setzt einen Dialog zwischen Verbraucher und Hersteller voraus. Das Ideal eines Fürsorgestaates, in dem keiner mehr handeln und alle nur noch funktionieren müssen, kommt hingegen aus der rechten Ecke."[13] Die postkommunistische Linke müsse ihre Suche nach einer „authentischen" Gesellschaft aufgeben und sich für eine Pluralität der Lebensformen öffnen.
Der Beitritt der Tschechischen Republik zur NATO 1999 ließ Bělohradský nach links rücken. In ihm spiegelte sich für Bělohradský ein Narzissmus der Gewinner des Kalten Krieges. Auch äußerte er sich immer kritischer zur Globalisierung: Der Kapitalismus warte noch auf seine Perestrojka. Besonders betont Bělohradský heute die Funktion öffentlicher Güter:

> Seit dem Augenblick, als wir zum ersten Mal die Erde von einem Satelliten aus gesehen haben, diesen winzigen Planeten, wo das Leben lediglich in dünner zarter Schicht auf seiner Oberfläche stattfindet, ist der Begriff Privateigentum obsolet geworden. Was kann es auf einem solchen Planeten für Privateigentum geben?[14]

Jan Keller: Vom Umweltschützer zum Verfechter des Sozialstaats

Sprachrohr der ökologischen Bewegung war Anfang der 1990er Jahre der Soziologe Jan Keller (*1955). In seinen Büchern und zahlreichen Beiträgen in der Zeitschrift *Poslední generace* (Die letzte Generation) legte er dar, dass die tschechische Gesellschaft in ihrer

---

[13] Václav Bělohradský: Levice za vymírání světlušek, in: Mladá Fronta Dnes, 3(24)/1992, S. 7.
[14] Václav Bělohradský: Společnost nevolnosti. Eseje z pozdější doby. Praha 2007, S. 175. – Siehe auch: Neun Rhizophären – Manifest für eine neue Linke nach dem Fall der Berliner Mauer, in: Lettre International 86, Herbst 2009, S. 245–249.

bestehenden Form strukturell außerstande sei, das wichtigste Problem der Gegenwart – die ökologische Frage – zu lösen. Angesichts der massiven ökologischen Probleme, die von den schwerfälligen, oft funktionslosen gesellschaftlichen Institutionen nicht gelöst werden könnten, seien „alle Parteien konservativ".[15] Keller vertrat seine Thesen mit einer Mischung aus Witz, soziologisch fundierter Kritik und einem durch die Kritische Theorie der Frankfurter Schule inspirierten Humanismus. Sein Lösungsvorschlag hieß: dezentralisierte Gesellschaft und neue Demokratieformen.

1999 brach Keller mit der wichtigsten tschechischen Umweltorganisation, der *Hnutí Duha* (Bewegung Regenborgen), nachdem deren Gründer und Leiter Jakub Patočka die Luftangriffe der NATO auf das ehemalige Jugoslawien – wie auch der damalige tschechische Präsident Václav Havel – mit der Begründung unterstützt hatte, es handele sich um eine humanitäre Intervention.

In den letzten Jahren spielte Keller eine wichtige Rolle für die Abkehr der tschechischen Linken von postmateriellen Themen und ihre Rückkehr zu klassischen materiellen Fragen. In seinen Büchern *Drei soziale Welten: die Sozialstruktur der postindustriellen Gesellschaft* und *Neue soziale Risiken. Warum wir ihnen nicht entkommen* sowie zahlreichen publizistischen Veröffentlichungen fordert er, dass ein starker Sozialstaat gegen die immer größer werdende Kluft zwischen Arm und Reich einschreitet und die systemische Korruption in Tschechien beendet.[16]

Impulse für die Bewegung

Ende der 1990er Jahren konnten sich die neuen linken Bewegungen im postkommunistischen Europa aus der Defensive befreien, in die sie nach dem Zusammenbruch des Kommunismus gedrängt worden waren. Ein entscheidender Impuls kam von der Bewegung für eine andere Globalisierung.

Als Initialzündung wirkten gewaltsame Ausschreitungen in Prag nach der Global Street Party im Mai 1998. Einige 1000 Anarchisten und radikale Ökologen lieferten sich bei einem Marsch durch die tschechische Hauptstadt Schlachten mit der Polizei und zerstörten McDonalds-Filialen. Der Schock angesichts der Gewalt führte dazu, dass gerade Umweltgruppen begannen, intensiv über deren Ursachen nachzudenken.

Mit der Globalisierungskritik fanden die linken Gruppierungen neue Themen, eine neue Sprache und ein neues Selbstbewusstsein. Das Nachdenken über die Wege zu einer anderen Globalisierung vereinte so verschiedene Gruppierungen wie die *Iniciativa na podporu Zapatovy armády národního osvobození* (Initiative zur Unterstützung der Zapatisten-Armee zur nationalen Befreiung), die Organisatoren der Prager Global Street Party und die *Iniciativa proti ekologické globalizaci* (Initiative gegen eine ökologische Globalisierung). Radikale Ökologen, Anarchisten, Autonome und Trotzkisten fanden sich so zusammen, um die Proteste gegen das Gipfeltreffen von Internationalem Währungsfonds und Weltbank in Prag im Jahr 2000 vorzubereiten. Die Protestaktion endete allerdings in einer Schlacht mit der Polizei und diskreditierte die Bewegung für eine andere Globalisierung, die es zudem nicht schaffte, internationale

---

[15] Jan Keller: Až na dno blahobytu: (ke společným kořenům ekologické krize). Brno 1993, S. 80.
[16] Jan Keller: Tři sociální světy: sociální struktura postindustriální společnosti. Praha 2010. – Nová sociální rizika a proč se jim nevyhneme. Praha 2011.

Solidarität mit einer Antwort auf konkrete Probleme in der Tschechischen Republik zu verbinden.

Während die internationale Bewegung *Prag 2000* nur ein Glied in einer Kette von weltweiten Aktionen war – ein Jahr zuvor hatten die Proteste gegen das WTO-Treffen in Seattle stattgefunden, ein Jahr nach Prag folgten die Demonstrationen während des G8-Gipfels in Genua –, zerfiel die Bewegung in Tschechien rasch wegen Zwistigkeiten zwischen Anarchisten und Trotzkisten. Die Anarchisten organisierten zwar – unter Ausschluss der Trotzkisten und Kommunisten – die Proteste gegen das NATO-Treffen in Prag im November 2002. Es stellte sich jedoch heraus, dass diese Aktion der Schwanengesang auf die Dominanz der Anarchisten im Spektrum der tschechischen nichtkommunistischen radikalen Linken war. In der Bewegung der Anarchisten gewann eine Strömung die Oberhand, die das tradierte revolutionäre Selbstverständnis bewahrte, es aber mit einem spezifischen Antikommunismus kombinierte: In dem die Anarchisten alle Gruppierungen, die sie als Teil einer „autoritären Linken" sahen, ausschlossen, isolierten sie sich selbst und verschwanden von der Bildfläche. Diese Selbstmarginalisierung wurde zudem dadurch gefördert, dass die Prager Anarchisten nahezu alle lokalen Zellen, sogenannte *squatts*, unterdrückte.

Flexibler zeigten sich die Trotzkisten und hatten daher auch mehr Erfolg. Gemeinsam mit anderen Gruppierungen spielten sie eine große Rolle bei den Protesten gegen den Irak-Krieg, in den Jahren 2006–2009 organisierten sie Demonstrationen gegen die Errichtung einer US-amerikanischen Radarstation in Tschechien, die Teil eines in Europa stationierten amerikanischen Raketenabwehrsystems werden sollte.[17] Die Kampagne *Ne základnám* (Nein zu Militärbasen) brachte eine weit über die Linke hinausgehende Koalition von Gruppierungen zusammen und stieß trotz der Kritik der Regierung und einer ablehnenden Haltung der meisten Medien auf Sympathie in weiten Kreisen der Bevölkerung. Dieser Erfolg wird jedoch dadurch erheblich geschmälert, dass er nur um einen hohen Preis errungen wurde: Die linken Gruppierungen, die hinter der Kampagne standen, hatten sich auf ein einziges Thema konzentriert, das sie zudem nationalistisch aufgeladen hatten, indem sie die Aktionen gegen die Radarstation als Kampf gegen amerikanische Besatzung präsentiert hatten.

Den dritten wichtigen Impuls für die linke Szene nach der Globalisierungskritik und den Proteste gegen die Radarstation lieferte die 2008 ausgebrochene Wirtschaftskrise und die Sparpolitik der Regierung. Im Jahr 2010 einigten sich Trotzkisten, Anarchisten und etliche andere Gruppierungen – darunter linke Christen, Sozialdemokraten und Ökologen – auf eine Petition mit dem Titel *Společnost se škrtnout nedá* (Die Gesellschaft lässt sich nicht streichen). Aus dieser Initiative ging die *Platforma pro kritiku reforem a na podporu alternativ* (Plattform für Kritik an den Reformen und zur Unterstützung von Alternativen, ProAlt) hervor, die allerdings über den Protest gegen Einschnitte in den Sozialstaat kaum hinauskommt und wenig Alternativen formuliert.[18] Wirkliche Alternative formuliert eher die kleine Gruppe *Alternativa zdola* (Alternative von unten), die eine Synthese aus linken und ökologischen Konzepten anstrebt.

---

[17] 2009 gab US-Präsident Barack Obama die Pläne auf; siehe dazu Nik Hynek, Vít Střítecký: Raketenabwehr, ade? Sicherheitspolitisches Denken in Polen und Tschechien, in: OSTEUROPA, 6/2010, S. 75–82.

[18] Zu ProAlt siehe: Miroslav Mareš: Straßenpolitik. Protestbewegungen in Ostmitteleuropa, in: OSTEUROPA, 4/2013, S. 73–86.

Antikommunismus, Ostalgie, neue Gesellschaftskritik

Nachdem der Antikommunismus der ersten Hälfte 1990er Jahre ein wenig abgeebbt war, erlebte er um das Jahr 2003 einen neuen Aufschwung. Rechte Parteien betrieben nicht nur eine Gleichsetzung von Nationalsozialismus und Kommunismus, sondern schoren auch die gesamte Linke über einen Kamm, obwohl etwa die tschechischen Sozialdemokraten die Bildung einer linken Regierungskoalition mit den Altkommunisten von der KSČM seit Anfang der 1990er Jahre ablehnen.[19] In der antikommunistischen Rhetorik wird zudem linkem Denken per se eine verbrecherische Tendenz unterstellt.

Diese Gleichsetzung von kommunistischer und nichtkommunistischer Linken führte dazu, dass sich die nichtkommunistische Linke bei der Ablehnung dieses Antikommunismus plötzlich tatsächlich in einem Lager mit den Altkommunisten befand. Manche Anhänger neuer linker Bewegungen entwickelten eine Ostalgie, in der sie plötzlich emanzipative Elemente des Staatssozialismus erkennen wollten. Exemplarisch sind die Schriften von Jan Stern (*1977), der Psychoanalyse und Marxismus mit einem Lob der realsozialistischen Popkultur und dem Techno-Optimismus des untergegangenen Regimes verbindet. Sein Buch *Anální vesmíry* (Anale Universen) widmete er „dem Gedenken an den Genossen Gustáv Husák".[20] Mit dem langjährigen Generalsekretär der KP der Tschechoslowakei (1969–1987), dem Repräsentanten der sogenannten Normalisierung der 1970er Jahre, als alle Ansätze freiheitlichen Denkens unterdrückt wurden, beschäftigt sich Stern auch in seinem Buch *Mystika západu* (Mystik des Westens). Er bezeichnet Husák dort als „rationalen Verbrecher", dessen stabiles System ein erwägenswerter Gegenpol zu jenem Messianismus sei, der sowohl die stalinistischen Jahre als auch den Prager Frühling geprägt habe und auch dem Denken eigen sei, mit dem Václav Havel das neue „Regime" seit 1989 legitimiert habe.[21]

Mit solchen Gedanken blieb Stern jedoch weitgehend isoliert. Vielmehr Anklang bei der alternativen Linken finden Historiker, die die gängige Auffassung kritisieren, die Jahre von 1948–1989 seien eine durchwegs totalitäre Epoche gewesen, und damit auch den Bruch zwischen dem alten Regime und der neuen demokratischen Ordnung relativieren. Auf den größten Widerhall stieß das Buch *Konec experimentu* (Ende des Experiments) des Historikers Michal Pullmann, eines Anhängers der Kritischen Theorie der Frankfurter Schule.[22] Pullmann kritisiert darin die Vorstellung, das kommunistische Regime sei allein auf der Machtposition einer kleinen Gruppe gegründet gewesen, der eine zwar ablehnende, aber ohnmächtige Gesellschaft gegenübergestanden habe. Das Normalisierungsregime habe sich nicht in erster Linie wegen der Repressionen gehalten, sondern weil es in der Gesellschaft eine schweigende Unterstützung für das Regime gegeben habe. Entsprechend sei das Regime auch nicht wegen einer Handvoll heldenhafter Dissidenten gestürzt, sondern weil die Gesellschaft dem Regime in den 1980er Jahren die Unterstützung entzogen habe.

---

[19] Zur KSČM siehe den Beitrag von Vladimír Handl in diesem Band, S. 333–340.
[20] Jan Stern: Anální vesmíry: (úvod do psychoanalytické semiotiky). Praha 2008.
[21] Jan Stern: Mystika západu: (sociologické eseje). Praha 2009.
[22] Michal Pullmann: Konec experimentu: přestavba a pád komunismu v Československu. Praha 2011.

Pullmann geht weiter und erklärt, dass – wie in den 1970er Jahren – auch heute die Grenzen der „anständigen Gesellschaft" klar abgesteckt seien. Seien vor 1989 Dissidenten verfolgt worden, weil sie gegen die Regeln des „Anstands" verstoßen hätten, so würden nun Migranten ausgegrenzt; den Roma erginge es heute wie damals schlecht. Auf der Ebene der Ideologie erfülle zudem der Neoliberalismus heute eine ähnliche Funktion wie der Marxismus-Leninismus: Begriffe wie „Markt", „Demokratie" oder „individuelle Chance" spielen die gleiche Rolle wie „Sozialismus" oder „Plan" in der Normalisierungszeit. Inhaltlich seien sie entleert, ihre Verwendung aber signalisiere, dass man den gesellschaftlichen Konsens akzeptiert, und ermögliche es, im Rahmen der herrschenden Ordnung eigene Interessen zu formulieren.

Aus dem Tschechischen von Eva Profousová, Hamburg

Dragoş Petrescu

Peitsche und Zuckerbrot

Die Erinnerung an die Ceauşescu-Ära in Rumänien

In Rumänien beherrschte nach dem Sturz des Diktators Ceauşescu die Erinnerung an Gewalt, Unterdrückung und Not das Bild von der kommunistischen Ära. Eine Aufklärung der Verbrechen fand allerdings nicht statt, denn kommunistische Kader der zweiten Reihe waren an der Macht. Die Aufarbeitung der Vergangenheit ist bis heute kaum vorangekommen. Ins Zentrum des kollektiven Gedächtnisses an die kommunistische Ära sind jedoch die 1970er Jahre als eine goldene Zeit wirtschaftlicher Prosperität gerückt.

Mit dem rumänischen Kommunismus verbinden Außenstehende in erster Linie den operettenhaften Personenkult um Diktator Nicolae Ceauşescu, die Lebensmittelknappheit in den 1980er Jahren und den gewaltsamen Sturz des Regimes, bei dem es über 1100 Tote und mehr als 3300 Verletzte gab. Doch wie erinnern sich die Rumänen an die Ära Ceauşescu? Hat sich ihr Bild vom Kommunismus von 1989 bis heute gewandelt, und wenn ja, wie und warum?

Die erste Phase der Ära Ceauşescu dauerte von 1965 bis in die zweite Hälfte der 1970er Jahre. Sie war gekennzeichnet von einer Lockerung der ideologischen Zügel und wirtschaftlichem Aufschwung. Nachdem Ceauşescu 1965 an die Macht gekommen war, setzte er zunächst die Politik seines Vorgängers fort, die sich auf die industrielle Entwicklung des Landes bei gleichzeitiger Emanzipation von Moskau konzentrierte. Der steigende Lebensstandard führte dazu, dass das Regime bei breiten Bevölkerungsschichten an Ansehen gewann; das vorsichtige Abrücken von Moskau schmeichelte dem Nationalstolz. Zugleich wuchsen die Erwartungen der Menschen.

In der Hauptstadt Bukarest war der wirtschaftliche Fortschritt deutlicher sichtbar als im Rest des Landes. Ab 1966 entstanden dort ganze Viertel mit neuen Wohnblocks. 1968–1969 wurde das neue Gebäude des rumänischen Staatsfernsehens errichtet, 1970 ein neuer internationaler Flughafen eingeweiht.[1] Das Regime unternahm landesweit beträchtliche Anstrengungen, um den Wohnungsbestand zu vergrößern und die Qualität der Wohnungen zu verbessern.[2] Der Anteil der Wohnungen mit drei oder

---

Dragoş Petrescu (1963), Dr., Historiker, Dozent für Vergleichende Politikwissenschaft und Neueste Geschichte am Institut für Politologie der Universität Bukarest; Vorsitzender des rumänischen Nationalen Rates für das Studium der Securitate-Archive (CNSAS), Bukarest

[1] Constantin Olteanu u.a. (Hg.): Bucureşti. Omagiu Marelui Erou. Bukarest 1988, S. 159. – Marin Nedelea: Istoria României în date, 1940–1995. Bukarest 1997, S. 176.

[2] Für Details vgl. Andreas C. Tsantis, Roy Pepper (Hg.): Romania. The Industrialization of an Agrarian Economy Under Socialist Planning. Washington D.C. 1979, S. 666–671.

mehr Zimmern stieg zwischen 1965 und 1975 von 25,9 Prozent auf 40,7 Prozent des Gesamtbestands, die Pro-Kopf-Wohnfläche vergrößerte sich entsprechend.[3]
Auch die einheimische Produktion von Haushaltsgeräten kam in Fahrt. Elektroherde, Wasch- und Nähmaschinen, Staubsauger, Radio- und Fernsehgeräte hielten Einzug in das Heim vieler Rumänen. Der Startschuss für die einheimische Autoproduktion fiel am 20. August 1968 mit der Eröffnung der Autofabrik in Pitești, wo in Lizenz Modelle des französischen Herstellers Renault gefertigt wurden. Das erste produzierte Modell war der *Dacia 1100*, die rumänische Variante des *Renault 8*. Ab den frühen 1970er Jahren gingen der *Dacia 1300* und seine Nachfolgemodelle vom Band.[4] Für viele rumänische Familien war eines dieser Modelle ihr erstes Auto.[5]
Die Partei ermutigte die Bevölkerung auch zu einer aktiveren Freizeitgestaltung. Fast vergessene Formen familiärer und freundschaftlicher Geselligkeit, die von der offiziellen Propaganda noch kurz zuvor als „kosmopolitisch" gebrandmarkt worden waren, wurden reaktiviert. Das Regime erlaubte die Veröffentlichung von Ratgeberliteratur, die dem Leser z.B. praktische Tipps an die Hand gab, wie man eine Party organisiert und Gäste zum Abendessen oder einem anderen Anlass empfängt.[6] Der seit 1967 erscheinende *Scînteia Almanach*, ein Ableger der Parteizeitung *Scînteia*, legte in seiner ersten Ausgabe ein bemerkenswert großes Augenmerk auf den Tourismus: Der prospektive Reisende fand hier eine nützliche Zusammenstellung der wichtigsten rumänischen Museen, Denkmäler und historischen Stätten sowie Adressen von Bädern, Ferienanlagen und Berghütten in den Karpaten, aber auch von Tankstellen und Autowerkstätten.[7] Auch Reise- und Wanderführer wurden in großer Zahl publiziert.[8] Da Benzin in den späten 1960er und frühen 1970er Jahren billig war, konnten es sich viele Familien leisten, zum Sommerurlaub an die Schwarzmeerküste oder in die Karpaten zu fahren. Ab 1967 wurden immer mehr Reisen in die sozialistischen „Bruderländer" angeboten, und endlich durften auch einfache Leute ins nichtkommunistische Ausland reisen. So machten zwischen 1967 und 1969 viele Rumänen ihren ersten Abstecher in den Westen. Diese Phase eines Kommunismus mit weniger grimmigem Antlitz währte freilich nur bis Mitte der 1970er Jahre, als sich die Anzeichen einer schweren Wirtschaftskrise mehrten. Anfang der 1980er Jahre vollzog sich dann der endgültige steile wirtschaftliche Niedergang, gepaart mit einer starken Einschränkung der politischen Freiheiten.
Um die rückständige rumänische Wirtschaft zu modernisieren, versuchte das Ceaușescu-Regime in dieser zweiten Phase verzweifelt, das sowjetische Modell zu kopieren, investierte massiv in die Schwerindustrie und nahm eine Reihe gigantomanischer, extrem kostspieliger Projekte in Angriff, etwa den Weiterbau des Donau-Schwarzmeer-Kanals und die so genannte „Systematisierung", also die sozialistische Neugestaltung der Hauptstadt Bukarest.

---

[3] Tab. 12.12, ebd., S. 298–299.
[4] C. Ştefănescu, C. Moroșan, I. Soare: Monografia Uzinei de Autoturisme Pitești. Pitești 1972.
[5] Zur Autoproduktion in Rumänien und zur Automobilisierung der rumänischen Gesellschaft siehe: Luminita Gatejel: Sozialistische Volkswagen. Trabant, Lada und Dacia im Kalten Krieg, in: OSTEUROPA, 10/2009, S. 167–184.
[6] Vgl. Invitație la revelion. 1001 idei practice și amuzante pentru revelion. Bukarest 1970. – Smaranda Sburlan: Mîine avem invitați. Bukarest 1971.
[7] Almanah Scîntcia 1967, S. 257–268, 305–352 und 380–392.
[8] Costin Ştefănescu: Stațiuni balneare și climaterice din România. Ghid. Bukarest 1967. – Alexandru Puiu, Ioan Istrate: 20 de zone turistice din România. Ghid. Bukarest 1969.

Peitsche und Zuckerbrot 357

UNSER TEST

DACIA 1300

VON DEN AUTOWERKEN PITESTI, SR RUMÄNIEN

Der Dacia mußte bei uns, wie jedes Testfahrzeug, einige „Sonderprüfungen" über sich ergehen lassen, ehe wir unser Urteil fällten. Mit der Kamera war Romano Leoni dabei (siehe auch unser Titelbild).

Objekt der Begierde: Der Dacia 1300

1979 hob das Regime die Preise für Benzin, Erdgas, Heizöl und Strom an. Ceaușescu wollte Rumäniens Abhängigkeit vom Westen verringern und setzte alles daran, die Auslandsverschuldung des Landes zu reduzieren, die 1982 den Rekordstand von rund 13 Milliarden US-Dollar erreichte.[9] Um Einnahmen in harter Währung zu erzielen, beschloss die Partei, den Export landwirtschaftlicher Produkte zu steigern und gleichzeitig die Importe drastisch zu drosseln. Anfang der 1980er Jahre begann dann eine Phase chronischer Knappheit. 1981 wurde Brot rationiert und blieb es mit Ausnahme der Hauptstadt bis 1989. Ähnliche Maßnahmen wurden für andere Grundnahrungsmittel wie Speiseöl und Zucker ergriffen. Angesichts des Nahrungsmittelmangels unternahm das Regime nicht etwa radikale Schritte zur Steigerung der Produktion, sondern startete 1982 ein „Programm zur wissenschaftlichen Ernährung der Bevölkerung" (*Programul de alimentație științifică a populației*).[10] Dieses „Programm" diente allein dazu, die wahren Ursachen der Krise, sprich die verfehlte Wirtschaftspolitik der rumänischen KP, zu verschleiern, indem behauptet wurde, die Engpässe seien auf einen übermäßigen Lebensmittelverzehr der rumänischen Bevölkerung zurückzuführen.

Auch andere Nahrungsmittel und Konsumartikel wurden knapp. Um Lebensmittel anzustehen, wurde zur täglichen Routine.[11] Benzin wurde ebenfalls rationiert, das Autofahren an Sonntagen eingeschränkt.[12] Gaslieferungen wurden ebenfalls zum Problem: In den Wohnungen kam das Gas in den 1980er Jahren tagsüber mit so niedrigem Druck an, dass die Menschen ihre Gasherde nicht mehr nutzen konnten.[13] 1982 stiegen die Strompreise um 30 Prozent, die Preise für Heizöl um fast 300 Prozent.[14] Der Soziologe und altgediente Parteigenosse Pavel Câmpeanu protestierte öffentlich gegen die Energierationierung, unter der vor allem die privaten Verbraucher zu leiden hatten.[15]

Nach der vorangegangenen „goldenen Ära" vermehrten Konsums und steigender Erwartungen war die Bevölkerung umso enttäuschter über den sinkenden Lebensstandard und umso unzufriedener mit dem Regime und seiner katastrophalen Wirtschaftspolitik. Das Gefühl absoluter Deprivation war eine der Hauptquellen, aus denen sich der Hass auf das System speiste. Ende der 1980er Jahre war es so weit gekommen, dass ein Großteil der Bevölkerung sich Gedanken um das tägliche Brot machen musste. Aber auch relative Deprivation trug zur gesellschaftlichen Unzufriedenheit bei. Dieses Gefühl einer relativen Benachteiligung entstand nicht nur durch die scharfe soziale Trennung zwischen „uns" (der einfachen Bevölkerung) und „denen" (der Nomenklatura), sondern auch dadurch, dass die Menschen ihre eigene Lage mit der in den „Bruderländern" verglichen, wo es der Bevölkerung besser ging als in Rumänien.

---

[9] Vlad Georgescu: The Romanians. A History. London 1991, S. 270.
[10] Nedelea, Istoria României [Fn. 1], S. 318.
[11] Vgl. die Darstellung von Grigore Olimp Ioan in: Martor: Revista de Antropoligie a Muzeului Taranului Roman/Witness: The Museum of the Romanian Peasant Anthropology Review, Bd. 7 (2002), S. 132.
[12] Schilderung von Puiu Gheorghiu, ebd., S. 77.
[13] Schilderung von Ioana Monj, ebd., S. 74.
[14] Michael Shafir: Romania. Politics, Economics and Society. Political Stagnation and Simulated Change. London 1985, S. 118.
[15] Pavel Câmpeanu: Ceaușescu, anii numărătorii inverse. Iași 2002, S. 279–287.

Geschichte und Politik: Erinnerung als Instrument der Gerechtigkeit

Im Zuge der Revolution von 1989 gelang es den Rumänen zwar, das Ceaușescu-Regime zu stürzen, nicht aber, die demokratische Opposition an die Macht zu bringen. Die überwältigende Mehrheit der Bevölkerung war sich einig in ihrem Hass auf das Ehepaar Ceaușescu. Gleichzeitig gab es aber keine geschlossene Dissidentengruppe, die das Machtvakuum hätte füllen können, das der jähe Zusammenbruch der Diktatur hinterlassen hatte. So hatten die Kader aus der zweiten und dritten Reihe der alten Nomenklatura leichtes Spiel, sich die Macht zu sichern und eine Übergangsregierung zu bilden. An der Spitze der neuen politischen Kraft, der Front zur nationalen Rettung (*Frontul Salvării Naționale*, FSN), stand Ion Iliescu, ein ehemaliger hoher Parteifunktionär.[16] Die politischen Widersacher der FSN bestanden im Kern aus den wiederbelebten „historischen" Parteien: der *Nationalen Bauernpartei*, der *Nationalliberalen Partei* und der *Sozialdemokratischen Partei Rumäniens*, d.h. jenen drei demokratischen Parteien aus der Zwischenkriegszeit, die von den Kommunisten in den späten 1940er Jahren aufgelöst und unmittelbar nach dem Zusammenbruch des Ceaușescu-Regimes am 22. Dezember 1989 wieder gegründet worden waren. Der Erdrutschsieg der FSN in den Parlamentswahlen vom 20. Mai 1990 zeigte, dass eine antikommunistische Gesinnung nicht ausreichte, um die demokratische Opposition an die Macht zu bringen. Die Opposition musste sich auch zusammenraufen und ihr politisches Programm einer Bevölkerung erklären, die immer noch Angst davor hatte, ihr Land an die „kapitalistischen Ausbeuter" zu „verkaufen". Erst 1996 sollte sich die demokratische Opposition in Gestalt des Parteienbündnisses *Convenția Democrată Română* (Rumänischer Demokratischer Konvent, CDR) in den Präsidentschafts- und Parlamentswahlen durchsetzen.

Zwischen 1990 und 1996 blockierte die Staatsmacht unter Präsident Iliescu die Verabschiedung einer Lustrationsgesetzgebung und eine Aufarbeitung der Verbrechen des kommunistischen Regimes und speziell der Vergehen des Geheimdienstes Securitate. Infolge dessen schlossen sich viele Intellektuelle der politischen Opposition an, um die Nation von der „kommunistischen Krankheit" zu „heilen". Der verzerrten Darstellung der kommunistischen Ära durch die Postkommunisten wollten sie die „wahre" Version der Geschichte entgegenstellen. Sie stützten sich zunächst auf Zeitzeugenberichte, Tagebücher und Memoiren. Zahlreiche Erinnerungen von Menschen, die unter dem kommunistischen Regime gelitten hatten, erschienen und stießen auf breites Interesse. Diese Quellen hatten einen entscheidenden Einfluss darauf, wie sich die Menschen im Nach-„Wende"-Rumänien an den Kommunismus erinnerten und bis heute erinnern.[17]

Drei zentrale Thesen prägen diese Erinnerung: (1) Der Kommunismus ist der rumänischen Gesellschaft wesensfremd und wurde den Rumänen von der Roten Armee aufgezwungen. (2) In keinem anderen sozialistischen Staat Ostmittel- und Südosteuropas

---

[16] Die Front zur nationalen Rettung wurde am Nachmittag des 22. Dezember 1989 gegründet und agierte in ihrer Anfangsphase als provisorische Revolutionsregierung.

[17] Cristina Petrescu, Dragoș Petrescu: Mastering vs. Coming to Terms with the Past. A Critical Analysis of Post-Communist Romanian Historiography, in: Sorin Antohi, Balázs Trencsényi, Péter Apor (Hg.): Narratives Unbound. Historical Studies in Post-Communist Eastern Europe. Budapest 2007, S. 352–365.

erreichte der stalinistische Terror solche Ausmaße wie in Rumänien. (3) Der Kommunismus Ceauşescus war besonders repressiv.

Das von ehemaligen Mitgliedern der Nomenklatura und früheren Hofintellektuellen Ceauşescus vertretene Geschichtsbild, nachdem die kommunistische Ära eine des Fortschritts und der Verteidigung nationaler Interessen gewesen sei, wurde verdrängt.[18] Mit Lobreden auf den paternalistischen Einparteienstaat, der sichere Arbeitsplätze, anständige Löhne, kostenlose Bildung und Gesundheitsversorgung garantiert sowie für eine rasche industrielle und städtebauliche Entwicklung gesorgt habe, ließen sich die Herzen und Köpfe der Menschen nicht mehr gewinnen. Zu lebendig war die Erinnerung an die Mangelwirtschaft der 1980er Jahre, als dass nostalgische Gefühle hätten aufkommen können. Die Versuche ehemaliger Apparatschiks, die Errungenschaften des alten Regimes hervorzuheben, wurden daher als kommunistische Propaganda abgetan.[19]

Die Zeit von 1945 bis 1989 erschien bis vor wenigen Jahren als eine einzige Periode schieren, blindwütigen stalinistischen Terrors. Dies entsprach den Erinnerungen politischer Gefangener, verhinderte jedoch eine Wahrnehmung des Wandels, den der poststalinistische Kommunismus durchlaufen hatte.

Der Mehrheit der rumänischen Bevölkerung, die nicht offen gegen das Regime aufbegehrt und auch im Dezember 1989 nichts zur Unterstützung des Umbruchs riskiert hatte, kam eine solche Interpretation der Geschichte entgegen. Man gab sich gerne der Überzeugung hin, der von „denen" – der Nomenklatura, der Securitate – entfesselte Terror allein sei schuld daran gewesen, dass „uns" – der unschuldigen Masse der Opfer – nichts anderes übrig geblieben sei als abzuwarten. Viele, die das Ceauşescu-Regime erst kritisierten, als es bereits zusammengebrochen war, rechtfertigten ihr Schweigen mit einem vermeintlich ungewöhnlich repressiven Charakter des Regimes. Eine juristische Aufarbeitung kommunistischer Verbrechen fand allerdings nur in der Zeit unmittelbar nach dem Sturz Ceauşescus statt. Nachdem ein Militärgericht Ceauşescu und seine Frau in einem Schnellverfahren zum Tode verurteilt hatte und das Ehepaar hingerichtet worden war, beschränkte sich die Strafverfolgung auf den engsten Machtzirkel des einstigen Diktators.

Erst 1999 wurde in Rumänien ein Gesetz verabschiedet, das eine Öffnung der Securitate-Akten ermöglichte (Gesetz Nr. 187/1999).[20] Dies führte allerdings nicht dazu, dass das vom kommunistischen Regime verübte Unrecht umfassend aufgearbeitet worden wäre. Vielmehr wurden ab 1999 Menschen auf recht eindimensionale Weise öffentlich bloßgestellt, die als Agenten oder inoffizielle Mitarbeiter der kommunistischen Geheimpolizei tätig gewesen waren. Ein Gesetz zur Lustration ehemaliger Nomenklatura-Mitglieder wurde erst im Mai 2010 verabschiedet, aber bereits einen Monat später vom

---

[18] Cristina Petrescu, Dragoş Petrescu: The Piteşti Syndrome. A Romanian „Vergangenheitsbewältigung"? In: Stefan Troebst (Hg.): Postdiktatorische Geschichtskulturen im Süden und Osten Europas. Bestandsaufnahme und Forschungsperspektiven. Göttingen 2010, S. 502–618.

[19] Petrescu, Petrescu, Mastering vs. Coming to Terms [Fn. 18], S. 363–364.

[20] Ausführlicher zu Gesetz 187/1999 Dragoş Petrescu: Dilemmas of Transitional Justice in Post-1989 Romania, in: Vladimira Dvorakova, Andelko Milardovic (Hg.): Lustration and Consolidation of Democracy and the Rule of Law in Central and Eastern Europe. Zagreb 2007, S. 127–151.

rumänischen Verfassungsgericht wieder kassiert. So ist nicht abzusehen, wann – wenn überhaupt – in Rumänien ein Lustrationsgesetz in Kraft treten wird.[21]

Das zentrale Instrument, das der demokratischen Opposition und der Zivilgesellschaft bis 1996 zur Verfügung stand, um den Opfern des Kommunismus Gerechtigkeit widerfahren zu lassen, war also nicht die Rechtsprechung, sondern die historische Aufarbeitung der kommunistischen Ära und die Aufdeckung der Repressionen des untergegangenen Regimes. In Rumäniens postkommunistischer Geschichtsschreibung entwickelte sich eine polarisierte Sicht auf die kommunistische Vergangenheit: Auf der einen Seite gab es die Geschichte aus der Opferperspektive, auf der anderen die aus der Sicht der Täter. Erstere wurde zur dominierenden öffentlichen Darstellungsweise. Der Abschlussbericht, den die *Präsidentenkommission zur Untersuchung der kommunistischen Diktatur in Rumänien* im November 2006 nach halbjähriger Arbeit vorlegte und 2007 veröffentlichte, schrieb diese Sicht fest.[22]

Bis heute steht jedoch eine Geschichte der stummen Zuschauer und der Nutznießer der „stillschweigenden Übereinkunft" der 1960er und 1970er Jahre aus. Die Geschichtsschreibung sollte auch jenen gewöhnlichen Menschen eine Stimme verleihen, die seinerzeit zwar nicht offen gegen das Regime opponierten, es aber auch nicht öffentlich unterstützten. Mit großer Wahrscheinlichkeit glaubten diese Menschen wirklich an Ceaușescus Politik einer rumänischen Eigenständigkeit, sahen im Kommunismus etwas, das immer bestehen bleiben würde, und versuchten daher, sich irgendwie durchzuschlagen und die Familie über Wasser zu halten. Bislang fehlt eine umfassende Studie zu den Erinnerungen solcher einfachen Menschen an den Kommunismus. Erinnerungen an die Phase 1965–1977 wurden bis vor wenigen Jahren praktisch nur im Familien- und Freundeskreis weitergegeben; kaum jemand war bereit, seine Geschichte öffentlich zu machen.[23] Auch interessierte sich die Forschung nach 1989 zunächst wenig für die 1960er und 1970er Jahre – außer für Menschenrechtsverletzungen und dissidentes Verhalten.[24] Doch 2005 begann sich etwas zu verändern: Einige rumänische Unternehmen waren auf die Idee gekommen, ihre Verkäufe anzukurbeln, indem sie den Kommunismus „kommerzialisierten". Sie schalteten im Fernsehen Werbespots, die sich auf die „goldenen Jahre" der kommunistischen Modernisierung bezogen. Diese Spots, die Teil länger laufender Werbekampagnen waren, nahmen den Alltag unter dem Kommunismus als Ausgangspunkt für die Vermittlung ihrer Werbebotschaft.

---

[21] Der Text des am 19. Mai 2010 verabschiedeten Lustrationsgesetzes findet sich unter <www.avocatnet.ro/UserFiles/articleFiles/lege%20alustratiei_05201244.pdf>. Das Urteil des Verfassungsgerichts Nr. 820 vom 7. Juni 2010 ist abgedruckt in: Monitorul Oficial al României, Nr. 420, 23. Juni 2010.

[22] Comisia Prezidențială pentru Analiza Dictaturii Comuniste din România. Raport Final. Bukarest 2007.

[23] Vintilă Mihăilescu: Ăştia eram noi, in: Călin-Andrei Mihăilescu (Hg.): Cum era? Cam aşa… Amintiri din anii comunismului (românesc). Bukarest 2006, S. 18–26.

[24] Vgl. den von Adrian Neculau herausgegebenen Band über den kommunistischen Alltag: Viața cotidiană în communism. Iași 2004, in dem sich die Mehrzahl der Beiträge auf die Themen Terror, Repression, Überwachung durch die Securitate und Mangelwirtschaft bezieht.

Kommunismus und Schokolade

Im Jahr 2005 startete die erste größere TV-Werbekampagne, die auf das Leben im kommunistischen Rumänien Bezug nahm, bewarb eine bekannte Marke jener Zeit, *Ciocolata cu rom* (Rumschokolade). Die Verpackung zeigte die Farben der rumänischen Nationalflagge (Rot, Gelb, Blau), lediglich das Rot und das Gelb waren etwas dunkler gehalten. Obwohl die Schokolade erst ab der zweiten Hälfte der 1960er Jahre verkauft wurde, brachte die Werbekampagne sie mit dem Jahr 1964 in Verbindung, dem Jahr der berühmten „April-Erklärung" der rumänischen KP, in der sie das Recht einer jeden kommunistischen Partei proklamierte, beim Aufbau des Sozialismus einen eigenen Weg zu verfolgen. Im selben Jahr wurden im Zuge einer Generalamnestie alle politischen Gefangenen freigelassen – eine Entscheidung, die eine Phase ideologischer Lockerung und zaghafter Liberalisierung einläutete.

Die *Rumschokolade*-Werbung von 2005 entwarf ein Bild des Kommunismus, das mit der damals vorherrschenden öffentlichen Darstellung der Ceaușescu-Ära übereinstimmte: eine Zeit, in der Grundrechte nicht geachtet wurden und die Menschen unter ständiger Beobachtung der Securitate standen. Zwei Werbespots spielen im heutigen Rumänien und zeigen Jugendliche, die keine eigenen Erinnerungen an den Kommunismus haben. Der erste Spot zeigt einen langhaarigen Jugendlichen, der vor einer Kinokasse in einen Riegel Rumschokolade beißt. In diesem Augenblick hält vor dem Kino ein schwarzer Wolga der Securitate. Zwei Agenten steigen aus und werfen den jungen Mann in ihr Auto. Mit verbundenen Augen wird er in einen Verhörraum gebracht, wo ein Securitate-Offizier die Parteizeitung *Scînteia* liest. Der Agent sagt zu dem jungen Mann: „Die Partei möchte, dass du dir die Haare schneiden lässt!" Ihm wird ein Militärschnitt verpasst, kurz darauf werfen ihn die Agenten vor dem Kino wieder aus dem schwarzen Wolga. Der Slogan des Werbespots lautet: „*Rom tricolor. Senzații tari din 1964*" („*Rum-Trikolore. Starke Eindrücke seit 1964*").[25]

Der zweite Werbespot zeigt eine junge Frau im Minirock und bauchnabelfreiem Top. Sie steht in der Eingangshalle einer Universität und beißt in einen *Rumschokolade*-Riegel. Plötzlich ertönt patriotische Musik und Ceaușescu schreitet umgeben von jungen Pionieren mit roten Halstüchern und begleitet von Apparatschiks und Securitate-Agenten durch die Halle. Der Generalsekretär bleibt vor der jungen Frau stehen und fährt sie an: „Genossin! Für eine junge Kommunistin schickt sich ein solcher Aufzug nicht! Das ist eine Provokation! Schafft sie weg!" Die Frau wird von zwei Securitate-Leuten in einen Nebenraum gebracht, wo ein weiblicher Apparatschik ihr uniformartige Kleidungsstücke hinwirft. „Vorschriftsmäßig" angezogen wird sie zurück in den Flur gestoßen. Der Spot endet ebenfalls mit dem Slogan: „*Rum-Trikolore. Starke Eindrücke seit 1964*".[26]

---

[25] ROM – Rockerul (2005); Werbeagentur McCann-Erickson; <www.iqads.ro/ad_3326/rom_rockerul.html>.

[26] ROM – Vizita de lucru (2005); Werbeagentur McCann-Erickson; <www.iqads.ro/ad_3325/rom_vizita_de_lucru.html>.

„Starke Eindrücke seit 1964. Jetzt auch als Maxi-Riegel"

Zwei im Jahr 2007 entstandene rumänische TV-Werbespots setzen hingegen darauf, dass der Zuschauer positive Erinnerungen an die kommunistische Zeit hat. Kekse und Eis werden damit beworben, dass ihr Geschmack glückliche Momente aus der Vergangenheit in Erinnerung ruft. In dem Spot für Cremekekse der Marke *Eugenia*, der zu kommunistischen Zeiten der wohl beliebteste und erschwinglichste Snack war, sieht man einen Offizier in Uniform, der in einem Militärcamp einen Brief an seine Mutter schreibt. Ein Untertitel erklärt: „2007, NATO-Militärbasis Nasiria." Ein Gefreiter betritt das Zelt und meldet dem Offizier auf Englisch: „Oberst Ionescu! Ein Päckchen aus der Heimat für Sie!" In dem Päckchen findet der Oberst *Eugenia*-Cremekekse. Als er in einen Keks beißt, wird das Bild schwarz-weiß, ein Untertitel wird eingeblendet: „Irgendwann vor vielen Jahren." Der Oberst erscheint als Rekrute der kommunistischen Streitkräfte, der einen *Eugenia*-Keks isst und dabei seiner Mutter einen Brief schreibt. Der Werbeslogan lautet: „Süßes Gestern, köstliches Heute. Der neue *Eugenia*. Jetzt noch leckerer!".[27]

Der zweite Werbespot erzählt eine ähnliche Geschichte, doch in umgekehrter Reihenfolge. Wir sehen zunächst einen Jungen, der sich an einer Bude ein Eis kauft. Im Hintergrund hört man eine Radiostimme über Ceaușescus neueste „Arbeitsbesuche" berichten. Auf einem Klapprad der Marke *Pegas* – das in der kommunistischen Ära teuerste und unter rumänischen Jugendlichen begehrteste Fahrrad – radelt der Junge nach Hause. Er ist beim Fahren, bemerkt ein Hindernis nicht und lenkt sein Fahrrad in letzter Sekunde in eine Hecke. Doch er übersteht das Missgeschick ohne einen Kratzer. Auch das kostbare *Napoca*-Eis ist unbeschädigt in der Hecke hängen geblieben. Der Junge beißt hinein, der Werbeslogan wird eingeblendet: „Seit Kindertagen hat das Eis nicht mehr so gut geschmeckt. *Napoca*: der Geschmack der Kindheit". Dazu ertönt ein bekanntes Lied der in den 1980er Jahren sehr erfolgreichen Pop-Sängerin Mihaela Runceanu: „Das Glück trägt dein Gesicht".[28] Am Ende des Spots lehnt der Held des Spots, inzwischen erwachsen, an der Kühlerhaube seines schwarzen Seat und genießt sein *Napoca*-Eis.

Auf schöne Lebenserinnerungen setzt auch ein ebenfalls im Jahr 2007 entstandener Werbespot, der ein Auto der heute zum französischen Renault-Konzern gehörigen Marke *Dacia* mit einer Diashow bewirbt: Ein junger Erwachsener posiert vor seinem neuen *Dacia 1300*, der in dem für die Serienproduktion der 1970er Jahre so typischen Hellrot lackiert ist. Am Steuer dieses Wagens sieht der junge Mann das erste Mal seine zukünftige Frau, auf dem Rücksitz des Wagens küssen sie sich, der rote *Dacia* ist ihr Hochzeitsauto, in ihm fährt er seine hochschwangere Frau ins Krankenhaus. Mit demselben Auto fährt die junge Familie in den Urlaub, der Wagen steht im Hintergrund des Fotos, das bei der Verabschiedung des Jungen zum Militärdienst entstand und mit dem *Dacia* fährt das Ehepaar nach dem Sturz Ceaușescus mit Fahnen durch die Straßen, und auch bei der Hochzeit des Mädchens dient er erneut als Hochzeitsauto. In der letzten Szene steht die Hauptfigur, deutlich gealtert, vor eben jenem *Dacia*. Der Kamerawinkel weitet sich, und ins Bild rückt nicht nur die mittlerweile drei Generationen umfassende Groß-

---

[27] Eugenia – Pachetul (2007); Werbeagentur Brands & Bears; <www.iqads.ro/ad_4089/eugenia_pachetul.html>.
[28] Napoca – Nostalgia (2007); Werbeagentur Ogilvy; <www.iqads.ro/ad_4053/napoca_nostalgia.html>.

familie, sondern dahinter, neben dem alten roten *Dacia 1300*, auch ein weißer *Dacia Logan*. Der Werbeslogan lautet: „Unsere ersten 40 Jahre. Feiern Sie mit uns!".[29]

In einem Werbespot für das Waschmittel *Dero* wird ebenfalls zunächst die Atmosphäre der 1970er Jahre heraufbeschworen. In einem großen Geschäft, das an die Lebensmittelläden dieser Zeit erinnert, liegt in den Regalen nichts anderes als Packungen des – tatsächlich bereits im kommunistischen Rumänien hergestellten – Waschmittels *Dero*. Auf den Packungen sind populäre rumänische Schlagersänger dieser Zeit abgebildet. Eine Gruppe junger Erwachsener macht Aufwärmübungen, bis eine weibliche Stimme sie über Megafon auffordert, sich bereit zu machen. Mit den Waschmittelpackungen in der Hand führen sie vor dem Laden einen Tanz auf, die Choreografie erinnert an die Musikshows, die das rumänische Fernsehen in den 1970er Jahren produzierte. Im Hintergrund läuft das Lied „Ce tînăr eşti" („Wie jung du bist") des damals sehr beliebten Interpreten Anda Călugăreanu. Hausfrauen, die das Ganze von ihren Balkonen aus beobachten, fangen ebenfalls an zu tanzen. Die tanzende Schar durchquert eine sozialistische Plattenbausiedlung, auf einer großen Grünfläche steigen farbige Luftballons in den Himmel, bevor der Slogan erscheint: „*Dero* bringt ihnen den Duft der schönsten Jahre zurück."[30] Während der Werbekampagne enthielt jede Packung *Dero* eine Musik-CD mit neun Songs der bekanntesten rumänischen Sänger der 1970er Jahre.

Anders als die Werbespots, die alle historischen und biographischen Brüche ausblenden und eine konsumistische Wohlfühlkontinuität vorgaukeln. Tatsächlich hatten natürlich verschiedene Menschen zu verschiedenen Zeiten ganz unterschiedliche Erfahrung gemacht. So lassen sich die Erfahrungen von Menschen, die Willkür und Terror des stalinistischen Regimes von Gheorghe Gheorghiu-Dej (1945–1965) durchmachten, nicht mit denen der Generation vergleichen, die in den 1980er Jahren den Typus präventiver Kontrolle durch die Geheimpolizei und die chronische Lebensmittelknappheit erlebte. Wiederum andere Erinnerungen verbinden sich mit der dazwischen liegenden Phase des kommunistischen „Konsumismus". Die Grundstimmung im Rumänien der Jahre 1965–1977 war von der Vorstellung geprägt, der Kommunismus würde ewig bleiben. Wer keine Möglichkeit hatte, das Land zu verlassen, arrangierte sich und versuchte, innerhalb des Systems etwas aus seinem Leben zu machen. Man verliebte sich, heiratete und bekam Kinder. Die meisten Menschen sparten erst Geld, um sich eine Wohnung zu kaufen, dann sparten sie auf einen *Dacia 1300* und fuhren zum Urlaub an die Schwarzmeerküste, ins Bucegi-Gebirge oder in eines der sozialistischen Bruderländer.

Bis heute gibt es keine umfassende Studie darüber, wie die Bevölkerung das Regime zu jener Zeit wahrnahm. Fest steht nur, dass es bis zum Arbeiteraufstand von Braşov 1987 keine Massenproteste gab. Versucht man eine triftige Erklärung dafür zu finden, warum es im kommunistischen Rumänien keine organisierte Opposition gab, so ist es natürlich viel einfacher, die Unterdrückung durch die Securitate anzuführen, als die „stillschweigende Übereinkunft" zwischen der Gesellschaft und dem Regime zu beleuchten.

---

[29] Dacia – 40 ani (2007); Werbeagentur Graffiti BBDO;
<www.iqads.ro/ad_3936/dacia_40_ani.html>.
[30] DERO – Parfumul anilor cei mai frumoşi (2007); Werbeagentur Punct Advertising;
<www.iqads.ro/ad_4057/dero_parfumul_anilor_cei_mai_frumosi.html>.

Fazit

Die Ceaușescu-Ära teilt sich in zwei Phasen: In den Jahren 1965–1977 konnte die Volkswirtschaft die wachsenden Konsumbedürfnisse der Menschen decken, die darauffolgende Dekade war von einer schweren Wirtschaftskrise geprägt, was den Lebensstandard rapide sinken und die Unzufriedenheit mit dem System massiv ansteigen ließ. Entsprechend unterschiedlich sind auch die Erinnerungen der Rumänen an die beiden Phasen. Während die erste Phase im kollektiven Gedächtnis der Rumänen als eine Zeit relativer ideologischer Lockerung und Öffnung zum Westen erscheint, assoziiert man im postkommunistischen Rumänien mit der zweiten Phase eine Selbstisolation des Landes, Nahrungsmittelknappheit und allerlei Alltagsnöte.

In den Jahren 1990–1996 wurde unter der Präsidentschaft Ion Iliescus, der vor 1989 der kommunistischen Nomenklatura angehört hatte, die Verabschiedung eines Lustrationsgesetzes und die Öffnung der Archive der kommunistischen Zeit, insbesondere der Securitate-Archive, immer wieder aufgeschoben. Daher wurde die Erinnerung an den Kommunismus zu einer wichtigen Forderung der Opposition, die sich bei der Aufarbeitung der Ära 1945–1989 in erster Linie auf Erinnerungen der Opfer stützte. Sie förderte ein Geschichtsbild, das auf die Verbrechen und die menschenverachtende Politik des Regimes verengt war, und blendete die Phase aus, in der es dem Regime gelungen war, die Mehrheit der Bevölkerung in einem impliziten Gesellschaftsvertrag an sich zu binden. Aus diesem Grund entwickelte sich in Rumänien trotz der großen ökonomischen und politischen Schwierigkeiten der 1990er Jahre keine postkommunistische Nostalgie. Dies änderte sich erst um 2005. Ein deutlicher Hinweis darauf sind Werbekampagnen, in denen der Kauf des beworbenen Produkts mit der Erinnerung an die „goldenen Jahre" der kommunistischen Modernisierung verknüpft wird. Einen Wendepunkt in der Geschichtspolitik markierte die Rede von Präsident Traian Băsescu Mitte Dezember 2007 vor dem rumänischen Parlament. Auf der Grundlage eines Berichts der *Präsidentenkommission zur Untersuchung der kommunistischen Diktatur in Rumänien* verurteilte Băsescu das von den kommunistischen Machthabern zwischen 1945 und 1989 verübte Unrecht. Damit beendete er die Phase der extensiven politischen Instrumentalisierung des Anti-Kommunismus durch diverse politische Parteien und machte den Weg frei für eine umfassende und differenzierte Aufarbeitung jener Zeit.

Ein weiterer wichtiger Faktor, der die öffentliche Darstellung des Kommunismus beeinflusst, ist die tiefe Wirtschaftskrise, in der Rumänien seit 2008 steckt. Die Veränderung, die sich in den vergangenen Jahren in der allgemeinen Wahrnehmung des Ceaușescu-Regimes vollzogen hat, ist mit Händen zu greifen. Jüngste Meinungsumfragen zeugen davon, dass bei vielen Menschen die sozialen und wirtschaftlichen Errungenschaften des kommunistischen Regimes ins Zentrum ihres Geschichtsbildes gerückt sind. Noch lässt sich schwer sagen, ob sich das nostalgische Bild verfestigt oder ob es wieder verschwinden wird, wenn die wirtschaftlichen Schwierigkeiten überwunden sind.[31]

Aus dem Englischen von Axel Henrici, Lohr am Main

---

[31] Vgl. hierzu die Meinungsumfragen, die das Institut zur Aufklärung der Verbrechen des Kommunismus und des Gedenkens an das rumänische Exil (IICCMER) gemeinsam mit dem Meinungsforschungsinstitut CSOP in den Jahren 2010 und 2011 durchführte; <www.iiccr.ro/pdf/ro/raport_sondaj_opinie_publica_iiccmer_mai_2011.pdf>.

Martin Jander

Die Stasi und die RAF
Raunen statt Fakten: Regine Igels *Terrorismus-Lügen*

Terroristische Netzwerke operieren heute weltweit. Die globale Vernetzung begann in den 1970er Jahren unter der Förderung osteuropäischer Geheimdienste, insbesondere aber der PLO und ihrer Unterorganisationen. Teil dieser Internationalisierung unterschiedlicher Netzwerke des Terrorismus waren sowohl der deutsche Linksterrorismus – etwa die *Rote Armee Fraktion* (RAF) – als auch der deutsche Rechtsterrorismus (wie die Wehrsportgruppe Hoffmann). Sie nutzten zahlreiche Länder in West- und Osteuropa sowie des Nahen Ostens als Rückzugsraum, in einigen gab es auch Trainingslager.[1]

Diese Internationalisierung des Terrorismus beschrieb Anfang der 1980er Jahre die Journalistin Claire Sterling in ihrem sehr kontrovers bewerteten Buch *Das internationale Terror-Netz*.[2] Im Vorwort stellte Sterling ironisch fest, es sei gewiss nicht die CIA gewesen, die in „Kuba, Algerien, Libyen, Syrien, dem Libanon, Nordkorea, der DDR, Ungarn, der Tschechoslowakei, Bulgarien und in der Sowjetunion Guerilla-Ausbildungslager für Zehntausende von Terroristen betrieben habe. Die CIA konnte nicht – und tat dies offenkundig auch nicht – die enormen Waffenlager zur Verfügung stellen, die von den Terroristen auf vier Kontinenten im ersten Schreckensjahrzehnt benutzt wurden, ebenso wenig konnte sie flüchtigen Terroristen Zuflucht bieten und den Einsatzgruppen Geheiminformationen oder diplomatische Rückendeckung in den Vereinten Nationen zur Verfügung stellen."[3]

Sterling behauptete, dass es während des Kalten Krieges zwei Zentren gegeben habe, die eine Internationalisierung des Terrorismus und seine Verbreitung in Europa im Auftrag der Sowjetunion vorangetrieben haben: das kommunistische Kuba und die PLO. Den operativen Beginn dieser Terror-Internationale datierte Sterling auf das Jahr 1968, das Jahr der Offensive des Vietcong und der großen Proteste der Jugend in den USA und in Europa gegen den Vietnam-Krieg. Ho Tschi-minh, die Studenten von Paris und Berkeley, Andreas Baader, Gudrun Ensslin oder die Separatisten im Baskenland agierten nach dieser Auffassung vor einem gemeinsamen Hintergrund. In

---

Martin Jander (1955), Dr. phil., Historiker und Journalist; Mitarbeiter des Projekts „RAF-Chronik" am Hamburger Institut für Sozialforschung (HIS); Dozent an den Dependancen der New York University (NYU) und der Stanford University in Berlin

[1] Die beste Beschreibung internationaler Terrorstrukturen bietet Walter Laqueur: Krieg dem Westen. Berlin 2004.
[2] Claire Sterling: Das internationale Terror-Netz. München 1982; zuerst englisch: The Terror Network. New York 1981.
[3] Ebd., S. 9–10.

dieses Bild montierte Sterling nun noch die Volksfront zur Befreiung Palästinas (PFLP) von Georges Habasch, den Terroristen Carlos, der in Moskau studiert hatte, den Verleger Giangiacomo Feltrinelli aus Italien, der 1972 bei einem versuchten Sprengstoffanschlag ums Leben kam, den Ägypter Henri Curiel, der in Paris verfolgten Linken aus Südamerika Schutz bot und ein Informant des KGB gewesen sei, sowie die in der Schweiz lebende Petra Krause hinein, deren Eltern in Auschwitz umgebracht wurden und die bei Pflegeeltern in der DDR groß geworden war.

Die Behauptung, dass es vor allem die Sowjetunion und ihre Verbündeten gewesen seien, die den internationalen Terrorismus als andere Form der Kriegführung gegen den Westen während des Ost-West-Konflikts nutzten, wurde bereits bei Erscheinen des Buches heftig kritisiert. Michael Haller schrieb im *Spiegel*:

> Vorabdrucke in italienischen Blättern und im angesehenen *New York Times Magazine* machten das Buch auf Anhieb zum Bestseller: Weltweit gilt es als „einleuchtende Analyse" (*Neue Zürcher Zeitung*) des Phänomens Terrorismus. Der Hauptgrund: Endlich schien eine kundige Autorin faktenreich nachgewiesen zu haben, dass der ganz große Drahtzieher des westeuropäischen Übels auch tatsächlich dort sitzt, wo er gefälligst zu sitzen hat: in Moskau. Und so zeigt der Erfolg des Buches imponierend, wie leicht mit unbewiesenen Behauptungen und aberwitzigen Spekulationen ein Bestseller zu machen ist, sofern er vorherrschende Vorurteile trendgemäß bestätigt.[4]

Zur Beweisführung der Journalistin merkt Haller an, dass viele der von Sterling geschilderten Ereignisse tatsächlich stattgefunden hätten und auch in einem zeitlichen Kontext stünden, doch

> dies alles lässt keine Schlüsse auf eine einheitliche Logistik zu, sondern nur auf gemeinsame Motive – und einen grenzüberschreitenden Helfersdrang unter den Ultras.[5]

Trotz dieser Kritik bleiben Sterlings Detailinformationen für die transnationale Terrorismusforschung anregend. Forscherinnen und Forscher arbeiten sich an dem Buch ab und fragen, ob nicht heute, da mehr Quellen zugänglich sind, nachzuweisen sei, dass die international operierenden Terrornetzwerke tatsächlich nach einer gemeinsamen Logik agierten. Eine von ihnen ist Regine Igel. Sie hat nun das Buch *Terrorismus-Lügen*[6] vorgelegt. Auf der Basis von Recherchen im Archiv des Ministeriums für Staatssicherheit (MfS) versucht sie, der Steuerung des internationalen Terrorismus, vor allem der deutschen Linksterroristen, auf die Spur zu kommen. Insbesondere widmete sich Igel den Akten der Abteilung XXII des MfS. Diese Abteilung trug den Namen „Terrorabwehr" und war gleichzeitig für die Kooperation mit internationalen Terrororganisationen zuständig. Etwa 60 000 Aktenblätter durchforstete Igel für ihr Buch.

---

[4] Michael Haller über Claire Sterling: Das internationale Terror-Netz, in: Der Spiegel, 8/1982, S. 206.
[5] Ebd.
[6] Regine Igel: Terrorismus-Lügen – Wie die Stasi im Untergrund agierte. München 2012.

Unter Verweis auf Giovanni Fasanellas und Rosario Priores Buch *Intrigo Internazionale* behauptet Igel, dass die Geheimdienste der Diktaturen sowjetischen Typs 1964 eine Arbeitsteilung vereinbart hätten. Dem MfS in Berlin sei die Aufsicht über das internationale Netz des Terrors zugewiesen worden.[7] Die Dokumente für diese zentrale These präsentiert die Autorin merkwürdigerweise jedoch nicht. Der Einfluss des KGB und der Stasi seien nicht direkt, sondern indirekt ausgeübt wurde. Igel stützt sich dabei auf eine These des italienischen Journalisten Antonio Selvatici:

> Die von mir vertretene These ist die der indirekten Hilfestellung. [...]. Die Dokumente aus den Archiven zeigen, wie die Sowjets über ihre Satellitenstaaten oder über Länder des Nahen Ostens agierten.[8]

Die Akten, die Selvatici studierte, führt Igel allerdings nicht ein.

Dieter Kunzelmann, Horst Mahler, Ulrike Meinhof

Regine Igels Publikation hat fünf große Kapitel. Zum ersten, „Vorboten des deutschen Terrorismus", schreibt sie:

> Ein neuer Blick auf einige frühe Ereignisse und die vier Großen der beginnenden Militanz des deutschen Terrorismus, Ulrike Meinhof, Andreas Baader, Horst Mahler und Dieter Kunzelmann, legt Merkwürdigkeiten und Geheimnisse offen. Bei dem intensiven Interesse, das die Stasi an der Studentenbewegung und ihrer Militanz hatte, ist die Tatsache, dass kaum Akten zu ihnen herausgegeben werden, ein Indiz für ihre Bedeutung bei der Stasi bzw. den Geheimdiensten beider Seiten.[9]

Das klingt merkwürdig. Will die Autorin die Gepflogenheiten einer historischen Recherche umdrehen? Sollen nun nicht mehr die vorhandenen Akten, Quellen, Belege, Aussagen und Indizien interpretiert werden, sondern ihr Nicht-Vorhandensein? Das würde Spekulationen Tür und Tor öffnen. Igel referiert viele teils publizierte, teils unpublizierte Details aus dem Leben und den Aktivitäten der Gründer von RAF, der „Bewegung 2. Juni" sowie ihren Vorläufern. Um die große These von der einheitlichen geheimdienstlichen Steuerung durch den KGB und die Stasi glaubhaft zu machen, um zu beweisen, dass all diese Formen des beginnenden deutschen Linksterrorismus am Ende doch von der Stasi und dem KGB gesteuert worden seien, greift sie zu interpretationsoffenen Formulierungen. So lesen wir über Dieter Kunzelmann:

> Eine Zeit lang stand Dieter Kunzelmann den APO-Führern Bernd Rabehl und Rudi Dutschke nah. Doch Rabehl erinnert, dass sich Kunzelmann im Gegensatz zu ihm und Dutschke nie an der Erarbeitung einer kritischen Position gegenüber der Sowjetunion interessiert zeigte.[10]

---
[7] Igel, Terrorismus-Lügen [Fn. 6], S. 58. – Giovanni Fasanella, Rosario Priore: Intrigo Internazionale. Milano 2010, S. 65f.
[8] Antonio Selvatici: Chi spiava i terroristi – KGB, STASI, BR, RAF, zit. nach: Igel, Terrorismus-Lügen [Fn. 6], S. 79.
[9] Ebd., S. 10.
[10] Ebd., S. 25.

Statt zwischen Indizien, die etwas nahelegen könnten, und belegbaren Fakten zu unterscheiden, ist das Buch von solch raunenden Andeutungen durchzogen. Meist bedient sich Igel dazu der Aussagen anderer Autoren. Doch dass aus dem mangelnden Interesse Kunzelmanns an einer kritischen Position zur Sowjetunion folge, dass Kunzelmann von KBG und Stasi geführt worden sei – diesen Beleg bleibt die Autorin leider schuldig. Auch Horst Mahler schenkt Igel Aufmerksamkeit. Da die Stasi-Aktenlage es bislang nicht gestattet, Mahler die Tätigkeit für das MfS nachzuweisen, behilft sich die Autorin auch hier mit raunenden Andeutungen. Mahler, der bis heute behauptet, niemals mit dem MfS zusammengearbeitet zu haben, fuhr vom 28. Dezember 1963 bis zum 23. Januar 1964 in die ČSSR. Igel schreibt:

> Was trieb Mahler dazu, mit Billigung des MfS und des Außenministeriums [der DDR – M.J.], einen Wintermonat lang in der CSSR zu verbringen? Für einen Skiurlaub im Riesengebirge hätte er keine Billigung von ganz oben gebraucht und den direkten Grenzübergang von Bayern zur CSSR nehmen können. Es muss eher ein gezielter geheimer Auftrag gewesen sein.[11]

Hinter diesem geheimen Auftrag vermutet Igel eine paramilitärische Ausbildung – allein, wieder fehlt es an einem Beleg für diese These. Allenfalls gibt es Indizien und Ideen, wie es hätte gewesen sein können. Regine Igel bietet nur wenige Erkenntnisse aus den Stasi-Akten. Ausführlich widmet sie sich Ulrike Meinhof. Doch auch in diesem Fall bleibt sie den Lesern schuldig, auch nur einen unumstößlichen Beleg dafür zu präsentieren, dass Meinhof und der westdeutsche Linksterrorismus aus der DDR gesteuert worden seien.

Zürich, Paris, Prag, Ostberlin und Mailand

Im zweiten Kapitel schildert Igel das internationale Netz des Terrorismus, das sich nach ihr „unter dem Dach von Stasi und KGB"[12] befand. Leider durchzieht Raunen auch dieses Kapitel. Statt Details auszubreiten, die das entsprechende Bild ergeben würden, begnügt sich Igel mit einer Aussage des Historiker Michael Ploetz:

> Tatsächlich lässt sich mit Dokumenten der SED und des Ministeriums für Staatssicherheit (MFS) belegen, dass die Friedensbewegung und der Linksterrorismus Elemente einer sowjetischen Langzeitstrategie waren, deren Endziel die etappenweise Niederringung der westlichen Demokratien war.[13]

Ansonsten begnügt sich die Igel mit der Wiederholung der Behauptungen von Claire Sterling. Schlauer als damals ist der Leser nach der Lektüre dieses Kapitels jedenfalls nicht. Dagegen bieten die substantiellen Informationen über die führenden Palästineser Ali Hassam Salameh, Abu Daud, Abu Iyad, Abu Nidal, Zaki Helou sowie Monika Haas

---

[11] Ebd., S. 32.
[12] Ebd., S. 57.
[13] Michael Ploetz: Mit RAF, Roten Brigaden und Action Directe, zitiert in: Igel, Terrorismus-Lügen [Fn. 6], S. 59.

und ihre Nähe zur Stasi neue Erkenntnisse. Auch der Abschnitt über die Roten Brigaden in Italien ist fundiert; allerdings hat ihn die Autorin zuvor bereits klarer und empirisch fundierter publiziert.[14] Aber auch hier gelingt es Igel nicht, ihre Generalthese zu belegen, dass über die Vermittlung der Palästinenser deutsche und andere linksterroristische Gruppen die Demokratien in Europa im Auftrag Moskaus destabilisiert hätten.

Inge Viett und die AGM/S

Das dritte Kapitel ist jenen Angehörigen der RAF gewidmet, die sich Ende der 1970er Jahre in die DDR absetzten, sowie der unaufgeklärten Geschichte der dritten Generation der RAF. Igel behauptet hier, dass die RAF-Aussteiger keineswegs als Aussteiger angesehen werden sollten. Dabei habe es sich nur um Verschleierung gehandelt, um weiteren Aktivitäten zu verdecken:

> Die vermeintlichen Sehnsüchte der zehn Terrorismus-„Aussteiger" nach einem ruhigen Kleinbürgerleben entlarven sich als zweckgerichtete Legenden."[15]

Auch diese Entschlüsselung basiert auf raunenden Aussagen, Andeutungen und freien Interpretationen, Urteilen Dritter, ohne deren Quellen zu zitieren. So behauptet Igel etwa, dass anders als bislang dargestellt, der erste Kontakt des MfS mit Inge Viett nicht im Frühjahr 1978, sondern sehr viel früher stattgefunden habe. Das wäre für die Kernthese, dass die RAF und andere Gruppen durch die Stasi „geführt" worden seien, von zentraler Bedeutung. Bereits 1976 sei in der Zeitung *Die Welt* von einer Informantin „Maria" die Rede gewesen, was sich später als Inge Vietts Deckname herausstellt habe. Auch hier fehlt wieder jeder Beleg.

Igel bündelt ihre Recherchen zu den RAF-Aussteigern und der dritten Generation der RAF in einer Darstellung von Plänen des MfS, eine Partisanenorganisation aufzubauen, die im Kriegsfall in der Bundesrepublik spezielle Kampfaufträge durchführen sollte. Diese Gruppe trug den Namen „Arbeitsgemeinschaft des Ministers/Sondergruppen (AGM/S)". Diese Pläne wurden längst dargestellt.[16] Eine Verbindung zu den linksterroristischen Gruppen der Bundesrepublik – RAF, Bewegung 2. Juni, Revolutionäre Zellen – konnte bislang nicht nachgewiesen werden. Auch Regine Igel gelingt das nicht, sie spricht nur davon, dass eine Einbeziehung von Kadern der RAF, der Bewegung 2. Juni und anderen „naheliege".[17]

---

[14] Regine Igel: Linksterrorismus ferngesteuert. Die Kooperation von RAF, Roten Brigaden, CIA und KGB, in: Blätter für deutsche und internationale Politik, 10/2007, S. 1221f.
[15] Igel, Terrorismus-Lügen [Fn. 6], S. 11.
[16] Thomas Auerbach: Einsatzkommandos an der unsichtbaren Front. Berlin 1999.
[17] Ebd., S. 242.

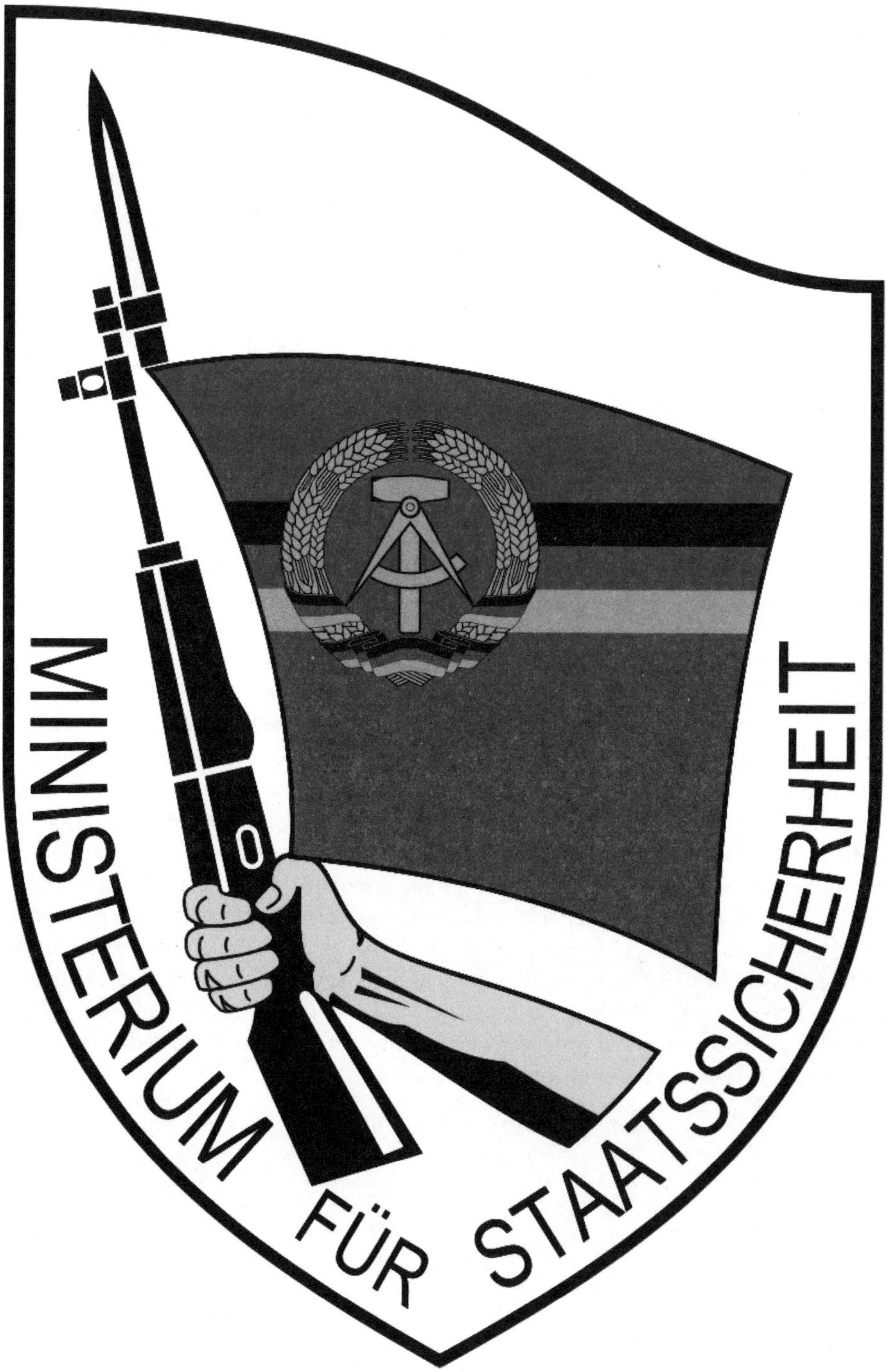
MINISTERIUM FÜR STAATSSICHERHEIT

Odfried Hepp und das MfS

Ein Historiker darf spekulieren, solange er Spekulationen als solche qualifiziert. Er kann vorgefundenes Material interpretieren, sofern er es kenntlich macht. Zumeist unterlässt Regine Igel diese Trennung. Auch da, wo sie die Kooperation des MfS mit Rechtsterroristen wie Odfried Hepp u.a. darstellt, verfährt die Autorin so. Hepps Geschichte, auch die seiner Verbindungen zur Stasi und den Palästinensern, ist umfangreich aufgearbeitet.[18] Einige Abschnitte seiner Beziehung zum Ministerium für Staatssicherheit sind ungeklärt, da Akten fehlen und Hepp sowie die beteiligten Mitarbeiter des MfS schweigen oder Versionen der Geschichte erzählen, die, vorsichtig formuliert, merkwürdig sind. So will Hepp eine Serie von Anschlägen, an denen er in der Bundesrepublik beteiligt war, mit dem MfS nicht besprochen haben, obwohl er in der Zeit, als diese Anschläge vorbereitet und durchgeführt wurden, regelmäßig Kontakt zum MfS hielt. Auf solche Widersprüche muss ein Historiker hinweisen. Regine Igel dagegen formuliert ihre Wertungen so, als ob vollkommen klar sei, dass das MfS diese Serie von Anschlägen gegen Soldaten der US-Armee mit Hepp geplant habe. Einen Beleg hat sie dafür nicht.[19]

Regine Igel und die MfS-Unterlagen

Den Kern der verschwörerischen, raunenden, spekulativen Haltung von Regine Igel erkennt der Leser endgültig im fünften Abschnitt. Igel schildert hier, wie ihr während ihrer Recherche in der Stasi-Unterlagenbehörde nicht nur Akten vorenthalten, sondern offenbar falsche Begründungen für dieses Vorenthalten genannt wurden. Sie berichtet von offenbar nachträglich ausgedünnten Akten.
Leser können natürlich nicht überprüfen, ob diese Merkwürdigkeiten tatsächlich stattgefunden haben. Aber wer einmal in der Stasi-Unterlagenbehörde gearbeitet hat, wird sich an vergleichbare Situationen erinnern. Statt dies auf das Konto behördlicher Unzulänglichkeit zu verbuchen, ist für Igel die Sache klar:

> Mit der Durchsicht der Akten vor der Herausgabe befasst sich in der Behörde seit zwei Jahrzehnten eine größere Anzahl von Sachbearbeitern. Man erhält den Eindruck, dass das wirkliche Ausmaß des Einflusses der Stasi im Terrorismus, ob im linken oder rechten, verdeckt bleiben soll. Liegt der Grund darin, dass es hier auch um unrühmliche und verdeckt zu haltende Geheimdienstmachenschaften des Westens geht? Sollten die Ausmaße der RAF-Stasi-Kooperation klein gehalten werden, um Täter der Abteilung „Terrorabwehr" vor juristischer Verfolgung zu schützen? Will man sich hochqualifizierter geheimdienstlicher Diener auch der zweiten Diktatur im Inneren des Staates bedienen? Ist das soviel wert, um dafür Spielregeln der Demokratie außer Kraft zu setzen?[20]

---

[18] Yury Winterberg: Der Rebell. Bergisch Gladbach 2004.
[19] Igel, Terrorismus-Lügen [Fn. 6], S. 259f.
[20] Ebd., S. 297.

Als Beleg für ihre Spekulation führt Igel ein Dokument an, das ihr im April 2010 ausgehändigt wurde und bis dahin als geheim galt. In dem Papier, das von Mitarbeitern der Hauptabteilung Aufklärung (HVA) der MfS-Nachfolgebehörde – des nur kurz existierenden Amtes für Nationale Sicherheit (ANS) – im März 1990 verfasst wurde, heißt es:

> Im ehemaligen Amt für Nationale Sicherheit der DDR liegen alle Erkenntnisse zu den Geheimdiensten der BRD aufbereitet vor. Auch in den Köpfen von Spezialisten der Aufklärung und Abwehr sind diese Erkenntnisse gespeichert. Bei Offenlegung des Wissens über die Geheimdienste der BRD kann mit einer Destabilisierung der Lage auch in der BRD sowie mit einer beträchtlichen Störung des gesamteuropäischen Einigungsprozesses gerechnet werden.[21]

Kurz und gut, die Autorin behauptet, das ehemalige Personal des Ministeriums für Staatssicherheit erpresse die Bundesrepublik Deutschland und habe mit der Veröffentlichung dieser Erkenntnisse gedroht und sich damit in die neue Republik eingekauft.

Resümee

Michael Hallers Kritik an Claire Sterling, dass sie imponierend demonstriere, wie leicht mit unbewiesenen Behauptungen und aberwitzigen Spekulationen ein beachtetes Buch zu machen sei, sofern es herrschende Vorurteile bestätige, gilt auch für Regine Igels Werk. Dass westdeutsche Linksterroristen, die DDR, die Sowjetunion, die Tschechoslowakei und die PLO zeitweise kooperierten, Kämpfer und Waffen austauschten, Gelder transferierten und Trainings anboten, Anschläge planten und durchführten, lässt sich nicht auf eine gemeinsame logistische Struktur eines kommunistischen Geheimdienste zurückführen. Solche Erklärungen sind reduktionistisch und reproduzieren nur den Schein des Kalten Krieges, in dem es angeblich nur zwei handelnde Mächte gab: die Sowjetunion und die USA. Alle anderen Konflikte waren angeblich nur nachgeordnete Funktionen dieses Kalten Krieges.

Die Geschichte der Internationalisierung des Terrorismus wird sich nur analysieren und erklären lassen, wenn die Heterogenität der Konflikte akzeptiert wird, die mit terroristischen Mitteln ausgetragen wurden. Der Terrorismus in seiner Mannigfaltigkeit – der ethnonationale, der sozialrevolutionäre, der religiöse – ist nicht immer derselbe, hat nicht immer eine gemeinsame Wurzel, auch wenn es häufig gemeinsame Feinde gibt. Die wesentliche Frage, die eine historisch-empirische transnationale Terrorismusforschung beantworten muss, ist die, wie während des Ost-West-Konflikts terroristische Gruppen sich in internationalen Netzen zusammenfinden konnten, obwohl sie unterschiedliche Motive hatten. Regine Igel ist einer Antwort auf die Frage, welche Motive zur Internationalisierung des Terrorismus beitrugen, nicht näher gekommen. Sie bleibt in den Erklärungsmustern des Kalten Krieges stecken.

---

[21] Ebd., S. 299.

BÜCHER UND ZEITSCHRIFTEN

Michail Gorbatschow: Alles zu seiner Zeit. Mein Leben. Aus dem Russischen von Birgit Veit. Hamburg: Hoffmann und Campe 2013. 552 S. 24,99 €

Die Memoiren des letzten Generalsekretärs der KPdSU und ersten Staatspräsidenten der Sowjetunion bedürfen wahrlich keines Werbefeldzuges. Bereits vier Wochen nach ihrem Erscheinen Mitte März 2013 stürmten sie auf den zweiten Platz der Bestseller-Liste des *Spiegel*. Das ist kaum verwunderlich, denn der Mann, der nach seinem Moskauer Jurastudium bis zum Jahre 1985 nur als Jugend- und Partei-Funktionär tätig war, beendete in den 80 Monaten seiner Herrschaft den Kalten Krieg, nahm die Auflösung des sowjetischen Imperiums hin und liquidierte die Restbestände der bisherigen marxistisch-leninistischen Ideologie in Osteuropa. Eine schleichende Sozialdemokratisierung ersetzte in der Sowjetunion die Dominanz des nach 1968 immer mehr dahinsiechenden Leninismus. Aufmerken lässt, dass Gorbačev noch die Ära Brežnev als „totalitär" bezeichnet.
Gorbačev hat ein selten ehrliches Dokument vorgelegt. Es zeichnet anhand von Politbüro-Dokumenten die Jahre seines Aufstiegs und Falls dramatisch nach. Vieles ist westlichen Politikwissenschaftlern seit längerem bekannt. So die Tatsache, dass Gorbačev als Erster Parteisekretär der Region Stavropol' und somit auch des Kurortes Mineral'nye Vody, in dem die wichtigsten Politbürokraten ihre Ferien verlebten, für eine höhere Position aufgefallen war. Andere Darlegungen stützen die bisherigen Vermutungen eines trickreichen Machtkampfes nach dem Ableben Brežnevs zwischen dem damaligen Moskauer Parteichef Viktor Grišin und Gorbačev, der schließlich zur „einmütigen Wahl" des Russen aus dem Kaukasus führte – aber erst nachdem Außenminister Gromyko der Posten des Vorsitzenden des Obersten Sowjet zugesichert worden war. Gorbačev gibt die Stellungnahmen der wahlberechtigten Politbüro-Mitglieder im Kern wieder.
Aber auf der Karriereleiter Gorbačevs spielte am Rande – wie man erst jetzt erfährt – ebenso eine Rolle, dass der in der Parteiführung für die sowjetische Landwirtschaft zuvor zuständige Fedor Kulakov ein Auge auf die Gattin des Aufsteigers geworfen hatte und dem Ehemann unverhohlen eine Ménage à trois vorschlug.
Gorbačev konnte im April 1985 auf die Unterstützung Kulakovs und Gromykos sowie weiter Teile des zentralen Apparates, der Armee und des KGB sowie wortmächtiger Intellektueller, insbesondere der „Kinder des XX. Parteitages", und entscheidender Medien zählen. Diese forderten von ihm „mehr Sozialismus und mehr Demokratie". So war Gorbačev nicht nur ein Treibender, sondern auch ein Getriebener – Papst und Luther in einer Person. Mit der XIX. Parteikonferenz, so schildert es der ehemalige erste Mann des Sowjetstaates, legte sich die Partei endlich auf eine pluralistische Gesellschaftskonzeption fest und verabschiedete sich sukzessive von der Ideologie Lenins.
Grund hierfür scheinen Gorbačevs Zweifel daran gewesen zu sein, dass das Land „in Würde das Zwanzigste Jahrhundert" erreichen könnte. Eine wichtige Ursache war der zunehmende technische Rückstand der Industrie, der vor allem die Verteidigung des Landes schwächte. Außenpolitische Gewinne, ja selbst der Erhalt der bisherigen Erträge aus dem Zweiten Weltkrieg wurden immer kostenträchtiger. Dies war eine Konsequenz der Überdehnung des sowjetischen Imperi-

ums und der Preisgestaltung im RGW, und auch des von der CIA nach unten manipulierten Rohstoffpreises sowie nicht zuletzt eine Folge der ausbleibenden Kredite aus dem Westen nach dem NATO-Gipfel vom Juli 1990 in London. Die sowjetische Rüstung, so Gorbačev, habe ein Zweieinhalbfaches der US-amerikanischen gekostet. Helmut Schmidt teilte in einem im *Spiegel* abgedruckten Gespräch (5.5.2013) mit Gerhard Schröder mit, Gorbačev habe ihm eingestanden, der Doppelbeschluss der NATO habe durchaus seine Berechtigung gehabt. Ähnlich hatte sich der Generalstabschef Sergej Achromeev bereits mehr als ein Jahrzehnt zuvor bei einer „oral history"-Sitzung geäußert.

Gorbačev liefert eine Vielzahl von ernüchternden Beispielen sowjetischen Fehlverhaltens, die die allgemeine Krise des kommunistischen Systems seinerzeit dramatisch verschärften. Besonders die halbgaren Pläne führender Wirtschaftswissenschaftler, die er zusammenfassend vorstellt, konnten die Hungerrevolten und Massenstreiks als Folge der Perestrojka nicht auflösen. Sie erschienen den Traditionalisten in den kommunistischen Parteien als Absage an den von ihnen betriebenen autoritären Sozialismus. Gleichzeitig verschärften sich die bisher ungelösten ethnischen Konflikte in der UdSSR.

Vor dem Hintergrund der Unterzeichnung eines neuen Unionsvertrages versuchten orthodoxe und traditionelle Kräfte schließlich im August 1991 den lange erwarteten Staatsstreich. Durch die zuvor entstandene Doppelherrschaft von Unions- und russländischen Machtorganen waren geteilte Loyalitäten entstanden, die den Putschisten entgegenwirkten. In Moskau spitzte sich die persönliche und politische Auseinandersetzung zwischen Gorbačev und El'cin dramatisch zu, so dass sich hier letztlich das Schicksal des Riesenlandes entschied. El'cin hatte am Anfang noch zur theatralischen Geste eines mit einer Schere angedeuteten Selbstmordversuchs gegriffen. Aber er hatte schließlich den Parteichef 1991 gerettet, um sich dessen Machtposition auf den Leib zu schneidern. Heute ist der einstige Mitstreiter für Gorbačev nur noch ein „niederträchtiger Mensch".

Gorbačev schildert nur am Rande, dass er und Ševardnadze den Einflüsterungen Margaret Thatchers vom September 1989 widerstanden. Diese hatte bei ihrem Besuch in Moskau im September 1989 behauptet, nicht nur Großbritannien, sondern auch Frankreich und die USA würden sich sowjetischen Interventionsmaßnahmen in den Ländern des Warschauer Paktes nicht widersetzen. Die Brežnev-Doktrin, die Gorbačev im November 1985 intern außer Kraft gesetzt hatte, würde die Interessen der West-Allianz nicht berühren. Besonders ermunterte sie die Sowjetführung, Tendenzen einer eventuellen deutschen Wiedervereinigung zu blockieren. Andere Töne in NATO-Ratserklärungen könne Moskau getrost überhören.

Durch solche Helfer geriet der sowjetische Staatspräsident zwischen Scylla und Charybdis – er hatte inzwischen erkannt, dass das äußere Imperium und besonders die DDR größere Kosten verursachten, als sie Gewinne einfuhren. Seine neuen Denkansätze, wie der „Vorrang allgemein-menschlicher Interessen" vor internationalen Klasseninteressen, wie die These von der „gemeinsamen Sicherheit" und seine Doktrin „hinlänglicher Verteidigung", gerieten durch solche westlichen Helfershelfer jedoch in eine schwere Legitimationskrise. Sie befeuerten die Argumentation von Altstalinisten wie Nina Andreeva, hinter der Egor Ligačev stand, der zweite Mann in der KPdSU. Sie traten auch beim Augustputsch von 1991 erneut in den Vordergrund der innersowjetischen Konflikte.

Um so merkwürdiger ist es, dass die hier genannten Prozesse, die das 40 Jahre bestehende, bipolare internationale System zerstörten, in den Memoiren nicht ausreichend analysiert werden. Doch auch die Rolle des maßgeblichen Ideengebers dieser Jahre, die des ehemaligen ZK-Sekretärs Aleksandr Jakovlev, harrt einer ausführlichen Würdigung.

Die Memoiren zeichnen den Weg in die weitgehend innenpolitisch verschuldete allgemeine Krise des Systems getreulich nach. Das Buch ist besonders auf den ersten 99 Seiten von einer geradezu entwaffnenden Offenheit. Gorbačev kann es bis heute nicht verwinden, dass er seiner Frau Raisa die Niederlage „seiner" Perestrojka nicht erspart hat. Er macht sich auch für deren frühen Krebstod verantwortlich.

In Russland erschien der Band 2012 unter dem zutreffenden Titel *Naedine s soboj* (Allein mit sich selbst). Mit sich selbst im Reinen ist Gorbačev bis heute allerdings nicht.

Fred S. Oldenburg

Michail Gorbačev: Naedine s soboj. Moskva: Grin Strit 2012. 688 S. – Dt.: Alles zu seiner Zeit. Mein Leben. Aus dem Russischen von Birgit Veit. Hamburg: Hoffmann und Campe 2013. 552 S. 24,99 €

Als Viktor Gorbačev wäre er eigentlich in die Weltgeschichte eingegangen. Auf diesen Vornamen hatten sich die Eltern – Sergej und Marija – bei der Geburt ihres Sohnes geeinigt. Im patriarchalischen Dorfleben im Kaukasus Anfang der 1930er Jahre herrschten allerdings andere Familiengesetze. Sergejs Vater Andrej bestimmte für seinen kleinen Enkel, der am 2. März 1931 das Licht der Welt erblickte, einfach einen anderen Namen als von den Eltern vorgesehen. Als der Pope in der Dorfkirche bei der Taufzeremonie fragte: „Welchen Namen soll er tragen?", antwortete der Großvater bestimmt: „Michail." Und dabei blieb es. Es gab aber auch weniger harmlose Vorgänge als die Einmischung in die Namensgebung. Den Eltern war sogar die Lebensentscheidung abgenommen worden, wen sie heiraten sollten. So erfährt der Leser, dass die Mutter des späteren Kreml-Chefs gegen ihren Willen Sergej Gorbačev ehelichen musste, weil die Väter es so entschieden hatten.

Michail Gorbačev gibt in seinem neuen Buch *Alles zu seiner Zeit*, das er ausdrücklich nicht als Autobiographie verstanden wissen will, sehr viel Privates, ja Intimes preis. Es ist seiner 1999 verstorbenen Frau Raisa gewidmet; er beschreibt darin das Leben mit ihr, das von einem ständigen geistigen Austausch geprägt war. Der Beginn ihrer Beziehung, die Jahrzehnte später die Weltpolitik in einem schwer zu bestimmenden Ausmaß beeinflussen sollte, da der Kreml-Chef mit seiner stark politikinteressierten Ehefrau viele Staatsangelegenheiten und Personalentscheidungen besprach, war allerdings alles andere als märchenhaft. Ursprünglich wollte Raisa einen anderen Kommilitonen der Moskauer Universität heiraten. Die Hochzeit war bereits geplant; das Paar sollte aber noch zur „smotrina", das heißt, die künftige Braut musste noch den Eltern des Bräutigams vorgestellt werden, die im Baltikum lebten. Die potentielle Schwiegermutter reiste an. Nach einer kurzen Begutachtung lehnte sie Raisa ab, die am Boden zerstört war. Der charakterschwache Bräutigam widersetzte sich nicht, die Liaison wurde gelöst.

Nur wenige Wochen später fand Raisa dann Trost bei Michail Gorbačev, jenem Provinzler, der erst mit 20 Jahren zum allerersten Mal in seinem Leben sein Dorf Privol'noe bei Stavropol' verlassen hatte, der im gleichen Alter zum ersten Mal in einem Zug gesessen und kurze Zeit später zum ersten Mal eine Rolltreppe gesehen hatte und mit der U-Bahn gefahren war. „Ich bin Student der Moskauer Universität!", habe er nach dem Aufnahmebescheid immer wieder ungläubig und voller Stolz zu sich gesagt. Er bekennt, dass es ihm bei seinem beruflichen Aufstieg an „Diplomatie und Wendigkeit" nie gemangelt habe, schildert aber auch, wie er schon mal unfähige Vorgesetzte kritisierte, was einigen Mut erforderte.

Neben politischen Analysen finden sich in dem fast 700 Seiten starken Werk auch viele anrührende Lebenserinnerungen, wie zum Beispiel die an die Verabschiedung des Vaters zur Front im Sommer 1941. „Vater kaufte mir ein Eis. So ein leckeres Eis habe ich in meinem ganzen Leben nicht gegessen." Als der Vater 1976 an einer Gehirnblutung starb, habe er sich von ihm nicht richtig verabschieden können. Alles sei so schnell gegangen.

Wer an dem Menschen Michail Gorbačev interessiert ist, findet in *Alles zu seiner Zeit* die wohl offenste und aufrichtigste Beschreibung seines Lebensweges. Dass der große Reformer und Gestalter nach seinem politischen Absturz und Machtverlust im Dezember 1991 mit der erzwungenen neuen Rolle als Beobachter haderte, war anzunehmen. Russland versank in den El'cin-Jahren noch tiefer in Armut und Anarchie. Dass sich daraus auch manchmal Gereiztheiten zwischen dem Ehepaar Gorbačev ergaben, verwundert allerdings, denn es passt nicht so recht in das allgemein gezeichnete Bild einer „Jahrhundertliebe" und Musterehe. Der ehemalige Kreml-Chef bedauert, seine Ehefrau gelegentlich mit harschen Worten angegangen zu sein, wenn sie wieder die düstere Situation im Land und das Leid der Menschen ansprach oder am Charakter der neuen Führungspolitiker zweifelte. Man sollte nicht immer wieder über das Gleiche reden, habe er zu ihr gesagt.

Fast erwartungsgemäß rechnet Gorbačev in seinem Buch mit El'cin und dessen Regierungszeit ab. Erstaunlich dagegen ist, dass er den westlichen Staaten eine Mitschuld am Untergang des Imperiums gibt. Denn sie „haben El'cin unterstützt, weil er die Zerstörung der UdSSR betrieb". Und es waren laut Gorbačev die Putschisten vom August 1991, die letztlich die Erneuerung der KPdSU und die Unterzeichnung des neuen Unionsvertrages verhinderten. Er hadert also immer noch mit seinem politischen Erbe. Die Sowjetunion hätte erhalten, die KPdSU reformiert werden können – so lautet sein ungebrochenes Credo. *Ignaz Lozo*

Egor Gajdar, Anatolij Čubajs: Razvilki novejšej istorii Rossii. Moskva: O.G.I. 2011. 168 S.

Die beiden Architekten der Privatisierung in Russland während der Präsidentschaftsjahre Boris El'cins (1991–1999), der 2009 verstorbene Egor Gajdar und Anatolij Čubajs, legen in ihrer kurzen Abhandlung über sowjetische bzw. russländische Wirtschaftspolitik dar, warum der von ihnen selbst eingeschlagene Weg für Russland richtig und unumkehrbar war.

Für die sowjetische Wirtschaft sei kennzeichnend gewesen, so die beiden Autoren, dass sie zu allen Zeiten von der Politik dominiert wurde. Wirtschaftliche Reformen seien stets nur halbherzig unternommen worden, weil man im Politbüro der Auffassung war, dass Liberalisierung am Ende nur zu Machtverlust führen werde. Da die wirtschaftliche Lage sich aber in den Jahren 1988/1989 krisenhaft zuspitzte, war eine Reformierung des politischen Systems unausweichlich gewesen. Michail Gorbačev setzte als Generalsekretär der Partei auf soziale Marktwirtschaft mittels Stärkung der wirtschaftlichen Selbständigkeit der Staatsunternehmen, Verbesserung der Rechte der Arbeitskollektive und behutsamer Erweiterung der Eigentumsrechte durch Einführung der Pacht und die Gründung von Kooperativen.

Damit aber blieb er auf halbem Wege stehen. Bestand doch die staatliche Preisregulierung bei den Staatsunternehmen fort, während andererseits die Kooperativen unkontrolliert Handel und Wandel betrieben. Das Begonnene erforderte eine logische Fortführung, so argumentieren Gajdar und Čubajs. Privateigentum musste legalisiert, die Preise freigegeben, Marktbeziehungen eingeführt, der Rubel konvertibel gemacht und die Integration in die Weltwirtschaft angestrebt werden.

Durch den Zusammenbruch des sowjetkommunistischen Systems eskalierte die wirtschaftliche und finanzielle Situation. Wie sollte der Reformprozess in Russland jetzt weiter verlaufen: „Zuerst die Privatisierung und dann die Liberalisierung der Preise oder umgekehrt?" Tatsache war, dass die kommunistische „Nomenklatura" selbst längst zur spontanen Privatisierung übergegangen war. Diese ungesetzliche und unregulierte „Nomenklatur-Privatisierung" war nicht mehr rückgängig zu machen. Somit war für die Autoren nur eine weitere gesetzlich geordnete unentgeltliche Privatisierung mittels der Vergabe von Privatisierungsschecks (Voucher) an die gesamte Bevölkerung konsequent gewesen.

Damit in Verbindung stand die Umwandlung der Staatsunternehmen in Aktiengesellschaften. Es formierte sich ein Aktienmarkt, wodurch die Grundlage für eine weitere Umverteilung in marktkonformes privates Eigentum entstand. Indes sei damit die Wirtschaft noch längst nicht unter private Kontrolle gebracht worden, denn es gab jetzt zwar Zehntausende von Aktiengesellschaften, aber die Mehrheit der Unternehmen hatte noch keine neuen Herren bekommen. In Wirklichkeit hatten die

„roten Direktoren" weiterhin das Sagen in den Betrieben. Dazu kam, dass die eigentlichen Industriegiganten auf dem Energie- und Rohstoffsektor in den Jahren 1993–1995 noch gar nicht in den Massenprivatisierungsprozess einbezogen waren.

Erst 1995 sei es politisch möglich gewesen, die 1992 begonnene Privatisierung der Staatsunternehmen konsequent zu Ende zu führen. So schlug einer der späteren Oligarchen, Vladimir Potanin, im März 1995 vor, auf Auktionen die Aktien der bisher noch im Staatsbesitz verbliebenen Großunternehmen an Banken gegen Kredite für die Regierung zu verpfänden. Die Kredite sollten nach anderthalb Jahren durch die Regierung wieder getilgt werden, oder die Aktienpakete sollten in das Eigentum der beteiligten Banken übergehen. In Anbetracht des stark defizitären Staatshaushaltes war kaum damit zu rechnen, dass die Kredite zurückgezahlt werden konnten.

Die bis heute bestehende grundsätzliche Kritik an den Pfandauktionen halten Gajdar und Čubajs nur zum Teil für berechtigt. Zumindest gestehen sie als ehemalige Hauptverantwortliche ein, dass die Aktionen nicht transparent und die Gewinner einseitig bevorzugt worden seien. Der Erwerb der Aktienpakete sei indes rechtmäßig vor sich gegangen. Die Unterstellung aber, dass man, um ihre weitere Kontrolle durch „kommunistische Kader zu verhindern, die „Perlen" der russländischen Wirtschaft verschleudert habe, weisen sie entschieden zurück. Seien doch diese „Perlen" längst „in vollem Verfall" begriffen und ihr Marktwert deshalb „äußerst niedrig" gewesen. Allein durch ihre Privatisierung sei gewährleistet worden, dass die Unternehmen in den folgenden Jahren wieder aufblühten und zu einem „gewinnbringenden Geschäft" wurden.

In der Zeit der Präsidentenwahlen im Jahre 1996 formierte sich das Bündnis der Macht mit den Oligarchen, von dem beide Seiten profitierten. Dabei ging es in erster Linie darum, den Kommunisten den Weg zur Macht zu versperren. Die Oligarchen sahen darin indes kein taktisches Zusammengehen auf Zeit. Diese durch die Privatisierung reich gewordenen „Geschäftsleute" (biznesmeny) wollten weiterhin über die politischen Geschicke des Landes bestimmen. Es waren vor allem Boris Berezovskij und Vladimir Gusinskij, die diese Haltung einnahmen und sich nun gegen die Reformpartei um El'cin, angeführt von Čubajs, stellten.

In den Jahren 2000 bis 2008 kam es zu einem stabilen Wachstum der Wirtschaft in der Russländischen Föderation mit der Folge einer finanziellen Stabilisierung des Landes. Die Frage lag auf der Hand, was mit den jetzt die Großunternehmen beherrschenden Oligarchen geschehen würde, die bis Ende der 1990er Jahre versucht hatten, sogar die Politik zu dominieren und sich noch immer über die Staatsduma bemühten, ihre Interessen durchzusetzen. Hervorzuheben ist hier insbesondere der Konflikt zwischen der Führung von Jukos und der Regierung, der allerdings von den Autoren nicht weiter erörtert wird.

Vor allem aber geht es nach der Jahrhundertwende um die Stabilisierung der Geld- und Kreditpolitik als Voraussetzung für eine innovative Wirtschaft, wollte Russland nicht den Anschluss an die hochentwickelten Länder verlieren. Eine solche moderne Wirtschaft bedürfe aber nicht nur einer entsprechenden ökonomischen Basis, die mehr oder weniger in den letzten Jahren geschaffen wurde, sondern vor allem auch einer ihr entsprechenden Demokratisierung des politischen Systems, das sich nicht mehr vor allem durch seinen Repressionscharakter auszeichne. Eine direkte Auseinandersetzung mit der Wirtschaftspolitik in den Putin-Jahren findet aber nicht statt.

Es war an erster Stelle Čubajs, der dafür verantwortlich war, dass Russlands Wirtschaft zur privaten Beute wurde. Er hatte damit die Hoffnung verbunden, nicht nur die kommunistische Vergangenheit Russlands zu überwinden, sondern zugleich auch den Weg zur freien Marktwirtschaft endgültig zu ebnen. Indes haben die Oligarchen ihre Beute nicht mehr freigegeben. Statt sich der freien Konkurrenz zu stellen, begaben sie sich lieber unter den Schutz der repressiven Macht des Putin-Regimes. Fragen von Recht und Ordnung sind allerdings auch für die beiden Autoren nicht von besonderem Interesse.

Klaus Heller

Jahrbuch für Historische Kommunismusforschung 2013. Herausgegeben von der Bundesstiftung zur Aufarbeitung der SED-Diktatur. Berlin: Aufbau Verlag 2013. 414 S. 38,– €

Geschichtsschreibung hat viel mit Selbstvergewisserung zu tun. So verwundert es nicht, dass Historiker sich in der Tendenz der Themen annehmen, die ihrer eigenen Lebenswelt nahe stehen. Entsprechend ist auch die Geschichtsschreibung der kommunistischen Bewegungen in erster Linie ein Produkt aktiver oder ehemaliger Kommunisten beziehungsweise der Linken im allgemeinen. Im aktuellen *Jahrbuch für Historische Kommunismusforschung 2013* werden die Historiographien fünf europäischer kommunistischer Bewegungen vorgestellt – der deutschen, französischen, italienischen, österreichischen und dänischen. Dabei ergeben sich bemerkenswerte nationale Unterschiede.

In der Bundesrepublik Deutschland war die Aufarbeitung der Geschichte des deutschen Kommunismus eine Domäne linker Intellektueller, die oft einen kommunistischen Hintergrund hatten, in den dreißiger Jahren ins Exil gehen mussten und nach dem Krieg zurückkehrten. Mario Kessler stellt die drei bedeutendsten dieser ersten Generation vor: Franz Borkenau, Richard Löwenthal und Ossip K. Flechtheim. Vor allem ihnen und ihren Schülern ist es zu verdanken, dass die Geschichte der KPD und des deutschen Kommunismus im internationalen Kontext eines der besterschlossenen Forschungsgebiete überhaupt ist. Das ambivalente Verhältnis zu ihrer politischen Vergangenheit erwies sich dabei eher als produktiv denn als Hemmnis.

In Frankreich haben wir ein anderes Bild, wie Bernard Pudal darlegt. Hier erhielt die Aufarbeitung der Geschichte des französischen Kommunismus aus der Bewegung oder von ehemaligen Anhängern nur geringe Impulse. Wichtiger waren „Außenseiter", vor allem die Historikerin Annie Kriegel. Kaum irgendwo sonst kam es zu so erbitterten Diskussionen im Graubereich zwischen Wissenschaft und Politik, die schließlich im Eklat um das *Schwarzbuch des Kommunismus* (1997) gipfelten.

Ganz anders ist die von Bruno Groppo vorgestellte Situation in Italien, wo es nicht nur schon früh eine intensive Auseinandersetzung der Kommunisten mit ihrer eigenen Geschichte gab, sondern diese auch sehr erfolgreich akademisiert werden konnte und in einem engen Zusammenhang mit der Arbeiter- und Sozialgeschichte stand.

Das Gegenbeispiel dazu stellt Österreich dar, wo Kommunisten in der Wissenschaft praktisch nicht Fuß fassen konnten und die Erforschung des Austro-Kommunismus ein Schattendasein führte und immer noch führt, wie Manfred Mugrauer berichtet. Der dänische Kommunismus wiederum, der nie größere politische Bedeutung erlangt hatte, wurde Anne-Mette Anker Hansen und Thomas Wegner Friis zufolge zur fast ausschließlichen Domäne der schillernden Forscherpersönlichkeit Bent Jensens, der lediglich eine „kurze Romanze" mit dem Marxismus hatte.

Wenn man nach den Gründen für diese sehr unterschiedlichen Entwicklungen fragt, dann bieten sich zunächst einmal die jeweilige Vorgeschichte und die innenpolitische Situation nach dem Zweiten Weltkrieg an, wobei die Besonderheit der deutschen Zweistaatlichkeit einiges erklären mag. Andererseits aber ähneln sich die Rahmenbedingungen Frankreichs und Italiens doch zu sehr, um die großen Differenzen zu erhellen. Offensichtlich hing viel von der intellektuellen Potenz herausragender Einzelpersönlichkeiten ab, die die jeweiligen kommunistischen Bewegungen zu bieten hatten; ferner das Maß, in dem dieses Personal seinen Platz in der jeweiligen Nachkriegsgesellschaft fand.

In der Bundesrepublik waren die linken Rückkehrer alles andere als unumstritten; aber ihre zum guten Teil in den Vereinigten Staaten erworbenen akademischen Meriten und ihre kritische Haltung gegenüber dem realen Kommunismus waren gute Voraussetzungen für ihre Etablierung in der westdeutschen Nachkriegsgesellschaft. Auch der italienische Kommunismus hatte viele herausragende Intellektuelle in seinen Reihen, die sich mühelos an den Universitäten behaupten konnten. Das innenpolitische Gewicht der Partei, aber auch ihre moderatere Ausrichtung werden dazu beigetragen haben. Die französischen Kommunisten hatten nichts Vergleichbares anzubieten, obwohl große Teile der französischen Intelligenz dem linken Spektrum zuzuordnen waren. Die Partei selbst wiederum hatte sich einer kritischen Aufarbeitung ihrer eigenen Geschichte lange verweigert.

Das intellektuelle Potential aktiver oder ehemaliger kommunistischer Intellektueller mag nur ein, aber wahrscheinlich nicht der unwichtigste Faktor für eine wissenschaftliche Aufarbeitung der Vergangenheit der jeweiligen kommunistischen Bewegungen gewesen sein. Jedenfalls weisen die Beiträge der Autoren über ihren eigentlichen Gegenstand weit hinaus. Denn man erfährt auch einiges über die jeweiligen Gesellschaften und das intellektuelle Klima.

Ein anderer Schwerpunkt des Jahrbuches ist der Umgang mit sowjetischen Kriegerdenkmälern nach 1991. Ekaterina Makhotina zeichnet die Umwidmung des sowjetischen Heldenfriedhofes Antakalnis in Litauen nach, der schon eine vorsowjetische Vergangenheit als Gedenkort hatte und nach 1991 sukzessive zu einem Ort der Erinnerung an die litauischen Opfer während des Zweiten Weltkrieges und während des Unabhängigkeitsprozesses Anfang der neunziger Jahre wurde. Felix Münch gibt einen kurzen Überblick über die „Aljoscha" genannten Kriegerdenkmäler in ganz Mittel- und Osteuropa, wobei er näher auf Tallinn, Wien und Plovdiv eingeht. Steffi Töpfer fasst ebenso knapp die Geschichte des sowjetischen Ehrenmals in Berlin-Tiergarten zusammen.

Alle drei Beiträge bestätigen, was die Theorie des „kollektiven Gedächtnisses" längst und unlängst beschrieben hat. Erinnerungskultur ist in Mode und es wird viel dazu geschrieben. Man kann aber den Eindruck haben, dass die Denkmals-Empirie den theoretischen Ansätzen mittlerweile kaum noch Impulse zu geben vermag. Im besten Fall spricht das für die Theorie – im schlechteren Fall für eine Forschungspraxis, die sich in der Wiederholung des ewig gleichen das eigene Urteil schreibt. Produktiver erscheint da schon Ilko-Sascha Kowalczuks Untersuchung über den „17. Juni", die damit verbundene Legendenbildung und Instrumentalisierung des Volksaufstands in der DDR. Die Frage, inwiefern Deutungen des SED-Regimes tiefer in die bundesdeutsche Erinnerungskultur eingingen als bisher gedacht, ist in der Tat bedenkenswert und diskussionswürdig. Abgesehen davon scheint eines der bedeutendsten Ereignisse der deutsch-deutschen Geschichte noch einige Überraschungen zu bieten.

Aus den Einzelbeiträgen seien hier nur einige wenige hervorgehoben: Stephan Rindlisbacher wirft einen Blick auf das radikale Milieu der russischen Revolutionäre im 19. Jahrhundert. Er beschreibt das Leben in der konspirativen Gegenwelt, in kleinen Gruppen, die wie Sekten funktionierten und den Sozialismus vorwegnehmen wollten. Trotz der egalitären Ziele und Ideale bildeten sich aber auch in diesen Kommunen Hierarchien heraus, einzelne Mitglieder konnten durch besondere Taten auf sich aufmerksam machen, ihr Ansehen steigern und sogar Kult-Status erlangen. Das „Lechzen nach Gewalttaten" hatte zum einen etwas mit der Selbstvergewisserung der Gruppe zu tun, aber eben auch mit dem Prestige, das man dadurch innerhalb der revolutionären Zirkel gewinnen konnte. Im ganzen findet sich bei Rindlisbacher wenig, das man nicht auch bei Anna Geifman lesen kann, aber er gibt eine kondensierte Darstellung des Phänomens.

Dass Gewalt und Schrecken mit dem Ende des Zweiten Weltkrieges in Osteuropa noch lange nicht vorbei waren, ist mittlerweile stärker ins Bewusstsein gerückt. Małgorzata Ruchniewicz skizziert in ihrem Beitrag die Nachkriegsgeschichte Weißrusslands. Mit dem Abzug der Wehrmacht und dem Eintreffen der Roten Armee wurde ein Terror durch einen anderen, kaum weniger intensiven abgelöst. Er richtete sich gegen Kollaborateure, „Verräter", vermeintliche oder tatsächliche Gegner der sowjetischen Ordnung und nahm auch die Form gewaltsamer Umsiedlungen an, die vor allem die polnischstämmige Bevölkerung betrafen. Weißrussland sollte so rasch wie möglich in das sowjetische Gesellschafts- und Wirtschaftssystem integriert werden, aber dieses Vorhaben stieß auf vielfältigen Widerstand. Partisanengruppen bekämpften wie in der Ukraine und den baltischen Ländern bis Ende der vierziger Jahre die Sowjetmacht. Die Bauern übten passiven Widerstand gegen die Kernmaßnahme der Sowjetisierung: die Kollektivierung. Sie konnte erst Anfang der fünfziger Jahre weitgehend abgeschlossen werden, nicht zuletzt weil Teile der Dorfbevölkerung die neue Ordnung für den persönlichen Aufstieg im System nutzten. In vielerlei Hinsicht ähnelt die Kollektivierung des weißrussischen Dorfes damit dem Prozess, den David Feest für Estland beschrieb: Es war ein gewaltsamer Prozess mit ökonomisch niederschmetternden Ergebnissen, aber einem politischen Gewinn für die Sowjetmacht.

Alexander Vatlin berichtet über die Tage der „Starnberger Kommune" im Jahre 1919, als sich im Schatten der Münchner Räterepublik ebenfalls ein revolutionärer Rat gründete. Es handelte sich dabei nicht zuletzt um eine Reaktion auf den staatlichen Machtverfall und die Tatsache, dass München „nah", die Regierung Hoffmann in Bamberg aber „fern" war. Die lokale Beamtenschaft kooperierte weitgehend mit dem Rat. Im April wurde Starnberg dann von „Münchner Matrosen" besetzt und geriet in die Kampfhandlungen zwischen Roten Garden und Weißen Truppen. Starnberg war in gewisser Weise die Generalprobe für das Gemetzel, das die Freikorps dann in München anrichteten. Vatlin weist zurecht darauf hin, dass uns das Starnberger Beispiel mahnt, die Peripherie nicht nur als Objekt des Zentrums zu sehen.

Über wenige Themen ist so viel geschrieben worden wie über den Kommunismus. Dennoch zeigt das *Jahrbuch für Historische Kommunismusforschung*, wie weit und offen dieses Forschungsfeld immer noch ist.

Felix Schnell

Tony Judt, mit Timothy Snyder: Nachdenken über das 20. Jahrhundert. Aus dem Englischen von Matthias Fienbrock. München: Carl Hanser Verlag 2013. 412 S. 24,90 €

Zwei Historiker unterhalten sich, führen ein weit über das eigene Fach hinaus reichendes Gespräch: Tony Judt, Jahrgang 1948, Timothy Snyder, 21 Jahre jünger. Solche Bücher gibt es ja öfter, wenn etwa Helmut Schmidt mit Fritz Stern spricht, Stern neuerdings mit Joschka Fischer. Bücher wie diese ziehen ihren Reiz aus der Spannung zwischen Prominenten unterschiedlichen Zuschnitts oder verschiedener Generation. Hier reden zwei Fachleute über Gott und die Welt, genauer: über eine unüberschaubare Fülle an Themen und Problemen des 20. Jahrhunderts.

Aufgeteilt ist der Band in neun Kapitel, die allesamt mit längeren Statements von Tony Judt eingeleitet werden. Darin schildert er sein Leben von der Herkunft aus dem osteuropäischen Judentum und seiner britischen Erziehung über viele Lebensstationen, u.a. sein Wirken als Frankreich-Historiker, bis nach New York, wo er das Erich-Maria-Remarque-Zentrum für Europäische Studien gründete. An diese biographischen Abrisse, die sich insgesamt zu veritablen Memoiren ergänzen, fügt sich je ein Gespräch mit Timothy Snyder an, dem aus Ohio stammenden Amerikaner, der mit *Bloodlands* weltweit Aufsehen und Erfolg erzielte. Snyder ist ein kluger und sensibler Kollege auf Augenhöhe, der sehr bedenkenswerte Thesen und Beobachtungen einbringt und Judt zum Kommentar einlädt. Beide stimmen erstaunlich oft überein, konstatieren auch freundschaftlich ihre Abweichungen: „Das sehe ich anders", „hinzu kommt aber noch ..." etc. Snyder nimmt sich zurück, Recht haben muss keiner von beiden.

Ausgangspunkt und ständiges Thema ist das Judentum, meist in seiner Rückbindung an Osteuropa, aber auch die gesamte Entwicklung im ostmitteleuropäischen Raum, vornehmlich in Polen und der Tschechoslowakei. Der andere Basso continuo ist das Links-Sein, es ist immer ein nichtkommunistischer Sozialismus, dem Judt auf der Spur ist. Das Gespräch scheint wohl vorstrukturiert zu sein; Snyder wirft gelegentlich Fragen auf oder zu Judts zahlreichen Büchern auf, die zum Anlass für allgemeine Reflexionen werden.

Das Buch ist in manchem eine Geschichte der Intellektuellen im 20. Jahrhundert, es schildert deren je nationale Rolle, die Unterschiede, wie etwa US-Amerikaner oder Briten an dieses und jenes Problem herangehen, welchen Horizont sie haben, was der eine besser versteht, der andere nicht – und warum das so war oder sein konnte.

Das ist pointiert formuliert, zeugt von einer stupenden Belesenheit beider, die ja selbst maßgebliche Intellektuelle sind. Sie sonnen sich in manchem Wortspiel, in der geistreichen Metapher, die sie weiterentwickeln oder verwerfen – und sie sprechen einen erfreulichen Klartext, wenn Judt etwa von dem „idiotischen Irakkrieg" (S. 374) der USA spricht und Snyder wenig später folgert: „Krieg führen und gleichzeitig Steuererhöhungen ablehnen – damit holt man sich praktisch die chinesische Regierung ins Haus" (S. 376) – der Leser muss selbst ergänzen: durch die US-Staatsverschuldung an die VR China.

Die Diskussion mäandert anregend und zugespitzt vor sich hin, kann auch die vagen Kapitelüberschriften nicht annähernd als Rahmen einhalten. Hier mag vor allem interessieren, was im Kapitel 6 „Osteuropa verstehen" vorkommt: Judt schildert seine Rückkehr aus Kalifornien in das Land Margaret Thatchers in den späten 1980er Jahren und bedauert, dass er sich erst so spät Osteuropa zugewandt hat. Da fallen Namen von Mentoren und Freunden wie Jan Gross, Timothy Garten Ash, E.P. Thompson, Steven Lukes, Raymond Aron – teilweise eingebettet in Begebenheiten wie Skiurlaube und zufällige Begegnungen. Wir erfahren etwas über die nachstalinistische Sowjetunion, über das Polen der fünfziger Jahre, über polnische und tschechische Reformkommunisten und deren anderen Lebensansatz im Vergleich zu dem von Westeuropäern. Das östliche Mitteleuropa der 1970er Jahre bestand für Judt aus den ehemaligen Territorien des Habsburger Reiches, wobei er vor allem die urbanen Zentren im Blick hat.

Die beiden Historiker würdigen die KSZE-Schlussakte von Helsinki 1975 in ihrer aufbrechenden Funktion. Sie sprechen über Persönlichkeiten wie Czesław Miłosz oder Vaclav Havel sowie über die unterschiedliche Rolle, die der Aufbruch der Jugend in Ost- und Westeuropa spielte. Um es pointiert zu sagen: es findet sich eine Fülle von klugen Beobachtungen über eine Unmenge von sozialen, kulturellen und vor allem ideologischen Erscheinungen. Aber es gibt kein allgemeines Bild der Welt oder Osteuropas.

Der Grundgedanke des Bandes überzeugt: Tony Judts Erzählung seines eigenen Lebens in jedem Kapitel mit analytischer Vertiefung begleiten zu wollen, gleichsam einen dialogischen Kommentar zum Leben durch das Nachdenken darüber zu begleiten. Durchgeführt ist das jedoch kaum. Liest man etwa Erich Hobsbawms Erinnerungen *Gefährliche Zeiten. Ein Leben im 20. Jahrhundert* (dt. 2003) zusammen mit dem vorausgegangenen magistralen *Das Zeitalter der Extreme. Weltgeschichte des 20. Jahrhunderts* (dt. 1995), dann wird aus der parallelen Lektüre des – von Judt hier häufig herangezogenen älteren – Autors das Spannungsverhältnis von Leben und Werk noch wesentlich klarer als in diesem Band.

Hinter dem Eindruck eines urbanen, gelassenen, bisweilen sogar heiteren Gesprächs verbirgt sich ein ernster Hintergrund: Das Werk ist buchstäblich dem Tode abgerungen. Die Gespräche beider in New York begannen 2008, als bei Judt die unheilbare Krankheit amyothrophe Lateralsklerose diagnostiziert wurde, die ihn bei voller geistiger Klarheit zunehmend bewegungsunfähig machte; das Nachwort Judts wurde einen Monat vor seinem Tod datiert. Judt selbst hätte gern eine Kultur- und Ideengeschichte des 20. Jahrhunderts geschrieben, und was sonst eher Prolegomena gewesen wären, wird so zum posthumen Vermächtnis eines bedeutenden Historikers und Essayisten.

Judts Ehefrau Jennifer Homans hat dieses bewegende Entstehen (ebenso wie Snyder im Vorwort) in der *New York Review of Books* beschrieben (22.3.2012), der Zeitung, der Judt selbst in klugen Essays seine weltweite Wirkung verdankte. Er war ein streitbarer, ein nachdenklicher und ein sich selbst in seinen unterschiedlichen Lebensstadien immer wieder korrigierender Mann. Das vorletzte Kapitel ist „Amerikanischer Moralist" überschrieben. Dabei geht es um die großen französischen *moralistes* von Montaigne bis Camus: „Ich glaube in aller Bescheidenheit sagen zu können, dass ich mich ähnlich engagiert habe – in meinen historischen und publizistischen Arbeiten ging es um politische und staatsbürgerliche Fragen. Auch ich war ein *moraliste*, aber ein amerikanischer". (S. 291) So schätzte sich der britische Jude und zeitweilige Zionist als ein wahrer, sozial und kulturell rückgebundener Weltbürger ein.

Kein leicht zu lesendes Buch gewiss, ein Buch zweier Intellektueller für andere Intellektuelle. Wer Vorkenntnisse über die intellektuelle Geschichte des Jahrhunderts hat, fühlt sich reich belehrt.

Jost Dülffer

Angelica Balabanoff: Lenin oder: Der Zweck heiligt die Mittel. Erinnerungen. Herausgegeben von Jörn Schütrumpf. Berlin: Karl Dietz Verlag 2012. 191 S. 22,– €

Angelica Balabanoff ist eine heute weitgehend vergessene Gestalt der Geschichte des Kommunismus mit einem bewegten Lebenslauf: Sie wurde 1869 in der Ukraine geboren, studierte Literatur- und Philosophie an der Université Nouvelle in Brüssel und trat nach ihrer Übersiedlung nach Rom in die Sozialistische Partei Italiens ein. Bereits 1906 lernte Balabanoff in der Schweiz Lenin kennen. In den folgenden Jahren stieg sie zur Vorsitzenden der Partei auf und war stellvertretende Chefredakteurin der Parteizeitung *Avanti*. Während jener Jahre rückte sie politisch immer mehr nach links. 1917 nahm sie schließlich aktiv an der Revolution in Russland teil. Fortan engagierte sich Balabanoff im Auftrag Lenins beim Aufbau einer internationalen Bewegung zur Unterstützung der Bolschewiki. Sie war zeitweise Volkskommissarin für Außenpolitik in der Ukraine und Sekretärin der Kommunistischen Internationale. 1921 trennte sie sich von den Bolschewiki und kehrte nach Italien zurück. Den Anlass dafür boten manifeste politische Differenzen.

Darüber und über ihre persönlichen Eindrücke von Lenin zwischen 1906 und 1921 berichtet Balabanoff in dem bereits 1959 erschienenen Buch, das nun erneut unter dem Titel *Lenin oder: Der Zweck heiligt die Mittel* veröffentlicht wurde. Es handelt sich weder um eine Biographie noch um eine Politikanalyse. Die Autorin erörtert vielmehr die folgende Frage: „Wie erklärt sich der scheinbare oder tatsächliche Widerspruch zwischen Lenin, dem Kämpfer für Freiheit, Gleichheit und Recht und dem Unterdrücker von Freiheit, Gleichheit und Recht, der er nach der Machtergreifung durch die Bolschewiki wurde; wie erklärt sich der tatsächliche oder scheinbare Widerspruch zwischen dem Menschen, dessen einziges Ziel die Verwirklichung einer Gesellschaftsform war, in der es weder Lüge noch Eigennutz geben sollte, und dem Menschen, der den Grundsatz: ‚Der Zweck rechtfertigt die Mittel' nicht nur zur Richtschnur seiner eigenen Tätigkeit gemacht hatte, sondern auch unzählige Menschen veranlasste, ihm auf diesem Weg zu folgen?" (S. 21)

Im Buch reiht die Autorin einige Episoden aus ihrer Erinnerung an jene Jahre aneinander, die mit persönlichen Kommentaren zur Erklärung des angeblichen oder tatsächlichen Widerspruchs versehen sind. Mitunter wirkt der Text fragmentarisch und unstrukturiert, was sich durch den Entstehungshintergrund erklärt: Den Text diktierte sie aus der Erinnerung heraus als fast Achtzigjährige.

Balabanoff geht davon aus, dass Lenin zwar die Freiheit des Volkes erreichen wollte, aber eigentlich das Gegenteil für das Volk bewirkt habe. Im Zusammenhang mit den Ausführungen zur Parteikonzeption Lenins schreibt sie, dass danach „die Arbeiter nicht ‚von selbst' Sozialisten werden können" (S. 36), sondern das „richtige Bewusstsein musste ihnen nach Lenin von einer revolutionären Avantgarde beigebracht werden". Letztendlich interessierte Lenin sich nicht für die Arbeiter, wie sie in der Realität waren, sondern für Arbeiter, wie sie nach seiner Theorie hätten sein sollen. Balabanoff hält fest, dass Lenin „jedem Andersdenkenden gegenüber intolerant" (S. 25) gewesen sei, und erklärt mit diesem Dogmatismus seine spätere politische Entwicklung zum repressiven Diktator. Indessen räumt die Autorin und Zeitzeugin Lenin eine von Eitelkeit und Selbstgefälligkeit freie persönliche Haltung ein. Auf die Frage nach der Kontinuität von Lenin zu

Stalin formuliert die bis zu ihrem Lebensende 1965 überzeugte Sozialistin: „Das von Lenin gegründete Regime und der von ihm geschaffene Apparat haben in einem Menschen wie Stalin alle minderwertigen Instinkte geschürt und deren Entfaltung keinerlei Hemmnisse oder gar Widerstand entgegen gesetzt. Die Atmosphäre der Alleinherrschaft, der Willkür und des Terrors hat die sadistischen Neigungen des zukünftigen Diktators begünstigt, seine Eitelkeit angefacht und ins Unermessliche gesteigert" (S. 165). Dies ist auch heute noch eine beachtenswerte und differenzierte Antwort. Die Autorin kritisierte so bereits Ende der 1950er Jahre die im Westen seinerzeit dominierende „künstliche Unterscheidung zwischen Leninismus und Stalinismus" (S. 173). Diese Perspektive macht die Erinnerungen von Balabanoff auch heute noch lesenswert.

Armin Pfahl-Traughber

Elizabeth White: The Socialist Alternative to Bolshevik Russia: The Socialist Revolutionary Party, 1921–1939. London, New York: Routledge 2010 (BASEES/Routledge Series on Russian and East European Studies, Bd. 68), IX, 180 S. 90,00 £

Die vorliegende Monographie der Historikerin Elizabeth White setzt sich erstens zum Ziel, das intellektuelle Leben und die politischen Aktivitäten der 1901 gegründeten russischen *Partei der Sozialrevolutionäre* (PSR) im Exil in der ČSR und insbesondere in Prag vom Ende des Bürgerkriegs in Sowjetrussland bis zum Beginn des Zweiten Weltkriegs zu untersuchen. Zweitens geht es um eine Analyse der von den Mitgliedern der *Partei der Sozialrevolutionäre* im tschechischen Exil gewonnenen Einsichten der innersowjetischen Entwicklungen. Die Sozialrevolutionäre bemühten sich darum, so die Autorin, den Charakter und die Machtressourcen des bolschewistischen Systems zu erfassen, oder auch die Frage zu beantworten, ob und wie der Sozialismus in einem agrarisch geprägten Staat verwirklicht werden kann und welchen zukünftigen Kurs die RKP(b) steuern werde. Drittens stellt White dar, wie die PSR mit der europäischen sozialistischen Bewegung in der Zwischenkriegsära interagierte.

Im Unterschied zu Marc Raeff, der die Rückwärtsgewandtheit, Nostalgie und selbstfixierte Nabelschau der Emigranten aus dem Zarenreich betonte und deren politisches Leben im Exil als „Schattenboxen" charakterisierte, vertritt White eine diametral entgegengesetzte These: Sie betont, dass die sozialrevolutionären Emigranten in der Tschechoslowakei erstens sehr willkommen waren und zweitens dort ein politisch und kulturell überaus produktives Leben führten, indem sie einen wichtigen Beitrag zur Organisation der dortigen russischen Gemeinschaft leisteten (S. 3). Die Bitterkeit des Emigrantenschicksals mit den Erfahrungen der Frustration, der mit gegenseitigen Schuldzuweisungen für den Verlust der Heimat verbundenen Fraktionsstreitigkeiten, von Verzweiflung oder Elend stellt sie in Abrede.

White gliedert ihre Darstellung in acht Kapitel. Der erste Abschnitt erörtert in aller Kürze das *narodničestvo,* also den Populismus bzw. das „Volkstümlertum". Hier werden das sozialrevolutionäre Programm, aber auch die Gründe des Scheiterns der Partei in der Russischen Revolution des Jahres 1917 dargelegt. Der zweite Abschnitt zeigt, dass die Sozialrevolutionäre sich nicht an dem Konstruktionsprozess einer national, christlichorthodox und überwiegend durch das literarische Erbe definierten russischen Identität beteiligten.

Kapitel drei ist sowohl der sozialrevolutionären Analyse der sozioökonomischen und politischen Entwicklung in der Phase der Neuen Ökonomischen Politik gewidmet als auch den programmatischen Vorstellungen der Neopopulisten für den künftigen sozialistischen Aufbau in Sowjetrussland. Während der vierte Teil die Perspektiven des sozialvolutionären Exils in der ČSR auf das bolschewistische Regime thematisiert, beschäftigt sich der nachfolgende Abschnitt mit den sozialrevolutionären Zukunftsperspektiven eines postbolschewistischen Sowjetrusslands. Kapitel sechs ist der Stalinschen Revolution von oben gewidmet. Der siebte Teil behandelt die Kollektivierung der Landwirtschaft sowie deren Auswirkungen zum einen auf das sozialrevolutionäre Parteileben in der Tschechoslowakei und zum anderen auf das SR-Agrarprogramm. Der achte Abschnitt ist schließlich dem Stalinismus, den Schauprozessen und der Haltung führender Sozialrevolutionäre zum aufziehenden Zweiten Weltkrieg gewidmet.

White hat umfangreiche Materialien des Archivs für Sozialgeschichte in Amsterdam, der Hoover Institution on War, Revolution and Peace in Stanford, CA, des Bakhmeteff Archivs in New York, des Masaryk Instituts in Prag und des Staatsarchivs der Russländischen Föderation in Moskau genutzt. Außerdem hat sie ein halbes Dutzend Periodika herangezogen. Alles in allem jedoch ist die Literaturbasis vergleichsweise schmal, und die Darstellung ist mit knapp 150 Seiten Text nicht gerade umfangreich zu nennen.

Leider liegt in der Kürze nicht unbedingt die berühmte Würze. Großspurig verheißt der Titel, dass die Studie die *Partei der Sozialrevolutionäre* (PSR) behandelt. Waschzettel und Einleitung betonen, dass sich die PSR in den 1920er Jahren, anders als es Trockij während des Oktoberumsturzes 1917 prophezeite, keineswegs auf dem Kehrrichthaufen der Geschichte befunden hat. Die Darstellung allerdings verliert sich im Nichtkonkreten: Sie bedarf an dieser Stelle nicht nur der Historisierung, sondern auch einer eindeutigen geographischen Verortung. Mehr noch: Ist es überhaupt zulässig, für die Zeit seit 1924/25, als die letzten Parteizellen in der Sowjetunion der ČK zum Opfer fielen, noch von der Existenz einer sozialrevolutionären Partei auszugehen? Hierzu wäre eine Definition von Partei notwendig. Dies leistet White weder für Sowjetrussland noch für das sozialrevolutionäre Exil, denn realiter untersucht sie ihr Sujet nur an einem Staat, der ČSR, und im Wesentlichen an nur einer Stadt, nämlich Prag.

White verfolgt nicht die attraktive Option des Vergleichs als Königsweg historischer Erkenntnis, um Prag, Paris und möglicherweise weitere Zentren der sozialrevolutionären Emigration zu kontrastieren und dadurch Gemeinsamkeiten und Spezifika, vor allem aber die Unterschiedlichkeit der Lebens- und Arbeitsbedingungen der Sozialrevolutionäre im Ausland aufzuzeigen. Auch weitere Fragen stellt White nicht: Was war die PSR, wie viele Personen der Prager Organisation äußerten sich, sprachen sie jeweils nur für sich oder besaßen die Positionen der Wortführer erhebliches Gewicht? Zwar führt sie aus, es habe etwa 130 sozialrevolutionäre Emigranten in Europa gegeben, doch historisiert sie diese Angabe zunächst nicht. Sie nennt zwar Prag und Paris als Zentren der sozialrevolutionären Emigration und beziffert die Zahl der Prager Mitglieder der PSR für den November 1922 auf 40. Außerdem hatten sich Sozialrevolutionäre in Berlin, Belgrad, Warschau, Tallinn, Genf sowie Belgien niedergelassen (S. 19, 25). White verweist darauf, dass die Mitglieder der PSR im Exil in der Zwischenkriegsepoche 96 Bücher verfasst hätten. Allerdings wäre es wichtig zu erfahren, welchen Themenbereichen die Publikationen gewidmet waren, welche Auflagenhöhe sie hatten und wie intensiv sie rezipiert wurden.

Mit Blick auf die beträchtlichen Differenzen zwischen den Prager und den Pariser Sozialrevolutionären scheint Marc Raeffs Charakterisierung des politischen „Schattenboxens" gerechtfertigt. White verwirft einleitend seine Position, ohne jedoch in der Darstellung ihre eigene These plausibel belegen zu können. Letztlich krankt ihre Darstellung an einer semantischen Indifferenz. Es wird nicht klar, wen genau sie mit „die SR" oder der „SR-Sichtweise" meint, insbesondere wenn man die Spaltung der Prager SR in zwei konkurrierende Lager 1927 in Betracht zieht (S. 53, 79). Auch lässt sie Kampfbegriffe des zeitgenössischen politischen Jargons wie z.B. „Monarchisten", „Bourgeoisie" oder „konterrevolutionär" unkommentiert (S. 35, 37, 43 et passim). Letztlich ist ihre Darstellung deskriptiv, die Analyse kommt vielfach zu kurz.

Schließlich beantwortet White ihre einleitend formulierten Fragen nur teilweise. Insbesondere die Einbindung der PSR in die europäische sozialistische Bewegung der Zwischenkriegsära bleibt weitgehend offen. Zwar werden die Beziehungen zur Regierung des Gastlandes ČSR erörtert (aber kaum zur

tschechischen Bevölkerung), doch die Kontakte beispielsweise zur Zweiten Internationale wie auch zu den europäischen sozialistischen Parteien bleiben weitgehend im Dunkeln.
So lässt die Darstellung insgesamt viel zu wünschen übrig. Begriffsdichotomien im Stile von „Die SR: Romantiker oder Pragmatiker" verstellen eher den Blick, als dass sie einer umfassenden Analyse dienen (S. 145).

Lutz Häfner

Lorenz M. Lüthi: The Sino-Soviet Split. Cold War in the Communist World. Princeton: Princeton University Press 2008. XXII, 375 S. 32,95 $ (paper), 32,95 $ (e-book)

Noch 1960/61 hielt sich Chruščev zugute, dass im Konflikt um Berlin das gesamte sozialistische Lager einschließlich Chinas mit seinen enormen Menschenmassen auf seiner Seite gegen die Westmächte stehe. In Wirklichkeit war die Einheit nach lange anhaltenden Spannungen spätestens 1959 zerbrochen. Das schuf die Voraussetzungen dafür, dass es das kleine Albanien im Frühjahr 1961 riskieren konnte, der UdSSR die Stirn zu bieten, indem es faktisch die Bundesgenossenschaft im Warschauer Pakt aufkündigte, und Rumänien, aus dem sich die sowjetischen Truppen 1958 zurückgezogen hatten, zunehmend größere Selbständigkeit für sich in Anspruch nahm.
Der Ausgangspunkt der Entfremdung zwischen Moskau und Peking war Chruščevs Abrücken von Stalin auf dem XX. KPdSU-Parteitag 1956. Mao sah darin keine irgendwie begründete Kurskorrektur, sondern eine Operation, die dem Sozialismus Schaden zufügte. Die Entwicklungsstadien der Sowjetunion unter Stalin vor Augen, zeigt Lorenz Lüthi in seinem Buch auf, dass Mao in China weithin Stalins Vorbild folgte und durch Chruščev irritiert wurde. Die innenpolitische Radikalisierung, die mit dem „Großen Sprung nach vorn" ihren ersten Höhepunkt erreichte, wurde von Mao 1958/59 trotz der schon frühzeitig abzusehenden Misserfolge aus Gründen des innerparteilichen Machtkampfes immer weiter vorangetrieben und lieferte Millionen Chinesen dem Hungertod aus. Diese Politik, die deutliche Parallelen zu Stalins Vorgehen aufwies, stieß natürlich damals im Kreml nicht auf Sympathie. Auch wenn die UdSSR lange Zeit offene Äußerungen vermied, blieb dies Mao nicht verborgen, zumal sich seine Kritiker vielfach am Beispiel Moskaus orientierten. Mit der Sowjetunion assoziiert zu werden, wurde bald zur schweren Anklage in der chinesischen Partei.
Maos Misstrauen fand auch im außen- und sicherheitspolitischen Bereich seine Nahrung. Der sowjetische Wunsch, Atom-U-Boote im Gelben Meer zu stationieren, um der amerikanischen Macht in Süd- und Ostasien ein Gegengewicht entgegen zu setzen, regte in ihm den Verdacht, es gehe um die Ausübung von Kontrolle über die (noch recht bescheidene) chinesische Flotte und über den Konflikt mit dem von den USA geschützten Taiwan (dessen Eroberung ohnehin außerhalb aller Möglichkeiten lag).
Wenn die UdSSR den zugesagten Bauplan der Atombombe zurückhielt und schließlich die für den Aufbau des Landes entsandten Fachleute nach Hause zurück beorderte, war das bereits eine Reaktion auf das verschlechterte Verhältnis. Besondere Bedeutung hatte das Misstrauen, mit dem Mao die Entwicklung der sowjetischen Beziehungen zu den USA betrachtete. Der Berlin-Krise ungeachtet, welche die UdSSR in einen scharfen Gegensatz zu den Westmächten brachte, beunruhigten ihn Chruščevs Erklärungen aufs Äußerste, er suche zu Amerika ein gutes, freundschaftliches Verhältnis. Mao entging, dass der Kremlchef hierfür die Räumung der Positionen in Berlin zur Vorbedingung machte, die, wie er intern erläuterte, die Auflösung der NATO und die Entfernung der USA aus Europa – mithin die völlige politische Kapitulation – zur Folge haben würden.
Die Tatsache, dass Mao diese Zielrichtung der ihm verhassten sowjetischen Politik der friedlichen Koexistenz total verkannte, ist die wohl am meisten überraschende Erkenntnis bei der Lektüre des Buches von Lüthi. So wenig begriffen Mao und seine Leute, worum es den sozialistischen „Brüdern" in Moskau tatsächlich ging, dass sie das genaue Gegen-

teil mutmaßten. Nicht nur ein völliger Wirklichkeitsverlust, sondern auch ein Versagen der Kommunikationsbeziehung wurden offenbar: Weder der sowjetische Botschafter in Peking noch sein chinesischer Kollege in Moskau wurden ihrer Aufgabe gerecht, über die amtlichen Absichten Auskunft zu geben. Zu vermuten ist, dass neben eigener Ideologiebefangenheit, die an einer zutreffenden Erkenntnis der Haltung auf der anderen Seite hinderte, auch das Wissen stand, die eigene Stellung, eventuell sogar die eigene Existenz aufs Spiel zu setzen, wenn man in Berichten grundlegenden Vorstellungen widersprach, die höheren Orts gehegt wurden.

Dabei konnte Ende der fünfziger und Anfang der sechziger Jahre noch keine Rede davon sein, dass die UdSSR in irgendeiner Weise mit den USA gemeinsame Sache gegen die Volksrepublik China machte, wie Mao glaubte. Erst nachdem die sowjetische Intervention in der Tschechoslowakei Mao 1968 zu offen feindlicher Stellungnahme veranlasst hatte und es im folgenden Frühjahr zu Kämpfen zwischen Truppen der UdSSR und Chinas am Ussuri gekommen war, machte der Kreml den – gescheiterten – Versuch, sich in Washington für den Fall eines Krieges gegen Peking rückzuversichern.

Lüthis überaus genaue, auf guten Quellen chinesischer, sowjetischer und sonstiger Provenienz beruhende Darstellung der Geschichte des Bruchs zwischen den beiden sozialistischen Hauptmächten zeigt, wie sehr das Vorgehen der politischen Akteure von deren jeweiligen Wahrnehmungen (perceptions) bestimmt wird, die den Gegebenheiten der Situation wenig gemäß sein mögen oder sogar direkt in Widerspruch zu ihnen stehen können. In der Analyse des Historikers, der die Zusammenhänge rückblickend zu klären sucht, kommt daher den Wahrnehmungen entscheidende Bedeutung zu. Das Buch gibt in allen wesentlichen Punkten den aktuellen Stand der Forschung wieder. Es ist zu wünschen, dass es auch auf Deutsch erscheint.

Gerhard Wettig

Abstracts

A Penetrating Look
Communism in Its Era

Gerd Koenen
Communism in Its Age
An Attempt to Localise Its Place in History

Three great waves of seizing power and founding states mark communism's basic history. At the zenith of its expansion in 1980, one-third of humanity lived in communist political orders. They differed enormously in terms of history, socio-economics, and politics. This disparity makes it difficult to explain the rise and dynamics of communism coherently. What distinguishes communist parties and political orders from all other historically known systems is their "totalitarian" character. They aimed at the entirety of all social relations and resorted to a form of terror that was not only directed against society, but at the same time assumed "auto-terrorist" traits. This distinguishes communist regimes from fascist ones. The terrorist fury cannot be derived from the ideas in the classics of Marxism nor explained by the character of political leaders. The sources of this compulsive totalisation and the terrorist auto-destruction of communist regimes can be derived only from the intrinsic conditions of each of these systems of organising society and wielding power.

Egbert Jahn
Communist Policy for a World Society
Antipode of the Global Capitalist Economic System and Liberal Democracy for a Short Century

From 1917 to 1991, the communist regimes were the incarnation of a universal claim on the transformation of world society and its state order. The economic order, the political system, and international relations were to differ fundamentally from the capitalist form of society. As the belief in the global-historical superiority of communism waned, and as the Soviet Union's global-political claim for military parity increasingly outstripped the performance of its rigid planned economy, the impulses that had driven communism began to ebb.

Stefan Plaggenborg
Silence Is Golden
Modern Theory and Communism

Sociology, whose job it is to examine modern societies, has almost completely excluded Soviet-style communism from modern theory. The reasons for this are a longing for theoretical coherence as well as ideological positions. However, the historical kinship of West and East European societies is obvious: technicisation, scientification, social disciplining, mass society, secularisation, demystification of the world, environmental degradation all belong to Soviet and Western modernity. To determine the peculiarities of Soviet modernity, it is first of all necessary to disengage from the language of Western modern theory and to generate new terms. Second, the subject of such a discussion must be the entire history of the Soviet Union and not only Stalinism. This is the only possible way to integrate Communism into modern theory.

Wolfgang Eichwede
Communism
A Short History of the Concept

The concept of communism is rooted in the state utopias of the modern era. It is amorphous in content. Sometimes, it is connected with social orders and future models; sometimes, it refers to a technique of power. For followers and opponents, it is a fighting word. With the October Revolution of 1917, the term shifted from the realm of ideas to become an element of real history. Lenin declared communism a sustainable strategy of development - and with that turned Marxist thinking on its head. In China, the second main communist power of the 20th century, communism today serves solely to legitimise the rule of the communist party.

Felix Schnell
Culture of Violence and Communism
Causes and Forms in the Soviet Union

In the Bolshevik Revolution, violence played a major role. The reasons for this lie in the ideology of communism, first and foremost in the movement's concrete pre-history and social background. For the communist pioneers, violence was an inevitable attendant circumstance of historical upheavals; Lenin raised it to a Manichean friend-or-foe scheme. The Bolshevik party absorbed the existing potential for violence within society; in the Civil War, this hardened into its own culture of violence, which the NKVD in particular embodied. Overcoming this culture of violence was a major achievement of de-Stalinization.

Gerhard Simon
Communism and the National Question
The Soviet Union as a Multiethnic Empire

The Bolsheviks re-established the Russian Empire as a multi-ethnic empire. In the form of the Soviet Union, the empire existed until the end of the 20th century. In addition to ruthless violence during the Civil War of 1918-1921 and the Stalinist terror, the Bolsheviks developed specific instruments for integrating the nationalities. These included korenizatsiia (offering a form of positive discrimination for the non-Russian peoples) and the Communist Party of the Soviet Union (providing a kind of power-political framework). Contrary to the Bolsheviks' intentions and expectations, the nation-building process continued unabated. The Soviet leadership under Mikhail Gorbachev was no longer in a position to channel and integrate the demands of the peoples – not least of all the Russians - for national self-determination.

Roland Götz
Planning without a Plan
On the Failure of Economic Theory in the Soviet Union

Although the "classics" could only imagine socialism without the market, the Soviet debate primarily revolved around the question whether market relations should be allowed. But then Stalin promulgated tenets that allowed neither a true representation of the Soviet economy, nor the development of a theory of economic planning. Instead, a Political Economy of Socialism, a contradictory doctrine of "planned market relations", was rolled out. The economic-mathematical school and tentative reflections on the market failed to make an impact. Mikhail Gorbachev's attempt to save the socialist system by means of a Soviet variation on market socialism failed also because of a lack of theoretical groundwork.

Rafał Wnuk
Staged Revolution
Soviet Rule in Poland and the Baltic States 1939-1941

In September 1939, the Red Army marched into eastern Poland, in June 1940, into Lithuania, Latvia, and Estonia. In order to integrate the occupied territories into the Soviet Union as quickly and completely as possible, the Soviet political, social, economic, and cultural system was imposed on these lands step by step until 1941. Sham elections were to give the annexations a veneer of democratic legitimacy; terror and mass deportations were to nip any popular resistance in the bud and eliminate "dangerous elements" so as to stabilize the new order. In fact, the Soviets were destroying existing social bonds and aggravating existing national and social conflicts.

Country Studies

Christoph Klessmann
Communism in Half of the Country
The Rise, Characteristics, and Decline of the GDR

A constitutive feature of communism in the German Democratic Republic (GDR) was the lack of a national identity. The East-West conflict covered up the problem, but did not solve it. Even after their international recognition as a second German state, the GDR never overcame the crushing competition from the capitalist Federal Republic. Initially, communism in eastern Germany drew its legitimacy from the liberation from fascism and the hope for a just socialist model for society and the economy. But the repressive course at home and the country's role as western outpost of the Soviet empire deeply shaped the structure of East German communism. Society and politics were highly militarised, while the ruling communist party was more dependent on Moscow than communist parties elsewhere in the Soviet bloc.

Jiří Pernes
Support in Their Own Country
The Communists in Czechoslovakia

The communist order in Czechoslovakia was not established on the bayonets of the Soviet Army. The Communist Party of Czechoslovakia emerged from the 1946 elections as the strongest party in the Czech part of the country. It controlled the Ministry of Interior, the police, and the intelligence services. The Communists undermined the country's parliamentary democracy. They shut down parties and other opposing forces such as the church. The public supported this course, which led to communist dictatorship, dependence on Moscow, and the creation of a Soviet-style economic order. Structural shortcomings and developmental weaknesses allowed political and economic reforms to mature. These culminated in the Prague Spring. The Czechoslovak Communist Party's rule in the 1970s and 1980s, not the Soviet intervention in 1968, led to the hopelessness and malaise that brought people to rebel against the regime.

Andrzej Paczkowski
The "Weakest Link"
Poland under Communist Rule

The end of Soviet domination over East Central Europe was set in motion in Poland. There were several reasons for this: anti-Russian and anti-Soviet reflexes were more deeply rooted in Polish society than in the other countries of the region. The forcefully imposed communist system was seen as particularly foreign. The Catholic Church operated with unusual autonomy, and its strong position was reinforced by the election of the Pole Karol Wojtyla as pope in 1978. Workers and students showed a willingness to engage in mass protests. When the small but enormously effective opposition intelligentsia closed ranks in solidarity with the workers in the mid-1970s and the poor supply situation undermined the regime's authority even farther, the end was sealed.

Harro von Senger
Long March
Communism in the People's Republic of China

The West's view of the People's Republic of China suffers from a strong focus on the utopia of "communism". The search for the spectre of "communism" diverts attention from the rather plainly communicated political intentions and plans of the Middle Kingdom's leaders. As a consequence, the West is unable to assess Chinese developments, which are planned with long-term objectives in mind, and to adjust accordingly.

Manfred Sing
Marxism in Arab Countries
An Attempt at De-provincialisation

Communism and Islamism are considered related ideologies. Both are said to share a totalitarian worldview and hostility towards the West. However, such assumptions are unhistorical, and they underestimate the flexibility of ideologies. How the relationship between communism and Islamism, a relationship satirized by the slogan "Workers of the world pray for the Prophet", actually developed is seen not least of all in their attitude towards the Palestinian-Israeli conflict.

Nikolas R. Doerr
Closed Chapter
Euro-communism in Retrospective

In the early 1970s, the Italian communists brought about a revolutionary reversal. They broke away from the hegemony of the Communist Party of the Soviet Union and took leave of the principles of Marxist-Leninist ideology and communist party rule. They recognized the principles of parliamentary democracy and affirmed integration with the West. This reversal was fed by criticism of the military suppression of the "Prague Spring" in Czechoslovakia and the Soviet Union's authoritarian and repressive policies. Support was initially found in France and Spain. Euro-communism was not a homogeneous theory. The Euro-communist period was one of transition. At its end stood the transformation of west European communist parties into social democratic ones or insignificance. It remains unclear how much Soviet reformers under Mikhail Gorbachev were influenced by Euro-communism.

Burkhard Olschowsky

Revolution instead of Revolution
Effect and Perception of the Solidarity Movement

In 1980, a revolution began in Poland. For the first time in the history of the communist bloc, workers established a free trade union. For the ruling communists in Poland and the fraternal parties from the Soviet Union to East Germany, the mere existence of Solidarity was an attack on their ideological self-perception and their monopoly on power. Solidarity grew into a broad-based freedom movement. With its commitment to non-violence and self-restraint, Solidarity revolutionized the concept of revolution. It broke with the tradition of Polish uprisings and helped form the Round Table. Here, expertise and negotiating skills were in greater demand than revolutionary fervor. The negotiated transition from an authoritarian socialist system to a democratic order in 1989 completed a revolution of a special kind.

Postcommunism

Lev Gudkov

Fatal Continuities
From Soviet Totalitarianism to Putin's Authoritarianism

With the dissolution of the Soviet Union, the communist party's monopoly on power in Russia came to an end. The central planning authority was also dissolved. But central pillars of Soviet totalitarian rule, such as the intelligence services, the army, the prosecutor's office, and the judiciary system persist. On them rests the authoritarian state that emerged under Vladimir Putin. The schools, the central media, and the conscript army are reproducing the values and practices of the Soviet Union. The people are responding to the legal nihilism and violence as they did in the past: by conforming. Bureaucratic arbitrariness and repression are considered inevitable, even "normal". This is the typical mentality of homo sovieticus, which, even after the demise of the Soviet Union, is being passed on from generation to generation.

Olga Radetzkaja

Supernazbol
The Political Aspects of Author Zachar Prilepin

Zachar Prilepin is a star in his homeland. His first novel, translated into German, was enthusiastically received in this country as well. Apparently, a crucial role in this reception is played less by the literary quality of his work than by his colourful personality. Prilepin is considered a "leftwing radical" and staunch opponent of Vladimir Putin. In fact, he represents a populist mixture of nationalism, resentments, and Soviet nostalgia.

Roland Götz
From Privatized State to Nationalized Market?
Property in the Soviet Union and Russia

In the Soviet Union, there was a hierarchically structured planned economy with state ownership only on paper. There was also an extensive underground economy and informal networks of relationships. However, the "red managers" had not appropriated the enterprises they ran. Only during Perestroika did the privatisation of state property get underway. In most cases, state property fell to enterprise insiders. In the early 1990s, the entire population was to be made owners of the enterprises by means of voucher privatization. But, again, the privileged with their good contacts to the bureaucracy asserted themselves. The representatives of large capital groups, who became infamously known as "oligarchs", bought into large enterprise at bargain prices. State property was rapidly and extensively distributed, albeit extremely unequally. Only in the energy and defence sectors was privatization stopped. The full protection of private property is still pending, because the country's power structure persecutes many small and medium enterprises with false allegations.

Vladimír Handl
Agile Fossil
The Communist Party of Bohemia and Moravia

Almost everywhere in Eastern Europe, the former state communist parties have been reformed, renamed, or rendered insignificant. Not so in the Czech Republic. There, the Communist Party of Bohemia and Moravia, with its anti-Western and anti-liberal view of the world, hunkered down. The milieu of their supporters, who continue to cling to the pre-1989 order, is so great that the party regularly enters Parliament and, in light of the crisis facing the other parties, is becoming increasingly more acceptable.

Kristina Andělová, Ondřej Slačálek
The Czech Republic's "New Left"
Currents, People, Ideas

The upheaval of 1989 enabled the emergence of a new left in East Central Europe. Although the new left clearly set itself apart from communist dictatorship and picked up on democratic traditions, it found little favor. Some groups broke up, others, such as the anarchists, persisted on the margins of society. The critics of globalization provided new impulses. The Czech environmental movement had the greatest success. For this, however, it had to give up its basic critique of society and replace the search for a better order with the ecological optimization of existing society.

Dragoş Petrescu
Stick and Carrot
Memory of the Ceauşescu Era in Romania

After the overthrow of the dictator Nicolae Ceauşescu, the memory of violence, oppression, and hardship dominated the image of the communist era in Romania. But no light was shed on these crimes, because communist cadres from the second tier were in power. Confronting the past has still made little progress. However, the notion of the 1970s as a golden age of economic prosperity has moved to the centre of Romanians' collective memory of the communist era.

ЗА СЛОВОМ- ДЕЛО!

„Lasst Worten Taten folgen!"

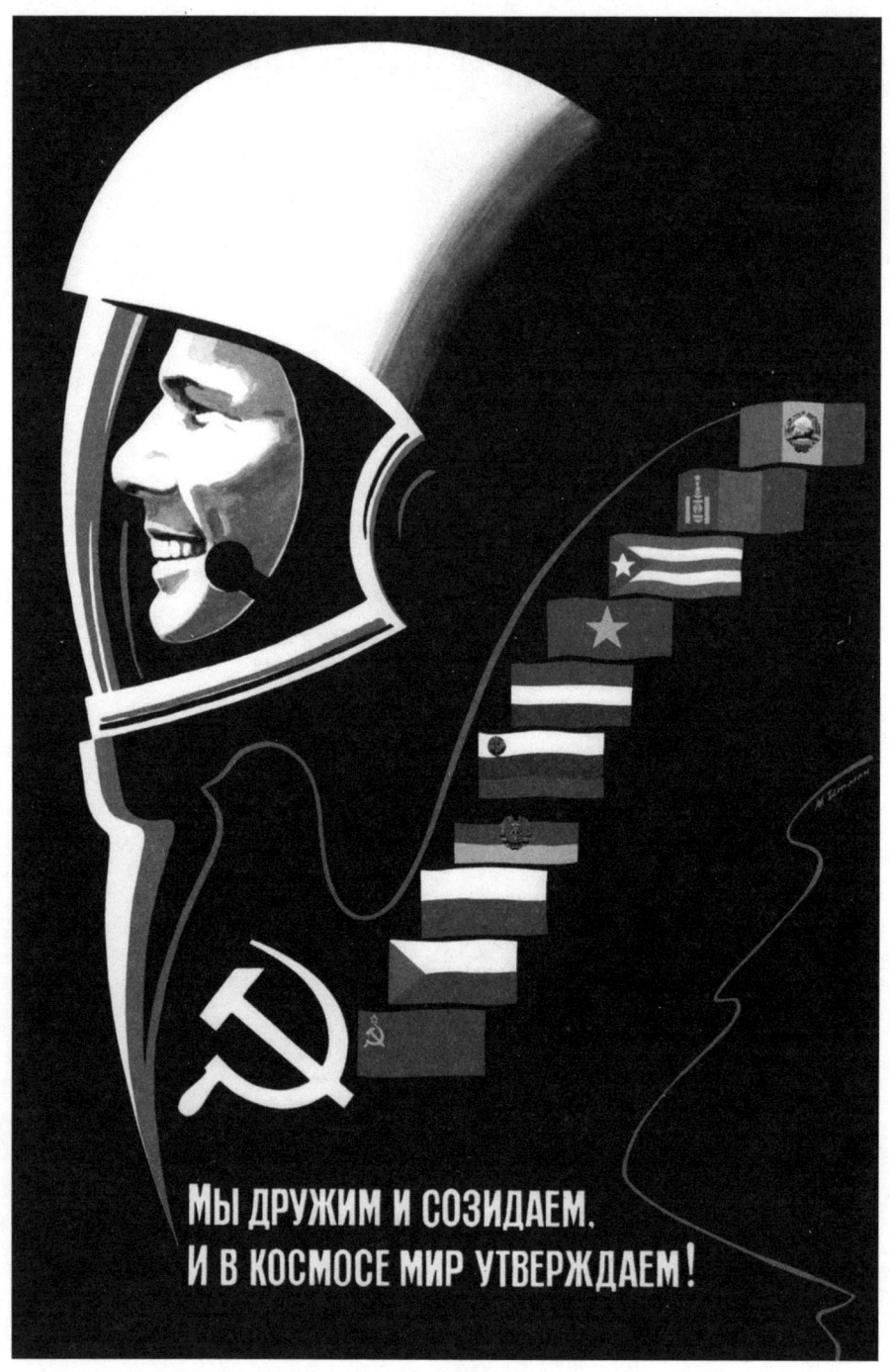

„Wir sind verbündete Schöpfer, wir sorgen für Frieden im Weltall"